NUEVA VERSIÓN INTERNACIONAL

LA BIBLIA DEL NUEVO MILENIO

NUEVO TESTAMENTO

SALMOS
Y PROVERBIOS

SOCIEDAD BÍBLICA INTERNACIONAL

Índice

Tabla de abreviaturas

Libros de la Biblia en orden alfabético

Abdías	Abd	2 Juan	2Jn
Amós	Am	3 Juan	3Jn
Apocalipsis	Ap	Judas	Jud
Cantares	Cnt	Jueces	Jue
Colosenses	Col	Lamentaciones	Lm
1 Corintios	1Co	Levítico	Lv
2 Corintios	2Co	Lucas	Lc
1 Crónicas	1Cr	Malaquías	Mal
2 Crónicas	2Cr	Marcos	Mr
Daniel	Dn	Mateo	Mt
Deuteronomio	Dt	Miqueas	Mi
Eclesiastés	Ec	Nahúm	Nah
Efesios	Ef	Nehemías	Neh
Esdras	Esd	Números	Nm
Ester	Est	Oseas	Os
Éxodo	Éx	1 Pedro	1P
Ezequiel	Ez	2 Pedro	2P
Filemón	Flm	Proverbios	Pr
Filipenses	Fil	1 Reyes	1R
Génesis	Gn	2 Reyes	2R
Gálatas	Gá	Romanos	Ro
Habacuc	Hab	Rut	Rt
Hageo	Hag	Salmos	Sal
Hebreos	Heb	1 Samuel	1S
Hechos	Hch	2 Samuel	2S
Isaías	Is	Santiago	Stg
Jeremías	Jer	Sofonías	Sof
Job	Job	1 Tesalonicenses	1Ts
Joel	Jl	2 Tesalonicenses	2Ts
Jonás	Jon	1 Timoteo	1Ti
Josué	Jos	2 Timoteo	2Ti
Juan	Jn	Tito	Tit
1 Juan	1Jn	Zacarías	Zac

Otras abreviaturas

alt.	traducción alterna	lit.	traducción literal
aprox.	aproximadamente	LXX	Septuaginta
cap(s).	capítulo(s)	m.	metro(s)
cm.	centímetro(s)	ms(s).	manuscrito(s)
d.C.	después de Cristo	p.ej.	por ejemplo
gr.	gramo(s)	TM	Texto Masorético
heb.	hebreo	var.	variante textual
Kg.	kilogramo(s)	v(v).	versículo(s)

Prefacio

La **Nueva Versión Internacional** es una traducción de las Sagradas Escrituras elaborada por un grupo de expertos biblistas que representan a una docena de países de habla española, y que pertenecen a un buen número de denominaciones cristianas evangélicas. La traducción se hizo directamente de los textos hebreos, arameos y griegos en sus mejores ediciones disponibles. Se aprovechó, en buena medida, el trabajo de investigación y exégesis que antes efectuaron los traductores de la *New International Version*, traducción de la Biblia al inglés, ampliamente conocida.

Claridad, fidelidad, dignidad y elegancia son las características de esta nueva versión de la Biblia, cualidades que están garantizadas por la cuidadosa labor de los traductores, reconocidos expertos en las diferentes áreas del saber bíblico. Muchos de ellos son pastores o ejercen la docencia en seminarios e institutos bíblicos a lo largo y ancho de nuestro continente. Más importante aún, son todos ellos fervientes creyentes en el valor infinito de la Palabra, como revelación infalible de la verdad divina y única regla de fe y de vida para todos.

La alta calidad de esta **Nueva Versión Internacional** está, además, garantizada por el minucioso proceso de traducción, en el que se invirtieron miles de horas de trabajo de los traductores a quienes se asignaron determinados libros; de los revisores, que cuidadosamente cotejaron los primeros borradores producidos por los traductores; de los diferentes comités que, a su vez, revisaron frase por frase y palabra por palabra el trabajo de los traductores y revisores; y de los lectores que enviaron sus observaciones al comité de estilo. A este comité le correspondió, en última instancia, velar por que la versión final fuera no sólo exacta, clara y fiel a los originales, sino digna y elegante, en conformidad con los cánones del mejor estilo de nuestra lengua.

Claridad y exactitud en la traducción y fidelidad al sentido y mensaje de los escritores originales fueron la preocupación fundamental de los traductores. Una traducción es clara, exacta y fiel cuando reproduce en la lengua de los lectores de hoy lo que el autor quiso transmitir a la gente de su tiempo, en su propia lengua. Claridad, exactitud y fidelidad no significan necesariamente traducir palabra por palabra o, como se dice ordinariamente, hacer una traducción literal del texto. Las estructuras fonológicas, sintácticas y semánticas varían de una lengua a otra. Por eso una traducción fiel y exacta tiene que tomar en cuenta no sólo la lengua original sino también la lengua receptora. Esto significa vaciar el contenido total del mensaje en las nuevas formas gramaticales de la lengua receptora, cuidando de que no se pierda «ni una letra ni una tilde» de ese mensaje (Mt 5:18). Para lograrlo los traductores de esta **Nueva Versión Internacional** han procurado emplear el lenguaje más fresco y contemporáneo posible, a fin de que el mensaje de la Palabra divina sea tan claro, sencillo y natural como lo fue cuando el Espíritu Santo inspiró el texto original. A la vez han cuidado de que el lenguaje de esta **Nueva Versión Internacional** conserve la dignidad y belleza que se merece la Palabra inspirada. Términos y expresiones que ya han hecho carrera entre el pueblo cristiano evangélico, y que son bien entendidos por los lectores familiarizados con la Biblia, se han dejado en lo posible intactos. Se han buscado al mismo tiempo nuevos giros y expresiones para comunicar aquello que en otras versiones no parecía tan evidente. Se ha añadido además un **glosario** que explica el significado de términos que en el texto están precedidos por un asterisco; se trata de términos poco conocidos o difíciles de traducir. Esperamos que todo esto, más un buen número de notas explicativas al pie de página, sea de gran ayuda al lector.

En las notas al pie de página aparecen las siguientes abreviaturas:

Lit. **(traducción literal)**: indica una posible representación más exacta, aunque no necesariamente más clara, del texto original, la cual puede ser de ayuda para algunos lectores.

Alt. **(traducción alterna)**: indica que existen otras posibles traducciones o interpretaciones del texto, las cuales cuentan con el apoyo de otras versiones o de otros eruditos.

Var. **(variante textual)**: se usa solamente en el Nuevo Testamento, e indica que hay diferencias entre los manuscritos neotestamentarios. La traducción se basa en el **texto crítico griego** actual, que da preferencia a los manuscritos más antiguos. Cuando se dan diferencias sustanciales entre este texto crítico y el texto tradicional conocido como *Textus Receptus*, la lectura tradicional se incluye en una nota, como variante textual. Otras variantes importantes también se incluyen en esta clase de notas.

En el Antiguo Testamento, las diferencias textuales se indican de otro modo. La base de la traducción es el *Texto Masorético* (TM), pero en algunos pasajes se ha aceptado una lectura diferente. En estos casos, la nota incluye entre paréntesis la evidencia textual (principalmente en las versiones antiguas) que apoya tal lectura; luego se indica lo que dice el TM.

Además, en el Antiguo Testamento se ha usado el vocablo SEÑOR para representar las cuatro consonantes hebreas que constituyen el nombre de Dios, es decir, *YHVH*, que posiblemente se pronunciaba *Yahvé*. La combinación de estas cuatro consonantes con la forma reverencial *Adonay* («Señor» sin versalitas) dieron como resultado el nombre «Jehová», que se ha usado en las versiones tradicionales. En pasajes donde *YHVH* y *Adonay* aparecen juntos, se ha variado la traducción (p.ej. «SEÑOR mi Dios»).

Otra diferencia entre la **Nueva Versión Internacional** y las versiones tradicionales tiene que ver con la onomástica hebrea. En el caso de nombres propios bien conocidos, esta versión ha mantenido las formas tradicionales, aun cuando no correspondan con las del hebreo (p.ej. *Jeremías*, aunque el hebreo es *Yirmeyahu*). En otros casos se ha hecho una revisión moderada para que los nombres no sólo reflejen con mayor exactitud el texto original (p.ej., la consonante *jet* se ha representado con *j* en vez de *h*), sino también para que se ajusten a la fonología castellana (p.ej., se ha evitado usar la consonante *m* en posición final).

Como todas las traducciones de la Biblia, la **Nueva Versión Internacional** que hoy colocamos en manos de nuestros lectores es susceptible de perfeccionarse. Y seguiremos trabajando para que así ocurra en sucesivas ediciones de la misma. Con todo, estamos muy agradecidos al Señor por el gran trabajo que nos ha permitido realizar, en el cual todos los integrantes del comité de traducción bíblica de la Sociedad Bíblica Internacional hemos puesto el mayor empeño, amor y fe, a fin de entregar a los lectores de este siglo la mejor versión posible del texto bíblico. Que todo sea para la mayor gloria de Dios y el más amplio conocimiento de su Palabra. Dedicamos este trabajo a Aquel, cuyo nombre debe ser honrado por todos los que lean su Palabra. Y oramos para que, a través de esta edición de la **Nueva Versión Internacional,** muchos puedan entender, asimilar y aceptar el mensaje de salvación que, por medio de Jesucristo, tiene el Dios de la Biblia para cada uno de ellos.

Comité de Traducción Bíblica
Sociedad Bíblica Internacional
P.O. Box 522241
Miami, Florida 33152-2241
EE.UU.

Septiembre de 1998

Evangelio según Mateo

Genealogía de Jesucristo

1:1-17 — Lc 3:23-38
1:3-6 — Rt 4:18-22
1:7-11 — 1Cr 3:10-17

1 Tabla genealógica de *Jesucristo, hijo de David, hijo de Abraham:

2 Abraham fue el padre de^a Isaac;
Isaac, padre de Jacob;
Jacob, padre de Judá y de sus hermanos;
3 Judá, padre de Fares y de Zera, cuya madre fue Tamar;
Fares, padre de Jezrón;
Jezrón, padre de Aram;
4 Aram, padre de Aminadab;
Aminadab, padre de Naasón;
Naasón, padre de Salmón;
5 Salmón, padre de Booz, cuya madre fue Rajab;
Booz, padre de Obed, cuya madre fue Rut;
Obed, padre de Isaí;
6 e Isaí, padre del rey David.

David fue el padre de Salomón, cuya madre había sido la esposa de Urías;
7 Salomón, padre de Roboán;
Roboán, padre de Abías;
Abías, padre de Asá;
8 Asá, padre de Josafat;
Josafat, padre de Jorán;
Jorán, padre de Uzías;
9 Uzías, padre de Jotán;
Jotán, padre de Acaz;
Acaz, padre de Ezequías;
10 Ezequías, padre de Manasés;
Manasés, padre de Amón;
Amón, padre de Josías;
11 y Josías, padre de Jeconías^b y de sus hermanos en tiempos de la deportación a Babilonia.

12 Después de la deportación a Babilonia,
Jeconías fue el padre de Salatiel;
Salatiel, padre de Zorobabel;
13 Zorobabel, padre de Abiud;
Abiud, padre de Eliaquín;
Eliaquín, padre de Azor;
14 Azor, padre de Sadoc;
Sadoc, padre de Aquín;
Aquín, padre de Eliud;
15 Eliud, padre de Eleazar;
Eleazar, padre de Matán;
Matán, padre de Jacob;
16 y Jacob fue padre de José, que fue el esposo de María, de la cual nació Jesús, llamado el *Cristo.

17 Así que hubo en total catorce generaciones desde Abraham hasta David, catorce desde David hasta la deportación a Babilonia, y catorce desde la deportación hasta el Cristo.

Nacimiento de Jesucristo

18 El nacimiento de Jesús, el *Cristo, fue así: Su madre, María, estaba comprometida para casarse con José, pero antes de unirse a él, resultó que estaba encinta por obra del Espíritu Santo. 19 Como José, su esposo, era un hombre justo y no quería exponerla a vergüenza pública, resolvió divorciarse de ella en secreto. 20 Pero cuando él estaba considerando hacerlo, se le apareció en sueños un ángel del Señor y le dijo: «José, hijo de David, no temas recibir a María por esposa, porque ella ha concebido por obra del Espíritu Santo. 21 Dará a luz un hijo, y le pondrás

---

^a 1:2 *fue el padre de*. Lit. *engendró a*; y así sucesivamente en el resto de esta genealogía. ^b 1:11 *Jeconías*. Es decir, Joaquín; también en v. 12.

1

por nombre Jesús,^c porque él salvará a su pueblo de sus pecados.»

22Todo esto sucedió para que se cumpliera lo que el Señor había dicho por medio del profeta: **23**«La virgen concebirá y dará a luz un hijo, y lo llamarán Emanuel»^d (que significa «Dios con nosotros»).

24Cuando José se despertó, hizo lo que el ángel del Señor le había mandado y recibió a María por esposa. **25**Pero no tuvo relaciones conyugales con ella hasta que dio a luz un hijo,^e a quien le puso por nombre Jesús.

Visita de los sabios

2 Después de que Jesús nació en Belén de Judea en tiempos del rey Herodes, llegaron a Jerusalén unos sabios^f procedentes del Oriente. **2**—¿Dónde está el que ha nacido rey de los judíos? —preguntaron—. Vimos levantarse^g su estrella y hemos venido a adorarlo.

3Cuando lo oyó el rey Herodes, se turbó, y toda Jerusalén con él. **4**Así que convocó de entre el pueblo a todos los jefes de los sacerdotes y *maestros de la ley, y les preguntó dónde había de nacer el *Cristo.

5—En Belén de Judea —le respondieron—, porque esto es lo que ha escrito el profeta:

6» "Pero tú, Belén, en la tierra de Judá,
de ninguna manera eres la menor
entre los principales de Judá;
porque de ti saldrá un príncipe
que será el pastor de mi pueblo Israel."^h

7Luego Herodes llamó en secreto a los sabios y se enteró por ellos del tiempo exacto en que había aparecido la estrella. **8**Los envió a Belén y les dijo:

—Vayan e infórmense bien de ese niño y, tan pronto como lo encuentren, avísenme para que yo también vaya y lo adore.

9Después de oír al rey, siguieron su camino, y sucedió que la estrella que habían visto levantarse iba delante de ellos hasta que se detuvo sobre el lugar donde estaba el niño. **10**Al ver la estrella, se llenaron de alegría. **11**Cuando llegaron a la casa, vieron al niño con María, su madre; y postrándose lo adoraron. Abrieron sus cofres y le presentaron como regalos oro, incienso y mirra. **12**Entonces, advertidos en sueños de que no volvieran a Herodes, regresaron a su tierra por otro camino.

La huida a Egipto

13Cuando ya se habían ido, un ángel del Señor se le apareció en sueños a José y le dijo: «Levántate, toma al niño y a su madre, y huye a Egipto. Quédate allí hasta que yo te avise, porque Herodes va a buscar al niño para matarlo.»

14Así que se levantó cuando todavía era de noche, tomó al niño y a su madre, y partió para Egipto, **15**donde permaneció hasta la muerte de Herodes. De este modo se cumplió lo que el Señor había dicho por medio del profeta: «De Egipto llamé a mi hijo.»ⁱ

16Cuando Herodes se dio cuenta de que los sabios se habían burlado de él, se enfureció y mandó matar a todos los niños menores de dos años en Belén y en sus alrededores, de acuerdo con el tiempo que había averiguado de los sabios. **17**Entonces se cumplió lo dicho por el profeta Jeremías:

18«Se oye un grito en Ramá,
llanto y gran lamentación;
es Raquel, que llora por sus hijos
y no quiere ser consolada,
¡sus hijos ya no existen!»^j

El regreso a Nazaret

19Después de que murió Herodes, un ángel del Señor se le apareció en sueños a José en Egipto **20**y le dijo: «Levántate, toma al niño y a su madre, y vete a la tierra de Israel, que ya murieron los que amenazaban con quitarle la *vida al niño.»

---

^c**1:21** *Jesús* es la forma griega del nombre hebreo *Josué,* que significa *el SEÑOR salva.* ^d**1:23** Is 7:14 ^e**1:25** *un hijo.* Var. *su hijo primogénito.* ^f**2:1** *sabios.* Lit. *magos;* también en vv. 7, 16. ^g**2:2** *levantarse.* Alt. *en el oriente;* también en v. 9. ^h**2:6** Mi 5:2 ⁱ**2:15** Os 11:1 ^j**2:18** Jer 31:15

21Así que se levantó José, tomó al niño y a su madre, y regresó a la tierra de Israel. 22Pero al oír que Arquelao reinaba en Judea en lugar de su padre Herodes, tuvo miedo de ir allá. Advertido por Dios en sueños, se retiró al distrito de Galilea, 23y fue a vivir en un pueblo llamado Nazaret. Con esto se cumplió lo dicho por los profetas: «Lo llamarán nazareno.»

Juan el Bautista prepara el camino
3:1-12 — Mr 1:3-8; Lc 3:2-17

3 En aquellos días se presentó Juan el Bautista predicando en el desierto de Judea. 2Decía: «*Arrepiéntanse, porque el reino de los cielos está cerca.» 3Juan era aquel de quien había escrito el profeta Isaías:

«Voz de uno que grita en el
    desierto:
"Preparen el camino para el Señor,
    háganle sendas derechas."»k

4La ropa de Juan estaba hecha de pelo de camello. Llevaba puesto un cinturón de cuero y se alimentaba de langostas y miel silvestre. 5Acudía a él la gente de Jerusalén, de toda Judea y de toda la región del Jordán. 6Cuando confesaban sus pecados, él los bautizaba en el río Jordán. 7Pero al ver que muchos fariseos y saduceos llegaban adonde él estaba bautizando, les advirtió: «¡Camada de víboras! ¿Quién les dijo que podrán escapar del castigo que se acerca? 8Produzcan frutos que demuestren arrepentimiento. 9No piensen que podrán alegar: "Tenemos a Abraham por padre." Porque les digo que aun de estas piedras Dios es capaz de darle hijos a Abraham. 10El hacha ya está puesta a la raíz de los árboles, y todo árbol que no produzca buen fruto será cortado y arrojado al fuego. 11»Yo los bautizo a ustedes conl agua para que se arrepientan. Pero el que viene después de mí es más poderoso que yo, y ni siquiera merezco llevarle las sandalias. Él los bautizará con el Espíritu Santo y con fuego. 12Tiene el rastrillo en la mano y limpiará su era, recogiendo el trigo en su granero; la paja, en cambio, la quemará con fuego que nunca se apagará.»

Bautismo de Jesús
3:13-17 — Mr 1:9-11; Lc 3:21-22; Jn 1:31-34

13Un día Jesús fue de Galilea al Jordán para que Juan lo bautizara. 14Pero Juan trató de disuadirlo.

—Yo soy el que necesita ser bautizado por ti, ¿y tú vienes a mí? —objetó.

15—Dejémoslo así por ahora, pues nos conviene cumplir con lo que es justo —le contestó Jesús.

Entonces Juan consintió.

16Tan pronto como Jesús fue bautizado, subió del agua. En ese momento se abrió el cielo, y él vio al Espíritu de Dios bajar como una paloma y posarse sobre él. 17Y una voz del cielo decía: «Éste es mi Hijo amado; estoy muy complacido con él.»

Tentación de Jesús
4:1-11 — Mr 1:12-13; Lc 4:1-13

4 Luego el Espíritu llevó a Jesús al desierto para que el diablo lo sometiera a *tentación. 2Después de ayunar cuarenta días y cuarenta noches, tuvo hambre. 3El tentador se le acercó y le propuso:

—Si eres el Hijo de Dios, ordena a estas piedras que se conviertan en pan.

4Jesús le respondió:

—Escrito está: "No sólo de pan vive el hombre, sino de toda palabra que sale de la boca de Dios."m

5Luego el diablo lo llevó a la ciudad santa e hizo que se pusiera de pie sobre la parte más alta del *templo, y le dijo:

6—Si eres el Hijo de Dios, tírate abajo. Porque escrito está:

"Ordenará que sus ángeles
    te sostengan en sus manos,
para que no tropieces con piedra
    alguna."n

7—También está escrito: "No pongas a prueba al Señor tu Dios"ñ —le contestó Jesús.

k3:3 Is 40:3   l3:11 con. Alt. en.   m4:4 Dt 8:3   n4:6 Sal 91:11,12   ñ4:7 Dt 6:16

8De nuevo lo tentó el diablo, llevándolo a una montaña muy alta, y le mostró todos los reinos del mundo y su esplendor. **9**—Todo esto te daré si te postras y me adoras.

10—¡Vete, Satanás! —le dijo Jesús—. Porque escrito está: "Adora al Señor tu Dios y sírvele solamente a él."*o* **11**Entonces el diablo lo dejó, y unos ángeles acudieron a servirle.

Jesús comienza a predicar

12Cuando Jesús oyó que habían encarcelado a Juan, regresó a Galilea. **13**Partió de Nazaret y se fue a vivir a Capernaúm, que está junto al lago en la región de Zabulón y de Neftalí, **14**para cumplir lo dicho por el profeta Isaías:

15«Tierra de Zabulón y tierra de
Neftalí,
camino del mar, al otro lado del
Jordán,
Galilea de los *gentiles;
16el pueblo que habitaba en la
oscuridad
ha visto una gran luz;
sobre los que vivían en densas
tinieblas*p*
la luz ha resplandecido.»*q*

17Desde entonces comenzó Jesús a predicar: «*Arrepiéntanse, porque el reino de los cielos está cerca.»

Llamamiento de los primeros discípulos

4:18-22 — Mr 1:16-20; Lc 5:2-11; Jn 1:35-42

18Mientras caminaba junto al mar de Galilea, Jesús vio a dos hermanos: uno era Simón, llamado Pedro, y el otro Andrés. Estaban echando la red al lago, pues eran pescadores. **19**«Vengan, síganme —les dijo Jesús—, y los haré pescadores de hombres.» **20**Al instante dejaron las redes y lo siguieron.

21Más adelante vio a otros dos hermanos: *Jacobo y Juan, hijos de Zebedeo, que estaban con su padre en una barca

remendando las redes. Jesús los llamó, **22**y dejaron en seguida la barca y a su padre, y lo siguieron.

Jesús sana a los enfermos

23Jesús recorría toda Galilea, enseñando en las sinagogas, anunciando las buenas *nuevas del reino, y sanando toda enfermedad y dolencia entre la gente. **24**Su fama se extendió por toda Siria, y le llevaban todos los que padecían de diversas enfermedades, los que sufrían de dolores graves, los endemoniados, los epilépticos y los paralíticos, y él los sanaba. **25**Lo seguían grandes multitudes de Galilea, *Decápolis, Jerusalén, Judea y de la región al otro lado del Jordán.

Las bienaventuranzas

5:3-12 — Lc 6:20-23

5 Cuando vio a las multitudes, subió a la ladera de una montaña y se sentó. Sus discípulos se le acercaron, **2**y tomando él la palabra, comenzó a enseñarles diciendo:

3«*Dichosos los pobres en espíritu,
porque el reino de los cielos les
pertenece.
4Dichosos los que lloran,
porque serán consolados.
5Dichosos los humildes,
porque recibirán la tierra como
herencia.
6Dichosos los que tienen hambre y
sed de justicia,
porque serán saciados.
7Dichosos los compasivos,
porque serán tratados con
compasión.
8Dichosos los de corazón limpio,
porque ellos verán a Dios.
9Dichosos los que trabajan por la
paz,
porque serán llamados hijos de
Dios.
10Dichosos los perseguidos por causa
de la justicia,
porque el reino de los cielos les
pertenece.

---

*o***4:10** Dt 6:13   *p***4:16** *vivían en densas tinieblas.* Lit. *habitaban en tierra y sombra de muerte.*
*q***4:16** Is 9:1,2

11»Dichosos serán ustedes cuando por mi causa la gente los insulte, los persiga y levante contra ustedes toda clase de calumnias. **12**Alégrense y llénense de júbilo, porque les espera una gran recompensa en el cielo. Así también persiguieron a los profetas que los precedieron a ustedes.

La sal y la luz

13»Ustedes son la sal de la tierra. Pero si la sal se vuelve insípida, ¿cómo recobrará su sabor? Ya no sirve para nada, sino para que la gente la deseche y la pisotee. **14**»Ustedes son la luz del mundo. Una ciudad en lo alto de una colina no puede esconderse. **15**Ni se enciende una lámpara para cubrirla con un cajón. Por el contrario, se pone en la repisa para que alumbre a todos los que están en la casa. **16**Hagan brillar su luz delante de todos, para que ellos puedan ver las buenas obras de ustedes y alaben al Padre que está en el cielo.

El cumplimiento de la ley

17»No piensen que he venido a anular la ley o los profetas; no he venido a anularlos sino a darles cumplimiento. **18**Les aseguro que mientras existan el cielo y la tierra, ni una letra ni una tilde de la ley desaparecerán hasta que todo se haya cumplido. **19**Todo el que infrinja uno solo de estos mandamientos, por pequeño que sea, y enseñe a otros a hacer lo mismo, será considerado el más pequeño en el reino de los cielos; pero el que los practique y enseñe será considerado grande en el reino de los cielos. **20**Porque les digo a ustedes, que no van a entrar en el reino de los cielos a menos que su justicia supere a la de los fariseos y de los *maestros de la ley.

El homicidio

5:25-26 — Lc 12:58-59

21»Ustedes han oído que se dijo a sus antepasados: "No mates,^r y todo el que mate quedará sujeto al juicio del tribunal."

22Pero yo les digo que todo el que se enoje^s con su hermano quedará sujeto al juicio del tribunal. Es más, cualquiera que insulte^t a su hermano quedará sujeto al juicio del *Consejo. Pero cualquiera que lo maldiga^u quedará sujeto al juicio del infierno.^v

23»Por lo tanto, si estás presentando tu ofrenda en el altar y allí recuerdas que tu hermano tiene algo contra ti, **24**deja tu ofrenda allí delante del altar. Ve primero y reconcíliate con tu hermano; luego vuelve y presenta tu ofrenda. **25**»Si tu adversario te va a denunciar, llega a un acuerdo con él lo más pronto posible. Hazlo mientras vayan de camino al juzgado, no sea que te entregue al juez, y el juez al guardia, y te echen en la cárcel. **26**Te aseguro que no saldrás de allí hasta que pagues el último centavo.^w

El adulterio

27»Ustedes han oído que se dijo: "No cometas adulterio."^x **28**Pero yo les digo que cualquiera que mira a una mujer y la codicia ya ha cometido adulterio con ella en el corazón. **29**Por tanto, si tu ojo derecho te hace *pecar, sácatelo y tíralo. Más te vale perder una sola parte de tu cuerpo, y no que todo él sea arrojado al infierno.^y **30**Y si tu mano derecha te hace pecar, córtatela y arrójala. Más te vale perder una sola parte de tu cuerpo, y no que todo él vaya al infierno.

El divorcio

31»Se ha dicho: "El que repudia a su esposa debe darle un certificado de divorcio."^z **32**Pero yo les digo, excepto en caso de infidelidad conyugal, todo el que se divorcia de su esposa, la induce a cometer adulterio, y el que se casa con la divorciada comete adulterio también.

Los juramentos

33»También han oído que se dijo a sus antepasados: "No faltes a tu juramento, sino cumple con tus promesas al Señor."

---

^r**5:21** Éx 20:13   ^s**5:22** *se enoje.* Var. *se enoje sin causa.*   ^t**5:22** *insulte.* Lit. *le diga: "Raca"* (estúpido en arameo).   ^u**5:22** *lo maldiga.* Lit. *le diga: "Necio."*   ^v**5:22** *del infierno.* Lit. *de la *Gehenna del fuego.*   ^w**5:26** *centavo.* Lit. *cuadrante.*   ^x**5:27** Éx 20:14   ^y**5:29** *al infierno.* Lit. *a la *Gehenna;* también en v. 30.   ^z**5:31** Dt 24:1

34 Pero yo les digo: No juren de ningún modo: ni por el cielo, porque es el trono de Dios; 35 ni por la tierra, porque es el estrado de sus pies; ni por Jerusalén, porque es la ciudad del gran Rey. 36 Tampoco jures por tu cabeza, porque no puedes hacer que ni uno solo de tus cabellos se vuelva blanco o negro. 37 Cuando ustedes digan "sí", que sea realmente sí; y cuando digan "no", que sea no. Cualquier cosa de más, proviene del maligno.

Ojo por ojo

38»Ustedes han oído que se dijo: "Ojo por ojo y diente por diente." a 39 Pero yo les digo: No resistan al que les haga mal. Si alguien te da una bofetada en la mejilla derecha, vuélvele también la otra. 40 Si alguien te pone pleito para quitarte la capa, déjale también la *camisa. 41 Si alguien te obliga a llevarle la carga un kilómetro, llévasela dos. 42 Al que te pida, dale; y al que quiera tomar de ti prestado, no le vuelvas la espalda.

El amor a los enemigos

43»Ustedes han oído que se dijo: "Ama a tu prójimo b y odia a tu enemigo." 44 Pero yo les digo: Amen a sus enemigos y oren por quienes los persiguen, c 45 para que sean hijos de su Padre que está en el cielo. Él hace que salga el sol sobre malos y buenos, y que llueva sobre justos e injustos. 46 Si ustedes aman solamente a quienes los aman, ¿qué recompensa recibirán? ¿Acaso no hacen eso hasta los *recaudadores de impuestos? 47 Y si saludan a sus hermanos solamente, ¿qué de más hacen ustedes? ¿Acaso no hacen esto hasta los *gentiles? 48 Por tanto, sean *perfectos, así como su Padre celestial es perfecto.

El dar a los necesitados

6 »Cuídense de no hacer sus obras de justicia delante de la gente para llamar la atención. Si actúan así, su Padre que está en el cielo no les dará ninguna recompensa.

2»Por eso, cuando des a los necesitados, no lo anuncies al son de trompeta, como lo hacen los *hipócritas en las sinagogas y en las calles para que la gente les rinda homenaje. Les aseguro que ellos ya han recibido toda su recompensa. 3 Más bien, cuando des a los necesitados, que no se entere tu mano izquierda de lo que hace la derecha, 4 para que tu limosna sea en secreto. Así tu Padre, que ve lo que se hace en secreto, te recompensará.

La oración

6:9-13 — Lc 11:2-4

5»Cuando oren, no sean como los *hipócritas, porque a ellos les encanta orar de pie en las sinagogas y en las esquinas de las plazas para que la gente los vea. Les aseguro que ya han obtenido toda su recompensa. 6 Pero tú, cuando pongas a orar, entra en tu cuarto, cierra la puerta y ora a tu Padre, que está en lo secreto. Así tu Padre, que ve lo que se hace en secreto, te recompensará. 7 Y al orar, no hablen sólo por hablar como hacen los *gentiles, porque ellos se imaginan que serán escuchados por sus muchas palabras. 8 No sean como ellos, porque su Padre sabe lo que ustedes necesitan antes de que se lo pidan.

9»Ustedes deben orar así:

» "Padre nuestro que estás en el
    cielo,
   *santificado sea tu nombre,
10 venga tu reino,
    hágase tu voluntad
      en la tierra como en el cielo.
11 Danos hoy nuestro pan cotidiano. d
12 Perdónanos nuestras deudas,
    como también nosotros hemos
      perdonado a nuestros
      deudores.
13 Y no nos dejes caer en *tentación,
    sino líbranos del maligno." e

14»Porque si perdonan a otros sus ofensas, también los perdonará a ustedes su

---

a 5:38 Éx 21:24; Lv 24:20; Dt 19:21   b 5:43 Lv 19:18   c 5:44 Amen ... persiguen. Var. Amen a sus enemigos, bendigan a quienes los maldicen, hagan bien a quienes los odian, y oren por quienes los ultrajan y los persiguen (véase Lc 6:27,28).   d 6:11 nuestro pan cotidiano. Alt. el pan que necesitamos.   e 6:13 del maligno. Alt. del mal. Var. del maligno, porque tuyos son el reino y el poder y la gloria para siempre. Amén.

Padre celestial. 15Pero si no perdonan a otros sus ofensas, tampoco su Padre les perdonará a ustedes las suyas.

El ayuno

16»Cuando ayunen, no pongan cara triste como hacen los *hipócritas, que demudan sus rostros para mostrar que están ayunando. Les aseguro que éstos ya han obtenido toda su recompensa. 17Pero tú, cuando ayunes, perfúmate la cabeza y lávate la cara 18para que no sea evidente ante los demás que estás ayunando, sino sólo ante tu Padre, que está en lo secreto; y tu Padre, que ve lo que se hace en secreto, te recompensará.

Tesoros en el cielo
6:22-23 — Lc 11:34-36

19»No acumulen para sí tesoros en la tierra, donde la polilla y el óxido destruyen, y donde los ladrones se meten a robar. 20Más bien, acumulen para sí tesoros en el cielo, donde ni la polilla ni el óxido carcomen, ni los ladrones se meten a robar. 21Porque donde esté tu tesoro, allí estará también tu corazón.

22»El ojo es la lámpara del cuerpo. Por tanto, si tu visión es clara, todo tu ser disfrutará de la luz. 23Pero si tu visión está nublada, todo tu ser estará en oscuridad. Si la luz que hay en ti es oscuridad, ¡qué densa será esa oscuridad!

24»Nadie puede servir a dos señores, pues menospreciará a uno y amará al otro, o querrá mucho a uno y despreciará al otro. No se puede servir a la vez a Dios y a las riquezas.

De nada sirve preocuparse
6:25-33 — Lc 12:22-31

25»Por eso les digo: No se preocupen por su *vida, qué comerán o beberán; ni por su cuerpo, cómo se vestirán. ¿No tiene la vida más valor que la comida, y el cuerpo más que la ropa? 26Fíjense en las aves del cielo: no siembran ni cosechan ni almacenan en graneros; sin embargo, el Padre celestial las alimenta. ¿No valen ustedes mucho más que ellas? 27¿Quién

de ustedes, por mucho que se preocupe, puede añadir una sola hora al curso de su vida?ʄ 28»¿Y por qué se preocupan por la ropa? Observen cómo crecen los lirios del campo. No trabajan ni hilan; 29sin embargo, les digo que ni siquiera Salomón, con todo su esplendor, se vestía como uno de ellos. 30Si así viste Dios a la hierba que hoy está en el campo y mañana es arrojada al horno, ¿no hará mucho más por ustedes, gente de poca fe? 31Así que no se preocupen diciendo: "¿Qué comeremos?" o "¿Qué beberemos?" o "¿Con qué nos vestiremos?" 32Porque los *paganos andan tras todas estas cosas, y el Padre celestial sabe que ustedes las necesitan. 33Más bien, busquen primeramente el reino de Dios y su justicia, y todas estas cosas les serán añadidas. 34Por lo tanto, no se angustien por el mañana, el cual tendrá sus propios afanes. Cada día tiene ya sus problemas.

El juzgar a los demás
7:3-5 — Lc 6:41-42

7 »No juzguen a nadie, para que nadie los juzgue a ustedes. 2Porque tal como se les juzgará a ustedes, y con la medida que midan a otros, se les medirá a ustedes.

3»¿Por qué te fijas en la astilla que tiene tu hermano en el ojo, y no le das importancia a la viga que está en el tuyo? 4¿Cómo puedes decirle a tu hermano: "Déjame sacarte la astilla del ojo", cuando ahí tienes una viga en el tuyo? 5¡*Hipócrita!, saca primero la viga de tu propio ojo, y entonces verás con claridad para sacar la astilla del ojo de tu hermano.

6»No den lo sagrado a los *perros, no sea que se vuelvan contra ustedes y los despedacen; ni echen sus perlas a los cerdos, no sea que las pisoteen.

Pidan, busquen, llamen
7:7-11 — Lc 11:9-13

7»Pidan, y se les dará; busquen, y encontrarán; llamen, y se les abrirá. 8Porque todo el que pide, recibe; el que busca, encuentra; y al que llama, se le abre.

ʄ6:27 *puede añadir ... su vida.* Alt. *puede aumentar su estatura siquiera medio metro?* (lit. *un *codo*).

⁹»¿Quién de ustedes, si su hijo le pide pan, le da una piedra? ¹⁰¿O si le pide un pescado, le da una serpiente? ¹¹Pues si ustedes, aun siendo malos, saben dar cosas buenas a sus hijos, ¡cuánto más su Padre que está en el cielo dará cosas buenas a los que le pidan! ¹²Así que en todo traten ustedes a los demás tal y como quieren que ellos los traten a ustedes. De hecho, esto es la ley y los profetas.

La puerta estrecha y la puerta ancha

¹³»Entren por la puerta estrecha. Porque es ancha la puerta y espacioso el camino que conduce a la destrucción, y muchos entran por ella. ¹⁴Pero estrecha es la puerta y angosto el camino que conduce a la vida, y son pocos los que la encuentran.

El árbol y sus frutos

¹⁵»Cuídense de los falsos profetas. Vienen a ustedes disfrazados de ovejas, pero por dentro son lobos feroces. ¹⁶Por sus frutos los conocerán. ¿Acaso se recogen uvas de los espinos, o higos de los cardos? ¹⁷Del mismo modo, todo árbol bueno da fruto bueno, pero el árbol malo da fruto malo. ¹⁸Un árbol bueno no puede dar fruto malo, y un árbol malo no puede dar fruto bueno. ¹⁹Todo árbol que no da buen fruto se corta y se arroja al fuego. ²⁰Así que por sus frutos los conocerán.

²¹»No todo el que me dice: "Señor, Señor", entrará en el reino de los cielos, sino sólo el que hace la voluntad de mi Padre que está en el cielo. ²²Muchos me dirán en aquel día: "Señor, Señor, ¿no profetizamos en tu nombre, y en tu nombre expulsamos demonios e hicimos muchos milagros?" ²³Entonces les diré claramente: "Jamás los conocí. ¡Aléjense de mí, hacedores de maldad!"

El prudente y el insensato
7:24-27 — Lc 6:47-49

²⁴»Por tanto, todo el que me oye estas palabras y las pone en práctica es como un hombre prudente que construyó su casa sobre la roca. ²⁵Cayeron las lluvias, crecieron los ríos, y soplaron los vientos y azotaron aquella casa; con todo, la casa no se derrumbó porque estaba cimentada sobre la roca. ²⁶Pero todo el que me oye estas palabras y no las pone en práctica es como un hombre insensato que construyó su casa sobre la arena. ²⁷Cayeron las lluvias, crecieron los ríos, y soplaron los vientos y azotaron aquella casa, y ésta se derrumbó, y grande fue su ruina.»

²⁸Cuando Jesús terminó de decir estas cosas, las multitudes se asombraron de su enseñanza, ²⁹porque les enseñaba como quien tenía autoridad, y no como los *maestros de la ley.

Jesús sana a un leproso
8:2-4 — Mr 1:40-44; Lc 5:12-14

8 Cuando Jesús bajó de la ladera de la montaña, lo siguieron grandes multitudes. ²Un hombre que tenía *lepra se le acercó y se arrodilló delante de él.

—Señor, si quieres, puedes *limpiarme —le dijo.

³Jesús extendió la mano y tocó al hombre.

—Sí quiero —le dijo—. ¡Queda limpio! Y al instante quedó sano^g de la lepra.

⁴—Mira, no se lo digas a nadie —le dijo Jesús—; sólo ve, preséntate al sacerdote, y lleva la ofrenda que ordenó Moisés, para que sirva de testimonio.

La fe del centurión
8:5-13 — Lc 7:1-10

⁵Al entrar Jesús en Capernaúm, se le acercó un centurión pidiendo ayuda.

⁶—Señor, mi siervo está postrado en casa con parálisis, y sufre terriblemente.

⁷—Iré a sanarlo —respondió Jesús.

⁸—Señor, no merezco que entres bajo mi techo. Pero basta con que digas una sola palabra, y mi siervo quedará sano. ⁹Porque yo mismo soy un hombre sujeto a órdenes superiores, y además tengo soldados bajo mi autoridad. Le digo a uno: "Ve", y va, y al otro: "Ven", y viene. Le digo a mi siervo: "Haz esto", y lo hace.

---

^g 8:3 *sano.* Lit. *limpio.*

¹⁰Al oír esto, Jesús se asombró y dijo a quienes lo seguían:

—Les aseguro que no he encontrado en Israel a nadie que tenga tanta fe. ¹¹Les digo que muchos vendrán del oriente y del occidente, y participarán en el banquete con Abraham, Isaac y Jacob en el reino de los cielos. ¹²Pero a los súbditos del reino se les echará afuera, a la oscuridad, donde habrá llanto y rechinar de dientes.

¹³Luego Jesús le dijo al centurión:

—¡Ve! Todo se hará tal como creíste.

Y en esa misma hora aquel siervo quedó sanó.

Jesús sana a muchos enfermos
8:14-16 — Mr 1:29-34; Lc 4:38-41

¹⁴Cuando Jesús entró en casa de Pedro, vio a la suegra de éste en cama, con fiebre. ¹⁵Le tocó la mano y la fiebre se le quitó; luego ella se levantó y comenzó a servirle. ¹⁶Al atardecer, le llevaron muchos endemoniados, y con una sola palabra expulsó a los espíritus, y sanó a todos los enfermos. ¹⁷Esto sucedió para que se cumpliera lo dicho por el profeta Isaías:

«Él cargó con nuestras
enfermedades
y soportó nuestros dolores.» ʰ

Lo que cuesta seguir a Jesús
8:19-22 — Lc 9:57-60

¹⁸Cuando Jesús vio a la multitud que lo rodeaba, dio orden de pasar al otro lado del lago. ¹⁹Se le acercó un *maestro de la ley y le dijo:

—Maestro, te seguiré a dondequiera que vayas.

²⁰—Las zorras tienen madrigueras y las aves tienen nidos —le respondió Jesús—, pero el Hijo del hombre no tiene dónde recostar la cabeza.

²¹Otro discípulo le pidió:

—Señor, primero déjame ir a enterrar a mi padre.

²²—Sígueme —le replicó Jesús—, y deja que los muertos entierren a sus muertos.

Jesús calma la tormenta
8:23-27 — Mr 4:36-41; Lc 8:22-25

²³Luego subió a la barca y sus discípulos lo siguieron. ²⁴De repente, se levantó en el lago una tormenta tan fuerte que las olas inundaban la barca. Pero Jesús estaba dormido. ²⁵Los discípulos fueron a despertarlo.

—¡Señor —gritaron—, sálvanos, que nos vamos a ahogar!

²⁶—Hombres de poca fe —les contestó—, ¿por qué tienen tanto miedo?

Entonces se levantó y reprendió a los vientos y a las olas, y todo quedó completamente tranquilo.

²⁷Los discípulos no salían de su asombro, y decían: «¿Qué clase de hombre es éste, que hasta los vientos y las olas le obedecen?»

Liberación de dos endemoniados
8:28-34 — Mr 5:1-17; Lc 8:26-37

²⁸Cuando Jesús llegó al otro lado, a la región de los gadarenos, ⁱ dos endemoniados le salieron al encuentro de entre los sepulcros. Eran tan violentos que nadie se atrevía a pasar por aquel camino. ²⁹De pronto le gritaron:

—¿Por qué te entrometes, Hijo de Dios? ¿Has venido aquí a atormentarnos antes del tiempo señalado?

³⁰A cierta distancia de ellos estaba paciendo una gran manada de cerdos. ³¹Los demonios le rogaron a Jesús:

—Si nos expulsas, mándanos a la manada de cerdos.

³²—Vayan —les dijo.

Así que salieron de los hombres y entraron en los cerdos, y toda la manada se precipitó al lago por el despeñadero y murió en el agua. ³³Los que cuidaban los cerdos salieron corriendo al pueblo y dieron aviso de todo, incluso de lo que les había sucedido a los endemoniados. ³⁴Entonces todos los del pueblo fueron al encuentro de Jesús. Y cuando lo vieron, le suplicaron que se alejara de esa región.

ʰ 8:17 Is 53:4   ⁱ 8:28 gadarenos. Var. gergesenos; otra var. gerasenos.

Jesús sana a un paralítico

9:2-8 — Mr 2:3-12; Lc 5:18-26

9 Subió Jesús a una barca, cruzó al otro lado y llegó a su propio pueblo. ²Unos hombres le llevaron un paralítico, acostado en una camilla. Al ver Jesús la fe de ellos, le dijo al paralítico:

—¡Ánimo, hijo; tus pecados quedan perdonados!

³Algunos de los *maestros de la ley murmuraron entre ellos: «¡Este hombre *blasfema!»

⁴Como Jesús conocía sus pensamientos, les dijo:

—¿Por qué dan lugar a tan malos pensamientos? ⁵¿Qué es más fácil, decir: "Tus pecados quedan perdonados", o decir: "Levántate y anda"? ⁶Pues para que sepan que el Hijo del hombre tiene autoridad en la tierra para perdonar pecados —se dirigió entonces al paralítico—: Levántate, toma tu camilla y vete a tu casa.

⁷Y el hombre se levantó y se fue a su casa. ⁸Al ver esto, la multitud se llenó de temor, y glorificó a Dios por haber dado tal autoridad a los *mortales.

Llamamiento de Mateo

9:9-13 — Mr 2:14-17; Lc 5:27-32

⁹Al irse de allí, Jesús vio a un hombre llamado Mateo, sentado a la mesa de recaudación de impuestos. «Sígueme», le dijo. Mateo se levantó y lo siguió.

¹⁰Mientras Jesús estaba comiendo en casa de Mateo, muchos *recaudadores de impuestos y *pecadores llegaron y comieron con él y sus discípulos. ¹¹Cuando los fariseos vieron esto, les preguntaron a sus discípulos:

—¿Por qué come su maestro con recaudadores de impuestos y con pecadores?

¹²Al oír esto, Jesús les contestó:

—No son los sanos los que necesitan médico sino los enfermos. ¹³Pero vayan y aprendan lo que significa: "Lo que pido de ustedes es misericordia y no sacrificios."ʲ Porque no he venido a llamar a justos sino a pecadores.

Le preguntan a Jesús sobre el ayuno

9:14-17 — Mr 2:18-22; Lc 5:33-39

¹⁴Un día se le acercaron los discípulos de Juan y le preguntaron:

—¿Cómo es que nosotros y los fariseos ayunamos, pero no así tus discípulos?

Jesús les contestó:

¹⁵—¿Acaso pueden estar de luto los invitados del novio mientras él está con ellos? Llegará el día en que se les quitará el novio; entonces sí ayunarán. ¹⁶Nadie remienda un vestido viejo con un retazo de tela nueva, porque el remiendo fruncirá el vestido y la rotura se hará peor. ¹⁷Ni tampoco se echa vino nuevo en odres viejos. De hacerlo así, se reventarán los odres, se derramará el vino y los odres se arruinarán. Más bien, el vino nuevo se echa en odres nuevos, y así ambos se conservan.

Una niña muerta y una mujer enferma

9:18-26 — Mr 5:22-43; Lc 8:41-56

¹⁸Mientras él les decía esto, un dirigente judío llegó, se arrodilló delante de él y le dijo:

—Mi hija acaba de morir. Pero ven y pon tu mano sobre ella, y vivirá.

¹⁹Jesús se levantó y fue con él, acompañado de sus discípulos. ²⁰En esto, una mujer que hacía doce años padecía de hemorragias se le acercó por detrás y le tocó el borde del manto. ²¹Pensaba: «Si al menos logro tocar su manto, quedaré *sana.» ²²Jesús se dio vuelta, la vio y le dijo:

—¡Ánimo, hija! Tu fe te ha sanado.

Y la mujer quedó sana en aquel momento.

²³Cuando Jesús entró en la casa del dirigente y vio a los flautistas y el alboroto de la gente, ²⁴les dijo:

ʲ**9:13** Os 6:6

—Váyanse. La niña no está muerta sino dormida.

Entonces empezaron a burlarse de él. 25Pero cuando se les hizo salir, entró él, tomó de la mano a la niña, y ésta se levantó. 26La noticia se divulgó por toda aquella región.

Jesús sana a los ciegos y a los mudos

27Al irse Jesús de allí, dos ciegos lo siguieron, gritándole:

—¡Ten compasión de nosotros, Hijo de David!

28Cuando entró en la casa, se le acercaron los ciegos, y él les preguntó:

—¿Creen que puedo sanarlos?

—Sí, Señor —le respondieron.

29Entonces les tocó los ojos y les dijo:

—Se hará con ustedes conforme a su fe.

30Y recobraron la vista. Jesús les advirtió con firmeza:

—Asegúrense de que nadie se entere de esto.

31Pero ellos salieron para divulgar por toda aquella región la noticia acerca de Jesús.

32Mientras ellos salían, le llevaron un mudo endemoniado. 33Así que Jesús expulsó al demonio, y el que había estado mudo habló. La multitud se maravillaba y decía: «Jamás se ha visto nada igual en Israel.»

34Pero los fariseos afirmaban: «Éste expulsa a los demonios por medio del príncipe de los demonios.»

Son pocos los obreros

35Jesús recorría todos los pueblos y aldeas enseñando en las sinagogas, anunciando las buenas *nuevas del reino, y sanando toda enfermedad y toda dolencia. 36Al ver a las multitudes, tuvo compasión de ellas, porque estaban agobiadas y desamparadas, como ovejas sin pastor. 37«La cosecha es abundante, pero son pocos los obreros —les dijo a sus discípulos—. 38Pídanle, por tanto, al Señor de la cosecha que envíe obreros a su campo.»

Jesús envía a los doce

10:2-4 — Mr 3:16-19; Lc 6:14-16; Hch 1:13
10:9-15 — Mr 6:8-11; Lc 9:3-5; 10:4-12
10:19-22 — Mr 13:11-13; Lc 21:12-17
10:26-33 — Lc 12:2-9
10:34-35 — Lc 12:51-53

10 Reunió a sus doce discípulos y les dio autoridad para expulsar a los *espíritus malignos y sanar toda enfermedad y toda dolencia.

2Éstos son los nombres de los doce apóstoles: primero Simón, llamado Pedro, y su hermano Andrés; *Jacobo y su hermano Juan, hijos de Zebedeo; 3Felipe y Bartolomé; Tomás y Mateo, el *recaudador de impuestos; Jacobo, hijo de Alfeo, y Tadeo; 4Simón el Zelote y Judas Iscariote, el que lo traicionó.

5Jesús envió a estos doce con las siguientes instrucciones: «No vayan entre los *gentiles ni entren en ningún pueblo de los samaritanos. 6Vayan más bien a las ovejas descarriadas del pueblo de Israel. 7Dondequiera que vayan, prediquen este mensaje: "El reino de los cielos está cerca." 8Sanen a los enfermos, resuciten a los muertos, *limpien de su enfermedad a los que tienen *lepra, expulsen a los demonios. Lo que ustedes recibieron gratis, denlo gratuitamente. 9No lleven oro ni plata ni cobre en el cinturón, 10ni bolsa para el camino, ni dos mudas de ropa, ni sandalias, ni bastón; porque el trabajador merece que se le dé su sustento.

11»En cualquier pueblo o aldea donde entren, busquen a alguien que merezca recibirlos, y quédense en su casa hasta que se vayan de ese lugar. 12Al entrar, digan: "Paz a esta casa."k 13Si el hogar se lo merece, que la paz de ustedes reine en él; y si no, que la paz se vaya con ustedes. 14Si alguno no los recibe bien ni escucha sus palabras, al salir de esa casa o de ese pueblo, sacúdanse el polvo de los pies. 15Les aseguro que en el día del juicio el castigo para Sodoma y Gomorra será más tole-

---

k 10:12 Al entrar ... casa". Lit. Al entrar en la casa, salúdenla.

rable que para ese pueblo. ¹⁶Los envío como ovejas en medio de lobos. Por tanto, sean astutos como serpientes y sencillos como palomas.

¹⁷»Tengan cuidado con la gente; los entregarán a los tribunales y los azotarán en las sinagogas. ¹⁸Por mi causa los llevarán ante gobernadores y reyes para dar testimonio a ellos y a los gentiles. ¹⁹Pero cuando los arresten, no se preocupen por lo que van a decir o cómo van a decirlo. En ese momento se les dará lo que han de decir, ²⁰porque no serán ustedes los que hablen, sino que el Espíritu de su Padre hablará por medio de ustedes.

²¹»El hermano entregará a la muerte al hermano, y el padre al hijo. Los hijos se rebelarán contra sus padres y harán que los maten. ²²Por causa de mi nombre todo el mundo los odiará, pero el que se mantenga firme hasta el fin será salvo. ²³Cuando los persigan en una ciudad, huyan a otra. Les aseguro que no terminarán de recorrer las ciudades de Israel antes de que venga el Hijo del hombre.

²⁴»El discípulo no es superior a su maestro, ni el *siervo superior a su amo. ²⁵Basta con que el discípulo sea como su maestro, y el siervo como su amo. Si al jefe de la casa lo han llamado *Beelzebú, ¡cuánto más a los de su familia!

²⁶»Así que no les tengan miedo; porque no hay nada encubierto que no llegue a revelarse, ni nada escondido que no llegue a conocerse. ²⁷Lo que les digo en la oscuridad, díganlo ustedes a plena luz; lo que se les susurra al oído, proclámenlo desde las azoteas. ²⁸No teman a los que matan el cuerpo pero no pueden matar el alma.ˡ Teman más bien al que puede destruir alma y cuerpo en el infierno.ᵐ ²⁹¿No se venden dos gorriones por una monedita?ⁿ Sin embargo, ni uno de ellos caerá a tierra sin que lo permita el Padre; ³⁰y él les tiene contados a ustedes aun los cabellos de la cabeza. ³¹Así que no tengan miedo; ustedes valen más que muchos gorriones.

³²»A cualquiera que me reconozca delante de los demás, yo también lo reconoceré delante de mi Padre que está en el cielo. ³³Pero a cualquiera que me desconozca delante de los demás, yo también lo desconoceré delante de mi Padre que está en el cielo.

³⁴»No crean que he venido a traer paz a la tierra. No vine a traer paz sino espada. ³⁵Porque he venido a poner en conflicto

"al hombre contra su padre,
    a la hija contra su madre,
    a la nuera contra su suegra;
³⁶los enemigos de cada cual
    serán los de su propia familia".ñ

³⁷»El que quiere a su padre o a su madre más que a mí no es digno de mí; el que quiere a su hijo o a su hija más que a mí no es digno de mí; ³⁸y el que no toma su cruz y me sigue no es digno de mí. ³⁹El que encuentre su *vida, la perderá, y el que la pierda por mi causa, la encontrará.

⁴⁰»Quien los recibe a ustedes, me recibe a mí; y quien me recibe a mí, recibe al que me envió. ⁴¹Cualquiera que recibe a un profeta por tratarse de un profeta, recibirá recompensa de profeta; y el que recibe a un justo por tratarse de un justo, recibirá recompensa de justo. ⁴²Y quien dé siquiera un vaso de agua fresca a uno de estos pequeños por tratarse de uno de mis discípulos, les aseguro que no perderá su recompensa.»

Jesús y Juan el Bautista
11:2-19 — Lc 7:18-35

11 Cuando Jesús terminó de dar instrucciones a sus doce discípulos, se fue de allí a enseñar y a predicar en otros pueblos.

²Juan estaba en la cárcel, y al enterarse de lo que *Cristo estaba haciendo, envió a sus discípulos a que le preguntaran:

³—¿Eres tú el que ha de venir, o debemos esperar a otro?

ˡ**10:28** *alma.* Este vocablo griego también puede significar **vida.*   ᵐ**10:28** *infierno.* Lit. **Gehenna.*   ⁿ**10:29** *una monedita.* Lit. *un *asarion.*   ñ**10:36** Mi 7:6

4Les respondió Jesús:

—Vayan y cuéntenle a Juan lo que están viendo y oyendo: **5**Los ciegos ven, los cojos andan, los que tienen *lepra son sanados, los sordos oyen, los muertos resucitan y a los pobres se les anuncian las buenas *nuevas. **6***Dichoso el que no *tropieza por causa mía.

7Mientras se iban los discípulos de Juan, Jesús comenzó a hablarle a la multitud acerca de Juan: «¿Qué salieron a ver al desierto? ¿Una caña sacudida por el viento? **8**Si no, ¿qué salieron a ver? ¿A un hombre vestido con ropa fina? Claro que no, pues los que usan ropa de lujo están en los palacios de los reyes. **9**Entonces, ¿qué salieron a ver? ¿A un profeta? Sí, les digo, y más que profeta. **10**Éste es de quien está escrito:

» "Yo estoy por enviar a mi
mensajero delante de ti,
el cual preparará tu camino." *o*

11Les aseguro que entre los mortales no se ha levantado nadie más grande que Juan el Bautista; sin embargo, el más pequeño en el reino de los cielos es más grande que él. **12**Desde los días de Juan el Bautista hasta ahora, el reino de los cielos ha venido avanzando contra viento y marea, y los que se esfuerzan logran aferrarse a él.*p* **13**Porque todos los profetas y la ley profetizaron hasta Juan. **14**Y si quieren aceptar mi palabra, Juan es el Elías que había de venir. **15**El que tenga oídos, que oiga.

16»¿Con qué puedo comparar a esta generación? Se parece a los niños sentados en la plaza que gritan a los demás:

17» "Tocamos la flauta,
y ustedes no bailaron;
Cantamos por los muertos,
y ustedes no lloraron."

18»Porque vino Juan, que no comía ni bebía, y ellos dicen: "Tiene un demonio." **19**Vino el Hijo del hombre, que come y bebe, y dicen: "Éste es un glotón y un borracho, amigo de *recaudadores de impuestos y de *pecadores." Pero la sabiduría queda demostrada por sus hechos.»

Ayes sobre ciudades no arrepentidas
11:21-23 — Lc 10:13-15

20Entonces comenzó Jesús a denunciar a las ciudades en que había hecho la mayor parte de sus milagros, porque no se habían *arrepentido. **21**«¡Ay de ti, Corazín! ¡Ay de ti, Betsaida! Si se hubieran hecho en Tiro y en Sidón los milagros que se hicieron en medio de ustedes, ya hace tiempo que se habrían arrepentido con muchos lamentos.*q* **22**Pero les digo que en el día del juicio será más tolerable el castigo para Tiro y Sidón que para ustedes. **23**Y tú, Capernaúm, ¿acaso serás levantada hasta el cielo? No, sino que descenderás hasta el *abismo. Si los milagros que se hicieron en ti se hubieran hecho en Sodoma, ésta habría permanecido hasta el día de hoy. **24**Pero te *r* digo que en el día del juicio será más tolerable el castigo para Sodoma que para ti.»

Descanso para los cansados
11:25-27 — Lc 10:21-22

25En aquel tiempo Jesús dijo: «Te alabo, Padre, Señor del cielo y de la tierra, porque habiendo escondido estas cosas de los sabios e instruidos, se las has revelado a los que son como niños. **26**Sí, Padre, porque esa fue tu buena voluntad.

27»Mi Padre me ha entregado todas las cosas. Nadie conoce al Hijo sino el Padre, y nadie conoce al Padre sino el Hijo y aquel a quien el Hijo quiera revelarlo.

28»Vengan a mí todos ustedes que están cansados y agobiados, y yo les daré descanso. **29**Carguen con mi yugo y aprendan de mí, pues yo soy apacible y humilde de corazón, y encontrarán descanso para su alma. **30**Porque mi yugo es suave y mi carga es liviana.»

---

o 11:10 Mal 3:1   *P* 11:12 *ha venido ... aferrarse a él.* Alt. *sufre violencia y los violentos quieren arrebatarlo.*
q 11:21 *con muchos lamentos.* Lit. *en saco y ceniza.*   *r* 11:24 *te.* Lit. *les.*

Señor del sábado

12:1-8 — Mr 2:23-28; Lc 6:1-5
12:9-14 — Mr 3:1-6; Lc 6:6-11

12 Por aquel tiempo pasaba Jesús por los sembrados en *sábado. Sus discípulos tenían hambre, así que comenzaron a arrancar algunas espigas de trigo y comérselas. ²Al ver esto, los fariseos le dijeron:

—¡Mira! Tus discípulos están haciendo lo que está prohibido en sábado.

³Él les contestó:

—¿No han leído lo que hizo David en aquella ocasión en que él y sus compañeros tuvieron hambre? ⁴Entró en la casa de Dios, y él y sus compañeros comieron los panes consagrados a Dios, lo que no se les permitía a ellos sino sólo a los sacerdotes. ⁵¿O no han leído en la ley que los sacerdotes en el *templo profanan el sábado sin incurrir en culpa? ⁶Pues yo les digo que aquí está uno más grande que el templo. ⁷Si ustedes supieran lo que significa: "Lo que pido de ustedes es misericordia y no sacrificios",ˢ no condenarían a los que no son culpables. ⁸Sepan que el Hijo del hombre es Señor del sábado.

⁹Pasando de allí, entró en la sinagoga, ¹⁰donde había un hombre que tenía una mano paralizada. Como buscaban un motivo para acusar a Jesús, le preguntaron:

—¿Está permitido sanar en sábado?

¹¹Él les contestó:

—Si alguno de ustedes tiene una oveja y en sábado se le cae en un hoyo, ¿no la agarra y la saca? ¹²¡Cuánto más vale un hombre que una oveja! Por lo tanto, está permitido hacer el bien en sábado.

¹³Entonces le dijo al hombre:

—Extiende la mano.

Así que la extendió y le quedó restablecida, tan sana como la otra. ¹⁴Pero los fariseos salieron y tramaban cómo matar a Jesús.

El siervo escogido por Dios

¹⁵Consciente de esto, Jesús se retiró de aquel lugar. Muchos lo siguieron, y él sanó a todos los enfermos, ¹⁶pero les ordenó que no dijeran quién era él. ¹⁷Esto fue para que se cumpliera lo dicho por el profeta Isaías:

¹⁸«Éste es mi siervo, a quien he
      escogido,
  mi amado, en quien estoy muy
      complacido;
  sobre él pondré mi Espíritu,
  y proclamará justicia a las
      *naciones.
¹⁹No disputará ni gritará;
  nadie oirá su voz en las calles.
²⁰No acabará de romper la caña
      quebrada
  ni apagará la mecha que apenas
      arde,
  hasta que haga triunfar la justicia.
²¹ Y en su nombre pondrán las
      naciones su esperanza.»ᵗ

Jesús y Beelzebú

12:25-29 — Mr 3:23-27; Lc 11:17-22

²²Un día le llevaron un endemoniado que estaba ciego y mudo, y Jesús lo sanó, de modo que pudo ver y hablar. ²³Toda la gente se quedó asombrada y decía: «¿No será éste el Hijo de David?»

²⁴Pero al oírlo los fariseos, dijeron: «Éste no expulsa a los demonios sino por medio de *Beelzebú, príncipe de los demonios.»

²⁵Jesús conocía sus pensamientos, y les dijo: «Todo reino dividido contra sí mismo quedará asolado, y toda ciudad o familia dividida contra sí misma no se mantendrá en pie. ²⁶Si Satanás expulsa a Satanás, está dividido contra sí mismo. ¿Cómo puede, entonces, mantenerse en pie su reino? ²⁷Ahora bien, si yo expulso a los demonios por medio de Beelzebú, ¿los seguidores de ustedes por medio de quién los expulsan? Por eso ellos mismos los juzgarán a ustedes. ²⁸En cambio, si expulso a los demonios por medio del Espíritu de Dios, eso significa que el reino de Dios ha llegado a ustedes.

²⁹»¿O cómo puede entrar alguien en la casa de un hombre fuerte y arrebatarle sus

---

ˢ 12:7 Os 6:6   ᵗ 12:21 Is 42:1-4

bienes, a menos que primero lo ate? Sólo entonces podrá robar su casa.

30»El que no está de mi parte, está contra mí; y el que conmigo no recoge, esparce. **31**Por eso les digo que a todos se les podrá perdonar todo pecado y toda *blasfemia, pero la blasfemia contra el Espíritu no se le perdonará a nadie. **32**A cualquiera que pronuncie alguna palabra contra el Hijo del hombre se le perdonará, pero el que hable contra el Espíritu Santo no tendrá perdón ni en este mundo ni en el venidero.

33»Si tienen un buen árbol, su fruto es bueno; si tienen un mal árbol, su fruto es malo. Al árbol se le reconoce por su fruto. **34**Camada de víboras, ¿cómo pueden ustedes que son malos decir algo bueno? De la abundancia del corazón habla la boca. **35**El que es bueno, de la bondad que atesora en el corazón saca el bien, pero el que es malo, de su maldad saca el mal. **36**Pero yo les digo que en el día del juicio todos tendrán que dar cuenta de toda palabra ociosa que hayan pronunciado. **37**Porque por tus palabras se te absolverá, y por tus palabras se te condenará.»

La señal de Jonás
12:39-42 — Lc 11:29-32
12:43-45 — Lc 11:24-26

38Algunos de los fariseos y de los *maestros de la ley le dijeron:

—Maestro, queremos ver alguna señal milagrosa de parte tuya.

39Jesús les contestó:

—¡Esta generación malvada y adúltera pide una señal milagrosa! Pero no se le dará más señal que la del profeta Jonás. **40**Porque así como tres días y tres noches estuvo Jonás en el vientre de un gran pez, también tres días y tres noches estará el Hijo del hombre en las entrañas de la tierra. **41**Los habitantes de Nínive se levantarán en el juicio contra esta generación y la condenarán; porque ellos se *arrepintieron al escuchar la predicación de Jonás, y aquí tienen ustedes a uno más grande que Jonás. **42**La reina del Sur se levantará en el día del juicio y condenará

a esta generación; porque ella vino desde los confines de la tierra para escuchar la sabiduría de Salomón, y aquí tienen ustedes a uno más grande que Salomón.

43»Cuando un *espíritu maligno sale de una persona, va por lugares áridos, buscando descanso sin encontrarlo. **44**Entonces dice: "Volveré a la casa de donde salí." Cuando llega, la encuentra desocupada, barrida y arreglada. **45**Luego va y trae a otros siete espíritus más malvados que él, y entran a vivir allí. Así que el estado postrero de aquella persona resulta peor que el primero. Así le pasará también a esta generación malvada.

La madre y los hermanos de Jesús
12:46-50 — Mr 3:31-35; Lc 8:19-21

46Mientras Jesús le hablaba a la multitud, se presentaron su madre y sus hermanos. Se quedaron afuera, y deseaban hablar con él. **47**Alguien le dijo:

—Tu madre y tus hermanos están afuera y quieren hablar contigo.ᵘ

48—¿Quién es mi madre, y quiénes son mis hermanos? —replicó Jesús.

49Señalando a sus discípulos, añadió:

—Aquí tienen a mi madre y a mis hermanos. **50**Pues mi hermano, mi hermana y mi madre son los que hacen la voluntad de mi Padre que está en el cielo.

Parábola del sembrador
13:1-15 — Mr 4:1-12; Lc 8:4-10
13:16-17 — Lc 10:23-24
13:18-23 — Mr 4:13-20; Lc 8:11-15

13 Ese mismo día salió Jesús de la casa y se sentó junto al lago. **2**Era tal la multitud que se reunió para verlo que él tuvo que subir a una barca donde se sentó mientras toda la gente estaba de pie en la orilla. **3**Y les dijo en parábolas muchas cosas como éstas: «Un sembrador salió a sembrar. **4**Mientras iba esparciendo la semilla, una parte cayó junto al camino, y llegaron los pájaros y se la comieron. **5**Otra parte cayó en terreno pedregoso, sin mucha tierra. Esa semilla brotó pronto porque la tierra no era profunda; **6**pero cuando salió el sol, las plantas se marchi-

---

ᵘ **12:47** Var. no incluye v. 47.

taron y, por no tener raíz, se secaron. 7Otra parte de la semilla cayó entre espinos que, al crecer, la ahogaron. 8Pero las otras semillas cayeron en buen terreno, en el que se dio una cosecha que rindió treinta, sesenta y hasta cien veces más de lo que se había sembrado. 9El que tenga oídos, que oiga.»

10Los discípulos se acercaron y le preguntaron:

—¿Por qué le hablas a la gente en parábolas?

11—A ustedes se les ha concedido conocer los *secretos del reino de los cielos; pero a ellos no. 12Al que tiene, se le dará más, y tendrá en abundancia. Al que no tiene, hasta lo poco que tiene se le quitará. 13Por eso les hablo a ellos en parábolas:

»Aunque miran, no ven;
aunque oyen, no escuchan ni
entienden.

14En ellos se cumple la profecía de Isaías:

»"Por mucho que oigan, no
entenderán;
por mucho que vean, no
percibirán.
15Porque el corazón de este pueblo se
ha vuelto insensible;
se les han embotado los oídos,
y se les han cerrado los ojos.
De lo contrario, verían con los ojos,
oirían con los oídos,
entenderían con el corazón
y se convertirían, y yo los
sanaría."v

16Pero *dichosos los ojos de ustedes porque ven, y sus oídos porque oyen. 17Porque les aseguro que muchos profetas y otros justos anhelaron ver lo que ustedes ven, pero no lo vieron; y oír lo que ustedes oyen, pero no lo oyeron.

18»Escuchen lo que significa la parábola del sembrador: 19Cuando alguien oye la palabra acerca del reino y no la entiende, viene el maligno y arrebata lo que se sembró en su corazón. Ésta es la semilla sembrada junto al camino. 20El que recibió la semilla que cayó en terreno pedregoso es el que oye la palabra e inmediatamente la recibe con alegría; 21pero como no tiene raíz, dura poco tiempo. Cuando surgen problemas o persecución a causa de la palabra, en seguida se aparta de ella. 22El que recibió la semilla que cayó entre espinos es el que oye la palabra, pero las preocupaciones de esta vida y el engaño de las riquezas la ahogan, de modo que ésta no llega a dar fruto. 23Pero el que recibió la semilla que cayó en buen terreno es el que oye la palabra y la entiende. Éste sí produce una cosecha al treinta, al sesenta y hasta al ciento por uno.

Parábola de la mala hierba

24Jesús les contó otra parábola: «El reino de los cielos es como un hombre que sembró buena semilla en su campo. 25Pero mientras todos dormían, llegó su enemigo y sembró mala hierba entre el trigo, y se fue. 26Cuando brotó el trigo y se formó la espiga, apareció también la mala hierba. 27Los siervos fueron al dueño y le dijeron: "Señor, ¿no sembró usted semilla buena en su campo?" 28"Esto es obra de un enemigo", les respondió. Le preguntaron los siervos: "¿Quiere usted que vayamos a arrancarla?" 29¡No! —les contestó—, no sea que, al arrancar la mala hierba, arranquen con ella el trigo. 30Dejen que crezcan juntos hasta la cosecha. Entonces les diré a los segadores: Recojan primero la mala hierba, y átenla en manojos para quemarla; después recojan el trigo y guárdenlo en mi granero."»

Parábolas del grano de mostaza y de la levadura

13:31-32 — Mr 4:30-32
13:31-33 — Lc 13:18-21

31Les contó otra parábola: «El reino de los cielos es como un grano de mostaza que un hombre sembró en su campo. 32Aunque es la más pequeña de todas las semillas, cuando crece es la más grande

v13:15 Is 6:9,10

de las hortalizas y se convierte en árbol, de modo que vienen las aves y anidan en sus ramas.»

33Les contó otra parábola más: «El reino de los cielos es como la levadura que una mujer tomó y mezcló en una gran cantidad^w de harina, hasta que fermentó toda la masa.»

34Jesús le dijo a la multitud todas estas cosas en parábolas. Sin emplear parábolas no les decía nada. **35**Así se cumplió lo dicho por el profeta:

«Hablaré por medio de parábolas;
revelaré cosas que han estado
ocultas desde la creación del
mundo.»^x

Explicación de la parábola de la mala hierba

36Una vez que se despidió de la multitud, entró en la casa. Se le acercaron sus discípulos y le pidieron:

—Explícanos la parábola de la mala hierba del campo.

37—El que sembró la buena semilla es el Hijo del hombre —les respondió Jesús—. **38**El campo es el mundo, y la buena semilla representa a los hijos del reino. La mala hierba son los hijos del maligno, **39**y el enemigo que la siembra es el diablo. La cosecha es el fin del mundo, y los segadores son los ángeles.

40»Así como se recoge la mala hierba y se quema en el fuego, ocurrirá también al fin del mundo. **41**El Hijo del hombre enviará a sus ángeles, y arrancarán de su reino a todos los que *pecan y hacen pecar. **42**Los arrojarán al horno encendido, donde habrá llanto y rechinar de dientes. **43**Entonces los justos brillarán en el reino de su Padre como el sol. El que tenga oídos, que oiga.

Parábolas del tesoro escondido y de la perla

44»El reino de los cielos es como un tesoro escondido en un campo. Cuando un hombre lo descubrió, lo volvió a esconder, y lleno de alegría fue y vendió todo lo que tenía y compró ese campo.

45»También se parece el reino de los cielos a un comerciante que andaba buscando perlas finas. **46**Cuando encontró una de gran valor, fue y vendió todo lo que tenía y la compró.

Parábola de la red

47»También se parece el reino de los cielos a una red echada al lago, que recoge peces de toda clase. **48**Cuando se llena, los pescadores la sacan a la orilla, se sientan y recogen en canastas los peces buenos, y desechan los malos. **49**Así será al fin del mundo. Vendrán los ángeles y apartarán de los justos a los malvados, **50**y los arrojarán al horno encendido, donde habrá llanto y rechinar de dientes.

51—¿Han entendido todo esto? —les preguntó Jesús.

—Sí —respondieron ellos.

Entonces concluyó Jesús:

52—Todo *maestro de la ley que ha sido instruido acerca del reino de los cielos es como el dueño de una casa, que de lo que tiene guardado saca tesoros nuevos y viejos.

Un profeta sin honra

13:54-58 — Mr 6:1-6

53Cuando Jesús terminó de contar estas parábolas, se fue de allí. **54**Al llegar a su tierra, comenzó a enseñar a la gente en la sinagoga.

—¿De dónde sacó éste tal sabiduría y tales poderes milagrosos? —decían maravillados—. **55**¿No es acaso el hijo del carpintero? ¿No se llama su madre María; y no son sus hermanos *Jacobo, José, Simón y Judas? **56**¿No están con nosotros todas sus hermanas? ¿Así que de dónde sacó todas estas cosas?

57Y se *escandalizaban a causa de él.

Pero Jesús les dijo:

—En todas partes se honra a un profeta, menos en su tierra y en su propia casa.

58Y por la incredulidad de ellos, no hizo allí muchos milagros.

---

^w13:33 *una gran cantidad*. Lit. *tres satas* (probablemente unos 22 litros).　^x13:35 Sal 78:2

Decapitación de Juan el Bautista
14:1-12 — Mr 6:14-29

14 En aquel tiempo Herodes el tetrarca se enteró de lo que decían de Jesús, ²y comentó a sus sirvientes: «¡Ése es Juan el Bautista; ha *resucitado! Por eso tiene poder para realizar milagros.» ³En efecto, Herodes había arrestado a Juan. Lo había encadenado y metido en la cárcel por causa de Herodías, esposa de su hermano Felipe. ⁴Es que Juan había estado diciéndole: «La ley te prohíbe tenerla por esposa.» ⁵Herodes quería matarlo, pero le tenía miedo a la gente, porque consideraban a Juan como un profeta.

⁶En el cumpleaños de Herodes, la hija de Herodías bailó delante de todos; y tanto le agradó a Herodes ⁷que le prometió bajo juramento darle cualquier cosa que pidiera. ⁸Instigada por su madre, le pidió: «Dame en una bandeja la cabeza de Juan el Bautista.»

⁹El rey se entristeció, pero a causa de sus juramentos y en atención a los invitados, ordenó que se le concediera la petición, ¹⁰y mandó decapitar a Juan en la cárcel. ¹¹Llevaron la cabeza en una bandeja y se la dieron a la muchacha, quien se la entregó a su madre. ¹²Luego llegaron los discípulos de Juan, recogieron el cuerpo y le dieron sepultura. Después fueron y avisaron a Jesús.

Jesús alimenta a los cinco mil
14:13-21 — Mr 6:32-44; Lc 9:10-17; Jn 6:1-13

¹³Cuando Jesús recibió la noticia, se retiró él solo en una barca a un lugar solitario. Las multitudes se enteraron y lo siguieron a pie desde los poblados. ¹⁴Cuando Jesús desembarcó y vio a tanta gente, tuvo compasión de ellos y sanó a los que estaban enfermos.

¹⁵Al atardecer se le acercaron sus discípulos y le dijeron:

—Éste es un lugar apartado y ya se hace tarde. Despide a la gente, para que vayan a los pueblos y se compren algo de comer.

¹⁶—No tienen que irse —contestó Jesús—. Denles ustedes mismos de comer.

¹⁷Ellos objetaron:

—No tenemos aquí más que cinco panes y dos pescados.

¹⁸—Tráiganmelos acá —les dijo Jesús.

¹⁹Y mandó a la gente que se sentara sobre la hierba. Tomó los cinco panes y los dos pescados y, mirando al cielo, los bendijo. Luego partió los panes y se los dio a los discípulos, quienes los repartieron a la gente. ²⁰Todos comieron hasta quedar satisfechos, y los discípulos recogieron doce canastas llenas de pedazos que sobraron. ²¹Los que comieron fueron unos cinco mil hombres, sin contar a las mujeres y a los niños.

Jesús camina sobre el agua
14:22-33 — Mr 6:45-51; Jn 6:15-21
14:34-36 — Mr 6:53-56

²²En seguida Jesús hizo que los discípulos subieran a la barca y se le adelantaran al otro lado mientras él despedía a la multitud. ²³Después de despedir a la gente, subió a la montaña para orar a solas. Al anochecer, estaba allí él solo, ²⁴y la barca ya estaba bastante lejosʸ de la tierra, zarandeada por las olas, porque el viento le era contrario. ²⁵En la madrugada,ᶻ Jesús se acercó a ellos caminando sobre el lago. ²⁶Cuando los discípulos lo vieron caminando sobre el agua, quedaron aterrados.

—¡Es un fantasma! —gritaron de miedo.

²⁷Pero Jesús les dijo en seguida:

—¡Cálmense! Soy yo. No tengan miedo.

²⁸—Señor, si eres tú —respondió Pedro—, mándame que vaya a ti sobre el agua.

²⁹—Ven —dijo Jesús.

Pedro bajó de la barca y caminó sobre el agua en dirección a Jesús. ³⁰Pero al sentir el viento fuerte, tuvo miedo y comenzó a hundirse. Entonces gritó:

—¡Señor, sálvame!

ʸ **14:24** *bastante lejos.* Lit. *a muchos *estadios.*   ᶻ **14:25** *la madrugada.* Lit. *la cuarta vigilia de la noche.*

³¹En seguida Jesús le tendió la mano y, sujetándolo, lo reprendió:

—¡Hombre de poca fe! ¿Por qué dudaste?

³²Cuando subieron a la barca, se calmó el viento. ³³Y los que estaban en la barca lo adoraron diciendo:

—Verdaderamente tú eres el Hijo de Dios.

³⁴Después de cruzar el lago, desembarcaron en Genesaret. ³⁵Los habitantes de aquel lugar reconocieron a Jesús y divulgaron la noticia por todos los alrededores. Le llevaban todos los enfermos, ³⁶suplicándole que les permitiera tocar siquiera el borde de su manto, y quienes lo tocaban quedaban sanos.

Lo limpio y lo impuro
15:1-20 — Mr 7:1-23

15 Se acercaron a Jesús algunos fariseos y *maestros de la ley que habían llegado de Jerusalén, y le preguntaron:

²¿Por qué quebrantan tus discípulos la tradición de los *ancianos? ¡Comen sin cumplir primero el rito de lavarse las manos!

³Jesús les contestó:

—¿Y por qué ustedes quebrantan el mandamiento de Dios a causa de la tradición? ⁴Dios dijo: "Honra a tu padre y a tu madre",ᵃ y también: "El que maldiga a su padre o a su madre será condenado a muerte."ᵇ ⁵Ustedes, en cambio, enseñan que un hijo puede decir a su padre o a su madre: "Cualquier ayuda que pudiera darte ya la he dedicado como ofrenda a Dios." ⁶En ese caso, el tal hijo no tiene que honrar a su padre.ᶜ Así por causa de la tradición anulan ustedes la palabra de Dios. ⁷¡*Hipócritas! Tenía razón Isaías cuando profetizó de ustedes:

⁸»"Este pueblo me honra con los labios,
    pero su corazón está lejos de mí.
⁹En vano me adoran;

sus enseñanzas no son más que reglas *humanas."ᵈ

¹⁰Jesús llamó a la multitud y dijo:

—Escuchen y entiendan. ¹¹Lo que *contamina a una persona no es lo que entra en la boca sino lo que sale de ella.

¹²Entonces se le acercaron los discípulos y le dijeron:

—¿Sabes que los fariseos se *escandalizaron al oír eso?

¹³—Toda planta que mi Padre celestial no haya plantado será arrancada de raíz —les respondió—. ¹⁴Déjenlos; son guías ciegos.ᵉ Y si un ciego guía a otro ciego, ambos caerán en un hoyo.

¹⁵—Explícanos la comparación —le pidió Pedro.

¹⁶—¿También ustedes son todavía tan torpes? —les dijo Jesús—. ¹⁷¿No se dan cuenta de que todo lo que entra en la boca va al estómago y después se echa en la letrina? ¹⁸Pero lo que sale de la boca viene del corazón y contamina a la persona. ¹⁹Porque del corazón salen los malos pensamientos, los homicidios, los adulterios, la inmoralidad sexual, los robos, los falsos testimonios y las calumnias. ²⁰Éstas son las cosas que contaminan a la persona, y no el comer sin lavarse las manos.

La fe de la mujer cananea
15:21-28 — Mr 7:24-30

²¹Partiendo de allí, Jesús se retiró a la región de Tiro y Sidón. ²²Una mujer cananea de las inmediaciones salió a su encuentro, gritando:

—¡Señor, Hijo de David, ten compasión de mí! Mi hija sufre terriblemente por estar endemoniada.

²³Jesús no le respondió palabra. Así que sus discípulos se acercaron a él y le rogaron:

—Despídela, porque viene detrás de nosotros gritando.

²⁴—No fui enviado sino a las ovejas perdidas del pueblo de Israel —contestó Jesús.

ᵃ**15:4** Éx 20:12; Dt 5:16   ᵇ**15:4** Éx 21:17; Lv 20:9   ᶜ**15:6** *padre.* Var. *padre ni a su madre.*
ᵈ**15:9** Is 29:13   ᵉ**15:14** *guías ciegos.* Var. *ciegos guías de ciegos.*

25La mujer se acercó y, arrodillándose delante de él, le suplicó:

—¡Señor, ayúdame!

26Él le respondió:

—No está bien quitarles el pan a los hijos y echárselo a los *perros.

27—Sí, Señor; pero hasta los perros comen las migajas que caen de la mesa de sus amos.

28—¡Mujer, qué grande es tu fe! —contestó Jesús—. Que se cumpla lo que quieres.

Y desde ese mismo momento quedó sana su hija.

Jesús alimenta a los cuatro mil
15:29-31 — Mr 7:31-37
15:32-39 — Mr 8:1-10

29Salió Jesús de allí y llegó a orillas del mar de Galilea. Luego subió a la montaña y se sentó. **30**Se le acercaron grandes multitudes que llevaban cojos, ciegos, lisiados, mudos y muchos enfermos más, y los pusieron a sus pies; y él los sanó. **31**La gente se asombraba al ver a los mudos hablar, a los lisiados recobrar la salud, a los cojos andar y a los ciegos ver. Y alababan al Dios de Israel.

32Jesús llamó a sus discípulos y les dijo:

—Siento compasión de esta gente porque ya llevan tres días conmigo y no tienen nada que comer. No quiero despedirlos sin comer, no sea que se desmayen por el camino.

33Los discípulos objetaron:

—¿Dónde podríamos conseguir en este lugar despoblado suficiente pan para dar de comer a toda esta multitud?

34—¿Cuántos panes tienen? —les preguntó Jesús.

—Siete, y unos pocos pescaditos.

35Luego mandó que la gente se sentara en el suelo. **36**Tomando los siete panes y los pescados, dio gracias, los partió y se los fue dando a los discípulos. Éstos, a su vez, los distribuyeron a la gente. **37**Todos comieron hasta quedar satisfechos. Después los discípulos reco-

gieron siete cestas llenas de pedazos que sobraron. **38**Los que comieron eran cuatro mil hombres, sin contar a las mujeres y a los niños. **39**Después de despedir a la gente, subió Jesús a la barca y se fue a la región de Magadán.ʃ

Le piden a Jesús una señal
16:1-12 — Mr 8:11-21

16 Los fariseos y los saduceos se acercaron a Jesús y, para ponerlo a prueba, le pidieron que les mostrara una señal del cielo.

2Él les contestó:ᵍ «Al atardecer, ustedes dicen que hará buen tiempo porque el cielo está rojizo, **3**y por la mañana, que habrá tempestad porque el cielo está nublado y amenazante.ʰ Ustedes saben discernir el aspecto del cielo, pero no las señales de los tiempos. **4**Esta generación malvada y adúltera busca una señal milagrosa, pero no se le dará más señal que la de Jonás.» Entonces Jesús los dejó y se fue.

La levadura de los fariseos y de los saduceos

5Cruzaron el lago, pero a los discípulos se les había olvidado llevar pan.

6—Tengan cuidado —les advirtió Jesús—; eviten la levadura de los fariseos y de los saduceos.

7Ellos comentaban entre sí: «Lo dice porque no trajimos pan.» **8**Al darse cuenta de esto, Jesús les recriminó:

—Hombres de poca fe, ¿por qué están hablando de que no tienen pan? **9**¿Todavía no entienden? ¿No recuerdan los cinco panes para los cinco mil, y el número de canastas que recogieron? **10**¿Ni los siete panes para los cuatro mil, y el número de cestas que recogieron? **11**¿Cómo es que no entienden que no hablaba yo del pan sino de tener cuidado de la levadura de fariseos y saduceos?

12Entonces comprendieron que no les decía que se cuidaran de la levadura del pan sino de la enseñanza de los fariseos y de los saduceos.

ʃ**15:39** *Magadán*. Var. *Magdala*.   ᵍ**16:2** Var. no incluye el resto del v. 2 y todo el v. 3.   ʰ**16:3** *amenazante*. Lit. *rojizo*.

La confesión de Pedro
16:13-16 — Mr 8:27-29; Lc 9:18-20

13 Cuando llegó a la región de Cesarea de Filipo, Jesús preguntó a sus discípulos:

—¿Quién dice la gente que es el Hijo del hombre?

Le respondieron:

14—Unos dicen que es Juan el Bautista, otros que Elías, y otros que Jeremías o uno de los profetas.

15—Y ustedes, ¿quién dicen que soy yo?

16—Tú eres el *Cristo, el Hijo del Dios viviente —afirmó Simón Pedro.

17—*Dichoso tú, Simón, hijo de Jonás —le dijo Jesús—, porque eso no te lo reveló ningún mortal, i sino mi Padre que está en el cielo. 18 Yo te digo que tú eres Pedro, j y sobre esta piedra edificaré mi iglesia, y las puertas del reino de la muerte k no prevalecerán contra ella. 19 Te daré las llaves del reino de los cielos; todo lo que ates en la tierra quedará atado en el cielo, y todo lo que desates en la tierra quedará desatado en el cielo. 20 Luego les ordenó a sus discípulos que no dijeran a nadie que él era el Cristo.

Jesús predice su muerte
16:21-28 — Mr 8:31–9:1; Lc 9:22-27

21 Desde entonces comenzó Jesús a advertir a sus discípulos que tenía que ir a Jerusalén y sufrir muchas cosas a manos de los *ancianos, de los jefes de los sacerdotes y de los *maestros de la ley, y que era necesario que lo mataran y que al tercer día resucitara. 22 Pedro lo llevó aparte y comenzó a reprenderlo:

—¡De ninguna manera, Señor! ¡Esto no te sucederá jamás!

23 Jesús se volvió y le dijo a Pedro:

—¡Aléjate de mí, Satanás! Quieres hacerme *tropezar; no piensas en las cosas de Dios sino en las de los hombres.

24 Luego dijo Jesús a sus discípulos:

—Si alguien quiere ser mi discípulo, tiene que negarse a sí mismo, tomar su cruz y seguirme. 25 Porque el que quiera salvar su *vida, la perderá; pero el que pierda su vida por mi causa, la encontrará. 26 ¿De qué sirve ganar el mundo entero si se pierde la vida? ¿O qué se puede dar a cambio de la vida? 27 Porque el Hijo del hombre ha de venir en la gloria de su Padre con sus ángeles, y entonces recompensará a cada persona según lo que haya hecho. 28 Les aseguro que algunos de los aquí presentes no sufrirán la muerte sin antes haber visto al Hijo del hombre llegar en su reino.

La transfiguración
17:1-8 — Lc 9:28-36
17:1-13 — Mr 9:2-13

17 Seis días después, Jesús tomó consigo a Pedro, a *Jacobo y a Juan, el hermano de Jacobo, y los llevó aparte, a una montaña alta. 2 Allí se transfiguró en presencia de ellos; su rostro resplandeció como el sol, y su ropa se volvió blanca como la luz. 3 En esto, se les aparecieron Moisés y Elías conversando con Jesús. 4 Pedro le dijo a Jesús:

—Señor, ¡qué bien que estemos aquí! Si quieres, levantaré tres albergues: uno para ti, otro para Moisés y otro para Elías.

5 Mientras estaba aún hablando, apareció una nube luminosa que los envolvió, de la cual salió una voz que dijo: «Éste es mi Hijo amado; estoy muy complacido con él. ¡Escúchenlo!»

6 Al oír esto, los discípulos se postraron sobre su rostro, aterrorizados. 7 Pero Jesús se acercó a ellos y los tocó.

—Levántense —les dijo—. No tengan miedo.

8 Cuando alzaron la vista, no vieron a nadie más que a Jesús.

9 Mientras bajaban de la montaña, Jesús les encargó:

—No le cuenten a nadie lo que han visto hasta que el Hijo del hombre *resucite.

10 Entonces los discípulos le preguntaron a Jesús:

—¿Por qué dicen los *maestros de la ley que Elías tiene que venir primero?

---

i 16:17 ningún mortal. Lit. *carne y sangre.   j 16:18 Pedro significa piedra.   k 16:18 del reino de la muerte. Lit. del *Hades.

11—Sin duda Elías viene, y restaurará todas las cosas —respondió Jesús—. 12Pero les digo que Elías ya vino, y no lo reconocieron sino que hicieron con él todo lo que quisieron. De la misma manera va a sufrir el Hijo del hombre a manos de ellos. 13Entonces entendieron los discípulos que les estaba hablando de Juan el Bautista.

Jesús sana a un muchacho endemoniado

17:14-19 — Mr 9:14-28; Lc 9:37-42

14Cuando llegaron a la multitud, un hombre se acercó a Jesús y se arrodilló delante de él. 15—Señor, ten compasión de mi hijo. Le dan ataques y sufre terriblemente. Muchas veces cae en el fuego o en el agua. 16Se lo traje a tus discípulos, pero no pudieron sanarlo.

17—¡Ah, generación incrédula y perversa! —respondió Jesús—. ¿Hasta cuándo tendré que estar con ustedes? ¿Hasta cuándo tendré que soportarlos? Tráiganme acá al muchacho. 18Jesús reprendió al demonio, el cual salió del muchacho, y éste quedó sano desde aquel momento.

19Después los discípulos se acercaron a Jesús y, en privado, le preguntaron:

—¿Por qué nosotros no pudimos expulsarlo?

20—Porque ustedes tienen tan poca fe —les respondió—. Les aseguro que si tienen fe tan pequeña como un grano de mostaza, podrán decirle a esta montaña: "Trasládate de aquí para allá", y se trasladará. Para ustedes nada será imposible.[l]

22Estando reunidos en Galilea, Jesús les dijo: «El Hijo del hombre va a ser entregado en manos de los hombres. 23Lo matarán, pero al tercer día resucitará.» Y los discípulos se entristecieron mucho.

El impuesto del templo

24Cuando Jesús y sus discípulos llegaron a Capernaúm, los que cobraban el impuesto del *templo[m] se acercaron a Pedro y le preguntaron:

—¿Su maestro no paga el impuesto del templo?

25—Sí, lo paga —respondió Pedro.

Al entrar Pedro en la casa, se adelantó Jesús a preguntarle:

—¿Tú qué opinas, Simón? Los reyes de la tierra, ¿a quiénes cobran tributos e impuestos: a los suyos o a los demás?

26—A los demás —contestó Pedro.

—Entonces los suyos están exentos —le dijo Jesús—. 27Pero, para no *escandalizar a esta gente, vete al lago y echa el anzuelo. Saca el primer pez que pique; ábrele la boca y encontrarás una moneda.[n] Tómala y dásela a ellos por mi impuesto y por el tuyo.

El más importante en el reino de los cielos

18:1-5 — Mr 9:33-37; Lc 9:46-48

18 En ese momento los discípulos se acercaron a Jesús y le preguntaron:

—¿Quién es el más importante en el reino de los cielos?

2Él llamó a un niño y lo puso en medio de ellos. 3Entonces dijo:

—Les aseguro que a menos que ustedes cambien y se vuelvan como niños, no entrarán en el reino de los cielos. 4Por tanto, el que se humilla como este niño será el más grande en el reino de los cielos. 5»Y el que recibe en mi nombre a un niño como éste, me recibe a mí. 6Pero si alguien hace *pecar a uno de estos pequeños que creen en mí, más le valdría que le colgaran al cuello una gran piedra de molino y lo hundieran en lo profundo del mar.

7»¡Ay del mundo por las cosas que hacen pecar a la gente! Inevitable es que sucedan, pero ¡ay del que hace pecar a los demás! 8Si tu mano o tu pie te hace pecar, córtatelo y arrójalo. Más te vale entrar en la vida manco o cojo que ser arrojado al fuego eterno con tus dos manos y tus dos pies. 9Y si tu ojo te hace pecar, sácatelo y arrójalo. Más te vale entrar tuerto en la

---

l17:20 imposible. Var. imposible. 21Pero esta clase no sale sino con oración y ayuno.   m17:24 el impuesto del templo. Lit. las dos *dracmas.   n17:27 una moneda. Lit. un estatero (moneda que equivale a cuatro *dracmas).

vida que con dos ojos ser arrojado al fuego del infierno. ñ

Parábola de la oveja perdida
18:12-14 — Lc 15:4-7

10»Miren que no menosprecien a uno de estos pequeños. Porque les digo que en el cielo los ángeles de ellos contemplan siempre el rostro de mi Padre celestial. º 12»¿Qué les parece? Si un hombre tiene cien ovejas y se le extravía una de ellas, ¿no dejará las noventa y nueve en las colinas para ir en busca de la extraviada? 13Y si llega a encontrarla, les aseguro que se pondrá más feliz por esa sola oveja que por las noventa y nueve que no se extraviaron. 14Así también, el Padre de ustedes que está en el cielo no quiere que se pierda ninguno de estos pequeños.

El hermano que peca contra ti

15»Si tu hermano peca contra ti, p ve a solas con él y hazle ver su falta. Si te hace caso, has ganado a tu hermano. 16Pero si no, lleva contigo a uno o dos más, para que "todo asunto se resuelva mediante el testimonio de dos o tres testigos". q 17Si se niega a hacerles caso a ellos, díselo a la iglesia; y si incluso a la iglesia no le hace caso, trátalo como si fuera un incrédulo o un renegado. r

18»Les aseguro que todo lo que ustedes aten en la tierra quedará atado en el cielo, y todo lo que desaten en la tierra quedará desatado en el cielo. 19»Además les digo que si dos de ustedes en la tierra se ponen de acuerdo sobre cualquier cosa que pidan, les será concedida por mi Padre que está en el cielo. 20Porque donde dos o tres se reúnen en mi nombre, allí estoy yo en medio de ellos.

Parábola del siervo despiadado

21Pedro se acercó a Jesús y le preguntó:
—Señor, ¿cuántas veces tengo que perdonar a mi hermano que peca contra mí? ¿Hasta siete veces?

22—No te digo que hasta siete veces, sino hasta setenta y siete veces s —le contestó Jesús—.

23»Por eso el reino de los cielos se parece a un rey que quiso ajustar cuentas con sus *siervos. 24Al comenzar a hacerlo, se le presentó uno que le debía miles y miles de monedas de oro. t 25Como él no tenía con qué pagar, el señor mandó que lo vendieran a él, a su esposa y a sus hijos, y todo lo que tenía, para así saldar la deuda. 26El siervo se postró delante de él. "Tenga paciencia conmigo —le rogó—, y se lo pagaré todo." 27El señor se compadeció de su siervo, le perdonó la deuda y lo dejó en libertad.

28»Al salir, aquel siervo se encontró con uno de sus compañeros que le debía cien monedas de plata. u Lo agarró por el cuello y comenzó a estrangularlo. "¡Págame lo que me debes!", le exigió. 29Su compañero se postró delante de él. "Ten paciencia conmigo —le rogó—, y te lo pagaré." 30Pero él se negó. Más bien fue y lo hizo meter en la cárcel hasta que pagara la deuda. 31Cuando los demás siervos vieron lo ocurrido, se entristecieron mucho y fueron a contarle a su señor todo lo que había sucedido. 32Entonces el señor mandó llamar al siervo. "¡Siervo malvado! —le increpó—. Te perdoné toda aquella deuda porque me lo suplicaste. 33¿No debías tú también haberte compadecido de tu compañero, así como yo me compadecí de ti?" 34Y enojado, su señor lo entregó a los carceleros para que lo torturaran hasta que pagara todo lo que debía.

35»Así también mi Padre celestial los tratará a ustedes, a menos que cada uno perdone de corazón a su hermano.

El divorcio
19:1-9 — Mr 10:1-12

19 Cuando Jesús acabó de decir estas cosas, salió de Galilea y se fue a la región de Judea, al otro lado del Jordán.

ñ18:9 al fuego del infierno. Lit. a la *Gehenna del fuego. º18:10 celestial. Var. celestial. 11El Hijo del hombre vino a salvar lo que se había perdido. P18:15 peca contra ti. Var. peca. q18:16 Dt 19:15 r18:17 un incrédulo o un renegado. Lit. un *gentil o un *recaudador de impuestos. s18:22 setenta y siete veces. Alt. setenta veces siete. t18:24 miles y miles de monedas de oro. Lit. una miríada de *talentos. u18:28 monedas de plata. Lit. *denarios.

²Lo siguieron grandes multitudes, y sanó allí a los enfermos.

³Algunos fariseos se le acercaron y, para ponerlo a *prueba, le preguntaron:

—¿Está permitido que un hombre se divorcie de su esposa por cualquier motivo?

⁴—¿No han leído —replicó Jesús— que en el principio el Creador "los hizo hombre y mujer",ᵛ ⁵y dijo: "Por eso dejará el hombre a su padre y a su madre, y se unirá a su esposa, y los dos llegarán a ser un solo cuerpo"?ʷ ⁶Así que ya no son dos, sino uno solo. Por tanto, lo que Dios ha unido, que no lo separe el hombre.

⁷Le replicaron:

—¿Por qué, entonces, mandó Moisés que un hombre le diera a su esposa un certificado de divorcio y la despidiera?

⁸—Moisés les permitió divorciarse de su esposa por lo obstinados que sonˣ —respondió Jesús—. Pero no fue así desde el principio. ⁹Les digo que, excepto en caso de infidelidad conyugal, el que se divorcia de su esposa, y se casa con otra, comete adulterio.

¹⁰—Si tal es la situación entre esposo y esposa —comentaron los discípulos—, es mejor no casarse.

¹¹—No todos pueden comprender este asunto —respondió Jesús—, sino sólo aquellos a quienes se les ha concedido entenderlo. ¹²Pues algunos son *eunucos porque nacieron así; a otros los hicieron así los hombres; y otros se han hecho así por causa del reino de los cielos. El que pueda aceptar esto, que lo acepte.

Jesús y los niños
19:13-15 — Mr 10:13-16; Lc 18:15-17

¹³Llevaron unos niños a Jesús para que les impusiera las manos y orara por ellos, pero los discípulos reprendían a quienes los llevaban.

¹⁴Jesús dijo: «Dejen que los niños vengan a mí, y no se lo impidan, porque el reino de los cielos es de quienes son como ellos.» ¹⁵Después de poner las manos sobre ellos, se fue de allí.

El joven rico
19:16-29 — Mr 10:17-30; Lc 18:18-30

¹⁶Sucedió que un hombre se acercó a Jesús y le preguntó:

—Maestro, ¿qué de bueno tengo que hacer para obtener la vida eterna?

¹⁷—¿Por qué me preguntas sobre lo que es bueno? —respondió Jesús—. Solamente hay uno que es bueno. Si quieres entrar en la vida, obedece los mandamientos.

¹⁸—¿Cuáles? —preguntó el hombre.

Contestó Jesús:

—"No mates, no cometas adulterio, no robes, no presentes falso testimonio, ¹⁹honra a tu padre y a tu madre",ʸ y "ama a tu prójimo como a ti mismo"ᶻ.

²⁰—Todos ésos los he cumplido —dijo el joven—. ¿Qué más me falta?

²¹—Si quieres ser *perfecto, anda, vende lo que tienes y dáselo a los pobres, y tendrás tesoro en el cielo. Luego ven y sígueme.

²²Cuando el joven oyó esto, se fue triste porque tenía muchas riquezas.

²³—Les aseguro —comentó Jesús a sus discípulos— que es difícil para un rico entrar en el reino de los cielos. ²⁴De hecho, le resulta más fácil a un camello pasar por el ojo de una aguja, que a un rico entrar en el reino de Dios.

²⁵Al oír esto, los discípulos quedaron desconcertados y decían:

—En ese caso, ¿quién podrá salvarse?

²⁶—Para los hombres es imposible —aclaró Jesús, mirándolos fijamente—, mas para Dios todo es posible.

²⁷—¡Mira, nosotros lo hemos dejado todo por seguirte! —le reclamó Pedro—. ¿Y qué ganamos con eso?

²⁸—Les aseguro —respondió Jesús— que en la renovación de todas las cosas, cuando el Hijo del hombre se siente en su trono glorioso, ustedes que me han seguido se sentarán también en doce tronos para gobernar a las doce tribus de Israel. ²⁹Y todo el que por mi causa haya dejado casas, hermanos, hermanas, padre, madre,ᵃ hijos o terrenos, recibirá cien veces

---

ᵛ**19:4** Gn 1:27   ʷ**19:5** Gn 2:24   ˣ**19:8** *por lo obstinados que son.* Lit. *por su dureza de corazón.*
ʸ**19:19** Éx 20:12-16; Dt 5:16-20   ᶻ**19:19** Lv 19:18   ᵃ**19:29** madre. Var. *madre, esposa.*

más y heredará la vida eterna. ³⁰Pero muchos de los primeros serán últimos, y muchos de los últimos serán primeros.

Parábola de los viñadores

20»Así mismo el reino de los cielos se parece a un propietario que salió de madrugada a contratar obreros para su viñedo. ²Acordó darles la paga de un día de trabajo ᵇ y los envió a su viñedo. ³Cerca de las nueve de la mañana,ᶜ salió y vio a otros que estaban desocupados en la plaza. ⁴Les dijo: "Vayan también ustedes a trabajar en mi viñedo, y les pagaré lo que sea justo." ⁵Así que fueron. Salió de nuevo a eso del mediodía y a la media tarde, e hizo lo mismo. ⁶Alrededor de las cinco de la tarde, salió y encontró a otros más que estaban sin trabajo. Les preguntó: "¿Por qué han estado aquí desocupados todo el día?" ⁷"Porque nadie nos ha contratado", contestaron. Él les dijo: "Vayan también ustedes a trabajar en mi viñedo."

⁸»Al atardecer, el dueño del viñedo le ordenó a su capataz: "Llama a los obreros y págales su jornal, comenzando por los últimos contratados hasta llegar a los primeros." ⁹Se presentaron los obreros que habían sido contratados cerca de las cinco de la tarde, y cada uno recibió la paga de un día. ¹⁰Por eso cuando llegaron los que fueron contratados primero, esperaban que recibirían más. Pero cada uno de ellos recibió también la paga de un día. ¹¹Al recibirla, comenzaron a murmurar contra el propietario. ¹²"Estos que fueron los últimos en ser contratados trabajaron una sola hora —dijeron—, y usted los ha tratado como a nosotros que hemos soportado el peso del trabajo y el calor del día."

¹³Pero él le contestó a uno de ellos: "Amigo, no estoy cometiendo ninguna injusticia contigo. ¿Acaso no aceptaste trabajar por esa paga? ¹⁴Tómala y vete. Quiero darle al último obrero contratado lo mismo que te di a ti. ¹⁵¿Es que no tengo derecho a hacer lo que quiera con mi dinero? ¿O te da envidia de que yo sea generoso?"ᵈ

¹⁶»Así que los últimos serán primeros, y los primeros, últimos.

Jesús predice de nuevo su muerte
20:17-19 — Mr 10:32-34; Lc 18:31-33

¹⁷Mientras subía Jesús rumbo a Jerusalén, tomó aparte a los doce discípulos y les dijo: ¹⁸«Ahora vamos rumbo a Jerusalén, y el Hijo del hombre será entregado a los jefes de los sacerdotes y a los *maestros de la ley. Ellos lo condenarán a muerte ¹⁹y lo entregarán a los *gentiles para que se burlen de él, lo azoten y lo crucifiquen. Pero al tercer día resucitará.»

La petición de una madre
20:20-28 — Mr 10:35-45

²⁰Entonces la madre de *Jacobo y de Juan,ᵉ junto con ellos, se acercó a Jesús y, arrodillándose, le pidió un favor.

²¹—¿Qué quieres? —le preguntó Jesús.

—Ordena que en tu reino uno de estos dos hijos míos se siente a tu *derecha y el otro a tu izquierda.

²²—No saben lo que están pidiendo —les replicó Jesús—. ¿Pueden acaso beber el trago amargo de la copa que yo voy a beber?

—Sí, podemos.

²³—Ciertamente beberán de mi copa —les dijo Jesús—, pero el sentarse a mi derecha o a mi izquierda no me corresponde concederlo. Eso ya lo ha decididoᶠ mi Padre.

²⁴Cuando lo oyeron los otros diez, se indignaron contra los dos hermanos. ²⁵Jesús los llamó y les dijo:

—Como ustedes saben, los gobernantes de las *naciones oprimen a los súbditos, y los altos oficiales abusan de su autoridad. ²⁶Pero entre ustedes no debe ser así. Al contrario, el que quiera hacerse grande entre ustedes deberá ser su servidor, ²⁷y el que quiera ser el primero deberá ser *esclavo de los demás; ²⁸así como el Hijo del hombre no vino para que le sirvan, sino para servir y para dar su *vida en rescate por muchos.

ᵇ**20:2** *la paga de un día de trabajo.* Lit. *un *denario por el día*; también en vv. 9,10,13.   ᶜ**20:3** *las nueve de la mañana.* Lit. *la hora tercera*; en v. 5 *la hora sexta y novena*; en vv. 6 y 9 *la hora undécima.*   ᵈ**20:15** ¿O ... *generoso?* Lit. ¿O es tu ojo malo porque yo soy bueno?   ᵉ**20:20** *de Jacobo y de Juan.* Lit. *de los hijos de Zebedeo.*   ᶠ**20:23** *concederlo. Eso ya lo ha decidido.* Lit. *concederlo, sino para quienes lo ha preparado.*

Dos ciegos reciben la vista
20:29-34 — Mr 10:46-52; Lc 18:35-43

29Una gran multitud seguía a Jesús cuando él salía de Jericó con sus discípulos. 30Dos ciegos que estaban sentados junto al camino, al oír que pasaba Jesús, gritaron:

—¡Señor, Hijo de David, ten compasión de nosotros!

31La multitud los reprendía para que se callaran, pero ellos gritaban con más fuerza:

—¡Señor, Hijo de David, ten compasión de nosotros!

32Jesús se detuvo y los llamó.

—¿Qué quieren que haga por ustedes?

33—Señor, queremos recibir la vista.

34Jesús se compadeció de ellos y les tocó los ojos. Al instante recobraron la vista y lo siguieron.

La entrada triunfal
21:1-9 — Mr 11:1-10; Lc 19:29-38
21:4-9 — Jn 12:12-15

21 Cuando se acercaban a Jerusalén y llegaron a Betfagué, al monte de los Olivos, Jesús envió a dos discípulos 2con este encargo: «Vayan a la aldea que tienen enfrente, y ahí mismo encontrarán una burra atada, y un burrito con ella. Desátenlos y tráiganmelos. 3Si alguien les dice algo, díganle que el Señor los necesita, pero que ya los devolverá.»

4Esto sucedió para que se cumpliera lo dicho por el profeta:

5«Digan a la hija de Sión:
"Mira, tu rey viene hacia ti,
  humilde y montado en un burro,
  en un burrito, cría de una bestia
    de carga."»g

6Los discípulos fueron e hicieron como les había mandado Jesús. 7Llevaron la burra y el burrito, y pusieron encima sus mantos, sobre los cuales se sentó Jesús. 8Había mucha gente que tendía sus mantos sobre el camino; otros cortaban ramas de los árboles y las esparcían en el camino. 9Tanto la gente que iba delante de él como la que iba detrás, gritaba:

—¡Hosannah al Hijo de David!

—¡Bendito el que viene en el
  nombre del Señor!i

—¡Hosanna en las alturas!

10Cuando Jesús entró en Jerusalén, toda la ciudad se conmovió.

—¿Quién es éste? —preguntaban.

11—Éste es el profeta Jesús, de Nazaret de Galilea —contestaba la gente.

Jesús en el templo
21:12-16 — Mr 11:15-18; Lc 19:45-47

12Jesús entró en el *temploj y echó de allí a todos los que compraban y vendían. Volcó las mesas de los que cambiaban dinero y los puestos de los que vendían palomas. 13«Escrito está —les dijo—: "Mi casa será llamada casa de oración";k pero ustedes la están convirtiendo en "cueva de ladrones".l»

14Se le acercaron en el templo ciegos y cojos, y los sanó. 15Pero cuando los jefes de los sacerdotes y los *maestros de la ley vieron que hacía cosas maravillosas, y que los niños gritaban en el templo: «¡Hosanna al Hijo de David!», se indignaron.

16—¿Oyes lo que ésos están diciendo? —protestaron.

—Claro que sí —respondió Jesús—; ¿no han leído nunca:

» "En los labios de los pequeños
  y de los niños de pecho
  has puesto la perfecta alabanza"?m

17Entonces los dejó y, saliendo de la ciudad, se fue a pasar la noche en Betania.

Se seca la higuera
21:18-22 — Mr 11:12-14,20-24

18Muy de mañana, cuando volvía a la ciudad, tuvo hambre. 19Al ver una higuera

---

g21:5 Zac 9:9   h21:9 Expresión hebrea que significa «¡Salva!», y que llegó a ser una exclamación de alabanza; también en v. 15.   i21:9 Sal 118:26   j21:12 Es decir, en el área general del templo; también en vv. 14,15,23.   k21:13 Is 56:7   l21:13 Jer 7:11   m21:16 Sal 8:2

junto al camino, se acercó a ella, pero no encontró nada más que hojas.

—¡Nunca más vuelvas a dar fruto! —le dijo.

Y al instante se secó la higuera. ²⁰Los discípulos se asombraron al ver esto.

—¿Cómo es que se secó la higuera tan pronto? —preguntaron ellos.

²¹—Les aseguro que si tienen fe y no dudan —les respondió Jesús—, no sólo harán lo que he hecho con la higuera, sino que podrán decirle a este monte: "¡Quítate de ahí y tírate al mar!", y así se hará. ²²Si ustedes creen, recibirán todo lo que pidan en oración.

La autoridad de Jesús puesta en duda

21:23-27 — Mr 11:27-33; Lc 20:1-8

²³Jesús entró en el *templo y, mientras enseñaba, se le acercaron los jefes de los sacerdotes y los *ancianos del pueblo.

—¿Con qué autoridad haces esto? —lo interrogaron—. ¿Quién te dio esa autoridad?

²⁴—Yo también voy a hacerles una pregunta. Si me la contestan, les diré con qué autoridad hago esto. ²⁵El bautismo de Juan, ¿de dónde procedía? ¿Del cielo o de la tierra?ⁿ

Ellos se pusieron a discutir entre sí: «Si respondemos: "Del cielo", nos dirá: "Entonces, ¿por qué no le creyeron?" ²⁶Pero si decimos: "De la tierra"... tememos al pueblo, porque todos consideran que Juan era un profeta.» Así que le respondieron a Jesús:

²⁷—No lo sabemos.

—Pues yo tampoco les voy a decir con qué autoridad hago esto.

Parábola de los dos hijos

²⁸»¿Qué les parece? —continuó Jesús—. Había un hombre que tenía dos hijos. Se dirigió al primero y le pidió: "Hijo, ve a trabajar hoy en el viñedo." ²⁹"No quiero", contestó, pero después se *arrepintió y fue. ³⁰Luego el padre se dirigió al otro hijo y le pidió lo mismo. Éste

contestó: "Sí, señor"; pero no fue. ³¹¿Cuál de los dos hizo lo que su padre quería?

—El primero —contestaron ellos.

Jesús les dijo:

—Les aseguro que los *recaudadores de impuestos y las prostitutas van delante de ustedes hacia el reino de Dios. ³²Porque Juan fue enviado a ustedes a señalarles el camino de la justicia, y no le creyeron, pero los recaudadores de impuestos y las prostitutas sí le creyeron. E incluso después de ver esto, ustedes no se arrepintieron para creerle.

Parábola de los labradores malvados

21:33-46 — Mr 12:1-12; Lc 20:9-19

³³»Escuchen otra parábola: Había un propietario que plantó un viñedo. Lo cercó, cavó un lagar y construyó una torre de vigilancia. Luego arrendó el viñedo a unos labradores y se fue de viaje. ³⁴Cuando se acercó el tiempo de la cosecha, mandó sus *siervos a los labradores para recibir de éstos lo que le correspondía. ³⁵Los labradores agarraron a esos siervos; golpearon a uno, mataron a otro y apedrearon a un tercero. ³⁶Después les mandó otros siervos, en mayor número que la primera vez, y también los maltrataron. ³⁷»Por último, les mandó a su propio hijo, pensando: "¡A mi hijo sí lo respetarán!" ³⁸Pero cuando los labradores vieron al hijo, se dijeron unos a otros: "Éste es el heredero. Matémoslo, para quedarnos con su herencia." ³⁹Así que le echaron mano, lo arrojaron fuera del viñedo y lo mataron. ⁴⁰»Ahora bien, cuando vuelva el dueño, ¿qué hará con esos labradores?

⁴¹—Hará que esos malvados tengan un fin miserable —respondieron—, y arrendará el viñedo a otros labradores que le den lo que le corresponde cuando llegue el tiempo de la cosecha.

⁴²Les dijo Jesús:

—¿No han leído nunca en las Escrituras:

»"La piedra que desecharon los
  constructores

ⁿ **21:25** *la tierra*. Lit. *los hombres*; también en v. 26.

ha llegado a ser la piedra angular;
esto es obra del Señor,
y nos deja maravillados"? ñ

43»Por eso les digo que el reino de Dios se les quitará a ustedes y se le entregará a un pueblo que produzca los frutos del reino. 44El que caiga sobre esta piedra quedará despedazado, y si ella cae sobre alguien, lo hará polvo. º 45Cuando los jefes de los sacerdotes y los fariseos oyeron las parábolas de Jesús, se dieron cuenta de que hablaba de ellos. 46Buscaban la manera de arrestarlo, pero temían a la gente porque ésta lo consideraba un profeta.

Parábola del banquete de bodas

22 Jesús volvió a hablarles en parábolas, y les dijo: 2«El reino de los cielos es como un rey que preparó un banquete de bodas para su hijo. 3Mandó a sus *siervos que llamaran a los invitados, pero éstos se negaron a asistir al banquete. 4Luego mandó a otros siervos y les ordenó: "Digan a los invitados que ya he preparado mi comida: Ya han matado mis bueyes y mis reses cebadas, y todo está listo. Vengan al banquete de bodas." 5Pero ellos no hicieron caso y se fueron: uno a su campo, otro a su negocio. 6Los demás agarraron a los siervos, los maltrataron y los mataron. 7El rey se enfureció. Mandó su ejército a destruir a los asesinos y a incendiar su ciudad. 8Luego dijo a sus siervos: "El banquete de bodas está preparado, pero los que invité no merecían venir. 9Vayan al cruce de los caminos e inviten al banquete a todos los que encuentren." 10Así que los siervos salieron a los caminos y reunieron a todos los que pudieron encontrar, buenos y malos, y se llenó de invitados el salón de bodas. 11»Cuando el rey entró a ver a los invitados, notó que allí había un hombre que no estaba vestido con el traje de boda. 12"Amigo, ¿cómo entraste aquí sin el traje de boda?", le dijo. El hombre se quedó callado. 13Entonces el rey dijo a los sirvientes: "Átenlo de pies y manos, y échenlo

afuera, a la oscuridad, donde habrá llanto y rechinar de dientes." 14Porque muchos son los invitados, pero pocos los escogidos.»

El pago de impuestos al césar
22:15-22 — Mr 12:13-17; Lc 20:20-26

15Entonces salieron los fariseos y tramaron cómo tenderle a Jesús una trampa con sus mismas palabras. 16Enviaron algunos de sus discípulos junto con los herodianos, los cuales le dijeron:
—Maestro, sabemos que eres un hombre íntegro y que enseñas el camino de Dios de acuerdo con la verdad. No te dejas influir por nadie porque no te fijas en las apariencias. 17Danos tu opinión: ¿Está permitido pagar impuestos al *césar o no?
18Conociendo sus malas intenciones, Jesús replicó:
—¡*Hipócritas! ¿Por qué me tienden *trampas? 19Muéstrenme la moneda para el impuesto.
Y se la enseñaron.P
20—¿De quién son esta imagen y esta inscripción? —les preguntó.
21—Del césar —respondieron.
—Entonces denle al césar lo que es del césar y a Dios lo que es de Dios.
22Al oír esto, se quedaron asombrados. Así que lo dejaron y se fueron.

El matrimonio en la resurrección
22:23-33 — Mr 12:18-27; Lc 20:27-40

23Ese mismo día los saduceos, que decían que no hay resurrección, se le acercaron y le plantearon un problema:
24—Maestro, Moisés nos enseñó que si un hombre muere sin tener hijos, el hermano de ese hombre tiene que casarse con la viuda para que su hermano tenga descendencia. 25Pues bien, había entre nosotros siete hermanos. El primero se casó y murió y, como no tuvo hijos, dejó la esposa a su hermano. 26Lo mismo les pasó al segundo y al tercer hermano, y así hasta llegar al séptimo. 27Por último, murió la mujer. 28Ahora bien, en la resurrección, ¿de cuál de los siete será esposa esta mujer, ya que todos estuvieron casados con ella?
29Jesús les contestó:

ñ 21:42 Sal 118:22,23   º 21:44 Var. no incluye v. 44.   P 22:19 se la enseñaron. Lit. le trajeron un *denario.

—Ustedes andan equivocados porque desconocen las Escrituras y el poder de Dios. 30En la resurrección, las personas no se casarán ni serán dadas en casamiento, sino que serán como los ángeles que están en el cielo. 31Pero en cuanto a la resurrección de los muertos, ¿no han leído lo que Dios les dijo a ustedes: 32"Yo soy el Dios de Abraham, de Isaac y de Jacob"?q Él no es Dios de muertos, sino de vivos. 33Al oír esto, la gente quedó admirada de su enseñanza.

El mandamiento más importante
22:34-40 — Mr 12:28-31

34Los fariseos se reunieron al oír que Jesús había hecho callar a los saduceos. 35Uno de ellos, *experto en la ley, le tendió una *trampa con esta pregunta: 36—Maestro, ¿cuál es el mandamiento más importante de la ley?

37—"Ama al Señor tu Dios con todo tu corazón, con todo tu ser y con toda tu mente"r —le respondió Jesús—. 38Éste es el primero y el más importante de los mandamientos. 39El segundo se parece a éste: "Ama a tu prójimo como a ti mismo."s 40De estos dos mandamientos dependen toda la ley y los profetas.

¿De quién es hijo el Cristo?
22:41-46 — Mr 12:35-37; Lc 20:41-44

41Mientras estaban reunidos los fariseos, Jesús les preguntó:

42—¿Qué piensan ustedes acerca del *Cristo? ¿De quién es hijo?

—De David —le respondieron ellos.

43—Entonces, ¿cómo es que David, hablando por el Espíritu, lo llama "Señor"? Él afirma:

44» "Dijo el Señor a mi Señor:
'Siéntate a mi *derecha,
hasta que ponga a tus enemigos
debajo de tus pies.' "t

45Si David lo llama "Señor", ¿cómo puede entonces ser su hijo?

46Nadie pudo responderle ni una sola palabra, y desde ese día ninguno se atrevía a hacerle más preguntas.

Jesús denuncia a los fariseos y a los maestros de la ley
23:1-7 — Mr 12:38-39; Lc 20:45-46
23:37-39 — Lc 13:34-35

23 Después de esto, Jesús dijo a la gente y a sus discípulos: 2«Los *maestros de la ley y los fariseos tienen la responsabilidad de interpretar a Moisés.u 3Así que ustedes deben obedecerlos y hacer todo lo que les digan. Pero no hagan lo que hacen ellos, porque no practican lo que predican. 4Atan cargas pesadas y las ponen sobre la espalda de los demás, pero ellos mismos no están dispuestos a mover ni un dedo para levantarlas.

5»Todo lo hacen para que la gente los vea: Usan filacterias grandes y adornan sus ropas con borlas vistosas; v 6se mueren por el lugar de honor en los banquetes y los primeros asientos en las sinagogas, 7y porque la gente los salude en las plazas y los llame "Rabí".

8»Pero no permitan que a ustedes se les llame "Rabí", porque tienen un solo Maestro y todos ustedes son hermanos. 9Y no llamen "padre" a nadie en la tierra, porque ustedes tienen un solo Padre, y él está en el cielo. 10Ni permitan que los llamen "maestro", porque tienen un solo Maestro, el *Cristo. 11El más importante entre ustedes será siervo de los demás. 12Porque el que a sí mismo se enaltece será humillado, y el que se humilla será enaltecido.

13»¡Ay de ustedes, maestros de la ley y fariseos, *hipócritas! Les cierran a los demás el reino de los cielos, y ni entran ustedes ni dejan entrar a los que intentan hacerlo.w

---

q22:32 Éx 3:6   r22:37 Dt 6:5   s22:39 Lv 19:18   t22:44 Sal 110:1   u23:2 tienen ... Moisés. Lit. se sientan en la cátedra de Moisés.   v23:5 Usan ... vistosas. Lit. Ensanchan sus filacterias y engrandecen las borlas. Las filacterias eran pequeñas cajas en las que llevaban textos de las Escrituras en la frente y en los brazos; las borlas simbolizaban obediencia a los mandamientos (véanse Nm 15:38-39; Dt 6:8; 11:18). w23:13 hacerlo. Var. hacerlo. 14¡Ay de ustedes, maestros de la ley y fariseos, hipócritas! Ustedes devoran las casas de las viudas y por las apariencias hacen largas plegarias. Por esto se les castigará con más severidad.

15»¡Ay de ustedes, maestros de la ley y fariseos, hipócritas! Recorren tierra y mar para ganar un solo adepto, y cuando lo han logrado lo hacen dos veces más merecedor del infierno[x] que ustedes. **16**»¡Ay de ustedes, guías ciegos!, que dicen: "Si alguien jura por el templo, no significa nada; pero si jura por el oro del templo, queda obligado por su juramento." **17**¡Ciegos insensatos! ¿Qué es más importante: el oro, o el templo que hace sagrado al oro? **18**También dicen ustedes: "Si alguien jura por el altar, no significa nada; pero si jura por la ofrenda que está sobre él, queda obligado por su juramento." **19**¡Ciegos! ¿Qué es más importante: la ofrenda, o el altar que hace sagrada la ofrenda? **20**Por tanto, el que jura por el altar, jura no sólo por el altar sino por todo lo que está sobre él. **21**El que jura por el templo, jura no sólo por el templo sino por quien habita en él. **22**Y el que jura por el cielo, jura por el trono de Dios y por aquel que lo ocupa.

23»¡Ay de ustedes, maestros de la ley y fariseos, hipócritas! Dan la décima parte de sus especias: la menta, el anís y el comino. Pero han descuidado los asuntos más importantes de la ley, tales como la justicia, la misericordia y la *fidelidad. Debían haber practicado esto sin descuidar aquello. **24**¡Guías ciegos! Cuelan el mosquito pero se tragan el camello.

25»¡Ay de ustedes, maestros de la ley y fariseos, hipócritas! *Limpian el exterior del vaso y del plato, pero por dentro están llenos de robo y de desenfreno. **26**¡Fariseo ciego! Limpia primero por dentro el vaso y el plato, y así quedará limpio también por fuera.

27»¡Ay de ustedes, maestros de la ley y fariseos, hipócritas!, que son como sepulcros blanqueados. Por fuera lucen hermosos pero por dentro están llenos de huesos de muertos y de podredumbre. **28**Así también ustedes, por fuera dan la impresión de ser justos pero por dentro están llenos de hipocresía y de maldad.

29»¡Ay de ustedes, maestros de la ley y fariseos, hipócritas! Construyen sepul-cros para los profetas y adornan los monumentos de los justos. **30**Y dicen: "Si hubiéramos vivido nosotros en los días de nuestros antepasados, no habríamos sido cómplices de ellos para derramar la sangre de los profetas." **31**Pero así quedan implicados ustedes al declararse descendientes de los que asesinaron a los profetas. **32**¡Completen de una vez por todas lo que sus antepasados comenzaron!

33»¡Serpientes! ¡Camada de víboras! ¿Cómo escaparán ustedes de la condenación del infierno?[y] **34**Por eso yo les voy a enviar profetas, sabios y maestros. A algunos de ellos ustedes los matarán y crucificarán; a otros los azotarán en sus sinagogas y los perseguirán de pueblo en pueblo. **35**Así recaerá sobre ustedes la culpa de toda la sangre justa que ha sido derramada sobre la tierra, desde la sangre del justo Abel hasta la de Zacarías, hijo de Berequías, a quien ustedes asesinaron entre el *santuario y el altar de los sacrificios. **36**Les aseguro que todo esto vendrá sobre esta generación.

37»¡Jerusalén, Jerusalén, que matas a los profetas y apedreas a los que se te envían! ¡Cuántas veces quise reunir a tus hijos, como reúne la gallina a sus pollitos debajo de sus alas, pero no quisiste! **38**Pues bien, la casa de ustedes va a quedar abandonada. **39**Y les advierto que ya no volverán a verme hasta que digan: "¡Bendito el que viene en el nombre del Señor!"[z]»

Señales del fin del mundo
24:1-51 — Mr 13:1-37; Lc 21:5-36

24 Jesús salió del *templo y, mientras caminaba, se le acercaron sus discípulos y le mostraron los edificios del templo. **2**Pero él les dijo:

—¿Ven todo esto? Les aseguro que no quedará piedra sobre piedra, pues todo será derribado.

3Más tarde estaba Jesús sentado en el monte de los Olivos, cuando llegaron los discípulos y le preguntaron en privado:

---

[x] **23:15** *merecedor del infierno*. Lit. *hijo de la *Gehenna*.   [y] **23:33** *del infierno*. Lit. *de la *Gehenna*.
[z] **23:39** Sal 118:26

—¿Cuándo sucederá eso, y cuál será la señal de tu venida y del fin del mundo?

4—Tengan cuidado de que nadie los engañe —les advirtió Jesús—. 5Vendrán muchos que, usando mi nombre, dirán: "Yo soy el *Cristo", y engañarán a muchos. 6Ustedes oirán de guerras y de rumores de guerras, pero procuren no alarmarse. Es necesario que eso suceda, pero no será todavía el fin. 7Se levantará nación contra nación, y reino contra reino. Habrá hambres y terremotos por todas partes. 8Todo esto será apenas el comienzo de los dolores.

9»Entonces los entregarán a ustedes para que los persigan y los maten, y los odiarán todas las *naciones por causa de mi nombre. 10En aquel tiempo muchos se apartarán de la fe; unos a otros se traicionarán y se odiarán; 11y surgirá un gran número de falsos profetas que engañarán a muchos. 12Habrá tanta maldad que el amor de muchos se enfriará, 13pero el que se mantenga firme hasta el fin será salvo. 14Y este *evangelio del reino se predicará en todo el mundo como testimonio a todas las naciones, y entonces vendrá el fin.

15»Así que cuando vean en el lugar santo "el horrible sacrilegio",ª de la que habló el profeta Daniel (el que lee, que lo entienda), 16los que estén en Judea huyan a las montañas. 17El que esté en la azotea no baje a llevarse nada de su casa. 18Y el que esté en el campo no regrese para buscar su capa. 19¡Qué terrible será en aquellos días para las que estén embarazadas o amamantando! 20Oren para que su huida no suceda en invierno ni en *sábado. 21Porque habrá una gran tribulación, como no la ha habido desde el principio del mundo hasta ahora, ni la habrá jamás. 22Si no se acortaran esos días, nadie sobreviviría, pero por causa de los elegidos se acortarán. 23Entonces, si alguien les dice a ustedes: "¡Miren, aquí está el Cristo!" o "¡Allí está!", no lo crean. 24Porque surgirán falsos Cristos y falsos profetas que harán grandes señales y milagros para engañar, de ser posible, aun a los elegidos.

25Fíjense que se lo he dicho a ustedes de antemano. 26»Por eso, si les dicen: "¡Miren que está en el desierto!", no salgan; o: "¡Miren que está en la casa!", no lo crean. 27Porque así como el relámpago que sale del oriente se ve hasta en el occidente, así será la venida del Hijo del hombre. 28Donde esté el cadáver, allí se reunirán los buitres. 29»Inmediatamente después de la tribulación de aquellos días,

» "se oscurecerá el sol
    y no brillará más la luna;
    las estrellas caerán del cielo
    y los cuerpos celestes serán
      sacudidos".b

30»La señal del Hijo del hombre aparecerá en el cielo, y se angustiarán todas las razas de la tierra. Verán al Hijo del hombre venir sobre las nubes del cielo con poder y gran gloria. 31Y al sonido de la gran trompeta mandará a sus ángeles, y reunirán de los cuatro vientos a los elegidos, de un extremo al otro del cielo.

32»Aprendan de la higuera esta lección: Tan pronto como se ponen tiernas sus ramas y brotan sus hojas, ustedes saben que el verano está cerca. 33Igualmente, cuando vean todas estas cosas, sepan que el tiempo está cerca, a las puertas. 34Les aseguro que no pasará esta generación hasta que todas estas cosas sucedan. 35El cielo y la tierra pasarán, pero mis palabras jamás pasarán.

Se desconocen el día y la hora
24:37-39 — Lc 17:26-27
24:45-51 — Lc 12:42-46

36»Pero en cuanto al día y la hora, nadie lo sabe, ni siquiera los ángeles en el cielo, ni el Hijo,c sino sólo el Padre. 37La venida del Hijo del hombre será como en tiempos de Noé. 38Porque en los días antes del diluvio comían, bebían y se casaban y daban en casamiento, hasta el día en que Noé entró en el arca; 39y no supieron nada de lo que sucedería hasta que llegó el

---

ª24:15 el horrible sacrilegio. Lit. la abominación de la desolación; Dn 9:27; 11:31; 12:11.
b24:29 Is 13:10; 34:4   c24:36 Var. no incluye: ni el Hijo.

diluvio y se los llevó a todos. Así será en la venida del Hijo del hombre. **40**Estarán dos hombres en el campo: uno será llevado y el otro será dejado. **41**Dos mujeres estarán moliendo: una será llevada y la otra será dejada.

42»Por lo tanto, manténganse despiertos, porque no saben qué día vendrá su Señor. **43**Pero entiendan esto: Si un dueño de casa supiera a qué hora de la noche va a llegar el ladrón, se mantendría despierto para no dejarlo forzar la entrada. **44**Por eso también ustedes deben estar preparados, porque el Hijo del hombre vendrá cuando menos lo esperen.

45»¿Quién es el *siervo fiel y prudente a quien su señor ha dejado encargado de los sirvientes para darles la comida a su debido tiempo? **46***Dichoso el siervo cuando su señor, al regresar, lo encuentra cumpliendo con su deber. **47**Les aseguro que lo pondrá a cargo de todos sus bienes. **48**Pero ¿qué tal si ese siervo malo se pone a pensar: "Mi señor se está demorando", **49**y luego comienza a golpear a sus compañeros, y a comer y beber con los borrachos? **50**El día en que el siervo menos lo espere y a la hora menos pensada el señor volverá. **51**Lo castigará severamente y le impondrá la condena que reciben los *hipócritas. Y habrá llanto y rechinar de dientes.

Parábola de las diez jóvenes

25 »El reino de los cielos será entonces como diez jóvenes solteras que tomaron sus lámparas y salieron a recibir al novio. **2**Cinco de ellas eran insensatas y cinco prudentes. **3**Las insensatas llevaron sus lámparas, pero no se abastecieron de aceite. **4**En cambio, las prudentes llevaron vasijas de aceite junto con sus lámparas. **5**Y como el novio tardaba en llegar, a todas les dio sueño y se durmieron. **6**A medianoche se oyó un grito: "¡Ahí viene el novio! ¡Salgan a recibirlo!" **7**Entonces todas las jóvenes se despertaron y se pusieron a preparar sus lámparas. **8**Las insensatas dijeron a las prudentes: "Dennos un poco de su aceite porque nuestras lámparas se están apagando." **9**"No —respondieron éstas—, porque así no va a alcanzar ni para nosotras ni para ustedes. Es mejor que vayan a los que venden aceite, y compren para ustedes mismas." **10**Pero mientras iban a comprar el aceite llegó el novio, y las jóvenes que estaban preparadas entraron con él al banquete de bodas. Y se cerró la puerta. **11**Después llegaron también las otras. "¡Señor! ¡Señor! —suplicaban—. ¡Ábrenos la puerta!" **12**"¡No, no las conozco!", respondió él.

13»Por tanto —agregó Jesús—, manténganse despiertos porque no saben ni el día ni la hora.

Parábola de las monedas de oro

14»El reino de los cielos será también como un hombre que, al emprender un viaje, llamó a sus *siervos y les encargó sus bienes. **15**A uno le dio cinco mil monedas de oro, ^{d} a otro dos mil y a otro sólo mil, a cada uno según su capacidad. Luego se fue de viaje. **16**El que había recibido las cinco mil fue en seguida y negoció con ellas y ganó otras cinco mil. **17**Así mismo, el que recibió dos mil ganó otras dos mil. **18**Pero el que había recibido mil fue, cavó un hoyo en la tierra y escondió el dinero de su señor.

19»Después de mucho tiempo volvió el señor de aquellos siervos y arregló cuentas con ellos. **20**El que había recibido las cinco mil monedas llegó con las otras cinco mil. "Señor —dijo—, usted me encargó cinco mil monedas. Mire, he ganado otras cinco mil." **21**Su señor le respondió: "¡Hiciste bien, siervo bueno y fiel! En lo poco has sido fiel; te pondré a cargo de mucho más. ¡Ven a compartir la felicidad de tu señor!" **22**Llegó también el que recibió dos mil monedas. "Señor —informó—, usted me encargó dos mil monedas. Mire, he ganado otras dos mil." **23**Su señor le respondió: "¡Hiciste bien, siervo bueno y fiel! Has sido fiel en lo poco; te pondré a cargo de mucho más. ¡Ven a compartir la felicidad de tu señor!"

24»Después llegó el que había recibido sólo mil monedas. "Señor —expli-

---

^{d}**25:15** *cinco mil monedas de oro.* Lit. *cinco *talentos* (y así sucesivamente en el resto de este pasaje).

có—, yo sabía que usted es un hombre duro, que cosecha donde no ha sembrado y recoge donde no ha esparcido. 25Así que tuve miedo, y fui y escondí su dinero en la tierra. Mire, aquí tiene lo que es suyo." 26Pero su señor le contestó: "¡Siervo malo y perezoso! ¿Así que sabías que cosecho donde no he sembrado y recojo donde no he esparcido? 27Pues debías haber depositado mi dinero en el banco, para que a mi regreso lo hubiera recibido con intereses. 28»"Quítenle las mil monedas y dénselas al que tiene las diez mil. 29Porque a todo el que tiene, se le dará más, y tendrá en abundancia. Al que no tiene se le quitará hasta lo que tiene. 30Y a ese siervo inútil échenlo afuera, a la oscuridad, donde habrá llanto y rechinar de dientes."

Las ovejas y las cabras

31»Cuando el Hijo del hombre venga en su gloria, con todos sus ángeles, se sentará en su trono glorioso. 32Todas las naciones se reunirán delante de él, y él separará a unos de otros, como separa el pastor las ovejas de las cabras. 33Pondrá las ovejas a su *derecha, y las cabras a su izquierda.

34»Entonces dirá el Rey a los que estén a su derecha: "Vengan ustedes, a quienes mi Padre ha bendecido; reciban su herencia, el reino preparado para ustedes desde la creación del mundo. 35Porque tuve hambre, y ustedes me dieron de comer; tuve sed, y me dieron de beber; fui forastero, y me dieron alojamiento; 36necesité ropa, y me vistieron; estuve enfermo, y me atendieron; estuve en la cárcel, y me visitaron." 37Y le contestarán los justos: "Señor, ¿cuándo te vimos hambriento y te alimentamos, o sediento y te dimos de beber? 38¿Cuándo te vimos como forastero y te dimos alojamiento, o necesitado de ropa y te vestimos? 39¿Cuándo te vimos enfermo o en la cárcel y te visitamos?" 40El Rey les responderá: "Les aseguro que todo lo que hicieron por uno de mis hermanos, aun por el más pequeño, lo hicieron por mí."

41»Luego dirá a los que estén a su izquierda: "Apártense de mí, malditos, al fuego eterno preparado para el diablo y sus ángeles. 42Porque tuve hambre, y ustedes no me dieron nada de comer; tuve sed, y no me dieron nada de beber; 43fui forastero, y no me dieron alojamiento; necesité ropa, y no me vistieron; estuve enfermo y en la cárcel, y no me atendieron." 44Ellos también le contestarán: "Señor, ¿cuándo te vimos hambriento o sediento, o como forastero, o necesitado de ropa, o enfermo, o en la cárcel, y no te ayudamos?" 45Él les responderá: "Les aseguro que todo lo que no hicieron por el más pequeño de mis hermanos, tampoco lo hicieron por mí."

46»Aquéllos irán al castigo eterno, y los justos a la vida eterna.

La conspiración contra Jesús
26:2-5 — Mr 14:1-2; Lc 22:1-2

26 Después de exponer todas estas cosas, Jesús les dijo a sus discípulos: 2«Como ya saben, faltan dos días para la Pascua, y el Hijo del hombre será entregado para que lo crucifiquen.»

3Se reunieron entonces los jefes de los sacerdotes y los *ancianos del pueblo en el palacio de Caifás, el sumo sacerdote, 4y con artimañas buscaban cómo arrestar a Jesús para matarlo. 5«Pero no durante la fiesta —decían—, no sea que se amotine el pueblo.»

Una mujer unge a Jesús en Betania
26:6-13 — Mr 14:3-9

6Estando Jesús en Betania, en casa de Simón llamado el Leproso, 7se acercó una mujer con un frasco de alabastro lleno de un perfume muy caro, y lo derramó sobre la cabeza de Jesús mientras él estaba *sentado a la mesa.

8Al ver esto, los discípulos se indignaron.

—¿Para qué este desperdicio? —dijeron—. 9Podía haberse vendido este perfume por mucho dinero para darlo a los pobres.

10Consciente de ello, Jesús les dijo:

—¿Por qué molestan a esta mujer? Ella ha hecho una obra hermosa conmigo. 11A los pobres siempre los tendrán con ustedes, pero a mí no me van a tener siempre. 12Al derramar ella este perfume sobre mi cuerpo, lo hizo a fin de prepararme para

la sepultura. ¹³Les aseguro que en cualquier parte del mundo donde se predique
este *evangelio, se contará también, en
memoria de esta mujer, lo que ella hizo.

Judas acuerda traicionar a Jesús
26:14-16 — Mr 14:10-11; Lc 22:3-6

¹⁴Uno de los doce, el que se llamaba
Judas Iscariote, fue a ver a los jefes de los
sacerdotes.
¹⁵—¿Cuánto me dan, y yo les entrego
a Jesús? —les propuso.
Decidieron pagarle treinta monedas de
plata. ¹⁶Y desde entonces Judas buscaba
una oportunidad para entregarlo.

La Cena del Señor
26:17-19 — Mr 14:12-16; Lc 22:7-13
26:20-24 — Mr 14:17-21
26:26-29 — Mr 14:22-25; Lc 22:17-20;
1Co 11:23-25

¹⁷El primer día de la fiesta de los panes
sin levadura, se acercaron los discípulos a
Jesús y le preguntaron:
—¿Dónde quieres que hagamos los
preparativos para que comas la Pascua?
¹⁸Él les respondió que fueran a la ciudad, a la casa de cierto hombre, y le
dijeran: «El Maestro dice: "Mi tiempo está
cerca. Voy a celebrar la Pascua en tu casa
con mis discípulos."» ¹⁹Los discípulos
hicieron entonces como Jesús les había
mandado, y prepararon la Pascua.
²⁰Al anochecer, Jesús estaba *sentado
a la mesa con los doce. ²¹Mientras comían, les dijo:
—Les aseguro que uno de ustedes me
va a traicionar.
²²Ellos se entristecieron mucho, y uno
por uno comenzaron a preguntarle:
—¿Acaso seré yo, Señor?
²³—El que mete la mano conmigo en
el plato es el que me va a traicionar
—respondió Jesús—. ²⁴A la verdad el
Hijo del hombre se irá, tal como está
escrito de él, pero ¡ay de aquel que lo
traiciona! Más le valdría a ese hombre no
haber nacido.
²⁵—¿Acaso seré yo, Rabí? —le dijo
Judas, el que lo iba a traicionar.

—Tú lo has dicho —le contestó Jesús.
²⁶Mientras comían, Jesús tomó pan y
lo bendijo. Luego lo partió y se lo dio a
sus discípulos, diciéndoles:
—Tomen y coman; esto es mi cuerpo.
²⁷Después tomó la copa, dio gracias, y
se la ofreció diciéndoles:
—Beban de ella todos ustedes. ²⁸Esto
es mi sangre del pacto,ᵉ que es derramada
por muchos para el perdón de pecados.
²⁹Les digo que no beberé de este fruto de
la vid desde ahora en adelante, hasta el día
en que beba con ustedes el vino nuevo en
el reino de mi Padre.
³⁰Después de cantar los salmos, salieron al monte de los Olivos.

Jesús predice la negación de Pedro
26:31-35 — Mr 14:27-31; Lc 22:31-34

³¹—Esta misma noche —les dijo
Jesús— todos ustedes me abandonarán,
porque está escrito:

» "Heriré al pastor,
     y se dispersarán las ovejas del
          rebaño."ᶠ

³²Pero después de que yo resucite, iré
delante de ustedes a Galilea.
³³—Aunque todos te abandonen —declaró Pedro—, yo jamás lo haré.
³⁴—Te aseguro —le contestó Jesús—
que esta misma noche, antes de que cante
el gallo, me negarás tres veces.
³⁵—Aunque tenga que morir contigo
—insistió Pedro—, jamás te negaré.
Y los demás discípulos dijeron lo
mismo.

Jesús en Getsemaní
26:36-46 — Mr 14:32-42; Lc 22:40-46

³⁶Luego fue Jesús con sus discípulos a
un lugar llamado Getsemaní, y les dijo:
«Siéntense aquí mientras voy más allá a
orar.» ³⁷Se llevó a Pedro y a los dos hijos
de Zebedeo, y comenzó a sentirse triste y
angustiado. ³⁸«Es tal la angustia que me
invade, que me siento morir —les dijo—.
Quédense aquí y manténganse despiertos
conmigo.»

ᵉ**26:28** del pacto. Var. del nuevo pacto (véase Lc 22:20).   ᶠ**26:31** Zac 13:7

39 Yendo un poco más allá, se postró sobre su rostro y oró: «Padre mío, si es posible, no me hagas beber este trago amargo.[g] Pero no sea lo que yo quiero, sino lo que quieres tú.» **40** Luego volvió adonde estaban sus discípulos y los encontró dormidos. «¿No pudieron mantenerse despiertos conmigo ni una hora? —le dijo a Pedro—. **41** Estén alerta y oren para que no caigan en *tentación. El espíritu está dispuesto, pero el cuerpo[h] es débil.»

42 Por segunda vez se retiró y oró: «Padre mío, si no es posible evitar que yo beba este trago amargo,[i] hágase tu voluntad.» **43** Cuando volvió, otra vez los encontró dormidos, porque se les cerraban los ojos de sueño. **44** Así que los dejó y se retiró a orar por tercera vez, diciendo lo mismo.

45 Volvió de nuevo a los discípulos y les dijo: «¿Siguen durmiendo y descansando? Miren, se acerca la hora, y el Hijo del hombre va a ser entregado en manos de *pecadores. **46** ¡Levántense! ¡Vámonos! ¡Ahí viene el que me traiciona!»

Arresto de Jesús
26:47-56 — Mr 14:43-50; Lc 22:47-53

47 Todavía estaba hablando Jesús cuando llegó Judas, uno de los doce. Lo acompañaba una gran turba armada con espadas y palos, enviada por los jefes de los sacerdotes y los *ancianos del pueblo. **48** El traidor les había dado esta contraseña: «Al que le dé un beso, ése es; arréstenlo.» **49** En seguida Judas se acercó a Jesús y lo saludó.

—¡Rabí! —le dijo, y lo besó.

50 —Amigo —le replicó Jesús—, ¿a qué vienes?[j]

Entonces los hombres se acercaron y prendieron a Jesús. **51** En eso, uno de los que estaban con él extendió la mano, sacó la espada e hirió al siervo del sumo sacerdote, cortándole una oreja.

52 —Guarda tu espada —le dijo Jesús—, porque los que a hierro matan, a hierro mueren.[k] **53** ¿Crees que no puedo acudir a mi Padre, y al instante pondría a mi disposición más de doce batallones[l] de ángeles? **54** Pero entonces, ¿cómo se cumplirían las Escrituras que dicen que así tiene que suceder?

55 Y de inmediato dijo a la turba:

—¿Acaso soy un bandido,[m] para que vengan con espadas y palos a arrestarme? Todos los días me sentaba a enseñar en el *templo, y no me prendieron. **56** Pero todo esto ha sucedido para que se cumpla lo que escribieron los profetas.

Entonces todos los discípulos lo abandonaron y huyeron.

Jesús ante el Consejo
26:57-68 — Mr 14:53-65; Jn 18:12-13,19-24

57 Los que habían arrestado a Jesús lo llevaron ante Caifás, el sumo sacerdote, donde se habían reunido los *maestros de la ley y los *ancianos. **58** Pero Pedro lo siguió de lejos hasta el patio del sumo sacerdote. Entró y se sentó con los guardias para ver en qué terminaba aquello.

59 Los jefes de los sacerdotes y el *Consejo en pleno buscaban alguna prueba falsa contra Jesús para poder condenarlo a muerte. **60** Pero no la encontraron, a pesar de que se presentaron muchos falsos testigos.

Por fin se presentaron dos, **61** que declararon:

—Este hombre dijo: "Puedo destruir el *templo de Dios y reconstruirlo en tres días."

62 Poniéndose en pie, el sumo sacerdote le dijo a Jesús:

—¿No vas a responder? ¿Qué significan estas denuncias en tu contra?

63 Pero Jesús se quedó callado. Así que el sumo sacerdote insistió:

—Te ordeno en el nombre del Dios viviente que nos digas si eres el *Cristo, el Hijo de Dios.

64 —Tú lo has dicho —respondió Jesús—. Pero yo les digo a todos: De ahora en adelante verán ustedes al Hijo del hombre sentado a la *derecha del Todopoderoso, y viniendo en las nubes del cielo.

---

[g] **26:39** *no ... amargo.* Lit. *que pase de mí esta copa.*   [h] **26:41** *el cuerpo.* Lit. *la* *carne.*   [i] **26:42** *evitar ...* *amargo.* Lit. *que esto pase de mí.*   [j] **26:50** *¿a qué vienes?* Alt. *haz lo que viniste a hacer.*   [k] **26:52** *porque ...* *mueren.* Lit. *Porque todos los que toman espada, por espada perecerán.*   [l] **26:53** *batallones.* Lit. *legiones.*   [m] **26:55** *bandido.* Alt. *insurgente.*

65—¡Ha *blasfemado! —exclamó el sumo sacerdote, rasgándose las vestiduras—. ¿Para qué necesitamos más testigos? ¡Miren, ustedes mismos han oído la blasfemia! **66**¿Qué piensan de esto?

—Merece la muerte —le contestaron.

67Entonces algunos le escupieron en el rostro y le dieron puñetazos. Otros lo abofeteaban **68**y decían:

—A ver, Cristo, ¡adivina quién te pegó!

Pedro niega a Jesús

26:69-75 — Mr 14:66-72; Lc 22:55-62;
Jn 18:16-18,25-27

69Mientras tanto, Pedro estaba sentado afuera, en el patio, y una criada se le acercó.

—Tú también estabas con Jesús de Galilea —le dijo.

70Pero él lo negó delante de todos, diciendo:

—No sé de qué estás hablando.

71Luego salió a la puerta, donde otra criada lo vio y dijo a los que estaban allí:

—Éste estaba con Jesús de Nazaret.

72Él lo volvió a negar, jurándoles:

—¡A ese hombre ni lo conozco!

73Poco después se acercaron a Pedro los que estaban allí y le dijeron:

—Seguro que eres uno de ellos; se te nota por tu acento.

74Y comenzó a echarse maldiciones, y les juró:

—¡A ese hombre ni lo conozco!

En ese instante cantó un gallo. **75**Entonces Pedro se acordó de lo que Jesús había dicho: «Antes de que cante el gallo, me negarás tres veces.» Y saliendo de allí, lloró amargamente.

Judas se ahorca

27 Muy de mañana, todos los jefes de los sacerdotes y los *ancianos del pueblo tomaron la decisión de condenar a muerte a Jesús. **2**Lo ataron, se lo llevaron y se lo entregaron a Pilato, el gobernador.

3Cuando Judas, el que lo había traicionado, vio que habían condenado a Jesús, sintió remordimiento y devolvió las treinta monedas de plata a los jefes de los sacerdotes y a los ancianos.

4—He pecado —les dijo— porque he entregado sangre inocente.

—¿Y eso a nosotros qué nos importa? —respondieron—. ¡Allá tú!

5Entonces Judas arrojó el dinero en el *santuario y salió de allí. Luego fue y se ahorcó.

6Los jefes de los sacerdotes recogieron las monedas y dijeron: «La ley no permite echar esto al tesoro, porque es precio de sangre.» **7**Así que resolvieron comprar con ese dinero un terreno conocido como Campo del Alfarero, para sepultar allí a los extranjeros. **8**Por eso se le ha llamado Campo de Sangre hasta el día de hoy. **9**Así se cumplió lo dicho por el profeta Jeremías: «Tomaron las treinta monedas de plata, el precio que el pueblo de Israel le había fijado, **10**y con ellas compraron el campo del alfarero, como me ordenó el Señor.» [n]

Jesús ante Pilato

27:11-26 — Mr 15:12-15; Lc 23:2-3,18-25;
Jn 18:29–19:16

11Mientras tanto, Jesús compareció ante el gobernador, y éste le preguntó:

—¿Eres tú el rey de los judíos?

—Tú lo dices —respondió Jesús.

12Al ser acusado por los jefes de los sacerdotes y por los *ancianos, Jesús no contestó nada.

13—¿No oyes lo que declaran contra ti? —le dijo Pilato.

14Pero Jesús no respondió ni a una sola acusación, por lo que el gobernador se llenó de asombro.

15Ahora bien, durante la fiesta el gobernador acostumbraba soltar un preso que la gente escogiera. **16**Tenían un preso famoso llamado Barrabás. **17-18**Así que cuando se reunió la multitud, Pilato, que sabía que le habían entregado a Jesús por envidia, les preguntó:

—¿A quién quieren que les suelte: a Barrabás o a Jesús, al que llaman *Cristo?

19Mientras Pilato estaba sentado en el tribunal, su esposa le envió el siguiente

[n] **27:10** Véanse Zac 11:12,13; Jer 19:1-13; 32:6-9.

recado: «No te metas con ese justo, pues
por causa de él, hoy he sufrido mucho en
un sueño.»
20 Pero los jefes de los sacerdotes y los
ancianos persuadieron a la multitud a que
le pidiera a Pilato soltar a Barrabás y
ejecutar a Jesús.
21 —¿A cuál de los dos quieren que les
suelte? —preguntó el gobernador.
—A Barrabás.
22 —¿Y qué voy a hacer con Jesús, al
que llaman Cristo?
—¡Crucifícalo! —respondieron todos.
23 —¿Por qué? ¿Qué crimen ha cometido?
Pero ellos gritaban aún más fuerte:
—¡Crucifícalo!
24 Cuando Pilato vio que no conseguía
nada, sino que más bien se estaba forman-
do un tumulto, pidió agua y se lavó las
manos delante de la gente.
—Soy inocente de la sangre de este
hombre —dijo—. ¡Allá ustedes!
25 —¡Que su sangre caiga sobre nosotros y sobre nuestros hijos! —contestó
todo el pueblo.
26 Entonces les soltó a Barrabás; pero a
Jesús lo mandó azotar, y lo entregó para
que lo crucificaran.

Los soldados se burlan de Jesús

27:27-31 — Mr 15:16-20

27 Los soldados del gobernador llevaron a Jesús al palacio[ñ] y reunieron a toda
la tropa alrededor de él. 28 Le quitaron la
ropa y le pusieron un manto de color
escarlata. 29 Luego trenzaron una corona
de espinas y se la colocaron en la cabeza,
y en la mano derecha le pusieron una caña.
Arrodillándose delante de él, se burlaban
diciendo:
—¡Salve, rey de los judíos!
30 Y le escupían, y con la caña le golpeaban la cabeza. 31 Después de burlarse
de él, le quitaron el manto, le pusieron su
propia ropa y se lo llevaron para crucificarlo.

La crucifixión

27:33-44 — Mr 15:22-32; Lc 23:33-43; Jn 19:17-24

32 Al salir encontraron a un hombre de
Cirene que se llamaba Simón, y lo obligaron a llevar la cruz. 33 Llegaron a un lugar
llamado Gólgota (que significa «Lugar de
la Calavera»). 34 Allí le dieron a Jesús vino
mezclado con hiel; pero después de pro-
barlo, se negó a beberlo. 35 Lo crucificaron
y repartieron su ropa echando suertes.[o]
36 Y se sentaron a vigilarlo. 37 Encima de
su cabeza pusieron por escrito la causa de
su condena: «ÉSTE ES JESÚS, EL REY DE LOS
JUDÍOS.» 38 Con él crucificaron a dos bandidos,[p] uno a su derecha y otro a su
izquierda. 39 Los que pasaban meneaban la
cabeza y *blasfemaban contra él:
40 —Tú, que destruyes el *templo y en
tres días lo reconstruyes, ¡sálvate a ti mismo! ¡Si eres el Hijo de Dios, baja de la
cruz!
41 De la misma manera se burlaban de
él los jefes de los sacerdotes, junto con los
*maestros de la ley y los *ancianos.
42 —Salvó a otros —decían—, ¡pero no
puede salvarse a sí mismo! ¡Y es el Rey
de Israel! Que baje ahora de la cruz, y así
creeremos en él. 43 Él confía en Dios; pues
que lo libre Dios ahora, si de veras lo
quiere. ¿Acaso no dijo: "Yo soy el Hijo de
Dios"?
44 Así también lo insultaban los bandidos que estaban crucificados con él.

Muerte de Jesús

27:45-56 — Mr 15:31-41; Lc 23:44-49

45 Desde el mediodía y hasta la media
tarde[q] toda la tierra quedó en oscuridad.
46 Como a las tres de la tarde,[r] Jesús gritó
con fuerza:
—*Elí, Elí,*[s] *¿lama sabactani?* (que significa: "Dios mío, Dios mío, ¿por qué me
has desamparado?").[t]
47 Cuando lo oyeron, algunos de los que
estaban allí dijeron:
—Está llamando a Elías.

[ñ]**27:27** *palacio.* Lit. *pretorio.* [o]**27:35** *suertes.* Var. *suertes, para que se cumpliera lo dicho por medio del profeta: «Se repartieron entre ellos mi manto y sobre mi ropa echaron suertes»* (Sal 22:18; véase Jn 19:24). [p]**27:38** *bandidos.* Alt. *insurgentes*; también en v. 44. [q]**27:45** *Desde ... tarde.* Lit. *Desde la hora sexta hasta la hora novena.* [r]**27:46** *Como ... tarde.* Lit. *Como a la hora novena.* [s]**27:46** *Elí, Elí.* Var. *Eloi, Eloi.* [t]**27:46** Sal 22:1

48 Al instante uno de ellos corrió en busca de una esponja. La empapó en vinagre, la puso en una caña y se la ofreció a Jesús para que bebiera. 49 Los demás decían:

—Déjalo, a ver si viene Elías a salvarlo.

50 Entonces Jesús volvió a gritar con fuerza, y entregó su espíritu.

51 En ese momento la cortina del *santuario del templo se rasgó en dos, de arriba abajo. La tierra tembló y se partieron las rocas. 52 Se abrieron los sepulcros, y muchos *santos que habían muerto resucitaron. 53 Salieron de los sepulcros y, después de la resurrección de Jesús, entraron en la ciudad santa y se aparecieron a muchos.

54 Cuando el centurión y los que con él estaban custodiando a Jesús vieron el terremoto y todo lo que había sucedido, quedaron aterrados y exclamaron:

—¡Verdaderamente éste era el Hijo u de Dios!

55 Estaban allí, mirando de lejos, muchas mujeres que habían seguido a Jesús desde Galilea para servirle. 56 Entre ellas se encontraban María Magdalena, María la madre de *Jacobo y de José, y la madre de los hijos de Zebedeo.

Sepultura de Jesús
27:57-61 — Mr 15:42-47; Lc 23:50-56; Jn 19:38-42

57 Al atardecer, llegó un hombre rico de Arimatea, llamado José, que también se había convertido en discípulo de Jesús. 58 Se presentó ante Pilato para pedirle el cuerpo de Jesús, y Pilato ordenó que se lo dieran. 59 José tomó el cuerpo, lo envolvió en una sábana limpia 60 y lo puso en un sepulcro nuevo de su propiedad que había cavado en la roca. Luego hizo rodar una piedra grande a la entrada del sepulcro, y se fue. 61 Allí estaban, sentadas frente al sepulcro, María Magdalena y la otra María.

La guardia ante el sepulcro

62 Al día siguiente, después del día de la preparación, los jefes de los sacerdotes y los fariseos se presentaron ante Pilato.

63 —Señor —le dijeron—, nosotros recordamos que mientras ese engañador aún vivía, dijo: "A los tres días resucitaré." 64 Por eso, ordene usted que se selle el sepulcro hasta el tercer día, no sea que vengan sus discípulos, se roben el cuerpo y le digan al pueblo que ha *resucitado. Ese último engaño sería peor que el primero.

65 —Llévense una guardia de soldados —les ordenó Pilato—, y vayan a asegurar el sepulcro lo mejor que puedan.

66 Así que ellos fueron, cerraron el sepulcro con una piedra, y lo sellaron; y dejaron puesta la guardia.

La resurrección
28:1-8 — Mr 16:1-8; Lc 24:1-10

28 Después del *sábado, al amanecer del primer día de la semana, María Magdalena y la otra María fueron a ver el sepulcro.

2 Sucedió que hubo un terremoto violento, porque un ángel del Señor bajó del cielo y, acercándose al sepulcro, quitó la piedra y se sentó sobre ella. 3 Su aspecto era como el de un relámpago, y su ropa era blanca como la nieve. 4 Los guardias tuvieron tanto miedo de él que se pusieron a temblar y quedaron como muertos.

5 El ángel dijo a las mujeres:

—No tengan miedo; sé que ustedes buscan a Jesús, el que fue crucificado. 6 No está aquí, pues ha resucitado, tal como dijo. Vengan a ver el lugar donde lo pusieron. 7 Luego vayan pronto a decirles a sus discípulos: "Él se ha *levantado de entre los muertos y va delante de ustedes a Galilea. Allí lo verán." Ahora ya lo saben.

8 Así que las mujeres se alejaron a toda prisa del sepulcro, asustadas pero muy alegres, y corrieron a dar la noticia a los discípulos. 9 En eso Jesús les salió al encuentro y las saludó. Ellas se le acercaron, le abrazaron los pies y lo adoraron.

10 —No tengan miedo —les dijo Jesús—. Vayan a decirles a mis hermanos que se dirijan a Galilea, y allí me verán.

---

u 27:54 era el Hijo. Alt. era hijo.

El informe de los guardias

11 Mientras las mujeres iban de camino, algunos de los guardias entraron en la ciudad e informaron a los jefes de los sacerdotes de todo lo que había sucedido. 12 Después de reunirse estos jefes con los *ancianos y de trazar un plan, les dieron a los soldados una fuerte suma de dinero 13 y les encargaron: «Digan que los discípulos de Jesús vinieron por la noche y que, mientras ustedes dormían, se robaron el cuerpo. 14 Y si el gobernador llega a enterarse de esto, nosotros responderemos por ustedes y les evitaremos cualquier problema.»

15 Así que los soldados tomaron el dinero e hicieron como se les había instruido. Esta es la versión de los sucesos que hasta el día de hoy ha circulado entre los judíos.

La gran comisión

16 Los once discípulos fueron a Galilea, a la montaña que Jesús les había indicado. 17 Cuando lo vieron, lo adoraron; pero algunos dudaban. 18 Jesús se acercó entonces a ellos y les dijo:

—Se me ha dado toda autoridad en el cielo y en la tierra. 19 Por tanto, vayan y hagan discípulos de todas las *naciones, bautizándolos en el nombre del Padre y del Hijo y del Espíritu Santo, 20 enseñándoles a obedecer todo lo que les he mandado a ustedes. Y les aseguro que estaré con ustedes siempre, hasta el fin del mundo.ᵛ

ᵛ **28:20** *el fin del mundo.* Lit. *la consumación del siglo.*

Evangelio según Marcos

Juan el Bautista prepara el camino

1:2-8 — Mt 3:1-11; Lc 3:2-16

1 Comienzo del *evangelio de *Jesucristo, el Hijo de Dios.ᵃ

2 Sucedió como está escrito en el profeta Isaías:

«Yo estoy por enviar a mi
    mensajero delante de ti,
el cual preparará tu camino.»ᵇ
3 «Voz de uno que grita en el
    desierto:
"Preparen el camino del Señor,
háganle sendas derechas."»ᶜ

4 Así se presentó Juan, bautizando en el desierto y predicando el bautismo de *arrepentimiento para el perdón de pecados. 5 Toda la gente de la región de Judea y de la ciudad de Jerusalén acudía a él. Cuando confesaban sus pecados, él los bautizaba en el río Jordán. 6 La ropa de Juan estaba hecha de pelo de camello. Llevaba puesto un cinturón de cuero, y comía langostas y miel silvestre. 7 Predicaba de esta manera: «Después de mí viene uno más poderoso que yo; ni siquiera merezco agacharme para desatar la correa de sus sandalias. 8 Yo los he bautizado a ustedes conᵈ agua, pero él los bautizará con el Espíritu Santo.»

Bautismo y tentación de Jesús

1:9-11 — Mt 3:13-17; Lc 3:21-22
1:12-13 — Mt 4:1-11; Lc 4:1-13

9 En esos días llegó Jesús desde Nazaret de Galilea y fue bautizado por Juan en el Jordán. 10 En seguida, al subir del agua, Jesús vio que el cielo se abría y que el Espíritu bajaba sobre él como una paloma.

11 También se oyó una voz del cielo que decía: «Tú eres mi Hijo amado; estoy muy complacido contigo.»

12 En seguida el Espíritu lo impulsó a ir al desierto, 13 y allí fue *tentado por Satanás durante cuarenta días. Estaba entre las fieras, y los ángeles le servían.

Llamamiento de los primeros discípulos

1:16-20 — Mt 4:18-22; Lc 5:2-11; Jn 1:35-42

14 Después de que encarcelaron a Juan, Jesús se fue a Galilea a anunciar las buenas *nuevas de Dios. 15 «Se ha cumplido el tiempo —decía—. El reino de Dios está cerca. ¡*Arrepiéntanse y crean las buenas *nuevas!»

16 Pasando por la orilla del mar de Galilea, Jesús vio a Simón y a su hermano Andrés que echaban la red al lago, pues eran pescadores. 17 «Vengan, síganme —les dijo Jesús—, y los haré pescadores de hombres.» 18 Al momento dejaron las redes y lo siguieron. 19 Un poco más adelante vio a *Jacobo y a su hermano Juan, hijos de Zebedeo, que estaban en su barca remendando las redes. 20 En seguida los llamó, y ellos, dejando a su padre Zebedeo en la barca con los jornaleros, se fueron con Jesús.

Jesús expulsa a un espíritu maligno

1:21-28 — Lc 4:31-37

21 Entraron en Capernaúm, y tan pronto como llegó el *sábado, Jesús fue a la sinagoga y se puso a enseñar. 22 La gente se asombraba de su enseñanza, porque la impartía como quien tiene autoridad y no como los *maestros de la ley. 23 De repente, en la sinagoga, un hombre que estaba poseído por un *espíritu maligno gritó:

ᵃ 1:1 Var. no incluye: *el Hijo de Dios.*   ᵇ 1:2 Mal 3:1   ᶜ 1:3 Is 40:3   ᵈ 1:8 *con.* Alt. *en.*

40

24—¿Por qué te entrometes, Jesús de Nazaret? ¿Has venido a destruirnos? Yo sé quién eres tú: ¡el Santo de Dios!

25—¡Cállate! —lo reprendió Jesús—. ¡Sal de ese hombre!

26Entonces el espíritu maligno sacudió al hombre violentamente y salió de él dando un alarido. 27Todos se quedaron tan asustados que se preguntaban unos a otros: «¿Qué es esto? ¡Una enseñanza nueva, pues lo hace con autoridad! Les da órdenes incluso a los espíritus malignos, y le obedecen.» 28Como resultado, su fama se extendió rápidamente por toda la región de Galilea.

Jesús sana a muchos enfermos
1:29-31 — Mt 8:14-15; Lc 4:38-39
1:32-34 — Mt 8:16-17; Lc 4:40-41

29Tan pronto como salieron de la sinagoga, Jesús fue con *Jacobo y Juan a casa de Simón y Andrés. 30La suegra de Simón estaba en cama con fiebre, y en seguida se lo dijeron a Jesús. 31Él se le acercó, la tomó de la mano y la ayudó a levantarse. Entonces se le quitó la fiebre y se puso a servirles.

32Al atardecer, cuando ya se ponía el sol, la gente le llevó a Jesús todos los enfermos y endemoniados, 33de manera que la población entera se estaba congregando a la puerta. 34Jesús sanó a muchos que padecían de diversas enfermedades. También expulsó a muchos demonios, pero no los dejaba hablar porque sabían quién era él.

Jesús ora en un lugar solitario
1:35-38 — Lc 4:42-43

35Muy de madrugada, cuando todavía estaba oscuro, Jesús se levantó, salió de la casa y se fue a un lugar solitario, donde se puso a orar. 36Simón y sus compañeros salieron a buscarlo. 37Por fin lo encontraron y le dijeron:

—Todo el mundo te busca.

38Jesús respondió:

—Vámonos de aquí a otras aldeas cercanas donde también pueda predicar; para esto he venido.

39Así que recorrió toda Galilea, predicando en las sinagogas y expulsando demonios.

Jesús sana a un leproso
1:40-44 — Mt 8:2-4; Lc 5:12-14

40Un hombre que tenía *lepra se le acercó, y de rodillas le suplicó:

—Si quieres, puedes *limpiarme.

41Movido a compasión, Jesús extendió la mano y tocó al hombre, diciéndole:

—Sí quiero. ¡Queda limpio!

42Al instante se le quitó la lepra y quedó sano.e 43Jesús lo despidió en seguida con una fuerte advertencia:

44—Mira, no se lo digas a nadie; sólo ve, preséntate al sacerdote y lleva por tu *purificación lo que ordenó Moisés, para que sirva de testimonio.

45Pero él salió y comenzó a hablar sin reserva, divulgando lo sucedido. Como resultado, Jesús ya no podía entrar en ningún pueblo abiertamente, sino que se quedaba afuera, en lugares solitarios. Aun así, gente de todas partes seguía acudiendo a él.

Jesús sana a un paralítico
2:3-12 — Mt 9:2-8; Lc 5:18-26

2 Unos días después, cuando Jesús entró de nuevo en Capernaúm, corrió la voz de que estaba en casa. 2Se aglomeraron tantos que ya no quedaba sitio ni siquiera frente a la puerta mientras él les predicaba la palabra. 3Entonces llegaron cuatro hombres que le llevaban un paralítico. 4Como no podían acercarlo a Jesús por causa de la multitud, quitaron parte del techo encima de donde estaba Jesús y, luego de hacer una abertura, bajaron la camilla en la que estaba acostado el paralítico. 5Al ver Jesús la fe de ellos, le dijo al paralítico:

—Hijo, tus pecados quedan perdonados.

6Estaban sentados allí algunos *maestros de la ley, que pensaban: 7«¿Por qué habla éste así? ¡Está *blasfemando! ¿Quién puede perdonar pecados sino sólo Dios?»

---

e 1:42 sano. Lit. limpio.

8En ese mismo instante supo Jesús en su espíritu que esto era lo que estaban pensando.

—¿Por qué razonan así? —les dijo—. 9¿Qué es más fácil, decirle al paralítico: "Tus pecados son perdonados", o decirle: "Levántate, toma tu camilla y anda"? 10Pues para que sepan que el Hijo del hombre tiene autoridad en la tierra para perdonar pecados —se dirigió entonces al paralítico—: 11A ti te digo, levántate, toma tu camilla y vete a tu casa.

12Él se levantó, tomó su camilla en seguida y salió caminando a la vista de todos. Ellos se quedaron asombrados y comenzaron a alabar a Dios.

—Jamás habíamos visto cosa igual —decían.

Llamamiento de Leví
2:14-17 — Mt 9:9-13; Lc 5:27-32

13De nuevo salió Jesús a la orilla del lago. Toda la gente acudía a él, y él les enseñaba. 14Al pasar vio a Leví hijo de Alfeo, donde éste cobraba impuestos.

—Sígueme —le dijo Jesús.

Y Leví se levantó y lo siguió.

15Sucedió que, estando Jesús a la mesa en casa de Leví, muchos *recaudadores de impuestos y *pecadores se *sentaron con él y sus discípulos, pues ya eran muchos los que lo seguían. 16Cuando los *maestros de la ley, que eran *fariseos, vieron con quién comía, les preguntaron a sus discípulos:

—¿Y éste come con recaudadores de impuestos y con pecadores?

17Al oírlos, Jesús les contestó:

—No son los sanos los que necesitan médico sino los enfermos. Y yo no he venido a llamar a justos sino a pecadores.

Le preguntan a Jesús sobre el ayuno
2:18-22 — Mt 9:14-17; Lc 5:33-38

18Al ver que los discípulos de Juan y los *fariseos ayunaban, algunos se acercaron a Jesús y le preguntaron:

—¿Cómo es que los discípulos de Juan y de los fariseos ayunan, pero los tuyos no?

19Jesús les contestó:

—¿Acaso pueden ayunar los invitados del novio mientras él está con ellos? No

pueden hacerlo mientras lo tienen con ellos. 20Pero llegará el día en que se les quitará el novio, y ese día sí ayunarán. 21Nadie remienda un vestido viejo con un retazo de tela nueva. De hacerlo así, el remiendo fruncirá el vestido y la rotura se hará peor. 22Ni echa nadie vino nuevo en odres viejos. De hacerlo así, el vino hará reventar los odres y se arruinarán tanto el vino como los odres. Más bien, el vino nuevo se echa en odres nuevos.

Señor del sábado
2:23-28 — Mt 12:1-8; Lc 6:1-5
3:1-6 — Mt 12:9-14; Lc 6:6-11

23Un *sábado, al cruzar Jesús los sembrados, sus discípulos comenzaron a arrancar a su paso unas espigas de trigo.

24—Mira —le preguntaron los *fariseos—, ¿por qué hacen ellos lo que está prohibido hacer en sábado?

25Él les contestó:

—¿Nunca han leído lo que hizo David en aquella ocasión, cuando él y sus compañeros tuvieron hambre y pasaron necesidad? 26Entró en la casa de Dios cuando Abiatar era el sumo sacerdote, y comió los panes consagrados a Dios, que sólo a los sacerdotes les es permitido comer. Y dio también a sus compañeros.

27»El sábado se hizo para el hombre, y no el hombre para el sábado —añadió—. 28Así que el Hijo del hombre es Señor incluso del sábado.

3 En otra ocasión entró en la sinagoga, y había allí un hombre que tenía la mano paralizada. 2Algunos que buscaban un motivo para acusar a Jesús no le quitaban la vista de encima para ver si sanaba al enfermo en *sábado. 3Entonces Jesús le dijo al hombre de la mano paralizada:

—Ponte de pie frente a todos.

4Luego dijo a los otros:

—¿Qué está permitido en sábado: hacer el bien o hacer el mal, salvar una *vida o matar?

Pero ellos permanecieron callados. 5Jesús se les quedó mirando, enojado y entristecido por la dureza de su corazón, y le dijo al hombre:

—Extiende la mano.

La extendió, y la mano le quedó restablecida. 6Tan pronto como salieron los fariseos, comenzaron a tramar con los herodianos cómo matar a Jesús.

La multitud sigue a Jesús
3:7-12 — Mt 12:15-16; Lc 6:17-19

7Jesús se retiró al lago con sus discípulos, y mucha gente de Galilea lo siguió. 8Cuando se enteraron de todo lo que hacía, acudieron también a él muchos de Judea y Jerusalén, de Idumea, del otro lado del Jordán y de las regiones de Tiro y Sidón. 9Entonces, para evitar que la gente lo atropellara, encargó a sus discípulos que le tuvieran preparada una pequeña barca; 10pues como había sanado a muchos, todos los que sufrían dolencias se abalanzaban sobre él para tocarlo. 11Además, los *espíritus malignos, al verlo, se postraban ante él, gritando: «¡Tú eres el Hijo de Dios!» 12Pero él les ordenó terminantemente que no dijeran quién era él.

Nombramiento de los doce apóstoles
3:16-19 — Mt 10:2-4; Lc 6:14-16; Hch 1:13

13Subió Jesús a una montaña y llamó a los que quiso, los cuales se reunieron con él. 14Designó a doce, a quienes nombró apóstoles,ƒ para que lo acompañaran y para enviarlos a predicar 15y ejercer autoridad para expulsar demonios. 16Éstos son los doce que él nombró: Simón (a quien llamó Pedro); 17*Jacobo y su hermano Juan, hijos de Zebedeo (a quienes llamó Boanerges, que significa: Hijos del trueno); 18Andrés, Felipe, Bartolomé, Mateo, Tomás, Jacobo, hijo de Alfeo; Tadeo, Simón el Zelote 19y Judas Iscariote, el que lo traicionó.

Jesús y Beelzebú
3:23-27 — Mt 12:25-29; Lc 11:14-22

20Luego entró en una casa, y de nuevo se aglomeró tanta gente que ni siquiera podían comer él y sus discípulos. 21Cuando se enteraron sus parientes, salieron a hacerse cargo de él, porque decían: «Está fuera de sí.» 22Los *maestros de la ley que habían llegado de Jerusalén decían: «¡Está poseí-do por *Beelzebú! Expulsa a los demonios por medio del príncipe de los demonios.» 23Entonces Jesús los llamó y les habló en parábolas: «¿Cómo puede Satanás expulsar a Satanás? 24Si un reino está dividido contra sí mismo, ese reino no puede mantenerse en pie. 25Y si una familia está dividida contra sí misma, esa familia no puede mantenerse en pie. 26Igualmente, si Satanás se levanta contra sí mismo y se divide, no puede mantenerse en pie, sino que ha llegado su fin. 27Ahora bien, nadie puede entrar en la casa de alguien fuerte y arrebatarle sus bienes a menos que primero lo ate. Sólo entonces podrá robar su casa. 28Les aseguro que todos los pecados y *blasfemias se les perdonarán a todos por igual, 29excepto a quien blasfeme contra el Espíritu Santo. Éste no tendrá perdón jamás; es culpable de un pecado eterno.»

30Es que ellos habían dicho: «Tiene un *espíritu maligno.»

La madre y los hermanos de Jesús
3:31-33 — Mt 12:46-50; Lc 8:19-21

31En eso llegaron la madre y los hermanos de Jesús. Se quedaron afuera y enviaron a alguien a llamarlo, 32pues había mucha gente sentada alrededor de él.

—Mira, tu madre y tus hermanosᵍ están afuera y te buscan —le dijeron.

33—¿Quiénes son mi madre y mis hermanos? —replicó Jesús.

34Luego echó una mirada a los que estaban sentados alrededor de él y añadió:

—Aquí tienen a mi madre y a mis hermanos. 35Cualquiera que hace la voluntad de Dios es mi hermano, mi hermana y mi madre.

Parábola del sembrador
4:1-12 — Mt 13:1-15; Lc 8:4-10
4:13-20 — Mt 13:18-23; Lc 8:11-15

4 De nuevo comenzó Jesús a enseñar a la orilla del lago. La multitud que se reunió para verlo era tan grande que él subió y se sentó en una barca que estaba en el lago, mientras toda la gente se quedaba en la playa. 2Entonces se puso a

---

ƒ3:14 Var. no incluye: *a quienes nombró apóstoles.*   ᵍ3:32 *tus hermanos.* Var. *tus hermanos y tus hermanas.*

enseñarles muchas cosas por medio de parábolas y, como parte de su instrucción, les dijo: 3«¡Pongan atención! Un sembrador salió a sembrar. 4Sucedió que al esparcir él la semilla, una parte cayó junto al camino, y llegaron los pájaros y se la comieron. 5Otra parte cayó en terreno pedregoso, sin mucha tierra. Esa semilla brotó pronto porque la tierra no era profunda; 6pero cuando salió el sol, las plantas se marchitaron y, por no tener raíz, se secaron. 7Otra parte de la semilla cayó entre espinos que, al crecer, la ahogaron, de modo que no dio fruto. 8Pero las otras semillas cayeron en buen terreno. Brotaron, crecieron y produjeron una cosecha que rindió el treinta, el sesenta y hasta el ciento por uno.

9»El que tenga oídos para oír, que oiga», añadió Jesús.

10Cuando se quedó solo, los doce y los que estaban alrededor de él le hicieron preguntas sobre las parábolas. 11«A ustedes se les ha revelado el *secreto del reino de Dios —les contestó—; pero a los de afuera todo les llega por medio de parábolas, 12para que

» "por mucho que vean, no
       perciban;
    y por mucho que oigan, no
       entiendan;
    no sea que se conviertan y sean
       perdonados." h

13»¿No entienden esta parábola? —continuó Jesús—. ¿Cómo podrán, entonces, entender las demás? 14El sembrador siembra la palabra. 15Algunos son como lo sembrado junto al camino, donde se siembra la palabra. Tan pronto como la oyen, viene Satanás y les quita la palabra sembrada en ellos. 16Otros son como lo sembrado en terreno pedregoso: cuando oyen la palabra, en seguida la reciben con alegría, 17pero como no tienen raíz, duran poco tiempo. Cuando surgen problemas o persecución a causa de la palabra, en seguida se apartan de ella. 18Otros son como lo sembrado entre espinos: oyen la

palabra, 19pero las preocupaciones de esta vida, el engaño de las riquezas y muchos otros malos deseos entran hasta ahogar la palabra, de modo que ésta no llega a dar fruto. 20Pero otros son como lo sembrado en buen terreno: oyen la palabra, la aceptan y producen una cosecha que rinde el treinta, el sesenta y hasta el ciento por uno.»

Una lámpara en una repisa

21También les dijo: «¿Acaso se trae una lámpara para ponerla debajo de un cajón o debajo de la cama? ¿No es, por el contrario, para ponerla en una repisa? 22No hay nada escondido que no esté destinado a descubrirse; tampoco hay nada oculto que no esté destinado a ser revelado. 23El que tenga oídos para oír, que oiga.

24»Pongan mucha atención —añadió—. Con la medida que midan a otros, se les medirá a ustedes, y aún más se les añadirá. 25Al que tiene, se le dará más; al que no tiene, hasta lo poco que tiene se le quitará.»

Parábola de la semilla que crece

26Jesús continuó: «El reino de Dios se parece a quien esparce semilla en la tierra. 27Sin que éste sepa cómo, y ya sea que duerma o esté despierto, día y noche brota y crece la semilla. 28La tierra da fruto por sí sola; primero el tallo, luego la espiga, y después el grano lleno en la espiga. 29Tan pronto como el grano está maduro, se le mete la hoz, pues ha llegado el tiempo de la cosecha.»

Parábola del grano de mostaza
4:30-32 — Mt 13:31-32; Lc 13:18-19

30También dijo: «¿Con qué vamos a comparar el reino de Dios? ¿Qué parábola podemos usar para describirlo? 31Es como un grano de mostaza: cuando se siembra en la tierra, es la semilla más pequeña que hay, 32pero una vez sembrada crece hasta convertirse en la más grande de las hortalizas, y echa ramas tan grandes que las aves pueden anidar bajo su sombra.»

h 4:12 Is 6:9,10

33Y con muchas parábolas semejantes les enseñaba Jesús la palabra hasta donde podían entender. **34**No les decía nada sin emplear parábolas. Pero cuando estaba a solas con sus discípulos, les explicaba todo.

Jesús calma la tormenta
4:35-41 — Mt 8:18,23-27; Lc 8:22-25

35Ese día al anochecer, les dijo a sus discípulos:

—Crucemos al otro lado.

36Dejaron a la multitud y se fueron con él en la barca donde estaba. También lo acompañaban otras barcas. **37**Se desató entonces una fuerte tormenta, y las olas azotaban la barca, tanto que ya comenzaba a inundarse. **38**Jesús, mientras tanto, estaba en la popa, durmiendo sobre un cabezal, así que los discípulos lo despertaron.

—¡Maestro! —gritaron—, ¿no te importa que nos ahoguemos?

39Él se levantó, reprendió al viento y ordenó al mar:

—¡Silencio! ¡Cálmate!

El viento se calmó y todo quedó completamente tranquilo.

40—¿Por qué tienen tanto miedo? —dijo a sus discípulos—. ¿Todavía *i* no tienen fe?

41Ellos estaban espantados y se decían unos a otros:

—¿Quién es éste, que hasta el viento y el mar le obedecen?

Liberación de un endemoniado
5:1-17 — Mt 8:28-34; Lc 8:26-37
5:18-20 — Lc 8:38-39

5 Cruzaron el lago hasta llegar a la región de los gerasenos.*j* **2**Tan pronto como desembarcó Jesús, un hombre poseído por un *espíritu maligno le salió al encuentro de entre los sepulcros. **3**Este hombre vivía en los sepulcros, y ya nadie podía sujetarlo, ni siquiera con cadenas. **4**Muchas veces lo habían atado con cadenas y grilletes, pero él los destrozaba, y nadie tenía fuerza para dominarlo. **5**Noche y día andaba por los sepulcros y por las colinas, gritando y golpeándose con piedras.

6Cuando vio a Jesús desde lejos, corrió y se postró delante de él.

7—¿Por qué te entrometes, Jesús, Hijo del Dios Altísimo? —gritó con fuerza—. ¡Te ruego por Dios que no me atormentes!

8Es que Jesús le había dicho: «¡Sal de este hombre, espíritu maligno!»

9—¿Cómo te llamas? —le preguntó Jesús.

—Me llamo Legión —respondió—, porque somos muchos.

10Y con insistencia le suplicaba a Jesús que no los expulsara de aquella región.

11Como en una colina estaba paciendo una manada de muchos cerdos, los demonios le rogaron a Jesús:

12—Mándanos a los cerdos; déjanos entrar en ellos.

13Así que él les dio permiso. Cuando los espíritus malignos salieron del hombre, entraron en los cerdos, que eran unos dos mil, y la manada se precipitó al lago por el despeñadero y allí se ahogó.

14Los que cuidaban los cerdos salieron huyendo y dieron la noticia en el pueblo y por los campos, y la gente fue a ver lo que había pasado. **15**Llegaron adonde estaba Jesús, y cuando vieron al que había estado poseído por la legión de demonios, sentado, vestido y en su sano juicio, tuvieron miedo. **16**Los que habían presenciado estos hechos le contaron a la gente lo que había sucedido con el endemoniado y con los cerdos. **17**Entonces la gente comenzó a suplicarle a Jesús que se fuera de la región.

18Mientras subía Jesús a la barca, el que había estado endemoniado le rogaba que le permitiera acompañarlo. **19**Jesús no se lo permitió, sino que le dijo:

—Vete a tu casa, a los de tu familia, y diles todo lo que el Señor ha hecho por ti y cómo se te ha tenido compasión.

20Así que el hombre se fue y se puso a proclamar en *Decápolis lo mucho que Jesús había hecho por él. Y toda la gente se quedó asombrada.

---

i **4:40** *Todavía.* Var. *Cómo es que.*   *j* **5:1** *gerasenos.* Var. *gadarenos*; otra var. *gergesenos.*

Una niña muerta y una mujer enferma

5:22-43 — Mt 9:18-26; Lc 8:41-56

21 Después de que Jesús regresó en la barca al otro lado del lago, se reunió alrededor de él una gran multitud, por lo que él se quedó en la orilla. 22 Llegó entonces uno de los jefes de la sinagoga, llamado Jairo. Al ver a Jesús, se arrojó a sus pies, 23 suplicándole con insistencia: —Mi hijita se está muriendo. Ven y pon tus manos sobre ella para que se *sane y viva.

24 Jesús se fue con él, y lo seguía una gran multitud, la cual lo apretujaba. 25 Había entre la gente una mujer que hacía doce años padecía de hemorragias. 26 Había sufrido mucho a manos de varios médicos, y se había gastado todo lo que tenía sin que le hubiera servido de nada, pues en vez de mejorar, iba de mal en peor. 27 Cuando oyó hablar de Jesús, se le acercó por detrás entre la gente y le tocó el manto. 28 Pensaba: «Si logro tocar siquiera su ropa, quedaré sana.» 29 Al instante cesó su hemorragia, y se dio cuenta de que su cuerpo había quedado libre de esa aflicción.

30 Al momento también Jesús se dio cuenta de que de él había salido poder, así que se volvió hacia la gente y preguntó: —¿Quién me ha tocado la ropa?

31 —Ves que te apretuja la gente —le contestaron sus discípulos—, y aun así preguntas: "¿Quién me ha tocado?"

32 Pero Jesús seguía mirando a su alrededor para ver quién lo había hecho. 33 La mujer, sabiendo lo que le había sucedido, se acercó temblando de miedo y, arrojándose a sus pies, le confesó toda la verdad. 34 —¡Hija, tu fe te ha sanado! —le dijo Jesús—. Vete en paz y queda sana de tu aflicción.

35 Todavía estaba hablando Jesús, cuando llegaron unos hombres de la casa de Jairo, jefe de la sinagoga, para decirle: —Tu hija ha muerto. ¿Para qué sigues molestando al Maestro?

36 Sin hacer caso de la noticia, Jesús le dijo al jefe de la sinagoga:

—No tengas miedo; cree nada más.

37 No dejó que nadie lo acompañara, excepto Pedro, *Jacobo y Juan, el hermano de Jacobo. 38 Cuando llegaron a la casa del jefe de la sinagoga, Jesús notó el alboroto, y que la gente lloraba y daba grandes alaridos. 39 Entró y les dijo: —¿Por qué tanto alboroto y llanto? La niña no está muerta sino dormida.

40 Entonces empezaron a burlarse de él, pero él los sacó a todos, tomó consigo al padre y a la madre de la niña y a los discípulos que estaban con él, y entró adonde estaba la niña. 41 La tomó de la mano y le dijo: —Talita cum^k (que significa: Niña, a ti te digo, ¡levántate!).

42 La niña, que tenía doce años, se levantó en seguida y comenzó a andar. Ante este hecho todos se llenaron de asombro. 43 Él dio órdenes estrictas de que nadie se enterara de lo ocurrido, y les mandó que le dieran de comer a la niña.

Un profeta sin honra

6:1-6 — Mt 13:54-58

6 Salió Jesús de allí y fue a su tierra, en compañía de sus discípulos. 2 Cuando llegó el *sábado, comenzó a enseñar en la sinagoga.

—¿De dónde sacó éste tales cosas? —decían maravillados muchos de los que le oían—. ¿Qué sabiduría es ésta que se le ha dado? ¿Cómo se explican estos milagros que vienen de sus manos? 3 ¿No es acaso el carpintero, el hijo de María y hermano de *Jacobo, de José, de Judas y de Simón? ¿No están sus hermanas aquí con nosotros?

Y se *escandalizaban a causa de él. Por tanto, Jesús les dijo:

4 —En todas partes se honra a un profeta, menos en su tierra, entre sus familiares y en su propia casa.

5 En efecto, no pudo hacer allí ningún milagro, excepto sanar a unos pocos enfermos al imponerles las manos. 6 Y él quedó asombrado por la incredulidad de ellos.

---

^k 5:41 cum. Var. cumi.

Jesús envía a los doce

6:7-11 — Mt 10:1,9-14; Lc 9:1,3-5

Jesús recorría los alrededores, enseñando de pueblo en pueblo. [7]Reunió a los doce, y comenzó a enviarlos de dos en dos, dándoles autoridad sobre los *espíritus malignos.

[8]Les ordenó que no llevaran nada para el camino, ni pan, ni bolsa, ni dinero en el cinturón, sino sólo un bastón. [9]«Lleven sandalias —dijo—, pero no dos mudas de ropa.» [10]Y añadió: «Cuando entren en una casa, quédense allí hasta que salgan del pueblo. [11]Y si en algún lugar no los reciben bien o no los escuchan, al salir de allí sacúdanse el polvo de los pies, como un testimonio contra ellos.»

[12]Los doce salieron y exhortaban a la gente a que se *arrepintiera. [13]También expulsaban a muchos demonios y sanaban a muchos enfermos, ungiéndolos con aceite.

Decapitación de Juan el Bautista

6:14-29 — Mt 14:1-12
6:14-16 — Lc 9:7-9

[14]El rey Herodes se enteró de esto, pues el nombre de Jesús se había hecho famoso. Algunos decían:[l] «Juan el Bautista ha *resucitado, y por eso tiene poder para realizar milagros.» [15]Otros decían: «Es Elías.» Otros, en fin, afirmaban: «Es un profeta, como los de antes.» [16]Pero cuando Herodes oyó esto, exclamó: «¡Juan, al que yo mandé que le cortaran la cabeza, ha resucitado!»

[17]En efecto, Herodes mismo había mandado que arrestaran a Juan y que lo encadenaran en la cárcel. Herodes se había casado con Herodías, esposa de Felipe su hermano, [18]y Juan le había estado diciendo a Herodes: «La ley te prohíbe tener a la esposa de tu hermano.» [19]Por eso Herodías le guardaba rencor a Juan y deseaba matarlo. Pero no había logrado hacerlo, [20]ya que Herodes temía a Juan y lo protegía, pues sabía que era un hombre justo y *santo. Cuando Herodes oía a Juan, se quedaba muy desconcertado, pero lo escuchaba con gusto.

[21]Por fin se presentó la oportunidad. En su cumpleaños Herodes dio un banquete a sus altos oficiales, a los comandantes militares y a los notables de Galilea. [22]La hija de Herodías entró en el banquete y bailó, y esto agradó a Herodes y a los invitados.

—Pídeme lo que quieras y te lo daré —le dijo el rey a la muchacha.

[23]Y le prometió bajo juramento:

—Te daré cualquier cosa que me pidas, aun cuando sea la mitad de mi reino.

[24]Ella salió a preguntarle a su madre:

—¿Qué debo pedir?

—La cabeza de Juan el Bautista —contestó.

[25]En seguida se fue corriendo la muchacha a presentarle al rey su petición:

—Quiero que ahora mismo me des en una bandeja la cabeza de Juan el Bautista.

[26]El rey se quedó angustiado, pero a causa de sus juramentos y en atención a los invitados, no quiso desairarla. [27]Así que en seguida envió a un verdugo con la orden de llevarle la cabeza de Juan. El hombre fue, decapitó a Juan en la cárcel [28]y volvió con la cabeza en una bandeja. Se la entregó a la muchacha, y ella se la dio a su madre. [29]Al enterarse de esto, los discípulos de Juan fueron a recoger el cuerpo y le dieron sepultura.

Jesús alimenta a los cinco mil

6:32-44 — Mt 14:13-21; Lc 9:10-17; Jn 6:5-13

[30]Los apóstoles se reunieron con Jesús y le contaron lo que habían hecho y enseñado. [31]Y como no tenían tiempo ni para comer, pues era tanta la gente que iba y venía, Jesús les dijo:

—Vengan conmigo ustedes solos a un lugar tranquilo y descansen un poco.

[32]Así que se fueron solos en la barca a un lugar solitario. [33]Pero muchos que los vieron salir los reconocieron y, desde todos los poblados, corrieron por tierra hasta allá y llegaron antes que ellos. [34]Cuando Jesús desembarcó y vio tanta gente, tuvo compasión de ellos, porque eran como

---

[l]6:14 Algunos decían. Var. Él decía.

ovejas sin pastor. Así que comenzó a enseñarles muchas cosas.

35 Cuando ya se hizo tarde, se le acercaron sus discípulos y le dijeron:

—Éste es un lugar apartado y ya es muy tarde. 36 Despide a la gente, para que vayan a los campos y pueblos cercanos y se compren algo de comer.

37 —Denles ustedes mismos de comer —contestó Jesús.

—¡Eso costaría casi un año de trabajo! *m* —objetaron—. ¿Quieres que vayamos y gastemos todo ese dinero en pan para darles de comer?

38 —¿Cuántos panes tienen ustedes? —preguntó—. Vayan a ver.

Después de averiguarlo, le dijeron:

—Cinco, y dos pescados.

39 Entonces les mandó que hicieran que la gente se sentara por grupos sobre la hierba verde. 40 Así que ellos se acomodaron en grupos de cien y de cincuenta. 41 Jesús tomó los cinco panes y los dos pescados y, mirando al cielo, los bendijo. Luego partió los panes y se los dio a los discípulos para que se los repartieran a la gente. También repartió los dos pescados entre todos. 42 Comieron todos hasta quedar satisfechos, 43 y los discípulos recogieron doce canastas llenas de pedazos de pan y de pescado. 44 Los que comieron fueron cinco mil.

Jesús camina sobre el agua
6:45-51 — Mt 14:22-32; Jn 6:15-21
6:53-56 — Mt 14:34-36

45 En seguida Jesús hizo que sus discípulos subieran a la barca y se le adelantaran al otro lado, a Betsaida, mientras él despedía a la multitud. 46 Cuando se despidió, fue a la montaña para orar.

47 Al anochecer, la barca se hallaba en medio del lago, y Jesús estaba en tierra solo. 48 En la madrugada, *n* vio que los discípulos hacían grandes esfuerzos para remar, pues tenían el viento en contra. Se acercó a ellos caminando sobre el lago, e iba a pasarlos de largo. 49 Los discípulos, al verlo caminar sobre el agua, creyeron que era un fantasma y se pusieron a gritar,

50 llenos de miedo por lo que veían. Pero él habló en seguida con ellos y les dijo: «¡Cálmense! Soy yo. No tengan miedo.» 51 Subió entonces a la barca con ellos, y el viento se calmó. Estaban sumamente asombrados, 52 porque tenían la mente embotada y no habían comprendido lo de los panes.

53 Después de cruzar el lago, llegaron a tierra en Genesaret y atracaron allí. 54 Al bajar ellos de la barca, la gente en seguida reconoció a Jesús. 55 Lo siguieron por toda aquella región y, adonde oían que él estaba, le llevaban en camillas a los que tenían enfermedades. 56 Y dondequiera que iba, en pueblos, ciudades o caseríos, colocaban a los enfermos en las plazas. Le suplicaban que les permitiera tocar siquiera el borde de su manto, y quienes lo tocaban quedaban *sanos.

Lo puro y lo impuro
7:1-23 — Mt 15:1-20

7 Los *fariseos y algunos de los *maestros de la ley que habían llegado de Jerusalén se reunieron alrededor de Jesús, 2 y vieron a algunos de sus discípulos que comían con manos *impuras, es decir, sin habérselas lavado. 3 (En efecto, los fariseos y los demás judíos no comen nada sin primero cumplir con el rito de lavarse las manos, ya que están aferrados a la tradición de los *ancianos. 4 Al regresar del mercado, no comen nada antes de lavarse. Y siguen otras muchas tradiciones, tales como el rito de lavar copas, jarras y bandejas de cobre. *ñ*) 5 Así que los fariseos y los maestros de la ley le preguntaron a Jesús:

—¿Por qué no siguen tus discípulos la tradición de los ancianos, en vez de comer con manos impuras?

6 Él les contestó:

—Tenía razón Isaías cuando profetizó acerca de ustedes, *hipócritas, según está escrito:

»"Este pueblo me honra con los labios,
pero su corazón está lejos de mí.
7 En vano me adoran;

---

m **6:37** *casi un año de trabajo.* Lit. *doscientos* *denarios.* *n* **6:48** *En la madrugada.* Lit. *Alrededor de la cuarta vigilia de la noche.* *ñ* **7:4** *bandejas de cobre.* Var. *bandejas de cobre y divanes.*

sus enseñanzas no son más que
reglas *humanas."[o]

8Ustedes han desechado los mandamientos divinos y se aferran a las tradiciones
humanas.
9Y añadió:
—¡Qué buena manera tienen ustedes
de dejar a un lado los mandamientos de
Dios para mantener[p] sus propias tradiciones! 10Por ejemplo, Moisés dijo: "Honra
a tu padre y a tu madre",[q] y: "El que
maldiga a su padre o a su madre será
condenado a muerte".[r] 11Ustedes, en
cambio, enseñan que un hijo puede decirle
a su padre o a su madre: "Cualquier ayuda
que pudiera haberte dado es corbán" (es
decir, ofrenda dedicada a Dios). 12En ese
caso, el tal hijo ya no está obligado a hacer
nada por su padre ni por su madre. 13Así,
por la tradición que se transmiten entre
ustedes, anulan la palabra de Dios. Y
hacen muchas cosas parecidas.
14De nuevo Jesús llamó a la multitud.
—Escúchenme todos —dijo— y entiendan esto: 15Nada de lo que viene de
afuera puede *contaminar a una persona.
Más bien, lo que sale de la persona es lo
que la contamina.[s]
17Después de que dejó a la gente y entró
en la casa, sus discípulos le preguntaron
sobre la comparación que había hecho.
18—¿Tampoco ustedes pueden entenderlo? —les dijo—. ¿No se dan cuenta de
que nada de lo que entra en una persona
puede contaminarla? 19Porque no entra en
su corazón sino en su estómago, y después
va a dar a la letrina.
Con esto Jesús declaraba *limpios todos los alimentos. 20Luego añadió:
—Lo que sale de la persona es lo que
la contamina. 21Porque de adentro, del
corazón humano, salen los malos pensamientos, la inmoralidad sexual, los robos, los homicidios, los adulterios, 22la
avaricia, la maldad, el engaño, el libertinaje, la envidia, la calumnia, la arrogancia y la necedad. 23Todos estos males
vienen de adentro y contaminan a la persona.

La fe de una mujer sirofenicia

7:24-30 — Mt 15:21-28

24Jesús partió de allí y fue a la región de Tiro.[t] Entró en una casa y no
quería que nadie lo supiera, pero no pudo pasar inadvertido. 25De hecho, muy
pronto se enteró de su llegada una mujer que tenía una niña poseída por un
*espíritu maligno, así que fue y se arro-
jó a sus pies. 26Esta mujer era extranjera,[u] sirofenicia de nacimiento, y le
rogaba que expulsara al demonio que
tenía su hija.
27—Deja que primero se sacien los
hijos —replicó Jesús—, porque no está
bien quitarles el pan a los hijos y echárselo
a los *perros.
28—Sí, Señor —respondió la mujer—,
pero hasta los perros comen debajo de la
mesa las migajas que dejan los hijos.
29Jesús le dijo:
—Por haberme respondido así, puedes
irte tranquila; el demonio ha salido de tu
hija.
30Cuando ella llegó a su casa, encontró
a la niña acostada en la cama. El demonio
ya había salido de ella.

Jesús sana a un sordomudo

7:31-37 — Mt 15:29-31

31Luego regresó Jesús de la región de
Tiro y se dirigió por Sidón al mar de
Galilea, internándose en la región de *Decápolis. 32Allí le llevaron un sordo tarta-
mudo, y le suplicaban que pusiera la mano
sobre él.
33Jesús lo apartó de la multitud para
estar a solas con él, le puso los dedos en
los oídos y le tocó la lengua con saliva.[v]
34Luego, mirando al cielo, suspiró profundamente y le dijo: «*¡Efatá!*» (que significa: ¡Ábrete!). 35Con esto, se le
abrieron los oídos al hombre, se le des-
trabó la lengua y comenzó a hablar nor-
malmente.

[o]**7:6,7** Is 29:13 [p]**7:9** *mantener.* Var. *establecer.* [q]**7:10** Éx 20:12; Dt 5:16 [r]**7:10** Éx 21:17; Lv 20:9 [s]**7:15** *contamina.* Var. *contamina.* [16]*El que tenga oídos para oír, que oiga.* [t]**7:24** *de Tiro.* Var. *de Tiro y Sidón.* [u]**7:26** *extranjera.* Lit. *helénica* (es decir, de cultura griega). [v]**7:33** *con saliva.* Lit. *escupiendo.*

³⁶Jesús les mandó que no se lo dijeran a nadie, pero cuanto más se lo prohibía, tanto más lo seguían propagando. ³⁷La gente estaba sumamente asombrada, y decía: «Todo lo hace bien. Hasta hace oír a los sordos y hablar a los mudos.»

Jesús alimenta a los cuatro mil
8:1-9 — Mt 15:32-39
8:11-21 — Mt 16:1-12

8 En aquellos días se reunió de nuevo mucha gente. Como no tenían nada que comer, Jesús llamó a sus discípulos y les dijo:

²—Siento compasión de esta gente porque ya llevan tres días conmigo y no tienen nada que comer. ³Si los despido a sus casas sin haber comido, se van a desmayar por el camino, porque algunos de ellos han venido de lejos.

⁴Los discípulos objetaron:

—¿Dónde se va a conseguir suficiente pan en este lugar despoblado para darles de comer?

⁵—¿Cuántos panes tienen? —les preguntó Jesús.

—Siete —respondieron.

⁶Entonces mandó que la gente se sentara en el suelo. Tomando los siete panes, dio gracias, los partió y se los fue dando a sus discípulos para que los repartieran a la gente, y así lo hicieron. ⁷Tenían además unos cuantos pescaditos. Dio gracias por ellos también y les dijo a los discípulos que los repartieran. ⁸La gente comió hasta quedar satisfecha. Después los discípulos recogieron siete cestas llenas de pedazos que sobraron. ⁹Los que comieron eran unos cuatro mil. Tan pronto como los despidió, ¹⁰Jesús se embarcó con sus discípulos y se fue a la región de Dalmanuta.

¹¹Llegaron los *fariseos y comenzaron a discutir con Jesús. Para ponerlo a *prueba, le pidieron una señal del cielo. ¹²Él lanzó un profundo suspiro y dijo:ʷ «¿Por qué pide esta generación una señal milagrosa? Les aseguro que no se le dará

ninguna señal.» ¹³Entonces los dejó, volvió a embarcarse y cruzó al otro lado.

La levadura de los fariseos y la de Herodes

¹⁴A los discípulos se les había olvidado llevar comida, y sólo tenían un pan en la barca.

¹⁵Tengan cuidado —les advirtió Jesús—; ¡ojo con la levadura de los *fariseos y con la de Herodes!

¹⁶Ellos comentaban entre sí: «Lo dice porque no tenemos pan.» ¹⁷Al darse cuenta de esto, Jesús les dijo:

—¿Por qué están hablando de que no tienen pan? ¿Todavía no ven ni entienden? ¿Tienen la mente embotada? ¹⁸¿Es que tienen ojos, pero no ven, y oídos, pero no oyen? ¿Acaso no recuerdan? ¹⁹Cuando partí los cinco panes para los cinco mil, ¿cuántas canastas llenas de pedazos recogieron?

—Doce —respondieron.

²⁰—Y cuando partí los siete panes para los cuatro mil, ¿cuántas cestas llenas de pedazos recogieron?

—Siete.

²¹Entonces concluyó:

—¿Y todavía no entienden?

Jesús sana a un ciego en Betsaida

²²Cuando llegaron a Betsaida, algunas personas le llevaron un ciego a Jesús y le rogaron que lo tocara. ²³Él tomó de la mano al ciego y lo sacó fuera del pueblo. Después de escupirle en los ojos y de poner las manos sobre él, le preguntó:

—¿Puedes ver ahora?

²⁴El hombre alzó los ojos y dijo:

—Veo gente; parecen árboles que caminan.

²⁵Entonces le puso de nuevo las manos sobre los ojos, y el ciego fue curado: recobró la vista y comenzó a ver todo con claridad. ²⁶Jesús lo mandó a su casa con esta advertencia:

—No vayas a entrar en el pueblo.ˣ

ʷ**8:12** lanzó ... dijo. Lit. suspirando en su espíritu dijo. en el pueblo.   ˣ**8:26** pueblo. Var. pueblo, ni a decírselo a nadie.

La confesión de Pedro
8:27-29 — Mt 16:13-16; Lc 9:18-20

27 Jesús y sus discípulos salieron hacia las aldeas de Cesarea de Filipo. En el camino les preguntó:

—¿Quién dice la gente que soy yo?

28 —Unos dicen que Juan el Bautista, otros que Elías, y otros que uno de los profetas —contestaron.

29 —Y ustedes, ¿quién dicen que soy yo?

—Tú eres el *Cristo —afirmó Pedro.

30 Jesús les ordenó que no hablaran a nadie acerca de él.

Jesús predice su muerte
8:31-9:1 — Mt 16:21-28; Lc 9:22-27

31 Luego comenzó a enseñarles:

—El Hijo del hombre tiene que sufrir muchas cosas y ser rechazado por los *ancianos, por los jefes de los sacerdotes y por los *maestros de la ley. Es necesario que lo maten y que a los tres días resucite. 32 Habló de esto con toda claridad. Pedro lo llevó aparte y comenzó a reprenderlo. 33 Pero Jesús se dio la vuelta, miró a sus discípulos, y reprendió a Pedro.

—¡Aléjate de mí, Satanás! —le dijo—. Tú no piensas en las cosas de Dios sino en las de los hombres.

34 Entonces llamó a la multitud y a sus discípulos.

—Si alguien quiere ser mi discípulo —les dijo—, que se niegue a sí mismo, lleve su cruz y me siga. 35 Porque el que quiera salvar su *vida, la perderá; pero el que pierda su vida por mi causa y por el *evangelio, la salvará. 36 ¿De qué sirve ganar el mundo entero si se pierde la vida? 37 ¿O qué se puede dar a cambio de la vida? 38 Si alguien se avergüenza de mí y de mis palabras en medio de esta generación adúltera y pecadora, también el Hijo del hombre se avergonzará de él cuando venga en la gloria de su Padre con los santos ángeles.

9 Y añadió:

—Les aseguro que algunos de los aquí presentes no sufrirán la muerte sin antes haber visto el reino de Dios llegar con poder.

La transfiguración
9:2-8 — Lc 9:28-36
9:2-13 — Mt 17:1-13

2 Seis días después Jesús tomó consigo a Pedro, a *Jacobo y a Juan, y los llevó a una montaña alta, donde estaban solos. Allí se transfiguró en presencia de ellos. 3 Su ropa se volvió de un blanco resplandeciente como nadie en el mundo podría blanquearla. 4 Y se les aparecieron Elías y Moisés, los cuales conversaban con Jesús. Tomando la palabra, 5 Pedro le dijo a Jesús:

—Rabí, ¡qué bien que estemos aquí! Podemos levantar tres albergues: uno para ti, otro para Moisés y otro para Elías.

6 No sabía qué decir, porque todos estaban asustados. 7 Entonces apareció una nube que los envolvió, de la cual salió una voz que dijo: «Éste es mi Hijo amado. ¡Escúchenlo!»

8 De repente, cuando miraron a su alrededor, ya no vieron a nadie más que a Jesús.

9 Mientras bajaban de la montaña, Jesús les ordenó que no contaran a nadie lo que habían visto hasta que el Hijo del hombre se *levantara de entre los muertos. 10 Guardaron el secreto, pero discutían entre ellos qué significaría eso de «levantarse de entre los muertos».

11 —¿Por qué dicen los *maestros de la ley que Elías tiene que venir primero? —le preguntaron.

12 —Sin duda Elías ha de venir primero para restaurar todas las cosas —respondió Jesús—. Pero entonces, ¿cómo es que está escrito que el Hijo del hombre tiene que sufrir mucho y ser rechazado? 13 Pues bien, les digo que Elías ya ha venido, y le hicieron todo lo que quisieron, tal como está escrito de él.

Jesús sana a un muchacho endemoniado
9:14-28,30-32 — Mt 17:14-19,22-23; Lc 9:37-45

14 Cuando llegaron adonde estaban los otros discípulos, vieron *y* que a su alrede-

---

y 9:14 *Cuando llegaron ... vieron.* Var. *Cuando llegó ... vio.*

dor había mucha gente y que los *maestros de la ley discutían con ellos. 15 Tan pronto como la gente vio a Jesús, todos se sorprendieron y corrieron a saludarlo.

16 —¿Qué están discutiendo con ellos? —les preguntó.

17 —Maestro —respondió un hombre de entre la multitud—, te he traído a mi hijo, pues está poseído por un espíritu que le ha quitado el habla. 18 Cada vez que se apodera de él, lo derriba. Echa espumarajos, cruje los dientes y se queda rígido. Les pedí a tus discípulos que expulsaran al espíritu, pero no lo lograron.

19 —¡Ah, generación   incrédula! —respondió Jesús—. ¿Hasta cuándo tendré que estar con ustedes? ¿Hasta cuándo tendré que soportarlos? Tráiganme al muchacho.

20 Así que se lo llevaron. Tan pronto como vio a Jesús, el espíritu sacudió de tal modo al muchacho que éste cayó al suelo y comenzó a revolcarse echando espumarajos.

21 —¿Cuánto tiempo hace que le pasa esto? —le preguntó Jesús al padre.

—Desde que era niño —contestó—. 22 Muchas veces lo ha echado al fuego y al agua para matarlo. Si puedes hacer algo, ten compasión de nosotros y ayúdanos.

23 —¿Cómo que si puedo? Para el que cree, todo es posible.

24 —¡Sí creo! —exclamó de inmediato el padre del muchacho—. ¡Ayúdame en mi poca fe!

25 Al ver Jesús que se agolpaba mucha gente, reprendió al *espíritu maligno.

—Espíritu sordo y mudo —dijo—, te mando que salgas y que jamás vuelvas a entrar en él.

26 El espíritu, dando un alarido y sacudiendo violentamente al muchacho, salió de él. Éste quedó como muerto, tanto que muchos decían: «Ya se murió.» 27 Pero Jesús lo tomó de la mano y lo levantó, y el muchacho se puso de pie.

28 Cuando Jesús entró en casa, sus discípulos le preguntaron en privado:

—¿Por qué nosotros no pudimos expulsarlo?

29 —Esta clase de demonios sólo puede ser expulsada a fuerza de oración z —respondió Jesús.

30 Dejaron aquel lugar y pasaron por Galilea. Pero Jesús no quería que nadie lo supiera, 31 porque estaba instruyendo a sus discípulos. Les decía: «El Hijo del hombre va a ser entregado en manos de los hombres. Lo matarán, y a los tres días de muerto resucitará.» 32 Pero ellos no entendían lo que quería decir con esto, y no se atrevían a preguntárselo.

¿Quién es el más importante?

9:33-37 — Mt 18:1-5; Lc 9:46-48

33 Llegaron a Capernaúm. Cuando ya estaba en casa, Jesús les preguntó:

—¿Qué venían discutiendo por el camino?

34 Pero ellos se quedaron callados, porque en el camino habían discutido entre sí quién era el más importante. 35 Entonces Jesús se sentó, llamó a los doce y les dijo:

—Si alguno quiere ser el primero, que sea el último de todos y el servidor de todos.

36 Luego tomó a un niño y lo puso en medio de ellos. Abrazándolo, les dijo:

37 —El que recibe en mi nombre a uno de estos niños, me recibe a mí; y el que me recibe a mí, no me recibe a mí sino al que me envió.

El que no está contra nosotros está a favor de nosotros

9:38-40 — Lc 9:49-50

38 —Maestro —dijo Juan—, vimos a uno que expulsaba demonios en tu nombre y se lo impedimos porque no es de los nuestros. a

39 —No se lo impidan —replicó Jesús—. Nadie que haga un milagro en mi nombre puede a la vez hablar mal de mí. 40 El que no está contra nosotros está a favor de nosotros. 41 Les aseguro que cualquiera que les dé un vaso de agua en mi nombre por ser ustedes de *Cristo no perderá su recompensa.

---

z 9:29 oración. Var. oración y ayuno.   a 9:38 no es de los nuestros. Lit. no nos sigue.

El hacer pecar

42»Pero si alguien hace *pecar a uno de estos pequeños que creen en mí, más le valdría que le ataran al cuello una piedra de molino y lo arrojaran al mar. **43**Si tu mano te hace pecar, córtatela. Más te vale entrar en la vida manco, que ir con las dos manos al infierno,[b] donde el fuego nunca se apaga.[c] **45**Y si tu pie te hace pecar, córtatelo. Más te vale entrar en la vida cojo, que ser arrojado con los dos pies al infierno.[d] **47**Y si tu ojo te hace pecar, sácatelo. Más te vale entrar tuerto en el reino de Dios, que ser arrojado con los dos ojos al infierno, **48**donde

» "su gusano no muere,
    y el fuego no se apaga".[e]

49La sal con que todos serán sazonados es el fuego. **50**»La sal es buena, pero si deja de ser salada, ¿cómo le pueden volver a dar sabor? Que no falte la sal entre ustedes, para que puedan vivir en paz unos con otros.

El divorcio

10:1-12 — Mt 19:1-9

10 Jesús partió de aquel lugar y se fue a la región de Judea y al otro lado del Jordán. Otra vez se le reunieron las multitudes, y como era su costumbre, les enseñaba.

2En eso, unos *fariseos se le acercaron y, para ponerlo a *prueba, le preguntaron:

—¿Está permitido que un hombre se divorcie de su esposa?

3—¿Qué les mandó Moisés? —replicó Jesús.

4—Moisés permitió que un hombre le escribiera un certificado de divorcio y la despidiera —contestaron ellos.

5—Esa ley la escribió Moisés para ustedes por lo obstinados que son[f] —aclaró Jesús—. **6**Pero al principio de la crea-

ción Dios "los hizo hombre y mujer".[g] **7**"Por eso dejará el hombre a su padre y a su madre, y se unirá a su esposa,[h] **8**y los dos llegarán a ser un solo cuerpo."[i] Así que ya no son dos, sino uno solo. **9**Por tanto, lo que Dios ha unido, que no lo separe el hombre.

10Vueltos a casa, los discípulos le preguntaron a Jesús sobre este asunto.

11—El que se divorcia de su esposa y se casa con otra, comete adulterio contra la primera —respondió—. **12**Y si la mujer se divorcia de su esposo y se casa con otro, comete adulterio.

Jesús y los niños

10:13-16 — Mt 19:13-15; Lc 18:15-17

13Empezaron a llevarle niños a Jesús para que los tocara, pero los discípulos reprendían a quienes los llevaban. **14**Cuando Jesús se dio cuenta, se indignó y les dijo: «Dejen que los niños vengan a mí, y no se lo impidan, porque el reino de Dios es de quienes son como ellos. **15**Les aseguro que el que no reciba el reino de Dios como un niño, de ninguna manera entrará en él.» **16**Y después de abrazarlos, los bendecía poniendo las manos sobre ellos.

El joven rico

10:17-31 — Mt 19:16-30; Lc 18:18-30

17Cuando Jesús estaba ya para irse, un hombre llegó corriendo y se postró delante de él.

—Maestro bueno —le preguntó—, ¿qué debo hacer para heredar la vida eterna?

18—¿Por qué me llamas bueno? —respondió Jesús—. Nadie es bueno sino sólo Dios. **19**Ya sabes los mandamientos: "No mates, no cometas adulterio, no robes, no presentes falso testimonio, no defraudes, honra a tu padre y a tu madre."[j]

20—Maestro —dijo el hombre—, todo eso lo he cumplido desde que era joven.

21Jesús lo miró con amor y añadió:

---

[b] **9:43** al infierno. Lit. a la *Gehenna; también en vv. 45 y 47.   [c] **9:43** apaga. Var. apaga, **44**donde "su gusano no muere, y el fuego no se apaga".   [d] **9:45** infierno. Var. infierno, **46**donde "su gusano no muere, y el fuego no se apaga".   [e] **9:48** Is 66:24   [f] **10:5** por lo obstinados que son. Lit. por su dureza de corazón.   [g] **10:6** Gn 1:27   [h] **10:7** Var. no incluye: y se unirá a su esposa.   [i] **10:8** Gn 2:24   [j] **10:19** Éx 20:12-16; Dt 5:16-20

—Una sola cosa te falta: anda, vende todo lo que tienes y dáselo a los pobres, y tendrás tesoro en el cielo. Luego ven y sígueme.

22Al oír esto, el hombre se desanimó y se fue triste porque tenía muchas riquezas. **23**Jesús miró alrededor y les comentó a sus discípulos:

—¡Qué difícil es para los ricos entrar en el reino de Dios!

24Los discípulos se asombraron de sus palabras.

—Hijos, ¡qué difícil es entrar^k en el reino de Dios! —repitió Jesús—. **25**Le resulta más fácil a un camello pasar por el ojo de una aguja, que a un rico entrar en el reino de Dios.

26Los discípulos se asombraron aún más, y decían entre sí: «Entonces, ¿quién podrá salvarse?»

27—Para los hombres es imposible —aclaró Jesús, mirándolos fijamente—, pero no para Dios; de hecho, para Dios todo es posible.

28—¿Qué de nosotros, que lo hemos dejado todo y te hemos seguido? —comenzó a reclamarle Pedro.

29—Les aseguro —respondió Jesús— que todo el que por mi causa y la del *evangelio haya dejado casa, hermanos, hermanas, madre, padre, hijos o terrenos, **30**recibirá cien veces más ahora en este tiempo (casas, hermanos, hermanas, madres, hijos y terrenos, aunque con persecuciones); y en la edad venidera, la vida eterna. **31**Pero muchos de los primeros serán últimos, y los últimos, primeros.

Jesús predice de nuevo su muerte
10:32-34 — Mt 20:17-19; Lc 18:31-33

32Iban de camino subiendo a Jerusalén, y Jesús se les adelantó. Los discípulos estaban asombrados, y los otros que venían detrás tenían miedo. De nuevo tomó aparte a los doce y comenzó a decirles lo que le iba a suceder. **33**«Ahora vamos rumbo a Jerusalén, y el Hijo del hombre será entregado a los jefes de los sacerdotes y a los *maestros de la ley. Ellos lo

condenarán a muerte y lo entregarán a los *gentiles. **34**Se burlarán de él, le escupirán, lo azotarán y lo matarán. Pero a los tres días resucitará.»

La petición de Jacobo y Juan
10:35-45 — Mt 20:20-28

35Se le acercaron *Jacobo y Juan, hijos de Zebedeo.

—Maestro —le dijeron—, queremos que nos concedas lo que te vamos a pedir.

36—¿Qué quieren que haga por ustedes?

37—Concédenos que en tu glorioso reino uno de nosotros se siente a tu *derecha y el otro a tu izquierda.

38—No saben lo que están pidiendo —les replicó Jesús—. ¿Pueden acaso beber el trago amargo de la copa que yo bebo, o pasar por la prueba del bautismo con el que voy a ser probado?^{l}

39—Sí, podemos.

—Ustedes beberán de la copa que yo bebo —les respondió Jesús— y pasarán por la prueba del bautismo con el que voy a ser probado, **40**pero el sentarse a mi derecha o a mi izquierda no me corresponde a mí concederlo. Eso ya está decidido.^{m}

41Los otros diez, al oír la conversación, se indignaron contra Jacobo y Juan. **42**Así que Jesús los llamó y les dijo:

—Como ustedes saben, los que se consideran jefes de las *naciones oprimen a los súbditos, y los altos oficiales abusan de su autoridad. **43**Pero entre ustedes no debe ser así. Al contrario, el que quiera hacerse grande entre ustedes deberá ser su servidor, **44**y el que quiera ser el primero deberá ser *esclavo de todos. **45**Porque ni aun el Hijo del hombre vino para que le sirvan, sino para servir y para dar su *vida en rescate por muchos.

El ciego Bartimeo recibe la vista
10:46-52 — Mt 20:29-34; Lc 18:35-43

46Después llegaron a Jericó. Más tarde, salió Jesús de la ciudad acompañado de sus discípulos y de una gran multitud. Un mendigo ciego llamado Bartimeo (el

---

^{k}**10:24** *es entrar.* Var. *es para los que confían en las riquezas entrar.* ^{l}**10:38** *beber ... probado?* Lit. *beber la copa que yo bebo, o ser bautizados con el bautismo con que yo soy bautizado?* ^{m}**10:40** *concederlo. Eso ya está decidido.* Lit. *concederlo, sino para quienes está preparado.*

hijo de Timeo) estaba sentado junto al camino. **47**Al oír que el que venía era Jesús de Nazaret, se puso a gritar:

—¡Jesús, Hijo de David, ten compasión de mí!

48Muchos lo reprendían para que se callara, pero él se puso a gritar aún más:

—¡Hijo de David, ten compasión de mí!

49Jesús se detuvo y dijo:

—Llámenlo.

Así que llamaron al ciego.

—¡Ánimo! —le dijeron—. ¡Levántate! Te llama.

50Él, arrojando la capa, dio un salto y se acercó a Jesús.

51—¿Qué quieres que haga por ti? —le preguntó.

—Rabí, quiero ver —respondió el ciego.

52—Puedes irte —le dijo Jesús—; tu fe te ha *sanado.

Al momento recobró la vista y empezó a seguir a Jesús por el camino.

La entrada triunfal

11:1-10 — Mt 21:1-9; Lc 19:29-38
11:7-10 — Jn 12:12-15

11 Cuando se acercaban a Jerusalén y llegaron a Betfagué y a Betania, junto al monte de los Olivos, Jesús envió a dos de sus discípulos **2**con este encargo: «Vayan a la aldea que tienen enfrente. Tan pronto como entren en ella, encontrarán atado un burrito, en el que nunca se ha montado nadie. Desátenlo y tráiganlo acá. **3**Y si alguien les dice: "¿Por qué hacen eso?", díganle: "El Señor lo necesita, y en seguida lo devolverá."»

4Fueron, encontraron un burrito afuera en la calle, atado a un portón, y lo desataron. **5**Entonces algunos de los que estaban allí les preguntaron: «¿Qué hacen desatando el burrito?» **6**Ellos contestaron como Jesús les había dicho, y les dejaron desatarlo. **7**Le llevaron, pues, el burrito a Jesús. Luego pusieron encima sus mantos, y él se montó. **8**Muchos tendieron sus mantos sobre el camino; otros usaron ramas que habían cortado en los campos. **9**Tanto los que iban delante como los que iban detrás, gritaban:

—¡Hosanna![n]

—¡Bendito el que viene en el nombre del Señor![ñ]

10—¡Bendito el reino venidero de nuestro padre David!

—¡Hosanna en las alturas!

11Jesús entró en Jerusalén y fue al *templo. Después de observarlo todo, como ya era tarde, salió para Betania con los doce.

Jesús purifica el templo

11:12-14 — Mt 21:18-22
11:15-18 — Mt 21:12-16; Lc 19:45-47; Jn 2:13-16

12Al día siguiente, cuando salían de Betania, Jesús tuvo hambre. **13**Viendo a lo lejos una higuera que tenía hojas, fue a ver si hallaba algún fruto. Cuando llegó a ella sólo encontró hojas, porque no era tiempo de higos. **14**«¡Nadie vuelva jamás a comer fruto de ti!», le dijo a la higuera. Y lo oyeron sus discípulos.

15Llegaron, pues, a Jerusalén. Jesús entró en el *templo[o] y comenzó a echar de allí a los que compraban y vendían. Volcó las mesas de los que cambiaban dinero y los puestos de los que vendían palomas, **16**y no permitía que nadie atravesara el templo llevando mercancías. **17**También les enseñaba con estas palabras: «¿No está escrito:

» "Mi casa será llamada
casa de oración para todas las
*naciones"?[p]

Pero ustedes la han convertido en "cueva de ladrones".»[q]

18Los jefes de los sacerdotes y los *maestros de la ley lo oyeron y comenzaron a buscar la manera de matarlo, pues le

---

[n] **11:9** Expresión hebrea que significa «¡Salva!», y que llegó a ser una exclamación de alabanza; también en v. 10. [ñ] **11:9** Sal 118:25,26 [o] **11:15** Es decir, en el área general del templo; también en v. 16.
[p] **11:17** Is 56:7 [q] **11:17** Jer 7:11

temían, ya que toda la gente se maravillaba de sus enseñanzas.
¹⁹Cuando cayó la tarde, salieron^r de la
ciudad.

La higuera seca
11:20-24 — Mt 21:19-22

²⁰Por la mañana, al pasar junto a la
higuera, vieron que se había secado de
raíz. ²¹Pedro, acordándose, le dijo a Jesús:
—¡Rabí, mira, se ha secado la higuera
que maldijiste!
²²—Tengan fe en Dios —respondió
Jesús—. ²³Les aseguro^s que si alguno le
dice a este monte: "Quítate de ahí y tírate
al mar", creyendo, sin abrigar la menor
duda de que lo que dice sucederá, lo
obtendrá. ²⁴Por eso les digo: Crean que ya
han recibido todo lo que estén pidiendo en
oración, y lo obtendrán. ²⁵Y cuando estén
orando, si tienen algo contra alguien, per-
dónenlo, para que también su Padre que
está en el cielo les perdone a ustedes sus
pecados.^t

La autoridad de Jesús puesta en duda
11:27-33 — Mt 21:23-27; Lc 20:1-8

²⁷Llegaron de nuevo a Jerusalén, y
mientras Jesús andaba por el *templo, se
le acercaron los jefes de los sacerdotes, los
*maestros de la ley y los *ancianos.
²⁸—¿Con qué autoridad haces esto?
—lo interrogaron—. ¿Quién te dio autoridad para actuar así?
²⁹—Yo voy a hacerles una pregunta a
ustedes —replicó él—. Contéstenmela, y
les diré con qué autoridad hago esto: ³⁰El
bautismo de Juan, ¿procedía del cielo o de
la tierra?^u Respóndanme.
³¹Ellos se pusieron a discutir entre sí:
«Si respondemos: "Del cielo", nos dirá:
"Entonces, ¿por qué no le creyeron?"
³²Pero si decimos: "De la tierra" ...» Es
que temían al pueblo, porque todos consideraban que Juan era realmente un profeta. ³³Así que le respondieron a Jesús:
—No lo sabemos.

—Pues yo tampoco les voy a decir con
qué autoridad hago esto.

Parábola de los labradores malvados
12:1-12 — Mt 21:33-46; Lc 20:9-19

12 Entonces comenzó Jesús a hablarles en parábolas: «Un hombre
plantó un viñedo. Lo cercó, cavó un lagar
y construyó una torre de vigilancia. Luego
arrendó el viñedo a unos labradores y se
fue de viaje. ²Llegada la cosecha, mandó
un *siervo a los labradores para recibir de
ellos una parte del fruto. ³Pero ellos lo
agarraron, lo golpearon y lo despidieron
con las manos vacías. ⁴Entonces les mandó otro siervo; a éste le rompieron la
cabeza y lo humillaron. ⁵Mandó a otro, y
a éste lo mataron. Mandó a otros muchos;
a unos los golpearon; a otros los mataron.
⁶»Le quedaba todavía uno, su hijo
amado. Por último, lo mandó a él, pensando: "¡A mi hijo sí lo respetarán!" ⁷Pero
aquellos labradores se dijeron unos a
otros: "Éste es el heredero. Matémoslo, y
la herencia será nuestra." ⁸Así que le
echaron mano y lo mataron, y lo arrojaron
fuera del viñedo.
⁹»¿Qué hará el dueño? Volverá, acaba-
rá con los labradores, y dará el viñedo a
otros. ¹⁰¿No han leído ustedes esta Escritura:

»"La piedra que desecharon los
        constructores
    ha llegado a ser la piedra angular;
¹¹esto es obra del Señor,
    y nos deja maravillados"?»^v

¹²Cayendo en cuenta que la parábola
iba dirigida contra ellos, buscaban la manera de arrestarlo. Pero temían a la multitud; así que lo dejaron y se fueron.

El pago de impuestos al césar
12:13-17 — Mt 22:15-22; Lc 20:20-26

¹³Luego enviaron a Jesús algunos de
los *fariseos y de los herodianos para

---

^r11:19 salieron. Var. salió.   ^s11:22-23 Tengan fe ... Les aseguro. Var. Si tienen fe ... les aseguro.
^t11:25 pecados. Var. pecados. Pero si ustedes no perdonan, tampoco su Padre que está en el cielo les
perdonará a ustedes sus pecados.   ^u11:30 la tierra. Lit. los hombres; también en v. 32.
^v12:11 Sal 118:22,23

tenderle una trampa con sus mismas palabras. ¹⁴Al llegar le dijeron:

—Maestro, sabemos que eres un hombre íntegro. No te dejas influir por nadie porque no te fijas en las apariencias, sino que de verdad enseñas el camino de Dios. ¿Está permitido pagar impuestos al *césar o no? ¹⁵¿Debemos pagar o no?

Pero Jesús, sabiendo que fingían, les replicó:

—¿Por qué me tienden *trampas? Tráiganme una moneda romana ʷ para verla.

¹⁶Le llevaron la moneda, y él les preguntó:

—¿De quién son esta imagen y esta inscripción?

—Del césar —contestaron.

¹⁷—Denle, pues, al césar lo que es del césar, y a Dios lo que es de Dios.

Y se quedaron admirados de él.

El matrimonio en la resurrección
12:18-27 — Mt 22:23-33; Lc 20:27-38

¹⁸Entonces los saduceos, que dicen que no hay resurrección, fueron a verlo y le plantearon un problema:

¹⁹—Maestro, Moisés nos enseñó en sus escritos que si un hombre muere y deja a la viuda sin hijos, el hermano de ese hombre tiene que casarse con la viuda para que su hermano tenga descendencia. ²⁰Ahora bien, había siete hermanos. El primero se casó y murió sin dejar descendencia. ²¹El segundo se casó con la viuda, pero también murió sin dejar descendencia. Lo mismo le pasó al tercero. ²²En fin, ninguno de los siete dejó descendencia. Por último, murió también la mujer. ²³Cuando resuciten, ¿de cuál será esposa esta mujer, ya que los siete estuvieron casados con ella?

²⁴—¿Acaso no andan ustedes equivocados? —les replicó Jesús—. ¡Es que desconocen las Escrituras y el poder de Dios! ²⁵Cuando resuciten los muertos, no se casarán ni serán dados en casamiento, sino que serán como los ángeles que están en el cielo. ²⁶Pero en cuanto a que los muertos resucitan, ¿no han leído en el libro de

Moisés, en el pasaje sobre la zarza, cómo Dios le dijo: "Yo soy el Dios de Abraham, de Isaac y de Jacob"?ˣ ²⁷Él no es Dios de muertos, sino de vivos. ¡Ustedes andan muy equivocados!

El mandamiento más importante
12:28-34 — Mt 22:34-40

²⁸Uno de los *maestros de la ley se acercó y los oyó discutiendo. Al ver lo bien que Jesús les había contestado, le preguntó:

—De todos los mandamientos, ¿cuál es el más importante?

²⁹—El más importante es: "Oye, Israel. El Señor nuestro Dios es el único Señor ʸ —contestó Jesús—. ³⁰Ama al Señor tu Dios con todo tu corazón, con toda tu alma, con toda tu mente y con todas tus fuerzas." ᶻ ³¹El segundo es: "Ama a tu prójimo como a ti mismo." ᵃ No hay otro mandamiento más importante que éstos.

³²—Bien dicho, Maestro —respondió el hombre—. Tienes razón al decir que Dios es uno solo y que no hay otro fuera de él. ³³Amarlo con todo el corazón, con todo el entendimiento y con todas las fuerzas, y amar al prójimo como a uno mismo, es más importante que todos los holocaustos y sacrificios.

³⁴Al ver Jesús que había respondido con inteligencia, le dijo:

—No estás lejos del reino de Dios.

Y desde entonces nadie se atrevió a hacerle más preguntas.

¿De quién es hijo el Cristo?
12:35-37 — Mt 22:41-46; Lc 20:41-44
12:38-40 — Mt 23:1-7; Lc 20:45-47

³⁵Mientras enseñaba en el *templo, Jesús les propuso:

—¿Cómo es que los *maestros de la ley dicen que el *Cristo es hijo de David? ³⁶David mismo, hablando por el Espíritu Santo, declaró:

» "Dijo el Señor a mi Señor:
'Siéntate a mi *derecha,
hasta que ponga a tus enemigos
debajo de tus pies.' " ᵇ

ʷ 12:15 *una moneda romana.* Lit. *un* *denario.*   ˣ 12:26 Éx 3:6   ʸ 12:29 *Dios es el único Señor.* Alt. *Dios, el Señor es uno.*   ᶻ 12:30 Dt 6:4,5   ᵃ 12:31 Lv 19:18   ᵇ 12:36 Sal 110:1

37 Si David mismo lo llama "Señor", ¿cómo puede ser su hijo?

La muchedumbre lo escuchaba con agrado. 38 Como parte de su enseñanza Jesús decía:

—Tengan cuidado de los *maestros de la ley. Les gusta pasearse con ropas ostentosas y que los saluden en las plazas, 39 ocupar los primeros asientos en las sinagogas y los lugares de honor en los banquetes. 40 Se apoderan de los bienes de las viudas y a la vez hacen largas plegarias para impresionar a los demás. Éstos recibirán peor castigo.

La ofrenda de la viuda

12:41-44 — Lc 21:1-4

41 Jesús se sentó frente al lugar donde se depositaban las ofrendas, y estuvo observando cómo la gente echaba sus monedas en las alcancías del *templo. Muchos ricos echaban grandes cantidades. 42 Pero una viuda pobre llegó y echó dos moneditas de muy poco valor.ᶜ

43 Jesús llamó a sus discípulos y les dijo: «Les aseguro que esta viuda pobre ha echado en el tesoro más que todos los demás. 44 Éstos dieron de lo que les sobraba; pero ella, de su pobreza, echó todo lo que tenía, todo su sustento.»

Señales del fin del mundo

13:1-37 — Mt 24:1-51; Lc 21:5-36

13 Cuando salía Jesús del *templo, le dijo uno de sus discípulos:

—¡Mira, Maestro! ¡Qué piedras! ¡Qué edificios!

2 —¿Ves todos estos grandiosos edificios? —contestó Jesús—. No quedará piedra sobre piedra; todo será derribado.

3 Más tarde estaba Jesús sentado en el monte de los Olivos, frente al templo. Y Pedro, *Jacobo, Juan y Andrés le preguntaron en privado:

4 —Dinos, ¿cuándo sucederá eso? ¿Y cuál será la señal de que todo está a punto de cumplirse?

5 —Tengan cuidado de que nadie los engañe —comenzó Jesús a advertirles—.

6 Vendrán muchos que, usando mi nombre, dirán: "Yo soy", y engañarán a muchos. 7 Cuando sepan de guerras y de rumores de guerras, no se alarmen. Es necesario que eso suceda, pero no será todavía el fin. 8 Se levantará nación contra nación, y reino contra reino. Habrá terremotos por todas partes; también habrá hambre. Esto será apenas el comienzo de los dolores.

9 »Pero ustedes cuídense. Los entregarán a los tribunales y los azotarán en las sinagogas. Por mi causa comparecerán ante gobernadores y reyes para dar testimonio ante ellos. 10 Pero primero tendrá que predicarse el *evangelio a todas las *naciones. 11 Y cuando los arresten y los sometan a juicio, no se preocupen de antemano por lo que van a decir. Sólo declaren lo que se les dé a decir en ese momento, porque no serán ustedes los que hablen, sino el Espíritu Santo.

12 »El hermano entregará a la muerte al hermano, y el padre al hijo. Los hijos se rebelarán contra sus padres y les darán muerte. 13 Todo el mundo los odiará a ustedes por causa de mi nombre, pero el que se mantenga firme hasta el fin será salvo.

14 »Ahora bien, cuando vean "el horrible sacrilegio"ᵈ donde no debe estar (el que lee, que lo entienda), entonces los que estén en Judea huyan a las montañas. 15 El que esté en la azotea no baje ni entre en casa para llevarse nada. 16 Y el que esté en el campo no regrese para buscar su capa. 17 ¡Ay de las que estén embarazadas o amamantando en aquellos días! 18 Oren para que esto no suceda en invierno, 19 porque serán días de tribulación como no la ha habido desde el principio, cuando Dios creó el mundo,ᵉ ni la habrá jamás. 20 Si el Señor no hubiera acortado esos días, nadie sobreviviría. Pero por causa de los que él ha elegido, los ha acortado. 21 Entonces, si alguien les dice a ustedes: "¡Miren, aquí está el *Cristo!" o "¡Miren, allí está!", no lo

---

ᶜ 12:42 dos moneditas de muy poco valor. Lit. dos *lepta, que es un cuadrante.　ᵈ 13:14 el horrible sacrilegio. Lit. la abominación de desolación; Dn 9:27; 11:31; 12:11.　ᵉ 13:19 desde ... mundo. Lit. desde el principio de la creación que creó Dios hasta ahora.

crean. ²²Porque surgirán falsos Cristos y falsos profetas que harán señales y milagros para engañar, de ser posible, aun a los elegidos. ²³Así que tengan cuidado; los he prevenido de todo.

²⁴»Pero en aquellos días, después de esa tribulación,

» "se oscurecerá el sol
   y no brillará más la luna;
²⁵las estrellas caerán del cielo
   y los cuerpos celestes serán
   sacudidos".*ƒ*

²⁶»Verán entonces al Hijo del hombre venir en las nubes con gran poder y gloria. ²⁷Y él enviará a sus ángeles para reunir de los cuatro vientos a los elegidos, desde los confines de la tierra hasta los confines del cielo.

²⁸»Aprendan de la higuera esta lección: Tan pronto como se ponen tiernas sus ramas y brotan sus hojas, ustedes saben que el verano está cerca. ²⁹Igualmente, cuando vean que suceden estas cosas, sepan que el tiempo está cerca, a las puertas. ³⁰Les aseguro que no pasará esta generación hasta que todas estas cosas sucedan. ³¹El cielo y la tierra pasarán, pero mis palabras jamás pasarán.

Se desconocen el día y la hora

³²»Pero en cuanto al día y la hora, nadie lo sabe, ni siquiera los ángeles en el cielo, ni el Hijo, sino sólo el Padre. ³³¡Estén alerta! ¡Vigilen!*ᵍ* Porque ustedes no saben cuándo llegará ese momento. ³⁴Es como cuando un hombre sale de viaje y deja su casa al cuidado de sus siervos, cada uno con su tarea, y le manda al portero que vigile.

³⁵»Por lo tanto, manténganse despiertos, porque no saben cuándo volverá el dueño de la casa, si al atardecer, o a la medianoche, o al canto del gallo, o al amanecer; ³⁶no sea que venga de repente y los encuentre dormidos. ³⁷Lo que les digo a ustedes, se lo digo a todos: ¡Manténganse despiertos!

Una mujer unge a Jesús en Betania

14:1-11 — Mt 26:2-16
14:1-2,10-11 — Lc 22:1-6

14 Faltaban sólo dos días para la Pascua y para la fiesta de los panes sin levadura. Los jefes de los sacerdotes y los *maestros de la ley buscaban con artimañas cómo arrestar a Jesús para matarlo. ²Por eso decían: «No durante la fiesta, no sea que se amotine el pueblo.»

³En Betania, mientras estaba él *sentado a la mesa en casa de Simón llamado el leproso, llegó una mujer con un frasco de alabastro lleno de un perfume muy costoso, hecho de nardo puro. Rompió el frasco y derramó el perfume sobre la cabeza de Jesús.

⁴Algunos de los presentes comentaban indignados:

—¿Para qué este desperdicio de perfume? ⁵Podía haberse vendido por muchísimo dinero*ʰ* para darlo a los pobres.

Y la reprendían con severidad.

⁶—Déjenla en paz —dijo Jesús—. ¿Por qué la molestan? Ella ha hecho una obra hermosa conmigo. ⁷A los pobres siempre los tendrán con ustedes, y podrán ayudarlos cuando quieran; pero a mí no me van a tener siempre. ⁸Ella hizo lo que pudo. Ungió mi cuerpo de antemano, preparándolo para la sepultura. ⁹Les aseguro que en cualquier parte del mundo donde se predique el *evangelio, se contará también, en memoria de esta mujer, lo que ella hizo.

¹⁰Judas Iscariote, uno de los doce, fue a los jefes de los sacerdotes para entregarles a Jesús. ¹¹Ellos se alegraron al oírlo, y prometieron darle dinero. Así que él buscaba la ocasión propicia para entregarlo.

La Cena del Señor

14:12-26 — Mt 26:17-30; Lc 22:7-23
14:22-25 — 1Co 11:23-25

¹²El primer día de la fiesta de los panes sin levadura, cuando se acostumbraba sa-

---

*ƒ***13:25** Is 13:10; 34:4   *ᵍ***13:33** *¡Vigilen!* Var. *¡Vigilen y oren!*   *ʰ***14:5** *muchísimo dinero.* Lit. *más de trescientos *denarios.*

crificar el cordero de la Pascua, los discípulos le preguntaron a Jesús:

—¿Dónde quieres que vayamos a hacer los preparativos para que comas la Pascua?

¹³Él envió a dos de sus discípulos con este encargo:

—Vayan a la ciudad y les saldrá al encuentro un hombre que lleva un cántaro de agua. Síganlo, ¹⁴y allí donde entre díganle al dueño: "El Maestro pregunta: ¿Dónde está la sala en la que pueda comer la Pascua con mis discípulos?" ¹⁵Él les mostrará en la planta alta una sala amplia, amueblada y arreglada. Preparen allí nuestra cena.

¹⁶Los discípulos salieron, entraron en la ciudad y encontraron todo tal y como les había dicho Jesús. Así que prepararon la Pascua.

¹⁷Al anochecer llegó Jesús con los doce. ¹⁸Mientras estaban *sentados a la mesa comiendo, dijo:

—Les aseguro que uno de ustedes, que está comiendo conmigo, me va a traicionar.

¹⁹Ellos se pusieron tristes, y uno tras otro empezaron a preguntarle:

—¿Acaso seré yo?

²⁰—Es uno de los doce —contestó—, uno que moja el pan conmigo en el plato. ²¹A la verdad, el Hijo del hombre se irá tal como está escrito de él, pero ¡ay de aquel que lo traiciona! Más le valdría a ese hombre no haber nacido.

²²Mientras comían, Jesús tomó pan y lo bendijo. Luego lo partió y se lo dio a ellos, diciéndoles:

—Tomen; esto es mi cuerpo.

²³Después tomó una copa, dio gracias y se la dio a ellos, y todos bebieron de ella.

²⁴—Esto es mi sangre del pacto,ⁱ que es derramada por muchos —les dijo—. ²⁵Les aseguro que no volveré a beber del fruto de la vid hasta aquel día en que beba el vino nuevo en el reino de Dios.

²⁶Después de cantar los salmos, salieron al monte de los Olivos.

Jesús predice la negación de Pedro
14:27-31 — Mt 26:31-35

²⁷—Todos ustedes me abandonarán —les dijo Jesús—, porque está escrito:

» "Heriré al pastor,
　y se dispersarán las ovejas."ʲ

²⁸Pero después de que yo resucite, iré delante de ustedes a Galilea.

²⁹—Aunque todos te abandonen, yo no —declaró Pedro.

³⁰—Te aseguro —le contestó Jesús— que hoy, esta misma noche, antes de que el gallo cante por segunda vez,ᵏ me negarás tres veces.

³¹—Aunque tenga que morir contigo —insistió Pedro con vehemencia—, jamás te negaré.

Y los demás dijeron lo mismo.

Getsemaní
14:32-42 — Mt 26:36-46; Lc 22:40-46

³²Fueron a un lugar llamado Getsemaní, y Jesús les dijo a sus discípulos: «Siéntense aquí mientras yo oro.» ³³Se llevó a Pedro, a *Jacobo y a Juan, y comenzó a sentir temor y tristeza. ³⁴«Es tal la angustia que me invade que me siento morir —les dijo—. Quédense aquí y vigilen.»

³⁵Yendo un poco más allá, se postró en tierra y empezó a orar que, de ser posible, no tuviera él que pasar por aquella hora. ³⁶Decía: «*Abba, Padre, todo es posible para ti. No me hagas beber este trago amargo,ˡ pero no sea lo que yo quiero, sino lo que quieres tú.»

³⁷Luego volvió a sus discípulos y los encontró dormidos. «Simón —le dijo a Pedro—, ¿estás dormido? ¿No pudiste mantenerte despierto ni una hora? ³⁸Vigilen y oren para que no caigan en *tentación. El espíritu está dispuesto, pero el cuerpoᵐ es débil.»

³⁹Una vez más se retiró e hizo la misma oración. ⁴⁰Cuando volvió, los encontró dormidos otra vez, porque se les cerraban los ojos de sueño. No sabían qué decirle.

ⁱ14:24 del pacto. Var. del nuevo pacto (véase Lc 22:20). ʲ14:27 Zac 13:7 ᵏ14:30 Var. no incluye: por segunda vez. ˡ14:36 No ... amargo. Lit. Quita de mí esta copa. ᵐ14:38 el cuerpo. Lit. la *carne.

41 Al volver por tercera vez, les dijo: «¿Siguen durmiendo y descansando? ¡Se acabó! Ha llegado la hora. Miren, el Hijo del hombre va a ser entregado en manos de *pecadores. **42** ¡Levántense! ¡Vámonos! ¡Ahí viene el que me traiciona!»

Arresto de Jesús

14:43-50 — Mt 26:14-56; Lc 22:47-50; Jn 18:3-11

43 Todavía estaba hablando Jesús cuando de repente llegó Judas, uno de los doce. Lo acompañaba una turba armada con espadas y palos, enviada por los jefes de los sacerdotes, los *maestros de la ley y los *ancianos. **44** El traidor les había dado esta contraseña: «Al que yo le dé un beso, ése es; arréstenlo y llévenselo bien asegurado.» **45** Tan pronto como llegó, Judas se acercó a Jesús.

—¡Rabí! —le dijo, y lo besó.

46 Entonces los hombres prendieron a Jesús. **47** Pero uno de los que estaban ahí desenfundó la espada e hirió al siervo del sumo sacerdote, cortándole una oreja.

48 —¿Acaso soy un bandido[n] —dijo Jesús—, para que vengan con espadas y palos a arrestarme? **49** Día tras día estaba con ustedes, enseñando en el *templo, y no me prendieron. Pero es preciso que se cumplan las Escrituras.

50 Entonces todos lo abandonaron y huyeron. **51** Cierto joven que se cubría con sólo una sábana iba siguiendo a Jesús. Lo detuvieron, **52** pero él soltó la sábana y escapó desnudo.

Jesús ante el Consejo

14:53-65 — Mt 26:57-68; Jn 18:12-13,19-24
14:61-63 — Lc 22:67-71

53 Llevaron a Jesús ante el sumo sacerdote y se reunieron allí todos los jefes de los sacerdotes, los *ancianos y los *maestros de la ley. **54** Pedro lo siguió de lejos hasta dentro del patio del sumo sacerdote. Allí se sentó con los guardias, y se calentaba junto al fuego.

55 Los jefes de los sacerdotes y el *Consejo en pleno buscaban alguna prueba contra Jesús para poder condenarlo a muerte, pero no la encontraban. **56** Muchos testificaban falsamente contra él, pero sus declaraciones no coincidían. **57** Entonces unos decidieron dar este falso testimonio contra él:

58 —Nosotros le oímos decir: "Destruiré este *templo hecho por hombres y en tres días construiré otro, no hecho por hombres."

59 Pero ni aun así concordaban sus declaraciones.

60 Poniéndose de pie en el medio, el sumo sacerdote interrogó a Jesús:

—¿No tienes nada que contestar? ¿Qué significan estas denuncias en tu contra?

61 Pero Jesús se quedó callado y no contestó nada.

—¿Eres el *Cristo, el Hijo del Bendito? —le preguntó de nuevo el sumo sacerdote.

62 —Sí, yo soy —dijo Jesús—. Y ustedes verán al Hijo del hombre sentado a la *derecha del Todopoderoso, y viniendo en las nubes del cielo.

63 —¿Para qué necesitamos más testigos? —dijo el sumo sacerdote, rasgándose las vestiduras—. **64** ¡Ustedes han oído la *blasfemia! ¿Qué les parece?

Todos ellos lo condenaron como digno de muerte. **65** Algunos comenzaron a escupirle; le vendaron los ojos y le daban puñetazos.

—¡Profetiza! —le gritaban.

Los guardias también le daban bofetadas.

Pedro niega a Jesús

14:66-72 — Mt 26:69-75; Lc 22:56-62;
Jn 18:16-18,25-27

66 Mientras Pedro estaba abajo en el patio, pasó una de las criadas del sumo sacerdote. **67** Cuando vio a Pedro calentándose, se fijó en él.

—Tú también estabas con ese nazareno, con Jesús —le dijo ella.

68 Pero él lo negó:

—No lo conozco. Ni siquiera sé de qué estás hablando.

Y salió afuera, a la entrada.[ñ]

69 Cuando la criada lo vio allí, les dijo de nuevo a los presentes:

---

[n] 14:48 *bandido.* Alt. *insurgente.*   [ñ] 14:68 *entrada.* Var. *entrada; y cantó el gallo.*

—Éste es uno de ellos.
70Él lo volvió a negar.

Poco después, los que estaban allí le dijeron a Pedro:

—Seguro que tú eres uno de ellos, pues eres galileo.

71Él comenzó a echarse maldiciones.

—¡No conozco a ese hombre del que hablan! —les juró.

72Al instante un gallo cantó por segunda vez.º Pedro se acordó de lo que Jesús le había dicho: «Antes de que el gallo cante por segunda vez,p me negarás tres veces.» Y se echó a llorar.

Jesús ante Pilato
15:2-15 — Mt 27:11-26; Lc 23:2-3,18-25; Jn 18:29–19:16

15 Tan pronto como amaneció, los jefes de los sacerdotes, con los *ancianos, los *maestros de la ley y el *Consejo en pleno, llegaron a una decisión. Ataron a Jesús, se lo llevaron y se lo entregaron a Pilato.

2—¿Eres tú el rey de los judíos? —le preguntó Pilato.

—Tú mismo lo dices —respondió.

3Los jefes de los sacerdotes se pusieron a acusarlo de muchas cosas.

4—¿No vas a contestar? —le preguntó de nuevo Pilato—. Mira de cuántas cosas te están acusando.

5Pero Jesús ni aun con eso contestó nada, de modo que Pilato se quedó asombrado.

6Ahora bien, durante la fiesta él acostumbraba soltarles un preso, el que la gente pidiera. 7Y resulta que un hombre llamado Barrabás estaba encarcelado con los rebeldes condenados por haber cometido homicidio en una insurrección. 8Subió la multitud y le pidió a Pilato que le concediera lo que acostumbraba.

9—¿Quieren que les suelte al rey de los judíos? —replicó Pilato, 10porque se daba cuenta de que los jefes de los sacerdotes habían entregado a Jesús por envidia.

11Pero los jefes de los sacerdotes incitaron a la multitud para que Pilato les soltara más bien a Barrabás.

12—¿Y qué voy a hacer con el que ustedes llaman el rey de los judíos? —les preguntó Pilato.

13—¡Crucifícalo! —gritaron.

14—¿Por qué? ¿Qué crimen ha cometido?

Pero ellos gritaron aún más fuerte:

—¡Crucifícalo!

15Como quería satisfacer a la multitud, Pilato les soltó a Barrabás; a Jesús lo mandó azotar, y lo entregó para que lo crucificaran.

Los soldados se burlan de Jesús
15:16-20 — Mt 27:27-31

16Los soldados llevaron a Jesús al interior del palacio (es decir, al pretorio) y reunieron a toda la tropa. 17Le pusieron un manto de color púrpura; luego trenzaron una corona de espinas, y se la colocaron. 18—¡Salve, rey de los judíos! —lo aclamaban. 19Lo golpeaban en la cabeza con una caña y le escupían. Doblando la rodilla, le rendían homenaje. 20Después de burlarse de él, le quitaron el manto y le pusieron su propia ropa. Por fin, lo sacaron para crucificarlo.

La crucifixión
15:22-32 — Mt 27:33-44; Lc 23:33-43; Jn 19:17-24

21A uno que pasaba por allí de vuelta del campo, un tal Simón de Cirene, padre de Alejandro y de Rufo, lo obligaron a llevar la cruz. 22Condujeron a Jesús al lugar llamado Gólgota (que significa: Lugar de la Calavera). 23Le ofrecieron vino mezclado con mirra, pero no lo tomó. 24Y lo crucificaron. Repartieron su ropa, echando suertes para ver qué le tocaría a cada uno.

25Eran las nueve de la mañanaq cuando lo crucificaron. 26Un letrero tenía escrita la causa de su condena: «EL REY DE LOS JUDÍOS.» 27Con él crucificaron a dos bandidos,r uno a su derecha y otro a su

º14:72 Var. no incluye: por segunda vez.   P14:72 Var. no incluye: por segunda vez.   q15:25 Eran ...
mañana. Lit. Era la hora tercera.   r15:27 bandidos. Alt. insurgentes.

izquierda.ˢ ²⁹Los que pasaban meneaban la cabeza y *blasfemaban contra él.

—¡Eh! Tú que destruyes el *templo y en tres días lo reconstruyes —decían—, ³⁰¡baja de la cruz y sálvate a ti mismo!

³¹De la misma manera se burlaban de él los jefes de los sacerdotes junto con los maestros de la ley.

—Salvó a otros —decían—, ¡pero no puede salvarse a sí mismo! ³²Que baje ahora de la cruz ese *Cristo, el rey de Israel, para que veamos y creamos.

También lo insultaban los que estaban crucificados con él.

Muerte de Jesús

15:33-41 — Mt 27:45-56; Lc 23:44-49

³³Desde el mediodía y hasta la media tarde quedó toda la tierra en oscuridad. ³⁴A las tres de la tardeᵗ Jesús gritó a voz en cuello:

—Eloi, Eloi, ¿lama sabactani? (que significa: "Dios mío, Dios mío, ¿por qué me has desamparado?").ᵘ

³⁵Cuando lo oyeron, algunos de los que estaban cerca dijeron:

—Escuchen, está llamando a Elías.

³⁶Un hombre corrió, empapó una esponja en vinagre, la puso en una caña y se la ofreció a Jesús para que bebiera.

—Déjenlo, a ver si viene Elías a bajarlo —dijo.

³⁷Entonces Jesús, lanzando un fuerte grito, expiró.

³⁸La cortina del *santuario del templo se rasgó en dos, de arriba abajo. ³⁹Y el centurión, que estaba frente a Jesús, al oír el grito yᵛ ver cómo murió, dijo:

—¡Verdaderamente este hombre era el Hijoʷ de Dios!

⁴⁰Algunas mujeres miraban desde lejos. Entre ellas estaban María Magdalena, María la madre de *Jacobo el menor y de José, y Salomé. ⁴¹Estas mujeres lo habían seguido y atendido cuando estaba en Galilea. Además había allí muchas otras que habían subido con él a Jerusalén.

Sepultura de Jesús

15:42-47 — Mt 27:57-61; Lc 23:50-56; Jn 19:38-42

⁴²Era el día de preparación (es decir, la víspera del *sábado). Así que al atardecer, ⁴³José de Arimatea, miembro distinguido del *Consejo, y que también esperaba el reino de Dios, se atrevió a presentarse ante Pilato para pedirle el cuerpo de Jesús. ⁴⁴Pilato, sorprendido de que ya hubiera muerto, llamó al centurión y le preguntó si hacía mucho queˣ había muerto. ⁴⁵Una vez informado por el centurión, le entregó el cuerpo a José. ⁴⁶Entonces José bajó el cuerpo, lo envolvió en una sábana que había comprado, y lo puso en un sepulcro cavado en la roca. Luego hizo rodar una piedra a la entrada del sepulcro. ⁴⁷María Magdalena y María la madre de José vieron dónde lo pusieron.

La resurrección

16:1-8 — Mt 28:1-8; Lc 24:1-10

16 Cuando pasó el *sábado, María Magdalena, María la madre de *Jacobo, y Salomé compraron especias aromáticas para ir a ungir el cuerpo de Jesús. ²Muy de mañana el primer día de la semana, apenas salido el sol, se dirigieron al sepulcro. ³Iban diciéndose unas a otras: «¿Quién nos quitará la piedra de la entrada del sepulcro?» ⁴Pues la piedra era muy grande.

Pero al fijarse bien, se dieron cuenta de que estaba corrida. ⁵Al entrar en el sepulcro vieron a un joven vestido con un manto blanco, sentado a la derecha, y se asustaron.

⁶—No se asusten —les dijo—. Ustedes buscan a Jesús el nazareno, el que fue crucificado. ¡Ha resucitado! No está aquí. Miren el lugar donde lo pusieron. ⁷Pero vayan a decirles a los discípulos y a Pedro: "Él va delante de ustedes a Galilea. Allí lo verán, tal como les dijo."

⁸Temblorosas y desconcertadas, las mujeres salieron huyendo del sepulcro. No

---

ˢ15:27 izquierda. Var. izquierda. ²⁸Así se cumplió la Escritura que dice: «Fue contado con los malhechores.» (Is 53:12)   ᵗ15:33-34 Desde ... tarde. Lit. Y llegando la hora sexta vino oscuridad sobre toda la tierra hasta la hora novena. ³⁴Y en la hora novena.   ᵘ15:34 Sal 22:1   ᵛ15:39 Var. no incluye: oír el grito y.   ʷ15:39 era el Hijo. Alt. era hijo.   ˣ15:44 hacía mucho que. Var. ya.

dijeron nada a nadie, porque tenían miedo._y_

Apariciones y ascensión de Jesús

⁹Cuando Jesús resucitó en la madrugada del primer día de la semana, se apareció primero a María Magdalena, de la que había expulsado siete demonios. ¹⁰Ella fue y avisó a los que habían estado con él, que estaban lamentándose y llorando. ¹¹Pero ellos, al oír que Jesús estaba vivo y que ella lo había visto, no lo creyeron. ¹²Después se apareció Jesús en otra forma a dos de ellos que iban de camino al campo. ¹³Éstos volvieron y avisaron a los demás, pero no les creyeron a ellos tampoco. ¹⁴Por último se apareció Jesús a los once mientras comían; los reprendió por

su falta de fe y por su obstinación en no creerles a los que lo habían visto *resucitado.

¹⁵Les dijo: «Vayan por todo el mundo y anuncien las buenas *nuevas a toda criatura._z_ ¹⁶El que crea y sea bautizado será salvo, pero el que no crea será condenado. ¹⁷Estas señales acompañarán a los que crean: en mi nombre expulsarán demonios; hablarán en nuevas lenguas; ¹⁸tomarán en sus manos serpientes; y cuando beban algo venenoso, no les hará daño alguno; pondrán las manos sobre los enfermos, y éstos recobrarán la salud.»

¹⁹Después de hablar con ellos, el Señor Jesús fue llevado al cielo y se sentó a la *derecha de Dios. ²⁰Los discípulos salieron y predicaron por todas partes, y el Señor los ayudaba en la obra y confirmaba su palabra con las señales que la acompañaban.

_y_**16:8** Los mss. más antiguos y otros testimonios de la antigüedad no incluyen Mr 16:9-20. En lugar de este pasaje, algunos mss. incluyen una conclusión más breve. _z_**16:15** _criatura._ Lit. _creación._

Evangelio según Lucas

Prólogo

1 Muchos han intentado hacer un relato de las cosas que se han cumplido[a] entre nosotros, ²tal y como nos las transmitieron los que desde el principio fueron testigos presenciales y servidores de la palabra. ³Por lo tanto, yo también, excelentísimo Teófilo, habiendo investigado todo esto con esmero desde su origen, he decidido escribírtelo ordenadamente, ⁴para que llegues a tener plena seguridad de lo que te enseñaron.

Anuncio del nacimiento de Juan el Bautista

⁵En tiempos de Herodes, rey de Judea, hubo un sacerdote llamado Zacarías, miembro del grupo de Abías. Su esposa Elisabet también era descendiente de Aarón. ⁶Ambos eran rectos e intachables delante de Dios; obedecían todos los mandamientos y preceptos del Señor. ⁷Pero no tenían hijos, porque Elisabet era estéril; y los dos eran de edad avanzada.

⁸Un día en que Zacarías, por haber llegado el turno de su grupo, oficiaba como sacerdote delante de Dios, ⁹le tocó en suerte, según la costumbre del sacerdocio, entrar en el *santuario del Señor para quemar incienso. ¹⁰Cuando llegó la hora de ofrecer el incienso, la multitud reunida afuera estaba orando. ¹¹En esto un ángel del Señor se le apareció a Zacarías a la derecha del altar del incienso. ¹²Al verlo, Zacarías se asustó, y el temor se apoderó de él. ¹³El ángel le dijo:

—No tengas miedo, Zacarías, pues ha sido escuchada tu oración. Tu esposa Elisabet te dará un hijo, y le pondrás por nombre Juan. ¹⁴Tendrás gozo y alegría, y muchos se regocijarán por su nacimiento, ¹⁵porque él será un gran hombre delante del Señor. Jamás tomará vino ni licor, y será lleno del Espíritu Santo aun desde su nacimiento.[b] ¹⁶Hará que muchos israelitas se vuelvan al Señor su Dios. ¹⁷Él irá primero, delante del Señor, con el espíritu y el poder de Elías, para reconciliar a[c] los padres con los hijos y guiar a los desobedientes a la sabiduría de los justos. De este modo preparará un pueblo bien dispuesto para recibir al Señor.

¹⁸—¿Cómo podré estar seguro de esto? —preguntó Zacarías al ángel—. Ya soy anciano y mi esposa también es de edad avanzada.

¹⁹—Yo soy Gabriel y estoy a las órdenes de Dios —le contestó el ángel—. He sido enviado para hablar contigo y darte estas buenas *noticias. ²⁰Pero como no creíste en mis palabras, las cuales se cumplirán a su debido tiempo, te vas a quedar mudo. No podrás hablar hasta el día en que todo esto suceda.

²¹Mientras tanto, el pueblo estaba esperando a Zacarías y les extrañaba que se demorara tanto en el santuario. ²²Cuando por fin salió, no podía hablarles, así que se dieron cuenta de que allí había tenido una visión. Se podía comunicar sólo por señas, pues seguía mudo.

²³Cuando terminaron los días de su servicio, regresó a su casa. ²⁴Poco después, su esposa Elisabet quedó encinta y se mantuvo recluida por cinco meses. ²⁵«Esto —decía ella— es obra del Señor, que ahora ha mostrado su bondad al quitarme la vergüenza que yo tenía ante los demás.»

Anuncio del nacimiento de Jesús

²⁶A los seis meses, Dios envió al ángel Gabriel a Nazaret, pueblo de Galilea, ²⁷a visitar a una joven virgen comprometida para casarse con un hombre que se llama-

---

[a]1:1 *se han cumplido.* Alt. *se han recibido con convicción.*   [b]1:15 *desde su nacimiento.* Alt. *antes de nacer.* Lit. *desde el vientre de su madre.*   [c]1:17 *reconciliar a.* Lit. *hacer volver los corazones de;* véase Mal 4:6.

ba José, descendiente de David. La virgen se llamaba María. 28El ángel se acercó a ella y le dijo:

—¡Te saludo,*d* tú que has recibido el favor de Dios! El Señor está contigo.

29Ante estas palabras, María se perturbó, y se preguntaba qué podría significar este saludo.

30—No tengas miedo, María; Dios te ha concedido su favor —le dijo el ángel—. 31Quedarás encinta y darás a luz un hijo, y le pondrás por nombre Jesús. 32Él será un gran hombre, y lo llamarán Hijo del Altísimo. Dios el Señor le dará el trono de su padre David, 33y reinará sobre el pueblo de Jacob para siempre. Su reinado no tendrá fin.

34—¿Cómo podrá suceder esto —le preguntó María al ángel—, puesto que soy virgen?*e*

35—El Espíritu Santo vendrá sobre ti, y el poder del Altísimo te cubrirá con su sombra. Así que al santo niño que va a nacer lo llamarán Hijo de Dios. 36También tu parienta Elisabet va a tener un hijo en su vejez; de hecho, la que decían que era estéril ya está en el sexto mes de embarazo. 37Porque para Dios no hay nada imposible.

38—Aquí tienes a la sierva del Señor —contestó María—. Que él haga conmigo como me has dicho.

Con esto, el ángel la dejó.

María visita a Elisabet

39A los pocos días María emprendió el viaje y se fue de prisa a un pueblo en la región montañosa de Judea. 40Al llegar, entró en casa de Zacarías y saludó a Elisabet. 41Tan pronto como Elisabet oyó el saludo de María, la criatura saltó en su vientre. Entonces Elisabet, llena del Espíritu Santo, 42exclamó:

—¡Bendita tú entre las mujeres, y bendito el hijo que darás a luz!*f* 43Pero, ¿cómo es esto, que la madre de mi Señor venga a verme? 44Te digo que tan pronto como llegó a mis oídos la voz de tu saludo, saltó de alegría la criatura que

llevo en el vientre. 45¡*Dichosa tú que has creído, porque lo que el Señor te ha dicho se cumplirá!

El cántico de María

1:46-53 — 1S 2:1-10

46Entonces dijo María:

—Mi alma glorifica al Señor,
47 y mi espíritu se regocija en Dios
mi Salvador,
48porque se ha dignado fijarse en su
humilde sierva.
Desde ahora me llamarán *dichosa
todas las generaciones,
49 porque el Poderoso ha hecho
grandes cosas por mí.
¡Santo es su nombre!
50De generación en generación
se extiende su misericordia a los
que le temen.
51Hizo proezas con su brazo;
desbarató las intrigas de los
soberbios.*g*
52De sus tronos derrocó a los
poderosos,
mientras que ha exaltado a los
humildes.
53A los hambrientos los colmó de
bienes,
y a los ricos los despidió con las
manos vacías.
54-55Acudió en ayuda de su siervo Israel
y, cumpliendo su promesa a
nuestros padres,
mostró*h* su misericordia a Abraham
y a su descendencia para siempre.

56María se quedó con Elisabet unos tres meses y luego regresó a su casa.

Nacimiento de Juan el Bautista

57Cuando se le cumplió el tiempo, Elisabet dio a luz un hijo. 58Sus vecinos y parientes se enteraron de que el Señor le había mostrado gran misericordia, y compartieron su alegría.

59A los ocho días llevaron a circuncidar al niño. Como querían ponerle el nom-

---

*d*1:28 *¡Te saludo.* Alt. *¡Alégrate.* *e*1:34 *soy virgen?* Lit. *no conozco a hombre?* *f*1:42 *el hijo que darás a luz!* Lit. *el fruto de tu vientre!* *g*1:51 *desbarató ... soberbios.* Lit. *dispersó a los orgullosos en el pensamiento del corazón de ellos.* *h*1:54-55 *mostró.* Lit. *recordó.*

bre de su padre, Zacarías, **60**su madre se opuso.

—¡No! —dijo ella—. Tiene que llamarse Juan.

61—Pero si nadie en tu familia tiene ese nombre —le dijeron.

62Entonces le hicieron señas a su padre, para saber qué nombre quería ponerle al niño. **63**Él pidió una tablilla, en la que escribió: «Su nombre es Juan.» Y todos quedaron asombrados. **64**Al instante se le desató la lengua, recuperó el habla y comenzó a alabar a Dios. **65**Todos los vecinos se llenaron de temor, y por toda la región montañosa de Judea se comentaba lo sucedido. **66**Quienes lo oían se preguntaban: «¿Qué llegará a ser este niño?» Porque la mano del Señor lo protegía.

El cántico de Zacarías

67Entonces su padre Zacarías, lleno del Espíritu Santo, profetizó:

68«Bendito sea el Señor, Dios de
      Israel,
   porque ha venido a redimir*i* a su
      pueblo.
69Nos envió un poderoso salvador*j*
   en la casa de David su siervo
70(como lo prometió en el pasado por
      medio de sus *santos
      profetas),
71para librarnos de nuestros enemigos
   y del poder de todos los que nos
      aborrecen;
72para mostrar misericordia a
      nuestros padres
   al acordarse de su santo pacto.
73 Así lo juró a Abraham nuestro
      padre:
74nos concedió que fuéramos libres
      del temor,
   al rescatarnos del poder de
      nuestros enemigos,
   para que le sirviéramos **75**con
      *santidad y justicia,
   viviendo en su presencia todos
      nuestros días.

76Y tú, hijito mío, serás llamado
      profeta del Altísimo,
   porque irás delante del Señor
      para prepararle el camino.
77Darás a conocer a su pueblo la
      salvación
   mediante el perdón de sus
      pecados,
78gracias a la entrañable misericordia
      de nuestro Dios.
   Así nos visitará desde el cielo el
      sol naciente,
79para dar luz a los que viven en
      tinieblas,
   en la más terrible oscuridad, *k*
   para guiar nuestros pasos por la
      senda de la paz.»

80El niño crecía y se fortalecía en espíritu; y vivió en el desierto hasta el día en que se presentó públicamente al pueblo de Israel.

Nacimiento de Jesús

2 Por aquellos días Augusto *César decretó que se levantara un censo en todo el imperio romano.*l* **2**(Este primer censo se efectuó cuando Cirenio gobernaba en Siria.) **3**Así que iban todos a inscribirse, cada cual a su propio pueblo.

4También José, que era descendiente del rey David, subió de Nazaret, ciudad de Galilea, a Judea. Fue a Belén, la ciudad de David, **5**para inscribirse junto con María su esposa.*m* Ella se encontraba encinta **6**y, mientras estaban allí, se le cumplió el tiempo. **7**Así que dio a luz a su hijo primogénito. Lo envolvió en pañales y lo acostó en un pesebre, porque no había lugar para ellos en la posada.

Los pastores y los ángeles

8En esa misma región había unos pastores que pasaban la noche en el campo, turnándose para cuidar sus rebaños. **9**Sucedió que un ángel del Señor se les apareció. La gloria del Señor los envolvió en su luz, y se llenaron de temor. **10**Pero el ángel

---

*i***1:68** *ha venido a redimir.* Lit. *ha visitado y ha redimido.*   *j***1:69** *envió un poderoso salvador.* Lit. *levantó un cuerno de salvación.*   *k***1:79** *en la más terrible oscuridad.* Lit. *y en sombra de muerte.*   *l***2:1** *el imperio romano.* Lit. *el mundo.*   *m***2:5** *María su esposa.* Lit. *María, que estaba comprometida para casarse con él.*

les dijo: «No tengan miedo. Miren que les traigo buenas *noticias que serán motivo de mucha alegría para todo el pueblo. 11 Hoy les ha nacido en la ciudad de David un Salvador, que es *Cristo el Señor. 12 Esto les servirá de señal: Encontrarán a un niño envuelto en pañales y acostado en un pesebre.» 13 De repente apareció una multitud de ángeles del cielo, que alababan a Dios y decían:

14 «Gloria a Dios en las alturas,
    y en la tierra paz a los que gozan
    de su buena voluntad.»[n]

15 Cuando los ángeles se fueron al cielo, los pastores se dijeron unos a otros: «Vamos a Belén, a ver esto que ha pasado y que el Señor nos ha dado a conocer.» 16 Así que fueron de prisa y encontraron a María y a José, y al niño que estaba acostado en el pesebre. 17 Cuando vieron al niño, contaron lo que les habían dicho acerca de él, 18 y cuantos lo oyeron se asombraron de lo que los pastores decían. 19 María, por su parte, guardaba todas estas cosas en su corazón y meditaba acerca de ellas. 20 Los pastores regresaron glorificando y alabando a Dios por lo que habían visto y oído, pues todo sucedió tal como se les había dicho.

Presentación de Jesús en el templo

21 Cuando se cumplieron los ocho días y fueron a circuncidarlo, lo llamaron Jesús, nombre que el ángel le había puesto antes de que fuera concebido. 22 Así mismo, cuando se cumplió el tiempo en que, según la ley de Moisés, ellos debían *purificarse, José y María llevaron al niño a Jerusalén para presentarlo al Señor. 23 Así cumplieron con lo que en la ley del Señor está escrito: «Todo varón primogénito será consagrado[ñ] al Señor».[o] 24 También ofrecieron un sacrificio conforme a lo que la ley del Señor

dice: «un par de tórtolas o dos pichones de paloma».[p] 25 Ahora bien, en Jerusalén había un hombre llamado Simeón, que era justo y devoto, y aguardaba con esperanza la redención[q] de Israel. El Espíritu Santo estaba con él 26 y le había revelado que no moriría sin antes ver al *Cristo del Señor. 27 Movido por el Espíritu, fue al *templo. Cuando al niño Jesús lo llevaron sus padres para cumplir con la costumbre establecida por la ley, 28 Simeón lo tomó en sus brazos y bendijo a Dios:

29 «Según tu palabra, Soberano Señor,
    ya puedes despedir a tu *siervo
    en paz.
30 Porque han visto mis ojos tu
    salvación,
31 que has preparado a la vista de
    todos los pueblos:
32 luz que ilumina a las *naciones
    y gloria de tu pueblo Israel.»

33 El padre y la madre del niño se quedaron maravillados por lo que se decía de él. 34 Simeón les dio su bendición y le dijo a María, la madre de Jesús: «Este niño está destinado a causar la caída y el levantamiento de muchos en Israel, y a crear mucha oposición,[r] 35 a fin de que se manifiesten las intenciones de muchos corazones. En cuanto a ti, una espada te atravesará el alma.»

36 Había también una profetisa, Ana, hija de Penuel, de la tribu de Aser. Era muy anciana; casada de joven, había vivido con su esposo siete años, 37 y luego permaneció viuda hasta la edad de ochenta y cuatro.[s] Nunca salía del *templo, sino que día y noche adoraba a Dios con ayunos y oraciones. 38 Llegando en ese mismo momento, Ana dio gracias a Dios y comenzó a hablar del niño a todos los que esperaban la redención de Jerusalén.

39 Después de haber cumplido con todo lo que exigía la ley del Señor, José y María

---

[n] 2:14 paz ... voluntad. Lit. paz a los hombres de buena voluntad. Var. paz, buena voluntad a los hombres.   [ñ] 2:23 Todo ... consagrado. Lit. Todo varón que abre la matriz será llamado santo.   [o] 2:23 Éx 13:2,12
[p] 2:24 Lv 12:8   [q] 2:25 redención. Lit. consolación.   [r] 2:34 a crear mucha oposición. Lit. a ser una señal contra la cual se hablará.   [s] 2:37 hasta la edad de ochenta y cuatro. Alt. durante ochenta y cuatro años.

regresaron a Galilea, a su propio pueblo de Nazaret. **40**El niño crecía y se fortalecía; progresaba en sabiduría, y la gracia de Dios lo acompañaba.

El niño Jesús en el templo

41Los padres de Jesús subían todos los años a Jerusalén para la fiesta de la Pascua. **42**Cuando cumplió doce años, fueron allá según era la costumbre. **43**Terminada la fiesta, emprendieron el viaje de regreso, pero el niño Jesús se había quedado en Jerusalén, sin que sus padres se dieran cuenta. **44**Ellos, pensando que él estaba entre el grupo de viajeros, hicieron un día de camino mientras lo buscaban entre los parientes y conocidos. **45**Al no encontrarlo, volvieron a Jerusalén en su busca. **46**Al cabo de tres días lo encontraron en el *templo, sentado entre los maestros, escuchándolos y haciéndoles preguntas. **47**Todos los que le oían se asombraban de su inteligencia y de sus respuestas. **48**Cuando lo vieron sus padres, se quedaron admirados.

—Hijo, ¿por qué te has portado así con nosotros? —le dijo su madre—. ¡Mira que tu padre y yo te hemos estado buscando angustiados!

49—¿Por qué me buscaban? ¿No sabían que tengo que estar en la casa de mi Padre?

50Pero ellos no entendieron lo que les decía.

51Así que Jesús bajó con sus padres a Nazaret y vivió sujeto a ellos. Pero su madre conservaba todas estas cosas en el corazón. **52**Jesús siguió creciendo en sabiduría y estatura, y cada vez más gozaba del favor de Dios y de toda la gente.

Juan el Bautista prepara el camino

3:2-10 — Mt 3:1-10; Mr 1:3-5
3:16-17 — Mt 3:11-12; Mr 1:7-8

3 En el año quince del reinado de Tiberio *César, Poncio Pilato gobernaba la provincia de Judea, Herodes*f* era tetrarca en Galilea, su hermano Felipe en Iturea y Traconite, y Lisanias en Abile-

ne; **2**el sumo sacerdocio lo ejercían Anás y Caifás. En aquel entonces, la palabra de Dios llegó a Juan, hijo de Zacarías, en el desierto. **3**Juan recorría toda la región del Jordán predicando el bautismo de *arrepentimiento para el perdón de pecados. **4**Así está escrito en el libro del profeta Isaías:

«Voz de uno que grita en el
    desierto:
"Preparen el camino del Señor,
    háganle sendas derechas.
5Todo valle será rellenado,
    toda montaña y colina será
    allanada.
Los caminos torcidos se
    enderezarán,
    las sendas escabrosas quedarán
    llanas.
6Y todo *mortal verá la salvación de
    Dios."»*u*

7Muchos acudían a Juan para que los bautizara.

—¡Camada de víboras! —les advirtió—. ¿Quién les dijo que podrán escapar del castigo que se acerca? **8**Produzcan frutos que demuestren arrepentimiento. Y no se pongan a pensar: "Tenemos a Abraham por padre." Porque les digo que aun de estas piedras Dios es capaz de darle hijos a Abraham. **9**Es más, el hacha ya está puesta a la raíz de los árboles, y todo árbol que no produzca buen fruto será cortado y arrojado al fuego.

10—¿Entonces qué debemos hacer? —le preguntaba la gente.

11—El que tiene dos *camisas debe compartir con el que no tiene ninguna —les contestó Juan—, y el que tiene comida debe hacer lo mismo.

12Llegaron también unos *recaudadores de impuestos para que los bautizara.

—Maestro, ¿qué debemos hacer nosotros? —le preguntaron.

13—No cobren más de lo debido —les respondió.

14—Y nosotros, ¿qué debemos hacer? —le preguntaron unos soldados.

---

*f*3:1 Es decir, Herodes Antipas, hijo del rey Herodes (1:5).   *u*3:6 Is 40:3-5

—No extorsionen a nadie ni hagan denuncias falsas; más bien confórmense con lo que les pagan.

15La gente estaba a la expectativa, y todos se preguntaban si acaso Juan sería el *Cristo.

16—Yo los bautizo a ustedes con^v agua —les respondió Juan a todos—. Pero está por llegar uno más poderoso que yo, a quien ni siquiera merezco desatarle la correa de sus sandalias. Él los bautizará con el Espíritu Santo y con fuego. **17**Tiene el rastrillo en la mano para limpiar su era y recoger el trigo en su granero; la paja, en cambio, la quemará con fuego que nunca se apagará.

18Y con muchas otras palabras exhortaba Juan a la gente y le anunciaba las buenas *nuevas. **19**Pero cuando reprendió al tetrarca Herodes por el asunto de su cuñada Herodías,^w y por todas las otras maldades que había cometido, **20**Herodes llegó hasta el colmo de encerrar a Juan en la cárcel.

Bautismo y genealogía de Jesús
3:21-22 — Mt 3:13-17; Mr 1:9-11
3:23-38 — Mt 1:1-17

21Un día en que todos acudían a Juan para que los bautizara, Jesús fue bautizado también. Y mientras oraba, se abrió el cielo, **22**y el Espíritu Santo bajó sobre él en forma de paloma. Entonces se oyó una voz del cielo que decía: «Tú eres mi Hijo amado; estoy muy complacido contigo.» **23**Jesús tenía unos treinta años cuando comenzó su ministerio. Era hijo, según se creía, de José,

hijo de Elí, **24**hijo de Matat,
hijo de Leví, hijo de Melquí,
hijo de Janay, hijo de José,
25 hijo de Matatías, hijo de Amós,
hijo de Nahúm, hijo de Eslí,
hijo de Nagay, **26**hijo de Máat,
hijo de Matatías, hijo de Semeí,
hijo de Josec, hijo de Judá,
27 hijo de Yojanán, hijo de Resa,
hijo de Zorobabel, hijo de Salatiel,

hijo de Neri, **28**hijo de Melquí,
hijo de Adí, hijo de Cosán,
hijo de Elmadán, hijo de Er,
29 hijo de Josué, hijo de Eliezer,
hijo de Jorín, hijo de Matat,
hijo de Leví, **30**hijo de Simeón,
hijo de Judá, hijo de José,
hijo de Jonán, hijo de Eliaquín,
31 hijo de Melea, hijo de Mainán,
hijo de Matata, hijo de Natán,
hijo de David, **32**hijo de Isaí,
hijo de Obed, hijo de Booz,
hijo de Salmón,^x hijo de Naasón,
33 hijo de Aminadab, hijo de Aram,^y
hijo de Jezrón, hijo de Fares,
hijo de Judá, **34**hijo de Jacob,
hijo de Isaac, hijo de Abraham,
hijo de Téraj, hijo de Najor,
35 hijo de Serug, hijo de Ragau,
hijo de Péleg, hijo de Éber,
hijo de Selaj, **36**hijo de Cainán,
hijo de Arfaxad, hijo de Sem,
hijo de Noé, hijo de Lamec,
37 hijo de Matusalén, hijo de Enoc,
hijo de Jared, hijo de Malalel,
hijo de Cainán, **38**hijo de Enós,
hijo de Set, hijo de Adán,
hijo de Dios.

Tentación de Jesús
4:1-13 — Mt 4:1-11; Mr 1:12-13

4 Jesús, lleno del Espíritu Santo, volvió del Jordán y fue llevado por el Espíritu al desierto. **2**Allí estuvo cuarenta días y fue *tentado por el diablo. No comió nada durante esos días, pasados los cuales tuvo hambre.

3—Si eres el Hijo de Dios —le propuso el diablo—, dile a esta piedra que se convierta en pan.

4Jesús le respondió:

—Escrito está: "No sólo de pan vive el hombre."^z

5Entonces el diablo lo llevó a un lugar alto y le mostró en un instante todos los reinos del mundo.

6—Sobre estos reinos y todo su esplendor —le dijo—, te daré la autoridad, porque a mí me ha sido entregada, y puedo

---

^v**3:16** con. Alt. en.   ^w**3:19** Esposa de Felipe, hermano de Herodes Antipas.   ^x**3:32** Salmón. Var. Sala.
^y**3:33** Aminadab, hijo de Aram. Var. Aminadab, el hijo de Admín, el hijo de Arní; los mss. varían mucho en este versículo.   ^z**4:4** Dt 8:3

dársela a quien yo quiera. ⁷Así que, si me adoras, todo será tuyo.

Jesús le contestó:

⁸—Escrito está: "Adora al Señor tu Dios y sírvele solamente a él."ᵃ

⁹El diablo lo llevó luego a Jerusalén e hizo que se pusiera de pie en la parte más alta del *templo, y le dijo:

—Si eres el Hijo de Dios, ¡tírate de aquí! ¹⁰Pues escrito está:

» "Ordenará que sus ángeles te cuiden.
Te sostendrán en sus manos
¹¹para que no tropieces con piedra alguna."ᵇ

¹²—También está escrito: "No pongas a prueba al Señor tu Dios"ᶜ —le replicó Jesús.

¹³Así que el diablo, habiendo agotado todo recurso de tentación, lo dejó hasta otra oportunidad.

Rechazan a Jesús en Nazaret

¹⁴Jesús regresó a Galilea en el poder del Espíritu, y se extendió su fama por toda aquella región. ¹⁵Enseñaba en las sinagogas, y todos lo admiraban.

¹⁶Fue a Nazaret, donde se había criado, y un *sábado entró en la sinagoga, como era su costumbre. Se levantó para hacer la lectura, ¹⁷y le entregaron el libro del profeta Isaías. Al desenrollarlo, encontró el lugar donde está escrito:

¹⁸«El Espíritu del Señor está sobre mí,
por cuanto me ha ungido
para anunciar buenas *nuevas a los pobres.
Me ha enviado a proclamar libertad a los cautivos
y dar vista a los ciegos,
a poner en libertad a los oprimidos,
¹⁹ a pregonar el año del favor del Señor.»ᵈ

²⁰Luego enrolló el libro, se lo devolvió al ayudante y se sentó. Todos los que

estaban en la sinagoga lo miraban detenidamente, ²¹y él comenzó a hablarles: «Hoy se cumple esta Escritura en presencia de ustedes.»

²²Todos dieron su aprobación, impresionados por las hermosas palabrasᵉ que salían de su boca. «¿No es éste el hijo de José?», se preguntaban.

²³Jesús continuó: «Seguramente ustedes me van a citar el proverbio: "¡Médico, cúrate a ti mismo! Haz aquí en tu tierra lo que hemos oído que hiciste en Capernaúm." ²⁴Pues bien, les aseguro que a ningún profeta lo aceptan en su propia tierra. ²⁵No cabe duda de que en tiempos de Elías, cuando el cielo se cerró por tres años y medio, de manera que hubo una gran hambre en toda la tierra, muchas viudas vivían en Israel. ²⁶Sin embargo, Elías no fue enviado a ninguna de ellas, sino a una viuda de Sarepta, en los alrededores de Sidón. ²⁷Así mismo, había en Israel muchos enfermos de *lepra en tiempos del profeta Eliseo, pero ninguno de ellos fue sanado, sino Naamán el sirio.»

²⁸Al oír esto, todos los que estaban en la sinagoga se enfurecieron. ²⁹Se levantaron, lo expulsaron del pueblo y lo llevaron hasta la cumbre de la colina sobre la que estaba construido el pueblo, para tirarlo por el precipicio. ³⁰Pero él pasó por en medio de ellos y se fue.

Jesús expulsa a un espíritu maligno

4:31-37 — Mr 1:21-28

³¹Jesús pasó a Capernaúm, un pueblo de Galilea, y el día *sábado enseñaba a la gente. ³²Estaban asombrados de su enseñanza, porque les hablaba con autoridad.

³³Había en la sinagoga un hombre que estaba poseído por un *espíritu maligno, quien gritó con todas sus fuerzas:

³⁴—¡Ah! ¿Por qué te entrometes, Jesús de Nazaret? ¿Has venido a destruirnos? Yo sé quién eres tú: ¡el Santo de Dios!

³⁵—¡Cállate! —lo reprendió Jesús—. ¡Sal de ese hombre!

ᵃ4:8 Dt 6:13   ᵇ4:10-11 Sal 91:11,12   ᶜ4:12 Dt 6:16   ᵈ4:19 Is 61:1,2   ᵉ4:22 *Todos ... palabras.* Lit. *Todos daban testimonio de él y estaban asombrados de las palabras de gracia.*

Entonces el demonio derribó al hombre en medio de la gente y salió de él sin hacerle ningún daño. 36Todos se asustaron y se decían unos a otros: «¿Qué clase de palabra es ésta? ¡Con autoridad y poder les da órdenes a los espíritus malignos, y salen!» 37Y se extendió su fama por todo aquel lugar.

Jesús sana a muchos enfermos
4:38-41 — Mt 8:14-17
4:38-43 — Mr 1:29-38

38Cuando Jesús salió de la sinagoga, se fue a casa de Simón, cuya suegra estaba enferma con una fiebre muy alta. Le pidieron a Jesús que la ayudara, 39así que se inclinó sobre ella y reprendió a la fiebre, la cual se le quitó. Ella se levantó en seguida y se puso a servirles.

40Al ponerse el sol, la gente le llevó a Jesús todos los que padecían de diversas enfermedades; él puso las manos sobre cada uno de ellos y los sanó. 41Además, de muchas personas salían demonios que gritaban: «¡Tú eres el Hijo de Dios!» Pero él los reprendía y no los dejaba hablar porque sabían que él era el *Cristo.

42Cuando amaneció, Jesús salió y se fue a un lugar solitario. La gente andaba buscándolo, y cuando llegaron adonde él estaba, procuraban detenerlo para que no se fuera. 43Pero él les dijo: «Es preciso que anuncie también a los demás pueblos las buenas *nuevas del reino de Dios, porque para esto fui enviado.»

44Y siguió predicando en las sinagogas de los judíos.f

Llamamiento de los primeros discípulos
5:1-11 — Mt 4:18-22; Mr 1:16-20; Jn 1:40-42

5 Un día estaba Jesús a orillas del lago de Genesaret,g y la gente lo apretujaba para escuchar el mensaje de Dios. 2Entonces vio dos barcas que los pescadores habían dejado en la playa mientras lavaban las redes. 3Subió a una de las barcas, que pertenecía a Simón, y le pidió que la alejara un poco de la orilla. Luego se sentó, y enseñaba a la gente desde la barca.

4Cuando acabó de hablar, le dijo a Simón:

—Lleva la barca hacia aguas más profundas, y echen allí las redes para pescar.

5—Maestro, hemos estado trabajando duro toda la noche y no hemos pescado nada —le contestó Simón—. Pero como tú me lo mandas, echaré las redes.

6Así lo hicieron, y recogieron una cantidad tan grande de peces que las redes se les rompían. 7Entonces llamaron por señas a sus compañeros de la otra barca para que los ayudaran. Ellos se acercaron y llenaron tanto las dos barcas que comenzaron a hundirse.

8Al ver esto, Simón Pedro cayó de rodillas delante de Jesús y le dijo:

—¡Apártate de mí, Señor; soy un pecador!

9Es que él y todos sus compañeros estaban asombrados ante la pesca que habían hecho, 10como también lo estaban *Jacobo y Juan, hijos de Zebedeo, que eran socios de Simón.

—No temas; desde ahora serás pescador de hombres —le dijo Jesús a Simón.

11Así que llevaron las barcas a tierra y, dejándolo todo, siguieron a Jesús.

Jesús sana a un leproso
5:12-14 — Mt 8:2-4; Mr 1:40-44

12En otra ocasión, cuando Jesús estaba en un pueblo, se presentó un hombre cubierto de *lepra. Al ver a Jesús, cayó rostro en tierra y le suplicó:

—Señor, si quieres, puedes *limpiarme.

13Jesús extendió la mano y tocó al hombre.

—Sí quiero —le dijo—. ¡Queda limpio!

Y al instante se le quitó la lepra.

14—No se lo digas a nadie —le ordenó Jesús—; sólo ve, preséntate al sacerdote y lleva por tu *purificación lo que ordenó Moisés, para que sirva de testimonio.

15Sin embargo, la fama de Jesús se extendía cada vez más, de modo que acudían a él multitudes para oírlo y para que los sanara de sus enfermedades. 16Él, por

f 4:44 *los judíos.* Lit. *Judea.* Var. *Galilea.*   g 5:1 Es decir, el mar de Galilea.

su parte, solía retirarse a lugares solitarios para orar.

Jesús sana a un paralítico
5:18-26 — Mt 9:2-8; Mr 2:3-12

17Un día, mientras enseñaba, estaban sentados allí algunos *fariseos y *maestros de la ley que habían venido de todas las aldeas de Galilea y Judea, y también de Jerusalén. Y el poder del Señor estaba con él para sanar a los enfermos. 18Entonces llegaron unos hombres que llevaban en una camilla a un paralítico. Procuraron entrar para ponerlo delante de Jesús, 19pero no pudieron a causa de la multitud. Así que subieron a la azotea y, separando las tejas, lo bajaron en la camilla hasta ponerlo en medio de la gente, frente a Jesús.

20Al ver la fe de ellos, Jesús dijo:
—Amigo, tus pecados quedan perdonados.

21Los fariseos y los maestros de la ley comenzaron a pensar: «¿Quién es éste que dice *blasfemias? ¿Quién puede perdonar pecados sino sólo Dios?»

22Pero Jesús supo lo que estaban pensando y les dijo:
—¿Por qué razonan así? 23¿Qué es más fácil decir: "Tus pecados quedan perdonados", o "Levántate y anda"? 24Pues para que sepan que el Hijo del hombre tiene autoridad en la tierra para perdonar pecados —se dirigió entonces al paralítico—: A ti te digo, levántate, toma tu camilla y vete a tu casa.

25Al instante se levantó a la vista de todos, tomó la camilla en que había estado acostado, y se fue a su casa alabando a Dios. 26Todos quedaron asombrados y ellos también alababan a Dios. Estaban llenos de temor y decían: «Hoy hemos visto maravillas.»

Llamamiento de Leví
5:27-32 — Mt 9:9-13; Mr 2:14-17

27Después de esto salió Jesús y se fijó en un *recaudador de impuestos llamado Leví, sentado a la mesa donde cobraba.
—Sígueme —le dijo Jesús.

28Y Leví se levantó, lo dejó todo y lo siguió.

29Luego Leví le ofreció a Jesús un gran banquete en su casa, y había allí un grupo numeroso de recaudadores de impuestos y otras personas que estaban comiendo con ellos. 30Pero los *fariseos y los *maestros de la ley que eran de la misma secta les reclamaban a los discípulos de Jesús:
—¿Por qué comen y beben ustedes con recaudadores de impuestos y *pecadores?

31—No son los sanos los que necesitan médico sino los enfermos —les contestó Jesús—. 32No he venido a llamar a justos sino a pecadores para que se *arrepientan.

Le preguntan a Jesús sobre el ayuno
5:33-39 — Mt 9:14-17; Mr 2:18-22

33Algunos dijeron a Jesús:
—Los discípulos de Juan ayunan y oran con frecuencia, lo mismo que los discípulos de los *fariseos, pero los tuyos se la pasan comiendo y bebiendo.

34Jesús les replicó:
—¿Acaso pueden obligar a los invitados del novio a que ayunen mientras él está con ellos? 35Llegará el día en que se les quitará el novio; en aquellos días sí ayunarán.

36Les contó esta parábola:
—Nadie quita un retazo de un vestido nuevo para remendar un vestido viejo. De hacerlo así, habrá rasgado el vestido nuevo, y el retazo nuevo no hará juego con el vestido viejo. 37Ni echa nadie vino nuevo en odres viejos. De hacerlo así, el vino nuevo hará reventar los odres, se derramará el vino y los odres se arruinarán. 38Más bien, el vino nuevo debe echarse en odres nuevos. 39Y nadie que haya bebido vino añejo quiere el nuevo, porque dice: "El añejo es mejor."

Señor del sábado
6:1-11 — Mt 12:1-14; Mr 2:23-3:6

6 Un *sábado, al pasar Jesús por los sembrados, sus discípulos se pusieron a arrancar unas espigas de trigo, y las desgranaban para comérselas. 2Por eso algunos de los *fariseos les dijeron:
—¿Por qué hacen ustedes lo que está prohibido hacer en sábado?

3Jesús les contestó:
—¿Nunca han leído lo que hizo David en aquella ocasión en que él y sus compañeros tuvieron hambre? 4Entró en la

casa de Dios y, tomando los panes consagrados a Dios, comió lo que sólo a los sacerdotes les es permitido comer. Y les dio también a sus compañeros.

5 Entonces añadió:

—El Hijo del hombre es Señor del sábado.

6 Otro sábado entró en la sinagoga y comenzó a enseñar. Había allí un hombre que tenía la mano derecha paralizada; 7 así que los *maestros de la ley y los fariseos, buscando un motivo para acusar a Jesús, no le quitaban la vista de encima para ver si sanaría en sábado. 8 Pero Jesús, que sabía lo que estaban pensando, le dijo al hombre de la mano paralizada:

—Levántate y ponte frente a todos.

Así que el hombre se puso de pie. Entonces Jesús dijo a los otros:

9 —Voy a hacerles una pregunta: ¿Qué está permitido hacer en sábado: hacer el bien o el mal, salvar una *vida o destruirla?

10 Jesús se quedó mirando a todos los que lo rodeaban, y le dijo al hombre:

—Extiende la mano.

Así lo hizo, y la mano le quedó restablecida. 11 Pero ellos se enfurecieron y comenzaron a discutir qué podrían hacer contra Jesús.

Los doce apóstoles
6:13-16 — Mt 10:2-4; Mr 3:16-19; Hch 1:13

12 Por aquel tiempo se fue Jesús a la montaña a orar, y pasó toda la noche en oración a Dios. 13 Al llegar la mañana, llamó a sus discípulos y escogió a doce de ellos, a los que nombró apóstoles: 14 Simón (a quien llamó Pedro), su hermano Andrés, *Jacobo, Juan, Felipe, Bartolomé, 15 Mateo, Tomás, Jacobo hijo de Alfeo, Simón, al que llamaban el Zelote, 16 Judas hijo de Jacobo, y Judas Iscariote, que llegó a ser el traidor.

Bendiciones y ayes
6:20-23 — Mt 5:3-12

17 Luego bajó con ellos y se detuvo en un llano. Había allí una gran multitud de sus discípulos y mucha gente de toda Judea, de Jerusalén y de la costa de Tiro

y Sidón, 18 que habían llegado para oírlo y para que los sanara de sus enfermedades. Los que eran atormentados por *espíritus malignos quedaban liberados; 19 así que toda la gente procuraba tocarlo, porque de él salía poder que sanaba a todos.

20 Él entonces dirigió la mirada a sus discípulos y dijo:

«*Dichosos ustedes los pobres,
    porque el reino de Dios les
        pertenece.
21 Dichosos ustedes que ahora pasan
        hambre,
    porque serán saciados.
Dichosos ustedes que ahora lloran,
    porque luego habrán de reír.
22 Dichosos ustedes cuando los odien,
    cuando los discriminen, los
        insulten y los desprestigien h
    por causa del Hijo del hombre.

23 »Alégrense en aquel día y salten de gozo, pues miren que les espera una gran recompensa en el cielo. Dense cuenta de que los antepasados de esta gente trataron así a los falsos profetas.

24 »Pero ¡ay de ustedes los ricos,
    porque ya han recibido su
        consuelo!
25 ¡Ay de ustedes los que ahora están
        saciados,
    porque sabrán lo que es pasar
        hambre!
¡Ay de ustedes los que ahora ríen,
    porque sabrán lo que es derramar
        lágrimas!
26 ¡Ay de ustedes cuando todos los
        elogien!
    Dense cuenta de que los
        antepasados de esta gente
        trataron así a los falsos
        profetas.

El amor a los enemigos
6:29-30 — Mt 5:39-42

27 »Pero a ustedes que me escuchan les digo: Amen a sus enemigos, hagan bien a quienes los odian, 28 bendigan a quienes

h 6:22 los desprestigien. Lit. echen su nombre como malo.

los maldicen, oren por quienes los maltratan. **29**Si alguien te pega en una mejilla, vuélvele también la otra. Si alguien te quita la *camisa, no le impidas que se lleve también la capa. **30**Dale a todo el que te pida, y si alguien se lleva lo que es tuyo, no se lo reclames. **31**Traten a los demás tal y como quieren que ellos los traten a ustedes. **32**»¿Qué mérito tienen ustedes al amar a quienes los aman? Aun los *pecadores lo hacen así. **33**¿Y qué mérito tienen ustedes al hacer bien a quienes les hacen bien? Aun los pecadores actúan así. **34**¿Y qué mérito tienen ustedes al dar prestado a quienes pueden corresponderles? Aun los pecadores se prestan entre sí, esperando recibir el mismo trato. **35**Ustedes, por el contrario, amen a sus enemigos, háganles bien y denles prestado sin esperar nada a cambio. Así tendrán una gran recompensa y serán hijos del Altísimo, porque él es bondadoso con los ingratos y malvados. **36**Sean compasivos, así como su Padre es compasivo.

El juzgar a los demás
6:37-42 — Mt 7:1-5

37»No juzguen, y no se les juzgará. No condenen, y no se les condenará. Perdonen, y se les perdonará. **38**Den, y se les dará: se les echará en el regazo una medida llena, apretada, sacudida y desbordante. Porque con la medida que midan a otros, se les medirá a ustedes.»

39También les contó esta parábola: «¿Acaso puede un ciego guiar a otro ciego? ¿No caerán ambos en el hoyo? **40**El discípulo no está por encima de su maestro, pero todo el que haya completado su aprendizaje, a lo sumo llega al nivel de su maestro.

41»¿Por qué te fijas en la astilla que tiene tu hermano en el ojo y no le das importancia a la viga que tienes en el tuyo? **42**¿Cómo puedes decirle a tu hermano: "Hermano, déjame sacarte la astilla del ojo", cuando tú mismo no te das cuenta de la viga en el tuyo? ¡*Hipócrita! Saca primero la viga de tu propio ojo, y entonces

verás con claridad para sacar la astilla del ojo de tu hermano.

El árbol y su fruto
6:43-44 — Mt 7:16,18,20

43»Ningún árbol bueno da fruto malo; tampoco da buen fruto el árbol malo. **44**A cada árbol se le reconoce por su propio fruto. No se recogen higos de los espinos ni se cosechan uvas de las zarzas. **45**El que es bueno, de la bondad que atesora en el corazón produce el bien; pero el que es malo, de su maldad produce el mal, porque de lo que abunda en el corazón habla la boca.

El prudente y el insensato
6:47-49 — Mt 7:24-27

46»¿Por qué me llaman ustedes "Señor, Señor", y no hacen lo que les digo? **47**Voy a decirles a quién se parece todo el que viene a mí, y oye mis palabras y las pone en práctica: **48**Se parece a un hombre que, al construir una casa, cavó bien hondo y puso el cimiento sobre la roca. De manera que cuando vino una inundación, el torrente azotó aquella casa, pero no pudo ni siquiera hacerla tambalear porque estaba bien construida. **49**Pero el que oye mis palabras y no las pone en práctica se parece a un hombre que construyó una casa sobre tierra y sin cimientos. Tan pronto como la azotó el torrente, la casa se derrumbó, y el desastre fue terrible.»

La fe del centurión
7:1-10 — Mt 8:5-13

7 Cuando terminó de hablar al pueblo, Jesús entró en Capernaúm. **2**Había allí un centurión, cuyo *siervo, a quien él estimaba mucho, estaba enfermo, a punto de morir. **3**Como oyó hablar de Jesús, el centurión mandó a unos dirigentes[i] de los judíos a pedirle que fuera a sanar a su siervo. **4**Cuando llegaron ante Jesús, lo rogaron con insistencia:

—Este hombre merece que le concedas lo que te pide: **5**aprecia tanto a nuestra nación, que nos ha construido una sinagoga.

[i] **7:3** dirigentes. Lit. *ancianos.

⁶Así que Jesús fue con ellos. No estaba lejos de la casa cuando el centurión mandó unos amigos a decirle:

—Señor, no te tomes tanta molestia, pues no merezco que entres bajo mi techo. ⁷Por eso ni siquiera me atreví a presentarme ante ti. Pero con una sola palabra que digas, quedará sano mi siervo. ⁸Yo mismo obedezco órdenes superiores y, además, tengo soldados bajo mi autoridad. Le digo a uno: "Ve", y va, y al otro: "Ven", y viene. Le digo a mi siervo: "Haz esto", y lo hace.

⁹Al oírlo, Jesús se asombró de él y, volviéndose a la multitud que lo seguía, comentó:

—Les digo que ni siquiera en Israel he encontrado una fe tan grande.

¹⁰Al regresar a casa, los enviados encontraron sano al siervo.

Jesús resucita al hijo de una viuda

¹¹Poco después Jesús, en compañía de sus discípulos y de una gran multitud, se dirigió a un pueblo llamado Naín. ¹²Cuando ya se acercaba a las puertas del pueblo, vio que sacaban de allí a un muerto, hijo único de madre viuda. La acompañaba un grupo grande de la población. ¹³Al verla, el Señor se compadeció de ella y le dijo:

—No llores.

¹⁴Entonces se acercó y tocó el féretro. Los que lo llevaban se detuvieron, y Jesús dijo:

—Joven, ¡te ordeno que te levantes!

¹⁵El muerto se incorporó y comenzó a hablar, y Jesús se lo entregó a su madre. ¹⁶Todos se llenaron de temor y alababan a Dios.

—Ha surgido entre nosotros un gran profeta —decían—. Dios ha venido en ayuda deʲ su pueblo.

¹⁷Así que esta noticia acerca de Jesús se divulgó por toda Judeaᵏ y por todas las regiones vecinas.

Jesús y Juan el Bautista

7:18-35 — Mt 11:2-19

¹⁸Los discípulos de Juan le contaron todo esto. Él llamó a dos de ellos ¹⁹y los envió al Señor a preguntarle:

—¿Eres tú el que ha de venir, o debemos esperar a otro?

²⁰Cuando se acercaron a Jesús, ellos le dijeron:

—Juan el Bautista nos ha enviado a preguntarte: "¿Eres tú el que ha de venir, o debemos esperar a otro?"

²¹En ese mismo momento Jesús sanó a muchos que tenían enfermedades, dolencias y *espíritus malignos, y les dio la vista a muchos ciegos. ²²Entonces les respondió a los enviados:

—Vayan y cuéntenle a Juan lo que han visto y oído: Los ciegos ven, los cojos andan, los que tienen *lepra son sanados, los sordos oyen, los muertos resucitan y a los pobres se les anuncian las buenas *nuevas. ²³*Dichoso el que no *tropieza por causa mía.

²⁴Cuando se fueron los enviados, Jesús comenzó a hablarle a la multitud acerca de Juan: «¿Qué salieron a ver al desierto? ¿Una caña sacudida por el viento? ²⁵Si no, ¿qué salieron a ver? ¿A un hombre vestido con ropa fina? Claro que no, pues los que se visten ostentosamente y llevan una vida de lujo están en los palacios reales. ²⁶Entonces, ¿qué salieron a ver? ¿A un profeta? Sí, les digo, y más que profeta. ²⁷Éste es de quien está escrito:

» "Yo estoy por enviar a mi
    mensajero delante de ti,
el cual preparará el camino."ˡ

²⁸Les digo que entre los mortales no ha habido nadie más grande que Juan; sin embargo, el más pequeño en el reino de Dios es más grande que él.»

²⁹Al oír esto, todo el pueblo, y hasta los *recaudadores de impuestos, reconocieron que el camino de Dios era justo, y fueron bautizados por Juan. ³⁰Pero los *fariseos y los *expertos en la ley no se hicieron bautizar por Juan, rechazando así el propósito de Dios respecto a ellos.ᵐ

ʲ7:16 ha venido en ayuda de. Lit. ha visitado a.   ᵏ7:17 Judea. Alt. la tierra de los judíos.   ˡ7:27 Mal 3:1
ᵐ7:29-30 Algunos intérpretes piensan que estos versículos forman parte del discurso de Jesús.

31«Entonces, ¿con qué puedo comparar a la gente de esta generación? ¿A quién se parecen ellos? 32Se parecen a niños sentados en la plaza que se gritan unos a otros:

» "Tocamos la flauta,
  y ustedes no bailaron;
entonamos un canto fúnebre,
  y ustedes no lloraron."

33Porque vino Juan el Bautista, que no comía pan ni bebía vino, y ustedes dicen: "Tiene un demonio." 34Vino el Hijo del hombre, que come y bebe, y ustedes dicen: "Éste es un glotón y un borracho, amigo de recaudadores de impuestos y de *pecadores." 35Pero la sabiduría queda demostrada por los que la siguen.»ⁿ

Una mujer pecadora unge a Jesús

36Uno de los *fariseos invitó a Jesús a comer, así que fue a la casa del fariseo y se *sentó a la mesa.ñ 37Ahora bien, vivía en aquel pueblo una mujer que tenía fama de *pecadora. Cuando ella se enteró de que Jesús estaba comiendo en casa del fariseo, se presentó con un frasco de alabastro lleno de perfume. 38Llorando, se arrojó a los pies de Jesús,º de manera que se los bañaba en lágrimas. Luego se los secó con los cabellos; también se los besaba y se los ungía con el perfume.

39Al ver esto, el fariseo que lo había invitado dijo para sí: «Si este hombre fuera profeta, sabría quién es la que lo está tocando, y qué clase de mujer es: una pecadora.»

40Entonces Jesús le dijo a manera de respuesta:

—Simón, tengo algo que decirte.

—Dime, Maestro —respondió.

41—Dos hombres le debían dinero a cierto prestamista. Uno le debía quinientas monedas de plata,ᵖ y el otro cincuenta. 42Como no tenían con qué pagarle, les perdonó la deuda a los dos. Ahora bien, ¿cuál de los dos lo amará más?

43—Supongo que aquel a quien más le perdonó —contestó Simón.

—Has juzgado bien —le dijo Jesús.

44Luego se volvió hacia la mujer y le dijo a Simón:

—¿Ves a esta mujer? Cuando entré en tu casa, no me diste agua para los pies, pero ella me ha bañado los pies en lágrimas y me los ha secado con sus cabellos. 45Tú no me besaste, pero ella, desde que entré, no ha dejado de besarme los pies. 46Tú no me ungiste la cabeza con aceite, pero ella me ungió los pies con perfume. 47Por esto te digo: si ella ha amado mucho, es que sus muchos pecados le han sido perdonados.q Pero a quien poco se le perdona, poco ama.

48Entonces le dijo Jesús a ella:

—Tus pecados quedan perdonados.

49Los otros invitados comenzaron a decir entre sí: «¿Quién es éste, que hasta perdona pecados?»

50—Tu fe te ha salvado —le dijo Jesús a la mujer—; vete en paz.

Parábola del sembrador
8:4-15 — Mt 13:2-23; Mr 4:1-20

8 Después de esto, Jesús estuvo recorriendo los pueblos y las aldeas, proclamando las buenas *nuevas del reino de Dios. Lo acompañaban los doce, 2y también algunas mujeres que habían sido sanadas de *espíritus malignos y de enfermedades: María, a la que llamaban Magdalena, y de la que habían salido siete demonios; 3Juana, esposa de Cuza, el administrador de Herodes; Susana y muchas más que los ayudaban con sus propios recursos.

4De cada pueblo salía gente para ver a Jesús, y cuando se reunió una gran multitud, él les contó esta parábola: 5«Un sembrador salió a sembrar. Al esparcir la semilla, una parte cayó junto al camino; fue pisoteada, y los pájaros se la comieron.

ⁿ 7:35 queda ... siguen. Lit. ha sido justificada por todos sus hijos.   ñ 7:36 se sentó a la mesa. Lit. se recostó.
º 7:38 se arrojó a los pies de Jesús. Lit. se puso detrás junto a sus pies; es decir, detrás del recostadero.
ᵖ 7:41 quinientas monedas de plata. Lit. quinientos *denarios.   q 7:47 te digo ... perdonados. Lit. te digo que
sus muchos pecados han sido perdonados porque amó mucho.

⁶Otra parte cayó sobre las piedras y, cuando brotó, las plantas se secaron por falta de humedad. ⁷Otra parte cayó entre espinos que, al crecer junto con la semilla, la ahogaron. ⁸Pero otra parte cayó en buen terreno; así que brotó y produjo una cosecha del ciento por uno.»

Dicho esto, exclamó: «El que tenga oídos para oír, que oiga.»

⁹Sus discípulos le preguntaron cuál era el significado de esta parábola. ¹⁰«A ustedes se les ha concedido que conozcan los *secretos del reino de Dios —les contestó—; pero a los demás se les habla por medio de parábolas para que

» "aunque miren, no vean;
aunque oigan, no entiendan".ʳ

¹¹»Éste es el significado de la parábola: La semilla es la palabra de Dios. ¹²Los que están junto al camino son los que oyen, pero luego viene el diablo y les quita la palabra del corazón, no sea que crean y se salven. ¹³Los que están sobre las piedras son los que reciben la palabra con alegría cuando la oyen, pero no tienen raíz. Éstos creen por algún tiempo, pero se apartan cuando llega la *prueba. ¹⁴La parte que cayó entre espinos son los que oyen, pero, con el correr del tiempo, los ahogan las preocupaciones, las riquezas y los placeres de esta vida, y no maduran. ¹⁵Pero la parte que cayó en buen terreno son los que oyen la palabra con corazón noble y bueno, y la retienen; y como perseveran, producen una buena cosecha.

Una lámpara en una repisa

¹⁶»Nadie enciende una lámpara para después cubrirla con una vasija o ponerla debajo de la cama, sino para ponerla en una repisa, a fin de que los que entren tengan luz. ¹⁷No hay nada escondido que no llegue a descubrirse, ni nada oculto que no llegue a conocerse públicamente. ¹⁸Por lo tanto, pongan mucha atención. Al que tiene, se le dará más; al que no tiene, hasta lo que cree tener se le quitará.»

La madre y los hermanos de Jesús
8:19-21 — Mt 12:46-50; Mr 3:31-35

¹⁹La madre y los hermanos de Jesús fueron a verlo, pero como había mucha gente, no lograban acercársele. ²⁰—Tu madre y tus hermanos están afuera y quieren verte —le avisaron.

²¹Pero él les contestó:

—Mi madre y mis hermanos son los que oyen la palabra de Dios y la ponen en práctica.

Jesús calma la tormenta
8:22-25 — Mt 8:23-27; Mr 4:36-41

²²Un día subió Jesús con sus discípulos a una barca.

—Crucemos al otro lado del lago —les dijo.

Así que partieron, ²³y mientras navegaban, él se durmió. Entonces se desató una tormenta sobre el lago, de modo que la barca comenzó a inundarse y corrían gran peligro.

²⁴Los discípulos fueron a despertarlo.

—¡Maestro, Maestro, nos vamos a ahogar! —gritaron.

Él se levantó y reprendió al viento y a las olas; la tormenta se apaciguó y todo quedó tranquilo.

²⁵—¿Dónde está la fe de ustedes? —les dijo a sus discípulos.

Con temor y asombro ellos se decían unos a otros: «¿Quién es éste, que manda aun a los vientos y al agua, y le obedecen?»

Liberación de un endemoniado
8:26-37 — Mt 8:28-34
8:26-39 — Mr 5:1-20

²⁶Navegaron hasta la región de los gerasenos,ˢ que está al otro lado del lago, frente a Galilea. ²⁷Al desembarcar Jesús, un endemoniado que venía del pueblo le salió al encuentro. Hacía mucho tiempo que este hombre no se vestía; tampoco vivía en una casa sino en los sepulcros. ²⁸Cuando vio a Jesús, dio un grito y se arrojó a sus pies. Entonces exclamó con fuerza:

ʳ8:10 Is 6:9   ˢ8:26 gerasenos. Var. gadarenos; otra var. gergesenos; también en v. 37.

—¿Por qué te entrometes, Jesús, Hijo del Dios Altísimo? ¡Te ruego que no me atormentes! **29** Es que Jesús le había ordenado al *espíritu maligno que saliera del hombre. Se había apoderado de él muchas veces y, aunque le sujetaban los pies y las manos con cadenas y lo mantenían bajo custodia, rompía las cadenas y el demonio lo arrastraba a lugares solitarios. **30** —¿Cómo te llamas? —le preguntó Jesús.

—Legión —respondió, ya que habían entrado en él muchos demonios. **31** Y éstos le suplicaban a Jesús que no los mandara al *abismo. **32** Como había una manada grande de cerdos paciendo en la colina, le rogaron a Jesús que los dejara entrar en ellos. Así que él les dio permiso. **33** Y cuando los demonios salieron del hombre, entraron en los cerdos, y la manada se precipitó al lago por el despeñadero y se ahogó.

34 Al ver lo sucedido, los que cuidaban los cerdos huyeron y dieron la noticia en el pueblo y por los campos, **35** y la gente salió a ver lo que había pasado. Llegaron adonde estaba Jesús y encontraron, sentado a sus pies, al hombre de quien habían salido los demonios. Cuando lo vieron vestido y en su sano juicio, tuvieron miedo. **36** Los que habían presenciado estas cosas le contaron a la gente cómo el endemoniado había sido *sanado. **37** Entonces toda la gente de la región de los gerasenos le pidió a Jesús que se fuera de allí, porque les había entrado mucho miedo. Así que él subió a la barca para irse.

38 Ahora bien, el hombre de quien habían salido los demonios le rogaba que le permitiera acompañarlo, pero Jesús lo despidió y le dijo:

39 —Vuelve a tu casa y cuenta todo lo que Dios ha hecho por ti.

Así que el hombre se fue y proclamó por todo el pueblo lo mucho que Jesús había hecho por él.

Una niña muerta y una mujer enferma

8:40-56 — Mt 9:18-26; Mr 5:22-43

40 Cuando Jesús regresó, la multitud se alegró de verlo, pues todos estaban esperándolo. **41** En esto llegó un hombre llamado Jairo, que era un jefe de la sinagoga. Arrojándose a los pies de Jesús, le suplicaba que fuera a su casa, **42** porque su única hija, de unos doce años, se estaba muriendo.

Jesús se puso en camino y las multitudes lo apretujaban. **43** Había entre la gente una mujer que hacía doce años padecía de hemorragias, *f* sin que nadie pudiera sanarla. **44** Ella se le acercó por detrás y le tocó el borde del manto, y al instante cesó su hemorragia.

45 —¿Quién me ha tocado? —preguntó Jesús.

Como todos negaban haberlo tocado, Pedro le dijo:

—Maestro, son multitudes las que te aprietan y te oprimen.

46 —No, alguien me ha tocado —replicó Jesús—; yo sé que de mí ha salido poder.

47 La mujer, al ver que no podía pasar inadvertida, se acercó temblando y se arrojó a sus pies. En presencia de toda la gente, contó por qué lo había tocado y cómo había sido sanada al instante.

48 —Hija, tu fe te ha *sanado —le dijo Jesús—. Vete en paz.

49 Todavía estaba hablando Jesús, cuando alguien llegó de la casa de Jairo, jefe de la sinagoga, para decirle:

—Tu hija ha muerto. No molestes más al Maestro.

50 Al oír esto, Jesús le dijo a Jairo:

—No tengas miedo; cree nada más, y ella será sanada.

51 Cuando llegó a la casa de Jairo, no dejó que nadie entrara con él, excepto Pedro, Juan y *Jacobo, y el padre y la madre de la niña. **52** Todos estaban llorando, muy afligidos por ella.

---

f **8:43** *hemorragias.* Var. *hemorragias y que había gastado en médicos todo lo que tenía.*

—Dejen de llorar —les dijo Jesús—. No está muerta sino dormida. 53Entonces ellos empezaron a burlarse de él porque sabían que estaba muerta. 54Pero él la tomó de la mano y le dijo:

—¡Niña, levántate! 55Recobró la vida*u* y al instante se levantó. Jesús mandó darle de comer. 56Los padres se quedaron atónitos, pero él les advirtió que no contaran a nadie lo que había sucedido.

Jesús envía a los doce
9:3-5 — Mt 10:9-15; Mr 6:8-11
9:7-9 — Mt 14:1-2; Mr 6:14-16

9 Habiendo reunido a los doce, Jesús les dio poder y autoridad para expulsar a todos los demonios y para sanar enfermedades. 2Entonces los envió a predicar el reino de Dios y a sanar a los enfermos. 3«No lleven nada para el camino: ni bastón, ni bolsa, ni pan, ni dinero, ni dos mudas de ropa —les dijo—. 4En cualquier casa que entren, quédense allí hasta que salgan del pueblo. 5Si no los reciben bien, al salir de ese pueblo, sacúdanse el polvo de los pies como un testimonio contra sus habitantes.» 6Así que partieron y fueron por todas partes de pueblo en pueblo, predicando el evangelio y sanando a la gente.

7Herodes el tetrarca se enteró de todo lo que estaba sucediendo. Estaba perplejo porque algunos decían que Juan había *resucitado; 8otros, que se había aparecido Elías; y otros, en fin, que había resucitado alguno de los antiguos profetas. 9Pero Herodes dijo: «A Juan mandé que le cortaran la cabeza; ¿quién es, entonces, éste de quien oigo tales cosas?» Y procuraba verlo.

Jesús alimenta a los cinco mil
9:10-17 — Mt 14:13-21; Mr 6:32-44; Jn 6:5-13

10Cuando regresaron los apóstoles, le relataron a Jesús lo que habían hecho. Él se los llevó consigo y se retiraron solos a un pueblo llamado Betsaida, 11pero la gente se enteró y lo siguió. Él los recibió y les habló del reino de Dios. También sanó a los que lo necesitaban.

12Al atardecer se le acercaron los doce y le dijeron:

—Despide a la gente, para que vaya a buscar alojamiento y comida en los campos y pueblos cercanos, pues donde estamos no hay nada.*v*

13—Denles ustedes mismos de comer —les dijo Jesús.

—No tenemos más que cinco panes y dos pescados, a menos que vayamos a comprar comida para toda esta gente —objetaron ellos, 14porque había allí unos cinco mil hombres.

Pero Jesús dijo a sus discípulos:

—Hagan que se sienten en grupos como de cincuenta cada uno.

15Así lo hicieron los discípulos, y se sentaron todos. 16Entonces Jesús tomó los cinco panes y los dos pescados, y mirando al cielo, los bendijo. Luego los partió y se los dio a los discípulos para que se los repartieran a la gente. 17Todos comieron hasta quedar satisfechos, y de los pedazos que sobraron se recogieron doce canastas.

La confesión de Pedro
9:18-20 — Mt 16:13-16; Mr 8:27-29
9:22-27 — Mt 16:21-28; Mr 8:31–9:1

18Un día cuando Jesús estaba orando para sí, estando allí sus discípulos, les preguntó:

—¿Quién dice la gente que soy yo?

19—Unos dicen que Juan el Bautista, otros que Elías, y otros que uno de los antiguos profetas ha resucitado —respondieron.

20—Y ustedes, ¿quién dicen que soy yo?

—El *Cristo de Dios —afirmó Pedro.

21Jesús les ordenó terminantemente que no dijeran esto a nadie. Y les dijo:

22—El Hijo del hombre tiene que sufrir muchas cosas y ser rechazado por los *ancianos, los jefes de los sacerdotes y los *maestros de la ley. Es necesario que lo maten y que resucite al tercer día.

23Dirigiéndose a todos, declaró:

—Si alguien quiere ser mi discípulo, que se niegue a sí mismo, lleve su cruz cada

---

*u*8:55 *Recobró la vida.* Lit. *Y volvió el espíritu de ella.* *v*9:12 *donde estamos no hay nada.* Lit. *aquí estamos en un lugar desierto.*

día y me siga. 24Porque el que quiera salvar su *vida, la perderá; pero el que pierda su vida por mi causa, la salvará. 25¿De qué le sirve a uno ganar el mundo entero si se pierde o se destruye a sí mismo? 26Si alguien se avergüenza de mí y de mis palabras, el Hijo del hombre se avergonzará de él cuando venga en su gloria y en la gloria del Padre y de los santos ángeles. 27Además, les aseguro que algunos de los aquí presentes no sufrirán la muerte sin antes haber visto el reino de Dios.

La transfiguración
9:28-36 — Mt 17:1-8; Mr 9:2-8

28Unos ocho días después de decir esto, Jesús, acompañado de Pedro, Juan y *Jacobo, subió a una montaña a orar. 29Mientras oraba, su rostro se transformó, y su ropa se tornó blanca y radiante. 30Y aparecieron dos personajes —Moisés y Elías— que conversaban con Jesús. 31Tenían un aspecto glorioso, y hablaban de la partidaʷ de Jesús, que él estaba por llevar a cabo en Jerusalén. 32Pedro y sus compañeros estaban rendidos de sueño, pero cuando se despabilaron, vieron su gloria y a los dos personajes que estaban con él. 33Mientras éstos se apartaban de Jesús, Pedro, sin saber lo que estaba diciendo, propuso:

—Maestro, ¡qué bien que estemos aquí! Podemos levantar tres albergues: uno para ti, otro para Moisés y otro para Elías.

34Estaba hablando todavía cuando apareció una nube que los envolvió, de modo que se asustaron. 35Entonces salió de la nube una voz que dijo: «Éste es mi Hijo, mi escogido; escúchenlo.» 36Después de oírse la voz, Jesús quedó solo. Los discípulos guardaron esto en secreto, y por algún tiempo a nadie contaron nada de lo que habían visto.

Jesús sana a un muchacho endemoniado
9:37-42,43-45 — Mt 17:14-18,22-23; Mr 9:14-27,30-32

37Al día siguiente, cuando bajaron de la montaña, le salió al encuentro mucha gente. 38Y un hombre de entre la multitud exclamó:

—Maestro, te ruego que atiendas a mi hijo, pues es el único que tengo. 39Resulta que un espíritu se posesiona de él, y de repente el muchacho se pone a gritar; también lo sacude con violencia y hace que eche espumarajos. Cuando lo atormenta, a duras penas lo suelta. 40Ya les rogué a tus discípulos que lo expulsaran, pero no pudieron.

41—¡Ah, generación incrédula y perversa! —respondió Jesús—. ¿Hasta cuándo tendré que estar con ustedes y soportarlos? Trae acá a tu hijo.

42Estaba acercándose el muchacho cuando el demonio lo derribó con una convulsión. Pero Jesús reprendió al *espíritu maligno, sanó al muchacho y se lo devolvió al padre. 43Y todos se quedaron asombrados de la grandeza de Dios.

En medio de tanta admiración por todo lo que hacía, Jesús dijo a sus discípulos:

44—Presten mucha atención a lo que les voy a decir: El Hijo del hombre va a ser entregado en manos de los hombres.

45Pero ellos no entendían lo que quería decir con esto. Les estaba encubierto para que no lo comprendieran, y no se atrevían a preguntárselo.

¿Quién va a ser el más importante?
9:46-48 — Mt 18:1-5
9:46-50 — Mr 9:33-40

46Surgió entre los discípulos una discusión sobre quién de ellos sería el más importante. 47Como Jesús sabía bien lo que pensaban, tomó a un niño y lo puso a su lado.

48—El que recibe en mi nombre a este niño —les dijo—, me recibe a mí; y el que me recibe a mí, recibe al que me envió. El que es más insignificante entre todos ustedes, ése es el más importante.

49—Maestro —intervino Juan—, vimos a un hombre que expulsaba demonios

---

ʷ9:31 de la partida. Lit. del éxodo.

en tu nombre; pero como no anda con nosotros, tratamos de impedírselo.

50—No se lo impidan —les replicó Jesús—, porque el que no está contra ustedes está a favor de ustedes.

La oposición de los samaritanos

51Como se acercaba el tiempo de que fuera llevado al cielo, Jesús se hizo el firme propósito de ir a Jerusalén. 52Envió por delante mensajeros, que entraron en un pueblo samaritano para prepararle alojamiento; 53pero allí la gente no quiso recibirlo porque se dirigía a Jerusalén. 54Cuando los discípulos *Jacobo y Juan vieron esto, le preguntaron:

—Señor, ¿quieres que hagamos caer fuego del cielo para x que los destruya?

55Pero Jesús se volvió a ellos y los reprendió. 56Luego y siguieron la jornada a otra aldea.

Lo que cuesta seguir a Jesús

9:57-60 — Mt 8:19-22

57Iban por el camino cuando alguien le dijo:

—Te seguiré a dondequiera que vayas.

58—Las zorras tienen madrigueras y las aves tienen nidos —le respondió Jesús—, pero el Hijo del hombre no tiene dónde recostar la cabeza.

59A otro le dijo:

—Sígueme.

—Señor —le contestó—, primero déjame ir a enterrar a mi padre.

60—Deja que los muertos entierren a sus propios muertos, pero tú ve y proclama el reino de Dios —le replicó Jesús.

61Otro afirmó:

—Te seguiré, Señor; pero primero déjame despedirme de mi familia.

62Jesús le respondió:

—Nadie que mire atrás después de poner la mano en el arado es apto para el reino de Dios.

Jesús envía a los setenta y dos

10:4-12 — Lc 9:3-5
10:13-15,21-22 — Mt 11:21-23,25-27
10:23-24 — Mt 13:16-17

10 Después de esto, el Señor escogió a otros setenta y dos z para enviarlos de dos en dos delante de él a todo pueblo y lugar adonde él pensaba ir. 2«Es abundante la cosecha —les dijo—, pero son pocos los obreros. Pídanle, por tanto, al Señor de la cosecha que mande obreros a su campo. 3¡Vayan ustedes! Miren que los envío como corderos en medio de lobos. 4No lleven monedero ni bolsa ni sandalias; ni se detengan a saludar a nadie por el camino.

5»Cuando entren en una casa, digan primero: "Paz a esta casa." 6Si hay allí alguien digno de paz, gozará de ella; y si no, la bendición no se cumplirá. a 7Quédense en esa casa, y coman y beban de lo que ellos tengan, porque el trabajador tiene derecho a su sueldo. No anden de casa en casa.

8»Cuando entren en un pueblo y los reciban, coman lo que les sirvan. 9Sanen a los enfermos que encuentren allí y díganles: "El reino de Dios ya está cerca de ustedes." 10Pero cuando entren en un pueblo donde no los reciban, salgan a las plazas y digan: 11"Aun el polvo de este pueblo, que se nos ha pegado a los pies, nos lo sacudimos en protesta contra ustedes. Pero tengan por seguro que ya está cerca el reino de Dios." 12Les digo que en aquel día será más tolerable el castigo para Sodoma que para ese pueblo.

13»¡Ay de ti, Corazín! ¡Ay de ti, Betsaida! Si se hubieran hecho en Tiro y en Sidón los milagros que se hicieron en medio de ustedes, ya hace tiempo que se habrían *arrepentido con grandes lamentos. b 14Pero en el juicio será más tolerable el castigo para Tiro y Sidón que para ustedes. 15Y tú, Capernaúm, ¿acaso serás

---

x9:54 cielo para. Var. cielo, como hizo Elías, para.   y9:55,56 reprendió. 56Luego. Var. reprendió. /
—Ustedes no saben de qué espíritu son —les dijo—, 56porque el Hijo del Hombre no vino para destruir la vida de las personas sino para salvarla. / Luego.   z10:1 setenta y dos. Var. setenta; también en v. 17.
a10:6 Si hay ... se cumplirá. Lit. Si hay allí un hijo de paz, la paz de ustedes reposará sobre él; y si no, volverá a ustedes.   b10:13 con grandes lamentos. Lit. sentados en saco y ceniza.

levantada hasta el cielo? No, sino que descenderás hasta el *abismo.

16»El que los escucha a ustedes, me escucha a mí; el que los rechaza a ustedes, me rechaza a mí; y el que me rechaza a mí, rechaza al que me envió.»

17Cuando los setenta y dos regresaron, dijeron contentos:

—Señor, hasta los demonios se nos someten en tu nombre.

18—Yo veía a Satanás caer del cielo como un rayo —respondió él—. 19Sí, les he dado autoridad a ustedes para pisotear serpientes y escorpiones y vencer todo el poder del enemigo; nada les podrá hacer daño. 20Sin embargo, no se alegren de que puedan someter a los espíritus, sino alégrense de que sus nombres están escritos en el cielo.

21En aquel momento Jesús, lleno de alegría por el Espíritu Santo, dijo: «Te alabo, Padre, Señor del cielo y de la tierra, porque habiendo escondido estas cosas de los sabios e instruidos, se las has revelado a los que son como niños. Sí, Padre, porque esa fue tu buena voluntad.

22»Mi Padre me ha entregado todas las cosas. Nadie sabe quién es el Hijo, sino el Padre, y nadie sabe quién es el Padre, sino el Hijo y aquel a quien el Hijo quiera revelárselo.»

23Volviéndose a sus discípulos, les dijo aparte: «*Dichosos los ojos que ven lo que ustedes ven. 24Les digo que muchos profetas y reyes quisieron ver lo que ustedes ven, pero no lo vieron; y oír lo que ustedes oyen, pero no lo oyeron.»

Parábola del buen samaritano

10:25-28 — Mt 22:34-40; Mr 12:28-31

25En esto se presentó un *experto en la ley y, para poner a prueba a Jesús, le hizo esta pregunta:

—Maestro, ¿qué tengo que hacer para heredar la vida eterna?

26Jesús replicó:

—¿Qué está escrito en la ley? ¿Cómo la interpretas tú?

27Como respuesta el hombre citó:

—"Ama al Señor tu Dios con todo tu corazón, con todo tu ser, con todas tus fuerzas y con toda tu mente",^{c} y: "Ama a tu prójimo como a ti mismo."^{d}

28—Bien contestado —le dijo Jesús—. Haz eso y vivirás.

29Pero él quería justificarse, así que le preguntó a Jesús:

—¿Y quién es mi prójimo?

30Jesús respondió:

—Bajaba un hombre de Jerusalén a Jericó, y cayó en manos de unos ladrones. Le quitaron la ropa, lo golpearon y se fueron, dejándolo medio muerto. 31Resulta que viajaba por el mismo camino un sacerdote quien, al verlo, se desvió y siguió de largo. 32Así también llegó a aquel lugar un levita, y al verlo, se desvió y siguió de largo. 33Pero un samaritano que iba de viaje llegó adonde estaba el hombre y, viéndolo, se compadeció de él. 34Se acercó, le curó las heridas con vino y aceite, y se las vendó. Luego lo montó sobre su propia cabalgadura, lo llevó a un alojamiento y lo cuidó. 35Al día siguiente, sacó dos monedas de plata^e y se las dio al dueño del alojamiento. "Cuídemelo —le dijo—, y lo que gaste usted de más, se lo pagaré cuando yo vuelva." 36¿Cuál de estos tres piensas que demostró ser el prójimo del que cayó en manos de los ladrones?

37—El que se compadeció de él —contestó el experto en la ley.

—Anda entonces y haz tú lo mismo —concluyó Jesús.

En casa de Marta y María

38Mientras iba de camino con sus discípulos, Jesús entró en una aldea, y una mujer llamada Marta lo recibió en su casa. 39Tenía ella una hermana llamada María que, sentada a los pies del Señor, escuchaba lo que él decía. 40Marta, por su parte, se sentía abrumada porque tenía mucho que hacer. Así que se acercó a él y le dijo:

—Señor, ¿no te importa que mi hermana me haya dejado sirviendo sola? ¡Dile que me ayude!

---

^{c}10:27 Dt 6:5 ^{d}10:27 Lv 19:18 ^{e}10:35 monedas de plata. Lit. *denarios.

41—Marta, Marta —le contestó Jesús—, estás inquieta y preocupada por muchas cosas, **42**pero sólo una es necesaria.*f* María ha escogido la mejor, y nadie se la quitará.

Jesús enseña sobre la oración

11:2-4 — Mt 6:9-13
11:9-13 — Mt 7:7-11

11 Un día estaba Jesús orando en cierto lugar. Cuando terminó, le dijo uno de sus discípulos:
—Señor, enséñanos a orar, así como Juan enseñó a sus discípulos.

2Él les dijo:
—Cuando oren, digan:

» "Padre,*g*
*santificado sea tu nombre.
Venga tu reino.*h*
3Danos cada día nuestro pan
     cotidiano.*i*
4Perdónanos nuestros pecados,
porque también nosotros
     perdonamos a todos los que
     nos ofenden.*j*
Y no nos metas en *tentación."*k*

5»Supongamos —continuó— que uno de ustedes tiene un amigo, y a medianoche va y le dice: "Amigo, préstame tres panes, **6**pues se me ha presentado un amigo recién llegado de viaje, y no tengo nada que ofrecerle." **7**Y el que está adentro le contesta: "No me molestes. Ya está cerrada la puerta, y mis hijos y yo estamos acostados. No puedo levantarme a darte nada." **8**Les digo que, aunque no se levante a darle pan por ser amigo suyo, sí se levantará por su impertinencia y le dará cuanto necesite.

9»Así que yo les digo: Pidan, y se les dará; busquen, y encontrarán; llamen, y se les abrirá la puerta. **10**Porque todo el que pide, recibe; el que busca, encuentra; y al que llama, se le abre. **11**»¿Quién de ustedes que sea padre, si

su hijo le pide*l* un pescado, le dará en cambio una serpiente? **12**¿O si le pide un huevo, le dará un escorpión? **13**Pues si ustedes, aun siendo malos, saben dar cosas buenas a sus hijos, ¡cuánto más el Padre celestial dará el Espíritu Santo a quienes se lo pidan!

Jesús y Beelzebú

11:14-15,17-22,24-26 — Mt 12:22,24-29,43-45
11:17-22 — Mr 3:23-27

14En otra ocasión Jesús expulsaba de un hombre a un demonio que lo había dejado mudo. Cuando salió el demonio, el mudo habló, y la gente se quedó asombrada. **15**Pero algunos dijeron: «Éste expulsa a los demonios por medio de *Beelzebú, príncipe de los demonios.» **16**Otros, para ponerlo a *prueba, le pedían una señal del cielo.

17Como él conocía sus pensamientos, les dijo: «Todo reino dividido contra sí mismo quedará asolado, y una casa dividida contra sí misma se derrumbará.*m* **18**Por tanto, si Satanás está dividido contra sí mismo, ¿cómo puede mantenerse en pie su reino? Lo pregunto porque ustedes dicen que yo expulso a los demonios por medio de Beelzebú. **19**Ahora bien, si yo expulso a los demonios por medio de Beelzebú, ¿los seguidores de ustedes por medio de quién los expulsan? Por eso ellos mismos los juzgarán a ustedes. **20**Pero si expulso a los demonios con el poder*n* de Dios, eso significa que ha llegado a ustedes el reino de Dios.

21»Cuando un hombre fuerte y bien armado cuida su hacienda, sus bienes están seguros. **22**Pero si lo ataca otro más fuerte que él y lo vence, le quita las armas en que confiaba y reparte el botín.

23»El que no está de mi parte, está contra mí; y el que conmigo no recoge, esparce.

24»Cuando un *espíritu maligno sale de una persona, va por lugares áridos buscando un descanso. Y al no encontrar-

---

*f***10:42** *sólo una es necesaria.* Var. *se necesitan pocas cosas, o una sola.* *g***11:2** *Padre.* Var. *Padre nuestro que estás en el cielo* (véase Mt 6:9). *h***11:2** *reino.* Var. *reino. Hágase tu voluntad en la tierra como en el cielo* (véase Mt 6:10). *i***11:3** *nuestro pan cotidiano.* Alt. *el pan que necesitamos.* *j***11:4** *nos ofenden.* Lit. *nos deben.* *k***11:4** *tentación.* Var. *tentación, sino líbranos del maligno* (véase Mt 6:13). *l***11:11** *le pide.* Var. *le pide pan, le dará una piedra; o si le pide.* *m***11:17** *y una casa ... derrumbará.* Alt. *y sus casas se derrumbarán unas sobre otras.* *n***11:20** *poder.* Lit. *dedo.*

lo, dice: "Volveré a mi casa, de donde salí." 25Cuando llega, la encuentra barrida y arreglada. 26Luego va y trae otros siete espíritus más malvados que él, y entran a vivir allí. Así que el estado final de aquella persona resulta peor que el inicial.»

27Mientras Jesús decía estas cosas, una mujer de entre la multitud exclamó:

—¡*Dichosa la mujer que te dio a luz y te amamantó!ñ

28—Dichosos más bien —contestó Jesús— los que oyen la palabra de Dios y la obedecen.

La señal de Jonás
11:29-32 — Mt 12:39-42

29Como crecía la multitud, Jesús se puso a decirles: «Ésta es una generación malvada. Pide una señal milagrosa, pero no se le dará más señal que la de Jonás. 30Así como Jonás fue una señal para los habitantes de Nínive, también lo será el Hijo del hombre para esta generación. 31La reina del Sur se levantará en el día del juicio y condenará a esta gente; porque ella vino desde los confines de la tierra para escuchar la sabiduría de Salomón, y aquí tienen ustedes a uno más grande que Salomón. 32Los ninivitas se levantarán en el día del juicio y condenarán a esta generación; porque ellos se *arrepintieron al escuchar la predicación de Jonás, y aquí tienen ustedes a uno más grande que Jonás.

La lámpara del cuerpo
11:34-35 — Mt 6:22-23

33»Nadie enciende una lámpara para luego ponerla en un lugar escondido o cubrirla con un cajón, sino para ponerla en una repisa, a fin de que los que entren tengan luz. 34Tus ojos son la lámpara de tu cuerpo. Si tu visión es clara, todo tu ser disfrutará de la luz; pero si está nublada, todo tu ser estará en la oscuridad.o 35Asegúrate de que la luz que crees tener no sea oscuridad. 36Por tanto, si todo tu ser disfruta de la luz, sin que ninguna parte quede en la oscuridad, estarás completamente iluminado, como cuando una lámpara te alumbra con su luz.»

Jesús denuncia a los fariseos y a los expertos en la ley

37Cuando Jesús terminó de hablar, un *fariseo lo invitó a comer con él; así que entró en la casa y se *sentó a la mesa. 38Pero el fariseo se sorprendió al ver que Jesús no había cumplido con el rito de lavarse antes de comer.

39—Resulta que ustedes los fariseos —les dijo el Señor—, *limpian el vaso y el plato por fuera, pero por dentro están ustedes llenos de codicia y de maldad. 40¡Necios! ¿Acaso el que hizo lo de afuera no hizo también lo de adentro? 41Den más bien a los pobres de lo que está dentro,p y así todo quedará limpio para ustedes.

42»¡Ay de ustedes, fariseos!, que dan la décima parte de la menta, de la ruda y de toda clase de legumbres, pero descuidan la justicia y el amor de Dios. Debían haber practicado esto, sin dejar de hacer aquello.

43»¡Ay de ustedes, fariseos!, que se mueren por los primeros puestos en las sinagogas y los saludos en las plazas. 44»¡Ay de ustedes!, que son como tumbas sin lápida, sobre las que anda la gente sin darse cuenta.

45Uno de los *expertos en la ley le respondió:

—Maestro, al hablar así nos insultas también a nosotros.

46Contestó Jesús:

—¡Ay de ustedes también, expertos en la ley! Abruman a los demás con cargas que apenas se pueden soportar, pero ustedes mismos no levantan ni un dedo para ayudarlos.

47»¡Ay de ustedes!, que construyen monumentos para los profetas, a quienes los antepasados de ustedes mataron. 48En realidadq aprueban lo que hicieron sus antepasados; ellos mataron a los profetas, y ustedes les construyen los sepulcros.

ñ 11:27 *¡Dichosa ... amamantó!* Lit. *¡Dichoso el vientre que te llevó y los pechos que te criaron!*   o 11:34 *Si tu visión ... oscuridad.* Lit. *Cuando tu ojo es bueno, todo tu cuerpo está iluminado; pero cuando es malo, también tu cuerpo está oscuro.*   p 11:41 *lo que está dentro.* Alt. *lo que tienen.*   q 11:48 *En realidad.* Lit. *Así que ustedes son testigos y.*

⁴⁹Por eso dijo Dios en su sabiduría: "Les enviaré profetas y apóstoles, de los cuales matarán a unos y perseguirán a otros."

⁵⁰Por lo tanto, a esta generación se le pedirán cuentas de la sangre de todos los profetas derramada desde el principio del mundo, ⁵¹desde la sangre de Abel hasta la sangre de Zacarías, el que murió entre el altar y el *santuario. Sí, les aseguro que de todo esto se le pedirán cuentas a esta generación.

⁵²»¡Ay de ustedes, expertos en la ley!, porque se han adueñado de la llave del conocimiento. Ustedes mismos no han entrado, y a los que querían entrar les han cerrado el paso.

⁵³Cuando Jesús salió de allí, los *maestros de la ley y los fariseos, resentidos, se pusieron a acosarlo a preguntas. ⁵⁴Estaban tendiéndole trampas para ver si fallaba en algo.

Advertencias y estímulos
12:2-9 — Mt 10:26-33

12 Mientras tanto, se habían reunido millares de personas, tantas que se atropellaban unas a otras. Jesús comenzó a hablar, dirigiéndose primero a sus discípulos: «Cuídense de la levadura de los *fariseos, o sea, de la *hipocresía. ²No hay nada encubierto que no llegue a revelarse, ni nada escondido que no llegue a conocerse. ³Así que todo lo que ustedes han dicho en la oscuridad se dará a conocer a plena luz, y lo que han susurrado a puerta cerrada se proclamará desde las azoteas.

⁴»A ustedes, mis amigos, les digo que no teman a los que matan el cuerpo pero después no pueden hacer más. ⁵Les voy a enseñar más bien a quién deben temer: teman al que, después de dar muerte, tiene poder para echarlos al infierno.ʳ Sí, les aseguro que a él deben temerle. ⁶¿No se venden cinco gorriones por dos moneditas?ˢ Sin embargo, Dios no se olvida de ninguno de ellos. ⁷Así mismo sucede con ustedes: aun los cabellos de su cabeza están contados. No tengan miedo; ustedes valen más que muchos gorriones.

⁸»Les aseguro que a cualquiera que me reconozca delante de la gente, también el Hijo del hombre lo reconocerá delante de los ángeles de Dios. ⁹Pero al que me desconozca delante de la gente se le desconocerá delante de los ángeles de Dios.

¹⁰Y todo el que pronuncie alguna palabra contra el Hijo del hombre será perdonado, pero el que *blasfeme contra el Espíritu Santo no tendrá perdón.

¹¹»Cuando los hagan comparecer ante las sinagogas, los gobernantes y las autoridades, no se preocupen de cómo van a defenderse o de qué van a decir, ¹²porque en ese momento el Espíritu Santo les enseñará lo que deben responder.»

Parábola del rico insensato

¹³Uno de entre la multitud le pidió:

—Maestro, dile a mi hermano que comparta la herencia conmigo.

¹⁴—Hombre —replicó Jesús—, ¿quién me nombró a mí juez o árbitro entre ustedes?

¹⁵»¡Tengan cuidado! —advirtió a la gente—. Absténganse de toda avaricia; la vida de una persona no depende de la abundancia de sus bienes.

¹⁶Entonces les contó esta parábola:

—El terreno de un hombre rico le produjo una buena cosecha. ¹⁷Así que se puso a pensar: "¿Qué voy a hacer? No tengo dónde almacenar mi cosecha." ¹⁸Por fin dijo: "Ya sé lo que voy a hacer: derribaré mis graneros y construiré otros más grandes, donde pueda almacenar todo mi grano y mis bienes. ¹⁹Y diré: Alma mía, ya tienes bastantes cosas buenas guardadas para muchos años. Descansa, come, bebe y goza de la vida." ²⁰Pero Dios le dijo: "¡Necio! Esta misma noche te van a reclamar la *vida. ¿Y quién se quedará con lo que has acumulado?"

²¹»Así le sucede al que acumula riquezas para sí mismo, en vez de ser rico delante de Dios.

ʳ 12:5 al infierno. Lit. a la *Gehenna.   ˢ 12:6 moneditas. Lit. asaria.

No se preocupen
12:22-31 — Mt 6:25-33

22 Luego dijo Jesús a sus discípulos:

—Por eso les digo: No se preocupen por su *vida, qué comerán; ni por su cuerpo, con qué se vestirán. 23 La vida tiene más valor que la comida, y el cuerpo más que la ropa. 24 Fíjense en los cuervos: no siembran ni cosechan, ni tienen almacén ni granero; sin embargo, Dios los alimenta. ¡Cuánto más valen ustedes que las aves! 25 ¿Quién de ustedes, por mucho que se preocupe, puede añadir una sola hora al curso de su vida?^t ²⁶ Ya que no pueden hacer algo tan insignificante, ¿por qué se preocupan por lo demás? 27 »Fíjense cómo crecen los lirios. No trabajan ni hilan; sin embargo, les digo que ni siquiera Salomón, con todo su esplendor, se vestía como uno de ellos. 28 Si así viste Dios a la hierba que hoy está en el campo y mañana es arrojada al horno, ¡cuánto más hará por ustedes, gente de poca fe! 29 Así que no se afanen por lo que han de comer o beber; dejen de atormentarse. 30 El mundo *pagano anda tras todas estas cosas, pero el Padre sabe que ustedes las necesitan. 31 Ustedes, por el contrario, busquen el reino de Dios, y estas cosas les serán añadidas.

32 »No tengan miedo, mi rebaño pequeño, porque es la buena voluntad del Padre darles el reino. 33 Vendan sus bienes y den a los pobres. Proveánse de bolsas que no se desgasten; acumulen un tesoro inagotable en el cielo, donde no hay ladrón que aceche ni polilla que destruya. 34 Pues donde tengan ustedes su tesoro, allí estará también su corazón.

La vigilancia
12:35-36 — Mt 25:1-13; Mr 13:33-37
12:39-40,42-46 — Mt 24:43-51

35 »Manténganse listos, con la ropa bien ajustada^u y la luz encendida. 36 Pórtense como siervos que esperan a que regrese su señor de un banquete de bodas, para abrirle la puerta tan pronto como él llegue y toque. 37 *Dichosos los *siervos a quienes su señor encuentre pendientes de su llegada. Créanme que se ajustará la ropa, hará que los siervos se sienten a la mesa, y él mismo se pondrá a servirles. 38 Sí, dichosos aquellos siervos a quienes su señor encuentre preparados, aunque llegue a la medianoche o de madrugada. 39 Pero entiendan esto: Si un dueño de casa supiera a qué hora va a llegar el ladrón, estaría pendiente para no dejarlo forzar la entrada. 40 Así mismo deben ustedes estar preparados, porque el Hijo del hombre vendrá cuando menos lo esperen.

41 —Señor —le preguntó Pedro—, ¿cuentas esta parábola para nosotros, o para todos?

42 Respondió el Señor:

—¿Dónde se halla un mayordomo fiel y prudente a quien su señor deja encargado de los siervos para repartirles la comida a su debido tiempo? 43 Dichoso el siervo cuyo señor, al regresar, lo encuentra cumpliendo con su deber. 44 Les aseguro que lo pondrá a cargo de todos sus bienes. 45 Pero ¡qué tal si ese siervo se pone a pensar: "Mi señor tarda en volver", y luego comienza a golpear a los criados y a las criadas, y a comer y beber y emborracharse! 46 El señor de ese siervo volverá el día en que el siervo menos lo espere y a la hora menos pensada. Entonces lo castigará severamente y le impondrá la condena que reciben los incrédulos.^v 47 »El siervo que conoce la voluntad de su señor, y no se prepara para cumplirla, recibirá muchos golpes. 48 En cambio, el que no la conoce y hace algo que merezca castigo, recibirá pocos golpes. A todo el que se le ha dado mucho, se le exigirá mucho; y al que se le ha confiado mucho, se le pedirá aun más.

División en vez de paz
12:51-53 — Mt 10:34-36

49 »He venido a traer fuego a la tierra, y ¡cómo quisiera que ya estuviera ardiendo! 50 Pero tengo que pasar por la prueba de un bautismo, y ¡cuánta angustia siento

---

^t 12:25 *puede añadir ... su vida.* Alt. *puede aumentar su estatura siquiera medio metro* (lit. *un *codo*).
^u 12:35 *Manténganse ... ajustada.* Lit. *Tengan sus lomos ceñidos.* ^v 12:46 *lo castigará ... incrédulos.* Lit. *lo cortará en dos y fijará su porción con los incrédulos.*

hasta que se cumpla! 51¿Creen ustedes que vine a traer paz a la tierra? ¡Les digo que no, sino división! 52De ahora en adelante estarán divididos cinco en una familia, tres contra dos, y dos contra tres. 53Se enfrentarán el padre contra su hijo y el hijo contra su padre, la madre contra su hija y la hija contra su madre, la suegra contra su nuera y la nuera contra su suegra.

Señales de los tiempos

54Luego añadió Jesús, dirigiéndose a la multitud:

—Cuando ustedes ven que se levanta una nube en el occidente, en seguida dicen: "Va a llover", y así sucede. 55Y cuando sopla el viento del sur, dicen: "Va a hacer calor", y así sucede. 56¡*Hipócritas! Ustedes saben interpretar la apariencia de la tierra y del cielo. ¿Cómo es que no saben interpretar el tiempo actual?

57»¿Por qué no juzgan por ustedes mismos lo que es justo? 58Si tienes que ir con un adversario al magistrado, procura reconciliarte con él en el camino, no sea que te lleve por la fuerza ante el juez, y el juez te entregue al alguacil, y el alguacil te meta en la cárcel. 59Te digo que no saldrás de allí hasta que pagues el último centavo.w

El que no se arrepiente perecerá

13 En aquella ocasión algunos que habían llegado le contaron a Jesús cómo Pilato había dado muerte a unos galileos cuando ellos ofrecían sus sacrificios.x 2Jesús les respondió: «¿Piensan ustedes que esos galileos, por haber sufrido así, eran más pecadores que todos los demás? 3¡Les digo que no! De la misma manera, todos ustedes perecerán, a menos que se *arrepientan. 4¿O piensan que aquellos dieciocho que fueron aplastados por la torre de Siloé eran más culpables que todos los demás habitantes de Jerusalén? 5¡Les digo que no! De la misma manera, todos ustedes perecerán, a menos que se arrepientan.»

6Entonces les contó esta parábola: «Un hombre tenía una higuera plantada en su viñedo, pero cuando fue a buscar fruto en ella, no encontró nada. 7Así que le dijo al viñador: "Mira, ya hace tres años que vengo a buscar fruto en esta higuera, y no he encontrado nada. ¡Córtala! ¿Para qué ha de ocupar terreno?" 8"Señor —le contestó el viñador—, déjela todavía por un año más, para que yo pueda cavar a su alrededor y echarle abono. 9Así tal vez en adelante dé fruto; si no, córtela."»

Jesús sana en sábado a una mujer encorvada

10Un *sábado Jesús estaba enseñando en una de las sinagogas, 11y estaba allí una mujer que por causa de un demonio llevaba dieciocho años enferma. Andaba encorvada y de ningún modo podía enderezarse. 12Cuando Jesús la vio, la llamó y le dijo:

—Mujer, quedas libre de tu enfermedad.

13Al mismo tiempo, puso las manos sobre ella, y al instante la mujer se enderezó y empezó a alabar a Dios. 14Indignado porque Jesús había sanado en sábado, el jefe de la sinagoga intervino, dirigiéndose a la gente:

—Hay seis días en que se puede trabajar, así que vengan esos días para ser sanados, y no el sábado.

15—*¡Hipócritas! —le contestó el Señor—. ¿Acaso no desata cada uno de ustedes su buey o su burro en sábado, y lo saca del establo para llevarlo a tomar agua? 16Sin embargo, a esta mujer, que es hija de Abraham, y a quien Satanás tenía atada durante dieciocho largos años, ¿no se le debía quitar esta cadena en sábado?

17Cuando razonó así, quedaron humillados todos sus adversarios, pero la gente estaba encantada de tantas maravillas que él hacía.

Parábolas del grano de mostaza y de la levadura

13:18-19 — Mr 4:30-32
13:18-21 — Mt 13:31-33

18—¿A qué se parece el reino de Dios? —continuó Jesús—. ¿Con qué voy a com-

---

w12:59 *centavo.* Lit. *lepton.   x13:1 le contaron ... sacrificios.* Lit. *le contaron acerca de los galileos cuya sangre Pilato mezcló con sus sacrificios.*

pararlo? **19**Se parece a un grano de mostaza que un hombre sembró en su huerto. Creció hasta convertirse en un árbol, y las aves anidaron en sus ramas. **20**Volvió a decir:

—¿Con qué voy a comparar el reino de Dios? **21**Es como la levadura que una mujer tomó y mezcló con una gran cantidad*y* de harina, hasta que fermentó toda la masa.

La puerta estrecha

22Continuando su viaje a Jerusalén, Jesús enseñaba en los pueblos y aldeas por donde pasaba.

23—Señor, ¿son pocos los que van a salvarse? —le preguntó uno.

24—Esfuércense por entrar por la puerta estrecha —contestó—, porque les digo que muchos tratarán de entrar y no podrán. **25**Tan pronto como el dueño de la casa se haya levantado a cerrar la puerta, ustedes desde afuera se pondrán a golpear la puerta, diciendo: "Señor, ábrenos." Pero él les contestará: "No sé quiénes son ustedes." **26**Entonces dirán: "Comimos y bebimos contigo, y tú enseñaste en nuestras plazas." **27**Pero él les contestará: "Les repito que no sé quiénes son ustedes. ¡Apártense de mí, todos ustedes hacedores de injusticia!"

28»Allí habrá llanto y rechinar de dientes cuando vean en el reino de Dios a Abraham, Isaac, Jacob y a todos los profetas, mientras a ustedes los echan fuera. **29**Habrá quienes lleguen del oriente y del occidente, del norte y del sur, para *sentarse al banquete en el reino de Dios. **30**En efecto, hay últimos que serán primeros, y primeros que serán últimos.

Lamento de Jesús sobre Jerusalén
13:34-35 — Mt 23:37-39

31En ese momento se acercaron a Jesús unos *fariseos y le dijeron:

—Sal de aquí y vete a otro lugar, porque Herodes quiere matarte.

32Él les contestó:

—Vayan y díganle a ese zorro: "Mira, hoy y mañana seguiré expulsando demonios y sanando a la gente, y al tercer día terminaré lo que debo hacer." **33**Tengo que seguir adelante hoy, mañana y pasado mañana, porque no puede ser que muera un profeta fuera de Jerusalén.

34»¡Jerusalén, Jerusalén, que matas a los profetas y apedreas a los que se te envían! ¡Cuántas veces quise reunir a tus hijos, como reúne la gallina a sus pollitos debajo de sus alas, pero no quisiste! **35**Pues bien, la casa de ustedes va a quedar abandonada. Y les advierto que ya no volverán a verme hasta el día que digan: "¡Bendito el que viene en el nombre del Señor!"*z*

Jesús en casa de un fariseo

14 Un día Jesús fue a comer a casa de un notable de los *fariseos. Era *sábado, así que éstos estaban acechando a Jesús. **2**Allí, delante de él, estaba un hombre enfermo de hidropesía. **3**Jesús les preguntó a los *expertos en la ley y a los fariseos:

—¿Está permitido o no sanar en sábado?

4Pero ellos se quedaron callados. Entonces tomó al hombre, lo sanó y lo despidió.

5También les dijo:

—Si uno de ustedes tiene un hijo*a* o un buey que se le cae en un pozo, ¿no lo saca en seguida aunque sea sábado?

6Y no pudieron contestarle nada.

7Al notar cómo los invitados escogían los lugares de honor en la mesa, les contó esta parábola:

8—Cuando alguien te invite a una fiesta de bodas, no te sientes en el lugar de honor, no sea que haya algún invitado más distinguido que tú. **9**Si es así, el que los invitó a los dos vendrá y te dirá: "Cédele tu asiento a este hombre." Entonces, avergonzado, tendrás que ocupar el último asiento. **10**Más bien, cuando te inviten, siéntate en el último lugar, para que cuando venga el que te invitó, te diga: "Amigo, pasa más adelante a un lugar mejor." Así recibirás honor en presencia de todos los

---

*y***13:21** *una gran cantidad.* Lit. *tres satas* (probablemente unos 22 litros). *z***13:35** Sal 118:26   *a***14:5** *hijo.* Var. *burro.*

demás invitados. [11]Todo el que a sí mismo se enaltece será humillado, y el que se humilla será enaltecido.

[12]También dijo Jesús al que lo había invitado:

—Cuando des una comida o una cena, no invites a tus amigos, ni a tus hermanos, ni a tus parientes, ni a tus vecinos ricos; no sea que ellos, a su vez, te inviten y así seas recompensado. [13]Más bien, cuando des un banquete, invita a los pobres, a los inválidos, a los cojos y a los ciegos. [14]Entonces serás *dichoso, pues aunque ellos no tienen con qué recompensarte, serás recompensado en la resurrección de los justos.

Parábola del gran banquete

[15]Al oír esto, uno de los que estaban *sentados a la mesa con Jesús le dijo:

—¡*Dichoso el que coma en el banquete del reino de Dios!

[16]Jesús le contestó:

—Cierto hombre preparó un gran banquete e invitó a muchas personas. [17]A la hora del banquete mandó a su siervo a decirles a los invitados: "Vengan, porque ya todo está listo." [18]Pero todos, sin excepción, comenzaron a disculparse. El primero le dijo: "Acabo de comprar un terreno y tengo que ir a verlo. Te ruego que me disculpes." [19]Otro adujo: "Acabo de comprar cinco yuntas de bueyes, y voy a probarlas. Te ruego que me disculpes." [20]Otro alegó: "Acabo de casarme y por eso no puedo ir." [21]El siervo regresó y le informó de esto a su señor. Entonces el dueño de la casa se enojó y le mandó a su siervo: "Sal de prisa por las plazas y los callejones del pueblo, y trae acá a los pobres, a los inválidos, a los cojos y a los ciegos." [22]"Señor —le dijo luego el siervo—, ya hice lo que usted me mandó, pero todavía hay lugar." [23]Entonces el señor le respondió: "Ve por los caminos y las veredas, y oblígalos a entrar para que se llene mi casa. [24]Les digo que ninguno de aquellos invitados disfrutará de mi banquete."

El precio del discipulado

[25]Grandes multitudes seguían a Jesús, y él se volvió y les dijo: [26]«Si alguno viene a mí y no sacrifica el amor[b] a su padre y a su madre, a su esposa y a sus hijos, a sus hermanos y a sus hermanas, y aun a su propia *vida, no puede ser mi discípulo. [27]Y el que no carga su cruz y me sigue, no puede ser mi discípulo.

[28]»Supongamos que alguno de ustedes quiere construir una torre. ¿Acaso no se sienta primero a calcular el costo, para ver si tiene suficiente dinero para terminarla? [29]Si echa los cimientos y no puede terminarla, todos los que la vean comenzarán a burlarse de él, [30]y dirán: "Este hombre ya no pudo terminar lo que comenzó a construir."

[31]»O supongamos que un rey está a punto de ir a la guerra contra otro rey. ¿Acaso no se sienta primero a calcular si con diez mil hombres puede enfrentarse al que viene contra él con veinte mil? [32]Si no puede, enviará una delegación mientras el otro está todavía lejos, para pedir condiciones de paz. [33]De la misma manera, cualquiera de ustedes que no renuncie a todos sus bienes, no puede ser mi discípulo.

[34]»La sal es buena, pero si se vuelve insípida, ¿cómo recuperará el sabor? [35]No sirve ni para la tierra ni para el abono; hay que tirarla fuera.

»El que tenga oídos para oír, que oiga.»

Parábola de la oveja perdida

15:4-7 — Mt 18:12-14

15 Muchos *recaudadores de impuestos y *pecadores se acercaban a Jesús para oírlo, [2]de modo que los *fariseos y los *maestros de la ley se pusieron a murmurar: «Este hombre recibe a los pecadores y come con ellos.»

[3]Él entonces les contó esta parábola: [4]«Supongamos que uno de ustedes tiene cien ovejas y pierde una de ellas. ¿No deja las noventa y nueve en el campo, y va en busca de la oveja perdida hasta encontrarla? [5]Y cuando la encuentra, lleno de ale-

---

[b] 14:26 *no sacrifica el amor*. Lit. *no odia*.

gría la carga en los hombros **6**y vuelve a la casa. Al llegar, reúne a sus amigos y vecinos, y les dice: "Alégrense conmigo; ya encontré la oveja que se me había perdido." **7**Les digo que así es también en el cielo: habrá más alegría por un solo pecador que se *arrepienta, que por noventa y nueve justos que no necesitan arrepentirse.

Parábola de la moneda perdida

8»O supongamos que una mujer tiene diez monedas de plata*c* y pierde una. ¿No enciende una lámpara, barre la casa y busca con cuidado hasta encontrarla? **9**Y cuando la encuentra, reúne a sus amigas y vecinas, y les dice: "Alégrense conmigo; ya encontré la moneda que se me había perdido." **10**Les digo que así mismo se alegra Dios con sus ángeles*d* por un pecador que se arrepiente.

Parábola del hijo perdido

11»Un hombre tenía dos hijos —continuó Jesús—. **12**El menor de ellos le dijo a su padre: "Papá, dame lo que me toca de la herencia." Así que el padre repartió sus bienes entre los dos. **13**Poco después el hijo menor juntó todo lo que tenía y se fue a un país lejano; allí vivió desenfrenadamente y derrochó su herencia. **14**»Cuando ya lo había gastado todo, sobrevino una gran escasez en la región, y él comenzó a pasar necesidad. **15**Así que fue y consiguió empleo con un ciudadano de aquel país, quien lo mandó a sus campos a cuidar cerdos. **16**Tanta hambre tenía que hubiera querido llenarse el estómago con la comida que daban a los cerdos, pero aun así nadie le daba nada. **17**Por fin recapacitó y se dijo: "¡Cuántos jornaleros de mi padre tienen comida de sobra, y yo aquí me muero de hambre! **18**Tengo que volver a mi padre y decirle: Papá, he pecado contra el cielo y contra ti. **19**Ya no merezco que se me llame tu hijo; trátame como si fuera uno de tus jornaleros." **20**Así que emprendió el viaje y se fue a su padre.

»Todavía estaba lejos cuando su padre lo vio y se compadeció de él; salió corriendo a su encuentro, lo abrazó y lo besó. **21**El joven le dijo: "Papá, he pecado contra el cielo y contra ti. Ya no merezco que se me llame tu hijo."*e* **22**Pero el padre ordenó a sus *siervos: "¡Pronto! Traigan la mejor ropa para vestirlo. Pónganle también un anillo en el dedo y sandalias en los pies. **23**Traigan el ternero más gordo y mátenlo para celebrar un banquete. **24**Porque este hijo mío estaba muerto, pero ahora ha vuelto a la vida; se había perdido, pero ya lo hemos encontrado." Así que empezaron a hacer fiesta.

25»Mientras tanto, el hijo mayor estaba en el campo. Al volver, cuando se acercó a la casa, oyó la música del baile. **26**Entonces llamó a uno de los siervos y le preguntó qué pasaba. **27**"Ha llegado tu hermano —le respondió—, y tu papá ha matado el ternero más gordo porque ha recobrado a su hijo sano y salvo." **28**Indignado, el hermano mayor se negó a entrar. Así que su padre salió a suplicarle que lo hiciera. **29**Pero él le contestó: "¡Fíjate cuántos años te he servido sin desobedecer jamás tus órdenes, y ni un cabrito me has dado para celebrar una fiesta con mis amigos! **30**¡Pero ahora llega ese hijo tuyo, que ha despilfarrado tu fortuna con prostitutas, y tú mandas matar en su honor el ternero más gordo!"

31»"Hijo mío —le dijo su padre—, tú siempre estás conmigo, y todo lo que tengo es tuyo. **32**Pero teníamos que hacer fiesta y alegrarnos, porque este hermano tuyo estaba muerto, pero ahora ha vuelto a la vida; se había perdido, pero ya lo hemos encontrado."»

Parábola del administrador astuto

16 Jesús contó otra parábola a sus discípulos: «Un hombre rico tenía un administrador a quien acusaron de derrochar sus bienes. **2**Así que lo mandó a llamar y le dijo: "¿Qué es esto que me dicen de ti? Rinde cuentas de tu administración, porque ya no puedes seguir en tu

---

*c***15:8** *monedas de plata.* Lit. *dracmas.*   *d***15:10** *se alegra ... ángeles.* Lit. *hay alegría en la presencia de los ángeles de Dios.*   *e***15:21** *hijo.* Var. *hijo; trátame como si fuera uno de tus jornaleros.*

puesto." ³El administrador reflexionó: "¿Qué voy a hacer ahora que mi patrón está por quitarme el puesto? No tengo fuerzas para cavar, y me da vergüenza pedir limosna. ⁴Tengo que asegurarme de que, cuando me echen de la administración, haya gente que me reciba en su casa. ¡Ya sé lo que voy a hacer!"

⁵»Llamó entonces a cada uno de los que le debían algo a su patrón. Al primero le preguntó: "¿Cuánto le debes a mi patrón?" ⁶"Cien barrilesᶠ de aceite", le contestó él. El administrador le dijo: "Toma tu factura, siéntate en seguida y escribe cincuenta." ⁷Luego preguntó al segundo: "Y tú, ¿cuánto debes?" "Cien bultosᵍ de trigo", contestó. El administrador le dijo: "Toma tu factura y escribe ochenta."

⁸»Pues bien, el patrón elogió al administrador de riquezas mundanasʰ por haber actuado con astucia. Es que los de este mundo, en su trato con los que son como ellos, son más astutos que los que han recibido la luz. ⁹Por eso les digo que se valgan de las riquezas mundanas para ganar amigos,ⁱ a fin de que cuando éstas se acaben haya quienes los reciban a ustedes en las viviendas eternas.

¹⁰»El que es honradoʲ en lo poco, también lo será en lo mucho; y el que no es íntegroᵏ en lo poco, tampoco lo será en lo mucho. ¹¹Por eso, si ustedes no han sido honrados en el uso de las riquezas mundanas,ˡ ¿quién les confiará las verdaderas? ¹²Y si con lo ajeno no han sido honrados, ¿quién les dará a ustedes lo que les pertenece?

¹³»Ningún sirviente puede servir a dos patrones. Menospreciará a uno y amará al otro, o querrá mucho a uno y despreciará al otro. Ustedes no pueden servir a la vez a Dios y a las riquezas.»

¹⁴Oían todo esto los *fariseos, a quienes les encantaba el dinero, y se burlaban de Jesús. ¹⁵Él les dijo: «Ustedes se hacen los buenos ante la gente, pero Dios conoce sus corazones. Dense cuenta de que aquello que la gente tiene en gran estima es detestable delante de Dios.

Otras enseñanzas

¹⁶»La ley y los profetas se proclamaron hasta Juan. Desde entonces se anuncian las buenas *nuevas del reino de Dios, y todos se esfuerzan por entrar en él.ᵐ ¹⁷Es más fácil que desaparezcan el cielo y la tierra, que caiga una sola tilde de la ley.

¹⁸»Todo el que se divorcia de su esposa y se casa con otra, comete adulterio; y el que se casa con la divorciada, comete adulterio.

El rico y Lázaro

¹⁹»Había un hombre rico que se vestía lujosamenteⁿ y daba espléndidos banquetes todos los días. ²⁰A la puerta de su casa se tendía un mendigo llamado Lázaro, que estaba cubierto de llagas ²¹y que hubiera querido llenarse el estómago con lo que caía de la mesa del rico. Hasta los perros se acercaban y le lamían las llagas.

²²»Resulta que murió el mendigo, y los ángeles se lo llevaron para que estuviera al lado de Abraham. También murió el rico, y lo sepultaron. ²³En el infierno,ñ en medio de sus tormentos, el rico levantó los ojos y vio de lejos a Abraham, y a Lázaro junto a él. ²⁴Así que alzó la voz y lo llamó: "Padre Abraham, ten compasión de mí y manda a Lázaro que moje la punta del dedo en agua y me refresque la lengua, porque estoy sufriendo mucho en este fuego." ²⁵Pero Abraham le contestó: "Hijo, recuerda que durante tu vida te fue muy bien, mientras que a Lázaro le fue muy mal; pero ahora a él le toca recibir consuelo aquí, y a ti, sufrir terriblemente. ²⁶Además de eso, hay un gran abismo entre nosotros y ustedes, de modo que

---

ᶠ16:6 *cien barriles.* Lit. *cien *batos* (unos 3.700 litros).   ᵍ16:7 *cien bultos.* Lit. *cien *coros* (unos 37.000 litros).   ʰ16:8 *administrador de riquezas mundanas.* Alt. *administrador deshonesto.* Lit. *administrador de injusticia.*   ⁱ16:9 *se valgan ... amigos.* Lit. *se hagan amigos por medio del dinero de injusticia.*   ʲ16:10 *honrado.* Alt. *digno de confianza.* Lit. *fiel;* también en vv. 11,12.   ᵏ16:10 *el que no es íntegro.* Lit. *el que es injusto.*   ˡ16:11 *las riquezas mundanas.* Lit. *el dinero injusto.*   ᵐ16:16 *se esfuerzan por entrar en él.* Alt. *hacen violencia por entrar en él,* o *hacen violencia contra él.*   ⁿ16:19 *lujosamente.* Lit. *con púrpura y tela fina.*   ñ16:23 *infierno.* Lit. *Hades.*

los que quieren pasar de aquí para allá no pueden, ni tampoco pueden los de allá para acá."

27»Él respondió: "Entonces te ruego, padre, que mandes a Lázaro a la casa de mi padre, 28para que advierta a mis cinco hermanos y no vengan ellos también a este lugar de tormento." 29Pero Abraham le contestó: "Ya tienen a Moisés y a los profetas; ¡que les hagan caso a ellos!" 30"No les harán caso, padre Abraham —replicó el rico—; en cambio, si se les presentara uno de entre los muertos, entonces sí se *arrepentirían." 31Abraham le dijo: "Si no les hacen caso a Moisés y a los profetas, tampoco se convencerán aunque alguien se *levante de entre los muertos."»

El pecado, la fe y el deber

17 Luego dijo Jesús a sus discípulos: —Los *tropiezos son inevitables, pero ¡ay de aquel que los ocasiona! 2Más le valdría ser arrojado al mar con una piedra de molino atada al cuello, que servir de tropiezo a uno solo de estos pequeños. 3Así que, ¡cuídense!

»Si tu hermano peca, repréndelo; y si se *arrepiente, perdónalo. 4Aun si peca contra ti siete veces en un día, y siete veces regresa a decirte "Me arrepiento", perdónalo.

5Entonces los apóstoles le dijeron al Señor:

—¡Aumenta nuestra fe!

6—Si ustedes tuvieran una fe tan pequeña como un grano de mostaza —les respondió el Señor—, podrían decirle a este árbol: "Desarráigate y plántate en el mar", y les obedecería.

7»Supongamos que uno de ustedes tiene un *siervo que ha estado arando el campo o cuidando las ovejas. Cuando el siervo regresa del campo, ¿acaso se le dice: "Ven en seguida a sentarte a la mesa"? 8¿No se le diría más bien: "Prepárame la comida y cámbiate de ropa para atenderme mientras yo ceno; después tú podrás cenar"? 9¿Acaso se le darían las gracias al siervo por haber hecho lo que

se le mandó? 10Así también ustedes, cuando hayan hecho todo lo que se les ha mandado, deben decir: "Somos siervos inútiles; no hemos hecho más que cumplir con nuestro deber."

Jesús sana a diez leprosos

11Un día, siguiendo su viaje a Jerusalén, Jesús pasaba por Samaria y Galilea. 12Cuando estaba por entrar en un pueblo, salieron a su encuentro diez hombres enfermos de *lepra. Como se habían quedado a cierta distancia, 13gritaron:

—¡Jesús, Maestro, ten compasión de nosotros!

14Al verlos, les dijo:

—Vayan a presentarse a los sacerdotes.

Resultó que, mientras iban de camino, quedaron *limpios.

15Uno de ellos, al verse ya sano, regresó alabando a Dios a grandes voces. 16Cayó rostro en tierra a los pies de Jesús y le dio las gracias, no obstante que era samaritano.

17—¿Acaso no quedaron limpios los diez? —preguntó Jesús—. ¿Dónde están los otros nueve? 18¿No hubo ninguno que regresara a dar gloria a Dios, excepto este extranjero? 19Levántate y vete —le dijo al hombre—; tu fe te ha *sanado.

La venida del reino de Dios
17:26-27 — Mt 24:37-39

20Los *fariseos le preguntaron a Jesús cuándo iba a venir el reino de Dios, y él les respondió:

—La venida del reino de Dios no se puede someter a cálculos.o 21No van a decir: "¡Mírenlo acá! ¡Mírenlo allá!" Dense cuenta de que el reino de Dios está entrep ustedes.

22A sus discípulos les dijo:

—Llegará el tiempo en que ustedes anhelarán vivir siquiera uno de los días del Hijo del hombre, pero no podrán. 23Les dirán: "¡Mírenlo allá! ¡Mírenlo acá!" No vayan; no los sigan. 24Porque en su díaq el Hijo del hombre será como el relámpago que fulgura e ilumina el cielo de uno a

---

o17:20 La venida ... cálculos. Lit. El reino de Dios no viene con observación.   p17:21 entre. Alt. dentro de.
q17:24 Var. no incluye: en su día.

otro extremo. 25 Pero antes él tiene que sufrir muchas cosas y ser rechazado por esta generación.

26»Tal como sucedió en tiempos de Noé, así también será cuando venga el Hijo del hombre. 27 Comían, bebían, y se casaban y daban en casamiento, hasta el día en que Noé entró en el arca; entonces llegó el diluvio y los destruyó a todos.

28»Lo mismo sucedió en tiempos de Lot: comían y bebían, compraban y vendían, sembraban y edificaban. 29 Pero el día en que Lot salió de Sodoma, llovió del cielo fuego y azufre y acabó con todos.

30»Así será el día en que se manifieste el Hijo del hombre. 31 En aquel día, el que esté en la azotea y tenga sus cosas dentro de la casa, que no baje a buscarlas. Así mismo el que esté en el campo, que no regrese por lo que haya dejado atrás. 32 ¡Acuérdense de la esposa de Lot! 33 El que procure conservar su *vida, la perderá; y el que la pierda, la conservará. 34 Les digo que en aquella noche estarán dos personas en una misma cama: una será llevada y la otra será dejada. 35 Dos mujeres estarán moliendo juntas: una será llevada y la otra será dejada. r

37 —¿Dónde, Señor? —preguntaron.

—Donde esté el cadáver, allí se reunirán los buitres —respondió él.

Parábola de la viuda insistente

18 Jesús les contó a sus discípulos una parábola para mostrarles que debían orar siempre, sin desanimarse. 2 Les dijo: «Había en cierto pueblo un juez que no tenía temor de Dios ni consideración de nadie. 3 En el mismo pueblo había una viuda que insistía en pedirle: "Hágame usted justicia contra mi adversario." 4 Durante algún tiempo él se negó, pero por fin concluyó: "Aunque no temo a Dios ni tengo consideración de nadie, 5 como esta viuda no deja de molestarme, voy a tener que hacerle justicia, no sea que con sus visitas me haga la vida imposible."»

6 Continuó el Señor: «Tengan en cuenta lo que dijo el juez injusto. 7 ¿Acaso Dios no hará justicia a sus escogidos, que claman a él día y noche? ¿Se tardará mucho en responderles? 8 Les digo que sí les hará justicia, y sin demora. No obstante, cuando venga el Hijo del hombre, ¿encontrará fe en la tierra?»

Parábola del fariseo y del recaudador de impuestos

9 A algunos que, confiando en sí mismos, se creían justos y que despreciaban a los demás, Jesús les contó esta parábola: 10 «Dos hombres subieron al *templo a orar; uno era *fariseo, y el otro, *recaudador de impuestos. 11 El fariseo se puso a orar consigo mismo: "Oh Dios, te doy gracias porque no soy como otros hombres —ladrones, malhechores, adúlteros— ni mucho menos como ese recaudador de impuestos. 12 Ayuno dos veces a la semana y doy la décima parte de todo lo que recibo." 13 En cambio, el recaudador de impuestos, que se había quedado a cierta distancia, ni siquiera se atrevía a alzar la vista al cielo, sino que se golpeaba el pecho y decía: "¡Oh Dios, ten compasión de mí, que soy pecador!"

14»Les digo que éste, y no aquél, volvió a su casa *justificado ante Dios. Pues todo el que a sí mismo se enaltece será humillado, y el que se humilla será enaltecido.»

Jesús y los niños
18:15-17 — Mt 19:13-15; Mr 10:13-16

15 También le llevaban niños pequeños a Jesús para que los tocara. Al ver esto, los discípulos reprendían a quienes los llevaban. 16 Pero Jesús llamó a los niños y dijo: «Dejen que los niños vengan a mí, y no se lo impidan, porque el reino de Dios es de quienes son como ellos. 17 Les aseguro que el que no reciba el reino de Dios como un niño, de ninguna manera entrará en él.»

El dirigente rico
18:18-30 — Mt 19:16-29; Mr 10:17-30

18 Cierto dirigente le preguntó:

—Maestro bueno, ¿qué tengo que hacer para heredar la vida eterna?

---

r 17:35 dejada. Var. dejada. Estarán dos hombres en el campo: uno será llevado y el otro será dejado (véase Mt 24:40).

19—¿Por qué me llamas bueno? —respondió Jesús—. Nadie es bueno sino solo Dios. **20**Ya sabes los mandamientos: "No cometas adulterio, no mates, no robes, no presentes falso testimonio, honra a tu padre y a tu madre."^s

21—Todo eso lo he cumplido desde que era joven —dijo el hombre.

22Al oír esto, Jesús añadió:

—Todavía te falta una cosa: vende todo lo que tienes y repártelo entre los pobres, y tendrás tesoro en el cielo. Luego ven y sígueme.

23Cuando el hombre oyó esto, se entristeció mucho, pues era muy rico. **24**Al verlo tan afligido, Jesús comentó:

—¡Qué difícil es para los ricos entrar en el reino de Dios! **25**En realidad, le resulta más fácil a un camello pasar por el ojo de una aguja, que a un rico entrar en el reino de Dios.

26Los que lo oyeron preguntaron:

—Entonces, ¿quién podrá salvarse?

27—Lo que es imposible para los hombres es posible para Dios —aclaró Jesús.

28—Mira —le dijo Pedro—, nosotros hemos dejado todo lo que teníamos para seguirte.

29—Les aseguro —respondió Jesús— que todo el que por causa del reino de Dios haya dejado casa, esposa, hermanos, padres o hijos, **30**recibirá mucho más en este tiempo; y en la edad venidera, la vida eterna.

Jesús predice de nuevo su muerte
18:31-33 — Mt 20:17-19; Mr 10:32-34

31Entonces Jesús tomó aparte a los doce y les dijo: «Ahora vamos rumbo a Jerusalén, donde se cumplirá todo lo que escribieron los profetas acerca del Hijo del hombre. **32**En efecto, será entregado a los *gentiles. Se burlarán de él, lo insultarán, le escupirán; **33**y después de azotarlo, lo matarán. Pero al tercer día resucitará.»

34Los discípulos no entendieron nada de esto. Les era incomprensible, pues no captaban el sentido de lo que les hablaba.

Un mendigo ciego recibe la vista
18:35-43 — Mt 20:29-34; Mr 10:46-52

35Sucedió que al acercarse Jesús a Jericó, estaba un ciego sentado junto al camino pidiendo limosna. **36**Cuando oyó a la multitud que pasaba, preguntó qué acontecía.

37—Jesús de Nazaret está pasando por aquí —le respondieron.

38—¡Jesús, Hijo de David, ten compasión de mí! —gritó el ciego.

39Los que iban delante lo reprendían para que se callara, pero él se puso a gritar aún más fuerte:

—¡Hijo de David, ten compasión de mí!

40Jesús se detuvo y mandó que se lo trajeran. Cuando el ciego se acercó, le preguntó Jesús:

41—¿Qué quieres que haga por ti?

—Señor, quiero ver.

42—¡Recibe la vista! —le dijo Jesús—. Tu fe te ha *sanado.

43Al instante recobró la vista. Entonces, glorificando a Dios, comenzó a seguir a Jesús, y todos los que lo vieron daban alabanza a Dios.

Zaqueo, el recaudador de impuestos

19 Jesús llegó a Jericó y comenzó a cruzar la ciudad. **2**Resulta que había allí un hombre llamado Zaqueo, jefe de los *recaudadores de impuestos, que era muy rico. **3**Estaba tratando de ver quién era Jesús, pero la multitud se lo impedía, pues era de baja estatura. **4**Por eso se adelantó corriendo y se subió a un árbol para poder verlo, ya que Jesús iba a pasar por allí.

5Llegando al lugar, Jesús miró hacia arriba y le dijo:

—Zaqueo, baja en seguida. Tengo que quedarme hoy en tu casa.

6Así que se apresuró a bajar y, muy contento, recibió a Jesús en su casa.

7Al ver esto, todos empezaron a murmurar: «Ha ido a hospedarse con un *pecador.»

---

^s **18:20** Éx 20:12-16; Dt 5:16-20

⁸Pero Zaqueo dijo resueltamente:

—Mira, Señor: Ahora mismo voy a dar a los pobres la mitad de mis bienes, y si en algo he defraudado a alguien, le devolveré cuatro veces la cantidad que sea. ⁹—Hoy ha llegado la salvación a esta casa —le dijo Jesús—, ya que éste también es hijo de Abraham. ¹⁰Porque el Hijo del hombre vino a buscar y a salvar lo que se había perdido.

Parábola del dinero

¹¹Como la gente lo escuchaba, pasó a contarles una parábola, porque estaba cerca de Jerusalén y la gente pensaba que el reino de Dios iba a manifestarse en cualquier momento. ¹²Así que les dijo: «Un hombre de la nobleza se fue a un país lejano para ser coronado rey y luego regresar. ¹³Llamó a diez de sus *siervos y entregó a cada cual una buena cantidad de dinero.ᵗ Les instruyó: "Hagan negocio con este dinero hasta que yo vuelva." ¹⁴Pero sus súbditos lo odiaban y mandaron tras él una delegación a decir: "No queremos a éste por rey."

¹⁵»A pesar de todo, fue nombrado rey. Cuando regresó a su país, mandó llamar a los siervos a quienes había entregado el dinero, para enterarse de lo que habían ganado. ¹⁶Se presentó el primero y dijo: "Señor, su dineroᵘ ha producido diez veces más." ¹⁷"¡Hiciste bien, siervo bueno! —le respondió el rey—. Puesto que has sido fiel en tan poca cosa, te doy el gobierno de diez ciudades." ¹⁸Se presentó el segundo y dijo: "Señor, su dinero ha producido cinco veces más." ¹⁹El rey le respondió: "A ti te pongo sobre cinco ciudades."

²⁰»Llegó otro siervo y dijo: "Señor, aquí tiene su dinero; lo he tenido guardado, envuelto en un pañuelo. ²¹Es que le tenía miedo a usted, que es un hombre muy exigente: toma lo que no depositó y cosecha lo que no sembró." ²²El rey le contestó: "Siervo malo, con tus propias palabras te voy a juzgar. ¿Así que sabías que soy muy exigente, que tomo lo que no deposité y cosecho lo que no sembré?

²³Entonces, ¿por qué no pusiste mi dinero en el banco, para que al regresar pudiera reclamar los intereses?" ²⁴Luego dijo a los presentes: "Quítenle el dinero y dénselo al que recibió diez veces más." ²⁵"Señor —protestaron—, ¡él ya tiene diez veces más!" ²⁶El rey contestó: "Les aseguro que a todo el que tiene, se le dará más, pero al que no tiene, se le quitará hasta lo que tiene. ²⁷Pero en cuanto a esos enemigos míos que no me querían por rey, tráiganlos acá y mátenlos delante de mí."»

La entrada triunfal

19:29-38 — Mt 21:1-9; Mr 11:1-10
19:35-38 — Jn 12:12-15

²⁸Dicho esto, Jesús siguió adelante, subiendo hacia Jerusalén. ²⁹Cuando se acercó a Betfagué y a Betania, junto al monte llamado de los Olivos, envió a dos de sus discípulos con este encargo: ³⁰«Vayan a la aldea que está enfrente y, al entrar en ella, encontrarán atado a un burrito en el que nadie se ha montado. Desátenlo y tráiganlo acá. ³¹Y si alguien les pregunta: "¿Por qué lo desatan?", díganle: "El Señor lo necesita."»

³²Fueron y lo encontraron tal como él les había dicho. ³³Cuando estaban desatando el burrito, los dueños les preguntaron:

—¿Por qué desatan el burrito?

³⁴—El Señor lo necesita —contestaron.

³⁵Se lo llevaron, pues, a Jesús. Luego pusieron sus mantos encima del burrito y ayudaron a Jesús a montarse. ³⁶A medida que avanzaba, la gente tendía sus mantos sobre el camino.

³⁷Al acercarse él a la bajada del monte de los Olivos, todos los discípulos se entusiasmaron y comenzaron a alabar a Dios por tantos milagros que habían visto. Gritaban:

³⁸—¡Bendito el Rey que viene en el
    nombre del Señor!ᵛ

—¡Paz en el cielo y gloria en las
    alturas!

ᵗ**19:13** *y entregó ... de dinero.* Lit. *y les entregó diez *minas* (una mina equivalía al salario de unos tres meses).ᵘ**19:16** *dinero.* Lit. *mina*; también en vv. 18,20,24. ᵛ**19:38** Sal 118:26

39 Algunos de los *fariseos que estaban entre la gente le reclamaron a Jesús:

—¡Maestro, reprende a tus discípulos!

40 Pero él respondió:

—Les aseguro que si ellos se callan, gritarán las piedras.

Jesús en el templo

19:45-46 — Mt 21:12-16; Mr 11:15-18; Jn 2:13-16

41 Cuando se acercaba a Jerusalén, Jesús vio la ciudad y lloró por ella. **42** Dijo:

—¡Cómo quisiera que hoy supieras lo que te puede traer paz! Pero eso ahora está oculto a tus ojos. **43** Te sobrevendrán días en que tus enemigos levantarán un muro y te rodearán, y te encerrarán por todos lados. **44** Te derribarán a ti y a tus hijos dentro de tus murallas. No dejarán ni una piedra sobre otra, porque no reconociste el tiempo en que Dios vino a salvarte. ᵂ

45 Luego entró en el *templo ˣ y comenzó a echar de allí a los que estaban vendiendo. **46** «Escrito está —les dijo—: "Mi casa será casa de oración"; ʸ pero ustedes la han convertido en "cueva de ladrones". ᶻ»

47 Todos los días enseñaba en el templo, y los jefes de los sacerdotes, los *maestros de la ley y los dirigentes del pueblo procuraban matarlo. **48** Sin embargo, no encontraban la manera de hacerlo, porque todo el pueblo lo escuchaba con gran interés.

La autoridad de Jesús puesta en duda

20:1-8 — Mt 21:23-27; Mr 11:27-33

20 Un día, mientras Jesús enseñaba al pueblo en el *templo y les predicaba el *evangelio, se le acercaron los jefes de los sacerdotes y los *maestros de la ley, junto con los *ancianos.

2 —Dinos con qué autoridad haces esto —lo interrogaron—. ¿Quién te dio esa autoridad?

3 —Yo también voy a hacerles una pregunta a ustedes —replicó él—. Díganme: **4** El bautismo de Juan, ¿procedía del cielo o de la tierra? ᵃ

5 Ellos, pues, lo discutieron entre sí: «Si respondemos: "Del cielo", nos dirá: "¿Por qué no le creyeron?" **6** Pero si decimos: "De la tierra", todo el pueblo nos apedreará, porque están convencidos de que Juan era un profeta.»

Así que le respondieron:

7 —No sabemos de dónde era.

8 —Pues yo tampoco les voy a decir con qué autoridad hago esto.

Parábola de los labradores malvados

20:9-19 — Mt 21:33-46; Mr 12:1-12

9 Pasó luego a contarle a la gente esta parábola:

—Un hombre plantó un viñedo, se lo arrendó a unos labradores y se fue de viaje por largo tiempo. **10** Llegada la cosecha, mandó un *siervo a los labradores para que le dieran parte de la cosecha. Pero los labradores lo golpearon y lo despidieron con las manos vacías. **11** Les envió otro siervo, pero también a éste lo golpearon, lo humillaron y lo despidieron con las manos vacías. **12** Entonces envió un tercero, pero aun a éste lo hirieron y lo expulsaron.

13 »Entonces pensó el dueño del viñedo: "¿Qué voy a hacer? Enviaré a mi hijo amado; seguro que a él sí lo respetarán." **14** Pero cuando lo vieron los labradores, trataron el asunto. "Éste es el heredero —dijeron—. Matémoslo, y la herencia será nuestra." **15** Así que lo arrojaron fuera del viñedo y lo mataron.

»¿Qué les hará el dueño? **16** Volverá, acabará con esos labradores y dará el viñedo a otros.

Al oír esto, la gente exclamó:

—¡Dios no lo quiera!

17 Mirándolos fijamente, Jesús les dijo:

—Entonces, ¿qué significa esto que está escrito:

» "La piedra que desecharon los
    constructores
  ha llegado a ser la piedra
    angular"? ᵇ

ᵂ 19:44 *el tiempo ... salvarte.* Lit. *el tiempo de tu visitación.*   ˣ 19:45 Es decir, en el área general del templo.
ʸ 19:46 Is 56:7   ᶻ 19:46 Jer 7:11   ᵃ 20:4 *la tierra.* Lit. *los hombres;* también en v. 6.   ᵇ 20:17 Sal 118:22

18Todo el que caiga sobre esa piedra quedará despedazado, y si ella cae sobre alguien, lo hará polvo.

19Los maestros de la ley y los jefes de los sacerdotes, cayendo en cuenta que la parábola iba dirigida contra ellos, buscaron la manera de echarle mano en aquel mismo momento. Pero temían al pueblo.

El pago de impuestos al césar
20:20-26 — Mt 22:15-22; Mr 12:13-17

20Entonces, para acecharlo, enviaron espías que fingían ser gente honorable. Pensaban atrapar a Jesús en algo que él dijera, y así poder entregarlo a la jurisdicción del gobernador.

21—Maestro —dijeron los espías—, sabemos que lo que dices y enseñas es correcto. No juzgas por las apariencias, sino que de verdad enseñas el camino de Dios. 22¿Nos está permitido pagar impuestos al *césar o no?

23Pero Jesús, dándose cuenta de sus malas intenciones, replicó:

24—Muéstrenme una moneda romana.c ¿De quién son esta imagen y esta inscripción?

—Del césar —contestaron.

25—Entonces denle al césar lo que es del césar, y a Dios lo que es de Dios.

26No pudieron atraparlo en lo que decía en público. Así que, admirados de su respuesta, se callaron.

La resurrección y el matrimonio
20:27-40 — Mt 22:23-33; Mr 12:18-27

27Luego, algunos de los saduceos, que decían que no hay resurrección, se acercaron a Jesús y le plantearon un problema:

28—Maestro, Moisés nos enseñó en sus escritos que si un hombre muere y deja a la viuda sin hijos, el hermano de ese hombre tiene que casarse con la viuda para que su hermano tenga descendencia. 29Pues bien, había siete hermanos. El primero se casó y murió sin dejar hijos. 30Entonces el segundo 31y el tercero se casaron con ella, y así sucesivamente murieron los siete sin dejar hijos. 32Por último,

mo, murió también la mujer. 33Ahora bien, en la resurrección, ¿de cuál será esposa esta mujer, ya que los siete estuvieron casados con ella?

34—La gente de este mundo se casa y se da en casamiento —les contestó Jesús—. 35Pero en cuanto a los que sean dignos de tomar parte en el mundo venidero por la resurrección: ésos no se casarán ni serán dados en casamiento, 36ni tampoco podrán morir, pues serán como los ángeles. Son hijos de Dios porque toman parte en la resurrección. 37Pero que los muertos resucitan lo dio a entender Moisés mismo en el pasaje sobre la zarza, pues llama al Señor "el Dios de Abraham, de Isaac y de Jacob".d 38Él no es Dios de muertos, sino de vivos; en efecto, para él todos ellos viven.

39Algunos de los *maestros de la ley le respondieron:

—¡Bien dicho, Maestro!

40Y ya no se atrevieron a hacerle más preguntas.

¿De quién es Hijo el Cristo?
20:41-47 — Mt 22:41–23:7; Mr 12:35-40

41Pero Jesús les preguntó:

—¿Cómo es que dicen que el *Cristo es el Hijo de David? 42David mismo declara en el libro de los Salmos:

»"Dijo el Señor a mi Señor:
'Siéntate a mi *derecha,
43hasta que ponga a tus enemigos
por estrado de tus pies.'"e

44David lo llama "Señor". ¿Cómo puede entonces ser su hijo?

45Mientras todo el pueblo lo escuchaba, Jesús les dijo a sus discípulos:

46—Cuídense de los *maestros de la ley. Les gusta pasearse con ropas ostentosas y les encanta que los saluden en las plazas, y ocupar el primer puesto en las sinagogas y los lugares de honor en los banquetes. 47Devoran los bienes de las viudas y a la vez hacen largas plegarias para impresionar a los demás. Éstos recibirán peor castigo.

---

c20:24 una moneda romana. Lit. un *denario.　d20:37 Éx 3:6　e20:43 Sal 110:1

La ofrenda de la viuda
21:1-4 — Mr 12:41-44

21 Jesús se detuvo a observar y vio a los ricos que echaban sus ofrendas en las alcancías del *templo. ²También vio a una viuda pobre que echaba dos moneditas de cobre.ᶠ ³—Les aseguro —dijo— que esta viuda pobre ha echado más que todos los demás. ⁴Todos ellos dieron sus ofrendas de lo que les sobraba; pero ella, de su pobreza, echó todo lo que tenía para su sustento.

Señales del fin del mundo
21:5-36 — Mt 24: Mr 13
21:12-17 — Mt 10:17-22

⁵Algunos de sus discípulos comentaban acerca del *templo, de cómo estaba adornado con hermosas piedras y con ofrendas dedicadas a Dios. Pero Jesús dijo:
⁶—En cuanto a todo esto que ven ustedes, llegará el día en que no quedará piedra sobre piedra; todo será derribado.
⁷—Maestro —le preguntaron—, ¿cuándo sucederá eso, y cuál será la señal de que está a punto de suceder?
⁸—Tengan cuidado; no se dejen engañar —les advirtió Jesús—. Vendrán muchos que usando mi nombre dirán: "Yo soy", y: "El tiempo está cerca." No los sigan ustedes. ⁹Cuando sepan de guerras y de revoluciones, no se asusten. Es necesario que eso suceda primero, pero el fin no vendrá en seguida.
¹⁰»Se levantará nación contra nación, y reino contra reino —continuó—. ¹¹Habrá grandes terremotos, hambre y epidemias por todas partes, cosas espantosas y grandes señales del cielo.
¹²»Pero antes de todo esto, echarán mano de ustedes y los perseguirán. Los entregarán a las sinagogas y a las cárceles, y por causa de mi nombre los llevarán ante reyes y gobernadores. ¹³Así tendrán ustedes la oportunidad de dar testimonio ante ellos. ¹⁴Pero tengan en cuenta que no hay por qué preparar una defensa de antemano, ¹⁵pues yo mismo les daré tal elocuencia y sabiduría para responder, que ningún adversario podrá resistirles ni contradecirles. ¹⁶Ustedes serán traicionados aun por sus padres, hermanos, parientes y amigos, y a algunos de ustedes se les dará muerte. ¹⁷Todo el mundo los odiará por causa de mi nombre. ¹⁸Pero no se perderá ni un solo cabello de su cabeza. ¹⁹Si se mantienen firmes, se salvarán.ᵍ
²⁰»Ahora bien, cuando vean a Jerusalén rodeada de ejércitos, sepan que su desolación ya está cerca. ²¹Entonces los que estén en Judea huyan a las montañas, los que estén en la ciudad salgan de ella, y los que estén en el campo no entren en la ciudad. ²²Ése será el tiempo del juicio cuando se cumplirá todo lo que está escrito. ²³¡Ay de las que estén embarazadas o amamantando en aquellos días! Porque habrá gran aflicción en la tierra, y castigo contra este pueblo. ²⁴Caerán a filo de espada y los llevarán cautivos a todas las naciones. Los *gentiles pisotearán a Jerusalén, hasta que se cumplan los tiempos señalados para ellos.
²⁵»Habrá señales en el sol, la luna y las estrellas. En la tierra, las naciones estarán angustiadas y perplejas por el bramido y la agitación del mar. ²⁶Se desmayarán de terror los hombres, temerosos por lo que va a sucederle al mundo, porque los cuerpos celestes serán sacudidos. ²⁷Entonces verán al Hijo del hombre venir en una nube con poder y gran gloria. ²⁸Cuando comiencen a suceder estas cosas, cobren ánimo y levanten la cabeza, porque se acerca su redención.
²⁹Jesús también les propuso esta comparación:
—Fíjense en la higuera y en los demás árboles. ³⁰Cuando brotan las hojas, ustedes pueden ver por sí mismos y saber que el verano está cerca. ³¹Igualmente, cuando vean que suceden estas cosas, sepan que el reino de Dios está cerca.
³²»Les aseguro que no pasará esta generación hasta que todas estas cosas suce-

---

ᶠ**21:2** *dos moneditas de cobre.* Lit. *dos* *lepta.* ᵍ**21:19** *Si ... salvarán.* Lit. *Por su perseverancia obtendrán sus almas.*

dan. ³³El cielo y la tierra pasarán, pero mis palabras jamás pasarán.

³⁴»Tengan cuidado, no sea que se les endurezca el corazón por el vicio, la embriaguez y las preocupaciones de esta vida. De otra manera, aquel día caerá de improviso sobre ustedes, ³⁵pues vendrá como una trampa sobre todos los habitantes de la tierra. ³⁶Estén siempre vigilantes, y oren para que puedan escapar de todo lo que está por suceder, y presentarse delante del Hijo del hombre.

³⁷De día Jesús enseñaba en el templo, pero salía a pasar la noche en el monte llamado de los Olivos, ³⁸y toda la gente madrugaba para ir al templo a oírlo.

Judas acuerda traicionar a Jesús

22:1-2 — Mt 26:2-5; Mr 14:1-2,10-11

22 Se aproximaba la fiesta de los panes sin levadura, llamada la Pascua. ²Los jefes de los sacerdotes y los *maestros de la ley buscaban algún modo de acabar con Jesús, porque temían al pueblo. ³Entonces entró Satanás en Judas, uno de los doce, al que llamaban Iscariote. ⁴Éste fue a los jefes de los sacerdotes y a los capitanes del *templo para tratar con ellos cómo les entregaría a Jesús. ⁵Ellos se alegraron y acordaron darle dinero. ⁶Él aceptó, y comenzó a buscar una oportunidad para entregarles a Jesús cuando no hubiera gente.

La última cena

22:7-13 — Mt 26:17-19; Mr 14:12-16
22:17-20 — Mt 26:26-29; Mr 14:22-25;
    1Co 11:23-25
22:21-23 — Mt 26:21-24; Mr 14:18-21;
    Jn 13:21-30
22:25-27 — Mt 20:25-28; Mr 10:42-45
22:33-34 — Mt 26:33-35; Mr 14:29-31;
    Jn 13:37-38

⁷Cuando llegó el día de la fiesta de los panes sin levadura, en que debía sacrificarse el cordero de la Pascua, ⁸Jesús envió a Pedro y a Juan, diciéndoles:

—Vayan a hacer los preparativos para que comamos la Pascua.

⁹—¿Dónde quieres que la preparemos? —le preguntaron.

¹⁰—Miren —contestó él—: al entrar ustedes en la ciudad les saldrá al encuentro un hombre que lleva un cántaro de agua. Síganlo hasta la casa en que entre, ¹¹y díganle al dueño de la casa: "El Maestro pregunta: ¿Dónde está la sala en la que voy a comer la Pascua con mis discípulos?" ¹²Él les mostrará en la planta alta una sala amplia y amueblada. Preparen allí la cena.

¹³Ellos se fueron y encontraron todo tal como les había dicho Jesús. Así que prepararon la Pascua.

¹⁴Cuando llegó la hora, Jesús y sus apóstoles se *sentaron a la mesa. ¹⁵Entonces les dijo:

—He tenido muchísimos deseos de comer esta Pascua con ustedes antes de padecer, ¹⁶pues les digo que no volveré a comerla hasta que tenga su pleno cumplimiento en el reino de Dios.

¹⁷Luego tomó la copa, dio gracias y dijo:

—Tomen esto y repártanlo entre ustedes. ¹⁸Les digo que no volveré a beber del fruto de la vid hasta que venga el reino de Dios.

¹⁹También tomó pan y, después de dar gracias, lo partió, se lo dio a ellos y dijo:

—Este pan es mi cuerpo, entregado por ustedes; hagan esto en memoria de mí.

²⁰De la misma manera tomó la copa después de la cena, y dijo:

—Esta copa es el nuevo pacto en mi sangre, que es derramada por ustedes. ²¹Pero sepan que la mano del que va a traicionarme está con la mía, sobre la mesa. ²²A la verdad el Hijo del hombre se irá según está decretado, pero ¡ay de aquel que lo traiciona!

²³Entonces comenzaron a preguntarse unos a otros quién de ellos haría esto.

²⁴Tuvieron además un altercado sobre cuál de ellos sería el más importante. ²⁵Jesús les dijo:

—Los reyes de las *naciones oprimen a sus súbditos, y los que ejercen autoridad sobre ellos se llaman a sí mismos benefactores. ²⁶No sea así entre ustedes. Al contrario, el mayor debe comportarse como el menor, y el que manda como el que sirve. ²⁷Porque, ¿quién es más importante, el que está a la mesa o el que sirve? ¿No lo es el que está sentado a la mesa? Sin embargo, yo estoy entre ustedes como uno que sirve. 28 Ahora bien, ustedes son los que han estado siempre a mi lado en mis *pruebas. 29 Por eso, yo mismo les concedo un reino, así como mi Padre me lo concedió a mí, 30 para que coman y beban a mi mesa en mi reino, y se sienten en tronos para juzgar a las doce tribus de Israel.

31»Simón, Simón, mira que Satanás ha pedido zarandearlos a ustedes como si fueran trigo. 32 Pero yo he orado por ti, para que no falle tu fe. Y tú, cuando te hayas vuelto a mí, fortalece a tus hermanos.

33—Señor —respondió Pedro—, estoy dispuesto a ir contigo tanto a la cárcel como a la muerte.

34—Pedro, te digo que hoy mismo, antes de que cante el gallo, tres veces negarás que me conoces.

35 Luego Jesús dijo a todos:

—Cuando los envié a ustedes sin monedero ni bolsa ni sandalias, ¿acaso les faltó algo?

—Nada —respondieron.

36—Ahora, en cambio, el que tenga un monedero, que lo lleve; así mismo, el que tenga una bolsa. Y el que nada tenga, que venda su manto y compre una espada. 37 Porque les digo que tiene que cumplirse en mí aquello que está escrito: "Y fue contado entre los transgresores." h En efecto, lo que se ha escrito de mí se está cumpliendo. i

38—Mira, Señor —le señalaron los discípulos—, aquí hay dos espadas.

—¡Basta! —les contestó.

Jesús ora en el monte de los Olivos
22:40-46 — Mt 26:36-46; Mr 14:32-42

39 Jesús salió de la ciudad y, como de costumbre, se dirigió al monte de los Olivos, y sus discípulos lo siguieron. 40 Cuando llegaron al lugar, les dijo: «Oren para que no caigan en *tentación.» 41 Entonces se separó de ellos a una buena distancia, j se arrodilló y empezó a orar: 42 «Padre, si quieres, no me hagas beber este trago amargo; k pero no se cumpla mi voluntad, sino la tuya.» 43 Entonces se le

apareció un ángel del cielo para fortalecerlo. 44 Pero, como estaba angustiado, se puso a orar con más fervor, y su sudor era como gotas de sangre que caían a tierra. l

45 Cuando terminó de orar y volvió a los discípulos, los encontró dormidos, agotados por la tristeza. 46 «¿Por qué están durmiendo? —les exhortó—. Levántense y oren para que no caigan en tentación.»

Arresto de Jesús
22:47-53 — Mt 26:47-56; Mr 14:43-50; Jn 18:3-11

47 Todavía estaba hablando Jesús cuando se apareció una turba, y al frente iba uno de los doce, el que se llamaba Judas. Éste se acercó a Jesús para besarlo, 48 pero Jesús le preguntó:

—Judas, ¿con un beso traicionas al Hijo del hombre?

49 Los discípulos que lo rodeaban, al darse cuenta de lo que pasaba, dijeron:

—Señor, ¿atacamos con la espada?

50 Y uno de ellos hirió al siervo del sumo sacerdote, cortándole la oreja derecha.

51—¡Déjenlos! —ordenó Jesús.

Entonces le tocó la oreja al hombre, y lo sanó. 52 Luego dijo a los jefes de los sacerdotes, a los capitanes del *templo y a los *ancianos, que habían venido a prenderlo:

—¿Acaso soy un bandido, m para que vengan contra mí con espadas y palos? 53 Todos los días estaba con ustedes en el templo, y no se atrevieron a ponerme las manos encima. Pero ya ha llegado la hora de ustedes, cuando reinan las tinieblas.

Pedro niega a Jesús
22:55-62 — Mt 26:69-75; Mr 14:66-72; Jn 18:16-18,25-27

54 Prendieron entonces a Jesús y lo llevaron a la casa del sumo sacerdote. Pedro los seguía de lejos. 55 Pero luego, cuando encendieron una fogata en medio del patio y se sentaron alrededor, Pedro se les unió. 56 Una criada lo vio allí sentado a la lumbre, lo miró detenidamente y dijo:

—Éste estaba con él.

h 22:37 Is 53:12   i 22:37 En efecto ... cumpliendo. Lit. Porque lo que es acerca de mí tiene fin. j 22:41 a una buena distancia. Lit. como a un tiro de piedra.   k 22:42 no ... amargo. Lit. quita de mí esta copa.   l 22:44 Var. no incluye vv. 43 y 44.   m 22:52 bandido. Alt. insurgente.

57Pero él lo negó.

—Muchacha, yo no lo conozco.

58Poco después lo vio otro y afirmó:

—Tú también eres uno de ellos.

—¡No, hombre, no lo soy! —contestó Pedro.

59Como una hora más tarde, otro lo acusó:

—Seguro que éste estaba con él; miren que es galileo.

60—¡Hombre, no sé de qué estás hablando! —replicó Pedro. En el mismo momento en que dijo eso, cantó el gallo. **61**El Señor se volvió y miró directamente a Pedro. Entonces Pedro se acordó de lo que el Señor le había dicho: «Hoy mismo, antes de que el gallo cante, me negarás tres veces.» **62**Y saliendo de allí, lloró amargamente.

Los soldados se burlan de Jesús
22:63-65 — Mt 26:67-68; Mr 14:65; Jn 18:22-23

63Los hombres que vigilaban a Jesús comenzaron a burlarse de él y a golpearlo. **64**Le vendaron los ojos, y le increpaban:

—¡Adivina quién te pegó!

65Y le lanzaban muchos otros insultos.

Jesús ante Pilato y Herodes
22:67-71 — Mt 26:63-66; Mr 14:61-63; Jn 18:19-21
23:2-3 — Mt 27:11-14; Mr 15:2-5; Jn 18:29-37
23:18-25 — Mt 27:15-26; Mr 15:6-15; Jn 18:39–19:16

66Al amanecer, se reunieron los *ancianos del pueblo, tanto los jefes de los sacerdotes como los *maestros de la ley, e hicieron comparecer a Jesús ante el *Consejo.

67—Si eres el *Cristo, dínoslo —le exigieron.

Jesús les contestó:

—Si se lo dijera a ustedes, no me lo creerían, **68**y si les hiciera preguntas, no me contestarían. **69**Pero de ahora en adelante el Hijo del hombre estará sentado a la *derecha del Dios Todopoderoso.

70—¿Eres tú, entonces, el Hijo de Dios? —le preguntaron a una voz.

—Ustedes mismos lo dicen.

71—¿Para qué necesitamos más testimonios? —resolvieron—. Acabamos de oírlo de sus propios labios.

23 Así que la asamblea en pleno se levantó, y lo llevaron a Pilato. **2**Y comenzaron la acusación con estas palabras:

—Hemos descubierto a este hombre agitando a nuestra nación. Se opone al pago de impuestos al *emperador y afirma que él es el *Cristo, un rey.

3Así que Pilato le preguntó a Jesús:

—¿Eres tú el rey de los judíos?

—Tú mismo lo dices —respondió.

4Entonces Pilato declaró a los jefes de los sacerdotes y a la multitud:

—No encuentro que este hombre sea culpable de nada.

5Pero ellos insistían:

—Con sus enseñanzas agita al pueblo por toda Judea. *n* Comenzó en Galilea y ha llegado hasta aquí.

6Al oír esto, Pilato preguntó si el hombre era galileo. **7**Cuando se enteró de que pertenecía a la jurisdicción de Herodes, se lo mandó a él, ya que en aquellos días también Herodes estaba en Jerusalén.

8Al ver a Jesús, Herodes se puso muy contento; hacía tiempo que quería verlo por lo que oía acerca de él, y esperaba presenciar algún milagro que hiciera Jesús. **9**Lo acosó con muchas preguntas, pero Jesús no le contestaba nada. **10**Allí estaban también los jefes de los sacerdotes y los *maestros de la ley, acusándolo con vehemencia. **11**Entonces Herodes y sus soldados, con desprecio y burlas, le pusieron un manto lujoso y lo mandaron de vuelta a Pilato. **12**Anteriormente, Herodes y Pilato no se llevaban bien, pero ese mismo día se hicieron amigos.

13Pilato entonces reunió a los jefes de los sacerdotes, a los gobernantes y al pueblo, **14**y les dijo:

—Ustedes me trajeron a este hombre acusado de fomentar la rebelión entre el pueblo, pero resulta que lo he interrogado delante de ustedes sin encontrar que sea culpable de lo que ustedes lo acusan. **15**Y

n **23:5** *toda Judea.* Alt. *toda la tierra de los judíos.*

es claro que tampoco Herodes lo ha juzgado culpable, puesto que nos lo devolvió. Como pueden ver, no ha cometido ningún delito que merezca la muerte, 16así que le daré una paliza y después lo soltaré.*ñ* 18Pero todos gritaron a una voz:

—¡Llévate a ése! ¡Suéltanos a Barrabás!

19A Barrabás lo habían metido en la cárcel por una insurrección en la ciudad, y por homicidio. 20Pilato, como quería soltar a Jesús, apeló al pueblo otra vez, 21pero ellos se pusieron a gritar:

—¡Crucifícalo! ¡Crucifícalo!

22Por tercera vez les habló:

—Pero, ¿qué crimen ha cometido este hombre? No encuentro que él sea culpable de nada que merezca la pena de muerte, así que le daré una paliza y después lo soltaré.

23Pero a voz en cuello ellos siguieron insistiendo en que lo crucificara, y con sus gritos se impusieron. 24Por fin Pilato decidió concederles su demanda: 25soltó al hombre que le pedían, el que por insurrección y homicidio había sido echado en la cárcel, y dejó que hicieran con Jesús lo que quisieran.

La crucifixión

23:33-43 — Mt 27:33-44; Mr 15:22-32;
Jn 19:17-24

26Cuando se lo llevaban, echaron mano de un tal Simón de Cirene, que volvía del campo, y le cargaron la cruz para que la llevara detrás de Jesús. 27Lo seguía mucha gente del pueblo, incluso mujeres que se golpeaban el pecho, lamentándose por él. 28Jesús se volvió hacia ellas y les dijo:

—Hijas de Jerusalén, no lloren por mí; lloren más bien por ustedes y por sus hijos. 29Miren, va a llegar el tiempo en que se dirá: "¡*Dichosas las estériles, que nunca dieron a luz ni amamantaron!" 30Entonces

» "dirán a las montañas: '¡Caigan
    sobre nosotros!',
    y a las colinas: '¡Cúbrannos!' " *o*

31Porque si esto se hace cuando el árbol está verde, ¿qué no sucederá cuando esté seco?

32También llevaban con él a otros dos, ambos criminales, para ser ejecutados. 33Cuando llegaron al lugar llamado la Calavera, lo crucificaron allí, junto con los criminales, uno a su derecha y otro a su izquierda.

34—Padre —dijo Jesús—, perdónalos, porque no saben lo que hacen.*p*

Mientras tanto, echaban suertes para repartirse entre sí la ropa de Jesús.

35La gente, por su parte, se quedó allí observando, y aun los gobernantes estaban burlándose de él.

—Salvó a otros —decían—; que se salve a sí mismo, si es el *Cristo de Dios, el Escogido.

36También los soldados se acercaron para burlarse de él. Le ofrecieron vinagre 37y le dijeron:

—Si eres el rey de los judíos, sálvate a ti mismo.

38Resulta que había sobre él un letrero, que decía: «ÉSTE ES EL REY DE LOS JUDÍOS.» 39Uno de los criminales allí colgados empezó a insultarlo:

—¿No eres tú el Cristo? ¡Sálvate a ti mismo y a nosotros!

40Pero el otro criminal lo reprendió:

—¿Ni siquiera temor de Dios tienes, aunque sufres la misma condena? 41En nuestro caso, el castigo es justo, pues sufrimos lo que merecen nuestros delitos; éste, en cambio, no ha hecho nada malo.

42Luego dijo:

—Jesús, acuérdate de mí cuando vengas en tu reino.

43—Te aseguro que hoy estarás conmigo en el paraíso —le contestó Jesús.

Muerte de Jesús

23:44-49 — Mt 27:45-56; Mr 15:33-41

44Desde el mediodía y hasta la media tarde*q* toda la tierra quedó sumida en la oscuridad, 45pues el sol se ocultó. Y la cortina del *santuario del templo se rasgó

---

*ñ*23:16 *soltaré.* Var. *soltaré.* *17Ahora bien, durante la fiesta tenía la obligación de soltarles un preso* (véanse Mt 27:15 y Mr 15:6). *o*23:30 Os 10:8 *p*23:34 Var. no incluye esta oración. *q*23:44 *el mediodía ... la media tarde.* Lit. *la hora sexta ... la hora novena.*

en dos. **46**Entonces Jesús exclamó con fuerza:

—¡Padre, en tus manos encomiendo mi espíritu!

Y al decir esto, expiró.

47El centurión, al ver lo que había sucedido, alabó a Dios y dijo:

—Verdaderamente este hombre era justo.

48Entonces los que se habían reunido para presenciar aquel espectáculo, al ver lo ocurrido, se fueron de allí golpeándose el pecho. **49**Pero todos los conocidos de Jesús, incluso las mujeres que lo habían seguido desde Galilea, se quedaron mirando desde lejos.

Sepultura de Jesús
23:50-56 — Mt 27:57-61; Mr 15:42-47; Jn 19:38-42

50Había un hombre bueno y justo llamado José, miembro del *Consejo, **51**que no había estado de acuerdo con la decisión ni con la conducta de ellos. Era natural de un pueblo de Judea llamado Arimatea, y esperaba el reino de Dios. **52**Éste se presentó ante Pilato y le pidió el cuerpo de Jesús. **53**Después de bajarlo, lo envolvió en una sábana de lino y lo puso en un sepulcro cavado en la roca, en el que todavía no se había sepultado a nadie. **54**Era el día de preparación para el *sábado, que estaba a punto de comenzar.

55Las mujeres que habían acompañado a Jesús desde Galilea siguieron a José para ver el sepulcro y cómo colocaban el cuerpo. **56**Luego volvieron a casa y prepararon especias aromáticas y perfumes. Entonces descansaron el sábado, conforme al mandamiento.

La resurrección
24:1-10 — Mt 28:1-8; Mr 16:1-8; Jn 20:1-8

24 El primer día de la semana, muy de mañana, las mujeres fueron al sepulcro, llevando las especias aromáticas que habían preparado. **2**Encontraron que había sido quitada la piedra que cubría el sepulcro **3**y, al entrar, no hallaron el cuerpo del Señor Jesús. **4**Mientras se pregun-

taban qué habría pasado, se les presentaron dos hombres con ropas resplandecientes. **5**Asustadas, se postraron sobre su rostro, pero ellos les dijeron:

—¿Por qué buscan ustedes entre los muertos al que vive? **6**No está aquí; ¡ha resucitado! Recuerden lo que les dijo cuando todavía estaba con ustedes en Galilea: **7**"El Hijo del hombre tiene que ser entregado en manos de hombres *pecadores, y ser crucificado, pero al tercer día resucitará."

8Entonces ellas se acordaron de las palabras de Jesús. **9**Al regresar del sepulcro, les contaron todas estas cosas a los once y a todos los demás. **10**Las mujeres eran María Magdalena, Juana, María la madre de *Jacobo, y las demás que las acompañaban. **11**Pero a los discípulos el relato les pareció una tontería, así que no les creyeron. **12**Pedro, sin embargo, salió corriendo al sepulcro. Se asomó y vio sólo las vendas de lino. Luego volvió a su casa, extrañado de lo que había sucedido.

De camino a Emaús
13Aquel mismo día dos de ellos se dirigían a un pueblo llamado Emaús, a unos once kilómetros^r de Jerusalén. **14**Iban conversando sobre todo lo que había acontecido. **15**Sucedió que, mientras hablaban y discutían, Jesús mismo se acercó y comenzó a caminar con ellos; **16**pero no lo reconocieron, pues sus ojos estaban velados.

17—¿Qué vienen discutiendo por el camino? —les preguntó.

Se detuvieron, cabizbajos; **18**y uno de ellos, llamado Cleofas, le dijo:

—¿Eres tú el único peregrino en Jerusalén que no se ha enterado de todo lo que ha pasado recientemente?

19—¿Qué es lo que ha pasado? —les preguntó.

—Lo de Jesús de Nazaret. Era un profeta, poderoso en obras y en palabras delante de Dios y de todo el pueblo. **20**Los jefes de los sacerdotes y nuestros gobernantes lo entregaron para ser condenado a muerte, y lo crucificaron; **21**pero nosotros abrigábamos la esperanza de que era él quien redimiría a Israel. Es más, ya hace

---

r 24:13 *once kilómetros.* Lit. *sesenta* *estadios.*

tres días que sucedió todo esto. 22También algunas mujeres de nuestro grupo nos dejaron asombrados. Esta mañana, muy temprano, fueron al sepulcro 23pero no hallaron su cuerpo. Cuando volvieron, nos contaron que se les habían aparecido unos ángeles quienes les dijeron que él está vivo. 24Algunos de nuestros compañeros fueron después al sepulcro y lo encontraron tal como habían dicho las mujeres, pero a él no lo vieron.

25—¡Qué torpes son ustedes —les dijo—, y qué tardos de corazón para creer todo lo que han dicho los profetas! 26¿Acaso no tenía que sufrir el *Cristo estas cosas antes de entrar en su gloria? 27Entonces, comenzando por Moisés y por todos los profetas, les explicó lo que se refería a él en todas las Escrituras.

28Al acercarse al pueblo adonde se dirigían, Jesús hizo como que iba más lejos. 29Pero ellos insistieron:

—Quédate con nosotros, que está atardeciendo; ya es casi de noche.

Así que entró para quedarse con ellos. 30Luego, estando con ellos a la mesa, tomó el pan, lo bendijo, lo partió y se lo dio. 31Entonces se les abrieron los ojos y lo reconocieron, pero él desapareció. 32Se decían el uno al otro:

—¿No ardía nuestro corazón mientras conversaba con nosotros en el camino y nos explicaba las Escrituras?

33Al instante se pusieron en camino y regresaron a Jerusalén. Allí encontraron a los once y a los que estaban reunidos con ellos. 34«¡Es cierto! —decían—. El Señor ha resucitado y se le ha aparecido a Simón.»

35Los dos, por su parte, contaron lo que les había sucedido en el camino, y cómo habían reconocido a Jesús cuando partió el pan.

Jesús se aparece a los discípulos

36Todavía estaban ellos hablando acerca de esto, cuando Jesús mismo se puso en medio de ellos y les dijo:

—Paz a ustedes.

37Aterrorizados, creyeron que veían a un espíritu. 38—¿Por qué se asustan tanto? —les preguntó—. ¿Por qué les vienen dudas? 39Miren mis manos y mis pies. ¡Soy yo mismo! Tóquenme y vean; un espíritu no tiene carne ni huesos, como ven que los tengo yo.

40Dicho esto, les mostró las manos y los pies. 41Como ellos no acababan de creerlo a causa de la alegría y del asombro, les preguntó:

—¿Tienen aquí algo de comer?

42Le dieron un pedazo de pescado asado, 43así que lo tomó y se lo comió delante de ellos. Luego les dijo:

44—Cuando todavía estaba yo con ustedes, les decía que tenía que cumplirse todo lo que está escrito acerca de mí en la ley de Moisés, en los profetas y en los salmos.

45Entonces les abrió el entendimiento para que comprendieran las Escrituras.

46—Esto es lo que está escrito —les explicó—: que el *Cristo padecerá y *resucitará al tercer día, 47y en su nombre se predicarán el *arrepentimiento y el perdón de pecados a todas las *naciones, comenzando por Jerusalén. 48Ustedes son testigos de estas cosas. 49Ahora voy a enviarles lo que ha prometido mi Padre; pero ustedes quédense en la ciudad hasta que sean revestidos del poder de lo alto.

La ascensión

50Después los llevó Jesús hasta Betania; allí alzó las manos y los bendijo. 51Sucedió que, mientras los bendecía, se alejó de ellos y fue llevado al cielo. 52Ellos, entonces, lo adoraron y luego regresaron a Jerusalén con gran alegría. 53Y estaban continuamente en el *templo, alabando a Dios.

Evangelio según Juan

El Verbo se hizo hombre

1 En el principio ya existía el
*Verbo,
y el Verbo estaba con Dios,
y el Verbo era Dios.
² Él estaba con Dios en el principio.
³ Por medio de él todas las cosas
fueron creadas;
sin él, nada de lo creado llegó a
existir.
⁴ En él estaba la vida,
y la vida era la luz de la
*humanidad.
⁵ Esta luz resplandece en las tinieblas,
y las tinieblas no han podido
extinguirla.ᵃ

⁶ Vino un hombre llamado Juan. Dios
lo envió ⁷ como testigo para dar testimonio de la luz, a fin de que por medio
de él todos creyeran. ⁸ Juan no era la
luz, sino que vino para dar testimonio
de la luz. ⁹ Esa luz verdadera, la que
alumbra a todo *ser humano, venía a
este mundo.ᵇ
¹⁰ El que era la luz ya estaba en el
mundo, y el mundo fue creado por medio
de él, pero el mundo no lo reconoció.
¹¹ Vino a lo que era suyo, pero los suyos
no lo recibieron. ¹² Mas a cuantos lo recibieron, a los que creen en su nombre, les
dio el derecho de ser hijos de Dios. ¹³ Éstos
no nacen de la sangre, ni por deseos
*naturales, ni por voluntad humana, sino
que nacen de Dios. ¹⁴ Y el Verbo se hizo hombre y habitóᶜ
entre nosotros. Y hemos contemplado su
gloria, la gloria que corresponde al Hijo
*unigénito del Padre, lleno de gracia y de
verdad. ¹⁵ Juan dio testimonio de él, y a voz en

cuello proclamó: «Éste es aquel de quien
yo decía: "El que viene después de mí es
superior a mí, porque existía antes que
yo."» ¹⁶ De su plenitud todos hemos recibido gracia sobre gracia, ¹⁷ pues la ley fue
dada por medio de Moisés, mientras que
la gracia y la verdad nos han llegado por
medio de *Jesucristo. ¹⁸ A Dios nadie lo
ha visto nunca; el Hijo unigénito, que es
Diosᵈ y que vive en unión íntima con el
Padre, nos lo ha dado a conocer.

Juan el Bautista niega ser el Cristo

¹⁹ Éste es el testimonio de Juan cuando
los judíos de Jerusalén enviaron sacerdotes y levitas a preguntarle quién era. ²⁰ No
se negó a declararlo, sino que confesó con
franqueza:
—Yo no soy el *Cristo.
²¹ —¿Quién eres entonces? —le preguntaron—. ¿Acaso eres Elías?
—No lo soy.
—¿Eres el profeta?
—No lo soy.
²² —¿Entonces quién eres? ¡Tenemos
que llevar una respuesta a los que nos
enviaron! ¿Cómo te ves a ti mismo?
²³ —Yo soy la voz del que grita en el
desierto: "Enderecen el camino del
Señor"ᵉ —respondió Juan, con las palabras del profeta Isaías.
²⁴ Algunos que habían sido enviados
por los *fariseos ²⁵ lo interrogaron:
—Pues si no eres el Cristo, ni Elías ni
el profeta, ¿por qué bautizas?
²⁶ —Yo bautizo conᶠ agua, pero entre
ustedes hay alguien a quien no conocen,
²⁷ y que viene después de mí, al cual yo no
soy digno ni siquiera de desatarle la correa
de las sandalias.
²⁸ Todo esto sucedió en Betania, al otro

ᵃ 1:5 extinguirla. Alt. comprenderla.   ᵇ 1:9 Esa ... mundo. Alt. Esa era la luz verdadera que alumbra a todo
*ser humano que viene al mundo.   ᶜ 1:14 habitó. Lit. puso su carpa.   ᵈ 1:18 el Hijo unigénito, que es Dios.
Lit. Dios unigénito. Var. el Hijo unigénito.   ᵉ 1:23 Is 40:3   ᶠ 1:26 con. Alt. en; también en vv. 31 y 33.

lado del río Jordán, donde Juan estaba bautizando.

Jesús, el Cordero de Dios

29 Al día siguiente Juan vio a Jesús que se acercaba a él, y dijo: «¡Aquí tienen al Cordero de Dios, que quita el pecado del mundo! **30** De éste hablaba yo cuando dije: "Después de mí viene un hombre que es superior a mí, porque existía antes que yo." **31** Yo ni siquiera lo conocía, pero, para que él se revelara al pueblo de Israel, vine bautizando con agua.» **32** Juan declaró: «Vi al Espíritu descender del cielo como una paloma y permanecer sobre él. **33** Yo mismo no lo conocía, pero el que me envió a bautizar con agua me dijo: "Aquel sobre quien veas que el Espíritu desciende y permanece, es el que bautiza con el Espíritu Santo." **34** Yo lo he visto y por eso testifico que éste es el Hijo de Dios.»

Los primeros discípulos de Jesús
1:40-42 — Mt 4:18-22; Mr 1:16-20; Lc 5:2-11

35 Al día siguiente Juan estaba de nuevo allí, con dos de sus discípulos. **36** Al ver a Jesús que pasaba por ahí, dijo:

—¡Aquí tienen al Cordero de Dios!

37 Cuando los dos discípulos le oyeron decir esto, siguieron a Jesús. **38** Jesús se volvió y, al ver que lo seguían, les preguntó:

—¿Qué buscan?

—Rabí, ¿dónde te hospedas? (Rabí significa: Maestro.)

39 —Vengan a ver —les contestó Jesús.

Ellos fueron, pues, y vieron dónde se hospedaba, y aquel mismo día se quedaron con él. Eran como las cuatro de la tarde.ᵍ **40** Andrés, hermano de Simón Pedro, era uno de los dos que, al oír a Juan, habían seguido a Jesús. **41** Andrés encontró primero a su hermano Simón, y le dijo:

—Hemos encontrado al Mesías (es decir, el *Cristo).

42 Luego lo llevó a Jesús, quien mirándolo fijamente, le dijo:

—Tú eres Simón, hijo de Juan. Serás llamado *Cefas (es decir, Pedro).

Jesús llama a Felipe y a Natanael

43 Al día siguiente, Jesús decidió salir hacia Galilea. Se encontró con Felipe, y lo llamó:

—Sígueme.

44 Felipe era del pueblo de Betsaida, lo mismo que Andrés y Pedro. **45** Felipe buscó a Natanael y le dijo:

—Hemos encontrado a Jesús de Nazaret, el hijo de José, aquel de quien escribió Moisés en la ley, y de quien escribieron los profetas.

46 —¿De Nazaret! —replicó Natanael—. ¿Acaso de allí puede salir algo bueno?

—Ven a ver —le contestó Felipe.

47 Cuando Jesús vio que Natanael se le acercaba, comentó:

—Aquí tienen a un verdadero israelita, en quien no hay falsedad.

48 —¿De dónde me conoces? —le preguntó Natanael.

—Antes de que Felipe te llamara, cuando aún estabas bajo la higuera, ya te había visto.

49 —Rabí, ¡tú eres el Hijo de Dios! ¡Tú eres el Rey de Israel! —declaró Natanael.

50 —¿Lo crees porque te dije que te vi cuando estabas debajo de la higuera? ¡Vas a ver aun cosas más grandes que éstas!

Y añadió:

51 —Ciertamente les aseguro que ustedes verán abrirse el cielo, y a los ángeles de Dios subir y bajar sobre el Hijo del hombre.

Jesús cambia el agua en vino

2 Al tercer día se celebró una boda en Caná de Galilea, y la madre de Jesús se encontraba allí. **2** También habían sido invitados a la boda Jesús y sus discípulos. **3** Cuando el vino se acabó, la madre de Jesús le dijo:

—Ya no tienen vino.

4 —Mujer, ¿eso qué tiene que ver conmigo? —respondió Jesús—. Todavía no ha llegado mi hora.

ᵍ **1:39** *Eran ... tarde* (si se cuentan las horas a partir de las seis de la mañana, según la hora judía). Lit. *Era como la hora décima*; véase nota en 19:14.

5Su madre dijo a los sirvientes:
—Hagan lo que él les ordene.
6Había allí seis tinajas de piedra, de las que usan los judíos en sus ceremonias de *purificación. En cada una cabían unos cien litros.ʰ
7Jesús dijo a los sirvientes:
—Llenen de agua las tinajas.
Y los sirvientes las llenaron hasta el borde.
8—Ahora saquen un poco y llévenlo al encargado del banquete —les dijo Jesús.
Así lo hicieron. 9El encargado del banquete probó el agua convertida en vino sin saber de dónde había salido, aunque sí lo sabían los sirvientes que habían sacado el agua. Entonces llamó aparte al novio 10y le dijo:
—Todos sirven primero el mejor vino, y cuando los invitados ya han bebido mucho, entonces sirven el más barato; pero tú has guardado el mejor vino hasta ahora.
11Ésta, la primera de sus señales, la hizo Jesús en Caná de Galilea. Así reveló su gloria, y sus discípulos creyeron en él.
12Después de esto Jesús bajó a Capernaúm con su madre, sus hermanos y sus discípulos, y se quedaron allí unos días.

Jesús purifica el templo
2:14-16 — Mt 21:12-13; Mr 11:15-17; Lc 19:45-46

13Cuando se aproximaba la Pascua de los judíos, subió Jesús a Jerusalén. 14Y en el *temploⁱ halló a los que vendían bueyes, ovejas y palomas, e instalados en sus mesas a los que cambiaban dinero. 15Entonces, haciendo un látigo de cuerdas, echó a todos del templo, juntamente con sus ovejas y sus bueyes; regó por el suelo las monedas de los que cambiaban dinero y derribó sus mesas. 16A los que vendían las palomas les dijo:
—¡Saquen esto de aquí! ¿Cómo se atreven a convertir la casa de mi Padre en un mercado?
17Sus discípulos se acordaron de que está escrito: «El celo por tu casa me consumirá.»ʲ 18Entonces los judíos reaccionaron, preguntándole:
—¿Qué señal puedes mostrarnos para actuar de esta manera?
19—Destruyan este templo —respondió Jesús—, y lo levantaré de nuevo en tres días.
20—Tardaron cuarenta y seis años en construir este templo, ¿y tú vas a levantarlo en tres días?
21Pero el templo al que se refería era su propio cuerpo. 22Así, pues, cuando se *levantó de entre los muertos, sus discípulos se acordaron de lo que había dicho, y creyeron en la Escritura y en las palabras de Jesús.
23Mientras estaba en Jerusalén, durante la fiesta de la Pascua, muchos creyeron en su nombre al ver las señales que hacía. 24En cambio Jesús no les creía porque los conocía a todos; 25no necesitaba que nadie le informara nadaᵏ acerca de los demás, pues él conocía el interior del *ser humano.

Jesús enseña a Nicodemo

3 Había entre los *fariseos un dirigente de los judíos llamado Nicodemo. 2Éste fue de noche a visitar a Jesús.
—Rabí —le dijo—, sabemos que eres un maestro que ha venido de parte de Dios, porque nadie podría hacer las señales que tú haces si Dios no estuviera con él.
3—De veras te aseguro que quien no nazca de nuevoˡ no puede ver el reino de Dios —dijo Jesús.
4—¿Cómo puede uno nacer de nuevo siendo ya viejo? —preguntó Nicodemo—. ¿Acaso puede entrar por segunda vez en el vientre de su madre y volver a nacer?
5—Yo te aseguro que quien no nazca de agua y del Espíritu, no puede entrar en el reino de Dios —respondió Jesús—. 6Lo que nace del cuerpo es cuerpo; lo que nace del Espíritu es espíritu. 7No te sorprendas de que te haya dicho: "Tienen que nacer de nuevo." 8El viento sopla por donde quiere, y lo oyes silbar, aunque ignoras de dónde viene y a dónde va. Lo mismo pasa con todo el que nace del Espíritu.

ʰ2:6 *unos cien litros.* Lit. *entre dos y tres *metretas.* ⁱ2:14 Es decir, en el área general del templo; en vv. 19-21 el término griego significa *santuario. ʲ2:17 Sal 69:9 ᵏ2:25 *le informara nada.* Lit. *le diera testimonio.* ˡ3:3 *de nuevo.* Alt. *de arriba;* también en v. 7.

⁹Nicodemo replicó:

—¿Cómo es posible que esto suceda?

¹⁰—Tú eres maestro de Israel, ¿y no entiendes estas cosas? —respondió Jesús—. ¹¹Te digo con seguridad y verdad que hablamos de lo que sabemos y damos testimonio de lo que hemos visto personalmente, pero ustedes no aceptan nuestro testimonio. ¹²Si les he hablado de las cosas terrenales, y no creen, ¿entonces cómo van a creer si les hablo de las celestiales? ¹³Nadie ha subido jamás al cielo sino el que descendió del cielo, el Hijo del hombre.ᵐ

Jesús y el amor del Padre

¹⁴»Como levantó Moisés la serpiente en el desierto, así también tiene que ser levantado el Hijo del hombre, ¹⁵para que todo el que crea en él tenga vida eterna.ⁿ

¹⁶»Porque tanto amó Dios al mundo, que dio a su Hijo *unigénito, para que todo el que cree en él no se pierda, sino que tenga vida eterna. ¹⁷Dios no envió a su Hijo al mundo para condenar al mundo, sino para salvarlo por medio de él. ¹⁸El que cree en él no es condenado, pero el que no cree ya está condenado por no haber creído en el nombre del Hijo unigénito de Dios. ¹⁹Ésta es la causa de la condenación: que la luz vino al mundo, pero la *humanidad prefirió las tinieblas a la luz, porque sus hechos eran perversos. ²⁰Pues todo el que hace lo malo aborrece la luz, y no se acerca a ella por temor a que sus obras queden al descubierto. ²¹En cambio, el que practica la verdad se acerca a la luz, para que se vea claramente que ha hecho sus obras en obediencia a Dios.ñ

Testimonio de Juan el Bautista acerca de Jesús

²²Después de esto Jesús fue con sus discípulos a la región de Judea. Allí pasó algún tiempo con ellos, y bautizaba. ²³También Juan estaba bautizando en Enón, cerca de Salín, porque allí había mucha agua. Así que la gente iba para ser bautizada. ²⁴(Esto sucedió antes de que encarcelaran a Juan.) ²⁵Se entabló entonces una discusión entre los discípulos de Juan y un judíoᵒ en torno a los ritos de *purificación. ²⁶Aquéllos fueron a ver a Juan y le dijeron:

—Rabí, fíjate, el que estaba contigo al otro lado del Jordán, y de quien tú diste testimonio, ahora está bautizando, y todos acuden a él.

²⁷—Nadie puede recibir nada a menos que Dios se lo conceda —les respondió Juan—. ²⁸Ustedes me son testigos de que dije: "Yo no soy el *Cristo, sino que he sido enviado delante de él." ²⁹El que tiene a la novia es el novio. Pero el amigo del novio, que está a su lado y lo escucha, se llena de alegría cuando oye la voz del novio. Ésa es la alegría que me inunda. ³⁰A él le toca crecer, y a mí menguar.

El que viene del cielo

³¹»El que viene de arriba está por encima de todos; el que es de la tierra, es terrenal y de lo terrenal habla. El que viene del cielo está por encima de todos ³²y da testimonio de lo que ha visto y oído, pero nadie recibe su testimonio. ³³El que lo recibe certifica que Dios es veraz. ³⁴El enviado de Dios comunica el mensaje divino, pues Dios mismo le da su Espíritu sin restricción. ³⁵El Padre ama al Hijo, y ha puesto todo en sus manos. ³⁶El que cree en el Hijo tiene vida eterna; pero el que rechaza al Hijo no sabrá lo que es esa vida, sino que permanecerá bajo el castigo de Dios.ᴾ

Jesús y la samaritana

4 Jesúsۖ se enteró de que los *fariseos sabían que él estaba haciendo y bautizando más discípulos que Juan ²(aunque en realidad no era Jesús quien bautizaba sino sus discípulos). ³Por eso se fue de Judea y volvió otra vez a Galilea. ⁴Como tenía que pasar por Samaria, ⁵llegó a un pueblo samaritano llamado Sicar, cerca del terreno que Jacob le había dado a su

---

ᵐ3:13 hombre. Var. hombre que está en el cielo.   ⁿ3:15 todo ... eterna. Alt. todo el que cree tenga vida eterna en él.   ñ3:21 Algunos intérpretes consideran que el discurso de Jesús termina en el v. 15.   ᵒ3:25 un judío. Var. unos judíos.   ᴾ3:36 Algunos intérpretes consideran que los vv. 31-36 son comentario del autor del evangelio.   ۖ4:1 Jesús. Var. El Señor.

hijo José. ⁶Allí estaba el pozo de Jacob. Jesús, fatigado del camino, se sentó junto al pozo. Era cerca del mediodía.^r ⁷⁻⁸Sus discípulos habían ido al pueblo a comprar comida.

En eso llegó a sacar agua una mujer de Samaria, y Jesús le dijo:

—Dame un poco de agua.

⁹Pero como los judíos no usan nada en común^s con los samaritanos, la mujer le respondió:

—¿Cómo se te ocurre pedirme agua, si tú eres judío y yo soy samaritana?

¹⁰—Si supieras lo que Dios puede dar, y conocieras al que te está pidiendo agua —contestó Jesús—, tú le habrías pedido a él, y él te habría dado agua que da vida.

¹¹—Señor, ni siquiera tienes con qué sacar agua, y el pozo es muy hondo; ¿de dónde, pues, vas a sacar esa agua que da vida? ¹²¿Acaso eres tú superior a nuestro padre Jacob, que nos dejó este pozo, del cual bebieron él, sus hijos y su ganado?

¹³—Todo el que beba de esta agua volverá a tener sed —respondió Jesús—, ¹⁴pero el que beba del agua que yo le daré, no volverá a tener sed jamás, sino que dentro de él esa agua se convertirá en un manantial del que brotará vida eterna.

¹⁵—Señor, dame de esa agua para que no vuelva a tener sed ni siga viniendo aquí a sacarla.

¹⁶—Ve a llamar a tu esposo, y vuelve acá —le dijo Jesús.

¹⁷—No tengo esposo —respondió la mujer.

—Bien has dicho que no tienes esposo. ¹⁸Es cierto que has tenido cinco, y el que ahora tienes no es tu esposo. En esto has dicho la verdad.

¹⁹—Señor, me doy cuenta de que tú eres profeta. ²⁰Nuestros antepasados adoraron en este monte, pero ustedes los judíos dicen que el lugar donde debemos adorar está en Jerusalén.

²¹—Créeme, mujer, que se acerca la hora en que ni en este monte ni en Jerusalén adorarán ustedes al Padre. ²²Ahora ustedes adoran lo que no conocen; noso-

tros adoramos lo que conocemos, porque la salvación proviene de los judíos. ²³Pero se acerca la hora, y ha llegado ya, en que los verdaderos adoradores rendirán culto al Padre en espíritu y en verdad,^t porque así quiere el Padre que sean los que le adoren. ²⁴Dios es espíritu, y quienes lo adoran deben hacerlo en espíritu y en verdad.

²⁵—Sé que viene el Mesías, al que llaman el *Cristo —respondió la mujer—. Cuando él venga nos explicará todas las cosas.

²⁶—Ése soy yo, el que habla contigo —le dijo Jesús.

Los discípulos vuelven a reunirse con Jesús

²⁷En esto llegaron sus discípulos y se sorprendieron de verlo hablando con una mujer, aunque ninguno le preguntó: «¿Qué pretendes?» o «¿De qué hablas con ella?»

²⁸La mujer dejó su cántaro, volvió al pueblo y le decía a la gente:

²⁹—Vengan a ver a un hombre que me ha dicho todo lo que he hecho. ¿No será éste el *Cristo?

³⁰Salieron del pueblo y fueron a ver a Jesús. ³¹Mientras tanto, sus discípulos le insistían:

—Rabí, come algo.

³²—Yo tengo un alimento que ustedes no conocen —replicó él.

³³«¿Le habrán traído algo de comer?», comentaban entre sí los discípulos.

³⁴—Mi alimento es hacer la voluntad del que me envió y terminar su obra —les dijo Jesús—. ³⁵¿No dicen ustedes: "Todavía faltan cuatro meses para la cosecha"? Yo les digo: ¡Abran los ojos y miren los campos sembrados! Ya la cosecha está madura; ³⁶ya el segador recibe su salario y recoge el fruto para vida eterna. Ahora tanto el sembrador como el segador se alegran juntos. ³⁷Porque como dice el refrán: "Uno es el que siembra y otro el que cosecha." ³⁸Yo los he enviado a ustedes a cosechar lo que no les costó ningún trabajo.

---

^r *4:6 del mediodía.* Lit. *de la hora sexta;* véase nota en 1:39.   ^s *4:9 no usan nada en común.* Alt. *no se llevan bien.*   ^t *4:23 en espíritu y en verdad.* Alt. *por el Espíritu y la verdad;* también en v. 24.

Otros se han fatigado trabajando, y ustedes han cosechado el fruto de ese trabajo.

Muchos samaritanos creen en Jesús

39 Muchos de los samaritanos que vivían en aquel pueblo creyeron en él por el testimonio que daba la mujer: «Me dijo todo lo que he hecho.» 40 Así que cuando los samaritanos fueron a su encuentro le insistieron en que se quedara con ellos. Jesús permaneció allí dos días, 41 y muchos más llegaron a creer por lo que él mismo decía.

42 —Ya no creemos sólo por lo que tú dijiste —le decían a la mujer—; ahora lo hemos oído nosotros mismos, y sabemos que verdaderamente éste es el Salvador del mundo.

Jesús sana al hijo de un funcionario

43 Después de esos dos días Jesús salió de allí rumbo a Galilea 44 (pues, como él mismo había dicho, a ningún profeta se le honra en su propia tierra). 45 Cuando llegó a Galilea, fue bien recibido por los galileos, pues éstos habían visto personalmente todo lo que había hecho en Jerusalén durante la fiesta de la Pascua, ya que ellos habían estado también allí.

46 Y volvió otra vez Jesús a Caná de Galilea, donde había convertido el agua en vino. Había allí un funcionario real, cuyo hijo estaba enfermo en Capernaúm. 47 Cuando este hombre se enteró de que Jesús había llegado de Judea a Galilea, fue a su encuentro y le suplicó que bajara a sanar a su hijo, pues estaba a punto de morir.

48 —Ustedes nunca van a creer si no ven señales y prodigios —le dijo Jesús.

49 —Señor —rogó el funcionario—, baja antes de que se muera mi hijo.

50 —Vuelve a casa, que tu hijo vive —le dijo Jesús—.

El hombre creyó lo que Jesús le dijo, y se fue. 51 Cuando se dirigía a su casa, sus siervos salieron a su encuentro y le dieron la noticia de que su hijo estaba vivo. 52 Cuando les preguntó a qué hora había comenzado su hijo a sentirse mejor, le contestaron:

—Ayer a la una de la tarde u se le quitó la fiebre.

53 Entonces el padre se dio cuenta de que precisamente a esa hora Jesús le había dicho: «Tu hijo vive.» Así que creyó él con toda su familia.

54 Ésta fue la segunda señal que hizo Jesús después de que volvió de Judea a Galilea.

Jesús sana a un inválido

5 Algún tiempo después, se celebraba una fiesta de los judíos, y subió Jesús a Jerusalén. 2 Había allí, junto a la puerta de las Ovejas, un estanque rodeado de cinco pórticos, cuyo nombre en arameo es Betzatá. v 3 En esos pórticos se hallaban tendidos muchos enfermos, ciegos, cojos y paralíticos. w 5 Entre ellos se encontraba un hombre inválido que llevaba enfermo treinta y ocho años. 6 Cuando Jesús lo vio allí, tirado en el suelo, y se enteró de que ya tenía mucho tiempo de estar así, le preguntó:

—¿Quieres quedar sano?

7 —Señor —respondió—, no tengo a nadie que me meta en el estanque mientras se agita el agua, y cuando trato de hacerlo, otro se mete antes.

8 —Levántate, recoge tu camilla y anda —le contestó Jesús.

9 Al instante aquel hombre quedó sano, así que tomó su camilla y echó a andar. Pero ese día era *sábado. 10 Por eso los judíos le dijeron al que había sido sanado:

—Hoy es sábado; no te está permitido cargar tu camilla.

11 —El que me sanó me dijo: "Recoge tu camilla y anda" —les respondió.

12 —¿Quién es ese hombre que te dijo: "Recógela y anda"? —le interpelaron.

13 El que había sido sanado no tenía idea de quién era, porque Jesús se había

---

u 4:52 *la una de la tarde.* Lit. *la hora séptima;* véase nota en 1:39.   v 5:2 *Betzatá.* Var. *Betesda;* otra var. *Betsaida.*   w 5:3 *paralíticos.* Var. *paralíticos, que esperaban el movimiento del agua.* 4 *De cuando en cuando un ángel del Señor bajaba al estanque y agitaba el agua. El primero que entraba en el estanque después de cada agitación del agua quedaba sano de cualquier enfermedad que tuviera.*

escabullido entre la mucha gente que había en el lugar. **14**Después de esto Jesús lo encontró en el *templo y le dijo:

—Mira, ya has quedado sano. No vuelvas a pecar, no sea que te ocurra algo peor. **15**El hombre se fue e informó a los judíos que Jesús era quien lo había sanado.

Vida mediante el Hijo

16Precisamente por esto los judíos perseguían a Jesús, pues hacía tales cosas en *sábado. **17**Pero Jesús les respondía:

—Mi Padre aun hoy está trabajando, y yo también trabajo.

18Así que los judíos redoblaban sus esfuerzos para matarlo, pues no sólo quebrantaba el sábado sino que incluso llamaba a Dios su propio Padre, con lo que él mismo se hacía igual a Dios.

19Entonces Jesús afirmó:

—Ciertamente les aseguro que el hijo no puede hacer nada por su propia cuenta, sino solamente lo que ve que su padre hace, porque cualquier cosa que hace el padre, la hace también el hijo. **20**Pues el padre ama al hijo y le muestra todo lo que hace. Sí, y aun cosas más grandes que éstas le mostrará, que los dejará a ustedes asombrados. **21**Porque así como el Padre resucita a los muertos y les da vida, así también el Hijo da vida a quienes él le place. **22**Además, el Padre no juzga a nadie, sino que todo juicio lo ha delegado en el Hijo, **23**para que todos honren al Hijo como lo honran a él. El que se niega a honrar al Hijo no honra al Padre que lo envió.

24»Ciertamente les aseguro que el que oye mi palabra y cree al que me envió, tiene vida eterna y no será juzgado, sino que ha pasado de la muerte a la vida. **25**Ciertamente les aseguro que ya viene la hora, y ha llegado ya, en que los muertos oirán la voz del Hijo de Dios, y los que la oigan vivirán. **26**Porque así como el Padre tiene vida en sí mismo, así también ha concedido al Hijo el tener vida en sí mismo, **27**y le ha dado autoridad para juzgar, puesto que es el Hijo del hombre.

28»No se asombren de esto, porque viene la hora en que todos los que están en los sepulcros oirán su voz, **29**y saldrán de allí. Los que han hecho el bien resucitarán para tener vida, pero los que han practicado el mal resucitarán para ser juzgados. **30**Yo no puedo hacer nada por mi propia cuenta; juzgo sólo según lo que oigo, y mi juicio es justo, pues no busco hacer mi propia voluntad sino cumplir la voluntad del que me envió.

Los testimonios a favor del Hijo

31»Si yo testifico en mi favor, ese testimonio no es válido. **32**Otro es el que testifica en mi favor, y me consta que es válido el testimonio que él da de mí.

33»Ustedes enviaron a preguntarle a Juan, y él dio un testimonio válido. **34**Y no es que acepte yo el testimonio de un hombre; más bien lo menciono para que ustedes sean salvos. **35**Juan era una lámpara encendida y brillante, y ustedes decidieron disfrutar de su luz por algún tiempo.

36»El testimonio con que yo cuento tiene más peso que el de Juan. Porque esa misma tarea que el Padre me ha encomendado que lleve a cabo, y que estoy haciendo, es la que testifica que el Padre me ha enviado. **37**Y el Padre mismo que me envió ha testificado en mi favor. Ustedes nunca han oído su voz, ni visto su figura, **38**ni vive su palabra en ustedes, porque no creen en aquel a quien él envió. **39**Ustedes estudian *x* con diligencia las Escrituras porque piensan que en ellas hallan la vida eterna. ¡Y son ellas las que dan testimonio en mi favor! **40**Sin embargo, ustedes no quieren venir a mí para tener esa vida.

41»La gloria *humana no la acepto, **42**pero a ustedes los conozco, y sé que no aman realmente a Dios. *y* **43**Yo he venido en nombre de mi Padre, y ustedes no me aceptan; pero si otro viniera por su propia cuenta, a ése sí lo aceptarían. **44**¿Cómo va a ser posible que ustedes crean, si unos a otros se rinden gloria pero no buscan la gloria que viene del Dios único? *z* **45**»Pero no piensen que yo voy a acu-

---

sarlos delante del Padre. Quien los va a acusar es Moisés, en quien tienen puesta su esperanza. 46Si le creyeran a Moisés, me creerían a mí, porque de mí escribió él. 47Pero si no creen lo que él escribió, ¿cómo van a creer mis palabras?

Jesús alimenta a los cinco mil

6:1-13 — Mt 14:13-21; Mr 6:32-44; Lc 9:10-17

6 Algún tiempo después, Jesús se fue a la otra orilla del mar de Galilea (o de Tiberíades). 2Y mucha gente lo seguía, porque veían las señales milagrosas que hacía en los enfermos. 3Entonces subió Jesús a una colina y se sentó con sus discípulos. 4Faltaba muy poco tiempo para la fiesta judía de la Pascua.

5Cuando Jesús alzó la vista y vio una gran multitud que venía hacia él, le dijo a Felipe:

—¿Dónde vamos a comprar pan para que coma esta gente?

6Esto lo dijo sólo para ponerlo a *prueba, porque él ya sabía lo que iba a hacer.

7—Ni con el salario de ocho mesesª podríamos comprar suficiente pan para darle un pedazo a cada uno —respondió Felipe.

8Otro de sus discípulos, Andrés, que era hermano de Simón Pedro, le dijo:

9—Aquí hay un muchacho que tiene cinco panes de cebada y dos pescados, pero ¿qué es esto para tanta gente?

10—Hagan que se sienten todos —ordenó Jesús.

En ese lugar había mucha hierba. Así que se sentaron, y los varones adultos eran como cinco mil. 11Jesús tomó entonces los panes, dio gracias y distribuyó a los que estaban sentados todo lo que quisieron. Lo mismo hizo con los pescados.

12Una vez que quedaron satisfechos, dijo a sus discípulos:

—Recojan los pedazos que sobraron, para que no se desperdicie nada.

13Así lo hicieron, y con los pedazos de los cinco panes de cebada que les sobraron a los que habían comido, llenaron doce canastas.

14Al ver la señal que Jesús había realizado, la gente comenzó a decir: «En verdad éste es el profeta, el que ha de venir al mundo.» 15Pero Jesús, dándose cuenta de que querían llevárselo a la fuerza y declararlo rey, se retiró de nuevo a la montaña él solo.

Jesús camina sobre el agua

6:16-21 — Mt 14:22-33; Mr 6:47-51

16Cuando ya anochecía, sus discípulos bajaron al lago 17y subieron a una barca, y comenzaron a cruzar el lago en dirección a Capernaúm. Para entonces ya había oscurecido, y Jesús todavía no se les había unido. 18Por causa del fuerte viento que soplaba, el lago estaba picado. 19Habrían remado unos cinco o seis kilómetrosᵇ cuando vieron que Jesús se acercaba a la barca, caminando sobre el agua, y se asustaron. 20Pero él les dijo: «No tengan miedo, que soy yo.» 21Así que se dispusieron a recibirlo a bordo, y en seguida la barca llegó a la orilla adonde se dirigían.

22Al día siguiente, la multitud que se había quedado en el otro lado del lago se dio cuenta de que los discípulos se habían embarcado solos. Allí había estado una sola barca, y Jesús no había entrado en ella con sus discípulos. 23Sin embargo, algunas barcas de Tiberíades se aproximaron al lugar donde la gente había comido el pan después de haber dado gracias el Señor. 24En cuanto la multitud se dio cuenta de que ni Jesús ni sus discípulos estaban allí, subieron a las barcas y se fueron a Capernaúm a buscar a Jesús.

Jesús, el pan de vida

25Cuando lo encontraron al otro lado del lago, le preguntaron:

—Rabí, ¿cuándo llegaste acá?

26—Ciertamente les aseguro que ustedes me buscan, no porque han visto señales sino porque comieron pan hasta llenarse. 27Trabajen, pero no por la comida que es perecedera, sino por la que permanece para vida eterna, la cual les dará el Hijo del hombre. Sobre éste ha

---

ª6:7 el salario de ocho meses. Lit. doscientos *denarios.   ᵇ6:19 cinco o seis kilómetros. Lit. veinticinco o treinta *estadios.

puesto Dios el Padre su sello de aprobación.

28—¿Qué tenemos que hacer para realizar las obras que Dios exige? —le preguntaron.

29—Ésta es la obra de Dios: que crean
en aquel a quien él envió —les respondió
Jesús.

30—¿Y qué señal harás para que la
veamos y te creamos? ¿Qué puedes hacer?
—insistieron ellos—. **31**Nuestros antepasados comieron el maná en el desierto,
como está escrito: "Pan del cielo les dio a
comer."*c*

32—Ciertamente les aseguro que no
fue Moisés el que les dio a ustedes el pan
del cielo —afirmó Jesús—. El que da el
verdadero pan del cielo es mi Padre. **33**El
pan de Dios es el que baja del cielo y da
vida al mundo.

34—Señor —le pidieron—, danos
siempre ese pan.

35—Yo soy el pan de vida —declaró
Jesús—. El que a mí viene nunca pasará
hambre, y el que en mí cree nunca más
volverá a tener sed. **36**Pero como ya les
dije, a pesar de que ustedes me han visto,
no creen. **37**Todos los que el Padre me da
vendrán a mí; y al que a mí viene, no lo
rechazo. **38**Porque he bajado del cielo no
para hacer mi voluntad sino la del que me
envió. **39**Y ésta es la voluntad del que me
envió: que yo no pierda nada de lo que él
me ha dado, sino que lo resucite en el día
final. **40**Porque la voluntad de mi Padre es
que todo el que reconozca al Hijo y crea
en él, tenga vida eterna, y yo lo resucitaré
en el día final.

41Entonces los judíos comenzaron a
murmurar contra él, porque dijo: «Yo soy
el pan que bajó del cielo.» **42**Y se decían:
«¿Acaso no es éste Jesús, el hijo de José?
¿No conocemos a su padre y a su madre?
¿Cómo es que sale diciendo: "Yo bajé del
cielo"?»

43—Dejen de murmurar —replicó
Jesús—. **44**Nadie puede venir a mí si no lo
atrae el Padre que me envió, y yo lo
resucitaré en el día final. **45**En los profetas
está escrito: "A todos los instruirá Dios."*d*

En efecto, todo el que escucha al Padre y
aprende de él, viene a mí. **46**Al Padre nadie
lo ha visto, excepto el que viene de Dios;
sólo él ha visto al Padre. **47**Ciertamente les
aseguro que el que cree tiene vida eterna.
48Yo soy el pan de vida. **49**Los antepasados de ustedes comieron el maná en el
desierto, y sin embargo murieron. **50**Pero
éste es el pan que baja del cielo; el que
come de él, no muere. **51**Yo soy el pan vivo
que bajó del cielo. Si alguno come de este
pan, vivirá para siempre. Este pan es mi
carne, que daré para que el mundo viva.

52Los judíos comenzaron a disputar
acaloradamente entre sí: «¿Cómo puede
éste darnos a comer su carne?»

53—Ciertamente les aseguro —afirmó
Jesús— que si no comen la carne del Hijo
del hombre ni beben su sangre, no tienen
realmente vida. **54**El que come*e* mi carne
y bebe mi sangre tiene vida eterna, y yo
lo resucitaré en el día final. **55**Porque mi
carne es verdadera comida y mi sangre es
verdadera bebida. **56**El que come mi carne
y bebe mi sangre, permanece en mí y yo
en él. **57**Así como me envió el Padre
viviente, y yo vivo por el Padre, también
el que come de mí, vivirá por mí. **58**Éste
es el pan que bajó del cielo. Los antepasados de ustedes comieron maná y murieron, pero el que come de este pan vivirá
para siempre.

59Todo esto lo dijo Jesús mientras enseñaba en la sinagoga de Capernaúm.

Muchos discípulos abandonan a Jesús

60Al escucharlo, muchos de sus discípulos exclamaron: «Esta enseñanza es
muy difícil; ¿quién puede aceptarla?»

61Jesús, muy consciente de que sus
discípulos murmuraban por lo que había
dicho, les reprochó:

—¿Esto les causa *tropiezo? **62**¿Qué
tal si vieran al Hijo del hombre subir
adonde antes estaba? **63**El Espíritu da vida; la *carne no vale para nada. Las palabras que les he hablado son espíritu y son
vida. **64**Sin embargo, hay algunos de ustedes que no creen.

---

*c***6:31** Éx 16:4; Neh 9:15; Sal 78:24,25   *d***6:45** Is 54:13   *e***6:54** *come.* Lit. *masca,* o *casca.*

Es que Jesús conocía desde el principio quiénes eran los que no creían y quién era el que iba a traicionarlo. Así que añadió: 65—Por esto les dije que nadie puede venir a mí, a menos que se lo haya concedido el Padre.

66 Desde entonces muchos de sus discípulos le volvieron la espalda y ya no andaban con él. Así que Jesús les preguntó a los doce:

67—¿También ustedes quieren marcharse?

68—Señor —contestó Simón Pedro—, ¿a quién iremos? Tú tienes palabras de vida eterna. 69 Y nosotros hemos creído, y sabemos que tú eres el Santo de Dios.*f*

70—¿No los he escogido yo a ustedes doce? —repuso Jesús—. No obstante, uno de ustedes es un diablo.

71 Se refería a Judas, hijo de Simón Iscariote, uno de los doce, que iba a traicionarlo.

Jesús va a la fiesta de los Tabernáculos

7 Algún tiempo después, Jesús andaba por Galilea. No tenía ningún interés en ir a Judea, porque allí los judíos buscaban la oportunidad para matarlo. 2 Faltaba poco tiempo para la fiesta judía de los Tabernáculos,*g* 3 así que los hermanos de Jesús le dijeron:

—Deberías salir de aquí e ir a Judea, para que tus discípulos vean las obras que realizas, 4 porque nadie que quiera darse a conocer actúa en secreto. Ya que haces estas cosas, deja que el mundo te conozca.

5 Lo cierto es que ni siquiera sus hermanos creían en él. 6 Por eso Jesús les dijo:

—Para ustedes cualquier tiempo es bueno, pero el tiempo mío aún no ha llegado. 7 El mundo no tiene motivos para aborrecerlos; a mí, sin embargo, me aborrece porque yo testifico que sus obras son malas. 8 Suban ustedes a la fiesta. Yo no voy todavía*h* a esta fiesta porque mi tiempo aún no ha llegado.

9 Dicho esto, se quedó en Galilea. 10 Sin embargo, después de que sus hermanos se fueron a la fiesta, fue también él, no públicamente sino en secreto. 11 Por eso las autoridades judías lo buscaban durante la fiesta, y decían: «¿Dónde se habrá metido?»

12 Entre la multitud corrían muchos rumores acerca de él. Unos decían: «Es una buena persona.» Otros alegaban: «No, lo que pasa es que engaña a la gente.» 13 Sin embargo, por temor a los judíos nadie hablaba de él abiertamente.

Jesús enseña en la fiesta

14 Jesús esperó hasta la mitad de la fiesta para subir al *templo y comenzar a enseñar. 15 Los judíos se admiraban y decían: «¿De dónde sacó éste tantos conocimientos sin haber estudiado?»

16—Mi enseñanza no es mía —replicó Jesús— sino del que me envió. 17 El que esté dispuesto a hacer la voluntad de Dios reconocerá si mi enseñanza proviene de Dios o si yo hablo por mi propia cuenta. 18 El que habla por cuenta propia busca su vanagloria; en cambio, el que busca glorificar al que lo envió es una persona íntegra y sin doblez. 19 ¿No les ha dado Moisés la ley a ustedes? Sin embargo, ninguno de ustedes la cumple. ¿Por qué tratan entonces de matarme?

20—Estás endemoniado —contestó la multitud—. ¿Quién quiere matarte?

21—Hice un milagro y todos ustedes han quedado asombrados. 22 Por eso Moisés les dio la circuncisión, que en realidad no proviene de Moisés sino de los patriarcas, y aun en *sábado la practican. 23 Ahora bien, si para cumplir la ley de Moisés circuncidan a un varón incluso en sábado, ¿por qué se enfurecen conmigo si en sábado lo sano por completo? 24 No juzguen por las apariencias; juzguen con justicia.

¿Es éste el Cristo?

25 Algunos de los que vivían en Jerusalén comentaban: «¿No es éste al que quieren matar? 26 Ahí está, hablando abiertamente, y nadie le dice nada. ¿Será que las autoridades se han convencido de

f 6:69 *el Santo de Dios.* Var. *el *Cristo, el hijo del Dios viviente.* *g* 7:2 *los Tabernáculos.* Alt. *las *Enramadas.* *h* 7:8 Var. no incluye: *todavía.*

que es el *Cristo? 27Nosotros sabemos de dónde viene este hombre, pero cuando venga el Cristo nadie sabrá su procedencia.»

28Por eso Jesús, que seguía enseñando en el *templo, exclamó:

—¡Con que ustedes me conocen y saben de dónde vengo! No he venido por mi propia cuenta, sino que me envió uno que es digno de confianza. Ustedes no lo conocen, 29pero yo sí lo conozco porque vengo de parte suya, y él mismo me ha enviado.

30Entonces quisieron arrestarlo, pero nadie le echó mano porque aún no había llegado su hora. 31Con todo, muchos de entre la multitud creyeron en él y decían: «Cuando venga el Cristo, ¿acaso va a hacer más señales que este hombre?»

32Los *fariseos oyeron a la multitud que murmuraba estas cosas acerca de él, y junto con los jefes de los sacerdotes mandaron unos guardias del templo para arrestarlo.

33—Voy a estar con ustedes un poco más de tiempo —afirmó Jesús—, y luego volveré al que me envió. 34Me buscarán, pero no me encontrarán, porque adonde yo esté no podrán ustedes llegar.

35«¿Y éste a dónde piensa irse que no podamos encontrarlo? —comentaban entre sí los judíos—. ¿Será que piensa ir a nuestra gente dispersa entre las naciones,i para enseñar a los *griegos? 36¿Qué quiso decir con eso de que "me buscarán, pero no me encontrarán", y "adonde yo esté no podrán ustedes llegar"?»

Jesús en el último día de la fiesta

37En el último día, el más solemne de la fiesta, Jesús se puso de pie y exclamó:

—¡Si alguno tiene sed, que venga a mí y beba! 38De aquel que cree en mí, como dicej la Escritura, brotarán ríos de agua viva.

39Con esto se refería al Espíritu que habrían de recibir más tarde los que creyeran en él. Hasta ese momento el Espíritu

no había sido dado, porque Jesús no había sido glorificado todavía.

40Al oír sus palabras, algunos de entre la multitud decían: «Verdaderamente éste es el profeta.» 41Otros afirmaban: «¡Es el *Cristo!» Pero otros objetaban: «¿Cómo puede el Cristo venir de Galilea? 42¿Acaso no dice la Escritura que el Cristo vendrá de la descendencia de David, y de Belén, el pueblo de donde era David?» 43Por causa de Jesús la gente estaba dividida. 44Algunos querían arrestarlo, pero nadie le puso las manos encima.

Incredulidad de los dirigentes judíos

45Los guardias del *templo volvieron a los jefes de los sacerdotes y a los *fariseos, quienes los interrogaron:

—¿Se puede saber por qué no lo han traído?

46—¡Nunca nadie ha hablado como ese hombre! —declararon los guardias.

47—¿Así que también ustedes se han dejado engañar? —replicaron los fariseos—. 48¿Acaso ha creído en él alguno de los gobernantes o de los fariseos? 49¡No! Pero esta gente, que no sabe nada de la ley, está bajo maldición.

50Nicodemo, que era uno de ellos y que antes había ido a ver a Jesús, les interpeló:

51—¿Acaso nuestra ley condena a un hombre sin antes escucharlo y averiguar lo que hace?

52—¿No eres tú también de Galilea? —protestaron—. Investiga y verás que de Galilea no ha salido ningún profeta.k

_____

53Entonces todos se fueron a casa.

La mujer sorprendida en adulterio

8 Pero Jesús se fue al monte de los Olivos. 2Al amanecer se presentó de nuevo en el *templo. Toda la gente se le acercó, y él se sentó a enseñarles. 3Los

---

i7:35 *nuestra ... naciones.* Lit. *la diáspora de los griegos. a mí! ¡Y que beba 38el que cree en mí! De él, como dice.* j7:37-38 *que venga ... como dice.* Alt. *que venga* k7:52 Los mss. más antiguos y otros testimonios de la antigüedad no incluyen Jn 7:53—8:11. En algunos códices y versiones que contienen el relato de la adúltera, esta sección aparece en diferentes lugares; por ejemplo, después de 7:44, o al final de este evangelio, o después de Lc 21:38.

*maestros de la ley y los *fariseos llevaron entonces a una mujer sorprendida en adulterio, y poniéndola en medio del grupo **4**le dijeron a Jesús:

—Maestro, a esta mujer se le ha sorprendido en el acto mismo de adulterio. **5**En la ley Moisés nos ordenó apedrear a tales mujeres. ¿Tú qué dices? **6**Con esta pregunta le estaban tendiendo una *trampa, para tener de qué acusarlo. Pero Jesús se inclinó y con el dedo comenzó a escribir en el suelo. **7**Y como ellos lo acosaban a preguntas, Jesús se incorporó y les dijo:

—Aquel de ustedes que esté libre de pecado, que tire la primera piedra.

8E inclinándose de nuevo, siguió escribiendo en el suelo. **9**Al oír esto, se fueron retirando uno tras otro, comenzando por los más viejos, hasta dejar a Jesús solo con la mujer, que aún seguía allí. **10**Entonces él se incorporó y le preguntó:

—Mujer, ¿dónde están?*l* ¿Ya nadie te condena?

11—Nadie, Señor.

—Tampoco yo te condeno. Ahora vete, y no vuelvas a pecar.

Validez del testimonio de Jesús

12Una vez más Jesús se dirigió a la gente, y les dijo:

—Yo soy la luz del mundo. El que me sigue no andará en tinieblas, sino que tendrá la luz de la vida.

13—Tú te presentas como tu propio testigo —alegaron los *fariseos—, así que tu testimonio no es válido.

14—Aunque yo sea mi propio testigo —repuso Jesús—, mi testimonio es válido, porque sé de dónde he venido y a dónde voy. Pero ustedes no saben de dónde vengo ni a dónde voy. **15**Ustedes juzgan según criterios *humanos; yo, en cambio, no juzgo a nadie. **16**Y si lo hago, mis juicios son válidos porque no los emito por mi

cuenta sino en unión con el Padre que me envió. **17**En la ley de ustedes está escrito que el testimonio de dos personas es válido. **18**Uno de mis testigos soy yo mismo, y el Padre que me envió también da testimonio de mí.

19—¿Dónde está tu padre?

—Si supieran quién soy yo, sabrían también quién es mi Padre.

20Estas palabras las dijo Jesús en el lugar donde se depositaban las ofrendas, mientras enseñaba en el *templo. Pero nadie le echó mano porque aún no había llegado su tiempo.

Yo no soy de este mundo

21De nuevo Jesús les dijo:

—Yo me voy, y ustedes me buscarán, pero en su pecado morirán. Adonde yo voy, ustedes no pueden ir.

22Comentaban, por tanto, los judíos: «¿Acaso piensa suicidarse? ¿Será por eso que dice: "Adonde yo voy, ustedes no pueden ir"?»

23—Ustedes son de aquí abajo —continuó Jesús—; yo soy de allá arriba. Ustedes son de este mundo; yo no soy de este mundo. **24**Por eso les he dicho que morirán en sus pecados, pues si no creen que yo soy el que afirmo ser,*m* en sus pecados morirán.

25—¿Quién eres tú? —le preguntaron.

—En primer lugar, ¿qué tengo que explicarles?*n* —contestó Jesús—. **26**Son muchas las cosas que tengo que decir y juzgar de ustedes. Pero el que me envió es veraz, y lo que le he oído decir es lo mismo que le repito al mundo.

27Ellos no entendieron que les hablaba de su Padre. **28**Por eso Jesús añadió:

—Cuando hayan levantado al Hijo del hombre, sabrán ustedes que yo soy, y que no hago nada por mi propia cuenta, sino que hablo conforme a lo que el Padre me ha enseñado. **29**El que me envió está conmigo; no me ha dejado solo, porque siempre hago lo que le agrada.

30Mientras aún hablaba, muchos creyeron en él.

---

*l***8:10** *¿dónde están? Var. ¿dónde están los que te acusaban?*   *m***8:24** *el que afirmo ser. Alt. aquél; también* en v. 28.   *n***8:25** *En primer ... explicarles? Alt. Lo que desde el principio he venido diciéndoles.*

Los hijos de Abraham

31 Jesús se dirigió entonces a los judíos que habían creído en él, y les dijo:

—Si se mantienen fieles a mis enseñanzas, serán realmente mis discípulos; 32 y conocerán la verdad, y la verdad los hará libres.

33 —Nosotros somos descendientes de Abraham —le contestaron—, y nunca hemos sido esclavos de nadie. ¿Cómo puedes decir que seremos liberados?

34 —Ciertamente les aseguro que todo el que peca es esclavo del pecado —respondió Jesús—. 35 Ahora bien, el esclavo no se queda para siempre en la familia; pero el hijo sí se queda en ella para siempre. 36 Así que si el Hijo los libera, serán ustedes verdaderamente libres. 37 Yo sé que ustedes son descendientes de Abraham. Sin embargo, procuran matarme porque no está en sus planes aceptar mi palabra. 38 Yo hablo de lo que he visto en presencia del Padre; así también ustedes, hagan lo que del Padre han escuchado.

39 —Nuestro padre es Abraham —replicaron.

—Si fueran hijos de Abraham, harían lo mismo que él hizo. 40 Ustedes, en cambio, quieren matarme, ¡a mí, que les he expuesto la verdad que he recibido de parte de Dios! Abraham jamás haría tal cosa. 41 Las obras de ustedes son como las de su padre.

—Nosotros no somos hijos nacidos de prostitución —le reclamaron—. Un solo Padre tenemos, y es Dios mismo.

Los hijos del diablo

42 —Si Dios fuera su Padre —les contestó Jesús—, ustedes me amarían, porque yo he venido de Dios y aquí me tienen. No he venido por mi propia cuenta, sino que él me envió. 43 ¿Por qué no entienden mi modo de hablar? Porque no pueden aceptar mi palabra. 44 Ustedes son de su padre, el diablo, cuyos deseos quieren cumplir. Desde el principio éste ha sido un asesino, y no se mantiene en la verdad, porque no hay verdad en él. Cuando miente, expresa su propia naturaleza, porque es un mentiroso. ¡Es el padre de la mentira! 45 Y sin embargo a mí, que les digo la verdad, no me creen. 46 ¿Quién de ustedes me puede probar que soy culpable de pecado? Si digo la verdad, ¿por qué no me creen? 47 El que es de Dios escucha lo que Dios dice. Pero ustedes no escuchan, porque no son de Dios.

Declaración de Jesús acerca de sí mismo

48 —¿No tenemos razón al decir que eres un samaritano, y que estás endemoniado? —replicaron los judíos.

49 —No estoy poseído por ningún demonio —contestó Jesús—. Tan sólo honro a mi Padre; pero ustedes me deshonran a mí. 50 Yo no busco mi propia gloria; pero hay uno que la busca, y él es el juez. 51 Ciertamente les aseguro que el que cumple mi palabra, nunca morirá.

52 —¡Ahora estamos convencidos de que estás endemoniado! —exclamaron los judíos—. Abraham murió, y también los profetas, pero tú sales diciendo que si alguno guarda tu palabra, nunca morirá. 53 ¿Acaso eres tú mayor que nuestro padre Abraham? Él murió, y también murieron los profetas. ¿Quién te crees tú?

54 —Si yo me glorifico a mí mismo —les respondió Jesús—, mi gloria no significa nada. Pero quien me glorifica es mi Padre, el que ustedes dicen que es su Dios, 55 aunque no lo conocen. Yo, en cambio, sí lo conozco. Si dijera que no lo conozco, sería tan mentiroso como ustedes; pero lo conozco y cumplo su palabra. 56 Abraham, el padre de ustedes, se regocijó al pensar que vería mi día; y lo vio y se alegró.

57 —Ni a los cincuenta años llegas —le dijeron los judíos—, ¿y has visto a Abraham?

58 —Ciertamente les aseguro que, antes de que Abraham naciera, ¡yo soy!

59 Entonces los judíos tomaron piedras para arrojárselas, pero Jesús se escondió y salió inadvertido del templo.ñ

ñ 8:59 *templo.* Var. *templo atravesando por en medio de ellos, y así se fue.*

Jesús sana a un ciego de nacimiento

9 A su paso, Jesús vio a un hombre que era ciego de nacimiento. ²Y sus discípulos le preguntaron:

—Rabí, para que este hombre haya nacido ciego, ¿quién pecó, él o sus padres?

³—Ni él pecó, ni sus padres —respondió Jesús—, sino que esto sucedió para que la obra de Dios se hiciera evidente en su vida. ⁴Mientras sea de día, tenemos que llevar a cabo la obra del que me envió. Viene la noche cuando nadie puede trabajar. ⁵Mientras esté yo en el mundo, luz soy del mundo.

⁶Dicho esto, escupió en el suelo, hizo barro con la saliva y se lo untó en los ojos al ciego, diciéndole:

⁷—Ve y lávate en el estanque de Siloé (que significa: Enviado).

El ciego fue y se lavó, y al volver ya veía.

⁸Sus vecinos y los que lo habían visto pedir limosna decían: «¿No es éste el que se sienta a mendigar?» ⁹Unos aseguraban: «Sí, es él.» Otros decían: «No es él, sino que se le parece.» Pero él insistía: «Soy yo.»

¹⁰—¿Cómo entonces se te han abierto los ojos? —le preguntaron.

¹¹—Ese hombre que se llama Jesús hizo un poco de barro, me lo untó en los ojos y me dijo: "Ve y lávate en Siloé." Así que fui, me lavé, y entonces pude ver.

¹²—¿Y dónde está ese hombre? —le preguntaron.

—No lo sé —respondió.

Las autoridades investigan la sanidad del ciego

¹³Llevaron ante los *fariseos al que había sido ciego. ¹⁴Era *sábado cuando Jesús hizo el barro y le abrió los ojos al ciego. ¹⁵Por eso los fariseos, a su vez, le preguntaron cómo había recibido la vista.

—Me untó barro en los ojos, me lavé, y ahora veo —respondió.

¹⁶Algunos de los fariseos comentaban: «Ese hombre no viene de parte de Dios, porque no respeta el sábado.» Otros objetaban: «¿Cómo puede un pecador hacer semejantes señales?» Y había desacuerdo entre ellos.

¹⁷Por eso interrogaron de nuevo al ciego:

—¿Y qué opinas tú de él? Fue a ti a quien te abrió los ojos.

—Yo digo que es profeta —contestó.

¹⁸Pero los judíos no creían que el hombre hubiera sido ciego y que ahora viera, y hasta llamaron a sus padres ¹⁹y les preguntaron:

—¿Es éste su hijo, el que dicen ustedes que nació ciego? ¿Cómo es que ahora puede ver?

²⁰—Sabemos que éste es nuestro hijo —contestaron los padres—, y sabemos también que nació ciego. ²¹Lo que no sabemos es cómo ahora puede ver, ni quién le abrió los ojos. Pregúntenselo a él, que ya es mayor de edad y puede responder por sí mismo.

²²Sus padres contestaron así por miedo a los judíos, pues ya éstos habían convenido que se expulsara de la sinagoga a todo el que reconociera que Jesús era el *Cristo. ²³Por eso dijeron sus padres: «Pregúntenselo a él, que ya es mayor de edad.»

²⁴Por segunda vez llamaron los judíos al que había sido ciego, y le dijeron:

—Júralo por Dios.ᵒ A nosotros nos consta que ese hombre es *pecador.

²⁵—Si es pecador, no lo sé —respondió el hombre—. Lo único que sé es que yo era ciego y ahora veo.

²⁶Pero ellos le insistieron:

—¿Qué te hizo? ¿Cómo te abrió los ojos?

²⁷—Ya les dije y no me hicieron caso. ¿Por qué quieren oírlo de nuevo? ¿Es que también ustedes quieren hacerse sus discípulos?

²⁸Entonces lo insultaron y le dijeron:

—¡Discípulo de ése lo serás tú! ¡Nosotros somos discípulos de Moisés! ²⁹Y sabemos que a Moisés le habló Dios; pero de éste no sabemos ni de dónde salió.

³⁰—¡Allí está lo sorprendente! —res-

pondió el hombre—: que ustedes no sepan
de dónde salió, y que a mí me haya abierto
los ojos. 31 Sabemos que Dios no escucha
a los pecadores, pero sí a los piadosos y a
quienes hacen su voluntad. 32 Jamás se ha
sabido que alguien le haya abierto los ojos
a uno que nació ciego. 33 Si este hombre
no viniera de parte de Dios, no podría
hacer nada.

34 Ellos replicaron:

—Tú, que naciste sumido en pecado,
¿vas a darnos lecciones?

Y lo expulsaron.

La ceguera espiritual

35 Jesús se enteró de que habían expulsado a aquel hombre, y al encontrarlo le
preguntó:

—¿Crees en el Hijo del hombre?

36 —¿Quién es, Señor? Dímelo, para
que crea en él.

37 —Pues ya lo has visto —le contestó
Jesús—; es el que está hablando contigo.

38 —Creo, Señor —declaró el hombre.

Y, postrándose, lo adoró.

39 Entonces Jesús dijo:

—Yo he venido a este mundo para
juzgarlo, para que los ciegos vean, y los
que ven se queden ciegos.

40 Algunos fariseos que estaban con él,
al oírlo hablar así, le preguntaron:

—¿Qué? ¿Acaso también nosotros somos ciegos?

41 Jesús les contestó:

—Si fueran ciegos, no serían culpables
de pecado, pero como afirman que ven, su
pecado permanece.

Jesús, el buen pastor

10 »Ciertamente les aseguro que el
que no entra por la puerta al redil
de las ovejas, sino que trepa y se mete por
otro lado, es un ladrón y un bandido. 2 El
que entra por la puerta es el pastor de las
ovejas. 3 El portero le abre la puerta, y las
ovejas oyen su voz. Llama por nombre a
las ovejas y las saca del redil. 4 Cuando ya
ha sacado a todas las que son suyas, va
delante de ellas, y las ovejas lo siguen
porque reconocen su voz. 5 Pero a un desconocido jamás lo siguen; más bien, huyen
de él porque no reconocen voces extrañas.

6 Jesús les puso este ejemplo, pero
ellos no captaron el sentido de sus palabras. 7 Por eso volvió a decirles: «Ciertamente les aseguro que yo soy la puerta
de las ovejas. 8 Todos los que vinieron
antes de mí eran unos ladrones y unos
bandidos, pero las ovejas no les hicieron
caso. 9 Yo soy la puerta; el que entre por
esta puerta, que soy yo, será salvo.[p] Se
moverá con entera libertad,[q] y hallará
pastos. 10 El ladrón no viene más que a
robar, matar y destruir; yo he venido
para que tengan vida, y la tengan en
abundancia.

11 »Yo soy el buen pastor. El buen
pastor da su *vida por las ovejas. 12 El
asalariado no es el pastor, y a él no le
pertenecen las ovejas. Cuando ve que el
lobo se acerca, abandona las ovejas y
huye; entonces el lobo ataca al rebaño y
lo dispersa. 13 Y ese hombre huye porque, siendo asalariado, no le importan
las ovejas.

14 »Yo soy el buen pastor; conozco a
mis ovejas, y ellas me conocen a mí, 15 así
como el Padre me conoce a mí y yo lo
conozco a él, y doy mi vida por las ovejas.
16 Tengo otras ovejas que no son de este
redil, y también a ellas debo traerlas. Así
ellas escucharán mi voz, y habrá un solo
rebaño y un solo pastor. 17 Por eso me ama
el Padre: porque entrego mi vida para
volver a recibirla. 18 Nadie me la arrebata,
sino que yo la entrego por mi propia
voluntad. Tengo autoridad para entregar-
la, y tengo también autoridad para volver
a recibirla. Éste es el mandamiento que
recibí de mi Padre.»

19 De nuevo las palabras de Jesús fueron motivo de disensión entre los judíos.
20 Muchos de ellos decían: «Está endemoniado y loco de remate. ¿Para qué hacerle
caso?» 21 Pero otros opinaban: «Estas palabras no son de un endemoniado. ¿Puede
acaso un demonio abrirles los ojos a los
ciegos?»

[p] **10:9** *será salvo.* Alt. *se mantendrá seguro.* [q] **10:9** *Se moverá ... libertad.* Lit. *Entrará y saldrá.*

Jesús y la fiesta de la Dedicación

22Por esos días se celebraba en Jerusalén la fiesta de la Dedicación.ʳ Era invierno, **23**y Jesús andaba en el *templo, por el pórtico de Salomón. **24**Entonces lo rodearon los judíos y le preguntaron:

—¿Hasta cuándo vas a tenernos en suspenso? Si tú eres el *Cristo, dínoslo con franqueza.

25—Ya se lo he dicho a ustedes, y no lo creen. Las obras que hago en nombre de mi Padre son las que me acreditan, **26**pero ustedes no creen porque no son de mi rebaño. **27**Mis ovejas oyen mi voz; yo las conozco y ellas me siguen. **28**Yo les doy vida eterna, y nunca perecerán, ni nadie podrá arrebatármelas de la mano. **29**Mi Padre, que me las ha dado, es más grande que todos;ˢ y de la mano del Padre nadie las puede arrebatar. **30**El Padre y yo somos uno.

31Una vez más los judíos tomaron piedras para arrojárselas, **32**pero Jesús les dijo:

—Yo les he mostrado muchas obras irreprochables que proceden del Padre. ¿Por cuál de ellas me quieren apedrear?

33—No te apedreamos por ninguna de ellas sino por *blasfemia; porque tú, siendo hombre, te haces pasar por Dios.

34—¿Y acaso —respondió Jesús— no está escrito en su ley: "Yo he dicho que ustedes son dioses"?ᵗ **35**Si Dios llamó "dioses" a aquellos para quienes vino la palabra (y la Escritura no puede ser quebrantada), **36**¿por qué acusan de blasfemia a quien el Padre apartó para sí y envió al mundo? ¿Tan sólo porque dijo: "Yo soy el Hijo de Dios"? **37**Si no hago las obras de mi Padre, no me crean. **38**Pero si las hago, aunque no me crean a mí, crean a mis obras, para que sepan y entiendan que el Padre está en mí, y que yo estoy en el Padre.

39Nuevamente intentaron arrestarlo, pero él se les escapó de las manos.

40Volvió Jesús al otro lado del Jordán, al lugar donde Juan había estado bautizando antes; y allí se quedó. **41**Mucha gente acudía a él, y decía: «Aunque Juan nunca hizo ninguna señal milagrosa, todo lo que dijo acerca de este hombre era verdad.» **42**Y muchos en aquel lugar creyeron en Jesús.

Muerte de Lázaro

11 Había un hombre enfermo llamado Lázaro, que era de Betania, el pueblo de María y Marta, sus hermanas. **2**María era la misma que ungió con perfume al Señor, y le secó los pies con sus cabellos. **3**Las dos hermanas mandaron a decirle a Jesús: «Señor, tu amigo querido está enfermo.»

4Cuando Jesús oyó esto, dijo: «Esta enfermedad no terminará en muerte, sino que es para la gloria de Dios, para que por ella el Hijo de Dios sea glorificado.»

5Jesús amaba a Marta, a su hermana y a Lázaro. **6**A pesar de eso, cuando oyó que Lázaro estaba enfermo, se quedó dos días más donde se encontraba. **7**Después dijo a sus discípulos:

—Volvamos a Judea.

8—Rabí —objetaron ellos—, hace muy poco los judíos intentaron apedrearte, ¿y todavía quieres volver allá?

9—¿Acaso el día no tiene doce horas? —respondió Jesús—. El que anda de día no tropieza, porque tiene la luz de este mundo. **10**Pero el que anda de noche sí tropieza, porque no tiene luz.

11Dicho esto, añadió:

—Nuestro amigo Lázaro duerme, pero voy a despertarlo.

12—Señor —respondieron sus discípulos—, si duerme, es que va a recuperarse.

13Jesús les hablaba de la muerte de Lázaro, pero sus discípulos pensaron que se refería al sueño natural. **14**Por eso les dijo claramente:

—Lázaro ha muerto, **15**y por causa de ustedes me alegro de no haber estado allí, para que crean. Pero vamos a verlo.

16Entonces Tomás, apodado el Gemelo,ᵘ dijo a los otros discípulos:

—Vayamos también nosotros, para morir con él.

ʳ**10:22** Es decir, Hanukkah.   ˢ**10:29** *Mi Padre ... todos.* Var. *Lo que mi Padre me ha dado es más grande que todo.*   ᵗ**10:34** Sal 82:6   ᵘ**11:16** *apodado el Gemelo.* Lit. *llamado Dídimos.*

Jesús consuela a las hermanas de Lázaro

17A su llegada, Jesús se encontró con que Lázaro llevaba ya cuatro días en el sepulcro. **18**Betania estaba cerca de Jerusalén, como a tres kilómetros ^v de distancia, **19**y muchos judíos habían ido a casa de Marta y de María, a darles el pésame por la muerte de su hermano. **20**Cuando Marta supo que Jesús llegaba, fue a su encuentro; pero María se quedó en la casa.

21—Señor —le dijo Marta a Jesús—, si hubieras estado aquí, mi hermano no habría muerto. **22**Pero yo sé que aun ahora Dios te dará todo lo que le pidas.

23—Tu hermano resucitará —le dijo Jesús.

24—Yo sé que resucitará en la resurrección, en el día final —respondió Marta.

25Entonces Jesús le dijo:

—Yo soy la resurrección y la vida. El que cree en mí vivirá, aunque muera; **26**y todo el que vive y cree en mí no morirá jamás. ¿Crees esto?

27—Sí, Señor; yo creo que tú eres el *Cristo, el Hijo de Dios, el que había de venir al mundo.

28Dicho esto, Marta regresó a la casa y, llamando a su hermana María, le dijo en privado:

—El Maestro está aquí y te llama.

29Cuando María oyó esto, se levantó rápidamente y fue a su encuentro. **30**Jesús aún no había entrado en el pueblo, sino que todavía estaba en el lugar donde Marta se había encontrado con él. **31**Los judíos que habían estado con María en la casa, dándole el pésame, al ver que se había levantado y había salido de prisa, la siguieron, pensando que iba al sepulcro a llorar.

32Cuando María llegó adonde estaba Jesús y lo vio, se arrojó a sus pies y le dijo:

—Señor, si hubieras estado aquí, mi hermano no habría muerto.

33Al ver llorar a María y a los judíos que la habían acompañado, Jesús se turbó y se conmovió profundamente.

34—¿Dónde lo han puesto? —preguntó.

—Ven a verlo, Señor —le respondieron.

35Jesús lloró.

36—¡Miren cuánto lo quería! —dijeron los judíos.

37Pero algunos de ellos comentaban:

—Éste, que le abrió los ojos al ciego, ¿no podría haber impedido que Lázaro muriera?

Jesús resucita a Lázaro

38Conmovido una vez más, Jesús se acercó al sepulcro. Era una cueva cuya entrada estaba tapada con una piedra.

39—Quiten la piedra —ordenó Jesús.

Marta, la hermana del difunto, objetó:

—Señor, ya debe oler mal, pues lleva cuatro días allí.

40—¿No te dije que si crees verás la gloria de Dios? —le contestó Jesús.

41Entonces quitaron la piedra. Jesús, alzando la vista, dijo:

—Padre, te doy gracias porque me has escuchado. **42**Ya sabía yo que siempre me escuchas, pero lo dije por la gente que está aquí presente, para que crean que tú me enviaste.

43Dicho esto, gritó con todas sus fuerzas:

—¡Lázaro, sal fuera!

44El muerto salió, con vendas en las manos y en los pies, y el rostro cubierto con un sudario.

—Quítenle las vendas y dejen que se vaya —les dijo Jesús.

La conspiración para matar a Jesús

45Muchos de los judíos que habían ido a ver a María y que habían presenciado lo hecho por Jesús, creyeron en él. **46**Pero algunos de ellos fueron a ver a los *fariseos y les contaron lo que Jesús había hecho. **47**Entonces los jefes de los sacerdotes y los fariseos convocaron a una reunión del *Consejo.

—¿Qué vamos a hacer? —dijeron—. Este hombre está haciendo muchas señales milagrosas. **48**Si lo dejamos seguir así,

---

^v**11:18** *tres kilómetros.* Lit. *quince *estadios.*

todos van a creer en él, y vendrán los romanos y acabarán con nuestro lugar sagrado, e incluso con nuestra nación.

⁴⁹Uno de ellos, llamado Caifás, que ese año era el sumo sacerdote, les dijo: —¡Ustedes no saben nada en absoluto! ⁵⁰No entienden que les conviene más que muera un solo hombre por el pueblo, y no que perezca toda la nación.

⁵¹Pero esto no lo dijo por su propia cuenta sino que, como era sumo sacerdote ese año, profetizó que Jesús moriría por la nación judía, ⁵²y no sólo por esa nación sino también por los hijos de Dios que estaban dispersos, para congregarlos y unificarlos. ⁵³Así que desde ese día convinieron en quitarle la vida.

⁵⁴Por eso Jesús ya no andaba en público entre los judíos. Se retiró más bien a una región cercana al desierto, a un pueblo llamado Efraín, donde se quedó con sus discípulos.

⁵⁵Faltaba poco para la Pascua judía, así que muchos subieron del campo a Jerusalén para su *purificación ceremonial antes de la Pascua. ⁵⁶Andaban buscando a Jesús, y mientras estaban en el *templo comentaban entre sí: «¿Qué les parece? ¿Acaso no vendrá a la fiesta?» ⁵⁷Por su parte, los jefes de los sacerdotes y los fariseos habían dado la orden de que si alguien llegaba a saber dónde estaba Jesús, debía denunciarlo para que lo arrestaran.

María unge a Jesús en Betania

12 Seis días antes de la Pascua llegó Jesús a Betania, donde vivía Lázaro, a quien Jesús había *resucitado. ²Allí se dio una cena en honor de Jesús. Marta servía, y Lázaro era uno de los que estaban a la mesa con él. ³María tomó entonces como medio litro de nardo puro, que era un perfume muy caro, y lo derramó sobre los pies de Jesús, secándoselos luego con sus cabellos. Y la casa se llenó de la fragancia del perfume.

⁴Judas Iscariote, que era uno de sus discípulos y que más tarde lo traicionaría, objetó:

⁵—¿Por qué no se vendió este perfume, que vale muchísimo dinero,ʷ para dárselo a los pobres?

⁶Dijo esto, no porque se interesara por los pobres sino porque era un ladrón y, como tenía a su cargo la bolsa del dinero, acostumbraba robarse lo que echaban en ella.

⁷—Déjala en paz —respondió Jesús—. Ella ha estado guardando este perfume para el día de mi sepultura.ˣ ⁸A los pobres siempre los tendrán con ustedes, pero a mí no siempre me tendrán.

⁹Mientras tanto, muchos de los judíos se enteraron de que Jesús estaba allí, y fueron a ver no sólo a Jesús sino también a Lázaro, a quien Jesús había resucitado. ¹⁰Entonces los jefes de los sacerdotes resolvieron matar también a Lázaro, ¹¹pues por su causa muchos se apartaban de los judíos y creían en Jesús.

La entrada triunfal
12:12-15 — Mt 21:4-9; Mr 11:7-10; Lc 19:35-38

¹²Al día siguiente muchos de los que habían ido a la fiesta se enteraron de que Jesús se dirigía a Jerusalén; ¹³tomaron ramas de palma y salieron a recibirlo, gritando a voz en cuello:

—¡Hosanna!

—¡Bendito el que viene en el nombre del Señor!ʸ

—¡Bendito el Rey de Israel!

¹⁴Jesús encontró un burrito y se montó en él, como dice la Escritura:

¹⁵«No temas, oh hija de Sión;
mira, que aquí viene tu rey,
montado sobre un burrito.»ᶻ

¹⁶Al principio, sus discípulos no entendieron que sucedía. Sólo después de que Jesús fue glorificado se dieron cuenta de que se había cumplido en él lo que de él ya estaba escrito.

ʷ**12:5** *perfume ... dinero.* Lit. *perfume por trescientos* *denarios.* ˣ**12:7** *Jesús—. Ella ... sepultura.* Var. *Jesús— para que guarde* [es decir, *se acuerde de*] *esto el día de mi sepultura.* ʸ**12:13** Sal 118:25,26 ᶻ**12:15** Zac 9:9

17La gente que había estado con Jesús cuando él llamó a Lázaro del sepulcro y lo resucitó de entre los muertos, seguía difundiendo la noticia. 18Muchos que se habían enterado de la señal realizada por Jesús salían a su encuentro. 19Por eso los *fariseos comentaban entre sí: «Como pueden ver, así no vamos a lograr nada. ¡Miren cómo lo sigue todo el mundo!»

Jesús predice su muerte

20Entre los que habían subido a adorar en la fiesta había algunos *griegos. 21Éstos se acercaron a Felipe, que era de Betsaida de Galilea, y le pidieron:

—Señor, queremos ver a Jesús.

22Felipe fue a decírselo a Andrés, y ambos fueron a decírselo a Jesús.

23—Ha llegado la hora de que el Hijo del hombre sea glorificado —les contestó Jesús—. 24Ciertamente les aseguro que si el grano de trigo no cae en tierra y muere, se queda solo. Pero si muere, produce mucho fruto. 25El que se apega a su *vida la pierde; en cambio, el que aborrece su vida en este mundo, la conserva para la vida eterna. 26Quien quiera servirme, debe seguirme; y donde yo esté, allí también estará mi siervo. A quien me sirva, mi Padre lo honrará.

27»Ahora todo mi ser está angustiado, ¿y acaso voy a decir: "Padre, sálvame de esta hora difícil"? ¡Si precisamente para afrontarla he venido! 28¡Padre, glorifica tu nombre!

Se oyó entonces, desde el cielo, una voz que decía: «Ya lo he glorificado, y volveré a glorificarlo.» 29La multitud que estaba allí, y que oyó la voz, decía que había sido un trueno; otros decían que un ángel le había hablado.

30—Esa voz no vino por mí sino por ustedes —dijo Jesús—. 31El juicio de este mundo ha llegado ya, y el príncipe de este mundo va a ser expulsado. 32Pero yo, cuando sea levantado de la tierra, atraeré a todos a mí mismo.

33Con esto daba Jesús a entender de qué manera iba a morir.

34—De la ley hemos sabido —le respondió la gente— que el *Cristo permanecerá para siempre; ¿cómo, pues, dices que el Hijo del hombre tiene que ser levantado? ¿Quién es ese Hijo del hombre?

35—Ustedes van a tener la luz sólo un poco más de tiempo —les dijo Jesús—. Caminen mientras tienen la luz, antes de que los envuelvan las tinieblas. El que camina en las tinieblas no sabe a dónde va. 36Mientras tienen la luz, crean en ella, para que sean hijos de la luz.

Cuando terminó de hablar, Jesús se fue y se escondió de ellos.

Los judíos siguen en su incredulidad

37A pesar de haber hecho Jesús todas estas señales en presencia de ellos, todavía no creían en él. 38Así se cumplió lo dicho por el profeta Isaías:

«Señor, ¿quién ha creído a nuestro mensaje,
y a quién se le ha revelado el poder del Señor?»a

39Por eso no podían creer, pues también había dicho Isaías:

40«Les ha cegado los ojos
y endurecido el corazón,
para que no vean con los ojos,
ni entiendan con el corazón
ni se conviertan; y yo los sane.»b

41Esto lo dijo Isaías porque vio la gloria de Jesús y habló de él.

42Sin embargo, muchos de ellos, incluso de entre los jefes, creyeron en él, pero no lo confesaban porque temían que los *fariseos los expulsaran de la sinagoga. 43Preferían recibir honores de los hombres más que de parte de Dios.

44«El que cree en mí —clamó Jesús con voz fuerte—, cree no sólo en mí sino en el que me envió. 45Y el que me ve a mí, ve al que me envió. 46Yo soy la luz que ha venido al mundo, para que todo el que crea en mí no viva en tinieblas.

a 12:38 Is 53:1   b 12:40 Is 6:10

47»Si alguno escucha mis palabras, pero no las obedece, no seré yo quien lo juzgue; pues no vine a juzgar al mundo sino a salvarlo. **48**El que me rechaza y no acepta mis palabras tiene quien lo juzgue. La palabra que yo he proclamado lo condenará en el día final. **49**Yo no he hablado por mi propia cuenta; el Padre que me envió me ordenó qué decir y cómo decirlo. **50**Y sé muy bien que su mandato es vida eterna. Así que todo lo que digo es lo que el Padre me ha ordenado decir.»

Jesús les lava los pies a sus discípulos

13 Se acercaba la fiesta de la Pascua. Jesús sabía que le había llegado la hora de abandonar este mundo para volver al Padre. Y habiendo amado a los suyos que estaban en el mundo, los amó hasta el fin.ᶜ

2Llegó la hora de la cena. El diablo ya había incitado a Judas Iscariote, hijo de Simón, para que traicionara a Jesús. **3**Sabía Jesús que el Padre había puesto todas las cosas bajo su dominio, y que había salido de Dios y a él volvía; **4**así que se levantó de la mesa, se quitó el manto y se ató una toalla a la cintura. **5**Luego echó agua en un recipiente y comenzó a lavarles los pies a sus discípulos y a secárselos con la toalla que llevaba a la cintura.

6Cuando llegó a Simón Pedro, éste le dijo:

—¿Y tú, Señor, me vas a lavar los pies a mí?

7—Ahora no entiendes lo que estoy haciendo —le respondió Jesús—, pero lo entenderás más tarde.

8—¡No! —protestó Pedro—. ¡Jamás me lavarás los pies!

—Si no te los lavo,ᵈ no tendrás parte conmigo.

9—Entonces, Señor, ¡no sólo los pies sino también las manos y la cabeza!

10—El que ya se ha bañado no necesita lavarse más que los pies —le contestó Jesús—; pues ya todo su cuerpo está limpio. Y ustedes ya están limpios, aunque no todos.

11Jesús sabía quién lo iba a traicionar, y por eso dijo que no todos estaban limpios.

12Cuando terminó de lavarles los pies, se puso el manto y volvió a su lugar. Entonces les dijo:

—¿Entienden lo que he hecho con ustedes? **13**Ustedes me llaman Maestro y Señor, y dicen bien, porque lo soy. **14**Pues si yo, el Señor y el Maestro, les he lavado los pies, también ustedes deben lavarse los pies unos a los otros. **15**Les he puesto el ejemplo, para que hagan lo mismo que yo he hecho con ustedes. **16**Ciertamente les aseguro que ningún *siervo es más que su amo, y ningún mensajero es más que el que lo envió. **17**¿Entienden esto? *Dichosos serán si lo ponen en práctica.

Jesús predice la traición de Judas

18»No me refiero a todos ustedes; yo sé a quiénes he escogido. Pero esto es para que se cumpla la Escritura: "El que comparte el pan conmigo me ha puesto la zancadilla."ᵉ

19»Les digo esto ahora, antes de que suceda, para que cuando suceda crean que yo soy. **20**Ciertamente les aseguro que el que recibe al que yo envío me recibe a mí, y el que me recibe a mí recibe al que me envió.

21Dicho esto, Jesús se angustió profundamente y declaró:

—Ciertamente les aseguro que uno de ustedes me va a traicionar.

22Los discípulos se miraban unos a otros sin saber a cuál de ellos se refería. **23**Uno de ellos, el discípulo a quien Jesús amaba, estaba a su lado. **24**Simón Pedro le hizo señas a ese discípulo y le dijo:

—Pregúntale a quién se refiere.

25—Señor, ¿quién es? —preguntó él, reclinándose sobre Jesús.

26—Aquel a quien yo le dé este pedazo de pan que voy a mojar en el plato —le contestó Jesús.

Acto seguido, mojó el pedazo de pan y se lo dio a Judas Iscariote, hijo de Simón. **27**Tan pronto como Judas tomó el pan, Satanás entró en él.

ᶜ **13:1** *hasta el fin.* Alt. *hasta lo sumo.*   ᵈ **13:8** *te los lavo.* Lit. *te lavo.*   ᵉ **13:18** Sal 41:9

—Lo que vas a hacer, hazlo pronto —le dijo Jesús. 28Ninguno de los que estaban a la mesa entendió por qué le dijo eso Jesús. 29Como Judas era el encargado del dinero, algunos pensaron que Jesús le estaba diciendo que comprara lo necesario para la fiesta, o que diera algo a los pobres. 30En cuanto Judas tomó el pan, salió de allí. Ya era de noche.

Jesús predice la negación de Pedro

31Cuando Judas hubo salido, Jesús dijo: —Ahora es glorificado el Hijo del hombre, y Dios es glorificado en él. 32Si Dios es glorificado en él,ᶠ Dios glorificará al Hijo en sí mismo, y lo hará muy pronto. 33»Mis queridos hijos, poco tiempo me queda para estar con ustedes. Me buscarán, y lo que antes les dije a los judíos, ahora se lo digo a ustedes: Adonde yo voy, ustedes no pueden ir.

34»Este mandamiento nuevo les doy: que se amen los unos a los otros. Así como yo los he amado, también ustedes deben amarse los unos a los otros. 35De este modo todos sabrán que son mis discípulos, si se aman los unos a los otros.

36—¿Y a dónde vas, Señor?—preguntó Simón Pedro.

—Adonde yo voy, no puedes seguirme ahora, pero me seguirás más tarde.

37—Señor —insistió Pedro—, ¿por qué no puedo seguirte ahora? Por ti daré hasta la *vida.

38—¿Tú darás la vida por mí? ¡De veras te aseguro que antes de que cante el gallo, me negarás tres veces!

Jesús consuela a sus discípulos

14 »No se angustien. Confíen en Dios, y confíen también en mí.ᵍ 2En el hogar de mi Padre hay muchas viviendas; si no fuera así, ya se lo habría dicho a ustedes. Voy a prepararles un lugar. 3Y si me voy y se lo preparo, vendré para llevármelos conmigo. Así ustedes estarán donde yo esté. 4Ustedes ya conocen el camino para ir adonde yo voy.

Jesús, el camino al Padre

5Dijo entonces Tomás:
—Señor, no sabemos a dónde vas, así que ¿cómo podemos conocer el camino?

6—Yo soy el camino, la verdad y la vida —le contestó Jesús—. Nadie llega al Padre sino por mí. 7Si ustedes realmente me conocieran, conoceríanʰ también a mi Padre. Y ya desde este momento lo conocen y lo han visto.

8—Señor —dijo Felipe—, muéstranos al Padre y con eso nos basta.

9—¡Pero, Felipe! ¿Tanto tiempo llevo ya entre ustedes, y todavía no me conoces? El que me ha visto a mí, ha visto al Padre. ¿Cómo puedes decirme: "Muéstranos al Padre"? 10¿Acaso no crees que yo estoy en el Padre, y que el Padre está en mí? Las palabras que yo les comunico, no las hablo como cosa mía, sino que es el Padre, que está en mí, el que realiza sus obras. 11Créanme cuando les digo que yo estoy en el Padre y que el Padre está en mí; o al menos créanme por las obras mismas. 12Ciertamente les aseguro que el que cree en mí las obras que yo hago también él las hará, y aun las hará mayores, porque yo vuelvo al Padre. 13Cualquier cosa que ustedes pidan en mi nombre, yo la haré; así será glorificado el Padre en el Hijo. 14Lo que pidan en mi nombre, yo lo haré.

Jesús promete el Espíritu Santo

15»Si ustedes me aman, obedecerán mis mandamientos. 16Y yo le pediré al Padre, y él les dará otro *Consolador para que los acompañe siempre: 17el Espíritu de verdad, a quien el mundo no puede aceptar porque no lo ve ni lo conoce. Pero ustedes sí lo conocen, porque vive con ustedes y estaráⁱ en ustedes. 18No los voy a dejar huérfanos; volveré a ustedes. 19Dentro de poco el mundo ya no me verá más, pero ustedes sí me verán. Y porque yo vivo, también ustedes vivirán. 20En aquel día ustedes se darán cuenta de que yo estoy en mi Padre, y ustedes en mí, y yo en ustedes. 21¿Quién es el que me ama?

ᶠ13:32 Var. no incluye: Si Dios es glorificado en él. ᵍ14:1 Confíen ... en mí. Alt. Ustedes confían en Dios; confíen tambien en mí. ʰ14:7 me conocieran, conocerían. Var. me han conocido, conocerán. ⁱ14:17 estará. Var. está.

El que hace suyos mis mandamientos y los obedece. Y al que me ama, mi Padre lo amará, y yo también lo amaré y me manifestaré a él.

22Judas (no el Iscariote) le dijo:

—¿Por qué, Señor, estás dispuesto a manifestarte a nosotros, y no al mundo?

23Le contestó Jesús:

—El que me ama, obedecerá mi palabra, y mi Padre lo amará, y haremos nuestra vivienda en él. 24El que no me ama, no obedece mis palabras. Pero estas palabras que ustedes oyen no son mías sino del Padre, que me envió.

25»Todo esto lo digo ahora que estoy con ustedes. 26Pero el Consolador, el Espíritu Santo, a quien el Padre enviará en mi nombre, les enseñará todas las cosas y les hará recordar todo lo que les he dicho. 27La paz les dejo; mi paz les doy. Yo no se la doy a ustedes como la da el mundo. No se angustien ni se acobarden.

28»Ya me han oído decirles: "Me voy, pero vuelvo a ustedes." Si me amaran, se alegrarían de que voy al Padre, porque el Padre es más grande que yo. 29Y les he dicho esto ahora, antes de que suceda, para que cuando suceda, crean. 30Ya no hablaré más con ustedes, porque viene el príncipe de este mundo. Él no tiene ningún dominio sobre mí, 31pero el mundo tiene que saber que amo al Padre, y que hago exactamente lo que él me ha ordenado que haga.

»¡Levántense, vámonos de aquí!

Jesús, la vid verdadera

15 »Yo soy la vid verdadera, y mi Padre es el labrador. 2Toda rama que en mí no da fruto, la corta; pero toda rama que da fruto la poda^j para que dé más fruto todavía. 3Ustedes ya están limpios por la palabra que les he comunicado. 4Permanezcan en mí, y yo permaneceré en ustedes. Así como ninguna rama puede dar fruto por sí misma, sino que tiene que permanecer en la vid, así tampoco ustedes pueden dar fruto si no permanecen en mí. 5»Yo soy la vid y ustedes son las ramas. El que permanece en mí, como yo en él, dará mucho fruto; separados de mí no

pueden ustedes hacer nada. 6El que no permanece en mí es desechado y se seca, como las ramas que se recogen, se arrojan al fuego y se queman. 7Si permanecen en mí y mis palabras permanecen en ustedes, pidan lo que quieran, y se les concederá. 8Mi Padre es glorificado cuando ustedes dan mucho fruto y muestran así que son mis discípulos.

9»Así como el Padre me ha amado a mí, también yo los he amado a ustedes. Permanezcan en mi amor. 10Si obedecen mis mandamientos, permanecerán en mi amor, así como yo he obedecido los mandamientos de mi Padre y permanezco en su amor. 11Les he dicho esto para que tengan mi alegría y así su alegría sea completa. 12Y éste es mi mandamiento: que se amen los unos a los otros, como yo los he amado. 13Nadie tiene amor más grande que el dar la *vida por sus amigos. 14Ustedes son mis amigos si hacen lo que yo les mando. 15Ya no los llamo *siervos, porque el siervo no está al tanto de lo que hace su amo; los he llamado amigos, porque todo lo que a mi Padre le oí decir se lo he dado a conocer a ustedes. 16No me escogieron ustedes a mí, sino que yo los escogí a ustedes y los comisioné para que vayan y den fruto, un fruto que perdure. Así el Padre les dará todo lo que le pidan en mi nombre. 17Éste es mi mandamiento: que se amen los unos a los otros.

Jesús y sus discípulos aborrecidos por el mundo

18»Si el mundo los aborrece, tengan presente que antes que a ustedes, me aborreció a mí. 19Si fueran del mundo, el mundo los querría como a los suyos. Pero ustedes no son del mundo, sino que yo los he escogido de entre el mundo. Por eso el mundo los aborrece. 20Recuerden lo que les dije: "Ningún *siervo es más que su amo."^k Si a mí me han perseguido, también a ustedes los perseguirán. Si han obedecido mis enseñanzas, también obedecerán las de ustedes. 21Los tratarán así por causa de mi nombre, porque no conocen al que me envió. 22Si yo no hubiera

---

^j 15:2 *poda.* Alt. *limpia.* ^k 15:20 Jn 13:16

venido ni les hubiera hablado, no serían culpables de pecado. Pero ahora no tienen excusa por su pecado. 23El que me aborrece a mí, también aborrece a mi Padre. 24Si yo no hubiera hecho entre ellos las obras que ningún otro antes ha realizado, no serían culpables de pecado. Pero ahora las han visto, y sin embargo a mí y a mi Padre nos han aborrecido. 25Pero esto sucede para que se cumpla lo que está escrito en la ley de ellos: "Me odiaron sin motivo."*l*

26»Cuando venga el *Consolador, que yo les enviaré de parte del Padre, el Espíritu de verdad que procede del Padre, él testificará acerca de mí. 27Y también ustedes darán testimonio porque han estado conmigo desde el principio.

16 »Todo esto les he dicho para que no flaquee su fe. 2Los expulsarán de las sinagogas; y hasta viene el día en que cualquiera que los mate pensará que le está prestando un servicio a Dios. 3Actuarán de este modo porque no nos han conocido ni al Padre ni a mí. 4Y les digo esto para que cuando llegue ese día se acuerden de que ya se lo había advertido. Sin embargo, no les dije esto al principio porque yo estaba con ustedes.

La obra del Espíritu Santo

5»Ahora vuelvo al que me envió, pero ninguno de ustedes me pregunta: "¿A dónde vas?" 6Al contrario, como les he dicho estas cosas, se han entristecido mucho. 7Pero les digo la verdad: Les conviene que me vaya porque, si no lo hago, el *Consolador no vendrá a ustedes; en cambio, si me voy, se lo enviaré a ustedes. 8Y cuando él venga, convencerá al mundo de su error*m* en cuanto al pecado, a la justicia y al juicio, 9en cuanto al pecado, porque no creen en mí; 10en cuanto a la justicia, porque voy al Padre y ustedes ya no podrán verme; 11y en cuanto al juicio, porque el príncipe de este mundo ya ha sido juzgado. 12»Muchas cosas me quedan aún por decirles, que por ahora no podrían soportar. 13Pero cuando venga el Espíritu de la

verdad, él los guiará a toda la verdad, porque no hablará por su propia cuenta sino que dirá sólo lo que oiga y les anunciará las cosas por venir. 14Él me glorificará porque tomará de lo mío y se lo dará a conocer a ustedes. 15Todo cuanto tiene el Padre es mío. Por eso les dije que el Espíritu tomará de lo mío y se lo dará a conocer a ustedes.

16»Dentro de poco ya no me verán; pero un poco después volverán a verme.

La despedida de Jesús

17Algunos de sus discípulos comentaban entre sí:

«¿Qué quiere decir con eso de que "dentro de poco ya no me verán", y "un poco después volverán a verme", y "porque voy al Padre"?» 18E insistían: «¿Qué quiere decir con eso de "dentro de poco"? No sabemos de qué habla.»

19Jesús se dio cuenta de que querían hacerle preguntas acerca de esto, así que les dijo:

—¿Se están preguntando qué quise decir cuando dije: "Dentro de poco ya no me verán", y "un poco después volverán a verme"? 20Ciertamente les aseguro que ustedes llorarán de dolor, mientras que el mundo se alegrará. Se pondrán tristes, pero su tristeza se convertirá en alegría. 21La mujer que está por dar a luz siente dolores porque ha llegado su momento, pero en cuanto nace la criatura se olvida de su angustia por la alegría de haber traído al mundo un nuevo ser. 22Lo mismo les pasa a ustedes: Ahora están tristes, pero cuando vuelva a verlos se alegrarán, y nadie les va a quitar esa alegría. 23En aquel día ya no me preguntarán nada. Ciertamente les aseguro que mi Padre les dará todo lo que le pidan en mi nombre. 24Hasta ahora no han pedido nada en mi nombre. Pidan y recibirán, para que su alegría sea completa.

25»Les he dicho todo esto por medio de comparaciones, pero viene la hora en que ya no les hablaré así, sino que les hablaré claramente acerca de mi Padre. 26En aquel día pedirán en mi nombre. Y

---

l **15:25** Sal 35:19; 69:4   *m* **16:8** *convencerá ... error.* Alt. *pondrá en evidencia la culpa del mundo.*

no digo que voy a rogar por ustedes al Padre, 27ya que el Padre mismo los ama porque me han amado y han creído que yo he venido de parte de Dios. 28Salí del Padre y vine al mundo; ahora dejo de nuevo el mundo y vuelvo al Padre.

29—Ahora sí estás hablando directamente, sin vueltas ni rodeos —le dijeron sus discípulos—. 30Ya podemos ver que sabes todas las cosas, y que ni siquiera necesitas que nadie te haga preguntas. Por esto creemos que saliste de Dios.

31—¿Hasta ahora me creen?ⁿ —contestó Jesús—. 32Miren que la hora viene, y ya está aquí, en que ustedes serán dispersados, y cada uno se irá a su propia casa y a mí me dejarán solo. Sin embargo, solo no estoy, porque el Padre está conmigo. 33Yo les he dicho estas cosas para que en mí hallen paz. En este mundo afrontarán aflicciones, pero ¡anímense! Yo he vencido al mundo.

Jesús ora por sí mismo

17 Después de que Jesús dijo esto, dirigió la mirada al cielo y oró así:

«Padre, ha llegado la hora. Glorifica a tu Hijo, para que tu Hijo te glorifique a ti, 2ya que le has conferido autoridad sobre todo *mortal para que él les conceda vida eterna a todos los que le has dado. 3Y ésta es la vida eterna: que te conozcan a ti, el único Dios verdadero, y a *Jesucristo, a quien tú has enviado. 4Yo te he glorificado en la tierra, y he llevado a cabo la obra que me encomendaste. 5Y ahora, Padre, glorifícame en tu presencia con la gloria que tuve contigo antes de que el mundo existiera.

Jesús ora por sus discípulos

6»A los que me diste del mundo les he revelado quién eres.ñ Eran tuyos; tú me los diste y ellos han obedecido tu palabra. 7Ahora saben que todo lo que me has dado viene de ti, 8porque les he entregado las palabras que me diste, y ellos las aceptaron; saben con certeza que salí de ti, y han creído que tú me

enviaste. 9Ruego por ellos. No ruego por el mundo, sino por los que me has dado, porque son tuyos. 10Todo lo que yo tengo es tuyo, y todo lo que tú tienes es mío; y por medio de ellos he sido glorificado. 11Ya no voy a estar por más tiempo en el mundo, pero ellos están todavía en el mundo, y yo vuelvo a ti.

»Padre santo, protégelos con el poder de tu nombre, el nombre que me diste, para que sean uno, lo mismo que nosotros. 12Mientras estaba con ellos, los protegía y los preservaba mediante el nombre que me diste, y ninguno se perdió sino aquel que nació para perderse, a fin de que se cumpliera la Escritura.

13»Ahora vuelvo a ti, pero digo estas cosas mientras todavía estoy en el mundo, para que tengan mi alegría en plenitud. 14Yo les he entregado tu palabra, y el mundo los ha odiado porque no son del mundo, como tampoco yo soy del mundo. 15No te pido que los quites del mundo, sino que los protejas del maligno. 16Ellos no son del mundo, como tampoco lo soy yo. 17*Santifícalos en la verdad; tu palabra es la verdad. 18Como tú me enviaste al mundo, yo los envío también al mundo. 19Y por ellos me santifico a mí mismo, para que también ellos sean santificados en la verdad.

Jesús ora por todos los creyentes

20»No ruego sólo por éstos. Ruego también por los que han de creer en mí por el mensaje de ellos, 21para que todos sean uno. Padre, así como tú estás en mí y yo en ti, permite que ellos también estén en nosotros, para que el mundo crea que tú me has enviado. 22Yo les he dado la gloria que me diste, para que sean uno, así como nosotros somos uno: 23yo en ellos y tú en mí. Permite que alcancen la *perfección en la unidad, y así el mundo reconozca que tú me enviaste y que los has amado a ellos tal como me has amado a mí. 24»Padre, quiero que los que me has dado estén conmigo donde yo estoy.

ⁿ 16:31 ¿Hasta ... creen? Alt. ¿Ahora creen?   ñ 17:6 quién eres. Lit. tu nombre; también en v. 26.

Que vean mi gloria, la gloria que me has dado porque me amaste desde antes de la creación del mundo.

²⁵»Padre justo, aunque el mundo no te conoce, yo sí te conozco, y éstos reconocen que tú me enviaste. ²⁶Yo les he dado a conocer quién eres, y seguiré haciéndolo, para que el amor con que me has amado esté en ellos, y yo mismo esté en ellos.»

Arresto de Jesús

18:3-11 — Mt 26:47-56; Mr 14:43-50; Lc 22:47-53

18 Cuando Jesús terminó de orar, salió con sus discípulos y cruzó el arroyo de Cedrón. Al otro lado había un huerto en el que entró con sus discípulos.

²También Judas, el que lo traicionaba, conocía aquel lugar, porque muchas veces Jesús se había reunido allí con sus discípulos. ³Así que Judas llegó al huerto, a la cabeza de un destacamento° de soldados y guardias de los jefes de los sacerdotes y de los *fariseos. Llevaban antorchas, lámparas y armas.

⁴Jesús, que sabía todo lo que le iba a suceder, les salió al encuentro.

—¿A quién buscan? —les preguntó.

⁵—A Jesús de Nazaret —contestaron.

—Yo soy.

Judas, el traidor, estaba con ellos. ⁶Cuando Jesús les dijo: «Yo soy», dieron un paso atrás y se desplomaron.

⁷—¿A quién buscan? —volvió a preguntarles Jesús.

—A Jesús de Nazaret —repitieron.

⁸—Ya les dije que yo soy. Si es a mí a quien buscan, dejen que éstos se vayan.

⁹Esto sucedió para que se cumpliera lo que había dicho: «De los que me diste ninguno se perdió.»ᴾ

¹⁰Simón Pedro, que tenía una espada, la desenfundó e hirió al siervo del sumo sacerdote, cortándole la oreja derecha. (El siervo se llamaba Malco.)

¹¹—¡Vuelve esa espada a su funda! —le ordenó Jesús a Pedro—. ¿Acaso no he de beber el trago amargo que el Padre me da a beber?

Jesús ante Anás

18:12-13 — Mt 26:57

¹²Entonces los soldados, con su comandante, y los guardias de los judíos, arrestaron a Jesús. Lo ataron ¹³y lo llevaron primeramente a Anás, que era suegro de Caifás, el sumo sacerdote de aquel año. ¹⁴Caifás era el que había aconsejado a los judíos que era preferible que muriera un solo hombre por el pueblo.

Pedro niega a Jesús

18:16-18 — Mt 26:69-70; Mr 14:66-68;
Lc 22:55-57

¹⁵Simón Pedro y otro discípulo seguían a Jesús. Y como el otro discípulo era conocido del sumo sacerdote, entró en el patio del sumo sacerdote con Jesús; ¹⁶Pedro, en cambio, tuvo que quedarse afuera, junto a la puerta. El discípulo conocido del sumo sacerdote volvió entonces a salir, habló con la portera de turno y consiguió que Pedro entrara.

¹⁷—¿No eres tú también uno de los discípulos de ese hombre? —le preguntó la portera.

—No lo soy —respondió Pedro.

¹⁸Los criados y los guardias estaban de pie alrededor de una fogata que habían hecho para calentarse, pues hacía frío. Pedro también estaba de pie con ellos, calentándose.

Jesús ante el sumo sacerdote

18:19-24 — Mt 26:59-68; Mr 14:55-65;
Lc 22:63-71

¹⁹Mientras tanto, el sumo sacerdote interrogaba a Jesús acerca de sus discípulos y de sus enseñanzas.

²⁰—Yo he hablado abiertamente al mundo —respondió Jesús—. Siempre he enseñado en las sinagogas o en el *templo, donde se congregan todos los judíos. En secreto no he dicho nada. ²¹¿Por qué me interrogas a mí? ¡Interroga a los que me han oído hablar! Ellos deben saber lo que dije.

°18:3 un destacamento. Lit. una cohorte (que tenía 600 soldados).   ᴾ18:9 Jn 6:39

22Apenas dijo esto, uno de los guardias que estaba allí cerca le dio una bofetada y le dijo:

—¿Así contestas al sumo sacerdote?

23—Si he dicho algo malo —replicó Jesús—, demuéstramelo. Pero si lo que dije es correcto, ¿por qué me pegas? **24**Entonces Anás lo envió,*q* todavía atado, a Caifás, el sumo sacerdote.

Pedro niega de nuevo a Jesús
18:25-27 — Mt 26:71-75; Mr 14:69-72; Lc 22:58-62

25Mientras tanto, Simón Pedro seguía de pie, calentándose.

—¿No eres tú también uno de sus discípulos? —le preguntaron.

—No lo soy —dijo Pedro, negándolo. **26**—¿Acaso no te vi en el huerto con él? —insistió uno de los siervos del sumo sacerdote, pariente de aquel a quien Pedro le había cortado la oreja.

27Pedro volvió a negarlo, y en ese instante cantó el gallo.

Jesús ante Pilato
18:29-40 — Mt 27:11-18,20-23; Mr 15:2-15; Lc 23:2-3,18-25

28Luego los judíos llevaron a Jesús de la casa de Caifás al palacio del gobernador romano.*r* Como ya amanecía, los judíos no entraron en el palacio, pues de hacerlo se *contaminarían ritualmente y no podrían comer la Pascua. **29**Así que Pilato salió a interrogarlos:

—¿De qué delito acusan a este hombre?

30—Si no fuera un malhechor —respondieron—, no te lo habríamos entregado.

31—Pues llévenselo ustedes y júzguenlo según su propia ley —les dijo Pilato.

—Nosotros no tenemos ninguna autoridad para ejecutar a nadie —objetaron los judíos.

32Esto sucedió para que se cumpliera lo que Jesús había dicho, al indicar la clase de muerte que iba a sufrir.

33Pilato volvió a entrar en el palacio y llamó a Jesús.

—¿Eres tú el rey de los judíos? —le preguntó.

34—¿Eso lo dices tú —le respondió Jesús—, o es que otros te han hablado de mí?

35—¿Acaso soy judío? —replicó Pilato—. Han sido tu propio pueblo y los jefes de los sacerdotes los que te entregaron a mí. ¿Qué has hecho?

36—Mi reino no es de este mundo —contestó Jesús—. Si lo fuera, mis propios guardias pelearían para impedir que los judíos me arrestaran. Pero mi reino no es de este mundo.

37—¡Así que eres rey! —le dijo Pilato.

—Eres tú quien dice que soy rey. Yo para esto nací, y para esto vine al mundo: para dar testimonio de la verdad. Todo el que está de parte de la verdad escucha mi voz.

38—¿Y qué es la verdad? —preguntó Pilato.

Dicho esto, salió otra vez a ver a los judíos.

—Yo no encuentro que éste sea culpable de nada —declaró—. **39**Pero como ustedes tienen la costumbre de que les suelte a un preso durante la Pascua, ¿quieren que les suelte al "rey de los judíos"?

40—¡No, no sueltes a ése; suelta a Barrabás! —volvieron a gritar desaforadamente.

Y Barrabás era un bandido.*s*

La sentencia
19:1-16 — Mt 27:27-31; Mr 15:16-20

19 Pilato tomó entonces a Jesús y mandó que lo azotaran. **2**Los soldados, que habían tejido una corona de espinas, se la pusieron a Jesús en la cabeza y lo vistieron con un manto de color púrpura.

3—¡Viva el rey de los judíos! —le gritaban, mientras se le acercaban para abofetearlo.

4Pilato volvió a salir.

—Aquí lo tienen —dijo a los judíos—. Lo he sacado para que sepan que no lo encuentro culpable de nada.

---

q **18:24** *Entonces ... envió.* Alt. *Ahora bien, Anás lo había enviado.*   *r* **18:28** *al ... romano.* Lit. *al pretorio.*
s **18:40** *bandido.* Alt. *insurgente.*

5Cuando salió Jesús, llevaba puestos la corona de espinas y el manto de color púrpura.

—¡Aquí tienen al hombre! —les dijo Pilato.

6Tan pronto como lo vieron, los jefes de los sacerdotes y los guardias gritaron a voz en cuello:

—¡Crucifícalo! ¡Crucifícalo!

—Pues llévenselo y crucifíquenlo ustedes —replicó Pilato—. Por mi parte, no lo encuentro culpable de nada.

7—Nosotros tenemos una ley, y según esa ley debe morir, porque se ha hecho pasar por Hijo de Dios —insistieron los judíos.

8Al oír esto, Pilato se atemorizó aún más, 9así que entró de nuevo en el palacio y le preguntó a Jesús:

—¿De dónde eres tú?

Pero Jesús no le contestó nada.

10—¿Te niegas a hablarme? —le dijo Pilato—. ¿No te das cuenta de que tengo poder para ponerte en libertad o para mandar que te crucifiquen?

11—No tendrías ningún poder sobre mí si no se te hubiera dado de arriba —le contestó Jesús—. Por eso el que me puso en tus manos es culpable de un pecado más grande.

12Desde entonces Pilato procuraba poner en libertad a Jesús, pero los judíos gritaban desaforadamente:

—Si dejas en libertad a este hombre, no eres amigo del *emperador. Cualquiera que pretende ser rey se hace su enemigo.

13Al oír esto, Pilato llevó a Jesús hacia fuera y se sentó en el tribunal, en un lugar al que llamaban el Empedrado (que en arameo se dice Gabatá). 14Era el día de la preparación para la Pascua, cerca del mediodía.t

—Aquí tienen a su rey —dijo Pilato a los judíos.

15—¡Fuera! ¡Fuera! ¡Crucifícalo! —vociferaron.

—¿Acaso voy a crucificar a su rey? —replicó Pilato.

—No tenemos más rey que el empera-dor romano —contestaron los jefes de los sacerdotes.

16Entonces Pilato se lo entregó para que lo crucificaran, y los soldados se lo llevaron.

La crucifixión

19:17-24 — Mt 27:33-44; Mr 15:22-32; Lc 23:33-43

17Jesús salió cargando su propia cruz hacia el lugar de la Calavera (que en arameo se llama Gólgota). 18Allí lo crucificaron, y con él a otros dos, uno a cada lado y Jesús en medio.

19Pilato mandó que se pusiera sobre la cruz un letrero en el que estuviera escrito: «JESÚS DE NAZARET, REY DE LOS JUDÍOS.» 20Muchos de los judíos lo leyeron, porque el sitio en que crucificaron a Jesús estaba cerca de la ciudad. El letrero estaba escrito en arameo, latín y griego.

21—No escribas "Rey de los judíos" —protestaron ante Pilato los jefes de los sacerdotes judíos—. Era él quien decía ser rey de los judíos.

22—Lo que he escrito, escrito queda —les contestó Pilato.

23Cuando los soldados crucificaron a Jesús, tomaron su manto y lo partieron en cuatro partes, una para cada uno de ellos. Tomaron también la túnica, la cual no tenía costura, sino que era de una sola pieza, tejida de arriba abajo.

24—No la dividamos —se dijeron unos a otros—. Echemos suertes para ver a quién le toca.

Y así lo hicieron los soldados. Esto sucedió para que se cumpliera la Escritura que dice:

«Se repartieron entre ellos mi manto,
y sobre mi ropa echaron suertes.»u

25Junto a la cruz de Jesús estaban su madre, la hermana de su madre, María la esposa de Cleofas, y María Magdalena. 26Cuando Jesús vio a su madre, y a su lado al discípulo a quien él amaba, dijo a su madre:

---

t19:14 del mediodía. Alt. de las seis de la mañana (si se cuentan las horas a partir de la medianoche, según la hora romana). Lit. de la hora sexta; véase nota en 1:39.   u19:24 Sal 22:18

—Mujer, ahí tienes a tu hijo.
²⁷Luego dijo al discípulo:
—Ahí tienes a tu madre.
Y desde aquel momento ese discípulo la recibió en su casa.

Muerte de Jesús

19:29-30 — Mt 27:48,50; Mr 15:36-37; Lc 23:36

²⁸Después de esto, como Jesús sabía que ya todo había terminado, y para que se cumpliera la Escritura, dijo:
—Tengo sed.
²⁹Había allí una vasija llena de vinagre; así que empaparon una esponja en el vinagre, la pusieron en una caña ᵛ y se la acercaron a la boca. ³⁰Al probar Jesús el vinagre, dijo:
—Todo se ha cumplido.
Luego inclinó la cabeza y entregó el espíritu.
³¹Era el día de la preparación para la Pascua. Los judíos no querían que los cuerpos permanecieran en la cruz en *sábado, por ser éste un día muy solemne. Así que le pidieron a Pilato ordenar que les quebraran las piernas a los crucificados y bajaran sus cuerpos. ³²Fueron entonces los soldados y le quebraron las piernas al primer hombre que había sido crucificado con Jesús, y luego al otro. ³³Pero cuando se acercaron a Jesús y vieron que ya estaba muerto, no le quebraron las piernas, ³⁴sino que uno de los soldados le abrió el costado con una lanza, y al instante le brotó sangre y agua. ³⁵El que lo vio ha dado testimonio de ello, y su testimonio es verídico. Él sabe que dice la verdad, para que también ustedes crean. ³⁶Estas cosas sucedieron para que se cumpliera la Escritura: «No le quebrarán ningún hueso» ʷ ³⁷y, como dice otra Escritura: «Mirarán al que han traspasado.» ˣ

Sepultura de Jesús

19:38-42 — Mt 27:57-61; Mr 15:42-47; Lc 23:50-56

³⁸Después de esto, José de Arimatea le pidió a Pilato el cuerpo de Jesús. José era discípulo de Jesús, aunque en secreto por miedo a los judíos. Con el permiso de Pilato, fue y retiró el cuerpo. ³⁹También Nicodemo, el que antes había visitado a Jesús de noche, llegó con unos treinta y cuatro kilos ʸ de una mezcla de mirra y áloe. ⁴⁰Ambos tomaron el cuerpo de Jesús y, conforme a la costumbre judía de dar sepultura, lo envolvieron en vendas con las especias aromáticas. ⁴¹En el lugar donde crucificaron a Jesús había un huerto, y en el huerto un sepulcro nuevo en el que todavía no se había sepultado a nadie. ⁴²Como era el día judío de la preparación, y el sepulcro estaba cerca, pusieron allí a Jesús.

El sepulcro vacío

20:1-8 — Mt 28:1-8; Mr 16:1-8; Lc 24:1-10

20 El primer día de la semana, muy de mañana, cuando todavía estaba oscuro, María Magdalena fue al sepulcro y vio que habían quitado la piedra que cubría la entrada. ²Así que fue corriendo a ver a Simón Pedro y al otro discípulo, a quien Jesús amaba, y les dijo:
—¡Se han llevado del sepulcro al Señor, y no sabemos dónde lo han puesto!
³Pedro y el otro discípulo se dirigieron entonces al sepulcro. ⁴Ambos fueron corriendo, pero como el otro discípulo corría más aprisa que Pedro, llegó primero al sepulcro. ⁵Inclinándose, se asomó y vio allí las vendas, pero no entró. ⁶Tras él llegó Simón Pedro, y entró en el sepulcro. Vio allí las vendas ⁷y el sudario que había cubierto la cabeza de Jesús, aunque el sudario no estaba con las vendas sino enrollado en un lugar aparte. ⁸En ese momento entró también el otro discípulo, el que había llegado primero al sepulcro; y vio y creyó. ⁹Hasta entonces no habían entendido la Escritura, que dice que Jesús tenía que resucitar.

Jesús se aparece a María Magdalena

¹⁰Los discípulos regresaron a su casa, ¹¹pero María se quedó afuera, llorando junto al sepulcro. Mientras lloraba, se

---

ᵛ19:29 *una caña.* Lit. *una rama de hisopo.* ʷ19:36 Éx 12:46; Nm 9:12; Sal 34:20 ˣ19:37 Zac 12:10
ʸ19:39 *unos ... kilos.* Lit. *como cien litrai.*

inclinó para mirar dentro del sepulcro, [12]y vio a dos ángeles vestidos de blanco, sentados donde había estado el cuerpo de Jesús, uno a la cabecera y otro a los pies. [13]—¿Por qué lloras, mujer? —le preguntaron los ángeles.

—Es que se han llevado a mi Señor, y no sé dónde lo han puesto —les respondió.

[14]Apenas dijo esto, volvió la mirada y allí vio a Jesús de pie, aunque no sabía que era él. [15]Jesús le dijo:

—¿Por qué lloras, mujer? ¿A quién buscas?

Ella, pensando que se trataba del que cuidaba el huerto, le dijo:

—Señor, si usted se lo ha llevado, dígame dónde lo ha puesto, y yo iré por él.

[16]—María —le dijo Jesús.

Ella se volvió y exclamó:

—¡Raboni! (que en arameo significa: Maestro).

[17]—Suéltame,[z] porque todavía no he vuelto al Padre. Ve más bien a mis hermanos y diles: "Vuelvo a mi Padre, que es Padre de ustedes; a mi Dios, que es Dios de ustedes."

[18]María Magdalena fue a darles la noticia a los discípulos. «¡He visto al Señor!», exclamaba, y les contaba lo que él le había dicho.

Jesús se aparece a sus discípulos

[19]Al atardecer de aquel primer día de la semana, estando reunidos los discípulos a puerta cerrada por temor a los judíos, entró Jesús y, poniéndose en medio de ellos, los saludó.

—¡La paz sea con ustedes!

[20]Dicho esto, les mostró las manos y el costado. Al ver al Señor, los discípulos se alegraron.

[21]—¡La paz sea con ustedes! —repitió Jesús—. Como el Padre me envió a mí, así yo los envío a ustedes.

[22]Acto seguido, sopló sobre ellos y les dijo:

—Reciban el Espíritu Santo. [23]A quienes les perdonen sus pecados, les serán perdonados; a quienes no se los perdonen, no les serán perdonados.

Jesús se aparece a Tomás

[24]Tomás, al que apodaban el Gemelo,[a] y que era uno de los doce, no estaba con los discípulos cuando llegó Jesús. [25]Así que los otros discípulos le dijeron:

—¡Hemos visto al Señor!

—Mientras no vea yo la marca de los clavos en sus manos, y meta mi dedo en las marcas y mi mano en su costado, no lo creeré —repuso Tomás.

[26]Una semana más tarde estaban los discípulos de nuevo en la casa, y Tomás estaba con ellos. Aunque las puertas estaban cerradas, Jesús entró y, poniéndose en medio de ellos, los saludó.

—¡La paz sea con ustedes!

[27]Luego le dijo a Tomás:

—Pon tu dedo aquí y mira mis manos. Acerca tu mano y métela en mi costado. Y no seas incrédulo, sino hombre de fe.

[28]—¡Señor mío y Dios mío! —exclamó Tomás.

[29]—Porque me has visto, has creído —le dijo Jesús—; *dichosos los que no han visto y sin embargo creen.

[30]Jesús hizo muchas otras señales milagrosas en presencia de sus discípulos, las cuales no están registradas en este libro. [31]Pero éstas se han escrito para que ustedes crean que Jesús es el *Cristo, el Hijo de Dios, y para que al creer en su nombre tengan vida.

Jesús y la pesca milagrosa

21 Después de esto Jesús se apareció de nuevo a sus discípulos, junto al lago de Tiberíades.[b] Sucedió de esta manera: [2]Estaban juntos Simón Pedro, Tomás (al que apodaban el Gemelo[c]), Natanael, el de Caná de Galilea, los hijos de Zebedeo, y otros dos discípulos.

[3]—Me voy a pescar —dijo Simón Pedro.

—Nos vamos contigo —contestaron ellos.

---

[z]**20:17** *Suéltame.* Lit. *No me toques.*   [a]**20:24** *apodaban el Gemelo.* Lit. *llamaban Dídimos.*   [b]**21:1** Es decir, el mar de Galilea.   [c]**21:2** *apodaban el Gemelo.* Lit. *llamaban Dídimos.*

Salieron, pues, de allí y se embarcaron, pero esa noche no pescaron nada. 4Al despuntar el alba Jesús se hizo presente en la orilla, pero los discípulos no se dieron cuenta de que era él. 5—Muchachos, ¿no tienen algo de comer? —les preguntó Jesús.

—No —respondieron ellos.

6—Tiren la red a la derecha de la barca, y pescarán algo.

Así lo hicieron, y era tal la cantidad de pescados que ya no podían sacar la red. 7—¡Es el Señor! —dijo a Pedro el discípulo a quien Jesús amaba.

Tan pronto como Simón Pedro le oyó decir: «Es el Señor», se puso la ropa, pues estaba semidesnudo, y se tiró al agua. 8Los otros discípulos lo siguieron en la barca, arrastrando la red llena de pescados, pues estaban a escasos cien metros*d* de la orilla. 9Al desembarcar, vieron unas brasas con un pescado encima, y un pan.

10—Traigan algunos de los pescados que acaban de sacar —les dijo Jesús.

11Simón Pedro subió a bordo y arrastró hasta la orilla la red, la cual estaba llena de pescados de buen tamaño. Eran ciento cincuenta y tres, pero a pesar de ser tantos la red no se rompió. 12—Vengan a desayunar —les dijo Jesús.

Ninguno de los discípulos se atrevía a preguntarle: «¿Quién eres tú?», porque sabían que era el Señor. 13Jesús se acercó, tomó el pan y se lo dio a ellos, e hizo lo mismo con el pescado. 14Ésta fue la tercera vez que Jesús se apareció a sus discípulos después de haber *resucitado.

Jesús restituye a Pedro

15Cuando terminaron de desayunar, Jesús le preguntó a Simón Pedro:

—Simón, hijo de Juan, ¿me amas más que éstos?

—Sí, Señor, tú sabes que te quiero —contestó Pedro.

—Apacienta mis corderos —le dijo Jesús.

16Y volvió a preguntarle:

—Simón, hijo de Juan, ¿me amas?

—Sí, Señor, tú sabes que te quiero.

—Cuida de mis ovejas.

17Por tercera vez Jesús le preguntó:

—Simón, hijo de Juan, ¿me quieres?

A Pedro le dolió que por tercera vez Jesús le hubiera preguntado: «¿Me quieres?» Así que le dijo:

—Señor, tú lo sabes todo; tú sabes que te quiero.

—Apacienta mis ovejas —le dijo Jesús—. 18De veras te aseguro que cuando eras más joven te vestías tú mismo e ibas adonde querías; pero cuando seas viejo, extenderás las manos y otro te vestirá y te llevará adonde no quieras ir.

19Esto dijo Jesús para dar a entender la clase de muerte con que Pedro glorificaría a Dios. Después de eso añadió:

—¡Sígueme!

20Al volverse, Pedro vio que los seguía el discípulo a quien Jesús amaba, el mismo que en la cena se había reclinado sobre Jesús y le había dicho: «Señor, ¿quién es el que va a traicionarte?» 21Al verlo, Pedro preguntó:

—Señor, ¿y éste, qué?

22—Si quiero que él permanezca vivo hasta que yo vuelva, ¿a ti qué? Tú sígueme no más.

23Por este motivo corrió entre los hermanos el rumor de que aquel discípulo no moriría. Pero Jesús no dijo que no moriría, sino solamente: «Si quiero que él permanezca vivo hasta que yo vuelva, ¿a ti qué?»

24Éste es el discípulo que da testimonio de estas cosas, y las escribió. Y estamos convencidos de que su testimonio es verídico.

25Jesús hizo también muchas otras cosas, tantas que, si se escribiera cada una de ellas, pienso que los libros escritos no cabrían en el mundo entero.

*d*21:8 *a escasos cien metros.* Lit. *a unos doscientos *codos.*

Hechos de los Apóstoles

Jesús llevado al cielo

1 Estimado Teófilo, en mi primer libro me referí a todo lo que Jesús comenzó a hacer y enseñar **2**hasta el día en que fue llevado al cielo, luego de darles instrucciones por medio del Espíritu Santo a los apóstoles que había escogido. **3**Después de padecer la muerte, se les presentó dándoles muchas pruebas convincentes de que estaba vivo. Durante cuarenta días se les apareció y les habló acerca del reino de Dios. **4**Una vez, mientras comía con ellos, les ordenó:

—No se alejen de Jerusalén, sino esperen la promesa del Padre, de la cual les he hablado: **5**Juan bautizó con*a* agua, pero dentro de pocos días ustedes serán bautizados con el Espíritu Santo.

6Entonces los que estaban reunidos con él le preguntaron:

—Señor, ¿es ahora cuando vas a restablecer el reino a Israel?

7—No les toca a ustedes conocer la hora ni el momento determinados por la autoridad misma del Padre —les contestó Jesús—. **8**Pero cuando venga el Espíritu Santo sobre ustedes, recibirán poder y serán mis testigos tanto en Jerusalén como en toda Judea y Samaria, y hasta los confines de la tierra.

9Habiendo dicho esto, mientras ellos lo miraban, fue llevado a las alturas hasta que una nube lo ocultó de su vista. **10**Ellos se quedaron mirando fijamente al cielo mientras él se alejaba. De repente, se les acercaron dos hombres vestidos de blanco, que les dijeron:

11—Galileos, ¿qué hacen aquí mirando al cielo? Este mismo Jesús, que ha sido llevado de entre ustedes al cielo, vendrá otra vez de la misma manera que lo han visto irse.

Elección de Matías para reemplazar a Judas

12Entonces regresaron a Jerusalén desde el monte llamado de los Olivos, situado aproximadamente a un kilómetro de la ciudad.*b* **13**Cuando llegaron, subieron al lugar donde se alojaban. Estaban allí Pedro, Juan, *Jacobo, Andrés, Felipe, Tomás, Bartolomé, Mateo, Jacobo hijo de Alfeo, Simón el Zelote y Judas hijo de Jacobo. **14**Todos, en un mismo espíritu, se dedicaban a la oración, junto con las mujeres y con los hermanos de Jesús y su madre María.

15Por aquellos días Pedro se puso de pie en medio de los creyentes,*c* que eran un grupo como de ciento veinte personas, **16**y les dijo: «Hermanos, tenía que cumplirse la Escritura que, por boca de David, había predicho el Espíritu Santo en cuanto a Judas, el que sirvió de guía a los que arrestaron a Jesús. **17**Judas se contaba entre los nuestros y participaba en nuestro ministerio. **18**(Con el dinero que obtuvo por su crimen, Judas compró un terreno; allí cayó de cabeza, se reventó, y se le salieron las vísceras. **19**Todos en Jerusalén se enteraron de ello, así que aquel terreno fue llamado Acéldama, que en su propio idioma quiere decir "Campo de Sangre".)

20»Porque en el libro de los Salmos —continuó Pedro— está escrito:

»"Que su lugar quede desierto,
  y que nadie lo habite".*d*

También está escrito:

---

*a***1:5** *con.* Alt. *en.*   *b***1:12** *situado ... ciudad.* Lit. *que está cerca de Jerusalén, camino de un* *sábado (es decir, lo que la ley permitía caminar en el día de reposo).   *c***1:15** *creyentes.* Lit. *hermanos.*
*d***1:20** Sal 69:25

» "Que otro se haga cargo de su oficio." *e*

21-22 Por tanto, es preciso que se una a nosotros un testigo de la resurrección, uno de los que nos acompañaban todo el tiempo que el Señor Jesús vivió entre nosotros, desde que Juan bautizaba hasta el día en que Jesús fue llevado de entre nosotros.» **23**Así que propusieron a dos: a José, llamado Barsabás, apodado el Justo, y a Matías.

24Y oraron así: «Señor, tú que conoces el corazón de todos, muéstranos a cuál de estos dos has elegido **25**para que se haga cargo del servicio apostólico que Judas dejó para irse al lugar que le correspondía.» **26**Luego echaron suertes y la elección recayó en Matías; así que él fue reconocido junto con los once apóstoles.

El Espíritu Santo desciende en Pentecostés

2 Cuando llegó el día de Pentecostés, estaban todos juntos en el mismo lugar. **2**De repente, vino del cielo un ruido como el de una violenta ráfaga de viento y llenó toda la casa donde estaban reunidos. **3**Se les aparecieron entonces unas lenguas como de fuego que se repartieron y se posaron sobre cada uno de ellos. **4**Todos fueron llenos del Espíritu Santo y comenzaron a hablar en diferentes *lenguas, según el Espíritu les concedía expresarse.

5Estaban de visita en Jerusalén judíos piadosos, procedentes de todas las naciones de la tierra. **6**Al oír aquel bullicio, se agolparon y quedaron todos pasmados porque cada uno los escuchaba hablar en su propio idioma. **7**Desconcertados y maravillados, decían: «¿No son galileos todos estos que están hablando? **8**¿Cómo es que cada uno de nosotros los oye hablar en su lengua materna? **9**Partos, medos y elamitas; habitantes de Mesopotamia, de Judea y de Capadocia, del Ponto y de *Asia, **10**de Frigia y de Panfilia, de Egipto y de las regiones de Libia cercanas a Cirene; visitantes llegados de Roma; **11**judíos y *prosélitos; cretenses y árabes: ¡todos por igual

los oímos proclamar en nuestra propia lengua las maravillas de Dios!»

12Desconcertados y perplejos, se preguntaban: «¿Qué quiere decir esto?» **13**Otros se burlaban y decían: «Lo que pasa es que están borrachos.»

Pedro se dirige a la multitud

14Entonces Pedro, con los once, se puso de pie y dijo a voz en cuello: «Compatriotas judíos y todos ustedes que están en Jerusalén, déjenme explicarles lo que sucede; presten atención a lo que les voy a decir. **15**Éstos no están borrachos, como suponen ustedes. ¡Apenas son las nueve de la mañana! **16**En realidad lo que pasa es lo que anunció el profeta Joel:

17» "Sucederá que en los últimos días
—dice Dios—,
derramaré mi Espíritu sobre todo
el género *humano.
Los hijos y las hijas de ustedes
profetizarán,
tendrán visiones los jóvenes
y sueños los ancianos.
18En esos días derramaré mi Espíritu
aun sobre mis *siervos y mis
siervas,
y profetizarán.
19Arriba en el cielo y abajo en la
tierra mostraré prodigios:
sangre, fuego y nubes de humo.
20El sol se convertirá en tinieblas
y la luna en sangre
antes que llegue el día del Señor,
día grande y esplendoroso.
21Y todo el que invoque el nombre
del Señor
será salvo." *f*

22»Pueblo de Israel, escuchen esto: Jesús de Nazaret fue un hombre acreditado por Dios ante ustedes con milagros, señales y prodigios, los cuales realizó Dios entre ustedes por medio de él, como bien lo saben. **23**Éste fue entregado según el determinado propósito y el previo conocimiento de Dios; y por medio de gente malvada, *g* ustedes lo mataron, clavándolo en la cruz.

---

e **1:20** Sal 109:8   *f* **2:21** Jl 2:28-32   *g* **2:23** *gente malvada.* Lit. *quienes carecían de la ley.*

24Sin embargo, Dios lo resucitó, librándolo de las angustias de la muerte, porque era imposible que la muerte lo mantuviera bajo su dominio. **25**En efecto, David dijo de él:

» "Veía yo al Señor siempre delante de mí,
porque él está a mi *derecha para que no caiga.
26Por eso mi corazón se alegra, y canta con gozo mi lengua; mi cuerpo también vivirá en esperanza.
27No dejarás que mi *vida termine en el sepulcro;ʰ no permitirás que tu santo sufra corrupción.
28Me has dado a conocer los caminos de la vida; me llenarás de alegría en tu presencia." ⁱ

29»Hermanos, permítanme hablarles con franqueza acerca del patriarca David, que murió y fue sepultado, y cuyo sepulcro está entre nosotros hasta el día de hoy. **30**Era profeta y sabía que Dios le había prometido bajo juramento poner en el trono a uno de sus descendientes.ʲ **31**Fue así como previó lo que iba a suceder. Refiriéndose a la resurrección del *Mesías, afirmó que Dios no dejaría que su vida terminara en el sepulcro, ni que su fin fuera la corrupción. **32**A este Jesús, Dios lo resucitó, y de ello todos nosotros somos testigos. **33**Exaltado por el poderᵏ de Dios, y habiendo recibido del Padre el Espíritu Santo prometido, ha derramado esto que ustedes ahora ven y oyen. **34**David no subió al cielo, y sin embargo declaró:

» "Dijo el Señor a mi Señor:
Siéntate a mi derecha,
35hasta que ponga a tus enemigos por estrado de tus pies." ˡ

36»Por tanto, sépalo bien todo Israel que a este Jesús, a quien ustedes crucificaron, Dios lo ha hecho Señor y Mesías.»

37Cuando oyeron esto, todos se sintieron profundamente conmovidos y les dijeron a Pedro y a los otros apóstoles:

—Hermanos, ¿qué debemos hacer?

38—*Arrepiéntase y bautícese cada uno de ustedes en el nombre de *Jesucristo para perdón de sus pecados —les contestó Pedro—, y recibirán el don del Espíritu Santo. **39**En efecto, la promesa es para ustedes, para sus hijos y para todos los extranjeros,ᵐ es decir, para todos aquellos a quienes el Señor nuestro Dios quiera llamar.

40Y con muchas otras razones les exhortaba insistentemente:

—¡Sálvense de esta generación perversa!

La comunidad de los creyentes

41Así, pues, los que recibieron su mensaje fueron bautizados, y aquel día se unieron a la iglesia unas tres mil personas. **42**Se mantenían firmes en la enseñanza de los apóstoles, en la comunión, en el partimiento del pan y en la oración. **43**Todos estaban asombrados por los muchos prodigios y señales que realizaban los apóstoles. **44**Todos los creyentes estaban juntos y tenían todo en común: **45**vendían sus propiedades y posesiones, y compartían sus bienes entre sí según la necesidad de cada uno. **46**No dejaban de reunirse en el *templo ni un solo día. De casa en casa partían el pan y compartían la comida con alegría y generosidad, **47**alabando a Dios y disfrutando de la estimación general del pueblo. Y cada día el Señor añadía al grupo los que iban siendo salvos.

Pedro sana a un mendigo lisiado

3 Un día subían Pedro y Juan al *templo a las tres de la tarde,ⁿ que es la hora de la oración. **2**Junto a la puerta llamada Hermosa había un hombre lisiado de nacimiento, al que todos los días dejaban allí para que pidiera limosna a los que entraban en el templo. **3**Cuando éste vio que Pedro y Juan estaban por entrar, les pidió

ʰ 2:27 *sepulcro*. Lit. **Hades*; también v. 31.   ⁱ 2:28 Sal 16:8-11   ʲ 2:30 Sal 132:11   ᵏ 2:33 *por el poder*. Alt. *a la derecha*.   ˡ 2:35 Sal 110:1   ᵐ 2:39 *los extranjeros*. Lit. *los que están lejos*.   ⁿ 3:1 *las tres de la tarde*. Lit. *la hora novena*.

limosna. **4**Pedro, con Juan, mirándolo fijamente, le dijo:

—¡Míranos!

5El hombre fijó en ellos la mirada, esperando recibir algo. **6**—No tengo plata ni oro —declaró Pedro—, pero lo que tengo te doy. En el nombre de *Jesucristo de Nazaret, ¡levántate y anda! **7**Y tomándolo por la mano derecha, lo levantó. Al instante los pies y los tobillos del hombre cobraron fuerza. **8**De un salto se puso en pie y comenzó a caminar. Luego entró con ellos en el templo con sus propios pies, saltando y alabando a Dios. **9**Cuando todo el pueblo lo vio caminar y alabar a Dios, **10**lo reconocieron como el mismo hombre que acostumbraba pedir limosna sentado junto a la puerta llamada Hermosa, y se llenaron de admiración y asombro por lo que le había ocurrido.

Pedro se dirige a los espectadores

11Mientras el hombre seguía aferrado a Pedro y a Juan, toda la gente, que no salía de su asombro, corrió hacia ellos al lugar conocido como Pórtico de Salomón. **12**Al ver esto, Pedro les dijo: «Pueblo de Israel, ¿por qué les sorprende lo que ha pasado? ¿Por qué nos miran como si, por nuestro propio poder o virtud, hubiéramos hecho caminar a este hombre? **13**El Dios de Abraham, de Isaac y de Jacob, el Dios de nuestros antepasados, ha glorificado a su siervo Jesús. Ustedes lo entregaron y lo rechazaron ante Pilato, aunque éste había decidido soltarlo. **14**Rechazaron al Santo y Justo, y pidieron que se indultara a un asesino. **15**Mataron al autor de la vida, pero Dios lo *levantó de entre los muertos, y de eso nosotros somos testigos. **16**Por la fe en el nombre de Jesús, él ha restablecido a este hombre a quien ustedes ven y conocen. Esta fe que viene por medio de Jesús lo ha sanado por completo, como les consta a ustedes.

17»Ahora bien, hermanos, yo sé que ustedes y sus dirigentes actuaron así por ignorancia. **18**Pero de este modo Dios cumplió lo que de antemano había anunciado por medio de todos los profetas: que su *Mesías tenía que padecer. **19**Por tanto, para que sean borrados sus pecados, *arrepiéntanse y vuélvanse a Dios, a fin de que vengan tiempos de descanso de parte del Señor, **20**enviándoles el Mesías que ya había sido preparado para ustedes, el cual es Jesús. **21**Es necesario que él permanezca en el cielo hasta que llegue el tiempo de la restauración de todas las cosas, como Dios lo ha anunciado desde hace siglos por medio de sus *santos profetas. **22**Moisés dijo: "El Señor su Dios hará surgir para ustedes, de entre sus propios hermanos, un profeta como yo; presten atención a todo lo que les diga. **23**Porque quien no le haga caso será eliminado del pueblo."*ñ* **24**»En efecto, a partir de Samuel todos los profetas han anunciado estos días. **25**Ustedes, pues, son herederos de los profetas y del pacto que Dios estableció con nuestros antepasados al decirle a Abraham: "Todos los pueblos del mundo serán bendecidos por medio de tu descendencia."*o* **26**Cuando Dios resucitó a su siervo, lo envió primero a ustedes para darles la bendición de que cada uno se convierta de sus maldades.»

Pedro y Juan ante el Consejo

4 Mientras Pedro y Juan le hablaban a la gente, se les presentaron los sacerdotes, el capitán de la guardia del *templo y los saduceos. **2**Estaban muy disgustados porque los apóstoles enseñaban a la gente y proclamaban la resurrección, que se había hecho evidente en el caso de Jesús. **3**Prendieron a Pedro y a Juan y, como ya anochecía, los metieron en la cárcel hasta el día siguiente. **4**Pero muchos de los que oyeron el mensaje creyeron, y el número de éstos llegaba a unos cinco mil.

5Al día siguiente se reunieron en Jerusalén los gobernantes, los *ancianos y los *maestros de la ley. **6**Allí estaban el sumo sacerdote Anás, Caifás, Juan, Alejandro y los otros miembros de la familia del sumo sacerdote. **7**Hicieron que Pedro y Juan comparecieran ante ellos y comenzaron a interrogarlos:

*ñ***3:23** Lv 23:29; Dt 18:15,18,19   *o***3:25** Gn 22:18; 26:4

—¿Con qué poder, o en nombre de quién, hicieron ustedes esto?

8Pedro, lleno del Espíritu Santo, les respondió:

—Gobernantes del pueblo y ancianos: 9Hoy se nos procesa por haber favorecido a un inválido, ¡y se nos pregunta cómo fue sanado! 10Sepan, pues, todos ustedes y todo el pueblo de Israel que este hombre está aquí delante de ustedes, sano gracias al nombre de *Jesucristo de Nazaret, crucificado por ustedes pero *resucitado por Dios. 11Jesucristo es "la piedra que desecharon ustedes los constructores, y que ha llegado a ser la piedra angular".p 12De hecho, en ningún otro hay salvación, porque no hay bajo el cielo otro nombre dado a los hombres mediante el cual podamos ser salvos.

13Los gobernantes, al ver la osadía con que hablaban Pedro y Juan, y al darse cuenta de que eran gente sin estudios ni preparación, quedaron asombrados y reconocieron que habían estado con Jesús. 14Además, como vieron que los acompañaba el hombre que había sido sanado, no tenían nada que alegar. 15Así que les mandaron que se retiraran del *Consejo, y se pusieron a deliberar entre sí: 16«¿Qué vamos a hacer con estos sujetos? Es un hecho que por medio de ellos ha ocurrido un milagro evidente; todos los que viven en Jerusalén lo saben, y no podemos negarlo. 17Pero para evitar que este asunto siga divulgándose entre la gente, vamos a amenazarlos para que no vuelvan a hablar de ese nombre a nadie.»

18Los llamaron y les ordenaron terminantemente que dejaran de hablar y enseñar acerca del nombre de Jesús. 19Pero Pedro y Juan replicaron:

—¿Es justo delante de Dios obedecerlos a ustedes en vez de obedecerlo a él? ¡Júzguenlo ustedes mismos! 20Nosotros no podemos dejar de hablar de lo que hemos visto y oído.

21Después de nuevas amenazas, los dejaron irse. Por causa de la gente, no hallaban manera de castigarlos: todos alababan a Dios por lo que había sucedido,

22pues el hombre que había sido milagrosamente sanado tenía más de cuarenta años.

La oración de los creyentes

23Al quedar libres, Pedro y Juan volvieron a los suyos y les relataron todo lo que les habían dicho los jefes de los sacerdotes y los *ancianos. 24Cuando lo oyeron, alzaron unánimes la voz en oración a Dios: «Soberano Señor, creador del cielo y de la tierra, del mar y de todo lo que hay en ellos, 25tú, por medio del Espíritu Santo, dijiste en labios de nuestro padre David, tu siervo:

» "¿Por qué se sublevan las
        *naciones
    y en vano conspiran los pueblos?
26Los reyes de la tierra se rebelan
    y los gobernantes se confabulan
    contra el Señor
    y contra su ungido."q

27En efecto, en esta ciudad se reunieron Herodes y Poncio Pilato, con los *gentiles y con el pueblor de Israel, contra tu santo siervo Jesús, a quien ungiste 28para hacer lo que de antemano tu poder y tu voluntad habían determinado que sucediera. 29Ahora, Señor, toma en cuenta sus amenazas y concede a tus *siervos el proclamar tu palabra sin temor alguno. 30Por eso, extiende tu mano para sanar y hacer señales y prodigios mediante el nombre de tu santo siervo Jesús.»

31Después de haber orado, tembló el lugar en que estaban reunidos; todos fueron llenos del Espíritu Santo, y proclamaban la palabra de Dios sin temor alguno.

Los creyentes comparten sus bienes

32Todos los creyentes eran de un solo sentir y pensar. Nadie consideraba suya ninguna de sus posesiones, sino que las compartían. 33Los apóstoles, a su vez, con gran poder seguían dando testimonio de la resurrección del Señor Jesús. La gracia de Dios se derramaba abundantemente sobre todos ellos, **34**pues no había ningún necesitado en la comunidad. Quienes poseían casas o terrenos los vendían, llevaban el dinero de las ventas **35**y lo entregaban a los apóstoles para que se distribuyera a cada uno según su necesidad.

36José, un levita natural de Chipre, a quien los apóstoles llamaban Bernabé (que significa: Consolador*s*), **37**vendió un terreno que poseía, llevó el dinero y lo puso a disposición de los apóstoles.

Ananías y Safira

5 **1-2**Un hombre llamado Ananías también vendió una propiedad y, en complicidad con su esposa Safira, se quedó con parte del dinero y puso el resto a disposición de los apóstoles.

3—Ananías —le reclamó Pedro—, ¿cómo es posible que Satanás haya llenado tu corazón para que le mintieras al Espíritu Santo y te quedaras con parte del dinero que recibiste por el terreno? **4**¿Acaso no era tuyo antes de venderlo? Y una vez vendido, ¿no estaba el dinero en tu poder? ¿Cómo se te ocurrió hacer esto? ¡No has mentido a los hombres sino a Dios!

5Al oír estas palabras, Ananías cayó muerto. Y un gran temor se apoderó de todos los que se enteraron de lo sucedido. **6**Entonces se acercaron los más jóvenes, envolvieron el cuerpo, se lo llevaron y le dieron sepultura.

7Unas tres horas más tarde entró la esposa, sin saber lo que había ocurrido. **8**—Dime —le preguntó Pedro—, ¿vendieron ustedes el terreno por tal precio?

—Sí —dijo ella—, por tal precio.

9—¿Por qué se pusieron de acuerdo para poner a *prueba al Espíritu del Señor? —le recriminó Pedro—. ¡Mira! Los que sepultaron a tu esposo acaban de regresar y ahora te llevarán a ti.

10En ese mismo instante ella cayó muerta a los pies de Pedro. Entonces entraron los jóvenes y, al verla muerta, se la llevaron y le dieron sepultura al lado de su esposo. **11**Y un gran temor se apoderó de toda la iglesia y de todos los que se enteraron de estos sucesos.

Los apóstoles sanan a muchas personas

12Por medio de los apóstoles ocurrían muchas señales y prodigios entre el pueblo; y todos los creyentes se reunían de común acuerdo en el Pórtico de Salomón. **13**Nadie entre el pueblo se atrevía a juntarse con ellos, aunque los elogiaban. **14**Y seguía aumentando el número de los que creían y aceptaban al Señor. **15**Era tal la multitud de hombres y mujeres, que hasta sacaban a los enfermos a las plazas y los ponían en colchonetas y camillas para que, al pasar Pedro, por lo menos su sombra cayera sobre alguno de ellos. **16**También de los pueblos vecinos a Jerusalén acudían multitudes que llevaban personas enfermas y atormentadas por *espíritus malignos, y todas eran sanadas.

Persiguen a los apóstoles

17El sumo sacerdote y todos sus partidarios, que pertenecían a la secta de los saduceos, se llenaron de envidia. **18**Entonces arrestaron a los apóstoles y los metieron en la cárcel común. **19**Pero en la noche un ángel del Señor abrió las puertas de la cárcel y los sacó. **20**«Vayan —les dijo—, preséntense en el *templo y comuniquen al pueblo todo este mensaje de vida.» **21**Conforme a lo que habían oído, al amanecer entraron en el templo y se pusieron a enseñar. Cuando llegaron el sumo sacerdote y sus partidarios, convocaron al *Consejo, es decir, a la asamblea general de los *ancianos de Israel, y mandaron traer de la cárcel a los apóstoles. **22**Pero al llegar los guardias a la cárcel, no los encontraron. Así que volvieron con el siguiente informe: **23**«Encontramos la cárcel cerrada, con todas las medidas de seguridad, y a los guardias firmes a las puertas; pero cuando abrimos, no encontramos a nadie adentro.» **24**Al oírlo, el capitán de la guardia del templo y los jefes de los sacerdotes se quedaron perplejos, preguntándose en qué terminaría todo aquello. **25**En esto, se presentó alguien que les informó: «¡Miren!

---

s **4:36** *Consolador.* Lit. *Hijo de consolación.*

Los hombres que ustedes metieron en la cárcel están en el templo y siguen enseñando al pueblo.» **26**Fue entonces el capitán con sus guardias y trajo a los apóstoles sin recurrir a la fuerza, porque temían ser apedreados por la gente. **27**Los condujeron ante el Consejo, y el sumo sacerdote les reclamó: **28**—Terminantemente les hemos prohibido enseñar en ese nombre. Sin embargo, ustedes han llenado a Jerusalén con sus enseñanzas, y se han propuesto echarnos la culpa a nosotros de la muerte*t* de ese hombre. **29**—¡Es necesario obedecer a Dios antes que a los hombres! —respondieron Pedro y los demás apóstoles—. **30**El Dios de nuestros antepasados resucitó a Jesús, a quien ustedes mataron colgándolo de un madero. **31**Por su poder,*u* Dios lo exaltó como Príncipe y Salvador, para que diera a Israel *arrepentimiento y perdón de pecados. **32**Nosotros somos testigos de estos acontecimientos, y también lo es el Espíritu Santo que Dios ha dado a quienes le obedecen.

33A los que oyeron esto se les subió la sangre a la cabeza y querían matarlos. **34**Pero un *fariseo llamado Gamaliel, *maestro de la ley muy respetado por todo el pueblo, se puso de pie en el Consejo y mandó que hicieran salir por un momento a los apóstoles. **35**Luego dijo: «Hombres de Israel, piensen dos veces en lo que están a punto de hacer con estos hombres. **36**Hace algún tiempo surgió Teudas, jactándose de ser alguien, y se le unieron unos cuatrocientos hombres. Pero lo mataron y todos sus seguidores se dispersaron y allí se acabó todo. **37**Después de él surgió Judas el galileo, en los días del censo, y logró que la gente lo siguiera. A él también lo mataron, y todos sus secuaces se dispersaron. **38**En este caso les aconsejo que dejen a estos hombres en paz. ¡Suéltenlos! Si lo que se proponen y hacen es de origen humano, fracasará; **39**pero si es de Dios, no podrán destruirlos, y ustedes se encontrarán luchando contra Dios.»

Se dejaron persuadir por Gamaliel. **40**Entonces llamaron a los apóstoles y, luego de azotarlos, les ordenaron que no hablaran más en el nombre de Jesús. Después de eso los soltaron.

41Así, pues, los apóstoles salieron del Consejo, llenos de gozo por haber sido considerados dignos de sufrir afrentas por causa del Nombre. **42**Y día tras día, en el templo y de casa en casa, no dejaban de enseñar y anunciar las buenas *nuevas de que Jesús es el *Mesías.

Elección de los siete

6 En aquellos días, al aumentar el número de los discípulos, se quejaron los judíos de habla griega contra los de habla aramea*v* de que sus viudas eran desatendidas en la distribución diaria de los alimentos. **2**Así que los doce reunieron a toda la comunidad de discípulos y les dijeron: «No está bien que nosotros los apóstoles descuidemos el ministerio de la palabra de Dios para servir las mesas. **3**Hermanos, escojan de entre ustedes a siete hombres de buena reputación, llenos del Espíritu y de sabiduría, para encargarles esta responsabilidad. **4**Así nosotros nos dedicaremos de lleno a la oración y al ministerio de la palabra.»

5Esta propuesta agradó a toda la asamblea. Escogieron a Esteban, hombre lleno de fe y del Espíritu Santo, y a Felipe, a Prócoro, a Nicanor, a Timón, a Parmenas y a Nicolás, un prosélito de Antioquía. **6**Los presentaron a los apóstoles, quienes oraron y les impusieron las manos. **7**Y la palabra de Dios se difundía: el número de los discípulos aumentaba considerablemente en Jerusalén, e incluso muchos de los sacerdotes obedecían a la fe.

Arresto de Esteban

8Esteban, hombre lleno de la gracia y del poder de Dios, hacía grandes prodigios y señales milagrosas entre el pueblo. **9**Con él se pusieron a discutir ciertos individuos de la sinagoga llamada de los Libertos, donde había judíos de Cirene y de Alejan-

---

t **5:28** *muerte.* Lit. *sangre.* *u* **5:31** *Por su poder.* Alt. *A su derecha.* *v* **6:1** *los judíos ... aramea.* Lit. *los helenistas contra los hebreos.*

dría, de Cilicia y de la provincia de *Asia.

10Como no podían hacer frente a la sabiduría ni al Espíritu con que hablaba Esteban, 11instigaron a unos hombres a decir: «Hemos oído a Esteban *blasfemar contra Moisés y contra Dios.» 12Agitaron al pueblo, a los *ancianos y a los *maestros de la ley. Se apoderaron de Esteban y lo llevaron ante el *Consejo. 13Presentaron testigos falsos, que declararon: «Este hombre no deja de hablar contra este lugar santo y contra la ley. 14Le hemos oído decir que ese Jesús de Nazaret destruirá este lugar y cambiará las tradiciones que nos dejó Moisés.» 15Todos los que estaban sentados en el Consejo fijaron la mirada en Esteban y vieron que su rostro se parecía al de un ángel.

Discurso de Esteban ante el Consejo

7 —¿Son ciertas estas acusaciones? —le preguntó el sumo sacerdote. 2Él contestó:

—Hermanos y padres, ¡escúchenme! El Dios de la gloria se apareció a nuestro padre Abraham cuando éste aún vivía en Mesopotamia, antes de radicarse en Jarán. 3"Deja tu tierra y a tus parientes —le dijo Dios—, y ve a la tierra que yo te mostraré."w

4»Entonces salió de la tierra de los caldeos y se estableció en Jarán. Desde allí, después de la muerte de su padre, Dios lo trasladó a esta tierra donde ustedes viven ahora. 5No le dio herencia alguna en ella, ni siquiera dónde plantar el pie, pero le prometió dársela en posesión a él y a su descendencia, aunque Abraham no tenía ni un solo hijo todavía. 6Dios le dijo así: "Tus descendientes vivirán como extranjeros en tierra extraña, donde serán esclavizados y maltratados durante cuatrocientos años. 7Pero sea cual sea la nación que los esclavice, yo la castigaré, y luego tus descendientes saldrán de esa tierra y me adorarán en este lugar."x 8Hizo con Abraham el pacto que tenía por señal la circuncisión. Así, cuando Abraham tu-

vo a su hijo Isaac, lo circuncidó a los ocho días de nacido, e Isaac a Jacob, y Jacob a los doce patriarcas.

9»Por envidia los patriarcas vendieron a José como esclavo, quien fue llevado a Egipto; pero Dios estaba con él 10y lo libró de todas sus desgracias. Le dio sabiduría para ganarse el favor del faraón, rey de Egipto, que lo nombró gobernador del país y del palacio real.

11»Hubo entonces un hambre que azotó a todo Egipto y a Canaán, causando mucho sufrimiento, y nuestros antepasados no encontraban alimentos. 12Al enterarse Jacob de que había comida en Egipto, mandó allá a nuestros antepasados en una primera visita. 13En la segunda, José se dio a conocer a sus hermanos, y el faraón supo del origen de José. 14Después de esto, José mandó llamar a su padre Jacob y a toda su familia, setenta y cinco personas en total. 15Bajó entonces Jacob a Egipto, y allí murieron él y nuestros antepasados. 16Sus restos fueron llevados a Siquén y puestos en el sepulcro que a buen precio Abraham había comprado a los hijos de Jamor en Siquén.

17»Cuando ya se acercaba el tiempo de que se cumpliera la promesa que Dios le había hecho a Abraham, el pueblo crecía y se multiplicaba en Egipto. 18Por aquel entonces subió al trono de Egipto un nuevo rey que no sabía nada de José. 19Este rey usó de artimañas con nuestro pueblo y oprimió a nuestros antepasados, obligándolos a dejar abandonados a sus hijos recién nacidos para que murieran. 20»En aquel tiempo nació Moisés, y fue agradable a los ojos de Dios.y Por tres meses se crió en la casa de su padre 21y, al quedar abandonado, la hija del faraón lo adoptó y lo crió como a su propio hijo. 22Así Moisés fue instruido en toda la sabiduría de los egipcios, y era poderoso en palabra y en obra. 23»Cuando cumplió cuarenta años, Moisés tuvo el deseo de allegarse a sus hermanos israelitas. 24Al ver que un egipcio maltrataba a uno de ellos, acudió en su defensa y lo vengó matando al egipcio.

---

w7:3 Gn 12:1   x7:7 Gn 15:13,14; Éx 3:12   y7:20 *fue ... Dios.* Alt. *era sumamente hermoso.*

²⁵Moisés suponía que sus hermanos reconocerían que Dios iba a liberarlos por medio de él, pero ellos no lo comprendieron así. ²⁶Al día siguiente, Moisés sorprendió a dos israelitas que estaban peleando. Trató de reconciliarlos, diciéndoles: "Señores, ustedes son hermanos; ¿por qué quieren hacerse daño?" ²⁷»Pero el que estaba maltratando al otro empujó a Moisés y le dijo: "¿Y quién te nombró a ti gobernante y juez sobre nosotros? ²⁸¿Acaso quieres matarme a mí, como mataste ayer al egipcio?"ᶻ ²⁹Al oír esto, Moisés huyó a Madián; allí vivió como extranjero y tuvo dos hijos.

³⁰»Pasados cuarenta años, se le apareció un ángel en el desierto cercano al monte Sinaí, en las llamas de una zarza que ardía. ³¹Moisés se asombró de lo que veía. Al acercarse para observar, oyó la voz del Señor: ³²"Yo soy el Dios de tus antepasados, el Dios de Abraham, de Isaac y de Jacob".ᵃ Moisés se puso a temblar de miedo, y no se atrevía a mirar.

³³»Le dijo el Señor: "Quítate las sandalias, porque estás pisando tierra santa. ³⁴Ciertamente he visto la opresión que sufre mi pueblo en Egipto. Los he escuchado quejarse, así que he descendido para librarlos. Ahora ven y te enviaré de vuelta a Egipto."ᵇ

³⁵»A este mismo Moisés, a quien habían rechazado diciéndole: "¿Y quién te nombró gobernante y juez?", Dios lo envió para ser gobernante y libertador, mediante el poder del ángel que se le apareció en la zarza. ³⁶Él los sacó de Egipto haciendo prodigios y señales milagrosas tanto en la tierra de Egipto como en el Mar Rojo, y en el desierto durante cuarenta años.

³⁷»Este Moisés les dijo a los israelitas: "Dios hará surgir para ustedes, de entre sus propios hermanos, un profeta como yo."ᶜ ³⁸Este mismo Moisés estuvo en la asamblea en el desierto, con el ángel que le habló en el monte Sinaí, y con nuestros antepasados. Fue también él quien recibió palabras de vida para comunicárnoslas a nosotros.

³⁹»Nuestros antepasados no quisieron obedecerlo a él, sino que lo rechazaron. Lo que realmente deseaban era volver a Egipto, ⁴⁰por lo cual le dijeron a Aarón: "Tienes que hacernos dioses que vayan delante de nosotros, porque a ese Moisés que nos sacó de Egipto, ¡no sabemos qué pudo haberle pasado!"ᵈ ⁴¹»Entonces se hicieron un ídolo en forma de becerro. Le ofrecieron sacrificios y tuvieron fiesta en honor de la obra de sus manos. ⁴²Pero Dios les volvió la espalda y los entregó a que rindieran culto a los astros. Así está escrito en el libro de los profetas:

»"Casa de Israel, ¿acaso me
    ofrecieron ustedes
  sacrificios y ofrendas
  durante los cuarenta años en el
    desierto?
⁴³Por el contrario, ustedes se
    hicieron cargo del
    tabernáculo de Moloc,
  de la estrella del dios Refán,
  y de las imágenes que hicieron
    para adorarlas.
Por lo tanto, los mandaré al
    exilio"ᵉ más allá de
    Babilonia.

⁴⁴»Nuestros antepasados tenían en el desierto el tabernáculo del testimonio, hecho como Dios le había ordenado a Moisés, según el modelo que éste había visto. ⁴⁵Después de haber recibido el tabernáculo, lo trajeron consigo bajo el mando de Josué, cuando conquistaron la tierra de las naciones que Dios expulsó de la presencia de ellos. Allí permaneció hasta el tiempo de David, ⁴⁶quien disfrutó del favor de Dios y pidió que le permitiera proveer una morada para el Diosᶠ de Jacob. ⁴⁷Pero fue Salomón quien construyó la casa.

⁴⁸»Sin embargo, el Altísimo no habita en casas construidas por manos humanas. Como dice el profeta:

ᶻ7:28 Éx 2:14   ᵃ7:32 Éx 3:6   ᵇ7:34 Éx 3:5,7,8,10   ᶜ7:37 Dt 18:15   ᵈ7:40 Éx 32:1   ᵉ7:43 Am 5:25-27
ᶠ7:46 para el Dios. Var. para la casa (es decir, la familia).

49» "El cielo es mi trono,
y la tierra, el estrado de mis pies.
¿Qué clase de casa me construirán?
—dice el Señor—.
¿O qué lugar de descanso?
50¿No es mi mano la que ha hecho
todas estas cosas?"*g*

51»¡Tercos, duros de corazón y torpes de oídos!*h* Ustedes son iguales que sus antepasados: ¡Siempre resisten al Espíritu Santo! **52**¿A cuál de los profetas no persiguieron sus antepasados? Ellos mataron a los que de antemano anunciaron la venida del Justo, y ahora a éste lo han traicionado y asesinado **53**ustedes, que recibieron la ley promulgada por medio de ángeles y no la han obedecido.

Muerte de Esteban

54Al oír esto, rechinando los dientes montaron en cólera contra él. **55**Pero Esteban, lleno del Espíritu Santo, fijó la mirada en el cielo y vio la gloria de Dios, y a Jesús de pie a la *derecha de Dios.

56—¡Veo el cielo abierto —exclamó—, y al Hijo del hombre de pie a la derecha de Dios!

57Entonces ellos, gritando a voz en cuello, se taparon los oídos y todos a una se abalanzaron sobre él, **58**lo sacaron a empellones fuera de la ciudad y comenzaron a apedrearlo. Los acusadores le encargaron sus mantos a un joven llamado Saulo.

59Mientras lo apedreaban, Esteban oraba.

—Señor Jesús —decía—, recibe mi espíritu.

60Luego cayó de rodillas y gritó:

—¡Señor, no les tomes en cuenta este pecado!

Cuando hubo dicho esto, murió.

8 Y Saulo estaba allí, aprobando la muerte de Esteban.

La iglesia perseguida y dispersa

Aquel día se desató una gran persecución contra la iglesia en Jerusalén, y todos, excepto los apóstoles, se dispersaron por las regiones de Judea y Samaria. **2**Unos hombres piadosos sepultaron a Esteban e hicieron gran duelo por él. **3**Saulo, por su parte, causaba estragos en la iglesia: entrando de casa en casa, arrastraba a hombres y mujeres y los metía en la cárcel.

Felipe en Samaria

4Los que se habían dispersado predicaban la palabra por dondequiera que iban. **5**Felipe bajó a una ciudad de Samaria y les anunciaba al *Mesías. **6**Al oír a Felipe y ver las señales milagrosas que realizaba, mucha gente se reunía y todos prestaban atención a su mensaje. **7**De muchos endemoniados los *espíritus malignos salían dando alaridos, y un gran número de paralíticos y cojos quedaban sanos. **8**Y aquella ciudad se llenó de alegría.

Simón el hechicero

9Ya desde antes había en esa ciudad un hombre llamado Simón que, jactándose de ser un gran personaje, practicaba la hechicería y asombraba a la gente de Samaria. **10**Todos, desde el más pequeño hasta el más grande, le prestaban atención y exclamaban: «¡Este hombre es al que llaman el Gran Poder de Dios!»

11Lo seguían porque por mucho tiempo los había tenido deslumbrados con sus artes mágicas. **12**Pero cuando creyeron a Felipe, que les anunciaba las buenas *nuevas del reino de Dios y el nombre de *Jesucristo, tanto hombres como mujeres se bautizaron. **13**Simón mismo creyó y, después de bautizarse, seguía a Felipe por todas partes, asombrado de los grandes milagros y señales que veía.

14Cuando los apóstoles que estaban en Jerusalén se enteraron de que los samaritanos habían aceptado la palabra de Dios, les enviaron a Pedro y a Juan. **15**Éstos, al llegar, oraron por ellos para que recibieran el Espíritu Santo, **16**porque el Espíritu aún no había descendido sobre ninguno de ellos; solamente habían sido bautizados en el nombre del Señor Jesús. **17**Entonces Pedro y Juan les impusieron las manos, y ellos recibieron el Espíritu Santo.

g 7:50 Is 66:1,2   *h* 7:51 *¡Tercos ... oídos!* Lit. *¡Duros de cuello e incircuncisos en los corazones y los oídos!*

18Al ver S:món que mediante la imposición de las manos de los apóstoles se daba el Espíritu Santo, les ofreció dinero 19y les pidió:

—Denme también a mí ese poder, para que todos a quienes yo les imponga las manos reciban el Espíritu Santo.

20 —¡Que tu dinero perezca contigo —le contestó Pedro—, porque intentaste comprar el don de Dios ⌐on dinero! 21No tienes arte ni parte en est⌐ ⌐sunto, porque no eres íntegro delante de L⌐os. 22Por eso, *arrepiéntete de tu maldad y ruega al Señor. Tal vez te perdone el haber tenido esa mala intención. 23Veo que vas camino a la amargura y a la esclavitud del pecado.

24 —Rueguen al Señor por mí —respondió Simón—, para que no me suceda nada de lo que han dicho.

25Después de testificar y proclamar la palabra del Señor, Pedro y Juan se pusieron en camino de vuelta a Jerusalén, y de paso predicaron el *evangelio en muchas poblaciones de los samaritanos.

Felipe y el etíope

26Un ángel del Señor le dijo a Felipe: «Ponte en marcha hacia el sur, por el camino del desierto que baja de Jerusalén a Gaza.» 27Felipe emprendió el viaje, y resulta que se encontró con un etíope *eunuco, alto funcionario encargado de todo el tesoro de la Candace, reina de los etíopes. Éste había ido a Jerusalén para adorar 28y, en el viaje de regreso a su país, iba sentado en su carro, leyendo el libro del profeta Isaías. 29El Espíritu le dijo a Felipe: «Acércate y júntate a ese carro.»

30Felipe se acercó de prisa al carro y, al oír que el hombre leía al profeta Isaías, le preguntó:

—¿Acaso entiende usted lo que está leyendo?

31 —¿Y cómo voy a entenderlo —contestó— si nadie me lo explica?

Así que invitó a Felipe a subir y sentarse con él. 32El pasaje de la Escritura que estaba leyendo era el siguiente:

«Como oveja, fue llevado al matadero;
y como cordero que enmudece ante su trasquilador,
ni siquiera abrió su boca.
33Lo humillaron y no le hicieron justicia.
¿Quién describirá su descendencia?
Porque su vida fue arrancada de la tierra.»i

34 —Dígame usted, por favor, ¿de quién habla aquí el profeta, de sí mismo o de algún otro? —le preguntó el eunuco a Felipe.

35Entonces Felipe, comenzando con ese mismo pasaje de la Escritura, le anunció las buenas *nuevas acerca de Jesús. 36Mientras iban por el camino, llegaron a un lugar donde había agua, y dijo el eunuco:

—Mire usted, aquí hay agua. ¿Qué impide que yo sea bautizado?j

38Entonces mandó parar el carro, y ambos bajaron al agua, y Felipe lo bautizó. 39Cuando subieron del agua, el Espíritu del Señor se llevó de repente a Felipe. El eunuco no volvió a verlo, pero siguió alegre su camino. 40En cuanto a Felipe, apareció en Azoto, y se fue predicando el *evangelio en todos los pueblos hasta que llegó a Cesarea.

Conversión de Saulo
9:1-19 — Hch 23:3-16; 26:9-18

9 Mientras tanto, Saulo, respirando aún amenazas de muerte contra los discípulos del Señor, se presentó al sumo sacerdote 2y le pidió cartas de extradición para las sinagogas de Damasco. Tenía la intención de encontrar y llevarse presos a Jerusalén a todos los que pertenecieran al Camino, fueran hombres o mujeres. 3En el viaje sucedió que, al acercarse a Damasco, una luz del cielo relampagueó de repente a su alrededor. 4Él cayó al suelo y oyó una voz que le decía:

—Saulo, Saulo, ¿por qué me persigues?

i8:33 Is 53:7,8   j8:36 bautizado? Var. bautizado? / 37 —Si cree usted de todo corazón, bien puede —le dijo Felipe. / —Creo que Jesucristo es el Hijo de Dios —contestó el hombre.

⁵—¿Quién eres, Señor? —preguntó. —Yo soy Jesús, a quien tú persigues —le contestó la voz—. ⁶Levántate y entra en la ciudad, que allí se te dirá lo que tienes que hacer.

⁷Los hombres que viajaban con Saulo se detuvieron atónitos, porque oían la voz pero no veían a nadie. ⁸Saulo se levantó del suelo, pero cuando abrió los ojos no podía ver, así que lo tomaron de la mano y lo llevaron a Damasco. ⁹Estuvo ciego tres días, sin comer ni beber nada.

¹⁰Había en Damasco un discípulo llamado Ananías, a quien el Señor llamó en una visión.

—¡Ananías!

—Aquí estoy, Señor.

¹¹—Anda, ve a la casa de Judas, en la calle llamada Derecha, y pregunta por un tal Saulo de Tarso. Está orando, ¹²y ha visto en una visión a un hombre llamado Ananías, que entra y pone las manos sobre él para que recobre la vista.

¹³Entonces Ananías respondió:

—Señor, he oído hablar mucho de ese hombre y de todo el mal que ha causado a tus *santos en Jerusalén. ¹⁴Y ahora lo tenemos aquí, autorizado por los jefes de los sacerdotes, para llevarse presos a todos los que invocan tu nombre.

¹⁵—¡Ve! —insistió el Señor—, porque ese hombre es mi instrumento escogido para dar a conocer mi nombre tanto a las *naciones y a sus reyes como al pueblo de Israel. ¹⁶Yo le mostraré cuánto tendrá que padecer por mi nombre.

¹⁷Ananías se fue y, cuando llegó a la casa, le impuso las manos a Saulo y le dijo: «Hermano Saulo, el Señor Jesús, que se te apareció en el camino, me ha enviado para que recobres la vista y seas lleno del Espíritu Santo.» ¹⁸Al instante cayó de los ojos de Saulo algo como escamas, y recobró la vista. Se levantó y fue bautizado; ¹⁹y habiendo comido, recobró las fuerzas.

Saulo en Damasco y en Jerusalén

Saulo pasó varios días con los discípulos que estaban en Damasco, ²⁰y en seguida se dedicó a predicar en las sinagogas, afirmando que Jesús es el Hijo de Dios. ²¹Todos los que le oían se quedaban asombrados, y preguntaban: «¿No es éste el que en Jerusalén perseguía a muerte a los que invocan ese nombre? ¿Y no ha venido aquí para llevárselos presos y entregarlos a los jefes de los sacerdotes?» ²²Pero Saulo cobraba cada vez más fuerza y confundía a los judíos que vivían en Damasco, demostrándoles que Jesús es el *Mesías.

²³Después de muchos días, los judíos se pusieron de acuerdo para hacerlo desaparecer, ²⁴pero Saulo se enteró de sus maquinaciones. Día y noche vigilaban de cerca las puertas de la ciudad con el fin de eliminarlo. ²⁵Pero sus discípulos se lo llevaron de noche y lo bajaron en un canasto por una abertura en la muralla.

²⁶Cuando llegó a Jerusalén, trataba de juntarse con los discípulos, pero todos tenían miedo de él, porque no creían que de veras fuera discípulo. ²⁷Entonces Bernabé lo tomó a su cargo y lo llevó a los apóstoles. Saulo les describió en detalle cómo en el camino había visto al Señor, el cual le había hablado, y cómo en Damasco había predicado con libertad en el nombre de Jesús. ²⁸Así que se quedó con ellos, y andaba por todas partes en Jerusalén, hablando abiertamente en el nombre del Señor. ²⁹Conversaba y discutía con los judíos de habla griega,ᵏ pero ellos se proponían eliminarlo. ³⁰Cuando se enteraron de ello los hermanos, se lo llevaron a Cesarea y de allí lo mandaron a Tarso.

³¹Mientras tanto, la iglesia disfrutaba de paz a la vez que se consolidaba en toda Judea, Galilea y Samaria, pues vivía en el temor del Señor. E iba creciendo en número, fortalecida por el Espíritu Santo.

Eneas y Dorcas

³²Pedro, que estaba recorriendo toda la región, fue también a visitar a los *santos que vivían en Lida. ³³Allí encontró a un paralítico llamado Eneas, que llevaba ocho años en cama. ³⁴«Eneas —le dijo Pedro—, *Jesucristo te sana. Levántate y tiende tu cama.» Y al instante se levantó.

ᵏ9:29 *los judíos de habla griega.* Lit. *los helenistas.*

35 Todos los que vivían en Lida y en Sarón lo vieron, y se convirtieron al Señor. 36 Había en Jope una discípula llamada Tabita (que traducido es Dorcas[l]). Ésta se esmeraba en hacer buenas obras y en ayudar a los pobres. 37 Sucedió que en esos días cayó enferma y murió. Pusieron el cadáver, después de lavarlo, en un cuarto de la planta alta. 38 Y como Lida estaba cerca de Jope, los discípulos, al enterarse de que Pedro se encontraba en Lida, enviaron a dos hombres a rogarle: «¡Por favor, venga usted a Jope en seguida!» 39 Sin demora, Pedro se fue con ellos, y cuando llegó lo llevaron al cuarto de arriba. Todas las viudas se presentaron, llorando y mostrándole las túnicas y otros vestidos que Dorcas había hecho cuando aún estaba con ellas. 40 Pedro hizo que todos salieran del cuarto; luego se puso de rodillas y oró. Volviéndose hacia la muerta, dijo: «Tabita, levántate.» Ella abrió los ojos y, al ver a Pedro, se incorporó. 41 Él, tomándola de la mano, la levantó. Luego llamó a los *creyentes y a las viudas, a quienes la presentó viva. 42 La noticia se difundió por todo Jope, y muchos creyeron en el Señor. 43 Pedro se quedó en Jope un buen tiempo, en casa de un tal Simón, que era curtidor.

Cornelio manda llamar a Pedro

10 Vivía en Cesarea un centurión llamado Cornelio, del regimiento conocido como el Italiano. 2 Él y toda su familia eran devotos y temerosos de Dios. Realizaba muchas obras de beneficencia para el pueblo de Israel y oraba a Dios constantemente. 3 Un día, como a las tres de la tarde,[m] tuvo una visión. Vio claramente a un ángel de Dios que se le acercaba y le decía:

—¡Cornelio!

4 —¿Qué quieres, Señor? —le preguntó Cornelio, mirándolo fijamente y con mucho miedo.

—Dios ha recibido tus oraciones y tus obras de beneficencia como una ofrenda

—le contestó el ángel—. 5 Envía de inmediato a algunos hombres a Jope para que hagan venir a un tal Simón, apodado Pedro. 6 Él se hospeda con Simón el curtidor, que tiene su casa junto al mar.

7 Después de que se fue el ángel que le había hablado, Cornelio llamó a dos de sus siervos y a un soldado devoto de los que le servían regularmente. 8 Les explicó todo lo que había sucedido y los envió a Jope.

La visión de Pedro

9 Al día siguiente, mientras ellos iban de camino y se acercaban a la ciudad, Pedro subió a la azotea a orar. Era casi el mediodía.[n] 10 Tuvo hambre y quiso algo de comer. Mientras se lo preparaban, le sobrevino un éxtasis. 11 Vio el cielo abierto y algo parecido a una gran sábana que, suspendida por las cuatro puntas, descendía hacia la tierra. 12 En ella había toda clase de cuadrúpedos, como también reptiles y aves.

13 —Levántate, Pedro; mata y come —le dijo una voz.

14 —¡De ninguna manera, Señor! —replicó Pedro—. Jamás he comido nada *impuro o inmundo.

15 Por segunda vez le insistió la voz:

—Lo que Dios ha purificado, tú no lo llames impuro.

16 Esto sucedió tres veces, y en seguida la sábana fue recogida al cielo.

17 Pedro no atinaba a explicarse cuál podría ser el significado de la visión. Mientras tanto, los hombres enviados por Cornelio, que estaban preguntado por la casa de Simón, se presentaron a la puerta. 18 Llamando, averiguaron si allí se hospedaba Simón, apodado Pedro.

19 Mientras Pedro seguía reflexionando sobre el significado de la visión, el Espíritu le dijo: «Mira, Simón, tres[ñ] hombres te buscan. 20 Date prisa, baja y no dudes en ir con ellos, porque yo los he enviado.»

21 Pedro bajó y les dijo a los hombres:

—Aquí estoy; yo soy el que ustedes buscan. ¿Qué asunto los ha traído por acá?

22 Ellos le contestaron:

---

[l]9:36 Tanto *Tabita* (arameo) como *Dorcas* (griego) significan *gacela*. [m]10:3 *las tres de la tarde*. Lit. *la hora novena*; también en v. 30. [n]10:9 *casi el mediodía*. Lit. *alrededor de la hora sexta*. [ñ]10:19 Var. no incluye *tres* (un ms. antiguo dice: *dos*).

—Venimos de parte del centurión Cornelio, un hombre justo y temeroso de Dios, respetado por todo el pueblo judío. Un ángel de Dios le dio instrucciones de invitarlo a usted a su casa para escuchar lo que usted tiene que decirle. 23 Entonces Pedro los invitó a pasar y los hospedó.

Pedro en casa de Cornelio

Al día siguiente, Pedro se fue con ellos acompañado de algunos creyentes de Jope. 24 Un día después llegó a Cesarea. Cornelio estaba esperándolo con los parientes y amigos íntimos que había reunido. 25 Al llegar Pedro a la casa, Cornelio salió a recibirlo y, postrándose delante de él, le rindió homenaje. 26 Pero Pedro hizo que se levantara, y le dijo:

—Ponte de pie, que sólo soy un hombre como tú.

27 Pedro entró en la casa conversando con él, y encontró a muchos reunidos.

28 Entonces les habló así:

—Ustedes saben muy bien que nuestra ley prohíbe que un judío se junte con un extranjero o lo visite. Pero Dios me ha hecho ver que a nadie debo llamar *impuro o inmundo. 29 Por eso, cuando mandaron por mí, vine sin poner ninguna objeción. Ahora permítanme preguntarles: ¿para qué me hicieron venir?

30 Cornelio contestó:

—Hace cuatro días a esta misma hora, las tres de la tarde, estaba yo en casa orando. o De repente apareció delante de mí un hombre vestido con ropa brillante, 31 y me dijo: "Cornelio, Dios ha oído tu oración y se ha acordado de tus obras de beneficencia. 32 Por lo tanto, envía a alguien a Jope para hacer venir a Simón, apodado Pedro, que se hospeda en casa de Simón el curtidor, junto al mar." 33 Así que inmediatamente mandé a llamarte, y tú has tenido la bondad de venir. Ahora estamos todos aquí, en la presencia de Dios, para escuchar todo lo que el Señor te ha encomendado que nos digas.

34 Pedro tomó la palabra, y dijo:

—Ahora comprendo que en realidad para Dios no hay favoritismos, 35 sino que en toda nación él ve con agrado a los que le temen y actúan con justicia. 36 Dios envió su mensaje al pueblo de Israel, anunciando las buenas *nuevas de la paz por medio de *Jesucristo, que es el Señor de todos. 37 Ustedes conocen este mensaje que se difundió por toda Judea, comenzando desde Galilea, después del bautismo que predicó Juan. 38 Me refiero a Jesús de Nazaret: cómo lo ungió Dios con el Espíritu Santo y con poder, y cómo anduvo haciendo el bien y sanando a todos los que estaban oprimidos por el diablo, porque Dios estaba con él. 39 Nosotros somos testigos de todo lo que hizo en la tierra de los judíos y en Jerusalén. Lo mataron, colgándolo de un madero, 40 pero Dios lo resucitó al tercer día y dispuso que se apareciera, 41 no a todo el pueblo, sino a nosotros, testigos previamente escogidos por Dios, que comimos y bebimos con él después de su *resurrección. 42 Él nos mandó a predicar al pueblo y a dar solemne testimonio de que ha sido nombrado por Dios como juez de vivos y muertos. 43 De él dan testimonio todos los profetas, que todo el que cree en él recibe, por medio de su nombre, el perdón de los pecados.

44 Mientras Pedro estaba todavía hablando, el Espíritu Santo descendió sobre todos los que escuchaban el mensaje. 45 Los defensores de la circuncisión que habían llegado con Pedro se quedaron asombrados de que el don del Espíritu Santo se hubiera derramado también sobre los *gentiles, 46 pues los oían hablar en *lenguas y alabar a Dios. Entonces Pedro respondió:

47 —¿Acaso puede alguien negar el agua para que sean bautizados estos que han recibido el Espíritu Santo lo mismo que nosotros?

48 Y mandó que fueran bautizados en el nombre de Jesucristo. Entonces le pidieron que se quedara con ellos algunos días.

---

o 10:30 en casa orando. Var. en casa ayunando y orando.

Pedro explica su comportamiento

11 Los apóstoles y los hermanos de toda Judea se enteraron de que también los *gentiles habían recibido la palabra de Dios. ²Así que cuando Pedro subió a Jerusalén, los defensores de la circuncisión lo criticaron ³diciendo:

—Entraste en casa de hombres incircuncisos y comiste con ellos.

⁴Entonces Pedro comenzó a explicarles paso a paso lo que había sucedido:

⁵—Yo estaba orando en la ciudad de Jope y tuve en éxtasis una visión. Vi que del cielo descendía algo parecido a una gran sábana que, suspendida por las cuatro puntas, bajaba hasta donde yo estaba. ⁶Me fijé en lo que había en ella, y vi cuadrúpedos, fieras, reptiles y aves. ⁷Luego oí una voz que me decía: "Levántate, Pedro; mata y come." ⁸Repliqué: "¡De ninguna manera, Señor! Jamás ha entrado en mi boca nada *impuro o inmundo." ⁹Por segunda vez insistió la voz del cielo: "Lo que Dios ha purificado, tú no lo llames impuro." ¹⁰Esto sucedió tres veces, y luego todo volvió a ser llevado al cielo.

¹¹»En aquel momento se presentaron en la casa donde yo estaba tres hombres que desde Cesarea habían sido enviados a verme. ¹²El Espíritu me dijo que fuera con ellos sin dudar. También fueron conmigo estos seis hermanos, y entramos en la casa de aquel hombre. ¹³Él nos contó cómo en su casa se le había aparecido un ángel que le dijo: "Manda a alguien a Jope para hacer venir a Simón, apodado Pedro. ¹⁴Él te traerá un mensaje mediante el cual serán salvos tú y toda tu familia."

¹⁵»Cuando comencé a hablarles, el Espíritu Santo descendió sobre ellos tal como al principio descendió sobre nosotros. ¹⁶Entonces recordé lo que había dicho el Señor: "Juan bautizó con ᴾ agua, pero ustedes serán bautizados con el Espíritu Santo." ¹⁷Por tanto, si Dios les ha dado a ellos el mismo don que a nosotros al creer en el Señor *Jesucristo, ¿quién soy yo para pretender estorbar a Dios?

¹⁸Al oír esto, se apaciguaron y alabaron a Dios diciendo:

—¡Así que también a los gentiles les ha concedido Dios el *arrepentimiento para vida!

La iglesia en Antioquía

¹⁹Los que se habían dispersado a causa de la persecución que se desató por el caso de Esteban llegaron hasta Fenicia, Chipre y Antioquía, sin anunciar a nadie el mensaje excepto a los judíos. ²⁰Sin embargo, había entre ellos algunas personas de Chipre y de Cirene que, al llegar a Antioquía, comenzaron a hablarles también a los de habla griega, anunciándoles las buenas *nuevas acerca del Señor Jesús. ²¹El poder del Señor estaba con ellos, y un gran número creyó y se convirtió al Señor.

²²La noticia de estos sucesos llegó a oídos de la iglesia de Jerusalén, y mandaron a Bernabé a Antioquía. ²³Cuando él llegó y vio las evidencias de la gracia de Dios, se alegró y animó a todos a hacerse el firme propósito de permanecer fieles al Señor, ²⁴pues era un hombre bueno, lleno del Espíritu Santo y de fe. Un gran número de personas aceptó al Señor.

²⁵Después partió Bernabé para Tarso en busca de Saulo, ²⁶y cuando lo encontró, lo llevó a Antioquía. Durante todo un año se reunieron los dos con la iglesia y enseñaron a mucha gente. Fue en Antioquía donde a los discípulos se les llamó «cristianos» por primera vez.

²⁷Por aquel tiempo unos profetas bajaron de Jerusalén a Antioquía. ²⁸Uno de ellos, llamado Ágabo, se puso de pie y predijo por medio del Espíritu que iba a haber una gran hambre en todo el mundo, lo cual sucedió durante el reinado de Claudio. ²⁹Entonces decidieron que cada uno de los discípulos, según los recursos de cada cual, enviaría ayuda a los hermanos que vivían en Judea. ³⁰Así lo hicieron, mandando su ofrenda a los *ancianos por medio de Bernabé y de Saulo.

ᴾ**11:16** *con.* Alt. *en.*

Pedro escapa milagrosamente de la cárcel

12 En ese tiempo el rey Herodes hizo arrestar a algunos de la iglesia con el fin de maltratarlos. ²A *Jacobo, hermano de Juan, lo mandó matar a espada. ³Al ver que esto agradaba a los judíos, procedió a prender también a Pedro. Esto sucedió durante la fiesta de los panes sin levadura. ⁴Después de arrestarlo, lo metió en la cárcel y lo puso bajo la vigilancia de cuatro grupos de cuatro soldados cada uno. Tenía la intención de hacerlo comparecer en juicio público después de la Pascua. ⁵Pero mientras mantenían a Pedro en la cárcel, la iglesia oraba constante y fervientemente a Dios por él.

⁶La misma noche en que Herodes estaba a punto de sacar a Pedro para someterlo a juicio, éste dormía entre dos soldados, sujeto con dos cadenas. Unos guardias vigilaban la entrada de la cárcel. ⁷De repente apareció un ángel del Señor y una luz resplandeció en la celda. Despertó a Pedro con unas palmadas en el costado y le dijo: «¡Date prisa, levántate!» Las cadenas cayeron de las manos de Pedro. ⁸Le dijo además el ángel: «Vístete y cálzate las sandalias.» Así lo hizo, y el ángel añadió: «Échate la capa encima y sígueme.»

⁹Pedro salió tras él, pero no sabía si realmente estaba sucediendo lo que el ángel hacía. Le parecía que se trataba de una visión. ¹⁰Pasaron por la primera y la segunda guardia, y llegaron al portón de hierro que daba a la ciudad. El portón se les abrió por sí solo, y salieron. Caminaron unas cuadras, y de repente el ángel lo dejó solo.

¹¹Entonces Pedro volvió en sí y se dijo: «Ahora estoy completamente seguro de que el Señor ha enviado a su ángel para librarme del poder de Herodes y de todo lo que el pueblo judío esperaba.»

¹²Cuando cayó en cuenta de esto, fue a casa de María, la madre de Juan, apodado Marcos, donde muchas personas estaban reunidas orando. ¹³Llamó a la puerta de la calle, y salió a responder una sierva llamada Rode. ¹⁴Al reconocer la voz de Pedro, se puso tan contenta que volvió corriendo sin abrir.

—¡Pedro está a la puerta! —exclamó.

¹⁵—¡Estás loca! —le dijeron.

Ella insistía en que así era, pero los otros decían:

—Debe de ser su ángel.

¹⁶Entre tanto, Pedro seguía llamando. Cuando abrieron la puerta y lo vieron, quedaron pasmados. ¹⁷Con la mano Pedro les hizo señas de que se callaran, y les contó cómo el Señor lo había sacado de la cárcel.

—Cuéntenles esto a Jacobo y a los hermanos —les dijo.

Luego salió y se fue a otro lugar.

¹⁸Al amanecer se produjo un gran alboroto entre los soldados respecto al paradero de Pedro. ¹⁹Herodes hizo averiguaciones, pero al no encontrarlo, les tomó declaración a los guardias y mandó matarlos. Después viajó de Judea a Cesarea y se quedó allí.

Muerte de Herodes

²⁰Herodes estaba furioso con los de Tiro y de Sidón, pero ellos se pusieron de acuerdo y se presentaron ante él. Habiéndose ganado el favor de Blasto, camarero del rey, pidieron paz, porque su región dependía del país del rey para obtener sus provisiones.

²¹El día señalado, Herodes, ataviado con su ropaje real y sentado en su trono, le dirigió un discurso al pueblo. ²²La gente gritaba: «¡Voz de un dios, no de hombre!» ²³Al instante un ángel del Señor lo hirió, porque no le había dado la gloria a Dios; y Herodes murió comido de gusanos.

²⁴Pero la palabra de Dios seguía extendiéndose y difundiéndose.

²⁵Cuando Bernabé y Saulo cumplieron su servicio, regresaron de*q* Jerusalén llevando con ellos a Juan, llamado también Marcos.

q 12:25 *regresaron de.* Var. *regresaron a.*

Despedida de Bernabé y Saulo

13 En la iglesia de Antioquía eran profetas y maestros Bernabé; Simeón, apodado el Negro; Lucio de Cirene; Manaén, que se había criado con Herodes el tetrarca; y Saulo. ²Mientras ayunaban y participaban en el culto al Señor, el Espíritu Santo dijo: «Apártenme ahora a Bernabé y a Saulo para el trabajo al que los he llamado.» ³Así que después de ayunar, orar e imponerles las manos, los despidieron.

En Chipre

⁴Bernabé y Saulo, enviados por el Espíritu Santo, bajaron a Seleucia, y de allí navegaron a Chipre. ⁵Al llegar a Salamina, predicaron la palabra de Dios en las sinagogas de los judíos. Tenían también a Juan como ayudante. ⁶Recorrieron toda la isla hasta Pafos. Allí se encontraron con un hechicero, un falso profeta judío llamado Barjesús, ⁷que estaba con el gobernador ʳ Sergio Paulo. El gobernador, hombre inteligente, mandó llamar a Bernabé y a Saulo, en un esfuerzo por escuchar la palabra de Dios. ⁸Pero Elimas el hechicero (que es lo que significa su nombre) se les oponía y procuraba apartar de la fe al gobernador. ⁹Entonces Saulo, o sea Pablo, lleno del Espíritu Santo, clavó los ojos en Elimas y le dijo: ¹⁰«¡Hijo del diablo y enemigo de toda justicia, lleno de todo tipo de engaño y de fraude! ¿Nunca dejarás de torcer los caminos rectos del Señor? ¹¹Ahora la mano del Señor está contra ti; vas a quedarte ciego y por algún tiempo no podrás ver la luz del sol.»

Al instante cayeron sobre él sombra y oscuridad, y comenzó a buscar a tientas quien lo llevara de la mano. ¹²Al ver lo sucedido, el gobernador creyó, maravillado de la enseñanza acerca del Señor.

En Antioquía de Pisidia

¹³Pablo y sus compañeros se hicieron a la mar desde Pafos, y llegaron a Perge de Panfilia. Juan se separó de ellos y regresó a Jerusalén; ¹⁴ellos, por su parte, siguieron su viaje desde Perge hasta Antioquía de Pisidia. El *sábado entraron en la sinagoga y se sentaron. ¹⁵Al terminar la lectura de la ley y los profetas, los jefes de la sinagoga mandaron a decirles: «Hermanos, si tienen algún mensaje de aliento para el pueblo, hablen.»

¹⁶Pablo se puso en pie, hizo una señal con la mano y dijo: «Escúchenme, israelitas, y ustedes, los *gentiles temerosos de Dios: ¹⁷El Dios de este pueblo de Israel escogió a nuestros antepasados y engrandeció al pueblo mientras vivían como extranjeros en Egipto. Con gran poder los sacó de aquella tierra ¹⁸y soportó su mal proceder ˢ en el desierto unos cuarenta años. ¹⁹Luego de destruir siete naciones en Canaán, dio a su pueblo la tierra de ellas en herencia. ²⁰Todo esto duró unos cuatrocientos cincuenta años.

»Después de esto, Dios les asignó jueces hasta los días del profeta Samuel. ²¹Entonces pidieron un rey, y Dios les dio a Saúl, hijo de Quis, de la tribu de Benjamín, que gobernó por cuarenta años. ²²Tras destituir a Saúl, les puso por rey a David, de quien dio este testimonio: "He encontrado en David, hijo de Isaí, un hombre conforme a mi corazón; él realizará todo lo que yo quiero."

²³»De los descendientes de éste, conforme a la promesa, Dios ha provisto a Israel un salvador, que es Jesús. ²⁴Antes de la venida de Jesús, Juan predicó un bautismo de *arrepentimiento a todo el pueblo de Israel. ²⁵Cuando estaba completando su carrera, Juan decía: "¿Quién suponen ustedes que soy? No soy aquél. Miren, después de mí viene uno a quien no soy digno ni siquiera de desatarle las sandalias."

²⁶»Hermanos, descendientes de Abraham, y ustedes, los gentiles temerosos de Dios: a nosotros se nos ha enviado este mensaje de salvación. ²⁷Los habitantes de Jerusalén y sus gobernantes no reconocieron a Jesús. Por tanto, al condenarlo, cumplieron las palabras de los profetas que leen todos los sábados. ²⁸Aunque no encontraron ninguna causa digna de muerte,

---

ʳ 13:7 *gobernador.* Lit. *procónsul*; también en vv. 8 y 12.   ˢ 13:18 *soportó su mal proceder.* Var. *los cuidó.*

le pidieron a Pilato que lo mandara a ejecutar. ²⁹Después de llevar a cabo todas las cosas que estaban escritas acerca de él, lo bajaron del madero y lo sepultaron. ³⁰Pero Dios lo *levantó de entre los muertos. ³¹Durante muchos días lo vieron los que habían subido con él de Galilea a Jerusalén, y ellos son ahora sus testigos ante el pueblo.

³²»Nosotros les anunciamos a ustedes las buenas *nuevas respecto a la promesa hecha a nuestros antepasados. ³³Dios nos la ha cumplido plenamente a nosotros, los descendientes de ellos, al resucitar a Jesús. Como está escrito en el segundo salmo:

» "Tú eres mi hijo;
    hoy mismo te he engendrado." ᵗ

³⁴Dios lo *resucitó para que no volviera jamás a la corrupción. Así se cumplieron estas palabras:

» "Yo les daré las bendiciones
    santas y seguras prometidas
    a David." ᵘ

³⁵Por eso dice en otro pasaje:

» "No permitirás que el fin de tu
    santo sea la corrupción." ᵛ

³⁶»Ciertamente David, después de servir a su propia generación conforme al propósito de Dios, murió, fue sepultado con sus antepasados, y su cuerpo sufrió la corrupción. ³⁷Pero aquel a quien Dios resucitó no sufrió la corrupción de su cuerpo.

³⁸»Por tanto, hermanos, sepan que por medio de Jesús se les anuncia a ustedes el perdón de los pecados. ³⁹Ustedes no pudieron ser *justificados de esos pecados por la ley de Moisés, pero todo el que cree es justificado por medio de Jesús. ⁴⁰Tengan cuidado, no sea que les suceda lo que han dicho los profetas:

⁴¹» "¡Miren, burlones!
    ¡Asómbrense y desaparezcan!

Estoy por hacer en estos días una
    obra
que ustedes nunca creerán,
    aunque alguien se la explique." ʷ»

⁴²Al salir ellos de la sinagoga, los invitaron a que el siguiente sábado les hablaran más de estas cosas. ⁴³Cuando se disolvió la asamblea, muchos judíos y prosélitos fieles acompañaron a Pablo y a Bernabé, los cuales en su conversación con ellos les instaron a perseverar en la gracia de Dios. ⁴⁴El siguiente sábado casi toda la ciudad se congregó para oír la palabra del Señor. ⁴⁵Pero cuando los judíos vieron a las multitudes, se llenaron de celos y contradecían con maldiciones lo que Pablo decía.

⁴⁶Pablo y Bernabé les contestaron valientemente: «Era necesario que les anunciáramos la palabra de Dios primero a ustedes. Como la rechazan y no se consideran dignos de la vida eterna, ahora vamos a dirigirnos a los gentiles. ⁴⁷Así nos lo ha mandado el Señor:

» "Te he puesto por luz para las
    *naciones,
a fin de que lleves mi salvación
    hasta los confines de la
    tierra." ˣ»

⁴⁸Al oír esto, los gentiles se alegraron y celebraron la palabra del Señor; y creyeron todos los que estaban destinados a la vida eterna.

⁴⁹La palabra del Señor se difundía por toda la región. ⁵⁰Pero los judíos incitaron a mujeres muy distinguidas y favorables al judaísmo, y a los hombres más prominentes de la ciudad, y provocaron una persecución contra Pablo y Bernabé. Por tanto, los expulsaron de la región. ⁵¹Ellos, por su parte, se sacudieron el polvo de los pies en señal de protesta contra la ciudad, y se fueron a Iconio. ⁵²Y los discípulos quedaron llenos de alegría y del Espíritu Santo.

ᵗ13:33 Sal 2:7   ᵘ13:34 Is 55:3   ᵛ13:35 Sal 16:10   ʷ13:41 Hab 1:5   ˣ13:47 Is 49:6

En Iconio

14 En Iconio, Pablo y Bernabé entraron, como de costumbre, en la sinagoga judía y hablaron de tal manera que creyó una multitud de judíos y de *griegos. ²Pero los judíos incrédulos incitaron a los *gentiles y les amargaron el ánimo contra los hermanos. ³En todo caso, Pablo y Bernabé pasaron allí bastante tiempo, hablando valientemente en el nombre del Señor, quien confirmaba el mensaje de su gracia, haciendo señales y prodigios por medio de ellos. ⁴La gente de la ciudad estaba dividida: unos estaban de parte de los judíos, y otros de parte de los apóstoles. ⁵Hubo un complot tanto de los gentiles como de los judíos, apoyados por sus dirigentes, para maltratarlos y apedrearlos. ⁶Al darse cuenta de esto, los apóstoles huyeron a Listra y Derbe, ciudades de Licaonia, y a sus alrededores, ⁷donde siguieron anunciando las buenas *nuevas.

En Listra y Derbe

⁸En Listra vivía un hombre lisiado de nacimiento, que no podía mover las piernas y nunca había caminado. Estaba sentado, ⁹escuchando a Pablo, quien al reparar en él y ver que tenía fe para ser sanado, ¹⁰le ordenó con voz fuerte:

—¡Ponte en pie y enderézate!

El hombre dio un salto y empezó a caminar. ¹¹Al ver lo que Pablo había hecho, la gente comenzó a gritar en el idioma de Licaonia:

—¡Los dioses han tomado forma humana y han venido a visitarnos!

¹²A Bernabé lo llamaban Zeus, y a Pablo, Hermes, porque era el que dirigía la palabra. ¹³El sacerdote de Zeus, el dios cuyo templo estaba a las afueras de la ciudad, llevó toros y guirnaldas a las puertas y, con toda la multitud, quería ofrecerles sacrificios.

¹⁴Al enterarse de esto los apóstoles Bernabé y Pablo, se rasgaron las vestiduras y se lanzaron por entre la multitud, gritando:

¹⁵—Señores, ¿por qué hacen esto? Nosotros también somos hombres mortales como ustedes. Las buenas *nuevas que les anunciamos es que dejen estas cosas sin valor y se vuelvan al Dios viviente, que hizo el cielo, la tierra, el mar y todo lo que hay en ellos. ¹⁶En épocas pasadas él permitió que todas las *naciones siguieran su propio camino. ¹⁷Sin embargo, no ha dejado de dar testimonio de sí mismo haciendo el bien, dándoles lluvias del cielo y estaciones fructíferas, proporcionándoles comida y alegría de corazón.

¹⁸A pesar de todo lo que dijeron, a duras penas evitaron que la multitud les ofreciera sacrificios.

¹⁹En eso llegaron de Antioquía y de Iconio unos judíos que hicieron cambiar de parecer a la multitud. Apedrearon a Pablo y lo arrastraron fuera de la ciudad, creyendo que estaba muerto. ²⁰Pero cuando lo rodearon los discípulos, él se levantó y volvió a entrar en la ciudad. Al día siguiente, partió para Derbe en compañía de Bernabé.

El regreso a Antioquía de Siria

²¹Después de anunciar las buenas *nuevas en aquella ciudad y de hacer muchos discípulos, Pablo y Bernabé regresaron a Listra, a Iconio y a Antioquía, ²²fortaleciendo a los discípulos y animándolos a perseverar en la fe. «Es necesario pasar por muchas dificultades para entrar en el reino de Dios», les decían. ²³En cada iglesia nombraron *ancianos y, con oración y ayuno, los encomendaron al Señor en quien habían creído. ²⁴Atravesando Pisidia, llegaron a Panfilia, ²⁵y cuando terminaron de predicar la palabra en Perge, bajaron a Atalía.

²⁶De Atalía navegaron a Antioquía, donde se los había encomendado a la gracia de Dios para la obra que ya habían realizado. ²⁷Cuando llegaron, reunieron a la iglesia e informaron de todo lo que Dios había hecho por medio de ellos, y de cómo había abierto la puerta de la fe a los *gentiles. ²⁸Y se quedaron allí mucho tiempo con los discípulos.

El concilio de Jerusalén

15 Algunos que habían llegado de Judea a Antioquía se pusieron a enseñar a los hermanos: «A menos que ustedes se circunciden, conforme a la tradición de Moisés, no pueden ser salvos.»

2Esto provocó un altercado y un serio debate de Pablo y Bernabé con ellos. Entonces se decidió que Pablo y Bernabé, y algunos otros creyentes, subieran a Jerusalén para tratar este asunto con los apóstoles y los *ancianos. 3Enviados por la iglesia, al pasar por Fenicia y Samaria contaron cómo se habían convertido los *gentiles. Estas noticias llenaron de alegría a todos los creyentes. 4Al llegar a Jerusalén, fueron muy bien recibidos tanto por la iglesia como por los apóstoles y los ancianos, a quienes informaron de todo lo que Dios había hecho por medio de ellos. 5Entonces intervinieron algunos creyentes que pertenecían a la secta de los *fariseos y afirmaron:

—Es necesario circuncidar a los gentiles y exigirles que obedezcan la ley de Moisés.

6Los apóstoles y los ancianos se reunieron para examinar este asunto. 7Después de una larga discusión, Pedro tomó la palabra:

—Hermanos, ustedes saben que desde un principio Dios me escogió de entre ustedes para que por mi boca los gentiles oyeran el mensaje del *evangelio y creyeran. 8Dios, que conoce el corazón humano, mostró que los aceptaba dándoles el Espíritu Santo, lo mismo que a nosotros. 9Sin hacer distinción alguna entre nosotros y ellos, purificó sus corazones por la fe. 10Entonces, ¿por qué tratan ahora de provocar a Dios poniendo sobre el cuello de esos discípulos un yugo que ni nosotros ni nuestros antepasados hemos podido soportar? 11¡No puede ser! Más bien, como ellos, creemos que somos salvosʸ por la gracia de nuestro Señor Jesús.

12Toda la asamblea guardó silencio para escuchar a Bernabé y a Pablo, que les contaron las señales y prodigios que Dios había hecho por medio de ellos entre los gentiles. 13Cuando terminaron, *Jacobo tomó la palabra y dijo:

—Hermanos, escúchenme. 14*Simónᶻ nos ha expuesto cómo Dios desde el principio tuvo a bien escoger de entre los gentiles un pueblo para honra de su nombre. 15Con esto concuerdan las palabras de los profetas, tal como está escrito:

16» "Después de esto volveré
y reedificaré la choza caída de
    David.
Reedificaré sus ruinas,
    y la restauraré,
17para que busque al Señor el resto
    de la *humanidad,
todas las *naciones que llevan mi
    nombre.
18Así dice el Señor, que hace estas
    cosas"ᵃ
conocidas desde tiempos
    antiguos.ᵇ

19»Por lo tanto, yo considero que debemos dejar de ponerles trabas a los gentiles que se convierten a Dios. 20Más bien debemos escribirles que se abstengan de lo *contaminado por los ídolos, de la inmoralidad sexual, de la carne de animales estrangulados y de sangre. 21En efecto, desde tiempos antiguos Moisés siempre ha tenido en cada ciudad quien lo predique y lo lea en las sinagogas todos los *sábados.

Carta del concilio a los creyentes gentiles

22Entonces los apóstoles y los *ancianos, de común acuerdo con toda la iglesia, decidieron escoger a algunos de ellos y enviarlos a Antioquía con Pablo y Bernabé. Escogieron a Judas, llamado Barsabás, y a Silas, que tenían buena reputación entre los hermanos. 23Con ellos mandaron la siguiente carta:

Los apóstoles y los ancianos,

a nuestros hermanos *gentiles en Antioquía, Siria y Cilicia:

Saludos.

24Nos hemos enterado de que algunos de los nuestros, sin nuestra autorización, los han inquietado a ustedes, alarmándoles con lo que les han dicho.

25Así que de común acuerdo hemos decidido escoger a algunos hombres y enviarlos a ustedes con nuestros queridos hermanos Pablo y Bernabé, **26**quienes han arriesgado su *vida por el nombre de nuestro Señor *Jesucristo. **27**Por tanto, les enviamos a Judas y a Silas para que les confirmen personalmente lo que les escribimos. **28**Nos pareció bien al Espíritu Santo y a nosotros no imponerles a ustedes ninguna carga aparte de los siguientes requisitos: **29**abstenerse de lo sacrificado a los ídolos, de sangre, de la carne de animales estrangulados y de la inmoralidad sexual. Bien harán ustedes si evitan estas cosas.

Con nuestros mejores deseos.

30Una vez despedidos, ellos bajaron a Antioquía, donde reunieron a la congregación y entregaron la carta. **31**Los creyentes la leyeron y se alegraron por su mensaje alentador. **32**Judas y Silas, que también eran profetas, hablaron extensamente para animarlos y fortalecerlos. **33**Después de pasar algún tiempo allí, los hermanos los despidieron en paz, para que regresaran a quienes los habían enviado.c **35**Pablo y Bernabé permanecieron en Antioquía, enseñando y anunciando la palabra del Señor en compañía de muchos otros.

Desacuerdo entre Pablo y Bernabé

36Algún tiempo después, Pablo le dijo a Bernabé: «Volvamos a visitar a los creyentes en todas las ciudades en donde hemos anunciado la palabra del Señor, y veamos cómo están.» **37**Resulta que Bernabé quería llevar con ellos a Juan Marcos, **38**pero a Pablo no le pareció prudente llevarlo, porque los había abandonado en Panfilia y no había seguido con ellos en el trabajo. **39**Se produjo entre ellos un conflicto tan serio que acabaron por separarse. Bernabé se llevó a Marcos y se embarcó rumbo a Chipre,

40mientras que Pablo escogió a Silas. Después de que los hermanos lo encomendaron a la gracia del Señor, Pablo partió **41**y viajó por Siria y Cilicia, consolidando a las iglesias.

Timoteo se une a Pablo y a Silas

16 Llegó Pablo a Derbe y después a Listra, donde se encontró con un discípulo llamado Timoteo, hijo de una mujer judía creyente, pero de padre *griego. **2**Los hermanos en Listra y en Iconio hablaban bien de Timoteo, **3**así que Pablo decidió llevárselo. Por causa de los judíos que vivían en aquella región, lo circuncidó, pues todos sabían que su padre era griego. **4**Al pasar por las ciudades, entregaban los acuerdos tomados por los apóstoles y los *ancianos de Jerusalén, para que los pusieran en práctica. **5**Y así las iglesias se fortalecían en la fe y crecían en número día tras día.

La visión de Pablo del hombre macedonio

6Atravesaron la región de Frigia y Galacia, ya que el Espíritu Santo les había impedido que predicaran la palabra en la provincia de *Asia. **7**Cuando llegaron cerca de Misia, intentaron pasar a Bitinia, pero el Espíritu de Jesús no se lo permitió. **8**Entonces, pasando de largo por Misia, bajaron a Troas. **9**Durante la noche Pablo tuvo una visión en la que un hombre de Macedonia, puesto de pie, le rogaba: «Pasa a Macedonia y ayúdanos.» **10**Después de que Pablo tuvo la visión, en seguida nos preparamos para partir hacia Macedonia, convencidos de que Dios nos había llamado a anunciar el *evangelio a los macedonios.

Conversión de Lidia en Filipos

11Zarpando de Troas, navegamos directamente a Samotracia, y al día siguiente a Neápolis. **12**De allí fuimos a Filipos, que es una colonia romana y la ciudad principal de ese distrito de Macedonia. En esa ciudad nos quedamos varios días. **13**El *sábado salimos a las afueras de

---

c **15:33** *enviado.* Var. *enviado,* **34***pero Silas decidió quedarse.*

la ciudad, y fuimos por la orilla del río, donde esperábamos encontrar un lugar de oración. Nos sentamos y nos pusimos a conversar con las mujeres que se habían reunido. ¹⁴Una de ellas, que se llamaba Lidia, adoraba a Dios. Era de la ciudad de Tiatira y vendía telas de púrpura. Mientras escuchaba, el Señor le abrió el corazón para que respondiera al mensaje de Pablo. ¹⁵Cuando fue bautizada con su familia, nos hizo la siguiente invitación: «Si ustedes me consideran creyente en el Señor, vengan a hospedarse en mi casa.» Y nos persuadió.

Pablo y Silas en la cárcel

¹⁶Una vez, cuando íbamos al lugar de oración, nos salió al encuentro una joven esclava que tenía un espíritu de adivinación. Con sus poderes ganaba mucho dinero para sus amos. ¹⁷Nos seguía a Pablo y a nosotros, gritando:

—Estos hombres son *siervos del Dios Altísimo, y les anuncian a ustedes el camino de salvación.

¹⁸Así continuó durante muchos días. Por fin Pablo se molestó tanto que se volvió y reprendió al espíritu:

—¡En el nombre de *Jesucristo, te ordeno que salgas de ella!

Y en aquel mismo momento el espíritu la dejó.

¹⁹Cuando los amos de la joven se dieron cuenta de que se les había esfumado la esperanza de ganar dinero, echaron mano a Pablo y a Silas y los arrastraron a la plaza, ante las autoridades. ²⁰Los presentaron ante los magistrados y dijeron:

—Estos hombres son judíos, y están alborotando a nuestra ciudad, ²¹enseñando costumbres que a los romanos se nos prohíbe admitir o practicar.

²²Entonces la multitud se amotinó contra Pablo y Silas, y los magistrados mandaron que les arrancaran la ropa y los azotaran. ²³Después de darles muchos golpes, los echaron en la cárcel, y ordenaron al carcelero que los custodiara con la mayor seguridad. ²⁴Al recibir tal orden, éste los metió en el calabozo interior y les sujetó los pies en el cepo.

²⁵A eso de la medianoche, Pablo y Silas se pusieron a orar y a cantar himnos a Dios, y los otros presos los escuchaban. ²⁶De repente se produjo un terremoto tan fuerte que la cárcel se estremeció hasta sus cimientos. Al instante se abrieron todas las puertas y a los presos se les soltaron las cadenas. ²⁷El carcelero despertó y, al ver las puertas de la cárcel de par en par, sacó la espada y estuvo a punto de matarse, porque pensaba que los presos se habían escapado. Pero Pablo le gritó:

²⁸—¡No te hagas ningún daño! ¡Todos estamos aquí!

²⁹El carcelero pidió luz, entró precipitadamente y se echó temblando a los pies de Pablo y de Silas. ³⁰Luego los sacó y les preguntó:

—Señores, ¿qué tengo que hacer para ser salvo?

³¹—Cree en el Señor Jesús; así tú y tu familia serán salvos —le contestaron.

³²Luego les expusieron la palabra de Dios a él y a todos los demás que estaban en su casa. ³³A esas horas de la noche, el carcelero se los llevó y les lavó las heridas; en seguida fueron bautizados él y toda su familia. ³⁴El carcelero los llevó a su casa, les sirvió comida y se alegró mucho junto con toda su familia por haber creído en Dios.

³⁵Al amanecer, los magistrados mandaron a unos guardias al carcelero con esta orden: «Suelta a esos hombres.» ³⁶El carcelero, entonces, le informó a Pablo:

—Los magistrados han ordenado que los suelte. Así que pueden irse. Vayan en paz.

³⁷Pero Pablo respondió a los guardias:

—¿Cómo? A nosotros, que somos ciudadanos romanos, que nos han azotado públicamente y sin proceso alguno, y nos han echado en la cárcel, ¿ahora quieren expulsarnos a escondidas? ¡Nada de eso! Que vengan ellos personalmente a escoltarnos hasta la salida.

³⁸Los guardias comunicaron la respuesta a los magistrados. Éstos se asustaron cuando oyeron que Pablo y Silas eran ciudadanos romanos, ³⁹así que fueron a presentarles sus disculpas. Los escoltaron desde la cárcel, pidiéndoles que se fueran de la ciudad. ⁴⁰Al salir de la cárcel, Pablo y Silas se dirigieron a la casa de Lidia,

donde se vieron con los hermanos y los animaron. Después se fueron.

En Tesalónica

17 Atravesando Anfípolis y Apolonia, Pablo y Silas llegaron a Tesalónica, donde había una sinagoga de los judíos. ²Como era su costumbre, Pablo entró en la sinagoga y tres *sábados seguidos discutió con ellos. Basándose en las Escrituras, ³les explicaba y demostraba que era necesario que el *Mesías padeciera y *resucitara. Les decía: «Este Jesús que les anuncio es el Mesías.» ⁴Algunos de los judíos se convencieron y se unieron a Pablo y a Silas, como también lo hicieron un buen número de mujeres prominentes y muchos *griegos que adoraban a Dios.

⁵Pero los judíos, llenos de envidia, reclutaron a unos maleantes callejeros, con los que armaron una turba y empezaron a alborotar la ciudad. Asaltaron la casa de Jasón en busca de Pablo y Silas, con el fin de procesarlos públicamente. ⁶Pero como no los encontraron, arrastraron a Jasón y a algunos otros hermanos ante las autoridades de la ciudad, gritando: «¡Estos que han trastornado el mundo entero han venido también acá, ⁷y Jasón los ha recibido en su casa! Todos ellos actúan en contra de los decretos del *emperador, afirmando que hay otro rey, uno que se llama Jesús.» ⁸Al oír esto, la multitud y las autoridades de la ciudad se alborotaron; ⁹entonces éstas exigieron fianza a Jasón y a los demás para dejarlos en libertad.

En Berea

¹⁰Tan pronto como se hizo de noche, los hermanos enviaron a Pablo y a Silas a Berea, quienes al llegar se dirigieron a la sinagoga de los judíos. ¹¹Éstos eran de sentimientos más nobles que los de Tesalónica, de modo que recibieron el mensaje con toda avidez y todos los días examinaban las Escrituras para ver si era verdad lo que se les anunciaba. ¹²Muchos de los judíos creyeron, y también un buen número de *griegos, incluso mujeres distinguidas y no pocos hombres. ¹³Cuando los judíos de Tesalónica se enteraron de que también en Berea estaba

Pablo predicando la palabra de Dios, fueron allá para agitar y alborotar a las multitudes. ¹⁴En seguida los hermanos enviaron a Pablo hasta la costa, pero Silas y Timoteo se quedaron en Berea. ¹⁵Los que acompañaban a Pablo lo llevaron hasta Atenas. Luego regresaron con instrucciones de que Silas y Timoteo se reunieran con él tan pronto como les fuera posible.

En Atenas

¹⁶Mientras Pablo los esperaba en Atenas, le dolió en el alma ver que la ciudad estaba llena de ídolos. ¹⁷Así que discutía en la sinagoga con los judíos y con los *griegos que adoraban a Dios, y a diario hablaba en la plaza con los que se encontraban por allí. ¹⁸Algunos filósofos epicúreos y estoicos entablaron conversación con él. Unos decían: «¿Qué querrá decir este charlatán?» Otros comentaban: «Parece que es predicador de dioses extranjeros.» Decían esto porque Pablo les anunciaba las buenas *nuevas de Jesús y de la resurrección. ¹⁹Entonces se lo llevaron a una reunión del Areópago.

—¿Se puede saber qué nueva enseñanza es esta que usted presenta? —le preguntaron—. ²⁰Porque nos viene usted con ideas que nos suenan extrañas, y queremos saber qué significan.

²¹Es que todos los atenienses y los extranjeros que vivían allí se pasaban el tiempo sin hacer otra cosa más que escuchar y comentar las últimas novedades.

²²Pablo se puso en medio del Areópago y tomó la palabra:

—¡Ciudadanos atenienses! Observo que ustedes son sumamente religiosos en todo lo que hacen. ²³Al pasar y fijarme en sus lugares sagrados, encontré incluso un altar con esta inscripción: A UN DIOS DESCONOCIDO. Pues bien, eso que ustedes adoran como algo desconocido es lo que yo les anuncio.

²⁴»El Dios que hizo el mundo y todo lo que hay en él es Señor del cielo y de la tierra. No vive en templos construidos por hombres, ²⁵ni se deja servir por manos *humanas, como si necesitara de algo. Por el contrario, él es quien da a todos la vida, el aliento y todas las cosas. ²⁶De un solo hombre hizo todas las naciones[d] para que

habitaran toda la tierra; y determinó los períodos de su historia y las fronteras de sus territorios. ²⁷Esto lo hizo Dios para que todos lo busquen y, aunque sea a tientas, lo encuentren. En verdad, él no está lejos de ninguno de nosotros, ²⁸"puesto que en él vivimos, nos movemos y existimos." Como algunos de sus propios poetas griegos han dicho: "De él somos descendientes."

²⁹»Por tanto, siendo descendientes de Dios, no debemos pensar que la divinidad sea como el oro, la plata o la piedra: escultura hecha como resultado del ingenio y de la destreza del *ser humano. ³⁰Pues bien, Dios pasó por alto aquellos tiempos de tal ignorancia, pero ahora manda a todos, en todas partes, que se *arrepientan. ³¹Él ha fijado un día en que juzgará al mundo con justicia, por medio del hombre que ha designado. De ello ha dado pruebas a todos al *levantarlo de entre los muertos.

³²Cuando oyeron de la resurrección, unos se burlaron; pero otros le dijeron:

—Queremos que usted nos hable en otra ocasión sobre este tema.

³³En ese momento Pablo salió de la reunión. ³⁴Algunas personas se unieron a Pablo y creyeron. Entre ellos estaba Dionisio, miembro del Areópago, también una mujer llamada Dámaris, y otros más.

En Corinto

18 Después de esto, Pablo se marchó de Atenas y se fue a Corinto. ²Allí se encontró con un judío llamado Aquila, natural del Ponto, y con su esposa Priscila. Hacía poco habían llegado de Italia, porque Claudio había mandado que todos los judíos fueran expulsados de Roma. Pablo fue a verlos ³y, como hacía tiendas de campaña al igual que ellos, se quedó para que trabajaran juntos. ⁴Todos los *sábados discutía en la sinagoga, tratando de persuadir a judíos y a *griegos.

⁵Cuando Silas y Timoteo llegaron de Macedonia, Pablo se dedicó exclusivamente a la predicación, testificándoles a los judíos que Jesús era el *Mesías. ⁶Pero cuando los judíos se opusieron a Pablo y lo insultaron, éste se sacudió la ropa en señal de protesta y les dijo: «¡Caiga la sangre de ustedes sobre su propia cabeza! Estoy libre de responsabilidad. De ahora en adelante me dirigiré a los *gentiles.» ⁷Entonces Pablo salió de la sinagoga y se fue a la casa de un tal Ticio Justo, que adoraba a Dios y que vivía al lado de la sinagoga. ⁸Crispo, el jefe de la sinagoga, creyó en el Señor con toda su familia. También creyeron y fueron bautizados muchos de los corintios que oyeron a Pablo.

⁹Una noche el Señor le dijo a Pablo en una visión: «No tengas miedo; sigue hablando y no te calles, ¹⁰pues estoy contigo. Aunque te ataquen, no voy a dejar que nadie te haga daño, porque tengo mucha gente en esta ciudad.» ¹¹Así que Pablo se quedó allí un año y medio, enseñando entre el pueblo la palabra de Dios.

¹²Mientras Galión era gobernadorᵉ de Acaya, los judíos a una atacaron a Pablo y lo condujeron al tribunal.

¹³—Este hombre —denunciaron ellos— anda persuadiendo a la gente a adorar a Dios de una manera que va en contra de nuestra ley.

¹⁴Pablo ya iba a hablar cuando Galión les dijo:

—Si ustedes los judíos estuvieran entablando una demanda sobre algún delito o algún crimen grave, sería razonable que los escuchara. ¹⁵Pero como se trata de cuestiones de palabras, de nombres y de su propia ley, arréglense entre ustedes. No quiero ser juez de tales cosas.

¹⁶Así que mandó que los expulsaran del tribunal. ¹⁷Entonces se abalanzaron todos sobre Sóstenes, el jefe de la sinagoga, y lo golpearon delante del tribunal. Pero Galión no le dio ninguna importancia al asunto.

Priscila, Aquila y Apolos

¹⁸Pablo permaneció en Corinto algún tiempo más. Después se despidió de los hermanos y emprendió el viaje rumbo a Siria, acompañado de Priscila y Aquila.

ᵈ17:26 *todas las naciones.* Alt. *todo el género humano.*   ᵉ18:12 *gobernador.* Lit. *procónsul.*

En Cencreas, antes de embarcarse, se hizo rapar la cabeza a causa de un voto que había hecho. ¹⁹Al llegar a Éfeso, Pablo se separó de sus acompañantes y entró en la sinagoga, donde se puso a discutir con los judíos. ²⁰Éstos le pidieron que se quedara más tiempo con ellos. Él no accedió, ²¹pero al despedirse les prometió: «Ya volveré, si Dios quiere.» Y zarpó de Éfeso. ²²Cuando desembarcó en Cesarea, subió a Jerusalén a saludar a la iglesia y luego bajó a Antioquía.

²³Después de pasar algún tiempo allí, Pablo se fue a visitar una por una las congregacionesᶠ de Galacia y Frigia, animando a todos los discípulos.

²⁴Por aquel entonces llegó a Éfeso un judío llamado Apolos, natural de Alejandría. Era un hombre ilustrado y convincente en el uso de las Escrituras. ²⁵Había sido instruido en el camino del Señor, y con gran fervorᵍ hablaba y enseñaba con la mayor exactitud acerca de Jesús, aunque conocía sólo el bautismo de Juan. ²⁶Comenzó a hablar valientemente en la sinagoga. Al oírlo Priscila y Aquila, lo tomaron a su cargo y le explicaron con mayor precisión el camino de Dios.

²⁷Como Apolos quería pasar a Acaya, los hermanos lo animaron y les escribieron a los discípulos de allá para que lo recibieran. Cuando llegó, ayudó mucho a quienes por la gracia habían creído, ²⁸pues refutaba vigorosamente en público a los judíos, demostrando por las Escrituras que Jesús es el *Mesías.

Pablo en Éfeso

19 Mientras Apolos estaba en Corinto, Pablo recorrió las regiones del interior y llegó a Éfeso. Allí encontró a algunos discípulos. ²—¿Recibieron ustedes el Espíritu Santo cuando creyeron? —les preguntó.

—No, ni siquiera hemos oído hablar del Espíritu Santo —respondieron.

³—Entonces, ¿qué bautismo recibieron?

—El bautismo de Juan.

⁴Pablo les explicó:

—El bautismo de Juan no era más que un bautismo de *arrepentimiento. Él le decía al pueblo que creyera en el que venía después de él, es decir, en Jesús.

⁵Al oír esto, fueron bautizados en el nombre del Señor Jesús. ⁶Cuando Pablo les impuso las manos, el Espíritu Santo vino sobre ellos, y empezaron a hablar en *lenguas y a profetizar. ⁷Eran en total unos doce hombres.

⁸Pablo entró en la sinagoga y habló allí con toda valentía durante tres meses. Discutía acerca del reino de Dios, tratando de convencerlos, ⁹pero algunos se negaron obstinadamente a creer, y ante la congregación hablaban mal del Camino. Así que Pablo se alejó de ellos y formó un grupo aparte con los discípulos; y a diario debatía en la escuela de Tirano. ¹⁰Esto continuó por espacio de dos años, de modo que todos los judíos y los *griegos que vivían en la provincia de *Asia llegaron a escuchar la palabra del Señor.

¹¹Dios hacía milagros extraordinarios por medio de Pablo, ¹²a tal grado que a los enfermos les llevaban pañuelos y delantales que habían tocado el cuerpo de Pablo, y quedaban sanos de sus enfermedades, y los espíritus malignos salían de ellos.

¹³Algunos judíos que andaban expulsando espíritus malignos intentaron invocar sobre los endemoniados el nombre del Señor Jesús. Decían: «¡En el nombre de Jesús, a quien Pablo predica, les ordeno que salgan!» ¹⁴Esto lo hacían siete hijos de un tal Esceva, que era uno de los jefes de los sacerdotes judíos.

¹⁵Un día el *espíritu maligno les replicó: «Conozco a Jesús, y sé quién es Pablo, pero ustedes ¿quiénes son?» ¹⁶Y abalanzándose sobre ellos, el hombre que tenía el espíritu maligno los dominó a todos. Los maltrató con tanta violencia que huyeron de la casa desnudos y heridos. ¹⁷Cuando se enteraron los judíos y los griegos que vivían en Éfeso, el te-

mor se apoderó de todos ellos, y el nombre del Señor Jesús era glorificado. [18]Muchos de los que habían creído llegaban ahora y confesaban públicamente sus prácticas malvadas. [19]Un buen número de los que practicaban la hechicería juntaron sus libros en un montón y los quemaron delante de todos. Cuando calcularon el precio de aquellos libros, resultó un total de cincuenta mil monedas de plata.[h] [20]Así la palabra del Señor crecía y se difundía con poder arrollador.

[21]Después de todos estos sucesos, Pablo tomó la determinación de ir a Jerusalén, pasando por Macedonia y Acaya. Decía: «Después de estar allí, tengo que visitar Roma.» [22]Entonces envió a Macedonia a dos de sus ayudantes, Timoteo y Erasto, mientras él se quedaba por algún tiempo en la provincia de Asia.

El disturbio en Éfeso

[23]Por aquellos días se produjo un gran disturbio a propósito del Camino. [24]Un platero llamado Demetrio, que hacía figuras en plata del templo de Artemisa,[i] proporcionaba a los artesanos no poca ganancia. [25]Los reunió con otros obreros del ramo, y les dijo:

—Compañeros, ustedes saben que obtenemos buenos ingresos de este oficio. [26]Les consta además que el tal Pablo ha logrado persuadir a mucha gente, no sólo en Éfeso sino en casi toda la provincia de *Asia. Él sostiene que no son dioses los que se hacen con las manos. [27]Ahora bien, no sólo hay el peligro de que se desprestigie nuestro oficio, sino también de que el templo de la gran diosa Artemisa sea menospreciado, y que la diosa misma, a quien adoran toda la provincia de Asia y el mundo entero, sea despojada de su divina majestad.

[28]Al oír esto, se enfurecieron y comenzaron a gritar:

—¡Grande es Artemisa de los efesios!

[29]En seguida toda la ciudad se alborotó. La turba en masa se precipitó en el teatro, arrastrando a Gayo y a Aristarco, compañeros de viaje de Pablo, que eran de Macedonia. [30]Pablo quiso presentarse ante la multitud, pero los discípulos no se lo permitieron. [31]Incluso algunas autoridades de la provincia, que eran amigos de Pablo, le enviaron un recado, rogándole que no se arriesgara a entrar en el teatro. [32]Había confusión en la asamblea. Cada uno gritaba una cosa distinta, y la mayoría ni siquiera sabía para qué se habían reunido. [33]Los judíos empujaron a un tal Alejandro hacia adelante, y algunos de entre la multitud lo sacaron para que tomara la palabra. Él agitó la mano para pedir silencio y presentar su defensa ante el pueblo. [34]Pero cuando dieron cuenta de que era judío, todos se pusieron a gritar al unísono como por dos horas:

—¡Grande es Artemisa de los efesios!

[35]El secretario del concejo municipal logró calmar a la multitud y dijo:

—Ciudadanos de Éfeso, ¿acaso no sabe todo el mundo que la ciudad de Éfeso es guardiana del templo de la gran Artemisa y de su estatua bajada del cielo? [36]Ya que estos hechos son innegables, es preciso que ustedes se calmen y no hagan nada precipitadamente. [37]Ustedes han traído a estos hombres, aunque ellos no han cometido ningún sacrilegio ni han *blasfemado contra nuestra diosa. [38]Así que si Demetrio y sus compañeros de oficio tienen alguna queja contra alguien, para eso hay tribunales y gobernadores.[j] Vayan y presenten allí sus acusaciones unos contra otros. [39]Si tienen alguna otra demanda, que se resuelva en legítima asamblea. [40]Tal y como están las cosas, con los sucesos de hoy corremos el riesgo de que nos acusen de causar disturbios. ¿Qué razón podríamos dar de este alboroto, si no hay ninguna?

[41]Dicho esto, despidió la asamblea.

---

[h] **19:19** *monedas de plata.* Es decir, *dracmas.   [i] **19:24** Nombre griego de la Diana de los romanos; también en vv. 27, 28, 34 y 35.   [j] **19:38** *gobernadores.* Lit. *procónsules.*

Recorrido por Macedonia y Grecia

20 Cuando cesó el alboroto, Pablo mandó llamar a los discípulos y, después de animarlos, se despidió y salió rumbo a Macedonia. ²Recorrió aquellas regiones, alentando a los creyentes en muchas ocasiones, y por fin llegó a Grecia, ³donde se quedó tres meses. Como los judíos tramaban un atentado contra él cuando estaba a punto de embarcarse para Siria, decidió regresar por Macedonia. ⁴Lo acompañaron Sópater hijo de Pirro, de Berea; Aristarco y Segundo, de Tesalónica; Gayo, de Derbe; Timoteo; y por último, Tíquico y Trófimo, de la provincia de *Asia. ⁵Éstos se adelantaron y nos esperaron en Troas. ⁶Pero nosotros zarpamos de Filipos después de la fiesta de los panes sin levadura, y a los cinco días nos reunimos con los otros en Troas, donde pasamos siete días.

Visita de Pablo a Troas

⁷El primer día de la semana nos reunimos para partir el pan. Como iba a salir al día siguiente, Pablo estuvo hablando a los creyentes, y prolongó su discurso hasta la medianoche. ⁸En el cuarto del piso superior donde estábamos reunidos había muchas lámparas. ⁹Un joven llamado Eutico, que estaba sentado en una ventana, comenzó a dormirse mientras Pablo alargaba su discurso. Cuando se quedó profundamente dormido, se cayó desde el tercer piso y lo recogieron muerto. ¹⁰Pablo bajó, se echó sobre el joven y lo abrazó. «¡No se alarmen! —les dijo—. ¡Está vivo!» ¹¹Luego volvió a subir, partió el pan y comió. Siguió hablando hasta el amanecer, y entonces se fue. ¹²Al joven se lo llevaron vivo a su casa, para gran consuelo de todos.

Pablo se despide de los ancianos de Éfeso

¹³Nosotros, por nuestra parte, nos embarcamos anticipadamente y zarpamos para Asón, donde íbamos a recoger a Pablo. Así se había planeado, ya que él iba a hacer esa parte del viaje por tierra.

¹⁴Cuando se encontró con nosotros en Asón, lo tomamos a bordo y fuimos a Mitilene. ¹⁵Desde allí zarpamos al día siguiente y llegamos frente a Quío. Al otro día cruzamos en dirección a Samos, y un día después llegamos a Mileto. ¹⁶Pablo había decidido pasar de largo a Éfeso para no demorarse en la provincia de *Asia, porque tenía prisa por llegar a Jerusalén para el día de Pentecostés, si fuera posible.

¹⁷Desde Mileto, Pablo mandó llamar a los *ancianos de la iglesia de Éfeso. ¹⁸Cuando llegaron, les dijo: «Ustedes saben cómo me porté todo el tiempo que estuve con ustedes, desde el primer día que vine a la provincia de Asia. ¹⁹He servido al Señor con toda humildad y con lágrimas, a pesar de haber sido sometido a duras *pruebas por las maquinaciones de los judíos. ²⁰Ustedes saben que no he vacilado en predicarles nada que les fuera de provecho, sino que les he enseñado públicamente y en las casas. ²¹A judíos y a *griegos les he instado a convertirse a Dios y a creer en nuestro Señor Jesús.

²²»Y ahora tengan en cuenta que voy a Jerusalén obligado ᵏ por el Espíritu, sin saber lo que allí me espera. ²³Lo único que sé es que en todas las ciudades el Espíritu Santo me asegura que me esperan prisiones y sufrimientos. ²⁴Sin embargo, considero que mi *vida carece de valor para mí mismo, con tal de que termine mi carrera y lleve a cabo el servicio que me ha encomendado el Señor Jesús, que es el de dar testimonio del *evangelio de la gracia de Dios.

²⁵»Escuchen, yo sé que ninguno de ustedes, entre quienes he andado predicando el reino de Dios, volverá a verme. ²⁶Por tanto, hoy les declaro que soy inocente de la sangre de todos, ²⁷porque sin vacilar les he proclamado todo el propósito de Dios. ²⁸Tengan cuidado de sí mismos y de todo el rebaño sobre el cual el Espíritu Santo los ha puesto como *obispos para pastorear la iglesia de Dios,ˡ que él adquirió con su propia sangre.ᵐ ²⁹Sé que después de mi partida entrarán en medio de ustedes lobos feroces que pro-

---

ᵏ **20:22** *obligado.* Lit. *atado.*   ˡ **20:28** *de Dios.* Var. *del Señor.*   ᵐ **20:28** *su propia sangre.* Var. *la sangre de su propio hijo.*

curarán acabar con el rebaño. ³⁰Aun de entre ustedes mismos se levantarán algunos que enseñarán falsedades para arrastrar a los discípulos que los sigan. ³¹Así que estén alerta. Recuerden que día y noche, durante tres años, no he dejado de amonestar con lágrimas a cada uno en particular.

³²»Ahora los encomiendo a Dios y al mensaje de su gracia, mensaje que tiene poder para edificarlos y darles herencia entre todos los *santificados. ³³No he codiciado ni la plata ni el oro ni la ropa de nadie. ³⁴Ustedes mismos saben bien que estas manos se han ocupado de mis propias necesidades y de las de mis compañeros. ³⁵Con mi ejemplo les he mostrado que es preciso trabajar duro para ayudar a los necesitados, recordando las palabras del Señor Jesús: "Hay más *dicha en dar que en recibir."»

³⁶Después de decir esto, Pablo se puso de rodillas con todos ellos y oró. ³⁷Todos lloraban inconsolablemente mientras lo abrazaban y lo besaban. ³⁸Lo que más los entristecía era su declaración de que ellos no volverían a verlo. Luego lo acompañaron hasta el barco.

Rumbo a Jerusalén

21 Después de separarnos de ellos, zarpamos y navegamos directamente a Cos. Al día siguiente fuimos a Rodas, y de allí a Pátara. ²Como encontramos un barco que iba para Fenicia, subimos a bordo y zarpamos. ³Después de avistar Chipre y de pasar al sur de la isla, navegamos hacia Siria y llegamos a Tiro, donde el barco tenía que descargar. ⁴Allí encontramos a los discípulos y nos quedamos con ellos siete días. Ellos, por medio del Espíritu, exhortaron a Pablo a que no subiera a Jerusalén. ⁵Pero al cabo de algunos días, partimos y continuamos nuestro viaje. Todos los discípulos, incluso las mujeres y los niños, nos acompañaron hasta las afueras de la ciudad, y allí en la playa nos arrodillamos y oramos. ⁶Luego de despedirnos, subimos a bordo y ellos regresaron a sus hogares.

⁷Nosotros continuamos nuestro viaje en barco desde Tiro y arribamos a Tolemaida, donde saludamos a los hermanos y

nos quedamos con ellos un día. ⁸Al día siguiente salimos y llegamos a Cesarea, y nos hospedamos en casa de Felipe el evangelista, que era uno de los siete; ⁹éste tenía cuatro hijas solteras que profetizaban. ¹⁰Llevábamos allí varios días, cuando bajó de Judea un profeta llamado Ágabo. ¹¹Éste vino a vernos y, tomando el cinturón de Pablo, se ató con él de pies y manos, y dijo:

—Así dice el Espíritu Santo: "De esta manera atarán los judíos de Jerusalén al dueño de este cinturón, y lo entregarán en manos de los *gentiles."

¹²Al oír esto, nosotros y los de aquel lugar le rogamos a Pablo que no subiera a Jerusalén.

¹³—¿Por qué lloran? ¡Me parten el alma! —respondió Pablo—. Por el nombre del Señor Jesús estoy dispuesto no sólo a ser atado sino también a morir en Jerusalén.

¹⁴Como no se dejaba convencer, desistimos exclamando:

—¡Que se haga la voluntad del Señor!

¹⁵Después de esto, acabamos los preparativos y subimos a Jerusalén. ¹⁶Algunos de los discípulos de Cesarea nos acompañaron y nos llevaron a la casa de Mnasón, donde íbamos a alojarnos. Éste era de Chipre, y uno de los primeros discípulos.

Llegada de Pablo a Jerusalén

¹⁷Cuando llegamos a Jerusalén, los creyentes nos recibieron calurosamente. ¹⁸Al día siguiente Pablo fue con nosotros a ver a *Jacobo, y todos los *ancianos estaban presentes. ¹⁹Después de saludarlos, Pablo les relató detalladamente lo que Dios había hecho entre los *gentiles por medio de su ministerio.

²⁰Al oírlo, alabaron a Dios. Luego le dijeron a Pablo: «Ya ves, hermano, cuántos miles de judíos han creído, y todos ellos siguen aferrados a la ley. ²¹Ahora bien, han oído decir que tú enseñas que se aparten de Moisés todos los judíos que viven entre los gentiles. Les recomiendas que no circunciden a sus hijos ni vivan según nuestras costumbres. ²²¿Qué vamos a hacer? Sin duda se van a enterar de que has llegado. ²³Por eso, será mejor que

sigas nuestro consejo. Hay aquí entre nosotros cuatro hombres que tienen que cumplir un voto. 24Llévatelos, toma parte en sus ritos de *purificación y paga los gastos que corresponden al voto de rasurarse la cabeza. Así todos sabrán que no son ciertos esos informes acerca de ti, sino que tú también vives en obediencia a la ley. 25En cuanto a los creyentes gentiles, ya les hemos comunicado por escrito nuestra decisión de que se abstengan de lo sacrificado a los ídolos, de sangre, de la carne de animales estrangulados y de la inmoralidad sexual.»

26Al día siguiente Pablo se llevó a los hombres y se purificó con ellos. Luego entró en el *templo para dar aviso de la fecha en que vencería el plazo de la purificación y se haría la ofrenda por cada uno de ellos.

Arresto de Pablo

27Cuando estaban a punto de cumplirse los siete días, unos judíos de la provincia de *Asia vieron a Pablo en el *templo. Alborotaron a toda la multitud y le echaron mano, 28gritando: «¡Israelitas! ¡Ayúdennos! Éste es el individuo que anda por todas partes enseñando a toda la gente contra nuestro pueblo, nuestra ley y este lugar. Además, hasta ha metido a unos *griegos en el templo, y ha profanado este lugar santo.»

29Ya antes habían visto en la ciudad a Trófimo el efesio en compañía de Pablo, y suponían que Pablo lo había metido en el templo.

30Toda la ciudad se alborotó. La gente se precipitó en masa, agarró a Pablo y lo sacó del templo a rastras, e inmediatamente se cerraron las puertas. 31Estaban por matarlo, cuando se le informó al comandante del batallón romano que toda la ciudad de Jerusalén estaba amotinada. 32En seguida tomó algunos centuriones con sus tropas, y bajó corriendo hacia la multitud. Al ver al comandante y a sus soldados, los amotinados dejaron de golpear a Pablo.

33El comandante se abrió paso, lo

arrestó y ordenó que lo sujetaran con dos cadenas. Luego preguntó quién era y qué había hecho. 34Entre la multitud cada uno gritaba una cosa distinta. Como el comandante no pudo averiguar la verdad a causa del alboroto, mandó que condujeran a Pablo al cuartel. 35Cuando Pablo llegó a las gradas, los soldados tuvieron que llevárselo en vilo debido a la violencia de la turba. 36El pueblo en masa iba detrás gritando: «¡Que lo maten!»

Pablo se dirige a la multitud
22:3-16 — Hch 9:1-22; 26:9-18

37Cuando los soldados estaban a punto de meterlo en el cuartel, Pablo le preguntó al comandante:

—¿Me permite decirle algo?

—¿Hablas griego? —replicó el comandante—. 38¿No eres el egipcio que hace algún tiempo provocó una rebelión y llevó al desierto a cuatro mil guerrilleros?

39—No, yo soy judío, natural de Tarso, una ciudad muy importante de Cilicia —le respondió Pablo—. Por favor, permítame hablarle al pueblo.

40Con el permiso del comandante, Pablo se puso de pie en las gradas e hizo una señal con la mano a la multitud. Cuando todos guardaron silencio, les dijo en arameo:[n]

22 «Padres y hermanos, escuchen ahora mi defensa.» 2Al oír que les hablaba en arameo, guardaron más silencio.

Pablo continuó: 3«Yo soy judío, nacido en Tarso de Cilicia, pero criado en esta ciudad. Bajo la tutela de Gamaliel recibí instrucción cabal en la ley de nuestros antepasados, y fui tan celoso de Dios como cualquiera de ustedes lo es hoy día. 4Perseguí a muerte a los seguidores de este Camino, arrestando y echando en la cárcel a hombres y mujeres por igual, 5y así lo pueden atestiguar el sumo sacerdote y todo el *Consejo de *ancianos. Incluso obtuve de parte de ellos cartas de extradición para nuestros hermanos judíos en Damasco, y fui allá con el fin

---

[n] 21:40 *arameo*. Lit. *el dialecto hebreo*; también en 22:2.

de traer presos a Jerusalén a los que encontrara, para que fueran castigados.

⁶»Sucedió que a eso del mediodía, cuando me acercaba a Damasco, una intensa luz del cielo relampagueó de repente a mi alrededor. ⁷Caí al suelo y oí una voz que me decía: "Saulo, Saulo, ¿por qué me persigues?" ⁸"¿Quién eres, Señor?", pregunté. "Yo soy Jesús de Nazaret, a quien tú persigues", me contestó él. ⁹Los que me acompañaban vieron la luz, pero no percibieron la voz del que me hablaba. ¹⁰"¿Qué debo hacer, Señor?", le pregunté. "Levántate —dijo el Señor—, y entra en Damasco. Allí se te dirá todo lo que se ha dispuesto que hagas." ¹¹Mis compañeros me llevaron de la mano hasta Damasco porque el resplandor de aquella luz me había dejado ciego.

¹²»Vino a verme un tal Ananías, hombre devoto que observaba la ley y a quien respetaban mucho los judíos que allí vivían. ¹³Se puso a mi lado y me dijo: "Hermano Saulo, ¡recibe la vista!" Y en aquel mismo instante recobré la vista y pude verlo. ¹⁴Luego dijo: "El Dios de nuestros antepasados te ha escogido para que conozcas su voluntad, y para que veas al Justo y oigas las palabras de su boca. ¹⁵Tú le serás testigo ante toda persona de lo que has visto y oído. ¹⁶Y ahora, ¿qué esperas? Levántate, bautízate y lávate de tus pecados, invocando su nombre."

¹⁷»Cuando volví a Jerusalén, mientras oraba en el *templo tuve una visión ¹⁸y vi al Señor que me hablaba: "¡Date prisa! Sal inmediatamente de Jerusalén, porque no aceptarán tu testimonio acerca de mí." ¹⁹"Señor —le respondí—, ellos saben que yo andaba de sinagoga en sinagoga encarcelando y azotando a los que creen en ti; ²⁰y cuando se derramaba la sangre de tu testigo ⁿ Esteban, ahí estaba yo, dando mi aprobación y cuidando la ropa de quienes lo mataban." ²¹Pero el Señor me replicó: "Vete; yo te enviaré lejos, a los *gentiles."»

Pablo el ciudadano romano

²²La multitud estuvo escuchando a Pablo hasta que pronunció esas palabras. Entonces levantaron la voz y gritaron: «¡Bórralo de la tierra! ¡Ese tipo no merece vivir!»

²³Como seguían gritando, tirando sus mantos y arrojando polvo al aire, ²⁴el comandante ordenó que metieran a Pablo en el cuartel. Mandó que lo interrogaran a latigazos con el fin de averiguar por qué gritaban así contra él. ²⁵Cuando lo estaban sujetando con cadenas para azotarlo, Pablo le dijo al centurión que estaba allí:

—¿Permite la ley que ustedes azoten a un ciudadano romano antes de ser juzgado?

²⁶Al oír esto, el centurión fue y avisó al comandante.

—¿Qué va a hacer usted? Resulta que ese hombre es ciudadano romano.

²⁷El comandante se acercó a Pablo y le dijo:

—Dime, ¿eres ciudadano romano?

—Sí, lo soy.

²⁸—A mí me costó una fortuna adquirir mi ciudadanía —le dijo el comandante.

—Pues yo la tengo de nacimiento —replicó Pablo.

²⁹Los que iban a interrogarlo se retiraron en seguida. Al darse cuenta de que Pablo era ciudadano romano, el comandante mismo se asustó de haberlo encadenado.

Pablo ante el Consejo

³⁰Al día siguiente, como el comandante quería saber con certeza de qué acusaban los judíos a Pablo, lo desató y mandó que se reunieran los jefes de los sacerdotes y el *Consejo en pleno. Luego llevó a Pablo para que compareciera ante ellos.

23 Pablo se quedó mirando fijamente al Consejo y dijo:

—Hermanos, hasta hoy yo he actuado delante de Dios con toda buena conciencia.

²Ante esto, el sumo sacerdote Ananías ordenó a los que estaban cerca de Pablo que lo golpearan en la boca.

ⁿ 22:20 *testigo.* Alt. *mártir.*

3—¡Hipócrita,[o] a usted también lo va
a golpear Dios! —reaccionó Pablo—. ¡Ahí
está sentado para juzgarme según la ley!,
¿y usted mismo viola la ley al mandar que
me golpeen?

4Los que estaban junto a Pablo le interpelaron:

—¿Cómo te atreves a insultar al sumo
sacerdote de Dios?

5—Hermanos, no me había dado cuenta de que es el sumo sacerdote —respondió Pablo—; de hecho está escrito: "No
hables mal del jefe de tu pueblo."[p]

6Pablo, sabiendo que unos de ellos
eran saduceos y los demás *fariseos, exclamó en el Consejo:

—Hermanos, yo soy fariseo de pura
cepa. Me están juzgando porque he puesto
mi esperanza en la resurrección de los
muertos.

7Apenas dijo esto, surgió un altercado
entre los fariseos y los saduceos, y la
asamblea quedó dividida. 8(Los saduceos
sostienen que no hay resurrección, ni ángeles ni espíritus; los fariseos, en cambio,
reconocen todo esto.)

9Se produjo un gran alboroto, y algunos de los *maestros de la ley que eran
fariseos se pusieron de pie y protestaron.
«No encontramos ningún delito en este
hombre —dijeron—. ¿Acaso no podría
haberle hablado un espíritu o un ángel?»
10Se tornó tan violento el altercado que el
comandante tuvo miedo de que hicieran
pedazos a Pablo. Así que ordenó a los
soldados que bajaran para sacarlo de allí
por la fuerza y llevárselo al cuartel.

11A la noche siguiente el Señor se
apareció a Pablo, y le dijo: «¡Ánimo! Así
como has dado testimonio de mí en Jerusalén, es necesario que lo des también en
Roma.»

Conspiración para matar a Pablo

12Muy de mañana los judíos tramaron
una conspiración y juraron bajo maldición
no comer ni beber hasta que lograran
matar a Pablo. 13Más de cuarenta hombres
estaban implicados en esta conspiración.
14Se presentaron ante los jefes de los
sacerdotes y los *ancianos, y les dijeron:

—Nosotros hemos jurado bajo maldición no comer nada hasta que logremos
matar a Pablo. 15Ahora, con el respaldo
del *Consejo, pídanle al comandante que
haga comparecer al reo ante ustedes, con
el pretexto de obtener información más
precisa sobre su caso. Nosotros estaremos
listos para matarlo en el camino.

16Pero cuando el hijo de la hermana de
Pablo se enteró de esta emboscada, entró
en el cuartel y avisó a Pablo. 17Éste llamó
entonces a uno de los centuriones y le
pidió:

—Lleve a este joven al comandante,
porque tiene algo que decirle.

18Así que el centurión lo llevó al comandante, y le dijo:

—El preso Pablo me llamó y me pidió
que le trajera este joven, porque tiene algo
que decirle.

19El comandante tomó de la mano al
joven, lo llevó aparte y le preguntó:

—¿Qué quieres decirme?

20—Los judíos se han puesto de acuerdo para pedirle a usted que mañana lleve
a Pablo ante el Consejo con el pretexto de
obtener información más precisa acerca de
él. 21No se deje convencer, porque más de
cuarenta de ellos lo esperan emboscados.
Han jurado bajo maldición no comer ni
beber hasta que hayan logrado matarlo. Ya
están listos; sólo aguardan a que usted les
conceda su petición.

22El comandante despidió al joven con
esta advertencia:

—No le digas a nadie que me has
informado de esto.

Trasladan a Pablo a Cesarea

23Entonces el comandante llamó a dos
de sus centuriones y les ordenó:

—Alisten un destacamento de doscientos soldados de infantería, setenta de caballería y doscientos lanceros para que
vayan a Cesarea esta noche a las nueve.[q]
24Y preparen cabalgaduras para llevar a
Pablo sano y salvo al gobernador Félix.

[o]**23:3** *Hipócrita.* Lit. *Pared blanqueada.* [p]**23:5** Éx 22:28 [q]**23:23** *esta ... nueve.* Lit. *a la tercera hora de la noche.*

²⁵Además, escribió una carta en estos términos:

²⁶Claudio Lisias,

a su excelencia el gobernador Félix:

Saludos.

²⁷Los judíos prendieron a este hombre y estaban a punto de matarlo, pero yo llegué con mis soldados y lo rescaté, porque me había enterado de que es ciudadano romano. ²⁸Yo quería saber de qué lo acusaban, así que lo llevé al *Consejo judío. ²⁹Descubrí que lo acusaban de algunas cuestiones de su ley, pero no había contra él cargo alguno que mereciera la muerte o la cárcel. ³⁰Cuando me informaron que se tramaba una conspiración contra este hombre, decidí enviarlo a usted en seguida. También les ordené a sus acusadores que expongan delante de usted los cargos que tengan contra él.

³¹Así que los soldados, según se les había ordenado, tomaron a Pablo y lo llevaron de noche hasta Antípatris. ³²Al día siguiente dejaron que la caballería siguiera con él mientras ellos volvían al cuartel. ³³Cuando la caballería llegó a Cesarea, le entregaron la carta al gobernador y le presentaron también a Pablo. ³⁴Félix leyó la carta y le preguntó de qué provincia era. Al enterarse de que Pablo era de Cilicia, ³⁵le dijo: «Te daré audiencia cuando lleguen tus acusadores.» Y ordenó que lo dejaran bajo custodia en el palacio de Herodes.

El proceso ante Félix

24 Cinco días después, el sumo sacerdote Ananías bajó a Cesarea con algunos de los *ancianos y un abogado llamado Tértulo, para presentar ante el gobernador las acusaciones contra Pablo. ²Cuando se hizo comparecer al acusado, Tértulo expuso su caso ante Félix:

—Excelentísimo Félix, bajo su mandato hemos disfrutado de un largo período de paz, y gracias a la previsión suya se han llevado a cabo reformas en pro de esta nación. ³En todas partes y en toda ocasión reconocemos esto con profunda gratitud. ⁴Pero a fin de no importunarlo más, le ruego que, con la bondad que lo caracteriza, nos escuche brevemente. ⁵Hemos descubierto que este hombre es una plaga que por todas partes anda provocando disturbios entre los judíos. Es cabecilla de la secta de los nazarenos. ⁶Incluso trató de profanar el *templo; por eso lo prendimos. ⁸Usted⁰ mismo, al interrogarlo, podrá cerciorarse de la verdad de todas las acusaciones que presentamos contra él.

⁹Los judíos corroboraron la acusación, afirmando que todo esto era cierto.

¹⁰Cuando el gobernador, con un gesto, le concedió la palabra, Pablo respondió:

—Sé que desde hace muchos años usted ha sido juez de esta nación; así que de buena gana presento mi defensa. ¹¹Usted puede comprobar fácilmente que no hace más de doce días que subí a Jerusalén para adorar. ¹²Mis acusadores no me encontraron discutiendo con nadie en el templo, ni promoviendo motines entre la gente en las sinagogas ni en ninguna otra parte de la ciudad. ¹³Tampoco pueden probarle a usted las cosas de que ahora me acusan. ¹⁴Sin embargo, esto sí confieso: que adoro al Dios de nuestros antepasados siguiendo este Camino que mis acusadores llaman secta, pues estoy de acuerdo con todo lo que enseña la ley y creo lo que está escrito en los profetas. ¹⁵Tengo en Dios la misma esperanza que estos hombres profesan, de que habrá una resurrección de los justos y de los injustos. ¹⁶En todo esto procuro conservar siempre limpia mi conciencia delante de Dios y de los hombres.

¹⁷»Después de una ausencia de varios años, volví a Jerusalén para traerle donativos a mi pueblo y presentar ofrendas. ¹⁸En esto estaba, habiéndome ya *purificado, cuando me encontraron en el templo. No me acompañaba ninguna multitud,

---

ʳ24:6-8 *prendimos.* ⁸*Usted.* Var. *prendimos y quisimos juzgarlo según nuestra ley.* ⁷*Pero el comandante Lisias intervino, y con mucha fuerza lo arrebató de nuestras manos* ⁸*y mandó que sus acusadores se presentaran ante usted. Usted*

ni estaba implicado en ningún disturbio. **19**Los que me vieron eran algunos judíos de la provincia de *Asia, y son ellos los que deberían estar delante de usted para formular sus acusaciones, si es que tienen algo contra mí. **20**De otro modo, estos que están aquí deberían declarar qué delito hallaron en mí cuando comparecí ante el *Consejo, **21**a no ser lo que exclamé en presencia de ellos: "Es por la resurrección de los muertos por lo que hoy me encuentro procesado delante de ustedes."

22Entonces Félix, que estaba bien informado del Camino, suspendió la sesión.

—Cuando venga el comandante Lisias, decidiré su caso —les dijo.

23Luego le ordenó al centurión que mantuviera custodiado a Pablo, pero que le diera cierta libertad y permitiera que sus amigos lo atendieran.

24Algunos días después llegó Félix con su esposa Drusila, que era judía. Mandó llamar a Pablo y lo escuchó hablar acerca de la fe en *Cristo Jesús. **25**Al disertar Pablo sobre la justicia, el dominio propio y el juicio venidero, Félix tuvo miedo y le dijo: «¡Basta por ahora! Puedes retirarte. Cuando sea oportuno te mandaré llamar otra vez.» **26**Félix también esperaba que Pablo le ofreciera dinero; por eso mandaba llamarlo con frecuencia y conversaba con él.

27Transcurridos dos años, Félix tuvo como sucesor a Porcio Festo, pero como Félix quería congraciarse con los judíos, dejó preso a Pablo.

El proceso ante Festo

25 Tres días después de llegar a la provincia, Festo subió de Cesarea a Jerusalén. **2**Entonces los jefes de los sacerdotes y los dirigentes de los judíos presentaron sus acusaciones contra Pablo. **3**Insistentemente le pidieron a Festo que les hiciera el favor de trasladar a Pablo a Jerusalén. Lo cierto es que ellos estaban preparando una emboscada para matarlo en el camino. **4**Festo respondió: «Pablo está preso en Cesarea, y yo mismo partiré en breve para allá. **5**Que vayan conmigo algunos de los dirigentes de ustedes y formulen allí sus acusaciones contra él, si es que ha hecho algo malo.»

6Después de pasar entre los judíos unos ocho o diez días, Festo bajó a Cesarea, y al día siguiente convocó al tribunal y mandó que le trajeran a Pablo. **7**Cuando éste se presentó, los judíos que habían bajado de Jerusalén lo rodearon, formulando contra él muchas acusaciones graves que no podían probar.

8Pablo se defendía:

—No he cometido ninguna falta, ni contra la ley de los judíos ni contra el templo ni contra el *emperador.

9Pero Festo, queriendo congraciarse con los judíos, le preguntó:

—¿Estás dispuesto a subir a Jerusalén para ser juzgado allí ante mí?

10Pablo contestó:

—Ya estoy ante el tribunal del emperador, que es donde se me debe juzgar. No les he hecho ningún agravio a los judíos, como usted sabe muy bien. **11**Si soy culpable de haber hecho algo que merezca la muerte, no me niego a morir. Pero si no son ciertas las acusaciones que estos judíos formulan contra mí, nadie tiene el derecho de entregarme a ellos para complacerlos. ¡Apelo al emperador!

12Después de consultar con sus asesores, Festo declaró:

—Has apelado al emperador. ¡Al emperador irás!

Festo consulta al rey Agripa

13Pasados algunos días, el rey Agripa y Berenice llegaron a Cesarea para saludar a Festo. **14**Como se entretuvieron allí varios días, Festo le presentó al rey el caso de Pablo.

—Hay aquí un hombre —le dijo— que Félix dejó preso. **15**Cuando fui a Jerusalén, los jefes de los sacerdotes y los *ancianos de los judíos presentaron acusaciones contra él y exigieron que se le condenara. **16**Les respondí que no es costumbre de los romanos entregar a ninguna persona sin antes concederle al acusado un careo con sus acusadores, y darle la oportunidad de defenderse de los cargos. **17**Cuando acudieron a mí, no dilaté el caso, sino que convoqué al tribunal el día siguiente y mandé traer a este hombre. **18**Al levantarse para hablar, sus acusadores no alegaron en su contra ninguno de los delitos que yo había supuesto. ¹⁹Más bien, tenían contra él algunas cuestiones tocantes a su propia religión y sobre un tal Jesús, ya muerto, que Pablo sostiene que está vivo. ²⁰Yo no sabía cómo investigar tales cuestiones, así que le pregunté si estaba dispuesto a ir a Jerusalén para ser juzgado allí con respecto a esos cargos. ²¹Pero como Pablo apeló para que se le reservara el fallo al emperador, *s* ordené que quedara detenido hasta ser remitido a Roma.*t*

²²—A mí también me gustaría oír a ese hombre —le dijo Agripa a Festo.

—Pues mañana mismo lo oirá usted —le contestó Festo.

Pablo ante Agripa
26:12-18 — Hch 9:3-8; 22:6-11

²³Al día siguiente Agripa y Berenice se presentaron con gran pompa, y entraron en la sala de la audiencia acompañados por oficiales de alto rango y por las personalidades más distinguidas de la ciudad. Festo mandó que le trajeran a Pablo, ²⁴y dijo:

—Rey Agripa y todos los presentes: Aquí tienen a este hombre. Todo el pueblo judío me ha presentado una demanda contra él, tanto en Jerusalén como aquí en Cesarea, pidiendo a gritos su muerte. ²⁵He llegado a la conclusión de que él no ha hecho nada que merezca la muerte, pero como apeló al emperador, he decidido enviarlo a Roma. ²⁶El problema es que no tengo definido nada que escribir al soberano acerca de él. Por eso le he hecho comparecer ante ustedes, y especialmente delante de usted, rey Agripa, para que como resultado de esta investigación tenga yo algunos datos para mi carta; ²⁷me parece absurdo enviar un preso sin especificar los cargos contra él.

26 Entonces Agripa le dijo a Pablo:
—Tienes permiso para defenderte.

Pablo hizo un ademán con la mano y comenzó así su defensa:

²—Rey Agripa, para mí es un privilegio presentarme hoy ante usted para defenderme de las acusaciones de los judíos,

³sobre todo porque usted está bien informado de todas las tradiciones y controversias de los judíos. Por eso le ruego que me escuche con paciencia.

⁴»Todos los judíos saben cómo he vivido desde que era niño, desde mi edad temprana entre mi gente y también en Jerusalén. ⁵Ellos me conocen desde hace mucho tiempo y pueden atestiguar, si quieren, que viví como *fariseo, de acuerdo con la secta más estricta de nuestra religión. ⁶Y ahora me juzgan por la esperanza que tengo en la promesa que Dios hizo a nuestros antepasados. ⁷Ésta es la promesa que nuestras doce tribus esperan alcanzar rindiendo culto a Dios con diligencia día y noche. Es por esta esperanza, oh rey, por lo que me acusan los judíos. ⁸¿Por qué les parece a ustedes increíble que Dios resucite a los muertos?

⁹»Pues bien, yo mismo estaba convencido de que debía hacer todo lo posible por combatir el nombre de Jesús de Nazaret. ¹⁰Eso es precisamente lo que hice en Jerusalén. Con la autoridad de los jefes de los sacerdotes metí en la cárcel a muchos de los *santos, y cuando los mataban, yo manifestaba mi aprobación. ¹¹Muchas veces anduve de sinagoga en sinagoga castigándolos para obligarlos a *blasfemar. Mi obsesión contra ellos me llevaba al extremo de perseguirlos incluso en ciudades del extranjero.

¹²»En uno de esos viajes iba yo hacia Damasco con la autoridad y la comisión de los jefes de los sacerdotes. ¹³A eso del mediodía, oh rey, mientras iba por el camino, vi una luz del cielo, más refulgente que el sol, que con su resplandor nos envolvió a mí y a mis acompañantes. ¹⁴Todos caímos al suelo, y yo oí una voz que me decía en arameo:*u* "Saulo, Saulo, ¿por qué me persigues? ¿Qué sacas con darte cabezazos contra la pared?"*v* ¹⁵Entonces pregunté: "¿Quién eres, Señor?" "Yo soy Jesús, a quien tú persigues —me contestó el Señor—. ¹⁶Ahora, ponte en pie y escúchame. Me he aparecido a ti con el fin de designarte siervo y testigo de lo que

---

s 25:21 *al emperador.* Lit. *al augusto;* también en v. 25.   *t* 25:21 *a Roma.* Lit. *al *césar.*   *u* 26:14 *arameo.*
Lit. *el dialecto hebreo.*   *v* 26:14 *¿Qué sacas ... pared?* Lit. *Te es difícil dar coces contra el aguijón.*

has visto de mí y de lo que te voy a revelar. ¹⁷Te libraré de tu propio pueblo y de los *gentiles.

Te envío a éstos ¹⁸para que les abras los ojos y se conviertan de las tinieblas a la luz, y del poder de Satanás a Dios, a fin de que, por la fe en mí, reciban el perdón de los pecados y la herencia entre los *santificados."

¹⁹»Así que, rey Agripa, no fui desobediente a esa visión celestial. ²⁰Al contrario, comenzando con los que estaban en Damasco, siguiendo con los que estaban en Jerusalén y en toda Judea, y luego con los gentiles, a todos les prediqué que se *arrepintieran y se convirtieran a Dios, y que demostraran su arrepentimiento con sus buenas obras. ²¹Sólo por eso los judíos me prendieron en el *templo y trataron de matarme. ²²Pero Dios me ha ayudado hasta hoy, y así me mantengo firme, testificando a grandes y pequeños. No he dicho sino lo que los profetas y Moisés ya dijeron que sucedería: ²³que el *Cristo padecería y que, siendo el primero en resucitar, proclamaría la luz a su propio pueblo y a los gentiles.

²⁴Al llegar Pablo a este punto de su defensa, Festo interrumpió.

—¡Estás loco, Pablo! —le gritó—. El mucho estudio te ha hecho perder la cabeza.

²⁵—No estoy loco, excelentísimo Festo —contestó Pablo—. Lo que digo es cierto y sensato. ²⁶El rey está familiarizado con estas cosas, y por eso hablo ante él con tanto atrevimiento. Estoy convencido de que nada de esto ignora, porque no sucedió en un rincón. ²⁷Rey Agripa, ¿cree usted en los profetas? ¡A mí me consta que sí!

²⁸—Un poco más y me convences a hacerme cristiano ʷ —le dijo Agripa.

²⁹—Sea por poco o por mucho —le replicó Pablo—, le pido a Dios que no sólo usted, sino también todos los que me están escuchando hoy, lleguen a ser como yo, aunque sin estas cadenas.

³⁰Se levantó el rey, y también el gobernador, Berenice y los que estaban sentados con ellos. ³¹Al retirarse, decían entre sí:

—Este hombre no ha hecho nada que merezca la muerte ni la cárcel.

³²Y Agripa le dijo a Festo:

—Se podría poner en libertad a este hombre si no hubiera apelado al *emperador.

Pablo viaja a Roma

27 Cuando se decidió que navegáramos rumbo a Italia, entregaron a Pablo y a algunos otros presos a un centurión llamado Julio, que pertenecía al batallón imperial. ²Subimos a bordo de un barco, con matrícula de Adramitio, que estaba a punto de zarpar hacia los puertos de la provincia de *Asia, y nos hicimos a la mar. Nos acompañaba Aristarco, un macedonio de Tesalónica.

³Al día siguiente hicimos escala en Sidón; y Julio, con mucha amabilidad, le permitió a Pablo visitar a sus amigos para que lo atendieran. ⁴Desde Sidón zarpamos y navegamos al abrigo de Chipre, porque los vientos nos eran contrarios. ⁵Después de atravesar el mar frente a las costas de Cilicia y Panfilia, arribamos a Mira de Licia. ⁶Allí el centurión encontró un barco de Alejandría que iba para Italia, y nos hizo subir a bordo. ⁷Durante muchos días la navegación fue lenta, y a duras penas llegamos frente a Gnido. Como el viento nos era desfavorable para seguir el rumbo trazado, navegamos al amparo de Creta, frente a Salmona. ⁸Seguimos con dificultad a lo largo de la costa y llegamos a un lugar llamado Buenos Puertos, cerca de la ciudad de Lasea.

⁹Se había perdido mucho tiempo, y era peligrosa la navegación por haber pasado ya la fiesta del ayuno.ˣ Así que Pablo les advirtió: ¹⁰«Señores, veo que nuestro viaje va a ser desastroso y que va a causar mucho perjuicio tanto para el barco y su carga como para nuestras propias *vidas.» ¹¹Pero el centurión, en vez de hacerle caso, siguió el consejo del timonel y del dueño del barco. ¹²Como el puerto no era

---

ʷ26:28 *Un poco ... cristiano.* Alt. *¿Con tan poco pretendes hacerme cristiano?*   ˣ27:9 Es decir, el día de la Expiación (Yom Kippur) en septiembre, de manera que se acercaba el invierno.

adecuado para invernar, la mayoría decidió que debíamos seguir adelante, con la esperanza de llegar a Fenice, puerto de Creta que da al suroeste y al noroeste, y pasar allí el invierno.

La tempestad

13Cuando comenzó a soplar un viento suave del sur, creyeron que podían conseguir lo que querían, así que levaron anclas y navegaron junto a la costa de Creta. 14Poco después se nos vino encima un viento huracanado, llamado Nordeste, que venía desde la isla. 15El barco quedó atrapado por la tempestad y no podía hacerle frente al viento, así que nos dejamos llevar a la deriva. 16Mientras pasábamos al abrigo de un islote llamado Cauda, a duras penas pudimos sujetar el bote salvavidas. 17Después de subirlo a bordo, amarraron con sogas todo el casco del barco para reforzarlo. Temiendo que fueran a encallar en los bancos de arena de la Sirte, echaron el ancla flotante y dejaron el barco a la deriva. 18Al día siguiente, dado que la tempestad seguía arremetiendo con mucha fuerza contra nosotros, comenzaron a arrojar la carga por la borda. 19Al tercer día, con sus propias manos arrojaron al mar los aparejos del barco. 20Como pasaron muchos días sin que aparecieran ni el sol ni las estrellas, y la tempestad seguía arreciando, perdimos al fin toda esperanza de salvarnos.

21Llevábamos ya mucho tiempo sin comer, así que Pablo se puso en medio de todos y dijo: «Señores, debían haber seguido mi consejo y no haber zarpado de Creta; así se habrían ahorrado este perjuicio y esta pérdida. 22Pero ahora los exhorto a cobrar ánimo, porque ninguno de ustedes perderá la *vida; sólo se perderá el barco. 23Anoche se me apareció un ángel del Dios a quien pertenezco y a quien sirvo, 24y me dijo: "No tengas miedo, Pablo. Tienes que comparecer ante el *emperador; y Dios te ha concedido la vida de todos los que navegan contigo." 25Así que ¡ánimo, señores! Confío en

Dios que sucederá tal y como se me dijo. 26Sin embargo, tenemos que encallar en alguna isla.»

El naufragio

27Ya habíamos pasado catorce noches a la deriva por el mar Adriático,y cuando a eso de la medianoche los marineros presintieron que se aproximaban a tierra. 28Echaron la sonda y encontraron que el agua tenía unos treinta y siete metros de profundidad. Más adelante volvieron a echar la sonda y encontraron que tenía cerca de veintisiete metrosz de profundidad. 29Temiendo que fuéramos a estrellarnos contra las rocas, echaron cuatro anclas por la popa y se pusieron a rogar que amaneciera. 30En un intento por escapar del barco, los marineros comenzaron a bajar el bote salvavidas al mar, con el pretexto de que iban a echar algunas anclas desde la proa. 31Pero Pablo les advirtió al centurión y a los soldados: «Si ésos no se quedan en el barco, no podrán salvarse ustedes.» 32Así que los soldados cortaron las amarras del bote salvavidas y lo dejaron caer al agua.

33Estaba a punto de amanecer cuando Pablo animó a todos a tomar alimento: «Hoy hace ya catorce días que ustedes están con la vida en un hilo, y siguen sin probar bocado. 34Les ruego que coman algo, pues lo necesitan para sobrevivir. Ninguno de ustedes perderá ni un solo cabello de la cabeza.» 35Dicho esto, tomó pan y dio gracias a Dios delante de todos. Luego lo partió y comenzó a comer. 36Todos se animaron y también comieron. 37Éramos en total doscientas setenta y seis personas en el barco. 38Una vez satisfechos, aligeraron el barco echando el trigo al mar.

39Cuando amaneció, no reconocieron la tierra, pero vieron una bahía que tenía playa, donde decidieron encallar el barco a como diera lugar. 40Cortaron las anclas y las dejaron caer en el mar, desatando a la vez las amarras de los timones. Luego izaron a favor del viento la vela de proa y

y27:27 En la antigüedad el nombre Adriático se refería a una zona que se extendía muy al sur de Italia.
z27:28 treinta y siete metros ... veintisiete metros. Lit. veinte *brazas ... quince brazas.

se dirigieron a la playa. **41**Pero el barco fue a dar en un banco de arena y encalló. La proa se encajó en el fondo y quedó varada, mientras la popa se hacía pedazos al embate de las olas.

42Los soldados pensaron matar a los presos para que ninguno escapara a nado. **43**Pero el centurión quería salvarle la vida a Pablo, y les impidió llevar a cabo el plan. Dio orden de que los que pudieran nadar saltaran primero por la borda para llegar a tierra, **44**y de que los demás salieran valiéndose de tablas o de restos del barco. De esta manera todos llegamos sanos y salvos a tierra.

En la isla de Malta

28 Una vez a salvo, nos enteramos de que la isla se llamaba Malta. **2**Los isleños nos trataron con toda clase de atenciones. Encendieron una fogata y nos invitaron a acercarnos, porque estaba lloviendo y hacía frío. **3**Sucedió que Pablo recogió un montón de leña y la estaba echando al fuego, cuando una víbora que huía del calor se le prendió en la mano. **4**Al ver la serpiente colgada de la mano de Pablo, los isleños se pusieron a comentar entre sí: «Sin duda este hombre es un asesino, pues aunque se salvó del mar, la justicia divina no va a consentir que siga con vida.» **5**Pero Pablo sacudió la mano y la serpiente cayó en el fuego, y él no sufrió ningún daño. **6**La gente esperaba que se hinchara o cayera muerto de repente, pero después de esperar un buen rato y de ver que nada extraño le sucedía, cambiaron de parecer y decían que era un dios.

7Cerca de allí había una finca que pertenecía a Publio, el funcionario principal de la isla. Éste nos recibió en su casa con amabilidad y nos hospedó durante tres días. **8**El padre de Publio estaba en cama, enfermo con fiebre y disentería. Pablo entró a verlo y, después de orar, le impuso las manos y lo sanó. **9**Como consecuencia de esto, los demás enfermos de la isla también acudían y eran sanados. **10**Nos colmaron de muchas atenciones y nos proveyeron de todo lo necesario para el viaje.

Llegada a Roma

11Al cabo de tres meses en la isla, zarpamos en un barco que había invernado allí. Era una nave de Alejandría que tenía por insignia a los dioses Dióscuros.*a* **12**Hicimos escala en Siracusa, donde nos quedamos tres días. **13**Desde allí navegamos bordeando la costa y llegamos a Regio. Al día siguiente se levantó el viento del sur, y al segundo día llegamos a Poteoli. **14**Allí encontramos a algunos creyentes que nos invitaron a pasar una semana con ellos. Y por fin llegamos a Roma. **15**Los hermanos de Roma, habiéndose enterado de nuestra situación, salieron hasta el Foro de Apio y Tres Tabernas a recibirnos. Al verlos, Pablo dio gracias a Dios y cobró ánimo. **16**Cuando llegamos a Roma, a Pablo se le permitió tener su domicilio particular, con un soldado que lo custodiara.

Pablo predica bajo custodia en Roma

17Tres días más tarde, Pablo convocó a los dirigentes de los judíos. Cuando estuvieron reunidos, les dijo:

—A mí, hermanos, a pesar de no haber hecho nada contra mi pueblo ni contra las costumbres de nuestros antepasados, me arrestaron en Jerusalén y me entregaron a los romanos. **18**Éstos me interrogaron y quisieron soltarme por no ser yo culpable de ningún delito que mereciera la muerte. **19**Cuando los judíos se opusieron, me vi obligado a apelar al *emperador, pero no porque tuviera alguna acusación que presentar contra mi nación. **20**Por este motivo he pedido verlos y hablar con ustedes. Precisamente por la esperanza de Israel estoy encadenado.

21—Nosotros no hemos recibido ninguna carta de Judea que tenga que ver contigo —le contestaron ellos—, ni ha llegado ninguno de los hermanos de allá con malos informes o que haya hablado mal de ti. **22**Pero queremos oír tu punto de vista, porque lo único que sabemos es que

---

a **28:11** Dioses gemelos de la mitología griega, probablemente Cástor y Pólux

en todas partes se habla en contra de esa secta. ²³Señalaron un día para reunirse con Pablo, y acudieron en mayor número a la casa donde estaba alojado. Desde la mañana hasta la tarde estuvo explicándoles y testificándoles acerca del reino de Dios y tratando de convencerlos respecto a Jesús, partiendo de la ley de Moisés y de los profetas. ²⁴Unos se convencieron por lo que él decía, pero otros se negaron a creer.

²⁵No pudieron ponerse de acuerdo entre sí, y comenzaron a irse cuando Pablo añadió esta última declaración: «Con razón el Espíritu Santo les habló a sus antepasados por medio del profeta Isaías diciendo:

²⁶»"Ve a este pueblo y dile:
'Por mucho que oigan, no
   entenderán;

por mucho que vean, no
   percibirán.'
²⁷Porque el corazón de este pueblo se
   ha vuelto insensible;
se les han embotado los oídos,
y se les han cerrado los ojos.
De lo contrario, verían con los ojos,
   oirían con los oídos,
entenderían con el corazón
y se convertirían, y yo los
   sanaría."ᵇ

²⁸»Por tanto, quiero que sepan que esta salvación de Dios se ha enviado a los *gentiles, y ellos sí escucharán.»ᶜ ³⁰Durante dos años completos permaneció Pablo en la casa que tenía alquilada, y recibía a todos los que iban a verlo. ³¹Y predicaba el reino de Dios y enseñaba acerca del Señor *Jesucristo sin impedimento y sin temor alguno.

ᵇ28:27 Is 6:9,10   ᶜ28:28 escucharán.» Var. escucharán.» ²⁹Después que él dijo esto, los judíos se fueron, discutiendo acaloradamente entre ellos.

Carta a los Romanos

1 Pablo, *siervo de *Cristo Jesús, llamado a ser apóstol, apartado para anunciar el *evangelio de Dios, 2que por medio de sus profetas ya había prometido en las sagradas Escrituras. 3Este evangelio habla de su Hijo, que según la *naturaleza humana era descendiente de David, 4pero que según el Espíritu de *santidad fue designado*a* con poder Hijo de Dios por la resurrección. Él es Jesucristo nuestro Señor. 5Por medio de él, y en honor a su nombre, recibimos el don apostólico para persuadir a todas las *naciones que obedezcan a la fe.*b* 6Entre ellas están incluidos también ustedes, a quienes Jesucristo ha llamado.

7Les escribo a todos ustedes, los amados de Dios que están en Roma, que han sido llamados a ser *santos.

Que Dios nuestro Padre y el Señor Jesucristo les concedan gracia y paz.

Pablo anhela visitar Roma

8En primer lugar, por medio de Jesucristo doy gracias a mi Dios por todos ustedes, pues en el mundo entero se habla bien de su fe. 9Dios, a quien sirvo de corazón predicando el *evangelio de su Hijo, me es testigo de que los recuerdo a ustedes sin cesar. 10Siempre pido en mis oraciones que, si es la voluntad de Dios, por fin se me abra ahora el camino para ir a visitarlos.

11Tengo muchos deseos de verlos para impartirles algún don espiritual que los fortalezca; 12mejor dicho, para que unos a otros nos animemos con la fe que compartimos. 13Quiero que sepan, hermanos, que aunque hasta ahora no he podido visitarlos, muchas veces me he propuesto hacerlo, para recoger algún fruto entre ustedes, tal como lo he recogido entre las otras naciones.

14Estoy en deuda con todos, sean cultos o incultos,*c* instruidos o ignorantes. 15De allí mi gran anhelo de predicarles el evangelio también a ustedes que están en Roma.

16A la verdad, no me avergüenzo del evangelio, pues es poder de Dios para la salvación de todos los que creen: de los judíos primeramente, pero también de los *gentiles. 17De hecho, en el evangelio se revela la justicia que proviene de Dios, la cual es por fe de principio a fin,*d* tal como está escrito: «El justo vivirá por la fe.»*e*

La ira de Dios contra la humanidad

18Ciertamente, la ira de Dios viene revelándose desde el cielo contra toda impiedad e injusticia de los *seres humanos, que con su maldad obstruyen la verdad. 19Me explico: lo que se puede conocer acerca de Dios es evidente para ellos, pues él mismo se lo ha revelado. 20Porque desde la creación del mundo las cualidades invisibles de Dios, es decir, su eterno poder y su naturaleza divina, se perciben claramente a través de lo que él creó, de modo que nadie tiene excusa. 21A pesar de haber conocido a Dios, no lo glorificaron como a Dios ni le dieron gracias, sino que se extraviaron en sus inútiles razonamientos, y se les oscureció su insensato corazón. 22Aunque afirmaban ser sabios, se volvieron necios 23y cambiaron la gloria del Dios inmortal por imágenes que eran réplicas del hombre mortal, de las aves, de los cuadrúpedos y de los reptiles.

24Por eso Dios los entregó a los malos deseos de sus corazones, que conducen a la impureza sexual, de modo que degradaron sus cuerpos los unos con los otros.

---

a 1:4 *según el Espíritu de* *santidad fue designado.* Alt. *según su espíritu de santidad fue declarado.*
b 1:5 *para ... la fe.* Lit. *para la obediencia de la fe entre todas las naciones.* *c* 1:14 *sean cultos o incultos.*
Lit. *griegos y bárbaros.* *d* 1:17 *por fe ... fin.* Lit. *de fe a fe.* *e* 1.17 Hab 2:4

25 Cambiaron la verdad de Dios por la mentira, adorando y sirviendo a los seres creados antes que al Creador, quien es bendito por siempre. Amén. 26 Por tanto, Dios los entregó a pasiones vergonzosas. En efecto, las mujeres cambiaron las relaciones naturales por las que van contra la naturaleza. 27 Así mismo los hombres dejaron las relaciones naturales con la mujer y se encendieron en pasiones lujuriosas los unos con los otros. Hombres con hombres cometieron actos indecentes, y en sí mismos recibieron el castigo que merecía su perversión.

28 Además, como estimaron que no valía la pena tomar en cuenta el conocimiento de Dios, él a su vez los entregó a la depravación mental, para que hicieran lo que no debían hacer. 29 Se han llenado de toda clase de maldad, perversidad, avaricia y depravación. Están repletos de envidia, homicidios, disensiones, engaño y malicia. Son chismosos, 30 calumniadores, enemigos de Dios, insolentes, soberbios y arrogantes; se ingenian maldades; se rebelan contra sus padres; 31 son insensatos, desleales, insensibles, despiadados. 32 Saben bien que, según el justo decreto de Dios, quienes practican tales cosas merecen la muerte; sin embargo, no sólo siguen practicándolas sino que incluso aprueban a quienes las practican.

El justo juicio de Dios

2 Por tanto, no tienes excusa tú, quienquiera que seas, cuando juzgas a los demás, pues al juzgar a otros te condenas a ti mismo, ya que practicas las mismas cosas. 2 Ahora bien, sabemos que el juicio de Dios contra los que practican tales cosas se basa en la verdad. 3 ¿Piensas entonces que vas a escapar del juicio de Dios, tú que juzgas a otros y sin embargo haces lo mismo que ellos? 4 ¿No ves que desprecias las riquezas de la bondad de Dios, de su tolerancia y de su paciencia, al no reconocer que su bondad quiere llevarte al *arrepentimiento?

5 Pero por tu obstinación y por tu corazón empedernido sigues acumulando castigo contra ti mismo para el día de la ira, cuando Dios revelará su justo juicio. 6 Porque Dios «pagará a cada uno según lo que merezcan sus obras».ᶠ 7 Él dará vida eterna a los que, perseverando en las buenas obras, buscan gloria, honor e inmortalidad. 8 Pero los que por egoísmo rechazan la verdad para aferrarse a la maldad, recibirán el gran castigo de Dios. 9 Habrá sufrimiento y angustia para todos los que hacen el mal, los judíos primeramente, y también los *gentiles; 10 pero gloria, honor y paz para todos los que hacen el bien, los judíos primeramente, y también los gentiles. 11 Porque con Dios no hay favoritismo.

12 Todos los que han pecado sin conocer la ley, también perecerán sin la ley; y todos los que han pecado conociendo la ley, por la ley serán juzgados. 13 Porque Dios no considera justos a los que oyen la ley sino a los que la cumplen. 14 De hecho, cuando los gentiles, que no tienen la ley, cumplen por naturaleza lo que la ley exige,ᵍ ellos son ley para sí mismos, aunque no tengan la ley. 15 Éstos muestran que llevan escrito en el corazón lo que la ley exige, como lo atestigua su conciencia, pues sus propios pensamientos algunas veces los acusan y otras veces los excusan. 16 Así sucederá el día en que, por medio de Jesucristo, Dios juzgará los secretos de toda persona, como lo declara mi *evangelio.

Los judíos y la ley

17 Ahora bien, tú que llevas el nombre de judío; que dependes de la ley y te *jactas de tu relación con Dios; 18 que conoces su voluntad y sabes discernir lo que es mejor porque eres instruido por la ley; 19 que estás convencido de ser guía de los ciegos y luz de los que están en la oscuridad, 20 instructor de los ignorantes, maestro de los sencillos, pues tienes en la ley la esencia misma del conocimiento y de la verdad; 21 en fin, tú que enseñas a

---

ᶠ 2:6 Sal 62:12; Pr 24:12   ᵍ 2:14 *que no tienen ... exige.* Alt. *que por naturaleza no tienen la ley, cumplen lo que la ley exige.*

otros, ¿no te enseñas a ti mismo? Tú que predicas contra el robo, ¿robas? 22Tú que dices que no se debe cometer adulterio, ¿adulteras? Tú que aborreces a los ídolos, ¿robas de sus templos? 23Tú que te jactas de la ley, ¿deshonras a Dios quebrantando la ley? 24Así está escrito: «Por causa de ustedes se *blasfema el nombre de Dios entre los *gentiles.»ʰ

25La circuncisión tiene valor si observas la ley; pero si la quebrantas, vienes a ser como un *incircunciso. 26Por lo tanto, si los gentiles cumplenⁱ los requisitos de la ley, ¿no se les considerará como si estuvieran circuncidados? 27El que no está físicamente circuncidado, pero obedece la ley, te condenará a ti que, a pesar de tener el mandamiento escritoʲ y la circuncisión, quebrantas la ley.

28Lo exterior no hace a nadie judío, ni consiste la circuncisión en una señal en el cuerpo. 29El verdadero judío lo es interiormente; y la circuncisión es la del corazón, la que realiza el Espíritu, no el mandamiento escrito. Al que es judío así, lo alaba Dios y no la gente.

Fidelidad de Dios

3 Entonces, ¿qué se gana con ser judío, o qué valor tiene la circuncisión? 2Mucho, desde cualquier punto de vista. En primer lugar, a los judíos se les confiaron las palabras mismas de Dios. 3Pero entonces, si a algunos les faltó la fe, ¿acaso su falta de fe anula la *fidelidad de Dios? 4¡De ninguna manera! Dios es siempre veraz, aunque el hombre sea mentiroso. Así está escrito:

«Por eso, eres justo en tu sentencia, y triunfarás cuando te juzguen.»ᵏ

5Pero si nuestra injusticia pone de relieve la justicia de Dios, ¿qué diremos? ¿Que Dios es injusto al descargar sobre nosotros su ira? (Hablo en términos humanos.) 6¡De ninguna manera! Si así fuera, ¿cómo podría Dios juzgar al mundo? 7Alguien podría objetar: «Si mi mentira destaca la verdad de Dios y así aumenta su gloria, ¿por qué todavía se me juzga como pecador? 8¿Por qué no decir: Hagamos lo malo para que venga lo bueno?» Así nos calumnian algunos, asegurando que eso es lo que enseñamos. ¡Pero bien merecida se tienen la condenación!

No hay un solo justo

9¿A qué conclusión llegamos? ¿Acaso los judíos somos mejores? ¡De ninguna manera! Ya hemos demostrado que tanto los judíos como los *gentiles están bajo el pecado. 10Así está escrito:

«No hay un solo justo, ni siquiera uno;
11 no hay nadie que entienda, nadie que busque a Dios.
12Todos se han descarriado, a una se han corrompido. No hay nadie que haga lo bueno; ¡no hay uno solo!»ˡ
13«Su garganta es un sepulcro abierto; con su lengua profieren engaños.»ᵐ «¡Veneno de víbora hay en sus labios!»ⁿ
14 «Llena está su boca de maldiciones y de amargura.»ñ
15«Veloces son sus pies para ir a derramar sangre;
16 dejan ruina y miseria en sus caminos,
17y no conocen la senda de la paz.»ᵒ
18 «No hay temor de Dios delante de sus ojos.»ᵖ

19Ahora bien, sabemos que todo lo que dice la ley, lo dice a quienes están sujetos a ella, para que todo el mundo se calle la boca y quede convicto delante de Dios. 20Por tanto, nadie será *justificado en presencia de Dios por hacer las obras que exige la ley; más bien, mediante la ley cobramos conciencia del pecado.

La justicia mediante la fe

21Pero ahora, sin la mediación de la ley, se ha manifestado la justicia de Dios,

---

ʰ2:24 Is 52:5; Ez 36:22   ⁱ2:26 si ... cumplen. Lit. si la incircuncisión guarda.   ʲ2:27 el mandamiento escrito. Lit. la letra; también en v. 29.   ᵏ3:4 Sal 51:4   ˡ3:12 Sal 14:1-3; 53:1-3; Ec 7:20   ᵐ3:13 Sal 5:9   ⁿ3:13 Sal 140:3   ñ3:14 Sal 10:7   ᵒ3:17 Is 59:7,8   ᵖ3:18 Sal 36:1

de la que dan testimonio la ley y los
profetas. 22 Esta justicia de Dios llega,
mediante la *fe en Jesucristo, a todos los
que creen. De hecho, no hay distinción,
23 pues todos han pecado y están privados
de la gloria de Dios, 24 pero por su gracia
son *justificados gratuitamente mediante
la redención que Cristo Jesús efectuó.[q]
25 Dios lo ofreció como un sacrificio de
*expiación[r] que se recibe por la fe en su
sangre, para así demostrar su justicia. Anteriormente, en su paciencia, Dios había
pasado por alto los pecados; 26 pero en el
tiempo presente ha ofrecido a Jesucristo
para manifestar su justicia. De este modo
Dios es justo y, a la vez, el que justifica a
los que tienen fe en Jesús.

27 ¿Dónde, pues, está la *jactancia?
Queda excluida. ¿Por cuál principio? ¿Por
el de la observancia de la ley? No, sino
por el de la fe. 28 Porque sostenemos que
todos somos justificados por la fe, y no
por las obras que la ley exige. 29 ¿Es acaso
Dios sólo Dios de los judíos? ¿No lo es
también de los *gentiles? Sí, también es
Dios de los gentiles, 30 pues no hay más
que un solo Dios. Él justificará por la fe a
los que están circuncidados y, mediante
esa misma fe, a los que no lo están.
31 ¿Quiere decir que anulamos la ley con
la fe? ¡De ninguna manera! Más bien,
confirmamos la ley.

Abraham, justificado por la fe

4 Entonces, ¿qué diremos en el caso de
nuestro antepasado Abraham?[s] 2 En
realidad, si Abraham hubiera sido *justificado por las obras, habría tenido de qué
*jactarse, pero no delante de Dios. 3 Pues
¿qué dice la Escritura? «Le creyó Abraham a Dios, y esto se le tomó en cuenta
como justicia.»[t]

4 Ahora bien, cuando alguien trabaja,
no se le toma en cuenta el salario como un
favor sino como una deuda. 5 Sin embargo,
al que no trabaja, sino que cree en el que
justifica al malvado, se le toma en cuenta
la fe como justicia. 6 David dice lo mismo
cuando habla de la dicha de aquel a quien
Dios le atribuye justicia sin la mediación
de las obras:

7 «¡*Dichosos aquellos
a quienes se les perdonan las
transgresiones
y se les cubren los pecados!
8 ¡Dichoso aquel
cuyo pecado el Señor no tomará
en cuenta!»[u]

9 ¿Acaso se ha reservado esta dicha
sólo para los que están circuncidados?
¿Acaso no es también para los *gentiles?[v]
Hemos dicho que a Abraham se le tomó
en cuenta la fe como justicia. 10 ¿Bajo qué
circunstancias sucedió esto? ¿Fue antes o
después de ser circuncidado? ¡Antes, y no
después! 11 Es más, cuando todavía no
estaba circuncidado, recibió la señal de la
circuncisión como sello de la justicia que
se le había tomado en cuenta por la fe. Por
tanto, Abraham es padre de todos los que
creen, aunque no hayan sido circuncidados, y a éstos se les toma en cuenta su fe
como justicia. 12 Y también es padre de
aquellos que, además de haber sido circuncidados, siguen las huellas de nuestro
padre Abraham, quien creyó cuando todavía era incircunciso.

13 En efecto, no fue mediante la ley
como Abraham y su descendencia recibieron la promesa de que él sería heredero
del mundo, sino mediante la fe, la cual se
le tomó en cuenta como justicia. 14 Porque
si los que viven por la ley fueran los
herederos, entonces la fe no tendría ya
ningún valor y la promesa no serviría de
nada. 15 La ley, en efecto, acarrea castigo.
Pero donde no hay ley, tampoco hay
transgresión.

16 Por eso la promesa viene por la fe, a
fin de que por la gracia quede garantizada
para toda la descendencia de Abraham;
esta promesa no es sólo para los que son
de la ley sino para los que son también de
la fe de Abraham, quien es el padre que
tenemos en común 17 delante de Dios, tal
como está escrito: «Te he confirmado

[q] **3:24** *redención ... efectuó.* Lit. *redención en Cristo Jesús.* [r] **3:25** *un sacrificio de *expiación.* Lit. *propiciación.* [s] **4:1** *¿qué ... Abraham?* Lit. *¿qué diremos que descubrió Abraham, nuestro antepasado según la *carne?* [t] **4:3** Gn 15:6; también en v. 22 [u] **4:8** Sal 32:1,2 [v] **4:9** *los *gentiles.* Lit. *la *incircuncisión.*

como padre de muchas naciones.»[w] Así que Abraham creyó en el Dios que da vida a los muertos y que llama las cosas que no son como si ya existieran.

[18]Contra toda esperanza, Abraham creyó y esperó, y de este modo llegó a ser padre de muchas naciones, tal como se le había dicho: «¡Así de numerosa será tu descendencia!»[x] [19]Su fe no flaqueó, aunque reconocía que su cuerpo estaba como muerto, pues ya tenía unos cien años, y que también estaba muerta la matriz de Sara. [20]Ante la promesa de Dios no vaciló como un incrédulo, sino que se reafirmó en su fe y dio gloria a Dios, [21]plenamente convencido de que Dios tenía poder para cumplir lo que había prometido. [22]Por eso se le tomó en cuenta su fe como justicia. [23]Y esto de que «se le tomó en cuenta» no se escribió sólo para Abraham, [24]sino también para nosotros. Dios tomará en cuenta nuestra fe como justicia, pues creemos en aquel que *levantó de entre los muertos a Jesús nuestro Señor. [25]Él fue entregado a la muerte por nuestros pecados, y resucitó para nuestra justificación.

Paz y alegría

5 En consecuencia, ya que hemos sido *justificados mediante la fe, tenemos[y] paz con Dios por medio de nuestro Señor Jesucristo. [2]También por medio de él, y mediante la fe, tenemos acceso a esta gracia en la cual nos mantenemos firmes. Así que nos *regocijamos en la esperanza de alcanzar la gloria de Dios. [3]Y no sólo en esto, sino también en nuestros sufrimientos, porque sabemos que el sufrimiento produce perseverancia; [4]la perseverancia, entereza de carácter; la entereza de carácter, esperanza. [5]Y esta esperanza no nos defrauda, porque Dios ha derramado su amor en nuestro corazón por el Espíritu Santo que nos ha dado.

[6]A la verdad, como éramos incapaces de salvarnos,[z] en el tiempo señalado Cristo murió por los malvados. [7]Difícilmente habrá quien muera por un justo, aunque tal vez haya quien se atreva a morir por una persona buena. [8]Pero Dios demuestra su amor por nosotros en esto: en que cuando todavía éramos pecadores, Cristo murió por nosotros.

[9]Y ahora que hemos sido justificados por su sangre, ¡con cuánta más razón, por medio de él, seremos salvados del castigo de Dios! [10]Porque si, cuando éramos enemigos de Dios, fuimos reconciliados con él mediante la muerte de su Hijo, ¡con cuánta más razón, habiendo sido reconciliados, seremos salvados por su vida! [11]Y no sólo esto, sino que también nos regocijamos en Dios por nuestro Señor Jesucristo, pues gracias a él ya hemos recibido la reconciliación.

De Adán, la muerte; de Cristo, la vida

[12]Por medio de un solo hombre el pecado entró en el mundo, y por medio del pecado entró la muerte; fue así como la muerte pasó a toda la *humanidad, porque todos pecaron.[a] [13]Antes de promulgarse la ley, ya existía el pecado en el mundo. Es cierto que el pecado no se toma en cuenta cuando no hay ley; [14]sin embargo, desde Adán hasta Moisés la muerte reinó, incluso sobre los que no pecaron quebrantando un mandato, como lo hizo Adán, quien es figura de aquel que había de venir.

[15]Pero la transgresión de Adán no puede compararse con la gracia de Dios. Pues si por la transgresión de un solo hombre murieron todos, ¡cuánto más el don que vino por la gracia de un solo hombre, Jesucristo, abundó para todos! [16]Tampoco se puede comparar la dádiva de Dios con las consecuencias del pecado de Adán. El juicio que lleva a la condenación fue resultado de un solo pecado, pero la dádiva que lleva a la *justificación tiene que ver con[b] una multitud de transgresiones. [17]Pues si por la transgresión de un solo hombre reinó la muerte, con mayor razón los que reciben en abundancia la gracia y

---

[w]**4:17** Gn 17:5 [x]**4:18** Gn 15:5 [y]**5:1** *tenemos.* Var. *tengamos.* [z]**5:6** *como ... salvarnos.* Lit. *cuando todavía éramos débiles.* [a]**5:12** En el griego este versículo es la primera parte de una oración comparativa que se reinicia y concluye en el v. 18. [b]**5:16** *resultado ... con.* Alt. *resultado del pecado de uno solo, pero la dádiva que lleva a la justificación fue resultado de.*

el don de la justicia reinarán en vida por medio de un solo hombre, Jesucristo.

18 Por tanto, así como una sola transgresión causó la condenación de todos, también un solo acto de justicia produjo la justificación que da vida a todos. **19** Porque así como por la desobediencia de uno solo muchos fueron constituidos pecadores, también por la obediencia de uno solo muchos serán constituidos justos. **20** En lo que atañe a la ley, ésta intervino para que aumentara la transgresión. Pero allí donde abundó el pecado, sobreabundó la gracia, **21** a fin de que, así como reinó el pecado en la muerte, reine también la gracia que nos trae justificación y vida eterna por medio de Jesucristo nuestro Señor.

Muertos al pecado, vivos en Cristo

6 ¿Qué concluiremos? ¿Vamos a persistir en el pecado, para que la gracia abunde? **2** ¡De ninguna manera! Nosotros, que hemos muerto al pecado, ¿cómo podemos seguir viviendo en él? **3** ¿Acaso no saben ustedes que todos los que fuimos bautizados para unirnos con Cristo Jesús, en realidad fuimos bautizados para participar en su muerte? **4** Por tanto, mediante el bautismo fuimos sepultados con él en su muerte, a fin de que, así como Cristo *resucitó por el poder*c* del Padre, también nosotros llevemos una vida nueva.

5 En efecto, si hemos estado unidos con él en su muerte, sin duda también estaremos unidos con él en su resurrección. **6** Sabemos que nuestra vieja naturaleza fue crucificada con él para que nuestro cuerpo pecaminoso perdiera su poder, de modo que ya no siguiéramos siendo esclavos del pecado; **7** porque el que muere queda liberado del pecado.

8 Ahora bien, si hemos muerto con Cristo, confiamos que también viviremos con él. **9** Pues sabemos que Cristo, por haber sido *levantado de entre los muertos, ya no puede volver a morir; la muerte ya no tiene dominio sobre él. **10** En cuanto a su muerte, murió al pecado una vez y

para siempre; en cuanto a su vida, vive para Dios. **11** De la misma manera, también ustedes considérense muertos al pecado, pero vivos para Dios en Cristo Jesús. **12** Por lo tanto, no permitan ustedes que el pecado reine en su cuerpo mortal, ni obedezcan a sus malos deseos. **13** No ofrezcan los miembros de su cuerpo al pecado como instrumentos de injusticia; al contrario, ofrézcanse más bien a Dios como quienes han vuelto de la muerte a la vida, presentando los miembros de su cuerpo como instrumentos de justicia. **14** Así el pecado no tendrá dominio sobre ustedes, porque ya no están bajo la ley sino bajo la gracia.

Esclavos de la justicia

15 Entonces, ¿qué? ¿Vamos a pecar porque no estamos ya bajo la ley sino bajo la gracia? ¡De ninguna manera! **16** ¿Acaso no saben ustedes que, cuando se entregan a alguien para obedecerlo, son *esclavos de aquel a quien obedecen? Claro que lo son, ya sea del pecado que lleva a la muerte, o de la obediencia que lleva a la justicia. **17** Pero gracias a Dios que, aunque antes eran esclavos del pecado, ya se han sometido de corazón a la enseñanza*d* que les fue transmitida. **18** En efecto, habiendo sido liberados del pecado, ahora son ustedes esclavos de la justicia.

19 Hablo en términos humanos, por las limitaciones de su *naturaleza humana. Antes ofrecían ustedes los miembros de su cuerpo para servir a la impureza, que lleva más y más a la maldad; ofrézcanlos ahora para servir a la justicia que lleva a la *santidad. **20** Cuando ustedes eran esclavos del pecado, estaban libres del dominio de la justicia. **21** ¿Qué fruto cosechaban entonces? ¡Cosas que ahora los avergüenzan y que conducen a la muerte! **22** Pero ahora que han sido liberados del pecado y se han puesto al servicio de Dios, cosechan la santidad que conduce a la vida eterna. **23** Porque la paga del pecado es muerte, mientras que la dádiva de Dios es vida eterna en Cristo Jesús, nuestro Señor.

---

c **6:4** *el poder.* Lit. *la gloria.*   *d* **6:17** *a la enseñanza.* Lit. *al modelo de enseñanza.*

Analogía tomada del matrimonio

7 Hermanos, les hablo como a quienes conocen la ley. ¿Acaso no saben que uno está sujeto a la ley solamente en vida? 2 Por ejemplo, la casada está ligada por ley a su esposo sólo mientras éste vive; pero si su esposo muere, ella queda libre de la ley que la unía a su esposo. 3 Por eso, si se casa con otro hombre mientras su esposo vive, se le considera adúltera. Pero si muere su esposo, ella queda libre de esa ley, y no es adúltera aunque se case con otro hombre.

4 Así mismo, hermanos míos, ustedes murieron a la ley mediante el cuerpo crucificado de Cristo, a fin de pertenecer al que fue *levantado de entre los muertos. De este modo daremos fruto para Dios. 5 Porque cuando nuestra *naturaleza pecaminosa aún nos dominaba, e las malas pasiones que la ley nos despertaba actuaban en los miembros de nuestro cuerpo, y dábamos fruto para muerte. 6 Pero ahora, al morir a lo que nos tenía subyugados, hemos quedado libres de la ley, a fin de servir a Dios con el nuevo poder que nos da el Espíritu, y no por medio del antiguo mandamiento escrito.

Conflicto con el pecado

7 ¿Qué concluiremos? ¿Que la ley es pecado? ¡De ninguna manera! Sin embargo, si no fuera por la ley, no me habría dado cuenta de lo que es el pecado. Por ejemplo, nunca habría sabido yo lo que es codiciar si la ley no hubiera dicho: «No codicies.» f 8 Pero el pecado, aprovechando la oportunidad que le proporcionó el mandamiento, despertó en mí toda clase de codicia. Porque aparte de la ley el pecado está muerto. 9 En otro tiempo yo tenía vida aparte de la ley; pero cuando vino el mandamiento, cobró vida el pecado y yo morí. 10 Se me hizo evidente que el mismo mandamiento que debía haberme dado vida me llevó a la muerte; 11 porque el pecado se aprovechó del mandamiento, me engañó, y por medio de él me mató.

12 Concluimos, pues, que la ley es santa, y que el mandamiento es santo, justo y bueno. 13 Pero entonces, ¿lo que es bueno se convirtió en muerte para mí? ¡De ninguna manera! Más bien fue el pecado lo que, valiéndose de lo bueno, me produjo la muerte; ocurrió así para que el pecado se manifestara claramente, o sea, para que mediante el mandamiento se demostrara lo extremadamente malo que es el pecado. 14 Sabemos, en efecto, que la ley es espiritual. Pero yo soy meramente *humano, y estoy vendido como esclavo al pecado. 15 No entiendo lo que me pasa, pues no hago lo que quiero, sino lo que aborrezco. 16 Ahora bien, si hago lo que no quiero, estoy de acuerdo en que la ley es buena; 17 pero, en ese caso, ya no soy yo quien lo lleva a cabo sino el pecado que habita en mí. 18 Yo sé que en mí, es decir, en mi *naturaleza pecaminosa, nada bueno habita. Aunque deseo hacer lo bueno, no soy capaz de hacerlo. 19 De hecho, no hago el bien que quiero, sino el mal que no quiero. 20 Y si hago lo que no quiero, ya no soy yo quien lo hace sino el pecado que habita en mí.

21 Así que descubro esta ley: que cuando quiero hacer el bien, me acompaña el mal. 22 Porque en lo íntimo de mi ser me deleito en la ley de Dios; 23 pero me doy cuenta de que en los miembros de mi cuerpo hay otra ley, que es la ley del pecado. Esta ley lucha contra la ley de mi mente, y me tiene cautivo. 24 ¡Soy un pobre miserable! ¿Quién me librará de este cuerpo mortal? 25 ¡Gracias a Dios por medio de Jesucristo nuestro Señor!

En conclusión, con la mente yo mismo me someto a la ley de Dios, pero mi *naturaleza pecaminosa está sujeta a la ley del pecado.

Vida mediante el Espíritu

8 Por lo tanto, ya no hay ninguna condenación para los que están unidos a Cristo Jesús, g 2 pues por medio de él la ley del Espíritu de vida me h ha liberado de la ley del pecado y de la muerte. 3 En efecto,

---

e 7:5 *cuando ... dominaba.* Lit. *cuando estábamos en la* *carne.   f 7:7 Éx 20:17; Dt 5:21   g 8:1 *Jesús.*
Var. *Jesús, los que no viven según la naturaleza pecaminosa sino según el Espíritu* (véase v. 4).
h 8:2 *me.* Var. *te.*

la ley no pudo liberarnos porque la *naturaleza pecaminosa anuló su poder; por eso Dios envió a su propio Hijo en condición semejante a nuestra condición de pecadores, *i* para que se ofreciera en sacrificio por el pecado. Así condenó Dios al pecado en la naturaleza humana, **4**a fin de que las justas demandas de la ley se cumplieran en nosotros, que no vivimos según la naturaleza pecaminosa sino según el Espíritu.

5Los que viven conforme a la naturaleza pecaminosa fijan la mente en los deseos de tal naturaleza; en cambio, los que viven conforme al Espíritu fijan la mente en los deseos del Espíritu. **6**La mentalidad pecaminosa es muerte, mientras que la mentalidad que proviene del Espíritu es vida y paz. **7**La mentalidad pecaminosa es enemiga de Dios, pues no se somete a la ley de Dios, ni es capaz de hacerlo. **8**Los que viven según la naturaleza pecaminosa no pueden agradar a Dios.

9Sin embargo, ustedes no viven según la naturaleza pecaminosa sino según el Espíritu, si es que el Espíritu de Dios vive en ustedes. Y si alguno no tiene el Espíritu de Cristo, no es de Cristo. **10**Pero si Cristo está en ustedes, el cuerpo está muerto a causa del pecado, pero el Espíritu que está en ustedes es vida*j* a causa de la justicia. **11**Y si el Espíritu de aquel que *levantó a Jesús de entre los muertos vive en ustedes, el mismo que levantó a Cristo de entre los muertos también dará vida a sus cuerpos mortales por medio de su Espíritu, que vive en ustedes.

12Por tanto, hermanos, tenemos una obligación, pero no es la de vivir conforme a la naturaleza pecaminosa. **13**Porque si ustedes viven conforme a ella, morirán; pero si por medio del Espíritu dan muerte a los malos hábitos del cuerpo, vivirán. **14**Porque todos los que son guiados por el Espíritu de Dios son hijos de Dios. **15**Y ustedes no recibieron un espíritu que de nuevo los esclavice al miedo, sino el Espíritu que los adopta como hijos y les

permite clamar: «¡*Abba!* ¡Padre!» **16**El Espíritu mismo le asegura a nuestro espíritu que somos hijos de Dios. **17**Y si somos hijos, somos herederos; herederos de Dios y coherederos con Cristo, pues si ahora sufrimos con él, también tendremos parte con él en su gloria.

La gloria futura

18De hecho, considero que en nada se comparan los sufrimientos actuales con la gloria que habrá de revelarse en nosotros. **19**La creación aguarda con ansiedad la revelación de los hijos de Dios, **20**porque fue sometida a la frustración. Esto no sucedió por su propia voluntad, sino por la del que así lo dispuso. Pero queda la firme esperanza **21**de que la creación misma ha de ser liberada de la corrupción que la esclaviza, para así alcanzar la gloriosa libertad de los hijos de Dios.

22Sabemos que toda la creación todavía gime a una, como si tuviera dolores de parto. **23**Y no sólo ella, sino también nosotros mismos, que tenemos las *primicias del Espíritu, gemimos interiormente, mientras aguardamos nuestra adopción como hijos, es decir, la redención de nuestro cuerpo. **24**Porque en esa esperanza fuimos salvados. Pero la esperanza que se ve, ya no es esperanza. ¿Quién espera lo que ya tiene? **25**Pero si esperamos lo que todavía no tenemos, en la espera mostramos nuestra constancia.

26Así mismo, en nuestra debilidad el Espíritu acude a ayudarnos. No sabemos qué pedir, pero el Espíritu mismo intercede por nosotros con gemidos que no pueden expresarse con palabras. **27**Y Dios, que examina los corazones, sabe cuál es la intención del Espíritu, porque el Espíritu intercede por los *creyentes conforme a la voluntad de Dios.

Más que vencedores

28Ahora bien, sabemos que Dios dispone todas las cosas para el bien de quienes lo aman,*k* los que han sido llamados de acuerdo con su propósito. **29**Porque a

---

i *8:3 en condición semejante ... pecadores.* Lit. *en semejanza de *carne de pecado.*   *j* *8:10 el Espíritu ... vida.* Alt. *el espíritu de ustedes vive.*   *k* *8:28 Dios ... aman.* Var. *todo actúa para el bien de quienes aman a Dios.*

los que Dios conoció de antemano, también los predestinó a ser transformados según la imagen de su Hijo, para que él sea el primogénito entre muchos hermanos. ³⁰A los que predestinó, también los llamó; a los que llamó, también los *justificó; y a los que justificó, también los glorificó.

³¹¿Qué diremos frente a esto? Si Dios está de nuestra parte, ¿quién puede estar en contra nuestra? ³²El que no escatimó ni a su propio Hijo, sino que lo entregó por todos nosotros, ¿cómo no habrá de darnos generosamente, junto con él, todas las cosas? ³³¿Quién acusará a los que Dios ha escogido? Dios es el que justifica. ³⁴¿Quién condenará? Cristo Jesús es el que murió, e incluso *resucitó, y está a la *derecha de Dios e intercede por nosotros. ³⁵¿Quién nos apartará del amor de Cristo? ¿La tribulación, o la angustia, la persecución, el hambre, la indigencia, el peligro, o la violencia? ³⁶Así está escrito:

«Por tu causa siempre nos llevan a
    la muerte;
¡nos tratan como a ovejas para el
    matadero!»^l

³⁷Sin embargo, en todo esto somos más que vencedores por medio de aquel que nos amó. ³⁸Pues estoy convencido de que ni la muerte ni la vida, ni los ángeles ni los demonios,^m ni lo presente ni lo por venir, ni los poderes, ³⁹ni lo alto ni lo profundo, ni cosa alguna en toda la creación, podrá apartarnos del amor que Dios nos ha manifestado en Cristo Jesús nuestro Señor.

La elección soberana de Dios

9 Digo la verdad en Cristo; no miento. Mi conciencia me lo confirma en el Espíritu Santo. ²Me invade una gran tristeza y me embarga un continuo dolor. ³Desearía yo mismo ser maldecido y separado de Cristo por el bien de mis hermanos, los de mi propia raza, ⁴el pueblo de Israel. De ellos son la adopción como

hijos, la gloria divina, los pactos, la ley, y el privilegio de adorar a Dios y contar con sus promesas. ⁵De ellos son los patriarcas, y de ellos, según la *naturaleza humana, nació Cristo, quien es Dios sobre todas las cosas. ¡Alabado sea por siempre!ⁿ Amén.

⁶Ahora bien, no digamos que la Palabra de Dios ha fracasado. Lo que sucede es que no todos los que descienden de Israel son Israel. ⁷Tampoco por ser descendientes de Abraham son todos hijos suyos. Al contrario: «Tu descendencia se establecerá por medio de Isaac.»^ñ ⁸En otras palabras, los hijos de Dios no son los descendientes *naturales; más bien, se considera descendencia de Abraham a los hijos de la promesa. ⁹Y la promesa es ésta: «Dentro de un año vendré, y para entonces Sara tendrá un hijo.»^o

¹⁰No sólo eso. También sucedió que los hijos de Rebeca tuvieron un mismo padre, que fue nuestro antepasado Isaac. ¹¹Sin embargo, antes de que los mellizos nacieran, o hicieran algo bueno o malo, y para confirmar el propósito de la elección divina, ¹²no en base a las obras sino al llamado de Dios, se le dijo a ella: «El mayor servirá al menor.»^p ¹³Y así está escrito: «Amé a Jacob, pero aborrecí a Esaú.»^q

¹⁴¿Qué concluiremos? ¿Acaso es Dios injusto? ¡De ninguna manera! ¹⁵Es un hecho que a Moisés le dice:

«Tendré clemencia de quien yo
    quiera tenerla,
y seré compasivo con quien yo
    quiera serlo.»^r

¹⁶Por lo tanto, la elección no depende del deseo ni del esfuerzo humano sino de la misericordia de Dios. ¹⁷Porque la Escritura le dice al faraón: «Te he levantado precisamente para mostrar en ti mi poder, y para que mi nombre sea proclamado por toda la tierra.»^s ¹⁸Así que Dios tiene misericordia de quien él quiere tenerla, y endurece a quien él quiere endurecer.

---

^l**8:36** Sal 44:22   ^m**8:38** *demonios.* Alt. *gobernantes celestiales.*   ⁿ**9:5** *Cristo ... siempre!* Alt. *Cristo.*
¡Dios, que está sobre todas las cosas, sea alabado por siempre!   ^ñ**9:7** Gn 21:12   ^o**9:9** Gn 18:10,14
^p**9:12** Gn 25:23   ^q**9:13** Mal 1:2,3   ^r**9:15** Éx 33:19   ^s**9:17** Éx 9:16

19Pero tú me dirás: «Entonces, ¿por qué todavía nos echa la culpa Dios? ¿Quién puede oponerse a su voluntad?» **20**Respondo: ¿Quién eres tú para pedirle cuentas a Dios? «¿Acaso le dirá la olla de barro al que la modeló: "¿Por qué me hiciste así?"»*t* **21**¿No tiene derecho el alfarero de hacer del mismo barro unas vasijas para usos especiales y otras para fines ordinarios?

22¿Y qué si Dios, queriendo mostrar su ira y dar a conocer su poder, soportó con mucha paciencia a los que eran objeto de su castigo*u* y estaban destinados a la destrucción? **23**¿Qué si lo hizo para dar a conocer sus gloriosas riquezas a los que eran objeto de su misericordia, y a quienes de antemano preparó para esa gloria? **24**Ésos somos nosotros, a quienes Dios llamó no sólo de entre los judíos sino también de entre los *gentiles. **25**Así lo dice Dios en el libro de Oseas:

«Llamaré "mi pueblo" a los que no
　　son mi pueblo;
y llamaré "mi amada" a la que no
　　es mi amada»,*v*
26«Y sucederá que en el mismo lugar
　　donde se les dijo:
"Ustedes no son mi pueblo",
serán llamados "hijos del Dios
　　viviente".»*w*

27Isaías, por su parte, proclama respecto de Israel:

«Aunque los israelitas sean tan
　　numerosos
como la arena del mar,
sólo el remanente será salvo;
28porque plenamente y sin demora
el Señor cumplirá su sentencia en
　　la tierra.»*x*

29Así había dicho Isaías:

«Si el Señor Todopoderoso
no nos hubiera dejado
descendientes,

seríamos ya como Sodoma,
nos pareceríamos a Gomorra.»*y*

Incredulidad de Israel

30¿Qué concluiremos? Pues que los *gentiles, que no buscaban la justicia, la han alcanzado. Me refiero a la justicia que es por la fe. **31**En cambio Israel, que iba en busca de una ley que le diera justicia, no ha alcanzado esa justicia. **32**¿Por qué no? Porque no la buscaron mediante la fe sino mediante las obras, como si fuera posible alcanzarla así. Por eso tropezaron con la «piedra de tropiezo», **33**como está escrito:

«Miren que pongo en Sión una
　　piedra de tropiezo
y una roca que hace *caer;
pero el que confíe en él no será
　　defraudado.»*z*

10 Hermanos, el deseo de mi corazón, y mi oración a Dios por los israelitas, es que lleguen a ser salvos. **2**Puedo declarar en favor de ellos que muestran celo por Dios, pero su celo no se basa en el conocimiento. **3**No conociendo la justicia que proviene de Dios, y procurando establecer la suya propia, no se sometieron a la justicia de Dios. **4**De hecho, Cristo es el fin de la ley, para que todo el que cree reciba la justicia.

5Así describe Moisés la justicia que se basa en la ley: «Quien practique estas cosas vivirá por ellas.»*a* **6**Pero la justicia que se basa en la fe afirma: «No digas en tu corazón: "¿Quién subirá al cielo?"*b* (es decir, para hacer bajar a Cristo), **7**o "¿Quién bajará al *abismo?"» (es decir, para hacer subir a Cristo de entre los muertos). **8**¿Qué afirma entonces? «La palabra está cerca de ti; la tienes en la boca y en el corazón.»*c* Ésta es la palabra de fe que predicamos: **9**que si confiesas con tu boca que Jesús es el Señor, y crees en tu corazón que Dios lo *levantó de entre los muertos, serás salvo. **10**Porque con el corazón se cree para ser *justificado, pero

---

*t***9:20** Is 29:16; 45:9　*u***9:22** *objeto de su castigo.* Lit. *vasijas de ira.*　*v***9:25** Os 2:23　*w***9:26** Os 1:10
*x***9:28** Is 10:22,23　*y***9:29** Is 1:9　*z***9:33** Is 8:14; 28:16　*a***10:5** Lv 18:5　*b***10:6** Dt 30:12　*c***10:8** Dt 30:14

con la boca se confiesa para ser salvo.
11 Así dice la Escritura: «Todo el que
confíe en él no será jamás defraudado.»*d*
12 No hay diferencia entre judíos y *gentiles, pues el mismo Señor es Señor de todos y bendice abundantemente a cuantos lo invocan, 13 porque «todo el que invoque el nombre del Señor será salvo».*e*
14 Ahora bien, ¿cómo invocarán a aquel en quien no han creído? ¿Y cómo creerán en aquel de quien no han oído? ¿Y cómo oirán si no hay quien les predique? 15 ¿Y quién predicará sin ser enviado? Así está escrito: «¡Qué hermoso es recibir al mensajero que trae*f* buenas *nuevas!»
16 Sin embargo, no todos los israelitas aceptaron las buenas nuevas. Isaías dice: «Señor, ¿quién ha creído a nuestro mensaje?»*g* 17 Así que la fe viene como resultado de oír el mensaje, y el mensaje que se oye es la palabra de Cristo.*h* 18 Pero pregunto: ¿Acaso no oyeron? ¡Claro que sí!

«Por toda la tierra se difundió su voz,
 ¡sus palabras llegan hasta los
    confines del mundo!»*i*

19 Pero insisto: ¿Acaso no entendió Israel? En primer lugar, Moisés dice:

«Yo haré que ustedes sientan envidia
    de los que no son nación;
 voy a irritarlos con una nación
    insensata.»*j*

20 Luego Isaías se atreve a decir:

«Dejé que me hallaran los que no
    me buscaban;
 me di a conocer a los que no
    preguntaban por mí.»*k*

21 En cambio, respecto de Israel, dice:

«Todo el día extendí mis manos
    hacia un pueblo desobediente y
    rebelde.»*l*

El remanente de Israel

11 Por lo tanto, pregunto: ¿Acaso rechazó Dios a su pueblo? ¡De ninguna manera! Yo mismo soy israelita, descendiente de Abraham, de la tribu de Benjamín. 2 Dios no rechazó a su pueblo, al que de antemano conoció. ¿No saben lo que relata la Escritura en cuanto a Elías? Acusó a Israel delante de Dios: 3 «Señor, han matado a tus profetas y han derribado tus altares. Yo soy el único que ha quedado con vida, ¡y ahora quieren matarme a mí también!»*m* 4 ¿Y qué le contestó la voz divina? «He apartado para mí siete mil hombres, los que no se han arrodillado ante Baal.»*n* 5 Así también hay en la actualidad un remanente escogido por gracia. 6 Y si es por gracia, ya no es por obras; porque en tal caso la gracia ya no sería gracia.*ñ*
7 ¿Qué concluiremos? Pues que Israel no consiguió lo que tanto deseaba, pero sí lo consiguieron los elegidos. Los demás fueron endurecidos, 8 como está escrito:

«Dios les dio un espíritu insensible,
 ojos con los que no pueden ver
 y oídos con los que no pueden oír,
 hasta el día de hoy.»*o*

9 Y David dice:

«Que sus banquetes se les
    conviertan en red y en
    trampa,
 en *tropezadero y en castigo.
10 Que se les nublen los ojos para que
    no vean,
 y se encorven sus espaldas para
    siempre.»*p*

Ramas injertadas

11 Ahora pregunto: ¿Acaso tropezaron para no volver a levantarse? ¡De ninguna manera! Más bien, gracias a su transgresión ha venido la salvación a los *gentiles,

---

*d*10:11 Is 28:16   *e*10:13 Jl 2:32   *f*10:15 *¡Qué hermoso ... trae.* Lit. *¡Qué hermosos son los pies de los que anuncian;* Is 52:7.   *g*10:16 Is 53:1   *h*10:17 *Cristo.* Var. *Dios.*   *i*10:18 Sal 19:4   *j*10:19 Dt 32:21   *k*10:20 Is 65:1   *l*10:21 Is 65:2   *m*11:3 1R 19:10,14   *n*11:4 1R 19:18   *ñ*11:6 *no sería gracia.* Var. *no sería gracia. Pero si es por obras, ya no es gracia; porque en tal caso la obra ya no sería obra.*
*o*11:8 Dt 29:4; Is 29:10   *p*11:10 Sal 69:22,23

para que Israel sienta celos. 12Pero si su
transgresión ha enriquecido al mundo, es
decir, si su fracaso ha enriquecido a los
gentiles, ¡cuánto mayor será la riqueza que
su plena restauración producirá!
13Me dirijo ahora a ustedes, los gentiles. Como apóstol que soy de ustedes, le
hago honor a mi ministerio, 14pues quisiera ver si de algún modo despierto los celos
de mi propio pueblo, para así salvar a
algunos de ellos. 15Pues si el haberlos
rechazado dio como resultado la reconciliación entre Dios y el mundo, ¿no será su
restitución una vuelta a la vida? 16Si se
consagra la parte de la masa que se ofrece
como *primicias, también se consagra toda la masa; si la raíz es santa, también lo
son las ramas.
17Ahora bien, es verdad que algunas de
las ramas han sido desgajadas, y que tú,
siendo de olivo silvestre, has sido injertado entre las otras ramas. Ahora participas
de la savia nutritiva de la raíz del olivo.
18Sin embargo, no te vayas a creer mejor
que las ramas originales. Y si te jactas de
ello, ten en cuenta que no eres tú quien
nutre a la raíz, sino que es la raíz la que te
nutre a ti. 19Tal vez dirás: «Desgajaron
unas ramas para que yo fuera injertado.»
20De acuerdo. Pero ellas fueron desgajadas por su falta de fe, y tú por la fe te
mantienes firme. Así que no seas arrogante sino temeroso; 21porque si Dios no tuvo
miramientos con las ramas originales,
tampoco los tendrá contigo.
22Por tanto, considera la bondad y la
severidad de Dios: severidad hacia los
que cayeron y bondad hacia ti. Pero si
no te mantienes en su bondad, tú también
serás desgajado. 23Y si ellos dejan de ser
incrédulos, serán injertados, porque Dios
tiene poder para injertarlos de nuevo.
24Después de todo, si tú fuiste cortado
de un olivo silvestre, al que por naturaleza pertenecías, y contra tu condición
natural fuiste injertado en un olivo cul-
tivado, ¡con cuánta mayor facilidad las
ramas naturales de ese olivo serán injer-
tadas de nuevo en él!

Todo Israel será salvo

25Hermanos, quiero que entiendan este
*misterio para que no se vuelvan presun-
tuosos. Parte de Israel se ha endurecido, y
así permanecerá hasta que haya entrado la
totalidad de los *gentiles. 26De esta manera todo Israel será salvo, como está
escrito:

«El redentor vendrá de Sión
y apartará de Jacob la impiedad.
27Y éste será mi pacto con ellos
cuando perdone sus pecados.»[q]

28Con respecto al *evangelio, los israelitas son enemigos de Dios para bien
de ustedes; pero si tomamos en cuenta la
elección, son amados de Dios por causa
de los patriarcas, 29porque las dádivas
de Dios son irrevocables, como lo es
también su llamamiento. 30De hecho, en
otro tiempo ustedes fueron desobedientes a Dios; pero ahora, por la desobediencia de los israelitas, han sido objeto
de su misericordia. 31Así mismo, estos
que han desobedecido recibirán misericordia ahora, como resultado de la misericordia de Dios hacia ustedes. 32En fin,
Dios ha sujetado a todos a la desobediencia, con el fin de tener misericordia de
todos.

Doxología

33¡Qué profundas son las riquezas de
la sabiduría y del conocimiento de Dios!

¡Qué indescifrables sus juicios
e impenetrables sus caminos!
34«¿Quién ha conocido la mente del
Señor,
o quién ha sido su consejero?»[r]
35«¿Quién le ha dado primero a Dios,
para que luego Dios le pague?»[s]
36Porque todas las cosas proceden de
él,
y existen por él y para él.
¡A él sea la gloria por siempre!
Amén.

[q] **11:27** Is 59:20,21; 27:9; Jer 31:33,34 [r] **11:34** Is 40:13 [s] **11:35** Job 41:11

Sacrificios vivos

12 Por lo tanto, hermanos, tomando en cuenta la misericordia de Dios, les ruego que cada uno de ustedes, en adoración espiritual,[t] ofrezca su cuerpo como sacrificio vivo, *santo y agradable a Dios. 2No se amolden al mundo actual, sino sean transformados mediante la renovación de su mente. Así podrán comprobar cuál es la voluntad de Dios, buena, agradable y perfecta.

3Por la gracia que se me ha dado, les digo a todos ustedes: Nadie tenga un concepto de sí más alto que el que debe tener, sino más bien piense de sí mismo con moderación, según la medida de fe que Dios le haya dado. 4Pues así como cada uno de nosotros tiene un solo cuerpo con muchos miembros, y no todos estos miembros desempeñan la misma función, 5también nosotros, siendo muchos, formamos un solo cuerpo en Cristo, y cada miembro está unido a todos los demás. 6Tenemos dones diferentes, según la gracia que se nos ha dado. Si el don de alguien es el de profecía, que lo use en proporción con su fe;[u] 7si es el de prestar un servicio, que lo preste; si es el de enseñar, que enseñe; 8si es el de animar a otros, que los anime; si es el de socorrer a los necesitados, que dé con generosidad; si es el de dirigir, que dirija con esmero; si es el de mostrar compasión, que lo haga con alegría.

El amor

9El amor debe ser sincero. Aborrezcan el mal; aférrense al bien. 10Ámense los unos a los otros con amor fraternal, respetándose y honrándose mutuamente. 11Nunca dejen de ser diligentes; antes bien, sirvan al Señor con el fervor que da el Espíritu. 12Alégrense en la esperanza, muestren paciencia en el sufrimiento, perseveren en la oración. 13Ayuden a los hermanos necesitados. Practiquen la hospitalidad. 14Bendigan a quienes los persigan; bendigan y no maldigan. 15Alégrense con los que están alegres; lloren con los

que lloran. 16Vivan en armonía los unos con los otros. No sean arrogantes, sino háganse solidarios con los humildes.[v] No se crean los únicos que saben.

17No paguen a nadie mal por mal. Procuren hacer lo bueno delante de todos. 18Si es posible, y en cuanto dependa de ustedes, vivan en paz con todos. 19No tomen venganza, hermanos míos, sino dejen el castigo en las manos de Dios, porque está escrito: «Mía es la venganza; yo pagaré»,[w] dice el Señor. 20Antes bien,

«Si tu enemigo tiene hambre, dale
      de comer;
  si tiene sed, dale de beber.
Actuando así, harás que se
      avergüence de su conducta.»[x]

21No te dejes vencer por el mal; al contrario, vence el mal con el bien.

El respeto a las autoridades

13 Todos deben someterse a las autoridades públicas, pues no hay autoridad que Dios no haya dispuesto, así que las que existen fueron establecidas por él. 2Por lo tanto, todo el que se opone a la autoridad se rebela contra lo que Dios ha instituido. Los que así proceden recibirán castigo. 3Porque los gobernantes no están para infundir terror a los que hacen lo bueno sino a los que hacen lo malo. ¿Quieres librarte del miedo a la autoridad? Haz lo bueno, y tendrás su aprobación, 4pues está al servicio de Dios para tu bien. Pero si haces lo malo, entonces debes tener miedo. No en vano lleva la espada, pues está al servicio de Dios para impartir justicia y castigar al malhechor. 5Así que es necesario someterse a las autoridades, no sólo para evitar el castigo sino también por razones de conciencia.

6Por eso mismo pagan ustedes impuestos, pues las autoridades están al servicio de Dios, dedicadas precisamente a gobernar. 7Paguen a cada uno lo que le corresponda: si deben impuestos, paguen los impuestos; si deben contribuciones, pa-

---

t 12:1 *espiritual.* Alt. *racional.*   *u* 12:6 *en proporción con su fe.* Alt. *de acuerdo con la fe.*   *v* 12:16 *háganse ... humildes.* Alt. *estén dispuestos a ocuparse en oficios humildes.*   *w* 12:19 Dt 32:35   *x* 12:20 *harás ... conducta.* Lit. *ascuas de fuego amontonarás sobre su cabeza* (Pr 25:21,22).

guen las contribuciones; al que deban respeto, muéstrenle respeto; al que deban honor, ríndanle honor.

La responsabilidad hacia los demás

8No tengan deudas pendientes con nadie, a no ser la de amarse unos a otros. De hecho, quien ama al prójimo ha cumplido la ley. **9**Porque los mandamientos que dicen: «No cometas adulterio», «No mates», «No robes», «No codicies»,*y* y todos los demás mandamientos, se resumen en este precepto: «Ama a tu prójimo como a ti mismo.»*z* **10**El amor no perjudica al prójimo. Así que el amor es el cumplimiento de la ley.

11Hagan todo esto estando conscientes del tiempo en que vivimos. Ya es hora de que despierten del sueño, pues nuestra salvación está ahora más cerca que cuando inicialmente creímos. **12**La noche está muy avanzada y ya se acerca el día. Por eso, dejemos a un lado las obras de la oscuridad y pongámonos la armadura de la luz. **13**Vivamos decentemente, como a la luz del día, no en orgías y borracheras, ni en inmoralidad sexual y libertinaje, ni en disensiones y envidias. **14**Más bien, revístanse ustedes del Señor Jesucristo, y no se preocupen por satisfacer los deseos de la *naturaleza pecaminosa.

Los débiles y los fuertes

14 Reciban al que es débil en la fe, pero no para entrar en discusiones. **2**A algunos su fe les permite comer de todo, pero hay quienes son débiles en la fe, y sólo comen verduras. **3**El que come de todo no debe menospreciar al que no come ciertas cosas, y el que no come de todo no debe condenar al que lo hace, pues Dios lo ha aceptado. **4**¿Quién eres tú para juzgar al siervo de otro? Que se mantenga en pie, o que caiga, es asunto de su propio señor. Y se mantendrá en pie, porque el Señor tiene poder para sostenerlo.

5Hay quien considera que un día tiene más importancia que otro, pero hay quien considera iguales todos los días. Cada uno debe estar firme en sus propias opiniones. **6**El que le da importancia especial a cierto día, lo hace para el Señor. El que come de todo, come para el Señor, y lo demuestra dándole gracias a Dios; y el que no come, para el Señor se abstiene, y también da gracias a Dios. **7**Porque ninguno de nosotros vive para sí mismo, ni tampoco muere para sí. **8**Si vivimos, para el Señor vivimos; y si morimos, para el Señor morimos. Así pues, sea que vivamos o que muramos, del Señor somos. **9**Para esto mismo murió Cristo, y volvió a vivir, para ser Señor tanto de los que han muerto como de los que aún viven. **10**Tú, entonces, ¿por qué juzgas a tu hermano? O tú, ¿por qué lo menosprecias? ¡Todos tendremos que comparecer ante el tribunal de Dios! **11**Está escrito:

«Tan cierto como que yo vivo
—dice el Señor—,
ante mí se doblará toda rodilla
y toda lengua confesará a Dios.»*a*

12Así que cada uno de nosotros tendrá que dar cuentas de sí a Dios.

13Por tanto, dejemos de juzgarnos unos a otros. Más bien, propónganse no poner *tropiezos ni obstáculos al hermano. **14**Yo, de mi parte, estoy plenamente convencido en el Señor Jesús de que no hay nada *impuro en sí mismo. Si algo es impuro, lo es solamente para quien así lo considera. **15**Ahora bien, si tu hermano se angustia por causa de lo que comes, ya no te comportas con amor. No destruyas, por causa de la comida, al hermano por quien Cristo murió. **16**En una palabra, no den lugar a que se hable mal del bien que ustedes practican, **17**porque el reino de Dios no es cuestión de comidas o bebidas sino de justicia, paz y alegría en el Espíritu Santo. **18**El que de esta manera sirve a Cristo, agrada a Dios y es aprobado por sus semejantes.

19Por lo tanto, esforcémonos por promover todo lo que conduzca a la paz y a la mutua edificación. **20**No destruyas la obra de Dios por causa de la comida. Todo

*y***13:9** Éx 20:13-15,17; Dt 5:17-19,21   *z***13:9** Lv 19:18   *a***14:11** Is 45:23

alimento es puro; lo malo es hacer tropezar a otros por lo que uno come. ²¹Más vale no comer carne ni beber vino, ni hacer nada que haga *caer a tu hermano. ²²Así que la convicción *b* que tengas tú al respecto, manténla como algo entre Dios y tú. *Dichoso aquel a quien su conciencia no lo acusa por lo que hace. ²³Pero el que tiene dudas en cuanto a lo que come, se condena; porque no lo hace por convicción. Y todo lo que no se hace por convicción es pecado.

15 Los fuertes en la fe debemos apoyar a los débiles, en vez de hacer lo que nos agrada. ²Cada uno debe agradar al prójimo para su bien, con el fin de edificarlo. ³Porque ni siquiera Cristo se agradó a sí mismo sino que, como está escrito: «Sobre mí han recaído los insultos de tus detractores.» *c* ⁴De hecho, todo lo que se escribió en el pasado se escribió para enseñarnos, a fin de que, alentados por las Escrituras, perseveremos en mantener nuestra esperanza.

⁵Que el Dios que infunde aliento y perseverancia les conceda vivir juntos en armonía, conforme al ejemplo de Cristo Jesús, ⁶para que con un solo corazón y a una sola voz glorifiquen al Dios y Padre de nuestro Señor Jesucristo.

⁷Por tanto, acéptense mutuamente, así como Cristo los aceptó a ustedes para gloria de Dios. ⁸Les digo que Cristo se hizo servidor de los judíos *d* para demostrar la fidelidad de Dios, a fin de confirmar las promesas hechas a los patriarcas, ⁹y para que los *gentiles glorifiquen a Dios por su compasión, como está escrito:

«Por eso te alabaré entre las
    *naciones;
cantaré salmos a tu nombre.» *e*

¹⁰En otro pasaje dice:

«Alégrense, naciones, con el
    pueblo de Dios.» *f*

¹¹Y en otra parte:

«¡Alaben al Señor, naciones todas!
¡Pueblos todos, cántenle
    alabanzas!» *g*

¹²A su vez, Isaías afirma:

«Brotará la raíz de Isaí,
    el que se levantará para gobernar
    a las naciones;
en él los pueblos pondrán su
    esperanza.» *h*

¹³Que el Dios de la esperanza los llene de toda alegría y paz a ustedes que creen en él, para que rebosen de esperanza por el poder del Espíritu Santo.

Pablo, ministro de los gentiles

¹⁴Por mi parte, hermanos míos, estoy seguro de que ustedes mismos rebosan de bondad, abundan en conocimiento y están capacitados para instruirse unos a otros. ¹⁵Sin embargo, les he escrito con mucha franqueza sobre algunos asuntos, como para refrescarles la memoria. Me he atrevido a hacerlo por causa de la gracia que Dios me dio ¹⁶para ser ministro de Cristo Jesús a los *gentiles. Yo tengo el deber sacerdotal de proclamar el *evangelio de Dios, a fin de que los gentiles lleguen a ser una ofrenda aceptable a Dios, *santificada por el Espíritu Santo.

¹⁷Por tanto, mi servicio a Dios es para mí motivo de *orgullo en Cristo Jesús. ¹⁸No me atreveré a hablar de nada sino de lo que Cristo ha hecho por medio de mí para que los gentiles lleguen a obedecer a Dios. Lo ha hecho con palabras y obras, ¹⁹mediante poderosas señales y milagros, por el poder del Espíritu de Dios. Así que, habiendo comenzado en Jerusalén, he completado la proclamación del evangelio de Cristo por todas partes, hasta la región de Iliria. ²⁰En efecto, mi propósito ha sido predicar el evangelio donde Cristo no sea conocido, para no edificar sobre fundamento ajeno. ²¹Más bien, como está escrito:

---

b **14:22** *convicción.* Lit. *fe;* también en v. 23.   *c* **15:3** Sal 69:9   *d* **15:8** *de los judíos.* Lit. *de la *circuncisión.*
e **15:9** 2S 22:50; Sal 18:49   *f* **15:10** Dt 32:43   *g* **15:11** Sal 117:1   *h* **15:12** Is 11:10

«Los que nunca habían recibido
noticia de él, lo verán;
y entenderán los que no habían
oído hablar de él.»[i]

²²Este trabajo es lo que muchas veces me
ha impedido ir a visitarlos.

Pablo piensa visitar Roma

²³Pero ahora que ya no me queda un
lugar dónde trabajar en estas regiones, y
como desde hace muchos años anhelo
verlos, ²⁴tengo planes de visitarlos cuando
vaya rumbo a España. Espero que, después de que haya disfrutado de la compañía de ustedes por algún tiempo, me
ayuden a continuar el viaje. ²⁵Por ahora,
voy a Jerusalén para llevar ayuda a los
*hermanos, ²⁶ya que Macedonia y Acaya
tuvieron a bien hacer una colecta para los
hermanos pobres de Jerusalén. ²⁷Lo hicieron de buena voluntad, aunque en realidad
era su obligación hacerlo. Porque si los
*gentiles han participado de las bendicio-
nes espirituales de los judíos, están en
deuda con ellos para servirles con las
bendiciones materiales. ²⁸Así que, una
vez que yo haya cumplido esta tarea y
entregado en sus manos este fruto, saldré
para España y de paso los visitaré a ustedes. ²⁹Sé que, cuando los visite, iré con la
abundante bendición de Cristo.

³⁰Les ruego, hermanos, por nuestro
Señor Jesucristo y por el amor del Espíritu,
que se unan conmigo en esta lucha y que
oren a Dios por mí. ³¹Pídanle que me libre
de caer en manos de los incrédulos que
están en Judea, y que los hermanos de
Jerusalén reciban bien la ayuda que les
llevo. ³²De este modo, por la voluntad de
Dios, llegaré a ustedes con alegría y podré
descansar entre ustedes por algún tiempo.
³³El Dios de paz sea con todos ustedes.
Amén.

Saludos personales

16 Les recomiendo a nuestra hermana
Febe, diaconisa de la iglesia de
Cencreas. ²Les pido que la reciban digna-
mente en el Señor, como conviene hacerlo
entre hermanos en la fe; préstenle toda la
ayuda que necesite, porque ella ha ayudado a muchas personas, entre las que me
cuento yo.

³ Saluden a *Priscila y a Aquila, mis
compañeros de trabajo en Cristo
Jesús. ⁴Por salvarme la *vida, ellos
arriesgaron la suya. Tanto yo como
todas las iglesias de los *gentiles les
estamos agradecidos.
⁵ Saluden igualmente a la iglesia que se
reúne en la casa de ellos.
Saluden a mi querido hermano Epene-
to, el primer convertido a Cristo en
la provincia de *Asia.[j]
⁶ Saluden a María, que tanto ha trabajado
por ustedes.
⁷ Saluden a Andrónico y a Junías,[k] mis
parientes y compañeros de cárcel,
destacados entre los apóstoles y convertidos a Cristo antes que yo.
⁸ Saluden a Amplias, mi querido hermano en el Señor.
⁹ Saluden a Urbano, nuestro compañero
de trabajo en Cristo, y a mi querido
hermano Estaquis.
¹⁰ Saluden a Apeles, que ha dado tantas
pruebas de su fe en Cristo.
Saluden a los de la familia de Aristóbu-
lo.
¹¹ Saluden a Herodión, mi pariente.
Saluden a los de la familia de Narciso,
fieles en el Señor.
¹² Saluden a Trifena y a Trifosa, las cuales
se esfuerzan trabajando por el Señor.
Saluden a mi querida hermana Pérsida,
que ha trabajado muchísimo en el
Señor.
¹³ Saluden a Rufo, distinguido creyente,[l]
y a su madre, que ha sido también
como una madre para mí.
¹⁴ Saluden a Asíncrito, a Flegonte, a Hermes, a Patrobas, a Hermas y a los
hermanos que están con ellos.
¹⁵ Saluden a Filólogo, a Julia, a Nereo y a
su hermana, a Olimpas y a todos los
hermanos que están con ellos.

---

[i] **15:21** Is 52:15   [j] **16:5** *el primer* ... *Asia.* Lit. *las* *primicias de Asia.*   [k] **16:7** *Junías.* Alt. *Junia.*
[l] **16:13** *distinguido creyente.* Lit. *escogido en el Señor.*

16 Salúdense unos a otros con un beso santo.

Todas las iglesias de Cristo les mandan saludos.

17 Les ruego, hermanos, que se cuiden de los que causan divisiones y dificultades, y van en contra de lo que a ustedes se les ha enseñado. Apártense de ellos. **18** Tales individuos no sirven a Cristo nuestro Señor, sino a sus propios deseos.*m* Con palabras suaves y lisonjeras engañan a los ingenuos. **19** Es cierto que ustedes viven en obediencia, lo que es bien conocido de todos y me alegra mucho; pero quiero que sean sagaces para el bien e inocentes para el mal. **20** Muy pronto el Dios de paz aplastará a Satanás bajo los pies de ustedes.

Que la gracia de nuestro Señor Jesús sea con ustedes.

21 Saludos de parte de Timoteo, mi compañero de trabajo, como también de Lucio, Jasón y Sosípater, mis parientes. **22** Yo, Tercio, que escribo esta carta, los saludo en el Señor. **23** Saludos de parte de Gayo, de cuya hospitalidad disfrutamos yo y toda la iglesia de este lugar.

También les mandan saludos Erasto, que es el tesorero de la ciudad, y nuestro hermano Cuarto.*n*

25-26 El Dios eterno ocultó su *misterio durante largos siglos, pero ahora lo ha revelado por medio de los escritos proféticos, según su propio mandato, para que todas las *naciones obedezcan a la fe.*ñ* ¡Al que puede fortalecerlos a ustedes conforme a mi *evangelio y a la predicación acerca de Jesucristo, **27** al único sabio Dios, sea la gloria para siempre por medio de Jesucristo! Amén.

---

m 16:18 *sus propios deseos*. Lit. *su propio estómago.*   *n* 16:23 *Cuarto*. Var. *Cuarto.* ²⁴ *La gracia de nuestro Señor Jesucristo sea con todos ustedes. Amén.*   *ñ* 16:25-26 *para ... la fe.* Lit. *para la obediencia de la fe a todas las naciones.*

Primera Carta a los

Corintios

1 Pablo, llamado por la voluntad de Dios a ser apóstol de *Cristo Jesús, y nuestro hermano Sóstenes,

2 a la iglesia de Dios que está en Corinto, a los que han sido *santificados en Cristo Jesús y llamados a ser su santo pueblo, junto con todos los que en todas partes invocan el nombre de nuestro Señor Jesucristo, Señor de ellos y de nosotros:

3 Que Dios nuestro Padre y el Señor Jesucristo les concedan gracia y paz.

Acción de gracias

4 Siempre doy gracias a Dios por ustedes, pues él, en Cristo Jesús, les ha dado su gracia. **5** Unidos a Cristo ustedes se han llenado de toda riqueza, tanto en palabra como en conocimiento. **6** Así se ha confirmado en ustedes nuestro testimonio acerca de Cristo, **7** de modo que no les falta ningún don espiritual mientras esperan con ansias que se manifieste nuestro Señor Jesucristo. **8** Él los mantendrá firmes hasta el fin, para que sean irreprochables en el día de nuestro Señor Jesucristo. **9** Fiel es Dios, quien los ha llamado a tener comunión con su Hijo Jesucristo, nuestro Señor.

Divisiones en la iglesia

10 Les suplico, hermanos, en el nombre de nuestro Señor Jesucristo, que todos vivan en armonía y que no haya divisiones entre ustedes, sino que se mantengan unidos en un mismo pensar y en un mismo propósito. **11** Digo esto, hermanos míos, porque algunos de la familia de Cloé me han informado que hay rivalidades entre ustedes. **12** Me refiero a que unos dicen: «Yo sigo a Pablo»; otros afirman: «Yo, a Apolos»; otros: «Yo, a *Cefas»; y otros: «Yo, a Cristo.» **13** ¡Cómo! ¿Está dividido Cristo? ¿Acaso Pablo fue crucificado por ustedes? ¿O es que fueron bautizados en el nombre de Pablo? **14** Gracias a Dios que no bauticé a ninguno de ustedes, excepto a Crispo y a Gayo, **15** de modo que nadie puede decir que fue bautizado en mi nombre. **16** Bueno, también bauticé a la familia de Estéfanas; fuera de éstos, no recuerdo haber bautizado a ningún otro. **17** Pues Cristo no me envió a bautizar sino a predicar el *evangelio, y eso sin discursos de sabiduría humana, para que la cruz de Cristo no perdiera su eficacia.

Cristo, sabiduría y poder de Dios

18 Me explico: El mensaje de la cruz es una locura para los que se pierden; en cambio, para los que se salvan, es decir, para nosotros, este mensaje es el poder de Dios. **19** Pues está escrito:

«Destruiré la sabiduría de los
        sabios;
frustraré la inteligencia de los
        inteligentes.»[a]

20 ¿Dónde está el sabio? ¿Dónde el erudito? ¿Dónde el filósofo de esta época? ¿No ha convertido Dios en locura la sabiduría de este mundo? **21** Ya que Dios, en su sabio designio, dispuso que el mundo no lo conociera mediante la sabiduría humana, tuvo a bien salvar, mediante la locura de la predicación, a los que creen. **22** Los judíos piden señales milagrosas y los *gentiles buscan sabiduría, **23** mientras que nosotros predicamos a Cristo crucificado. Este mensaje es motivo de *tropiezo para los judíos, y es locura para los genti-

a 1:19 Is 29:14

les, 24pero para los que Dios ha llamado, lo mismo judíos que gentiles, Cristo es el poder de Dios y la sabiduría de Dios. 25Pues la locura de Dios es más sabia que la sabiduría humana, y la debilidad de Dios es más fuerte que la fuerza humana. 26Hermanos, consideren su propio llamamiento: No muchos de ustedes son sabios, según criterios meramente *humanos; ni son muchos los poderosos ni muchos los de noble cuna. 27Pero Dios escogió lo insensato del mundo para avergonzar a los sabios, y escogió lo débil del mundo para avergonzar a los poderosos. 28También escogió Dios lo más bajo y despreciado, y lo que no es nada, para anular lo que es, 29a fin de que en su presencia nadie pueda *jactarse. 30Pero gracias a él ustedes están unidos a Cristo Jesús, a quien Dios ha hecho nuestra sabiduría —es decir, nuestra *justificación, *santificación y redención— 31para que, como está escrito: «Si alguien ha de gloriarse, que se gloríe en el Señor.»b

2 Yo mismo, hermanos, cuando fui a anunciarles el testimonioc de Dios, no lo hice con gran elocuencia y sabiduría. 2Me propuse más bien, estando entre ustedes, no saber de cosa alguna, excepto de Jesucristo, y de éste crucificado. 3Es más, me presenté ante ustedes con tanta debilidad que temblaba de miedo. 4No les hablé ni les prediqué con palabras sabias y elocuentes sino con demostración del poder del Espíritu, 5para que la fe de ustedes no dependiera de la sabiduría humana sino del poder de Dios.

Sabiduría procedente del Espíritu

6En cambio, hablamos con sabiduría entre los que han alcanzado madurez,d pero no con la sabiduría de este mundo ni con la de sus gobernantes, los cuales terminarán en nada. 7Más bien, exponemos el *misterio de la sabiduría de Dios, una sabiduría que ha estado escondida y que Dios había destinado para nuestra gloria desde la eternidad. 8Ninguno de los go-

bernantes de este mundo la entendió, porque de haberla entendido no habrían crucificado al Señor de la gloria. 9Sin embargo, como está escrito:

«Ningún ojo ha visto,
    ningún oído ha escuchado,
    ninguna mente humana ha
        concebido
    lo que Dios ha preparado para
    quienes lo aman.»e

10Ahora bien, Dios nos ha revelado esto por medio de su Espíritu, pues el Espíritu lo examina todo, hasta las profundidades de Dios. 11En efecto, ¿quién conoce los pensamientos del *ser humano sino su propio espíritu que está en él? Así mismo, nadie conoce los pensamientos de Dios sino el Espíritu de Dios. 12Nosotros no hemos recibido el espíritu del mundo sino el Espíritu que procede de Dios, para que entendamos lo que por su gracia él nos ha concedido. 13Esto es precisamente de lo que hablamos, no con las palabras que enseña la sabiduría humana sino con las que enseña el Espíritu, de modo que expresamos verdades espirituales en términos espirituales.f 14El que no tiene el Espíritug no acepta lo que procede del Espíritu de Dios, pues para él es locura. No puede entenderlo, porque hay que discernirlo espiritualmente. 15En cambio, el que es espiritual lo juzga todo, aunque él mismo no está sujeto al juicio de nadie, porque

16«¿quién ha conocido la mente del
    Señor
    para que pueda instruirlo?»h

Nosotros, por nuestra parte, tenemos la mente de Cristo.

Sobre las divisiones en la iglesia

3 Yo, hermanos, no pude dirigirme a ustedes como a espirituales sino como a inmaduros,i apenas niños en Cristo. 2Les di leche porque no podían asimilar alimen-

---

b1:31 Jer 9:24   c2:1 testimonio. Var. *misterio.   d2:6 los que ... madurez. Lit. los *perfectos. e2:9 Is 64:4   f2:13 expresamos ... espirituales. Alt. interpretamos verdades espirituales a personas espirituales.   g2:14 El que no tiene el Espíritu. Lit. El hombre *síquico (o natural).   h2:16 Is 40:13 i3:1 inmaduros. Lit. *carnales; también en v. 3.

to sólido, ni pueden todavía, **3**pues aún son inmaduros. Mientras haya entre ustedes celos y contiendas, ¿no serán inmaduros? ¿Acaso no se están comportando según criterios meramente *humanos? **4**Cuando uno afirma: «Yo sigo a Pablo», y otro: «Yo sigo a Apolos», ¿no es porque están actuando con criterios humanos?*j* **5**Después de todo, ¿qué es Apolos? ¿Y qué es Pablo? Nada más que servidores por medio de los cuales ustedes llegaron a creer, según lo que el Señor le asignó a cada uno. **6**Yo sembré, Apolos regó, pero Dios ha dado el crecimiento. **7**Así que no cuenta ni el que siembra ni el que riega, sino sólo Dios, quien es el que hace crecer. **8**El que siembra y el que riega están al mismo nivel, aunque cada uno será recompensado según su propio trabajo. **9**En efecto, nosotros somos colaboradores al servicio de Dios; y ustedes son el campo de cultivo de Dios, son el edificio de Dios.

10Según la gracia que Dios me ha dado, yo, como maestro constructor, eché los cimientos, y otro construye sobre ellos. Pero cada uno tenga cuidado de cómo construye, **11**porque nadie puede poner un fundamento diferente del que ya está puesto, que es Jesucristo. **12**Si alguien construye sobre este fundamento, ya sea con oro, plata y piedras preciosas, con madera, heno y paja, **13**su obra se mostrará tal cual es, pues el día del juicio la dejará al descubierto. El fuego la dará a conocer, y pondrá a prueba la calidad del trabajo de cada uno. **14**Si lo que alguien ha construido permanece, recibirá su recompensa, **15**pero si su obra es consumida por las llamas, él sufrirá pérdida. Será salvo, pero como quien pasa por el fuego.

16¿No saben que ustedes son templo de Dios y que el Espíritu de Dios habita en ustedes? **17**Si alguno destruye el templo de Dios, él mismo será destruido por Dios; porque el templo de Dios es sagrado, y ustedes son ese templo. **18**Que nadie se engañe. Si alguno de ustedes se cree sabio según las normas de esta época, hágase ignorante para así llegar a ser sabio. **19**Porque a los ojos de Dios

la sabiduría de este mundo es locura. Como está escrito: «Él atrapa a los sabios en su propia astucia»;*k* **20**y también dice: «El Señor conoce los pensamientos de los sabios y sabe que son absurdos.»*l* **21**Por lo tanto, ¡que nadie base su *orgullo en el hombre! Al fin y al cabo, todo es de ustedes, **22**ya sea Pablo, o Apolos, o *Cefas, o el universo, o la vida, o la muerte, o lo presente o lo por venir; todo es de ustedes, **23**y ustedes son de Cristo, y Cristo es de Dios.

Apóstoles de Cristo

4 Que todos nos consideren servidores de Cristo, encargados de administrar los *misterios de Dios. **2**Ahora bien, a los que reciben un encargo se les exige que demuestren ser dignos de confianza. **3**Por mi parte, muy poco me preocupa que me juzguen ustedes o cualquier tribunal humano; es más, ni siquiera me juzgo a mí mismo. **4**Porque aunque la conciencia no me remuerde, no por eso quedo absuelto; el que me juzga es el Señor. **5**Por lo tanto, no juzguen nada antes de tiempo; esperen hasta que venga el Señor. Él sacará a la luz lo que está oculto en la oscuridad y pondrá al descubierto las intenciones de cada corazón. Entonces cada uno recibirá de Dios la alabanza que le corresponda.

6Hermanos, todo esto lo he aplicado a Apolos y a mí mismo para beneficio de ustedes, con el fin de que aprendan de nosotros aquello de «no ir más allá de lo que está escrito». Así ninguno de ustedes podrá engreírse de haber favorecido al uno en perjuicio del otro. **7**¿Quién te distingue de los demás? ¿Qué tienes que no hayas recibido? Y si lo recibiste, ¿por qué presumes como si no te lo hubieran dado?

8¡Ya tienen todo lo que desean! ¡Ya se han enriquecido! ¡Han llegado a ser reyes, y eso sin nosotros! ¡Ojalá fueran de veras reyes para que también nosotros reináramos con ustedes! **9**Por lo que veo, a nosotros los apóstoles Dios nos ha hecho desfilar en el último lugar, como a los sentenciados a muerte. Hemos llegado a ser un espectáculo para todo el

---

j **3:4** *¿no es ... humanos?* Lit. *¿no son ustedes hombres?*   *k* **3:19** Job 5:13   *l* **3:20** Sal 94:11

universo, tanto para los ángeles como para los hombres. ¹⁰¡Por causa de Cristo, nosotros somos los ignorantes; ustedes, en Cristo, son los inteligentes! ¡Los débiles somos nosotros; los fuertes son ustedes! ¡A ustedes se les estima; a nosotros se nos desprecia! ¹¹Hasta el momento pasamos hambre, tenemos sed, nos falta ropa, se nos maltrata, no tenemos dónde vivir. ¹²Con estas manos nos matamos trabajando. Si nos maldicen, bendecimos; si nos persiguen, lo soportamos; ¹³si nos calumnian, los tratamos con gentileza. Se nos considera la escoria de la tierra, la basura del mundo, y así hasta el día de hoy.

¹⁴No les escribo esto para avergonzarlos sino para amonestarlos, como a hijos míos amados. ¹⁵De hecho, aunque tuvieran ustedes miles de tutores en Cristo, padres sí que no tienen muchos, porque mediante el *evangelio yo fui el padre que los engendró en Cristo Jesús. ¹⁶Por tanto, les ruego que sigan mi ejemplo. ¹⁷Con este propósito les envié a Timoteo, mi amado y fiel hijo en el Señor. Él les recordará mi manera de comportarme en Cristo Jesús, como enseño por todas partes y en todas las iglesias.

¹⁸Ahora bien, algunos de ustedes se han vuelto presuntuosos, pensando que no iré a verlos. ¹⁹Lo cierto es que, si Dios quiere, iré a visitarlos muy pronto, y ya veremos no sólo cómo hablan sino cuánto poder tienen esos presumidos. ²⁰Porque el reino de Dios no es cuestión de palabras sino de poder. ²¹¿Qué prefieren? ¿Que vaya a verlos con un látigo, o con amor y espíritu apacible?

¡Expulsen al hermano inmoral!

5 Es ya del dominio público que hay entre ustedes un caso de inmoralidad sexual que ni siquiera entre los *paganos se tolera, a saber, que uno de ustedes tiene por mujer a la esposa de su padre. ²¡Y de esto se sienten orgullosos! ¿No debieran, más bien, haber lamentado lo sucedido y expulsado de entre ustedes al que hizo tal cosa? ³Yo, por mi parte,

aunque no estoy físicamente entre ustedes, sí estoy presente en espíritu, y ya he juzgado, como si estuviera presente, al que cometió este pecado. ⁴Cuando se reúnan en el nombre de nuestro Señor Jesús, y con su poder yo los acompañe en espíritu, ⁵entreguen a este hombre a Satanás para destrucción de su *naturaleza pecaminosa ᵐ a fin de que su espíritu sea salvo en el día del Señor.

⁶Hacen mal en *jactarse. ¿No se dan cuenta de que un poco de levadura hace fermentar toda la masa? ⁷Deshágánse de la vieja levadura para que sean masa nueva, panes sin levadura, como lo son en realidad. Porque Cristo, nuestro Cordero pascual, ya ha sido sacrificado. ⁸Así que celebremos nuestra Pascua no con la vieja levadura, que es la malicia y la perversidad, sino con pan sin levadura, que es la sinceridad y la verdad.

⁹Por carta ya les he dicho que no se relacionen con personas inmorales. ¹⁰Por supuesto, no me refería a la gente inmoral de este mundo, ni a los avaros, estafadores o idólatras. En tal caso, tendrían ustedes que salirse de este mundo. ¹¹Pero en esta carta quiero aclararles que no deben relacionarse con nadie que, llamándose hermano, sea inmoral o avaro, idólatra, calumniador, borracho o estafador. Con tal persona ni siquiera deben juntarse para comer.

¹²¿Acaso me toca a mí juzgar a los de afuera? ¿No son ustedes los que deben juzgar a los de adentro? ¹³Dios juzgará a los de afuera. «Expulsen al malvado de entre ustedes.» ⁿ

Pleitos entre creyentes

6 Si alguno de ustedes tiene un pleito con otro, ¿cómo se atreve a presentar demanda ante los inconversos, en vez de acudir a los *creyentes? ²¿Acaso no saben que los creyentes juzgarán al mundo? Y si ustedes han de juzgar al mundo, ¿cómo no van a ser capaces de juzgar casos insignificantes? ³¿No saben que aun a los ángeles los juzgaremos? ¡Cuánto más los asuntos de esta vida! ⁴Por tanto, si tienen pleitos

---

ᵐ **5:5** su *naturaleza pecaminosa. Alt. su cuerpo. Lit. la *carne.   ⁿ **5:13** Dt 17:7; 19:19; 21:21; 22:21,24; 24:7

sobre tales asuntos, ¿cómo es que nombran como jueces a los que no cuentan para nada ante la iglesia?[ñ] 5Digo esto para que les dé vergüenza. ¿Acaso no hay entre ustedes nadie lo bastante sabio como para juzgar un pleito entre creyentes? 6Al contrario, un hermano demanda a otro, ¡y esto ante los incrédulos!

7En realidad, ya es una grave falla el solo hecho de que haya pleitos entre ustedes. ¿No sería mejor soportar la injusticia? ¿No sería mejor dejar que los defrauden? 8Lejos de eso, son ustedes los que defraudan y cometen injusticias, ¡y conste que se trata de sus hermanos! 9¿No saben que los malvados no heredarán el reino de Dios? ¡No se dejen engañar! Ni los fornicarios, ni los idólatras, ni los adúlteros, ni los sodomitas, ni los pervertidos sexuales, 10ni los ladrones, ni los avaros, ni los borrachos, ni los calumniadores, ni los estafadores heredarán el reino de Dios. 11Y eso eran algunos de ustedes. Pero ya han sido lavados, ya han sido *santificados, ya han sido *justificados en el nombre del Señor Jesucristo y por el Espíritu de nuestro Dios.

La inmoralidad sexual

12«Todo me está permitido», pero no todo es para mi bien. «Todo me está permitido», pero no dejaré que nada me domine. 13«Los alimentos son para el estómago y el estómago para los alimentos»; así es, y Dios los destruirá a ambos. Pero el cuerpo no es para la inmoralidad sexual sino para el Señor, y el Señor para el cuerpo. 14Con su poder Dios resucitó al Señor, y nos resucitará también a nosotros. 15¿No saben que sus cuerpos son miembros de Cristo mismo? ¿Tomaré acaso los miembros de Cristo para unirlos con una prostituta? ¡Jamás! 16¿No saben que el que se une a una prostituta se hace un solo cuerpo con ella? Pues la Escritura dice: «Los dos llegarán a ser un solo cuerpo.»[o] 17Pero el que se une al Señor se hace uno con él en espíritu.

18Huyan de la inmoralidad sexual. Todos los demás pecados que una persona comete quedan fuera de su cuerpo; pero el que comete inmoralidades sexuales peca contra su propio cuerpo. 19¿Acaso no saben que su cuerpo es templo del Espíritu Santo, quien está en ustedes y al que han recibido de parte de Dios? Ustedes no son sus propios dueños; 20fueron comprados por un precio. Por tanto, honren con su cuerpo a Dios.

Consejos matrimoniales

7 Paso ahora a los asuntos que me plantearon por escrito: «Es mejor no tener relaciones sexuales.»[p] 2Pero en vista de tanta inmoralidad, cada hombre debe tener su propia esposa, y cada mujer su propio esposo. 3El hombre debe cumplir su deber conyugal con su esposa, e igualmente la mujer con su esposo. 4La mujer ya no tiene derecho sobre su propio cuerpo, sino su esposo. Tampoco el hombre tiene derecho sobre su propio cuerpo, sino su esposa. 5No se nieguen el uno al otro, a no ser de común acuerdo, y sólo por un tiempo, para dedicarse a la oración. No tarden en volver a unirse nuevamente; de lo contrario, pueden caer en *tentación de Satanás, por falta de dominio propio. 6Ahora bien, esto lo digo como una concesión y no como una orden. 7En realidad, preferiría que todos fueran como yo. No obstante, cada uno tiene de Dios su propio don: éste posee uno; aquél, otro.

8A los solteros y a las viudas les digo que sería mejor que se quedaran como yo. 9Pero si no pueden dominarse, que se casen, porque es preferible casarse que quemarse de pasión.

10A los casados les doy la siguiente orden (no yo sino el Señor): que la mujer no se separe de su esposo. 11Sin embargo, si se separa, que no se vuelva a casar; de lo contrario, que se reconcilie con su esposo. Así mismo, que el hombre no se divorcie de su esposa.

12A los demás les digo yo (no es

ñ6:4 ¿cómo ... iglesia? Alt. ¡nombren como jueces aun a los que no cuentan para nada ante la iglesia!
o6:16 un solo cuerpo. Lit. una sola *carne; Gn 2:24.   P7:1 «Es ... sexuales.» Alt. «Es mejor no casarse.»
Lit. Es bueno para el hombre no tocar mujer.

mandamiento del Señor): Si algún hermano tiene una esposa que no es creyente, y ella consiente en vivir con él, que
no se divorcie de ella. 13Y si una mujer
tiene un esposo que no es creyente, y él
consiente en vivir con ella, que no se
divorcie de él. 14Porque el esposo no
creyente ha sido *santificado por la
unión con su esposa, y la esposa no creyente ha sido santificada por la unión
con su esposo creyente. Si así no fuera,
sus hijos serían impuros, mientras que,
de hecho, son santos.

15Sin embargo, si el cónyuge no creyente decide separarse, no se lo impidan.
En tales circunstancias, el cónyuge creyente queda sin obligación; Dios nos ha
llamado a vivir en paz. 16¿Cómo sabes tú,
mujer, si acaso salvarás a tu esposo? ¿O
cómo sabes tú, hombre, si acaso salvarás
a tu esposa?

17En cualquier caso, cada uno debe
vivir conforme a la condición que el
Señor le asignó y a la cual Dios lo ha
llamado. Ésta es la norma que establezco
en todas las iglesias. 18¿Fue llamado alguno estando ya *circuncidado? Que no
disimule su condición. ¿Fue llamado alguno sin estar circuncidado? Que no se
circuncide. 19Para nada cuenta estar o no
estar circuncidado; lo que importa es
cumplir los mandatos de Dios. 20Que
cada uno permanezca en la condición en
que estaba cuando Dios lo llamó.
21¿Eras *esclavo cuando fuiste llamado?
No te preocupes, aunque si tienes la
oportunidad de conseguir tu libertad,
aprovéchala. 22Porque el que era esclavo
cuando el Señor lo llamó es un liberto
del Señor; del mismo modo, el que era
libre cuando fue llamado es un esclavo
de Cristo. 23Ustedes fueron comprados
por un precio; no se vuelvan esclavos de
nadie. 24Hermanos, cada uno permanezca ante Dios en la condición en que
estaba cuando Dios lo llamó.

25En cuanto a las personas solteras,[q]
no tengo ningún mandato del Señor, pero
doy mi opinión como quien por la misericordia del Señor es digno de confianza.
26Pienso que, a causa de la crisis actual,
es bueno que cada persona se quede como
está. 27¿Estás casado? No procures divor-
ciarte. ¿Estás soltero? No busques esposa.
28Pero si te casas, no pecas; y si una joven[r]
se casa, tampoco comete pecado. Sin embargo, los que se casan tendrán que pasar
por muchos aprietos,[s] y yo quiero evitár-
selos.

29Lo que quiero decir, hermanos, es
que nos queda poco tiempo. De aquí en
adelante los que tienen esposa deben vivir
como si no la tuvieran; 30los que lloran,
como si no lloraran; los que se alegran,
como si no se alegraran; los que compran
algo, como si no lo poseyeran; 31los que
disfrutan de las cosas de este mundo,
como si no disfrutaran de ellas; porque
este mundo, en su forma actual, está por
desaparecer.

32Yo preferiría que estuvieran libres de
preocupaciones. El soltero se preocupa de
las cosas del Señor y de cómo agradarlo.
33Pero el casado se preocupa de las cosas
de este mundo y de cómo agradar a su
esposa; 34sus intereses están divididos. La
mujer no casada, lo mismo que la joven
soltera,[t] se preocupa[u] de las cosas del
Señor; se afana por consagrarse al Señor
tanto en cuerpo como en espíritu. Pero la
casada se preocupa de las cosas de este
mundo y de cómo agradar a su esposo.
35Les digo esto por su propio bien, no para
ponerles restricciones sino para que vivan
con decoro y plenamente dedicados al
Señor.

36Si alguno piensa que no está tratando a su prometida[v] como es debido, y
ella ha llegado ya a su madurez, por lo
cual él se siente obligado a casarse, que
lo haga. Con eso no peca; que se casen.
37Pero el que se mantiene firme en su
propósito, y no está dominado por sus
impulsos sino que domina su propia voluntad, y ha resuelto no casarse con su
prometida, también hace bien. 38De mo-

[q] **7:25** *personas solteras.* Lit. *vírgenes.* [r] **7:28** *joven.* Lit. *virgen.* [s] **7:28** *tendrán ... aprietos.* Lit. *tendrán aflicción en la *carne.* [t] **7:34** *La mujer ... soltera.* Lit. *La mujer no casada y la virgen.* [u] **7:33-34** *su esposa; ... se preocupa.* Var. *su esposa.* **34** *También hay diferencia entre la esposa y la joven soltera. La que no es casada se preocupa.* [v] **7:36** *prometida.* Lit. *virgen*; también en vv. 37 y 38.

do que el que se casa con su prometida hace bien, pero el que no se casa hace mejor. *w*

39 La mujer está ligada a su esposo mientras él vive; pero si el esposo muere, ella queda libre para casarse con quien quiera, con tal de que sea en el Señor. **40** En mi opinión, ella será más feliz si no se casa, y creo que yo también tengo el Espíritu de Dios.

Lo sacrificado a los ídolos

8 En cuanto a lo sacrificado a los ídolos, es cierto que todos tenemos conocimiento. El conocimiento envanece, mientras que el amor edifica. **2** El que cree que sabe algo, todavía no sabe como debiera saber. **3** Pero el que ama a Dios es conocido por él.

4 De modo que, en cuanto a comer lo sacrificado a los ídolos, sabemos que un ídolo no es absolutamente nada, y que hay un solo Dios. **5** Pues aunque haya los así llamados dioses, ya sea en el cielo o en la tierra (y por cierto que hay muchos «dioses» y muchos «señores»), **6** para nosotros no hay más que un solo Dios, el Padre, de quien todo procede y para el cual vivimos; y no hay más que un solo Señor, es decir, Jesucristo, por quien todo existe y por medio del cual vivimos.

7 Pero no todos tienen conocimiento de esto. Algunos siguen tan acostumbrados a los ídolos, que comen carne a sabiendas de que ha sido sacrificada a un ídolo, y su conciencia se contamina por ser débil. **8** Pero lo que comemos no nos acerca a Dios; no somos mejores por comer ni peores por no comer.

9 Sin embargo, tengan cuidado de que su libertad no se convierta en motivo de tropiezo para los débiles. **10** Porque si alguien de conciencia débil te ve a ti, que tienes este conocimiento, comer en el templo de un ídolo, ¿no se sentirá animado a comer lo que ha sido sacrificado a los

ídolos? **11** Entonces ese hermano débil, por quien Cristo murió, se perderá a causa de tu conocimiento. **12** Al pecar así contra los hermanos, hiriendo su débil conciencia, pecan ustedes contra Cristo. **13** Por lo tanto, si mi comida ocasiona la caída de mi hermano, no comeré carne jamás, para no hacerlo *caer en pecado.

Los derechos de un apóstol

9 ¿No soy libre? ¿No soy apóstol? ¿No he visto a Jesús nuestro Señor? ¿No son ustedes el fruto de mi trabajo en el Señor? **2** Aunque otros no me reconozcan como apóstol, ¡para ustedes sí lo soy! Porque ustedes mismos son el sello de mi apostolado en el Señor.

3 Ésta es mi defensa contra los que me critican: **4** ¿Acaso no tenemos derecho a comer y a beber? **5** ¿No tenemos derecho a viajar acompañados por una esposa creyente, como hacen los demás apóstoles y *Cefas y los hermanos del Señor? **6** ¿O es que sólo Bernabé y yo estamos obligados a ganarnos la vida con otros trabajos? **7** ¿Qué soldado presta servicio militar pagándose sus propios gastos? ¿Qué agricultor planta un viñedo y no come de sus uvas? ¿Qué pastor cuida un rebaño y no toma de la leche que ordeña? **8** No piensen que digo esto solamente desde un punto de vista humano. ¿No lo dice también la ley? **9** Porque en la ley de Moisés está escrito: «No le pongas bozal al buey mientras esté trillando.» *x* ¿Acaso se preocupa Dios por los bueyes, **10** o lo dice más bien por nosotros? Por supuesto que lo dice por nosotros, porque cuando el labrador ara y el segador trilla, deben hacerlo con la esperanza de participar de la cosecha. **11** Si hemos sembrado semilla espiritual entre ustedes, ¿será mucho pedir que cosechemos de ustedes lo material? *y* **12** Si otros tienen derecho a este sustento de parte de ustedes, ¿no lo tendremos aún más nosotros?

---

w **7:36-38** Alt. *36 Si alguno piensa que no está tratando a su hija como es debido, y ella ha llegado a su madurez, por lo cual él se siente obligado a darla en matrimonio, que lo haga. Con eso no peca; que la dé en matrimonio. 37 Pero el que se mantiene firme en su propósito, y no está dominado por sus impulsos sino que domina su propia voluntad, y ha resuelto mantener soltera a su hija, también hace bien. 38 De modo que el que da a su hija en matrimonio hace bien, pero el que no la da en matrimonio hace mejor.* *x* **9:9** Dt 25:4
y **9:11** lo material. Lit. las cosas *carnales.

Sin embargo, no ejercimos este derecho, sino que lo soportamos todo con tal de no crear obstáculo al *evangelio de Cristo. 13¿No saben que los que sirven en el templo reciben su alimento del templo, y que los que atienden el altar participan de lo que se ofrece en el altar? 14Así también el Señor ha ordenado que quienes predican el evangelio vivan de este ministerio.

15Pero no me he aprovechado de ninguno de estos derechos, ni escribo de esta manera porque quiera reclamarlos. Prefiero morir a que alguien me prive de este motivo de *orgullo. 16Sin embargo, cuando predico el evangelio, no tengo de qué enorgullecerme, ya que estoy bajo la obligación de hacerlo. ¡Ay de mí si no predico el evangelio! 17En efecto, si lo hiciera por mi propia voluntad, tendría recompensa; pero si lo hago por obligación, no hago más que cumplir la tarea que se me ha encomendado. 18¿Cuál es, entonces, mi recompensa? Pues que al predicar el evangelio pueda presentarlo gratuitamente, sin hacer valer mi derecho.

19Aunque soy libre respecto a todos, de todos me he hecho *esclavo para ganar a tantos como sea posible. 20Entre los judíos me volví judío, a fin de ganarlos a ellos. Entre los que viven bajo la ley me volví como los que están sometidos a ella (aunque yo mismo no vivo bajo la ley), a fin de ganar a éstos. 21Entre los que no tienen la ley me volví como los que están sin ley (aunque no estoy libre de la ley de Dios sino comprometido con la ley de Cristo), a fin de ganar a los que están sin ley. 22Entre los débiles me hice débil, a fin de ganar a los débiles. Me hice todo para todos, a fin de salvar a algunos por todos los medios posibles. 23Todo esto lo hago por causa del evangelio, para participar de sus frutos.

24¿No saben que en una carrera todos los corredores compiten, pero sólo uno obtiene el premio? Corran, pues, de tal modo que lo obtengan. 25Todos los deportistas se entrenan con mucha disciplina. Ellos lo hacen para obtener un premio que se echa a perder; nosotros, en cambio, por uno que dura para siempre. 26Así que yo no corro como quien no tiene meta; no lucho como quien da golpes al aire. 27Más bien, golpeo mi cuerpo y lo domino, no sea que, después de haber predicado a otros, yo mismo quede descalificado.

Advertencias basadas en la historia de Israel

10 No quiero que desconozcan, hermanos, que nuestros antepasados estuvieron todos bajo la nube y que todos atravesaron el mar. 2Todos ellos fueron bautizados en la nube y en el mar para unirse a Moisés. 3Todos también comieron el mismo alimento espiritual 4y tomaron la misma bebida espiritual, pues bebían de la roca espiritual que los acompañaba, y la roca era Cristo. 5Sin embargo, la mayoría de ellos no agradaron a Dios, y sus cuerpos quedaron tendidos en el desierto.

6Todo eso sucedió para servirnos de ejemplo,z a fin de que no nos apasionemos por lo malo, como lo hicieron ellos. 7No sean idólatras, como lo fueron algunos de ellos, según está escrito: «Se sentó el pueblo a comer y a beber, y se entregó al desenfreno.»a 8No cometamos inmoralidad sexual, como algunos lo hicieron, por lo que en un sólo día perecieron veintitrés mil. 9Tampoco pongamos a *prueba al Señor, como lo hicieron algunos y murieron víctimas de las serpientes. 10Ni murmuren contra Dios, como lo hicieron algunos y sucumbieron a manos del ángel destructor.

11Todo eso les sucedió para servir de ejemplo, y quedó escrito para advertencia nuestra, pues a nosotros nos ha llegado el fin de los tiempos. 12Por lo tanto, si alguien piensa que está firme, tenga cuidado de no caer. 13Ustedes no han sufrido ninguna *tentación que no sea común al género *humano. Pero Dios es fiel, y no permitirá que ustedes sean tentados más allá de lo que puedan aguantar. Más bien, cuando llegue la tentación, él les dará también una salida a fin de que puedan resistir.

---

z10:6 *ejemplo*. Lit. *tipo*; también en v. 11.   a10:7 Éx 32:6

Las fiestas idólatras y la Cena del Señor

14Por tanto, mis queridos hermanos, huyan de la idolatría. **15**Me dirijo a personas sensatas; juzguen ustedes mismos lo que digo. **16**Esa copa de bendición por la cual damos gracias,*b* ¿no significa que entramos en comunión con la sangre de Cristo? Ese pan que partimos, ¿no significa que entramos en comunión con el cuerpo de Cristo? **17**Hay un solo pan del cual todos participamos; por eso, aunque somos muchos, formamos un solo cuerpo.

18Consideren al pueblo de Israel como tal:*c* ¿No entran en comunión con el altar los que comen de lo sacrificado? **19**¿Qué quiero decir con esta comparación? ¿Que el sacrificio que los *gentiles ofrecen a los ídolos sea algo, o que el ídolo mismo sea algo? **20**No, sino que cuando ellos ofrecen sacrificios, lo hacen para los demonios, no para Dios, y no quiero que ustedes entren en comunión con los demonios. **21**No pueden beber de la copa del Señor y también de la copa de los demonios; no pueden participar de la mesa del Señor y también de la mesa de los demonios. **22**¿O vamos a provocar a celos al Señor? ¿Somos acaso más fuertes que él?

La libertad del creyente

23«Todo está permitido», pero no todo es provechoso. «Todo está permitido», pero no todo es constructivo. **24**Que nadie busque sus propios intereses sino los del prójimo.

25Coman de todo lo que se vende en la carnicería, sin preguntar nada por motivos de conciencia, **26**porque «del Señor es la tierra y todo cuanto hay en ella».*d* **27**Si algún incrédulo los invita a comer, y ustedes aceptan la invitación, coman de todo lo que les sirvan sin preguntar nada por motivos de conciencia. **28**Ahora bien, si alguien les dice: «Esto ha sido ofrecido en sacrificio a los ídolos», entonces no lo coman, por consideración al que se lo

mencionó, y por motivos de conciencia.*e* **29**(Me refiero a la conciencia del otro, no a la de ustedes.) ¿Por qué se ha de juzgar mi libertad de acuerdo con la conciencia ajena? **30**Si con gratitud participo de la comida, ¿me van a condenar por comer algo por lo cual doy gracias a Dios? **31**En conclusión, ya sea que coman o beban o hagan cualquier otra cosa, háganlo todo para la gloria de Dios. **32**No hagan *tropezar a nadie, ni a judíos, ni a *gentiles ni a la iglesia de Dios. **33**Hagan como yo, que procuro agradar a todos en todo. No busco mis propios intereses sino los de los demás, para que sean salvos.

11 Imítenme a mí, como yo imito a Cristo.

Decoro en el culto

2Los elogio porque se acuerdan de mí en todo y retienen las enseñanzas,*f* tal como se las transmití.

3Ahora bien, quiero que entiendan que Cristo es cabeza de todo hombre, mientras que el hombre es cabeza de la mujer y Dios es cabeza de Cristo. **4**Todo hombre que ora o profetiza con la cabeza cubierta*g* deshonra al que es su cabeza. **5**En cambio, toda mujer que ora o profetiza con la cabeza descubierta deshonra al que es su cabeza; es como si estuviera rasurada. **6**Si la mujer no se cubre la cabeza, que se corte también el cabello; pero si es vergonzoso para la mujer tener el pelo corto o la cabeza rasurada, que se la cubra. **7**El hombre no debe cubrirse la cabeza, ya que él es imagen y gloria de Dios, mientras que la mujer es gloria del hombre. **8**De hecho, el hombre no procede de la mujer sino la mujer del hombre; **9**ni tampoco fue creado el hombre a causa de la mujer, sino la mujer a causa del hombre. **10**Por esta razón, y a causa de los ángeles, la mujer debe llevar sobre la cabeza señal de autoridad.*h* **11**Sin embargo, en el Señor, ni la mujer existe aparte del hombre ni el hombre aparte de la mujer. **12**Porque así como la

---

*b***10:16** *por la cual damos gracias.* Lit. *que bendecimos.*   *c***10:18** *como tal.* Lit. *según la *carne.*   *d***10:26** Sal 24:1   *e***10:28** *conciencia.* Var. *conciencia, porque «del Señor es la tierra y todo lo que hay en ella».*   *f***11:2** *enseñanzas.* Alt. *tradiciones.*   *g***11:4** *la cabeza cubierta.* Alt. *el cabello largo;* también en el resto del pasaje.   *h***11:10** *debe ... autoridad.* Lit. *debe tener autoridad sobre la cabeza.*

mujer procede del hombre, también el hombre nace de la mujer; pero todo proviene de Dios. [13]Juzguen ustedes mismos: ¿Es apropiado que la mujer ore a Dios sin cubrirse la cabeza? [14]¿No les enseña el mismo orden natural de las cosas que es una vergüenza para el hombre dejarse crecer el cabello, [15]mientras que es una gloria para la mujer llevar cabello largo? Es que a ella se le ha dado su cabellera como velo. [16]Si alguien insiste en discutir este asunto, tenga en cuenta que nosotros no tenemos otra costumbre, ni tampoco las iglesias de Dios.

La Cena del Señor

11:23-25 — Mt 26:26-28; Mr 14:22-24; Lc 22:17-20

[17]Al darles las siguientes instrucciones, no puedo elogiarlos, ya que sus reuniones traen más perjuicio que beneficio. [18]En primer lugar, oigo decir que cuando se reúnen como iglesia hay divisiones entre ustedes, y hasta cierto punto lo creo. [19]Sin duda, tiene que haber grupos sectarios entre ustedes, para que se demuestre quiénes cuentan con la aprobación de Dios. [20]De hecho, cuando se reúnen, ya no es para comer la Cena del Señor, [21]porque cada uno se adelanta a comer su propia cena, de manera que unos se quedan con hambre mientras otros se emborrachan. [22]¿Acaso no tienen casas donde comer y beber? ¿O es que menosprecian a la iglesia de Dios y quieren avergonzar a los que no tienen nada? ¿Qué les diré? ¿Voy a elogiarlos por esto? ¡Claro que no!

[23]Yo recibí del Señor lo mismo que les transmití a ustedes: Que el Señor Jesús, la noche en que fue traicionado, tomó pan, [24]y después de dar gracias, lo partió y dijo: «Este pan es mi cuerpo, que por ustedes entrego; hagan esto en memoria de mí.» [25]De la misma manera, después de cenar, tomó la copa y dijo: «Esta copa es el nuevo pacto en mi sangre; hagan esto, cada vez que beban de ella, en memoria de mí.» [26]Porque cada vez que comen este pan y beben de esta copa, proclaman la muerte del Señor hasta que él venga.

[27]Por lo tanto, cualquiera que coma el pan o beba de la copa del Señor de manera indigna, será culpable de pecar contra el cuerpo y la sangre del Señor. [28]Así que cada uno debe examinarse a sí mismo antes de comer el pan y beber de la copa. [29]Porque el que come y bebe sin discernir el cuerpo, [i] come y bebe su propia condena. [30]Por eso hay entre ustedes muchos débiles y enfermos, e incluso varios han muerto. [31]Si nos examináramos a nosotros mismos, no se nos juzgaría; [32]pero si nos juzga el Señor, nos disciplina para que no seamos condenados con el mundo.

[33]Así que, hermanos míos, cuando se reúnan para comer, espérense unos a otros. [34]Si alguno tiene hambre, que coma en su casa, para que las reuniones de ustedes no resulten dignas de condenación.

Los demás asuntos los arreglaré cuando los visite.

Los dones espirituales

12 En cuanto a los dones espirituales, hermanos, quiero que entiendan bien este asunto. [2]Ustedes saben que cuando eran *paganos se dejaban arrastrar hacia los ídolos mudos. [3]Por eso les advierto que nadie que esté hablando por el Espíritu de Dios puede maldecir a Jesús; ni nadie puede decir: «Jesús es el Señor» sino por el Espíritu Santo.

[4]Ahora bien, hay diversos dones, pero un mismo Espíritu. [5]Hay diversas maneras de servir, pero un mismo Señor. [6]Hay diversas funciones, pero es un mismo Dios el que hace todas las cosas en todos.

[7]A cada uno se le da una manifestación especial del Espíritu para el bien de los demás. [8]A unos Dios les da por el Espíritu palabra de sabiduría; a otros, por el mismo Espíritu, palabra de conocimiento; [9]a otros, fe por medio del mismo Espíritu; a otros, y por ese mismo Espíritu, dones para sanar enfermos; [10]a otros, poderes milagrosos; a otros, profecía; a otros, el discernir espíritus; a otros, el hablar en diversas *lenguas; y a otros, el interpretar lenguas. [11]Todo esto lo hace un mismo y

---

[i]11:29 *cuerpo*. Var. *cuerpo del Señor*.

único Espíritu, quien reparte a cada uno según él lo determina.

Un cuerpo con muchos miembros

¹²De hecho, aunque el cuerpo es uno solo, tiene muchos miembros, y todos los miembros, no obstante ser muchos, forman un solo cuerpo. Así sucede con Cristo. ¹³Todos fuimos bautizados por^j un solo Espíritu para constituir un solo cuerpo —ya seamos judíos o *gentiles, esclavos o libres—, y a todos se nos dio a beber de un mismo Espíritu. ¹⁴Ahora bien, el cuerpo no consta de un solo miembro sino de muchos. ¹⁵Si el pie dijera: «Como no soy mano, no soy del cuerpo», no por eso dejaría de ser parte del cuerpo. ¹⁶Y si la oreja dijera: «Como no soy ojo, no soy del cuerpo», no por eso dejaría de ser parte del cuerpo. ¹⁷Si todo el cuerpo fuera ojo, ¿qué sería del oído? Si todo el cuerpo fuera oído, ¿qué sería del olfato? ¹⁸En realidad, Dios colocó cada miembro del cuerpo como mejor le pareció. ¹⁹Si todos ellos fueran un solo miembro, ¿qué sería del cuerpo? ²⁰Lo cierto es que hay muchos miembros, pero el cuerpo es uno solo.

²¹El ojo no puede decirle a la mano: «No te necesito.» Ni puede la cabeza decirles a los pies: «No los necesito.» ²²Al contrario, los miembros del cuerpo que parecen más débiles son indispensables, ²³y a los que nos parecen menos honrosos los tratamos con honra especial. Y se les trata con especial modestia a los miembros que nos parecen menos presentables, ²⁴mientras que los más presentables no requieren trato especial. Así Dios ha dispuesto los miembros de nuestro cuerpo, dando mayor honra a los que menos tenían, ²⁵a fin de que no haya división en el cuerpo, sino que sus miembros se preocupen por igual unos por otros. ²⁶Si uno de los miembros sufre, los demás comparten su sufrimiento; y si uno de ellos recibe honor, los demás se alegran con él. ²⁷Ahora bien, ustedes son el cuerpo de Cristo, y cada uno es miembro de ese cuerpo. ²⁸En la iglesia Dios ha puesto, en primer lugar, apóstoles; en segundo lugar, profetas; en tercer lugar, maestros; luego los que hacen milagros; después los que tienen dones para sanar enfermos, los que ayudan a otros, los que administran y los que hablan en diversas *lenguas. ²⁹¿Son todos apóstoles? ¿Son todos profetas? ¿Son todos maestros? ¿Hacen todos milagros? ³⁰¿Tienen todos dones para sanar enfermos? ¿Hablan todos en lenguas? ¿Acaso interpretan todos? ³¹Ustedes, por su parte, ambicionen^k los mejores dones.

El amor

Ahora les voy a mostrar un camino más excelente.

13 Si hablo en *lenguas *humanas y angelicales, pero no tengo amor, no soy más que un metal que resuena o un platillo que hace ruido. ²Si tengo el don de profecía y entiendo todos los *misterios y poseo todo conocimiento, y si tengo una fe que logra trasladar montañas, pero me falta el amor, no soy nada. ³Si reparto entre los pobres todo lo que poseo, y si entrego mi cuerpo para que lo consuman las llamas,^l pero no tengo amor, nada gano con eso.

⁴El amor es paciente, es bondadoso. El amor no es envidioso ni jactancioso ni orgulloso. ⁵No se comporta con rudeza, no es egoísta, no se enoja fácilmente, no guarda rencor. ⁶El amor no se deleita en la maldad sino que se regocija con la verdad. ⁷Todo lo disculpa, todo lo cree, todo lo espera, todo lo soporta.

⁸El amor jamás se extingue, mientras que el don de profecía cesará, el de lenguas será silenciado y el de conocimiento desaparecerá. ⁹Porque conocemos y profetizamos de manera imperfecta; ¹⁰pero cuando llegue lo perfecto, lo imperfecto desaparecerá. ¹¹Cuando yo era niño, hablaba como niño, pensaba como niño, razonaba como niño; cuando llegué a ser adulto, dejé atrás las cosas de niño. ¹²Ahora vemos de manera indirecta y velada, como en un espejo; pero entonces veremos

---

^j 12:13 *por.* Alt. *con,* o *en.*   ^k 12:31 *ambicionen.* Alt. *ambicionan.*   ^l 13:3 *para ... llamas.* Var. *para tener de qué *jactarme.*

cara a cara. Ahora conozco de manera imperfecta, pero entonces conoceré tal y como soy conocido. [13]Ahora, pues, permanecen estas tres virtudes: la fe, la esperanza y el amor. Pero la más excelente de ellas es el amor.

El don de lenguas y el de profecía

14 Empéñense en seguir el amor y ambicionen los dones espirituales, sobre todo el de profecía. [2]Porque el que habla en *lenguas no habla a los demás sino a Dios. En realidad, nadie le entiende lo que dice, pues habla *misterios por el Espíritu.[m] [3]En cambio, el que profetiza habla a los demás para edificarlos, animarlos y consolarlos. [4]El que habla en lenguas se edifica a sí mismo; en cambio, el que profetiza edifica a la iglesia. [5]Yo quisiera que todos ustedes hablaran en lenguas, pero mucho más que profetizaran. El que profetiza aventaja al que habla en lenguas, a menos que éste también interprete, para que la iglesia reciba edificación.

[6]Hermanos, si ahora fuera a visitarlos y les hablara en lenguas, ¿de qué les serviría, a menos que les presentara alguna revelación, conocimiento, profecía o enseñanza? [7]Aun en el caso de los instrumentos musicales, tales como la flauta o el arpa, ¿cómo se reconocerá lo que tocan si no dan distintamente sus sonidos? [8]Y si la trompeta no da un toque claro, ¿quién se va a preparar para la batalla? [9]Así sucede con ustedes. A menos que su lengua pronuncie palabras comprensibles, ¿cómo se sabrá lo que dicen? Será como si hablaran al aire. [10]¡Quién sabe cuántos idiomas hay en el mundo, y ninguno carece de sentido! [11]Pero si no capto el sentido de lo que alguien dice, seré como un extranjero para el que me habla, y él lo será para mí. [12]Por eso ustedes, ya que tanto ambicionan dones espirituales, procuren que éstos abunden para la edificación de la iglesia.

[13]Por esta razón, el que habla en lenguas pida en oración el don de interpretar lo que diga. [14]Porque si yo oro en lenguas, mi espíritu ora, pero mi entendimiento no se beneficia en nada. [15]¿Qué debo hacer entonces? Pues orar con el espíritu, pero también con el entendimiento; cantar con el espíritu, pero también con el entendimiento. [16]De otra manera, si alabas a Dios con el espíritu, ¿cómo puede quien no es instruido[n] decir «amén» a tu acción de gracias, puesto que no entiende lo que dices? [17]En ese caso tu acción de gracias es admirable, pero no edifica al otro. [18]Doy gracias a Dios porque hablo en lenguas más que todos ustedes. [19]Sin embargo, en la iglesia prefiero emplear cinco palabras comprensibles y que me sirvan para instruir a los demás, que diez mil palabras en lenguas.

[20]Hermanos, no sean niños en su modo de pensar. Sean niños en cuanto a la malicia, pero adultos en su modo de pensar. [21]En la ley está escrito:

> «Por medio de gente de lengua extraña
> y por boca de extranjeros
> hablaré a este pueblo,
> pero ni aun así me escucharán»,[ñ]
> dice el Señor.

[22]De modo que el hablar en lenguas es una señal, no para los creyentes sino para los incrédulos; en cambio, la profecía no es señal para los incrédulos sino para los creyentes. [23]Así que, si toda la iglesia se reúne y todos hablan en lenguas, y entran algunos que no entienden o no creen, ¿no dirán que ustedes están locos? [24]Pero si uno que no cree o uno que no entiende entra cuando todos están profetizando, se sentirá reprendido y juzgado por todos, [25]y los secretos de su corazón quedarán al descubierto. Así que se postrará ante Dios y lo adorará, exclamando: «¡Realmente Dios está entre ustedes!»

Orden en los cultos

[26]¿Qué concluimos, hermanos? Que cuando se reúnan, cada uno puede tener un himno, una enseñanza, una revelación,

---

[m]**14:2** *por el Espíritu.* Alt. *en su espíritu.* [n]**14:16** *quien no es instruido.* Lit. *el que ocupa el lugar del indocto.* [ñ]**14:21** Is 28:11,12

un mensaje en *lenguas, o una interpretación. Todo esto debe hacerse para la edificación de la iglesia. 27Si se habla en lenguas, que hablen dos —o cuando mucho tres—, cada uno por turno; y que alguien interprete. 28Si no hay intérprete, que guarden silencio en la iglesia y cada uno hable para sí mismo y para Dios. 29En cuanto a los profetas, que hablen dos o tres, y que los demás examinen con cuidado lo dicho. 30Si alguien que está sentado recibe una revelación, el que esté hablando ceda la palabra. 31Así todos pueden profetizar por turno, para que todos reciban instrucción y aliento. 32El don de profecía está*o* bajo el control de los profetas, 33porque Dios no es un Dios de desorden sino de paz.

Como es costumbre en las congregaciones de los *creyentes, 34guarden las mujeres silencio en la iglesia, pues no les está permitido hablar. Que estén sumisas, como lo establece la ley. 35Si quieren saber algo, que se lo pregunten en casa a sus esposos; porque no está bien visto que una mujer hable en la iglesia. 36¿Acaso la palabra de Dios procedió de ustedes? ¿O son ustedes los únicos que la han recibido? 37Si alguno se cree profeta o espiritual, reconozca que esto que les escribo es mandato del Señor. 38Si no lo reconoce, tampoco él será reconocido.*p* 39Así que, hermanos míos, ambicionen el don de profetizar, y no prohíban que se hable en lenguas. 40Pero todo debe hacerse de una manera apropiada y con orden.

La resurrección de Cristo

15 Ahora, hermanos, quiero recordarles el *evangelio que les prediqué, el mismo que recibieron y en el cual se mantienen firmes. 2Mediante este evangelio son salvos, si se aferran a la palabra que les prediqué. De otro modo, habrán creído en vano.

3Porque ante todo*q* les transmití a ustedes lo que yo mismo recibí: que Cristo murió por nuestros pecados según las Escrituras, 4que fue sepultado, que resucitó al tercer día según las Escrituras, 5y que se apareció a *Cefas, y luego a los doce. 6Después se apareció a más de quinientos hermanos a la vez, la mayoría de los cuales vive todavía, aunque algunos han muerto. 7Luego se apareció a *Jacobo, más tarde a todos los apóstoles, 8y por último, como a uno nacido fuera de tiempo, se me apareció también a mí.

9Admito que yo soy el más insignificante de los apóstoles y que ni siquiera merezco ser llamado apóstol, porque perseguí a la iglesia de Dios. 10Pero por la gracia de Dios soy lo que soy, y la gracia que él me concedió no fue infructuosa. Al contrario, he trabajado con más tesón que todos ellos, aunque no yo sino la gracia de Dios que está conmigo. 11En fin, ya sea que se trate de mí o de ellos, esto es lo que predicamos, y esto es lo que ustedes han creído.

La resurrección de los muertos

12Ahora bien, si se predica que Cristo ha sido levantado de entre los muertos, ¿cómo dicen algunos de ustedes que no hay resurrección? 13Si no hay resurrección, entonces ni siquiera Cristo ha resucitado. 14Y si Cristo no ha resucitado, nuestra predicación no sirve para nada, como tampoco la fe de ustedes. 15Aún más, resultaríamos falsos testigos de Dios por haber testificado que Dios resucitó a Cristo, lo cual no habría sucedido, si en verdad los muertos no resucitan. 16Porque si los muertos no resucitan, tampoco Cristo ha resucitado. 17Y si Cristo no ha resucitado, la fe de ustedes es ilusoria y todavía están en sus pecados. 18En este caso, también están perdidos los que murieron en Cristo. 19Si la esperanza que tenemos en Cristo fuera sólo para esta vida, seríamos los más desdichados de todos los *mortales.

20Lo cierto es que Cristo ha sido *levantado de entre los muertos, como *primicias de los que murieron. 21De hecho, ya que la muerte vino por medio de un hombre, también por medio de un hombre

---

o 14:32 *El don ... está.* Lit. *Los espíritus de los profetas están. P* 14:38 *tampoco ... reconocido.* Var. *que no lo reconozca.* *q* 15:3 *ante todo.* Alt. *al principio.*

viene la resurrección de los muertos. ²²Pues así como en Adán todos mueren, también en Cristo todos volverán a vivir. ²³Pero cada uno en su debido orden: Cristo, las primicias; después, cuando él venga, los que le pertenecen. ²⁴Entonces vendrá el fin, cuando él entregue el reino a Dios el Padre, luego de destruir todo dominio, autoridad y poder. ²⁵Porque es necesario que Cristo reine hasta poner a todos sus enemigos debajo de sus pies. ²⁶El último enemigo que será destruido es la muerte, ²⁷pues Dios «ha sometido todo a su dominio».ʳ Al decir que «todo» ha quedado sometido a su dominio, es claro que no se incluye a Dios mismo, quien todo lo sometió a Cristo. ²⁸Y cuando todo le sea sometido, entonces el Hijo mismo se someterá a aquel que le sometió todo, para que Dios sea todo en todos.

²⁹Si no hay resurrección, ¿qué sacan los que se bautizan por los muertos? Si en definitiva los muertos no resucitan, ¿por qué se bautizan por ellos? ³⁰Y nosotros, ¿por qué nos exponemos al peligro a todas horas? ³¹Que cada día muero, hermanos, es tan cierto como el *orgullo que siento por ustedes en Cristo Jesús nuestro Señor. ³²¿Qué he ganado si, sólo por motivos humanos, en Éfeso luché contra las fieras? Si los muertos no resucitan,

«comamos y bebamos,
que mañana moriremos».ˢ

³³No se dejen engañar: «Las malas compañías corrompen las buenas costumbres.» ³⁴Vuelvan a su sano juicio, como conviene, y dejen de pecar. En efecto, hay algunos de ustedes que no tienen conocimiento de Dios; para vergüenza de ustedes lo digo.

El cuerpo resucitado

³⁵Tal vez alguien pregunte: «¿Cómo resucitarán los muertos? ¿Con qué clase de cuerpo vendrán?» ³⁶¡Qué tontería! Lo que tú siembras no cobra vida a menos que muera. ³⁷No plantas el cuerpo que luego ha de nacer sino que siembras una simple semilla de trigo o de otro grano. ³⁸Pero Dios le da el cuerpo que quiso darle, y a cada clase de semilla le da un cuerpo propio. ³⁹No todos los cuerpos son iguales: hay cuerpos *humanos; también los hay de animales terrestres, de aves y de peces. ⁴⁰Así mismo hay cuerpos celestes y cuerpos terrestres; pero el esplendor de los cuerpos celestes es uno, y el de los cuerpos terrestres es otro. ⁴¹Uno es el esplendor del sol, otro el de la luna y otro el de las estrellas. Cada estrella tiene su propio brillo.

⁴²Así sucederá también con la resurrección de los muertos. Lo que se siembra en corrupción, resucita en incorrupción; ⁴³lo que se siembra en oprobio, resucita en gloria; lo que se siembra en debilidad, resucita en poder; ⁴⁴se siembra un cuerpo natural,ᵗ resucita un cuerpo espiritual. Si hay un cuerpo natural, también hay un cuerpo espiritual. ⁴⁵Así está escrito: «El primer hombre, Adán, se convirtió en un ser viviente»;ᵘ el último Adán, en el Espíritu que da vida. ⁴⁶No vino primero lo espiritual sino lo natural, y después lo espiritual. ⁴⁷El primer hombre era del polvo de la tierra; el segundo hombre, del cielo. ⁴⁸Como es aquel hombre terrenal, así son también los de la tierra; y como es el celestial, así son también los del cielo. ⁴⁹Y así como hemos llevado la imagen de aquel hombre terrenal, llevaremosᵛ también la imagen del celestial.

⁵⁰Les declaro, hermanos, que el cuerpo mortalʷ no puede heredar el reino de Dios, ni lo corruptible puede heredar lo incorruptible. ⁵¹Fíjense bien en el *misterio que les voy a revelar: No todos moriremos, pero todos seremos transformados, ⁵²en un instante, en un abrir y cerrar de ojos, al toque final de la trompeta. Pues sonará la trompeta y los muertos resucitarán con un cuerpo incorruptible, y nosotros seremos transformados. ⁵³Porque lo corruptible tiene que revestirse de lo incorruptible, y lo mortal, de inmortalidad. ⁵⁴Cuando lo corruptible se revista de lo

---

ʳ**15:27** Sal 8:6   ˢ**15:32** Is 22:13   ᵗ**15:44** *natural.* Lit. **síquico*; también en v. 46.   ᵘ**15:45** Gn 2:7
ᵛ**15:49** *llevaremos.* Var. *llevemos.*   ʷ**15:50** *el cuerpo mortal.* Lit. **carne y sangre.*

incorruptible, y lo mortal, de inmortalidad, entonces se cumplirá lo que está escrito: «La muerte ha sido devorada por la victoria.»[x]

55 «¿Dónde está, oh muerte, tu victoria?
¿Dónde está, oh muerte, tu aguijón?»[y]

56 El aguijón de la muerte es el pecado, y el poder del pecado es la ley. 57 ¡Pero gracias a Dios, que nos da la victoria por medio de nuestro Señor Jesucristo!

58 Por lo tanto, mis queridos hermanos, manténganse firmes e inconmovibles, progresando siempre en la obra del Señor, conscientes de que su trabajo en el Señor no es en vano.

La colecta para el pueblo de Dios

16 En cuanto a la colecta para los *creyentes, sigan las instrucciones que di a las iglesias de Galacia. 2 El primer día de la semana, cada uno de ustedes aparte y guarde algún dinero conforme a sus ingresos, para que no se tengan que hacer colectas cuando yo vaya. 3 Luego, cuando llegue, daré cartas de presentación a los que ustedes hayan aprobado y los enviaré a Jerusalén con los donativos que hayan recogido. 4 Si conviene que yo también vaya, iremos juntos.

Encargos personales

5 Después de pasar por Macedonia, pues tengo que atravesar esa región, iré a verlos. 6 Es posible que me quede con ustedes algún tiempo, y tal vez pase allí el invierno, para que me ayuden a seguir el viaje a dondequiera que vaya. 7 Esta vez no quiero verlos sólo de paso; más bien, espero permanecer algún tiempo con ustedes, si el Señor así lo permite. 8 Pero me quedaré en Éfeso hasta Pentecostés, 9 porque se me ha presentado una gran oportunidad para un trabajo eficaz, a pesar de que hay muchos en mi contra.

10 Si llega Timoteo, procuren que se sienta cómodo entre ustedes, porque él trabaja como yo en la obra del Señor. 11 Por tanto, que nadie lo menosprecie. Ayúdenlo a seguir su viaje en paz para que pueda volver a reunirse conmigo, pues estoy esperándolo junto con los hermanos.

12 En cuanto a nuestro hermano Apolos, le rogué encarecidamente que en compañía de otros hermanos les hiciera una visita. No quiso de ninguna manera ir ahora, pero lo hará cuando se le presente la oportunidad.

13 Manténganse alerta; permanezcan firmes en la fe; sean valientes y fuertes. 14 Hagan todo con amor.

15 Bien saben que los de la familia de Estéfanas fueron los primeros convertidos de Acaya,[z] y que se han dedicado a servir a los *creyentes. Les recomiendo, hermanos, 16 que se pongan a disposición de aquéllos y de todo el que colabore en este arduo trabajo. 17 Me alegré cuando llegaron Estéfanas, Fortunato y Acaico, porque ellos han suplido lo que ustedes no podían darme, 18 ya que han tranquilizado mi espíritu y también el de ustedes. Tales personas merecen que se les exprese reconocimiento.

Saludos finales

19 Las iglesias de la provincia de *Asia les mandan saludos. Aquila y *Priscila los saludan cordialmente en el Señor, como también la iglesia que se reúne en la casa de ellos. 20 Todos los hermanos les mandan saludos. Salúdense unos a otros con un beso santo.

21 Yo, Pablo, escribo este saludo de mi puño y letra. 22 Si alguno no ama al Señor, quede bajo maldición. ¡Marana ta![a]

23 Que la gracia del Señor Jesús sea con ustedes.

24 Los amo a todos ustedes en Cristo Jesús. Amén.[b]

---

[x]15:54 Is 25:8   [y]15:55 Os 13:14   [z]16:15 los primeros convertidos de Acaya. Lit. las *primicias de Acaya.
[a]16:22 ¡Marana ta! Expresión aramea que significa: «Ven, Señor»; otra posible lectura es Maran ata, que significa: «El Señor viene.»   [b]16:24 Var. no incluye: Amén.

Segunda Carta a los
Corintios

1 Pablo, apóstol de *Cristo Jesús por la voluntad de Dios, y Timoteo nuestro hermano,

a la iglesia de Dios que está en Corinto y a todos los *santos en toda la región de Acaya:

2 Que Dios nuestro padre y el Señor Jesucristo les concedan gracia y paz.

El Dios de toda consolación

3 Alabado sea el Dios y Padre de nuestro Señor Jesucristo, Padre misericordioso y Dios de toda consolación, 4 quien nos consuela en todas nuestras tribulaciones para que con el mismo consuelo que de Dios hemos recibido, también nosotros podamos consolar a todos los que sufren. 5 Pues así como participamos abundantemente en los sufrimientos de Cristo, así también por medio de él tenemos abundante consuelo. 6 Si sufrimos, es para que ustedes tengan consuelo y salvación; y si somos consolados, es para que ustedes tengan el consuelo que los ayude a soportar con paciencia los mismos sufrimientos que nosotros padecemos. 7 Firme es la esperanza que tenemos en cuanto a ustedes, porque sabemos que así como participan de nuestros sufrimientos, así también participan de nuestro consuelo.

8 Hermanos, no queremos que desconozcan las aflicciones que sufrimos en la provincia de *Asia. Estábamos tan agobiados bajo tanta presión, que hasta perdimos la esperanza de salir con vida; 9 nos sentíamos como sentenciados a muerte. Pero eso sucedió para que no confiáramos en nosotros mismos sino en Dios, que resucita a los muertos. 10 Él nos libró y nos librará de tal peligro de muerte. En él

tenemos puesta nuestra esperanza, y él seguirá librándonos. 11 Mientras tanto, ustedes nos ayudan orando por nosotros. Así muchos darán gracias a Dios por nosotros[a] a causa del don que se nos ha concedido en respuesta a tantas oraciones.

Pablo cambia de planes

12 Para nosotros, el motivo de *satisfacción es el testimonio de nuestra conciencia: Nos hemos comportado en el mundo, y especialmente entre ustedes, con la *santidad y sinceridad que vienen de Dios. Nuestra conducta no se ha ajustado a la sabiduría *humana sino a la gracia de Dios. 13 No estamos escribiéndoles nada que no puedan leer ni entender. Espero que comprenderán del todo, 14 así como ya nos han comprendido en parte, que pueden sentirse *orgullosos de nosotros como también nosotros nos sentiremos orgullosos de ustedes en el día del Señor Jesús.

15 Confiando en esto, quise visitarlos primero a ustedes para que recibieran una doble bendición; 16 es decir, visitarlos de paso a Macedonia, y verlos otra vez a mi regreso de allá. Así podrían ayudarme a seguir el viaje a Judea. 17 Al proponerme esto, ¿acaso lo hice a la ligera? ¿O es que hago mis planes según criterios meramente *humanos, de manera que diga «sí, sí» y «no, no» al mismo tiempo?

18 Pero tan cierto como que Dios es fiel, el mensaje que les hemos dirigido no es «sí» y «no». 19 Porque el Hijo de Dios, Jesucristo, a quien *Silvano, Timoteo y yo predicamos entre ustedes, no fue «sí» y «no»; en él siempre ha sido «sí». 20 Todas las promesas que ha hecho Dios son «sí» en Cristo. Así que por medio de Cristo respondemos «amén» para la gloria de Dios. 21 Dios es el que nos mantiene firmes

---

a 1:11 *nosotros.* Var. *ustedes.*

en Cristo, tanto a nosotros como a ustedes. Él nos ungió, ²²nos selló como propiedad suya y puso su Espíritu en nuestro corazón, como garantía de sus promesas. ²³¡Por mi *vida! Pongo a Dios por testigo de que es sólo por consideración a ustedes por lo que todavía no he ido a Corinto. ²⁴No es que intentemos imponerles la fe, sino que deseamos contribuir a la alegría de ustedes, pues por la fe se mantienen firmes.

2 En efecto, decidí no hacerles otra visita que les causara tristeza. ²Porque si yo los entristezco, ¿quién me brindará alegría sino aquel a quien yo haya entristecido? ³Les escribí como lo hice para que, al llegar yo, los que debían alegrarme no me causaran tristeza. Estaba confiado de que todos ustedes harían suya mi alegría. ⁴Les escribí con gran tristeza y angustia de corazón, y con muchas lágrimas, no para entristecerlos sino para darles a conocer la profundidad del amor que les tengo.

Perdón para el pecador

⁵Si alguno ha causado tristeza, no me la ha causado sólo a mí; hasta cierto punto —y lo digo para no exagerar— se la ha causado a todos ustedes. ⁶Para él es suficiente el castigo que le impuso la mayoría. ⁷Más bien debieran perdonarlo y consolarlo para que no sea consumido por la excesiva tristeza. ⁸Por eso les ruego que reafirmen su amor hacia él. ⁹Con este propósito les escribí: para ver si pasan la prueba de la completa obediencia. ¹⁰A quien ustedes perdonen, yo también lo perdono. De hecho, si había algo que perdonar, lo he perdonado por consideración a ustedes en presencia de Cristo, ¹¹para que Satanás no se aproveche de nosotros, pues no ignoramos sus artimañas.

Ministros del nuevo pacto

¹²Ahora bien, cuando llegué a Troas para predicar el *evangelio de Cristo, descubrí que el Señor me había abierto las puertas. ¹³Aun así, me sentí intranquilo por no haber encontrado allí a mi hermano Tito, por lo cual me despedí de ellos y me fui a Macedonia.

¹⁴Sin embargo, gracias a Dios que en Cristo siempre nos lleva triunfantes[b] y, por medio de nosotros, esparce por todas partes la fragancia de su conocimiento. ¹⁵Porque para Dios nosotros somos el aroma de Cristo entre los que se salvan y entre los que se pierden. ¹⁶Para éstos somos olor de muerte que los lleva a la muerte; para aquéllos, olor de vida que los lleva a la vida. ¿Y quién es competente para semejante tarea? ¹⁷A diferencia de muchos, nosotros no somos de los que trafican con la palabra de Dios. Más bien, hablamos con sinceridad delante de él en Cristo, como enviados de Dios que somos.

3 ¿Acaso comenzamos otra vez a recomendarnos a nosotros mismos? ¿O acaso tenemos que presentarles o pedirles a ustedes cartas de recomendación, como hacen algunos? ²Ustedes mismos son nuestra carta, escrita en nuestro corazón, conocida y leída por todos. ³Es evidente que ustedes son una carta de Cristo, expedida[c] por nosotros, escrita no con tinta sino con el Espíritu del Dios viviente; no en tablas de piedra sino en tablas de carne, en los corazones.

⁴Ésta es la confianza que delante de Dios tenemos por medio de Cristo. ⁵No es que nos consideremos competentes en nosotros mismos. Nuestra capacidad viene de Dios. ⁶Él nos ha capacitado para ser servidores de un nuevo pacto, no el de la letra sino el del Espíritu; porque la letra mata, pero el Espíritu da vida.

La gloria del nuevo pacto

⁷El ministerio que causaba muerte, el que estaba grabado con letras en piedra, fue tan glorioso que los israelitas no podían mirar la cara de Moisés debido a la gloria que se reflejaba en su rostro, la cual ya se estaba extinguiendo. ⁸Pues bien, si aquel ministerio fue así, ¿no será todavía más glorioso el ministerio del Espíritu? ⁹Si es glorioso el ministerio que trae condenación, ¡cuánto más glorioso será el

---

b 2:14 *nos lleva triunfantes.* Alt. *nos conduce en desfile victorioso.*   c 3:3 *expedida.* Lit. *ministrada.*

ministerio que trae la justicia! 10En efecto, lo que fue glorioso ya no lo es, si se le compara con esta excelsa gloria. 11Y si vino con gloria lo que ya se estaba extinguiendo, ¡cuánto mayor será la gloria de lo que permanece! 12Así que, como tenemos tal esperanza, actuamos con plena confianza. 13No hacemos como Moisés, quien se ponía un velo sobre el rostro para que los israelitas no vieran el fin del resplandor que se iba extinguiendo. 14Sin embargo, la mente de ellos se embotó, de modo que hasta el día de hoy tienen puesto el mismo velo al leer el antiguo pacto. El velo no les ha sido quitado, porque sólo se quita en Cristo. 15Hasta el día de hoy, siempre que leen a Moisés, un velo les cubre el corazón. 16Pero cada vez que alguien se vuelve al Señor, el velo es quitado. 17Ahora bien, el Señor es el Espíritu; y donde está el Espíritu del Señor, allí hay libertad. 18Así, todos nosotros, que con el rostro descubierto reflejamos*d* como en un espejo la gloria del Señor, somos transformados a su semejanza con más y más gloria por la acción del Señor, que es el Espíritu.

Tesoros en vasijas de barro

4 Por esto, ya que por la misericordia de Dios tenemos este ministerio, no nos desanimamos. 2Más bien, hemos renunciado a todo lo vergonzoso que se hace a escondidas; no actuamos con engaño ni torcemos la palabra de Dios. Al contrario, mediante la clara exposición de la verdad, nos recomendamos a toda conciencia *humana en la presencia de Dios. 3Pero si nuestro *evangelio está encubierto, lo está para los que se pierden. 4El dios de este mundo ha cegado la mente de estos incrédulos, para que no vean la luz del glorioso evangelio de Cristo, el cual es la imagen de Dios. 5No nos predicamos a nosotros mismos sino a Jesucristo como Señor; nosotros no somos más que servidores de ustedes por causa de Jesús. 6Porque Dios, que ordenó que la luz resplandeciera en las tinieblas, *e* hizo brillar su luz en nuestro

corazón para que conociéramos la gloria de Dios que resplandece en el rostro de Cristo.

7Pero tenemos este tesoro en vasijas de barro para que se vea que tan sublime poder viene de Dios y no de nosotros. 8Nos vemos atribulados en todo, pero no abatidos; perplejos, pero no desesperados; 9perseguidos, pero no abandonados; derribados, pero no destruidos. 10Dondequiera que vamos, siempre llevamos en nuestro cuerpo la muerte de Jesús, para que también su vida se manifieste en nuestro cuerpo. 11Pues a nosotros, los que vivimos, siempre se nos entrega a la muerte por causa de Jesús, para que también su vida se manifieste en nuestro cuerpo*f* mortal. 12Así que la muerte actúa en nosotros, y en ustedes la vida.

13Escrito está: «Creí, y por eso hablé.»*g* Con ese mismo espíritu de fe también nosotros creemos, y por eso hablamos. 14Pues sabemos que aquel que resucitó al Señor Jesús nos resucitará también a nosotros con él y nos llevará junto con ustedes a su presencia. 15Todo esto es por el bien de ustedes, para que la gracia que está alcanzando a más y más personas haga abundar la acción de gracias para la gloria de Dios.

16Por tanto, no nos desanimamos. Al contrario, aunque por fuera nos vamos desgastando, por dentro nos vamos renovando día tras día. 17Pues los sufrimientos ligeros y efímeros que ahora padecemos producen una gloria eterna que vale muchísimo más que todo sufrimiento. 18Así que no nos fijamos en lo visible sino en lo invisible, ya que lo que se ve es pasajero, mientras que lo que no se ve es eterno.

Nuestra morada celestial

5 De hecho, sabemos que si esta tienda de campaña en que vivimos se deshace, tenemos de Dios un edificio, una casa eterna en el cielo, no construida por manos humanas. 2Mientras tanto suspiramos, anhelando ser revestidos de nuestra morada celestial, 3porque cuando seamos revesti-

---

d 3:18 *reflejamos.* Alt. *contemplamos.*   *e* 4:6 Gn 1:3   *f* 4:11 *nuestro cuerpo.* Lit. *nuestra *carne.*
g 4:13 Sal 116:10

dos, no se nos hallará desnudos. ⁴Realmente, vivimos en esta tienda de campaña, suspirando y agobiados, pues no deseamos ser desvestidos sino revestidos, para que lo mortal sea absorbido por la vida. ⁵Es Dios quien nos ha hecho para este fin y nos ha dado su Espíritu como garantía de sus promesas.

⁶Por eso mantenemos siempre la confianza, aunque sabemos que mientras vivamos en este cuerpo estaremos alejados del Señor. ⁷Vivimos por fe, no por vista. ⁸Así que nos mantenemos confiados, y preferiríamos ausentarnos de este cuerpo y vivir junto al Señor. ⁹Por eso nos empeñamos en agradarle, ya sea que vivamos en nuestro cuerpo o que lo hayamos dejado. ¹⁰Porque es necesario que todos comparezcamos ante el tribunal de Cristo, para que cada uno reciba lo que le corresponda, según lo bueno o malo que haya hecho mientras vivió en el cuerpo.

El ministerio de la reconciliación

¹¹Por tanto, como sabemos lo que es temer al Señor, tratamos de persuadir a todos, aunque para Dios es evidente lo que somos, y espero que también lo sea para la conciencia de ustedes. ¹²No buscamos el recomendarnos otra vez a ustedes, sino que les damos una oportunidad de sentirse *orgullosos de nosotros, para que tengan con qué responder a los que se dejan llevar por las apariencias y no por lo que hay dentro del corazón. ¹³Si estamos locos, es por Dios; y si estamos cuerdos, es por ustedes. ¹⁴El amor de Cristo nos obliga, porque estamos convencidos de que uno murió por todos, y por consiguiente todos murieron. ¹⁵Y él murió por todos, para que los que viven ya no vivan para sí, sino para el que murió por ellos y fue resucitado. ¹⁶Así que de ahora en adelante no consideramos a nadie según criterios meramente *humanos.ʰ Aunque antes conocimos a Cristo de esta manera, ya no lo conocemos así. ¹⁷Por lo tanto, si alguno está en Cristo, es una nueva creación. ¡Lo

viejo ha pasado, ha llegado ya lo nuevo! ¹⁸Todo esto proviene de Dios, quien por medio de Cristo nos reconcilió consigo mismo y nos dio el ministerio de la reconciliación: ¹⁹esto es, que en Cristo, Dios estaba reconciliando al mundo consigo mismo, no tomándole en cuenta sus pecados y encargándonos a nosotros el mensaje de la reconciliación. ²⁰Así que somos embajadores de Cristo, como si Dios los exhortara a ustedes por medio de nosotros: «En nombre de Cristo les rogamos que se reconcilien con Dios.» ²¹Al que no cometió pecado alguno, por nosotros Dios lo trató como pecador,ⁱ para que en él recibiéramosʲ la justicia de Dios.

6 Nosotros, colaboradores de Dios, les rogamos que no reciban su gracia en vano. ²Porque él dice:

> «En el momento propicio te
> escuché,
> y en el día de salvación te
> ayudé.»ᵏ

Les digo que éste es el momento propicio de Dios; ¡hoy es el día de salvación!

Privaciones de Pablo

³Por nuestra parte, a nadie damos motivo alguno de tropiezo, para que no se desacredite nuestro servicio. ⁴Más bien, en todo y con mucha paciencia nos acreditamos como servidores de Dios: en sufrimientos, privaciones y angustias; ⁵en azotes, cárceles y tumultos; en trabajos pesados, desvelos y hambre. ⁶Servimos con pureza, conocimiento, constancia y bondad; en el Espíritu Santo y en amor sincero; ⁷con palabras de verdad y con el poder de Dios; con armas de justicia, tanto ofensivas como defensivas;ˡ ⁸por honra y por deshonra, por mala y por buena fama; veraces, pero tenidos por engañadores; ⁹conocidos, pero tenidos por desconocidos; como moribundos, pero aún con vida; golpeados, pero no muertos; ¹⁰aparentemente tristes, pero siempre alegres; pobres en apariencia, pero enriqueciendo a mu-

---

ʰ 5:16 criterios ... humanos. Lit. la carne.   ⁱ 5:21 lo trató como pecador. Alt. lo hizo sacrificio por el pecado. Lit. lo hizo pecado.   ʲ 5:21 recibiéramos. Lit. llegáramos a ser.   ᵏ 6:2 Is 49:8   ˡ 6:7 ofensivas como defensivas. Lit. en la mano derecha como en la izquierda.

chos; como si no tuviéramos nada, pero poseyéndolo todo. ¹¹Hermanos corintios, les hemos hablado con toda franqueza; les hemos abierto de par en par nuestro corazón. ¹²Nunca les hemos negado nuestro afecto, pero ustedes sí nos niegan el suyo. ¹³Para corresponder del mismo modo —les hablo como si fueran mis hijos—, ¡abran también su corazón de par en par!

No formen yunta con los incrédulos

¹⁴No formen yunta con los incrédulos. ¿Qué tienen en común la justicia y la maldad? ¿O qué comunión puede tener la luz con la oscuridad? ¹⁵¿Qué armonía tiene Cristo con el diablo?ᵐ ¿Qué tiene en común un creyente con un incrédulo? ¹⁶¿En qué concuerdan el templo de Dios y los ídolos? Porque nosotros somos templo del Dios viviente. Como él ha dicho: «Viviré con ellos y caminaré entre ellos. Yo seré su Dios, y ellos serán mi pueblo.»ⁿ Por tanto, el Señor añade:

¹⁷«Salgan de en medio de ellos
    y apártense.
No toquen nada *impuro,
    y yo los recibiré.»ñ
¹⁸«Yo seré un padre para ustedes,
    y ustedes serán mis hijos y mis
        hijas,
    dice el Señor Todopoderoso.»º

7 Como tenemos estas promesas, queridos hermanos, purifiquémonos de todo lo que contamina el cuerpo y el espíritu, para completar en el temor de Dios la obra de nuestra *santificación.

La alegría de Pablo

²Hagan lugar para nosotros en su corazón. A nadie hemos agraviado, a nadie hemos corrompido, a nadie hemos explotado. ³No digo esto para condenarlos; ya les he dicho que tienen un lugar tan amplio en nuestro corazón que con ustedes viviríamos o moriríamos. ⁴Les tengo mucha confianza y me siento muy *orgulloso de ustedes. Estoy muy animado; en medio de todas nuestras aflicciones se desborda mi alegría.

⁵Cuando llegamos a Macedonia, nuestro cuerpo no tuvo ningún descanso, sino que nos vimos acosados por todas partes; conflictos por fuera, temores por dentro. ⁶Pero Dios, que consuela a los abatidos, nos consoló con la llegada de Tito, ⁷y no sólo con su llegada sino también con el consuelo que él había recibido de ustedes. Él nos habló del anhelo, de la profunda tristeza y de la honda preocupación que ustedes tienen por mí, lo cual me llenó de alegría.

⁸Si bien los entristecí con mi carta, no me pesa. Es verdad que antes me pesó, porque me di cuenta de que por un tiempo mi carta los había entristecido. ⁹Sin embargo, ahora me alegro, no porque se hayan entristecido sino porque su tristeza los llevó al *arrepentimiento. Ustedes se entristecieron tal como Dios lo quiere, de modo que nosotros de ninguna manera los hemos perjudicado. ¹⁰La tristeza que proviene de Dios produce el arrepentimiento que lleva a la salvación, de la cual no hay que arrepentirse, mientras que la tristeza del mundo produce la muerte. ¹¹Fíjense lo que ha producido en ustedes esta tristeza que proviene de Dios: ¡qué empeño, qué afán por disculparse, qué indignación, qué temor, qué anhelo, qué preocupación, qué disposición para ver que se haga justicia! En todo han demostrado su inocencia en este asunto. ¹²Así que, a pesar de que les escribí, no fue por causa del ofensor ni del ofendido, sino más bien para que delante de Dios se dieran cuenta por ustedes mismos de cuánto interés tienen en nosotros. ¹³Todo esto nos reanima.

Además del consuelo que hemos recibido, nos alegró muchísimo el ver lo feliz que estaba Tito debido a que todos ustedes fortalecieron su espíritu. ¹⁴Ya le había dicho que me sentía orgulloso de ustedes, y no me han hecho quedar mal. Al contrario, así como todo lo que les dijimos es

---

ᵐ6:15 *el diablo.* Lit. *Beliar,* otra forma de *Belial.*   ⁿ6:16 Lv 26:12; Jer 32:38; Ez 37:27   ñ6:17 Is 52:11; Ez 20:34,41   º6:18 2S 7:8,14; 1Cr 17:13

verdad, también resultaron ciertos los elogios que hice de ustedes delante de Tito. [15]Y él les tiene aún más cariño al recordar que todos ustedes fueron obedientes y lo recibieron con temor y temblor. [16]Me alegro de que puedo confiar plenamente en ustedes.

Estímulo a la generosidad

8 Ahora, hermanos, queremos que se enteren de la gracia que Dios ha dado a las iglesias de Macedonia. [2]En medio de las pruebas más difíciles, su desbordante alegría y su extrema pobreza abundaron en rica generosidad. [3]Soy testigo de que dieron espontáneamente tanto como podían, y aún más de lo que podían, [4]rogándonos con insistencia que les concediéramos el privilegio de tomar parte en esta ayuda para los *santos. [5]Incluso hicieron más de lo que esperábamos, ya que se entregaron a sí mismos, primeramente al Señor y después a nosotros, conforme a la voluntad de Dios. [6]De modo que rogamos a Tito que llevara a feliz término esta obra de gracia entre ustedes, puesto que ya la había comenzado. [7]Pero ustedes, así como sobresalen en todo —en fe, en palabras, en conocimiento, en dedicación y en su amor hacia nosotros*P*—, procuren también sobresalir en esta gracia de dar.

[8]No es que esté dándoles órdenes, sino que quiero probar la sinceridad de su amor en comparación con la dedicación de los demás. [9]Ya conocen la gracia de nuestro Señor Jesucristo, que aunque era rico, por causa de ustedes se hizo pobre, para que mediante su pobreza ustedes llegaran a ser ricos.

[10]Aquí va mi consejo sobre lo que les conviene en este asunto: El año pasado ustedes fueron los primeros no sólo en dar sino también en querer hacerlo. [11]Lleven ahora a feliz término la obra, para que, según sus posibilidades, cumplan con lo que de buena gana propusieron. [12]Porque si uno lo hace de buena voluntad, lo que da es bien recibido según lo que tiene, y no según lo que no tiene.

[13]No se trata de que otros encuentren alivio mientras que ustedes sufren escasez; es más bien cuestión de igualdad. [14]En las circunstancias actuales la abundancia de ustedes suplirá lo que ellos necesitan, para que a su vez la abundancia de ellos supla lo que ustedes necesitan. Así habrá igualdad, [15]como está escrito: «Ni al que recogió mucho le sobraba, ni al que recogió poco le faltaba.»*q*

Tito enviado a Corinto

[16]Gracias a Dios que puso en el corazón de Tito la misma preocupación que yo tengo por ustedes. [17]De hecho, cuando accedió a nuestra petición de ir a verlos, lo hizo con mucho entusiasmo y por su propia voluntad. [18]Junto con él les enviamos al hermano que se ha ganado el reconocimiento de todas las iglesias por los servicios prestados al *evangelio. [19]Además, las iglesias lo escogieron para que nos acompañe cuando llevemos la ofrenda, la cual administramos para honrar al Señor y demostrar nuestro ardiente deseo de servir. [20]Queremos evitar cualquier crítica sobre la forma en que administramos este generoso donativo; [21]porque procuramos hacer lo correcto, no sólo delante del Señor sino también delante de los demás.

[22]Con ellos les enviamos a nuestro hermano que nos ha demostrado con frecuencia y de muchas maneras que es diligente, y ahora lo es aún más por la gran confianza que tiene en ustedes. [23]En cuanto a Tito, es mi compañero y colaborador entre ustedes; y en cuanto a los otros hermanos, son enviados de las iglesias, son una honra para Cristo. [24]Por tanto, den a estos hombres una prueba de su amor y muéstrenles por qué nos sentimos *orgullosos de ustedes, para testimonio ante las iglesias.

9 No hace falta que les escriba acerca de esta ayuda para los *santos, [2]porque conozco la buena disposición que ustedes tienen. Esto lo he comentado con orgullo entre los macedonios, diciéndoles que desde el año pasado ustedes los de Acaya estaban preparados para dar. El

---

P **8:7** *su amor hacia nosotros.* Var. *nuestro amor hacia ustedes.*   *q* **8:15** Éx 16:18

entusiasmo de ustedes ha servido de estímulo a la mayoría de ellos. ³Con todo, les envío a estos hermanos para que en este asunto no resulte vano nuestro *orgullo por ustedes, sino que estén preparados, como ya he dicho que lo estarían, ⁴no sea que algunos macedonios vayan conmigo y los encuentren desprevenidos. En ese caso nosotros —por no decir nada de ustedes— nos avergonzaríamos por haber estado tan seguros. ⁵Así que me pareció necesario rogar a estos hermanos que se adelantaran a visitarlos y completaran los preparativos para esa generosa colecta que ustedes habían prometido. Entonces estará lista como una ofrenda generosa,ʳ y no como una tacañería.

Sembrar con generosidad

⁶Recuerden esto: El que siembra escasamente, escasamente cosechará, y el que siembra en abundancia, en abundancia cosechará.ˢ ⁷Cada uno debe dar según lo que haya decidido en su corazón, no de mala gana ni por obligación, porque Dios ama al que da con alegría. ⁸Y Dios puede hacer que toda gracia abunde para ustedes, de manera que siempre, en toda circunstancia, tengan todo lo necesario, y toda buena obra abunde en ustedes. ⁹Como está escrito:

«Repartió sus bienes entre los
    pobres;
su justicia permanece para
    siempre.»ᵗ

¹⁰El que le suple semilla al que siembra también le suplirá pan para que coma, aumentará los cultivos y hará que ustedes produzcan una abundante cosecha de justicia. ¹¹Ustedes serán enriquecidos en todo sentido para que en toda ocasión puedan ser generosos, y para que por medio de nosotros la generosidad de ustedes resulte en acciones de gracias a Dios. ¹²Esta ayuda es un servicio sagrado no sólo suple las necesidades de los *santos sino que también redunda en abundantes acciones de gracias a Dios.

¹³En efecto, al recibir esta demostración de servicio, ellos alabarán a Dios por la obediencia con que ustedes acompañan la confesión del *evangelio de Cristo, y por su generosa solidaridad con ellos y con todos. ¹⁴Además, en las oraciones de ellos por ustedes, expresarán el afecto que les tienen por la sobreabundante gracia que ustedes han recibido de Dios. ¹⁵¡Gracias a Dios por su don inefable!

Pablo defiende su ministerio

10 Por la ternura y la bondad de Cristo, yo, Pablo, apelo a ustedes personalmente; yo mismo que, según dicen, soy tímido cuando me encuentro cara a cara con ustedes pero atrevido cuando estoy lejos. ²Les ruego que cuando vaya no tenga que ser tan atrevido como me he propuesto ser con algunos que opinan que vivimos según criterios meramente *humanos, ³pues aunque vivimos en el *mundo, no libramos batallas como lo hace el mundo. ⁴Las armas con que luchamos no son del mundo, sino que tienen el poder divino para derribar fortalezas. ⁵Destruimos argumentos y toda altivez que se levanta contra el conocimiento de Dios, y llevamos cautivo todo pensamiento para que se someta a Cristo. ⁶Y estamos dispuestos a castigar cualquier acto de desobediencia una vez que yo pueda contar con la completa obediencia de ustedes.

⁷Fíjense en lo que está a la vista.ᵘ Si alguno está convencido de ser de Cristo, considere esto de nuevo: nosotros somos tan de Cristo como él. ⁸No me avergonzaré de *jactarme de nuestra autoridad más de la cuenta, autoridad que el Señor nos ha dado para la edificación y no para la destrucción de ustedes. ⁹No quiero dar la impresión de que trato de asustarlos con mis cartas, ¹⁰pues algunos dicen: «Sus cartas son duras y fuertes, pero él en persona no impresiona a nadie, y como orador es un fracaso.» ¹¹Tales personas deben darse cuenta de que lo que somos

---

ʳ **9:5** *una ofrenda generosa.* Lit. *una bendición.*   ˢ **9:6** *siembra ... cosechará.* Lit. *siembra en bendición, en bendición cosechará.*   ᵗ **9:9** Sal 112:9   ᵘ **10:7** *Fíjense ... vista.* Alt. *Ustedes se fijan en las apariencias.*

por escrito estando ausentes, lo seremos con hechos estando presentes. [12]No nos atrevemos a igualarnos ni a compararnos con algunos que tanto se recomiendan a sí mismos. Al medirse con su propia medida y compararse unos con otros, no saben lo que hacen. [13]Nosotros, por nuestra parte, no vamos a jactarnos más de lo debido. Nos limitaremos al campo que Dios nos ha asignado según su medida, en la cual también ustedes están incluidos. [14]Si no hubiéramos estado antes entre ustedes, se podría alegar que estamos rebasando estos límites, cuando lo cierto es que fuimos los primeros en llevarles el *evangelio de Cristo. [15]No nos jactamos desmedidamente a costa del trabajo que otros han hecho. Al contrario, esperamos que, según vaya creciendo la fe de ustedes, también nuestro campo de acción entre ustedes se amplíe grandemente, [16]para poder predicar el evangelio más allá de sus regiones, sin tener que jactarnos del trabajo ya hecho por otros. [17]Más bien, «Si alguien ha de gloriarse, que se gloríe en el Señor».[v] [18]Porque no es aprobado el que se recomienda a sí mismo sino aquel a quien recomienda el Señor.

Pablo y los falsos apóstoles

11 ¡Ojalá me aguanten unas cuantas tonterías! ¡Sí, aguántenmelas![w] [2]El celo que siento por ustedes proviene de Dios, pues los tengo prometidos a un solo esposo, que es Cristo, para presentárselos como una virgen pura. [3]Pero me temo que, así como la serpiente con su astucia engañó a Eva, los pensamientos de ustedes sean desviados de un compromiso puro y[x] sincero con Cristo. [4]Si alguien llega a ustedes predicando a un Jesús diferente del que les hemos predicado nosotros, o si reciben un espíritu o un *evangelio diferentes de los que ya recibieron, a ése lo aguantan con facilidad. [5]Pero considero que en nada soy inferior a esos «superapóstoles». [6]Quizás yo sea un mal orador, pero tengo conocimiento.

Esto se lo hemos demostrado a ustedes de una y mil maneras. [7]¿Es que cometí un pecado al humillarme yo para enaltecerlos a ustedes, predicándoles el *evangelio de Dios gratuitamente? [8]De hecho, despojé a otras iglesias al recibir de ellas ayuda para servirles a ustedes. [9]Cuando estuve entre ustedes y necesité algo, no fui una carga para nadie, ya que los hermanos que llegaron de Macedonia suplieron mis necesidades. He evitado serles una carga en cualquier sentido, y seguiré evitándolo. [10]Es tan cierto que la verdad de Cristo está en mí, como lo es que nadie en las regiones de Acaya podrá privarme de este motivo de *orgullo. [11]¿Por qué? ¿Porque no los amo? ¡Dios sabe que sí! [12]Pero seguiré haciendo lo que hago, a fin de quitar todo pretexto a aquellos que, buscando una oportunidad para hacerse iguales a nosotros, se *jactan de lo que hacen. [13]Tales individuos son falsos apóstoles, obreros estafadores, que se disfrazan de apóstoles de Cristo. [14]Y no es de extrañar, ya que Satanás mismo se disfraza de ángel de luz. [15]Por eso no es de sorprenderse que sus servidores se disfracen de servidores de la justicia. Su fin corresponderá con lo que merecen sus acciones.

Los sufrimientos de Pablo

[16]Lo repito: Que nadie me tenga por insensato. Pero aun cuando así me consideren, de todos modos recíbanme, para poder *jactarme un poco. [17]Al jactarme tan confiadamente, no hablo como quisiera el Señor sino con insensatez. [18]Ya que muchos se ufanan como lo hace el mundo,[y] yo también lo haré. [19]Por ser tan sensatos, ustedes de buena gana aguantan a los insensatos. [20]Aguantan incluso a cualquiera que los esclaviza, o los explota, o se aprovecha de ustedes, o se comporta con altanería, o les da de bofetadas. [21]¡Para vergüenza mía, confieso que hemos sido demasiado débiles!

Si alguien se atreve a dárselas de algo, también yo me atrevo a hacerlo; lo digo como un insensato. 22¿Son ellos hebreos? Pues yo también. ¿Son israelitas? También yo lo soy. ¿Son descendientes de Abraham? Yo también. 23¿Son servidores de Cristo? ¡Qué locura! Yo lo soy más que ellos. He trabajado más arduamente, he sido encarcelado más veces, he recibido los azotes más severos, he estado en peligro de muerte repetidas veces. 24Cinco veces recibí de los judíos los treinta y nueve azotes. 25Tres veces me golpearon con varas, una vez me apedrearon, tres veces naufragué, y pasé un día y una noche como náufrago en alta mar. 26Mi vida ha sido un continuo ir y venir de un sitio a otro; en peligros de ríos, peligros de bandidos, peligros de parte de mis compatriotas, peligros a manos de los *gentiles, peligros en la ciudad, peligros en el campo, peligros en el mar y peligros de parte de falsos hermanos. 27He pasado muchos trabajos y fatigas, y muchas veces me he quedado sin dormir; he sufrido hambre y sed, y muchas veces me he quedado en ayunas; he sufrido frío y desnudez. 28Y como si fuera poco, cada día pesa sobre mí la preocupación por todas las iglesias. 29¿Cuando alguien se siente débil, no comparto yo su debilidad? ¿Y cuando a alguien se le hace *tropezar, no ardo yo de indignación?

30Si me veo obligado a jactarme, me jactaré de mi debilidad. 31El Dios y Padre del Señor Jesús (¡sea por siempre alabado!) sabe que no miento. 32En Damasco, el gobernador bajo el rey Aretas mandó que se vigilara la ciudad de los damascenos con el fin de arrestarme; 33pero me bajaron en un canasto por una ventana de la muralla, y así escapé de las manos del gobernador.

Visión y debilidad de Pablo

12 Me veo obligado a *jactarme, aunque nada se gane con ello. Paso a referirme a las visiones y revelaciones del Señor. 2Conozco a un seguidor de Cristo que hace catorce años fue llevado al tercer cielo (no sé si en el cuerpo o fuera del cuerpo; Dios lo sabe). 3Y sé que este hombre (no sé si en el cuerpo o aparte del cuerpo; Dios lo sabe) 4fue llevado al paraíso y escuchó cosas indecibles que a los *humanos no se nos permite expresar. 5De tal hombre podría hacer alarde; pero de mí no haré alarde sino de mis debilidades. 6Sin embargo, no sería insensato si decidiera jactarme, porque estaría diciendo la verdad. Pero no lo hago, para que nadie suponga que soy más de lo que aparento o de lo que digo.

7Para evitar que me volviera presumido por estas sublimes revelaciones, una espina me fue clavada en el cuerpo, es decir, un mensajero de Satanás, para que me atormentara. 8Tres veces le rogué al Señor que me la quitara; 9pero él me dijo: «Te basta con mi gracia, pues mi poder se perfecciona en la debilidad.» Por lo tanto, gustosamente haré más bien alarde de mis debilidades, para que permanezca sobre mí el poder de Cristo. 10Por eso me regocijo en debilidades, insultos, privaciones, persecuciones y dificultades que sufro por Cristo; porque cuando soy débil, entonces soy fuerte.

Preocupación de Pablo por los corintios

11Me he portado como un insensato, pero ustedes me han obligado a ello. Ustedes debían haberme elogiado, pues de ningún modo soy inferior a los «superapóstoles», aunque yo no soy nada. 12Las marcas distintivas de un apóstol, tales como señales, prodigios y milagros, se dieron constantemente entre ustedes. 13¿En qué fueron ustedes inferiores a las demás iglesias? Pues sólo en que yo mismo nunca les fui una carga. ¡Perdónenme si los ofendo!

14Miren que por tercera vez estoy listo para visitarlos, y no les seré una carga, pues no me interesa lo que ustedes tienen sino lo que ustedes son. Después de todo, no son los hijos los que deben ahorrar para los padres, sino los padres para los hijos. 15Así que de buena gana gastaré todo lo que tengo, y hasta yo mismo me desgastaré del todo por ustedes. Si los amo hasta el extremo, ¿me amarán menos? 16En todo caso, no les he sido una carga. ¿Es que, como soy tan astuto, les tendí una trampa para estafarlos? 17¿Acaso los exploté por medio de alguno de mis enviados? [18]Le rogué a Tito que fuera a verlos y con él envié al hermano. ¿Acaso se aprovechó Tito de ustedes? ¿No procedimos los dos con el mismo espíritu y seguimos el mismo camino?

[19]¿Todo este tiempo han venido pensando que nos estábamos justificando ante ustedes? ¡Más bien, hemos estado hablando delante de Dios en Cristo! Todo lo que hacemos, queridos hermanos, es para su edificación. [20]En realidad, me temo que cuando vaya a verlos no los encuentre como quisiera, ni ustedes me encuentren a mí como quisieran. Temo que haya peleas, celos, arrebatos de ira, rivalidades, calumnias, chismes, insultos y alborotos. [21]Temo que, al volver a visitarlos, mi Dios me humille delante de ustedes, y que yo tenga que llorar por muchos que han pecado desde hace algún tiempo pero no se han *arrepentido de la impureza, de la inmoralidad sexual y de los vicios a que se han entregado.

Advertencias finales

13 Ésta será la tercera vez que los visito. «Todo asunto se resolverá mediante el testimonio de dos o tres testigos.»[z] [2]Cuando estuve con ustedes por segunda vez les advertí, y ahora que estoy ausente se lo repito: Cuando vuelva a verlos, no seré indulgente con los que antes pecaron ni con ningún otro, [3]ya que están exigiendo una prueba de que Cristo habla por medio de mí. Él no se muestra débil en su trato con ustedes, sino que ejerce su poder entre ustedes. [4]Es cierto que fue crucificado en debilidad, pero ahora vive por el poder de Dios. De igual manera, nosotros participamos de su debilidad, pero por el poder de Dios viviremos con Cristo para ustedes.

[5]Examínense para ver si están en la fe; pruébense a sí mismos. ¿No se dan cuenta de que Cristo Jesús está en ustedes? ¡A menos que fracasen en la *prueba! [6]Espero que reconozcan que nosotros no hemos fracasado. [7]Pedimos a Dios que no hagan nada malo, no para demostrar mi éxito, sino para que hagan lo bueno, aunque parezca que nosotros hemos fracasado. [8]Pues nada podemos hacer contra la verdad, sino a favor de la verdad. [9]De hecho, nos alegramos cuando nosotros somos débiles y ustedes fuertes; y oramos a Dios para que los restaure plenamente. [10]Por eso les escribo todo esto en mi ausencia, para que cuando vaya no tenga que ser severo en el uso de mi autoridad, la cual el Señor me ha dado para edificación y no para destrucción.

Saludos finales

[11]En fin, hermanos, alégrense, busquen[a] su restauración, hagan caso de mi exhortación, sean de un mismo sentir, vivan en paz. Y el Dios de amor y de paz estará con ustedes. [12]Salúdense unos a otros con un beso santo. [13]Todos los *santos les mandan saludos.

[14]Que la gracia del Señor Jesucristo, el amor de Dios y la comunión del Espíritu Santo sean con todos ustedes.

---

[z]**13:1** Dt 19:15   [a]**13:11** *alégrense, busquen.* Alt. *los saludo. Busquen.*

Carta a los Gálatas

1 Pablo, apóstol, no por investidura ni mediación *humanas, sino por *Jesucristo y por Dios Padre, que lo *levantó de entre los muertos; **2**y todos los hermanos que están conmigo,

a las iglesias de Galacia:

3Que Dios nuestro Padre y el Señor Jesucristo les concedan gracia y paz. **4**Jesucristo dio su vida por nuestros pecados para rescatarnos de este mundo malvado, según la voluntad de nuestro Dios y Padre, **5**a quien sea la gloria por los siglos de los siglos. Amén.

No hay otro evangelio

6Me asombra que tan pronto estén dejando ustedes a quien los llamó por la gracia de Cristo, para pasarse a otro *evangelio. **7**No es que haya otro evangelio, sino que ciertos individuos están sembrando confusión entre ustedes y quieren tergiversar el evangelio de Cristo. **8**Pero aun si alguno de nosotros o un ángel del cielo les predicara un evangelio distinto del que les hemos predicado, ¡que caiga bajo maldición! **9**Como ya lo hemos dicho, ahora lo repito: si alguien les anda predicando un evangelio distinto del que recibieron, ¡que caiga bajo maldición!

10¿Qué busco con esto: ganarme la aprobación *humana o la de Dios? ¿Piensan que procuro agradar a los demás? Si yo buscara agradar a otros, no sería *siervo de Cristo.

Pablo, llamado por Dios

11Quiero que sepan, hermanos, que el *evangelio que yo predico no es invención *humana. **12**No lo recibí ni lo aprendí de ningún *ser humano, sino que me llegó por revelación de Jesucristo.

13Ustedes ya están enterados de mi conducta cuando pertenecía al judaísmo, de la furia con que perseguía a la iglesia de Dios, tratando de destruirla. **14**En la práctica del judaísmo, yo aventajaba a muchos de mis contemporáneos en mi celo exagerado por las tradiciones de mis antepasados. **15**Sin embargo, Dios me había apartado desde el vientre de mi madre y me llamó por su gracia. Cuando él tuvo a bien **16**revelarme a su Hijo para que yo lo predicara entre los *gentiles, no consulté con nadie. **17**Tampoco subí a Jerusalén para ver a los que eran apóstoles antes que yo, sino que fui de inmediato a Arabia, de donde luego regresé a Damasco.

18Después de tres años, subí a Jerusalén para visitar a Pedro,ᵃ y me quedé con él quince días. **19**No vi a ningún otro de los apóstoles; sólo vi a *Jacobo, el hermano del Señor. **20**Dios me es testigo que en esto que les escribo no miento. **21**Más tarde fui a las regiones de Siria y Cilicia. **22**Pero en Judea las iglesias deᵇ Cristo no me conocían personalmente. **23**Sólo habían oído decir: «El que antes nos perseguía ahora predica la fe que procuraba destruir.» **24**Y por causa mía glorificaban a Dios.

Los apóstoles aceptan a Pablo

2 Catorce años después subí de nuevo a Jerusalén, esta vez con Bernabé, llevando también a Tito. **2**Fui en obediencia a una revelación, y me reuní en privado con los que eran reconocidos como dirigentes, y les expliqué el *evangelio que predico entre los *gentiles, para que todo mi esfuerzo no fuera en vano.ᶜ **3**Ahora bien, ni siquiera Tito, que me acompañaba, fue obligado a circuncidarse, aunque era *griego. **4**El problema era que algunos falsos hermanos se habían infiltrado entre

---

ᵃ **1:18** Aquí el autor usa *Cefas*, nombre arameo de Pedro; también en 2:9,11,14.   ᵇ **1:22** *de.* Lit. *en.*
ᶜ **2:2** *para ... vano.* Lit. *para que yo no estuviera corriendo o hubiera corrido en vano.*

nosotros para coartar la libertad que tenemos en Cristo Jesús a fin de esclavizarnos. 5Ni por un momento accedimos a someternos a ellos, pues queríamos que se preservara entre ustedes la integridad del evangelio.

6En cuanto a los que eran reconocidos como personas importantes —aunque no me interesa lo que fueran, porque Dios no juzga por las apariencias—, no me impusieron nada nuevo. 7Al contrario, reconocieron que a mí se me había encomendado predicar el evangelio a los gentiles, de la misma manera que se le había encomendado a Pedro predicarlo a los judíos.d 8El mismo Dios que facultó a Pedro como apóstol de los judíose me facultó también a mí como apóstol de los gentiles. 9En efecto, *Jacobo, Pedro y Juan, que eran considerados columnas, al reconocer la gracia que yo había recibido, nos dieron la mano a Bernabé y a mí en señal de compañerismo, de modo que nosotros fuéramos a los gentiles y ellos a los judíos. 10Sólo nos pidieron que nos acordáramos de los pobres, y eso es precisamente lo que he venido haciendo con esmero.

Pablo se opone a Pedro

11Pues bien, cuando Pedro fue a Antioquía, le eché en cara su comportamiento condenable. 12Antes que llegaran algunos de parte de *Jacobo, Pedro solía comer con los *gentiles. Pero cuando aquéllos llegaron, comenzó a retraerse y a separarse de los gentiles por temor a los partidarios de la *circuncisión.f 13Entonces los demás judíos se unieron a Pedro en su *hipocresía, y hasta el mismo Bernabé se dejó arrastrar por esa conducta hipócrita. 14Cuando vi que no actuaban rectamente, como corresponde a la integridad del *evangelio, le dije a Pedro delante de todos: «Si tú, que eres judío, vives como si no lo fueras, ¿por qué obligas a los gentiles a practicar el judaísmo?

15»Nosotros somos judíos de nacimiento y no *"pecadores paganos". 16Sin embargo, al reconocer que nadie es *justificado por las obras que demanda la ley sino por la *fe en Jesucristo, también nosotros hemos puesto nuestra fe en Cristo Jesús, para ser justificados por la fe en él y no por las obras de la ley; porque por éstas nadie será justificado.

17»Ahora bien, cuando buscamos ser justificados porg Cristo, se hace evidente que nosotros mismos somos pecadores. ¿Quiere esto decir que Cristo está al servicio del pecado? ¡De ninguna manera! 18Si uno vuelve a edificar lo que antes había destruido, se haceh transgresor. 19Yo, por mi parte, mediante la ley he muerto a la ley, a fin de vivir para Dios. 20He sido crucificado con Cristo, y ya no vivo yo sino que Cristo vive en mí. Lo que ahora vivo en el cuerpo, lo vivo por la fe en el Hijo de Dios, quien me amó y dio su vida por mí. 21No desecho la gracia de Dios. Si la justicia se obtuviera mediante la ley, Cristo habría muerto en vano.»i

La fe o la observancia de la ley

3 ¡Gálatas torpes! ¿Quién los ha hechizado a ustedes, ante quienes Jesucristo crucificado ha sido presentado tan claramente? 2Sólo quiero que me respondan a esto: ¿Recibieron el Espíritu por las obras que demanda la ley, o por la fe con que aceptaron el mensaje? 3¿Tan torpes son? Después de haber comenzado con el Espíritu, ¿pretenden ahora perfeccionarse con esfuerzos *humanos?j 4¿Tanto sufrir, para nada?k ¡Si es que de veras fue para nada! 5Al darles Dios su Espíritu y hacer milagros entre ustedes, ¿lo hace por las obras que demanda la ley o por la fe con que han aceptado el mensaje? 6Así fue con Abraham: «Le creyó a Dios, y esto se le tomó en cuenta como justicia.»l

7Por lo tanto, sepan que los descendientes de Abraham son aquellos que vi-

---

d2:7 el evangelio ... judíos. Lit. el evangelio de la incircuncisión, como a Pedro el de la *circuncisión.
e2:8 los judíos. Lit. la circuncisión; también en v. 9.   f2:12 los partidarios de la circuncisión. Lit. los judíos.
g2:17 por. Lit. en.   h2:18 Si uno vuelve ... se hace. Lit. Si vuelvo ... me hago.   i2:21 Algunos intérpretes consideran que la cita termina al final del v. 14.   j3:3 ¿pretenden ... humanos? Lit. ¿se perfeccionan ahora con la *carne?   k3:4 ¿Tanto sufrir, para nada? Alt. ¿Han tenido tan grandes experiencias en vano?
l3:6 Gn 15:6

ven por la fe. [8]En efecto, la Escritura, habiendo previsto que Dios *justificaría por la fe a las *naciones, anunció de antemano el *evangelio a Abraham: «Por medio de ti serán bendecidas todas las naciones.»[m] [9]Así que los que viven por la fe son bendecidos junto con Abraham, el hombre de fe.

[10]Todos los que viven por las obras que demanda la ley están bajo maldición, porque está escrito: «Maldito sea quien no practique fielmente todo lo que está escrito en el libro de la ley.»[n] [11]Ahora bien, es evidente que por la ley nadie es justificado delante de Dios, porque «el justo vivirá por la fe».[ñ] [12]La ley no se basa en la fe; por el contrario, «quien practique estas cosas vivirá por ellas».[o] [13]Cristo nos rescató de la maldición de la ley al hacerse maldición por nosotros, pues está escrito: «Maldito todo el que es colgado de un madero.»[p] [14]Así sucedió, para que, por medio de Cristo Jesús, la bendición prometida a Abraham llegara a las naciones, y para que por la fe recibiéramos el Espíritu según la promesa.

La ley y la promesa

[15]Hermanos, voy a ponerles un ejemplo: aun en el caso de un pacto[q] *humano, nadie puede anularlo ni añadirle nada una vez que ha sido ratificado. [16]Ahora bien, las promesas se le hicieron a Abraham y a su descendencia. La Escritura no dice: «y a los descendientes», como refiriéndose a muchos, sino: «y a tu descendencia»,[r] dando a entender uno solo, que es Cristo. [17]Lo que quiero decir es esto: La ley, que vino cuatrocientos treinta años después, no anula el pacto que Dios había ratificado previamente; de haber sido así, quedaría sin efecto la promesa. [18]Si la herencia se basa en la ley, ya no se basa en la promesa; pero Dios se la concedió gratuitamente a Abraham mediante una promesa.

[19]Entonces, ¿cuál era el propósito de la ley? Fue añadida por causa de[s] las

transgresiones hasta que viniera la descendencia a la cual se hizo la promesa. La ley se promulgó por medio de ángeles, por conducto de un mediador. [20]Ahora bien, no hace falta mediador si hay una sola parte, y sin embargo Dios es uno solo. [21]Si esto es así, ¿estará la ley en contra de las promesas de Dios? ¡De ninguna manera! Si se hubiera promulgado una ley capaz de dar vida, entonces sí que la justicia se basaría en la ley. [22]Pero la Escritura declara que todo el mundo es prisionero del pecado,[t] para que mediante la *fe en Jesucristo lo prometido se les conceda a los que creen.

[23]Antes de venir esta fe, la ley nos tenía presos, encerrados hasta que la fe se revelara. [24]Así que la ley vino a ser nuestro guía encargado de conducirnos a Cristo,[u] para que fuéramos *justificados por la fe. [25]Pero ahora que ha llegado la fe, ya no estamos sujetos al guía.

Hijos de Dios

[26]Todos ustedes son hijos de Dios mediante la *fe en Cristo Jesús, [27]porque todos los que han sido bautizados en Cristo se han revestido de Cristo. [28]Ya no hay judío ni *griego, esclavo ni libre, hombre ni mujer, sino que todos ustedes son uno solo en Cristo Jesús. [29]Y si ustedes pertenecen a Cristo, son la descendencia de Abraham y herederos según la promesa.

4 En otras palabras, mientras el heredero es menor de edad, en nada se diferencia de un *esclavo, a pesar de ser dueño de todo. [2]Al contrario, está bajo el cuidado de tutores y administradores hasta la fecha fijada por su padre. [3]Así también nosotros, cuando éramos menores, estábamos esclavizados por los *principios[v] de este mundo. [4]Pero cuando se cumplió el plazo,[w] Dios envió a su Hijo, nacido de una mujer, nacido bajo la ley, [5]para rescatar a los que estaban bajo la ley, a fin de que fuéramos adoptados como hijos. [6]Ustedes ya son hijos. Dios ha enviado a

---

[m] **3:8** Gn 12:3; 18:18; 22:18   [n] **3:10** Dt 27:26   [ñ] **3:11** Hab 2:4   [o] **3:12** Lv 18:5   [p] **3:13** Dt 21:23
[q] **3:15** *pacto*. Alt. *testamento*.   [r] **3:16** Gn 12:7; 13:15; 24:7   [s] **3:19** *por causa de*. Alt. *para manifestar*, o *para aumentar*.   [t] **3:22** *declara ... pecado*. Lit. *lo ha encerrado todo bajo pecado*.   [u] **3:24** *la ley ... Cristo*. Alt. *la ley fue nuestro guía hasta que vino Cristo*.   [v] **4:3** *los principios*. Alt. *los poderes espirituales*, o *las normas*; también en v. 9.   [w] **4:4** *se cumplió el plazo*. Lit. *vino la plenitud del tiempo*.

nuestros corazones el Espíritu de su Hijo, que clama: «¡*Abba!* ¡Padre!» 7 Así que ya no eres esclavo sino hijo; y como eres hijo, Dios te ha hecho también heredero.

Preocupación de Pablo por los gálatas

8 Antes, cuando ustedes no conocían a Dios, eran esclavos de los que en realidad no son dioses. 9 Pero ahora que conocen a Dios —o más bien que Dios los conoce a ustedes—, ¿cómo es que quieren regresar a esos *principios ineficaces y sin valor? ¿Quieren volver a ser esclavos de ellos? 10 ¡Ustedes siguen guardando los días de fiesta, meses, estaciones y años! 11 Temo por ustedes, que tal vez me haya estado esforzando en vano.

12 Hermanos, yo me he identificado con ustedes. Les suplico que ahora se identifiquen conmigo. No es que me hayan ofendido en algo. 13 Como bien saben, la primera vez que les prediqué el *evangelio fue debido a una enfermedad, 14 y aunque ésta fue una *prueba para ustedes, no me trataron con desprecio ni desdén. Al contrario, me recibieron como a un ángel de Dios, como si se tratara de Cristo Jesús. 15 Pues bien, ¿qué pasó con todo ese entusiasmo? Me consta que, de haberles sido posible, se habrían sacado los ojos para dármelos. 16 ¡Y ahora resulta que por decirles la verdad me he vuelto su enemigo!

17 Esos que muestran mucho interés por ganárselos a ustedes no abrigan buenas intenciones. Lo que quieren es alejarlos de nosotros para que ustedes se entreguen a ellos. 18 Está bien mostrar interés, con tal de que ese interés sea bien intencionado y constante, y que no se manifieste sólo cuando yo estoy con ustedes. 19 Queridos hijos, por quienes vuelvo a sufrir dolores de parto hasta que Cristo sea formado en ustedes, 20 ¡cómo quisiera estar ahora con ustedes y hablarles de otra manera, porque lo que están haciendo me tiene perplejo!

Agar y Sara

21 Díganme ustedes, los que quieren estar bajo la ley: ¿por qué no le prestan atención a lo que la ley misma dice? 22 ¿Acaso no está escrito que Abraham tuvo dos hijos, uno de la esclava y otro de la libre? 23 El de la esclava nació por decisión *humana, pero el de la libre nació en cumplimiento de una promesa.

24 Ese relato puede interpretarse en sentido figurado: estas mujeres representan dos pactos. Uno, que es Agar, procede del monte Sinaí y tiene hijos que nacen para ser esclavos. 25 Agar representa el monte Sinaí en Arabia, y corresponde a la actual ciudad de Jerusalén, porque junto con sus hijos vive en esclavitud. 26 Pero la Jerusalén celestial es libre, y ésa es nuestra madre. 27 Porque está escrito:

«Tú, mujer estéril que nunca has
    dado a luz,
¡grita de alegría!
Tú, que nunca tuviste dolores de
    parto,
¡prorrumpe en gritos de júbilo!
Porque más hijos que la casada
tendrá la desamparada.» *x*

28 Ustedes, hermanos, al igual que Isaac, son hijos por la promesa. 29 Y así como en aquel tiempo el hijo nacido por decisión humana persiguió al hijo nacido por el Espíritu, así también sucede ahora. 30 Pero, ¿qué dice la Escritura? «¡Echa de aquí a la esclava y a su hijo! El hijo de la esclava jamás tendrá parte en la herencia con el hijo de la libre.» *y* 31 Así que, hermanos, no somos hijos de la esclava sino de la libre.

Libertad en Cristo

5 Cristo nos liberó para que vivamos en libertad. Por lo tanto, manténganse firmes *z* y no se sometan nuevamente al yugo de esclavitud.

2 Escuchen bien: yo, Pablo, les digo que si se hacen circuncidar, Cristo no les ser-

---

x 4:27 Is 54:1   *y* 4:30 Gn 21:10   *z* 5:1 *Cristo ... firmes.* Var. *Por lo tanto, manténganse firmes en la libertad con que Cristo nos libertó.*

virá de nada. ³De nuevo declaro que todo el que se hace circuncidar está obligado a practicar toda la ley. ⁴Aquellos de entre ustedes que tratan de ser *justificados por la ley, han roto con Cristo; han caído de la gracia. ⁵Nosotros, en cambio, por obra del Espíritu y mediante la fe, aguardamos con ansias la justicia que es nuestra esperanza. ⁶En Cristo Jesús de nada vale estar o no estar circuncidados; lo que vale es la fe que actúa mediante el amor.

⁷Ustedes estaban corriendo bien. ¿Quién los estorbó para que dejaran de obedecer a la verdad? ⁸Tal instigación no puede venir de Dios, que es quien los ha llamado. ⁹«Un poco de levadura fermenta toda la masa.» ¹⁰Yo por mi parte confío en el Señor que ustedes no pensarán de otra manera. El que los está perturbando será castigado, sea quien sea. ¹¹Hermanos, si es verdad que yo todavía predico la circuncisión, ¿por qué se me sigue persiguiendo? Si tal fuera mi predicación, la cruz no *ofendería tanto. ¹²¡Ojalá que esos instigadores acabaran por mutilarse del todo!

¹³Les hablo así, hermanos, porque ustedes han sido llamados a ser libres; pero no se valgan de esa libertad para dar rienda suelta a sus *pasiones. Más bien sírvanse unos a otros con amor. ¹⁴En efecto, toda la ley se resume en un solo mandamiento: «Ama a tu prójimo como a ti mismo.»ᵃ ¹⁵Pero si siguen mordiéndose y devorándose, tengan cuidado, no sea que acaben por destruirse unos a otros.

La vida por el Espíritu

¹⁶Así que les digo: Vivan por el Espíritu, y no seguirán los deseos de la *naturaleza pecaminosa. ¹⁷Porque ésta desea lo que es contrario al Espíritu, y el Espíritu desea lo que es contrario a ella. Los dos se oponen entre sí, de modo que ustedes no pueden hacer lo que quieren. ¹⁸Pero si los guía el Espíritu, no están bajo la ley.

¹⁹Las obras de la naturaleza pecaminosa se conocen bien: inmoralidad sexual, impureza y libertinaje; ²⁰idolatría y brujería; odio, discordia, celos, arrebatos de ira,

rivalidades, disensiones, sectarismos ²¹y envidia; borracheras, orgías, y otras cosas parecidas. Les advierto ahora, como antes lo hice, que los que practican tales cosas no heredarán el reino de Dios.

²²En cambio, el fruto del Espíritu es amor, alegría, paz, paciencia, amabilidad, bondad, *fidelidad, ²³humildad y dominio propio. No hay ley que condene estas cosas. ²⁴Los que son de Cristo Jesús han crucificado la naturaleza pecaminosa, con sus pasiones y deseos. ²⁵Si el Espíritu nos da vida, andemos guiados por el Espíritu. ²⁶No dejemos que la vanidad nos lleve a irritarnos y a envidiarnos unos a otros.

La ayuda mutua

6 Hermanos, si alguien es sorprendido en pecado, ustedes que son espirituales deben restaurarlo con una actitud humilde. Pero cuídese cada uno, porque también puede ser *tentado. ²Ayúdense unos a otros a llevar sus cargas, y así cumplirán la ley de Cristo. ³Si alguien cree ser algo, cuando en realidad no es nada, se engaña a sí mismo. ⁴Cada cual examine su propia conducta; y si tiene algo de qué presumir, que no se compare con nadie. ⁵Que cada uno cargue con su propia responsabilidad.

⁶El que recibe instrucción en la palabra de Dios, comparta todo lo bueno con quien le enseña.

⁷No se engañen: de Dios nadie se burla. Cada uno cosecha lo que siembra. ⁸El que siembra para agradar a su *naturaleza pecaminosa, de esa misma naturaleza cosechará destrucción; el que siembra para agradar al Espíritu, del Espíritu cosechará vida eterna. ⁹No nos cansemos de hacer el bien, porque a su debido tiempo cosecharemos si no nos damos por vencidos. ¹⁰Por lo tanto, siempre que tengamos la oportunidad, hagamos bien a todos, y en especial a los de la familia de la fe.

No la circuncisión, sino una nueva creación

¹¹Miren que les escribo de mi puño y letra, ¡y con letras bien grandes!

ᵃ5:14 Lv 19:18

¹²Los que tratan de obligarlos a ustedes a circuncidarse lo hacen únicamente para dar una buena impresión y evitar ser perseguidos por causa de la cruz de Cristo. ¹³Ni siquiera esos que están circuncidados obedecen la ley; lo que pasa es que quieren obligarlos a circuncidarse para luego *jactarse de la señal que ustedes llevarían en el cuerpo.ᵇ ¹⁴En cuanto a mí, jamás se me ocurra jactarme de otra cosa sino de la cruz de nuestro Señor Jesucristo, por quienᶜ el mundo ha sido crucificado para mí, y yo para el mundo. ¹⁵Para nada cuenta estar o no estar circuncidados; lo que importa es ser parte de una nueva creación. ¹⁶Paz y misericordia desciendan sobre todos los que siguen esta norma, y sobre el Israel de Dios.

¹⁷Por lo demás, que nadie me cause más problemas, porque yo llevo en el cuerpo las cicatrices de Jesús.

¹⁸Hermanos, que la gracia de nuestro Señor Jesucristo sea con el espíritu de cada uno de ustedes. Amén.

ᵇ **6:13** *jactarse ... cuerpo.* Lit. *jactarse en la* *carne.*   ᶜ **6:14** *por quien.* Alt. *po⟩ ⟨a cual.*

Carta a los Efesios

1 Pablo, apóstol de *Cristo Jesús por la voluntad de Dios,

a los *santos y fieles *a* en Cristo Jesús que están en Éfeso: *b*

2 Que Dios nuestro Padre y el Señor Jesucristo les concedan gracia y paz.

Bendiciones espirituales en Cristo

3 Alabado sea Dios, Padre de nuestro Señor Jesucristo, que nos ha bendecido en las regiones celestiales con toda bendición espiritual en Cristo. 4 Dios nos escogió en él antes de la creación del mundo, para que seamos santos y sin mancha delante de él. En amor 5 nos predestinó para ser adoptados como hijos suyos por medio de Jesucristo, según el buen propósito de su voluntad, 6 para alabanza de su gloriosa gracia, que nos concedió en su Amado. 7 En él tenemos la redención mediante su sangre, el perdón de nuestros pecados, conforme a las riquezas de la gracia 8 que Dios nos dio en abundancia con toda sabiduría y entendimiento. 9 Él nos hizo conocer el *misterio de su voluntad conforme al buen propósito que de antemano estableció en Cristo, 10 para llevarlo a cabo cuando se cumpliera el tiempo: reunir en él todas las cosas, tanto las del cielo como las de la tierra.

11 En Cristo también fuimos hechos herederos, *c* pues fuimos predestinados según el plan de aquel que hace todas las cosas conforme al designio de su voluntad, 12 a fin de que nosotros, que ya hemos puesto nuestra esperanza en Cristo, seamos para alabanza de su gloria. 13 En él también ustedes, cuando oyeron el mensaje de la verdad, el *evangelio que les trajo la salvación, y lo creyeron, fueron marcados con el sello que es el Espíritu Santo prometido. 14 Éste garantiza nuestra herencia hasta que llegue la redención final del pueblo adquirido por Dios, *d* para alabanza de su gloria.

Acción de gracias e intercesión

15 Por eso yo, por mi parte, desde que me enteré de la fe que tienen en el Señor Jesús y del amor que demuestran por todos los *santos, 16 no he dejado de dar gracias por ustedes al recordarlos en mis oraciones. 17 Pido que el Dios de nuestro Señor Jesucristo, el Padre glorioso, les dé el Espíritu de sabiduría y de revelación, para que lo conozcan mejor. 18 Pido también que les sean iluminados los ojos del corazón para que sepan a qué esperanza él los ha llamado, cuál es la riqueza de su gloriosa herencia entre los santos, 19 y cuán incomparable es la grandeza de su poder a favor de los que creemos. Ese poder es la fuerza grandiosa y eficaz 20 que Dios ejerció en Cristo cuando lo resucitó de entre los muertos y lo sentó a su *derecha en las regiones celestiales, 21 muy por encima de todo gobierno y autoridad, poder y dominio, y de cualquier otro nombre que se invoque, no sólo en este mundo sino también en el venidero. 22 Dios sometió todas las cosas al dominio de Cristo, *e* y lo dio como cabeza de todo a la iglesia. 23 Ésta, que es su cuerpo, es la plenitud de aquel que lo llena todo por completo.

La vida en Cristo

2 En otro tiempo ustedes estaban muertos en sus transgresiones y pecados, 2 en los cuales andaban conforme a los poderes de este mundo. Se conducían se-

---

a **1:1** *fieles.* Alt. *creyentes.*   *b* **1:1** *los santos ... Éfeso.* Var. *los santos que también son fieles en Cristo Jesús* (es decir, sin indicación de lugar).   *c* **1:11** *fuimos hechos herederos.* Alt. *fuimos escogidos.*   *d* **1:14** *hasta ... Dios.* Alt. *hasta que lleguemos a adquirirla.*   *e* **1:22** *Dios ... Cristo.* Lit. *Dios sujetó todas las cosas debajo de sus pies.*

gún el que gobierna las tinieblas, según el espíritu que ahora ejerce su poder en los que viven en la desobediencia. **3**En ese tiempo también todos nosotros vivíamos como ellos, impulsados por nuestros deseos pecaminosos, siguiendo nuestra propia voluntad y nuestros propósitos.*ᶠ* Como los demás, éramos por naturaleza objeto de la ira de Dios. **4**Pero Dios, que es rico en misericordia, por su gran amor por nosotros, **5**nos dio vida con Cristo, aun cuando estábamos muertos en pecados. ¡Por gracia ustedes han sido salvados! **6**Y en unión con Cristo Jesús, Dios nos resucitó y nos hizo sentar con él en las regiones celestiales, **7**para mostrar en los tiempos venideros la incomparable riqueza de su gracia, que por su bondad derramó sobre nosotros en Cristo Jesús. **8**Porque por gracia ustedes han sido salvados mediante la fe; esto no procede de ustedes, sino que es el regalo de Dios, **9**no por obras, para que nadie se *jacte. **10**Porque somos hechura de Dios, creados en Cristo Jesús para buenas obras, las cuales Dios dispuso de antemano a fin de que las pongamos en práctica.

Unidad en Cristo

11Por lo tanto, recuerden ustedes los *gentiles de nacimiento —los que son llamados «incircuncisos» por aquellos que se llaman «de la *circuncisión», la cual se hace en el cuerpo por mano humana—, **12**recuerden que en ese entonces ustedes estaban separados de Cristo, excluidos de la ciudadanía de Israel y ajenos a los pactos de la promesa, sin esperanza y sin Dios en el mundo. **13**Pero ahora en Cristo Jesús, a ustedes que antes estaban lejos, Dios los ha acercado mediante la sangre de Cristo.

14Porque Cristo es nuestra paz: de los dos pueblos ha hecho uno solo, derribando mediante su sacrificio*ᵍ* el muro de enemistad que nos separaba, **15**pues anuló la ley con sus mandamientos y requisitos. Esto lo hizo para crear en sí mismo de los dos pueblos una nueva *humanidad al hacer la paz, **16**para reconciliar con Dios a ambos en un solo cuerpo mediante la cruz, por la que dio muerte a la enemistad. **17**Él vino y proclamó paz a ustedes que estaban lejos y paz a los que estaban cerca. **18**Pues por medio de él tenemos acceso al Padre por un mismo Espíritu.

19Por lo tanto, ustedes ya no son extraños ni extranjeros, sino conciudadanos de los *santos y miembros de la familia de Dios, **20**edificados sobre el fundamento de los apóstoles y los profetas, siendo Cristo Jesús mismo la piedra angular. **21**En él todo el edificio, bien armado, se va levantando para llegar a ser un templo santo en el Señor. **22**En él también ustedes son edificados juntamente para ser morada de Dios por su Espíritu.

Pablo y el misterio de Cristo

3 Por esta razón yo, Pablo, prisionero de Cristo Jesús por el bien de ustedes los *gentiles, me arrodillo en oración.*ʰ* **2**Sin duda se han enterado del plan de la gracia de Dios que él me encomendó para ustedes, **3**es decir, el *misterio que me dio a conocer por revelación, como ya les escribí brevemente. **4**Al leer esto, podrán darse cuenta de que comprendo el misterio de Cristo. **5**Ese misterio, que en otras generaciones no se les dio a conocer a los *seres humanos, ahora se les ha revelado por el Espíritu a los santos apóstoles y profetas de Dios; **6**es decir, que los gentiles son, junto con Israel, beneficiarios de la misma herencia, miembros de un mismo cuerpo y participantes igualmente de la promesa en Cristo Jesús mediante el *evangelio.

7De este evangelio llegué a ser servidor como regalo que Dios, por su gracia, me dio conforme a su poder eficaz. **8**Aunque soy el más insignificante de todos los *santos, recibí esta gracia de predicar a las *naciones las incalculables riquezas de Cristo, **9**y de hacer entender a todos la realización del plan de Dios, el misterio que desde los tiempos eternos se mantuvo oculto en Dios, creador de todas las cosas.

---

*ᶠ***2:3** *impulsados ... propósitos.* Lit. *en los deseos de nuestra *carne, haciendo la voluntad de la carne y los pensamientos.*   *ᵍ***2:14** *mediante su sacrificio.* Lit. *en su carne.*   *ʰ***3:1** En el griego este versículo termina con la palabra *gentiles,* y el tema se reinicia en el v. 14.

10El fin de todo esto es que la sabiduría de Dios, en toda su diversidad, se dé a conocer ahora, por medio de la iglesia, a los poderes y autoridades en las regiones celestiales, **11**conforme a su eterno propósito realizado en Cristo Jesús nuestro Señor. **12**En él, mediante la fe, disfrutamos de libertad y confianza para acercarnos a Dios. **13**Así que les pido que no se desanimen a causa de lo que sufro por ustedes, ya que estos sufrimientos míos son para ustedes un honor.

Oración por los efesios

14Por esta razón me arrodillo delante del Padre, **15**de quien recibe nombre toda familia *i* en el cielo y en la tierra. **16**Le pido que, por medio del Espíritu y con el poder que procede de sus gloriosas riquezas, los fortalezca a ustedes en lo íntimo de su ser, **17**para que por fe Cristo habite en sus corazones. Y pido que, arraigados y cimentados en amor, **18**puedan comprender, junto con todos los *santos, cuán ancho y largo, alto y profundo es el amor de Cristo; **19**en fin, que conozcan ese amor que sobrepasa nuestro conocimiento, para que sean llenos de la plenitud de Dios.

20Al que puede hacer muchísimo más que todo lo que podamos imaginarnos o pedir, por el poder que obra eficazmente en nosotros, **21**¡a él sea la gloria en la iglesia y en Cristo Jesús por todas las generaciones, por los siglos de los siglos! Amén.

Unidad en el cuerpo de Cristo

4 Por eso yo, que estoy preso por la causa del Señor, les ruego que vivan de una manera digna del llamamiento que han recibido, **2**siempre humildes y amables, pacientes, tolerantes unos con otros en amor. **3**Esfuércense por mantener la unidad del Espíritu mediante el vínculo de la paz. **4**Hay un solo cuerpo y un solo Espíritu, así como también fueron llamados a una sola esperanza; **5**un solo Señor, una sola fe, un solo bautismo; **6**un solo Dios y Padre de todos, que está sobre todos y por medio de todos y en todos.

7Pero a cada uno de nosotros se nos ha dado gracia en la medida en que Cristo ha repartido los dones. **8**Por esto dice:

«Cuando ascendió a lo alto,
se llevó consigo a los cautivos
y dio dones a los hombres.»*j*

9(¿Qué quiere decir eso de que «ascendió», sino que también descendió a las partes bajas, o sea, a la tierra?*k* **10**El que descendió es el mismo que ascendió por encima de todos los cielos, para llenarlo todo.) **11**Él mismo constituyó a unos, apóstoles; a otros, profetas; a otros, evangelistas; y a otros, pastores y maestros, **12**a fin de capacitar al *pueblo de Dios para la obra de servicio, para edificar el cuerpo de Cristo. **13**De este modo, todos llegaremos a la unidad de la fe y del conocimiento del Hijo de Dios, a una *humanidad *perfecta que se conforme a la plena estatura de Cristo.

14Así ya no seremos niños, zarandeados por las olas y llevados de aquí para allá por todo viento de enseñanza y por la astucia y los artificios de quienes emplean artimañas engañosas. **15**Más bien, al vivir la verdad con amor, creceremos hasta ser en todo como aquel que es la cabeza, es decir, Cristo. **16**Por su acción todo el cuerpo crece y se edifica en amor, sostenido y ajustado por todos los ligamentos, según la actividad propia de cada miembro.

Vivan como hijos de luz

17Así que les digo esto y les insisto en el Señor: no vivan más con pensamientos frívolos como los *paganos. **18**A causa de la ignorancia que los domina y por la dureza de su corazón, éstos tienen oscurecido el entendimiento y están alejados de la vida que proviene de Dios. **19**Han perdido toda vergüenza, se han entregado a la inmoralidad, y no se sacian de cometer toda clase de actos indecentes.

20No fue ésta la enseñanza que ustedes recibieron acerca de Cristo, **21**si de veras se les habló y enseñó de Jesús según la

---

*i***3:15** *familia. Alt. paternidad.* *j***4:8** Sal 68:18 *k***4:9** *las partes bajas, o sea, a la tierra? Alt. las partes bajas de la tierra?*

verdad que está en él. **22**Con respecto a la vida que antes llevaban, se les enseñó que debían quitarse el ropaje de la vieja naturaleza, la cual está corrompida por los deseos engañosos; **23**ser renovados en la actitud de su mente; **24**y ponerse el ropaje de la nueva naturaleza, creada a imagen de Dios, en verdadera justicia y *santidad.

25Por lo tanto, dejando la mentira, hable cada uno a su prójimo con la verdad, porque todos somos miembros de un mismo cuerpo. **26**«Si se enojan, no pequen.»*l* No dejen que el sol se ponga estando aún enojados, **27**ni den cabida al diablo. **28**El que robaba, que no robe más, sino que trabaje honradamente con las manos para tener qué compartir con los necesitados. **29**Eviten toda conversación obscena. Por el contrario, que sus palabras contribuyan a la necesaria edificación y sean de bendición para quienes escuchan. **30**No agravien al Espíritu Santo de Dios, con el cual fueron sellados para el día de la redención. **31**Abandonen toda amargura, ira y enojo, gritos y calumnias, y toda forma de malicia. **32**Más bien, sean bondadosos y compasivos unos con otros, y perdónense mutuamente, así como Dios los perdonó a ustedes en Cristo.

5 Por tanto, imiten a Dios, como hijos muy amados, **2**y lleven una vida de amor, así como Cristo nos amó y se entregó por nosotros como ofrenda y sacrificio fragante para Dios.

3Entre ustedes ni siquiera debe mencionarse la inmoralidad sexual, ni ninguna clase de impureza o de avaricia, porque eso no es propio del *pueblo santo de Dios. **4**Tampoco debe haber palabras indecentes, conversaciones necias ni chistes groseros, todo lo cual está fuera de lugar; haya más bien acción de gracias. **5**Porque pueden estar seguros de que nadie que sea avaro (es decir, idólatra), inmoral o impuro tendrá herencia en el reino de Cristo y de Dios.*m* **6**Que nadie los engañe con argumentaciones vanas, porque por esto viene el castigo de Dios sobre los que

viven en la desobediencia. **7**Así que no se hagan cómplices de ellos.

8Porque ustedes antes eran oscuridad, pero ahora son luz en el Señor. Vivan como hijos de luz **9**(el fruto de la luz consiste en toda bondad, justicia y verdad) **10**y comprueben lo que agrada al Señor. **11**No tengan nada que ver con las obras infructuosas de la oscuridad, sino más bien denúncienlas, **12**porque da vergüenza aun mencionar lo que los desobedientes hacen en secreto. **13**Pero todo lo que la luz pone al descubierto se hace visible, **14**porque la luz es lo que hace que todo sea visible. Por eso se dice:

«Despiértate, tú que duermes,
  *levántate de entre los muertos,
y te alumbrará Cristo.»

15Así que tengan cuidado de su manera de vivir. No vivan como necios sino como sabios, **16**aprovechando al máximo cada momento oportuno, porque los días son malos. **17**Por tanto, no sean insensatos, sino entiendan cuál es la voluntad del Señor. **18**No se emborrachen con vino, que lleva al desenfreno. Al contrario, sean llenos del Espíritu. **19**Anímense unos a otros con salmos, himnos y canciones espirituales. Canten y alaben al Señor con el corazón, **20**dando siempre gracias a Dios el Padre por todo, en el nombre de nuestro Señor Jesucristo.

Deberes conyugales

21Sométanse unos a otros, por reverencia a Cristo. **22**Esposas, sométanse a sus propios esposos como al Señor. **23**Porque el esposo es cabeza de su esposa, así como Cristo es cabeza y salvador de la iglesia, la cual es su cuerpo. **24**Así como la iglesia se somete a Cristo, también las esposas deben someterse a sus esposos en todo.

25Esposos, amen a sus esposas, así como Cristo amó a la iglesia y se entregó por ella **26**para hacerla santa. Él la purificó, lavándola con agua mediante la palabra, **27**para presentársela a sí mismo como una iglesia radiante, sin mancha ni arruga

*l*4:26 Sal 4:4   *m*5:5 *de Cristo y de Dios.* Alt. *de Cristo, que es Dios.*

ni ninguna otra imperfección, sino santa e intachable. 28Así mismo el esposo debe amar a su esposa como a su propio cuerpo. El que ama a su esposa se ama a sí mismo, 29pues nadie ha odiado jamás a su propio cuerpo; al contrario, lo alimenta y lo cuida, así como Cristo hace con la iglesia, 30porque somos miembros de su cuerpo. 31«Por eso dejará el hombre a su padre y a su madre, y se unirá a su esposa, y los dos llegarán a ser un solo cuerpo.»[n] 32Esto es un *misterio profundo; yo me refiero a Cristo y a la iglesia. 33En todo caso, cada uno de ustedes ame también a su esposa como a sí mismo, y que la esposa respete a su esposo.

Deberes filiales

6 Hijos, obedezcan en el Señor a sus padres, porque esto es justo. 2«Honra a tu padre y a tu madre —que es el primer mandamiento con promesa— 3para que te vaya bien y disfrutes de una larga vida en la tierra.»[ñ]

4Y ustedes, padres, no hagan enojar a sus hijos, sino críenlos según la disciplina e instrucción del Señor.

Deberes de los esclavos y de sus amos

5*Esclavos, obedezcan a sus amos terrenales con respeto y temor, y con integridad de corazón, como a Cristo. 6No lo hagan sólo cuando los estén mirando, como los que quieren ganarse el favor *humano, sino como esclavos de Cristo, haciendo de todo corazón la voluntad de Dios. 7Sirvan de buena gana, como quien sirve al Señor y no a los hombres, 8sabiendo que el Señor recompensará a cada uno por el bien que haya hecho, sea esclavo o sea libre.

9Y ustedes, amos, correspondan a esta actitud de sus esclavos, dejando de amenazarlos. Recuerden que tanto ellos como ustedes tienen un mismo Amo[o] en el cielo, y que con él no hay favoritismos.

La armadura de Dios

10Por último, fortalézcanse con el gran poder del Señor. 11Pónganse toda la armadura de Dios para que puedan hacer frente a las artimañas del diablo. 12Porque nuestra lucha no es contra *seres humanos, sino contra poderes, contra autoridades, contra potestades que dominan este mundo de tinieblas, contra fuerzas espirituales malignas en las regiones celestiales. 13Por lo tanto, pónganse toda la armadura de Dios, para que cuando llegue el día malo puedan resistir hasta el fin con firmeza. 14Manténganse firmes, ceñidos con el cinturón de la verdad, protegidos por la coraza de justicia, 15y calzados con la disposición de proclamar el *evangelio de la paz. 16Además de todo esto, tomen el escudo de la fe, con el cual pueden apagar todas las flechas encendidas del maligno. 17Tomen el casco de la salvación y la espada del Espíritu, que es la palabra de Dios.

18Oren en el Espíritu en todo momento, con peticiones y ruegos. Manténganse alerta y perseveren en oración por todos los *santos. 19Oren también por mí para que, cuando hable, Dios me dé las palabras para dar a conocer con valor el *misterio del evangelio, 20por el cual soy embajador en cadenas. Oren para que lo proclame valerosamente, como debo hacerlo.

Saludos finales

21Nuestro querido hermano Tíquico, fiel servidor en el Señor, les contará todo, para que también ustedes sepan cómo me va y qué estoy haciendo. 22Lo envío a ustedes precisamente para que sepan cómo estamos y para que cobren ánimo. 23Que Dios el Padre y el Señor Jesucristo les concedan paz, amor y fe a los hermanos. 24La gracia sea con todos los que aman a nuestro Señor Jesucristo con amor imperecedero.

---

[n] 5:31 Gn 2:24   [ñ] 6:3 Éx 20:12; Dt 5:16   [o] 6:9 Amo. Lit. Señor.

Carta a los Filipenses

1 Pablo y Timoteo, *siervos de *Cristo Jesús,

a todos los *santos en Cristo Jesús que están en Filipos, junto con los *obispos y diáconos:

2Que Dios nuestro Padre y el Señor Jesucristo les concedan gracia y paz.

Acción de gracias e intercesión

3Doy gracias a mi Dios cada vez que me acuerdo de ustedes. 4En todas mis oraciones por todos ustedes, siempre oro con alegría, 5porque han participado en el *evangelio desde el primer día hasta ahora. 6Estoy convencido de esto: el que comenzó tan buena obra en ustedes la irá *perfeccionando hasta el día de Cristo Jesús. 7Es justo que yo piense así de todos ustedes porque los llevo*a* en el corazón; pues, ya sea que me encuentre preso o defendiendo y confirmando el evangelio, todos ustedes participan conmigo de la gracia que Dios me ha dado. 8Dios es testigo de cuánto los quiero a todos con el entrañable amor de Cristo Jesús.

9Esto es lo que pido en oración: que el amor de ustedes abunde cada vez más en conocimiento y en buen juicio, 10para que disciernan lo que es mejor, y sean puros e irreprochables para el día de Cristo, 11llenos del fruto de justicia que se produce por medio de Jesucristo, para gloria y alabanza de Dios.

El vivir es Cristo

12Hermanos, quiero que sepan que, en realidad, lo que me ha pasado ha contribuido al avance del *evangelio. 13Es más, se ha hecho evidente a toda la guardia del palacio*b* y a todos los demás que estoy encadenado por causa de Cristo. 14Gracias a mis cadenas, ahora más que nunca la mayoría de los hermanos, confiados en el Señor, se han atrevido a anunciar sin temor la palabra de Dios.

15Es cierto que algunos predican a Cristo por envidia y rivalidad, pero otros lo hacen con buenas intenciones. 16Estos últimos lo hacen por amor, pues saben que he sido puesto para la defensa del evangelio. 17Aquéllos predican a Cristo por ambición personal y no por motivos puros, creyendo que así van a aumentar las angustias que sufro en mi prisión.*c* 18¿Qué importa? Al fin y al cabo, y sea como sea, con motivos falsos o con sinceridad, se predica a Cristo. Por eso me alegro; es más, seguiré alegrándome 19porque sé que, gracias a las oraciones de ustedes y a la ayuda que me da el Espíritu de Jesucristo, todo esto resultará en mi liberación.*d* 20Mi ardiente anhelo y esperanza es que en nada seré avergonzado, sino que con toda libertad, ya sea que yo viva o muera, ahora como siempre, Cristo será exaltado en mi cuerpo. 21Porque para mí el vivir es Cristo y el morir es ganancia. 22Ahora bien, si seguir viviendo en este mundo*e* representa para mí un trabajo fructífero, ¿qué escogeré? ¡No lo sé! 23Me siento presionado por dos posibilidades: deseo partir y estar con Cristo, que es muchísimo mejor, 24pero por el bien de ustedes es preferible que yo permanezca en este mundo. 25Convencido de esto, sé que permaneceré y continuaré con todos ustedes para contribuir a su jubiloso avance en la fe. 26Así, cuando yo vuelva, su *satisfacción en Cristo Jesús abundará por causa mía.

27Pase lo que pase, compórtense de una manera digna del evangelio de Cristo.

---

*a*1:7 *los llevo.* Alt. *me llevan.*   *b*1:13 *a toda la guardia del palacio.* Alt. *en todo el palacio.*   *c*1:16-17 Var. invierte el orden de vv. 16 y 17.   *d*1:19 *liberación.* Alt. *salvación.*   *e*1:22 *este mundo.* Lit. *la *carne*; también en v. 24.

De este modo, ya sea que vaya a verlos o que, estando ausente, sólo tenga noticias de ustedes, sabré que siguen firmes en un mismo propósito, luchando unánimes por la fe del evangelio 28y sin temor alguno a sus adversarios, lo cual es para ellos señal de destrucción. Para ustedes, en cambio, es señal de salvación, y esto proviene de Dios. 29Porque a ustedes se les ha concedido no sólo creer en Cristo, sino también sufrir por él, 30pues sostienen la misma lucha que antes me vieron sostener, y que ahora saben que sigo sosteniendo.

Humillación y exaltación de Cristo

2 Por tanto, si sienten algún estímulo en su unión con Cristo, algún consuelo en su amor, algún compañerismo en el Espíritu, algún afecto entrañable, 2llénenme de alegría teniendo un mismo parecer, un mismo amor, unidos en alma y pensamiento. 3No hagan nada por egoísmo o vanidad; más bien, con humildad consideren a los demás como superiores a ustedes mismos. 4Cada uno debe velar no sólo por sus propios intereses sino también por los intereses de los demás. 5La actitud de ustedes debe ser como la de Cristo Jesús,

6quien, siendo por naturaleza ƒ Dios,
no consideró el ser igual a Dios
como algo a qué aferrarse.
7Por el contrario, se rebajó
voluntariamente,
tomando la naturaleza ᵍ de *siervo
y haciéndose semejante a los
seres *humanos.
8Y al manifestarse como hombre,
se humilló a sí mismo
y se hizo obediente hasta la muerte,
¡y muerte de cruz!
9Por eso Dios lo exaltó hasta lo
sumo
y le otorgó el nombre
que está sobre todo nombre,
10para que ante el nombre de Jesús
se doble toda rodilla
en el cielo y en la tierra

y debajo de la tierra,
11y toda lengua confiese que
Jesucristo es el Señor,
para gloria de Dios Padre.

Testimonio de luz

12Así que, mis queridos hermanos, como han obedecido siempre —no sólo en mi presencia sino mucho más ahora en mi ausencia— lleven a cabo su salvación con temor y temblor, 13pues Dios es quien produce en ustedes tanto el querer como el hacer para que se cumpla su buena voluntad.

14Háganlo todo sin quejas ni contiendas, 15para que sean intachables y puros, hijos de Dios sin culpa en medio de una generación torcida y depravada. En ella ustedes brillan como estrellas en el firmamento, 16manteniendo en alto ʰ la palabra de vida. Así en el día de Cristo me sentiré *satisfecho de no haber corrido ni trabajado en vano. 17Y aunque mi vida fuera derramada ⁱ sobre el sacrificio y servicio que proceden de su fe, me alegro y comparto con todos ustedes mi alegría. 18Así también ustedes, alégrense y compartan su alegría conmigo.

Dos colaboradores ejemplares

19Espero en el Señor Jesús enviarles pronto a Timoteo, para que también yo cobre ánimo al recibir noticias de ustedes. 20No tengo a nadie más que, como él, se preocupe de veras por el bienestar de ustedes, 21pues todos los demás buscan sus propios intereses y no los de Jesucristo. 22Pero ustedes conocen bien la entereza de carácter de Timoteo, que ha servido conmigo en la obra del *evangelio, como un hijo junto a su padre. 23Así que espero enviárselo tan pronto como se aclaren mis asuntos. 24Y confío en el Señor que yo mismo iré pronto.

25Ahora bien, creo que es necesario enviarles de vuelta a Epafrodito, mi hermano, colaborador y compañero de lucha, a quien ustedes han enviado para atenderme en mis necesidades. 26Él los extraña

---

ƒ2:6 por naturaleza. Lit. en forma de.   ᵍ2:7 la naturaleza. Lit. la forma.   ʰ2:16 manteniendo en alto. Alt.
ya que se aferran a.   ⁱ2:17 Es decir, derramada como libación.

mucho a todos y está afligido porque ustedes se enteraron de que estaba enfermo. ²⁷En efecto, estuvo enfermo y al borde de la muerte; pero Dios se compadeció de él, y no sólo de él sino también de mí, para no añadir tristeza a mi tristeza. ²⁸Así que lo envío urgentemente para que, al verlo de nuevo, ustedes se alegren y yo esté menos preocupado. ²⁹Recíbanlo en el Señor con toda alegría y honren a los que son como él, ³⁰porque estuvo a punto de morir por la obra de Cristo, arriesgando la *vida para suplir el servicio que ustedes no podían prestarme.

Plena confianza en Cristo

3 Por lo demás, hermanos míos, alégrense en el Señor. Para mí no es molestia volver a escribirles lo mismo, y a ustedes les da seguridad.

²Cuídense de esos *perros, cuídense de esos que hacen el mal, cuídense de esos que mutilan el cuerpo. ³Porque la *circuncisión somos nosotros, los que por medio del Espíritu de Dios adoramos, nos *enorgullecemos en Cristo Jesús y no ponemos nuestra confianza en esfuerzos *humanos. ⁴Yo mismo tengo motivos para tal confianza. Si cualquier otro cree tener motivos para confiar en esfuerzos humanos, yo más: ⁵circuncidado al octavo día, del pueblo de Israel, de la tribu de Benjamín, hebreo de pura cepa; en cuanto a la interpretación de la ley, *fariseo; ⁶en cuanto al celo, perseguidor de la iglesia; en cuanto a la justicia que la ley exige, intachable.

⁷Sin embargo, todo aquello que para mí era ganancia, ahora lo considero pérdida por causa de Cristo. ⁸Es más, todo lo considero pérdida por razón del incomparable valor de conocer a Cristo Jesús, mi Señor. Por él lo he perdido todo, y lo tengo por estiércol, a fin de ganar a Cristo ⁹y encontrarme unido a él. No quiero mi propia justicia que procede de la ley, sino la que se obtiene mediante la *fe en Cristo, la justicia que procede de Dios, basada en la fe. ¹⁰Lo he perdido todo a fin de conocer a Cristo, experimentar el poder que se

manifestó en su resurrección, participar en sus sufrimientos y llegar a ser semejante a él en su muerte. ¹¹Así espero alcanzar la resurrección de entre los muertos.

Ciudadanos del cielo

¹²No es que ya lo haya conseguido todo, o que ya sea *perfecto. Sin embargo, sigo adelante esperando alcanzar aquello para lo cual Cristo Jesús me alcanzó a mí. ¹³Hermanos, no pienso que yo mismo lo haya logrado ya. Más bien, una cosa hago: olvidando lo que queda atrás y esforzándome por alcanzar lo que está delante, ¹⁴sigo avanzando hacia la meta para ganar el premio que Dios ofrece mediante su llamamiento celestial en Cristo Jesús.

¹⁵Así que, ¡escuchen los perfectos! Todos debemosʲ tener este modo de pensar. Y si en algo piensan de forma diferente, Dios les hará ver esto también. ¹⁶En todo caso, vivamos de acuerdo con lo que ya hemos alcanzado.ᵏ

¹⁷Hermanos, sigan todos mi ejemplo, y fíjense en los que se comportan conforme al modelo que les hemos dado. ¹⁸Como les he dicho a menudo, y ahora lo repito hasta con lágrimas, muchos se comportan como enemigos de la cruz de Cristo. ¹⁹Su destino es la destrucción, adoran al dios de sus propios deseosˡ y se enorgullecen de lo que es su vergüenza. Sólo piensan en lo terrenal. ²⁰En cambio, nosotros somos ciudadanos del cielo, de donde anhelamos recibir al Salvador, el Señor Jesucristo. ²¹Él transformará nuestro cuerpo miserable para que sea como su cuerpo glorioso, mediante el poder con que somete a sí mismo todas las cosas.

4 Por lo tanto, queridos hermanos míos, a quienes amo y extraño mucho, ustedes que son mi alegría y mi corona, manténganse así firmes en el Señor.

Exhortaciones

²Ruego a Evodia y también a Síntique que se pongan de acuerdo en el Señor. ³Y a ti, mi fiel compañero,ᵐ te pido que ayudes a estas mujeres que han luchado a

---

ʲ **3:15** *Así ... debemos.* Alt. *Así que los que somos perfectos debemos.* ᵏ **3:16** *alcanzado.* Var. *alcanzado, una misma regla, un mismo modo de pensar.* ˡ **3:19** *adoran ... deseos.* Lit. *su dios es el estómago.* ᵐ **4:3** *mi fiel compañero.* Alt. *fiel Sícigo.*

mi lado en la obra del *evangelio, junto con Clemente y los demás colaboradores míos, cuyos nombres están en el libro de la vida. 4Alégrense siempre en el Señor. Insisto: ¡Alégrense! 5Que su amabilidad sea evidente a todos. El Señor está cerca. 6No se inquieten por nada; más bien, en toda ocasión, con oración y ruego, presenten sus peticiones a Dios y denle gracias. 7Y la paz de Dios, que sobrepasa todo entendimiento, cuidará sus corazones y sus pensamientos en Cristo Jesús.

8Por último, hermanos, consideren bien todo lo verdadero, todo lo respetable, todo lo justo, todo lo puro, todo lo amable, todo lo digno de admiración, en fin, todo lo que sea excelente o merezca elogio. 9Pongan en práctica lo que de mí han aprendido, recibido y oído, y lo que han visto en mí, y el Dios de paz estará con ustedes.

Gratitud por la ayuda recibida

10Me alegro muchísimo en el Señor de que al fin hayan vuelto a interesarse en mí. Claro está que tenían interés, sólo que no habían tenido la oportunidad de demostrarlo. 11No digo esto porque esté necesitado, pues he aprendido a estar satisfecho en cualquier situación en que me encuentre. 12Sé lo que es vivir en la pobreza, y lo que es vivir en la abundancia. He aprendido a vivir en todas y cada una de las circunstancias, tanto a quedar saciado como a pasar hambre, a tener de sobra como a sufrir escasez. 13Todo lo puedo en Cristo que me fortalece.

14Sin embargo, han hecho bien en participar conmigo en mi angustia. 15Y ustedes mismos, filipenses, saben que en el principio de la obra del *evangelio, cuando salí de Macedonia, ninguna iglesia participó conmigo en mis ingresos y gastos, excepto ustedes. 16Incluso a Tesalónica me enviaron ayuda una y otra vez para suplir mis necesidades. 17No digo esto porque esté tratando de conseguir más ofrendas, sino que trato de aumentar el crédito a su cuenta. 18Ya he recibido todo lo que necesito y aún más; tengo hasta de sobra ahora que he recibido de Epafrodito lo que me enviaron. Es una ofrenda fragante, un sacrificio que Dios acepta con agrado. 19Así que mi Dios les proveerá de todo lo que necesiten, conforme a las gloriosas riquezas que tiene en Cristo Jesús.

20A nuestro Dios y Padre sea la gloria por los siglos de los siglos. Amén.

Saludos finales

21Saluden a todos los *santos en Cristo Jesús. Los hermanos que están conmigo les mandan saludos. 22Saludos de parte de todos los santos, especialmente los de la casa del *emperador.

23Que la gracia del Señor Jesucristo sea con su espíritu. Amén.[n]

---

[n] 4:23 Var. no incluye: Amén.

Carta a los Colosenses

1 Pablo, apóstol de *Cristo Jesús por la voluntad de Dios, y el hermano Timoteo,

2 a los *santos y fieles hermanos*a* en Cristo que están en Colosas:

Que Dios nuestro Padre les conceda*b* gracia y paz.

Acción de gracias e intercesión

3 Siempre que oramos por ustedes, damos gracias a Dios, el Padre de nuestro Señor Jesucristo, **4** pues hemos recibido noticias de su fe en Cristo Jesús y del amor que tienen por todos los *santos **5** a causa de la esperanza reservada para ustedes en el cielo. De esta esperanza ya han sabido por la palabra de verdad, que es el *evangelio **6** que ha llegado hasta ustedes. Este evangelio está dando fruto y creciendo en todo el mundo, como también ha sucedido entre ustedes desde el día en que supieron de la gracia de Dios y la comprendieron plenamente. **7** Así lo aprendieron de Epafras, nuestro querido colaborador*c* y fiel servidor de Cristo para el bien de ustedes.*d* **8** Fue él quien nos contó del amor que tienen en el Espíritu.

9 Por eso, desde el día en que lo supimos no hemos dejado de orar por ustedes. Pedimos que Dios les haga conocer plenamente su voluntad con toda sabiduría y comprensión espiritual, **10** para que vivan de manera digna del Señor, agradándole en todo. Esto implica dar fruto en toda buena obra, crecer en el conocimiento de Dios **11** y ser fortalecidos en todo sentido con su glorioso poder. Así perseverarán con paciencia en toda situación, **12** dando gracias con alegría al Padre. Él los*e* ha facultado para participar de la herencia de los santos en el reino de la luz. **13** Él nos libró del dominio de la oscuridad y nos trasladó al reino de su amado Hijo, **14** en quien tenemos redención,*f* el perdón de pecados.

La supremacía de Cristo

15 Él es la imagen del Dios invisible,
el primogénito*g* de toda creación,
16 porque por medio de él fueron
creadas todas las cosas
en el cielo y en la tierra, visibles
e invisibles,
sean tronos, poderes, principados
o autoridades:
todo ha sido creado
por medio de él y para él.
17 Él es anterior a todas las cosas,
que por medio de él forman un
todo coherente.*h*
18 Él es la cabeza del cuerpo,
que es la iglesia.
Él es el principio,
el primogénito de la resurrección,
para ser en todo el primero.
19 Porque a Dios le agradó habitar en
él con toda su plenitud
20 y, por medio de él, reconciliar
consigo todas las cosas,
tanto las que están en la tierra
como las que están en el
cielo,
haciendo la paz mediante la
sangre que derramó en la
cruz.

21 En otro tiempo ustedes, por su actitud y sus malas acciones, estaban alejados de Dios y eran sus enemigos. **22** Pero ahora Dios, a fin de presentarlos *santos, inta-

---

a **1:2** *santos y fieles hermanos.* Alt. *santos hermanos creyentes.*   *b* **1:2** *Padre.* Var. *Padre y el Señor Jesucristo les concedan.*   *c* **1:7** *colaborador.* Lit. *co-esclavo.*   *d* **1:7** *de ustedes.* Var. *de nosotros.*
e **1:12** *los.* Var. *nos.*   *f* **1:14** *redención.* Var. *redención mediante su sangre* (véase Ef 1:7).   *g* **1:15** Es decir, el que tiene anterioridad y preeminencia; también en v. 18.   *h* **1:17** *por medio ... coherente.* Alt. *por medio de él continúan existiendo.*

chables e irreprochables delante de él, los ha reconciliado en el cuerpo mortal de Cristo mediante su muerte, 23con tal de que se mantengan firmes en la fe, bien cimentados y estables, sin abandonar la esperanza que ofrece el *evangelio. Éste es el evangelio que ustedes oyeron y que ha sido proclamado en toda la creación debajo del cielo, y del que yo, Pablo, he llegado a ser servidor.

Trabajo de Pablo por la iglesia

24Ahora me alegro en medio de mis sufrimientos por ustedes, y voy completando en mí mismo[i] lo que falta de las aflicciones de Cristo, en favor de su cuerpo, que es la iglesia. 25De ésta llegué a ser servidor según el plan que Dios me encomendó para ustedes: el dar cumplimiento a la palabra de Dios, 26anunciando el *misterio que se ha mantenido oculto por siglos y generaciones, pero que ahora se ha manifestado a sus *santos. 27A éstos Dios se propuso dar a conocer cuál es la gloriosa riqueza de este misterio entre las *naciones, que es Cristo en ustedes, la esperanza de gloria.

28A este Cristo proclamamos, aconsejando y enseñando con toda sabiduría a todos los *seres humanos, para presentarlos a todos *perfectos en él. 29Con este fin trabajo y lucho fortalecido por el poder de Cristo que obra en mí.

2 Quiero que sepan qué gran lucha sostengo por el bien de ustedes y de los que están en Laodicea, y de tantos que no me conocen personalmente. 2Quiero que lo sepan para que cobren ánimo, permanezcan unidos por amor, y tengan toda la riqueza que proviene de la convicción y del entendimiento. Así conocerán el *misterio de Dios, es decir, a Cristo, 3en quien están escondidos todos los tesoros de la sabiduría y del conocimiento. 4Les digo esto para que nadie los engañe con argumentos capciosos. 5Aunque estoy físicamente ausente, los acompaño en espíritu, y me alegro al ver su buen orden y la firmeza de su fe en Cristo.

Libertad en Cristo

6Por eso, de la manera que recibieron a Cristo Jesús como Señor, vivan ahora en él, 7arraigados y edificados en él, confirmados en la fe como se les enseñó, y llenos de gratitud.

8Cuídense de que nadie los cautive con la vana y engañosa filosofía que sigue tradiciones *humanas, la que va de acuerdo con los *principios[j] de este mundo y no conforme a Cristo. 9Toda la plenitud de la divinidad habita en forma corporal en Cristo; 10y en él, que es la cabeza de todo poder y autoridad, ustedes han recibido esa plenitud. 11Además, en él fueron *circuncidados, no por mano humana sino con la circuncisión que consiste en despojarse del cuerpo pecaminoso.[k] Esta circuncisión la efectuó Cristo. 12Ustedes la recibieron al ser sepultados con él en el bautismo. En él también fueron resucitados mediante la fe en el poder de Dios, quien lo resucitó de entre los muertos.

13Antes de recibir esa circuncisión, ustedes estaban muertos en sus pecados. Sin embargo, Dios nos[l] dio vida en unión con Cristo, al perdonarnos todos los pecados 14y anular la deuda[m] que teníamos pendiente por los requisitos de la ley. Él anuló esa deuda que nos era adversa, clavándola en la cruz. 15Desarmó a los poderes y a las potestades, y por medio de Cristo[n] los humilló en público al exhibirlos en su desfile triunfal.

16Así que nadie los juzgue a ustedes por lo que comen o beben, o con respecto a días de fiesta religiosa, de luna nueva o de reposo. 17Todo esto es una sombra de las cosas que están por venir; la realidad se halla en Cristo. 18No dejen que les prive de esta realidad ninguno de esos que se ufanan en fingir humildad y adoración de ángeles. Los tales hacen alarde de lo que no han visto; y, envanecidos por su razonamiento *humano, 19no se mantienen firmemente unidos a la Cabeza. Por la acción de ésta, todo el cuerpo, sostenido y ajustado me-

---

[i]1:24 en mí mismo. Lit. en mi *carne.   [j]2:8 los principios. Alt. los poderes espirituales, o las normas; también en v. 20.   [k]2:11 cuerpo pecaminoso. Lit. cuerpo de la *carne.   [l]2:13 nos. Var. les.   [m]2:14 la deuda. Lit. el pagaré.   [n]2:15 por medio de Cristo. Alt. mediante la cruz.

diante las articulaciones y ligamentos, va creciendo como Dios quiere. [20]Si con Cristo ustedes ya han muerto a los principios de este mundo, ¿por qué, como si todavía pertenecieran al mundo, se someten a preceptos tales como: [21]«No tomes en tus manos, no pruebes, no toques»? [22]Estos preceptos, basados en reglas y enseñanzas humanas, se refieren a cosas que van a desaparecer con el uso. [23]Tienen sin duda apariencia de sabiduría, con su afectada piedad, falsa humildad y severo trato del cuerpo, pero de nada sirven frente a los apetitos de la naturaleza pecaminosa. [ñ]

Normas para una vida santa

3 Ya que han resucitado con Cristo, busquen las cosas de arriba, donde está Cristo sentado a la *derecha de Dios. [2]Concentren su atención en las cosas de arriba, no en las de la tierra, [3]pues ustedes han muerto y su vida está escondida con Cristo en Dios. [4]Cuando Cristo, que es la vida de ustedes, [o] se manifieste, entonces también ustedes serán manifestados con él en gloria.

[5]Por tanto, hagan morir todo lo que es propio de la naturaleza terrenal: inmoralidad sexual, impureza, bajas pasiones, malos deseos y avaricia, la cual es idolatría. [6]Por estas cosas viene el castigo de Dios. [p] [7]Ustedes las practicaron en otro tiempo, cuando vivían en ellas. [8]Pero ahora abandonen también todo esto: enojo, ira, malicia, calumnia y lenguaje obsceno. [9]Dejen de mentirse unos a otros, ahora que se han quitado el ropaje de la vieja naturaleza con sus vicios, [10]y se han puesto el de la nueva naturaleza, que se va renovando en conocimiento a imagen de su Creador. [11]En esta nueva naturaleza no hay *griego ni judío, *circunciso ni incircunciso, culto ni inculto, [q] esclavo ni libre, sino que Cristo es todo y está en todos.

[12]Por lo tanto, como escogidos de Dios, *santos y amados, revístanse de afecto entrañable y de bondad, humildad, amabilidad y paciencia, [13]de modo que se toleren unos a otros y se perdonen si alguno tiene queja contra otro. Así como el Señor los perdonó, perdonen también ustedes. [14]Por encima de todo, vístanse de amor, que es el vínculo perfecto.

[15]Que gobierne en sus corazones la paz de Cristo, a la cual fueron llamados en un solo cuerpo. Y sean agradecidos. [16]Que habite en ustedes la palabra de Cristo con toda su riqueza: instrúyanse y aconséjense unos a otros con toda sabiduría; canten salmos, himnos y canciones espirituales a Dios, con gratitud de corazón. [17]Y todo lo que hagan, de palabra o de obra, háganlo en el nombre del Señor Jesús, dando gracias a Dios el Padre por medio de él.

Normas para la familia cristiana

[18]Esposas, sométanse a sus esposos, como conviene en el Señor.

[19]Esposos, amen a sus esposas y no sean duros con ellas.

[20]Hijos, obedezcan a sus padres en todo, porque esto agrada al Señor.

[21]Padres, no exasperen a sus hijos, no sea que se desanimen.

[22]*Esclavos, obedezcan en todo a sus amos terrenales, no sólo cuando ellos los estén mirando, como si ustedes quisieran ganarse el favor *humano, sino con integridad de corazón y por respeto al Señor. [23]Hagan lo que hagan, trabajen de buena gana, como para el Señor y no como para nadie en este mundo, [24]conscientes de que el Señor los recompensará con la herencia. Ustedes sirven a Cristo el Señor. [25]El que hace el mal pagará por su propia maldad, y en esto no hay favoritismos.

4 Amos, proporcionen a sus esclavos lo que es justo y equitativo, conscientes de que ustedes también tienen un Amo en el cielo.

Instrucciones adicionales

[2]Dedíquense a la oración: perseveren en ella con agradecimiento [3]y, al mismo tiempo, intercedan por nosotros a fin de que Dios nos abra las puertas para proclamar la palabra, el *misterio de Cristo por

---

[ñ] *2:23 los apetitos de la naturaleza pecaminosa.* Lit. *la satisfacción de la *carne.* [o] *3:4 de ustedes.* Var. *de nosotros.* [p] *3:6 de Dios.* Var. *de Dios sobre los que son desobedientes.* [q] *3:11 culto ni inculto.* Lit. *bárbaro, escita.*

el cual estoy preso. [4]Oren para que yo lo anuncie con claridad, como debo hacerlo. [5]Compórtense sabiamente con los que no creen en Cristo,[r] aprovechando al máximo cada momento oportuno. [6]Que su conversación sea siempre amena y de buen gusto. Así sabrán cómo responder a cada uno.

Saludos finales

[7]Nuestro querido hermano Tíquico, fiel servidor y colaborador[s] en el Señor, les contará en detalle cómo me va. [8]Lo envío a ustedes precisamente para que tengan noticias de nosotros, y así cobren ánimo.[t] [9]Va con Onésimo, querido y fiel hermano, que es uno de ustedes. Ellos los pondrán al tanto de todo lo que sucede aquí.

[10]Aristarco, mi compañero de cárcel, les manda saludos, como también Marcos, el primo de Bernabé. En cuanto a Marcos, ustedes ya han recibido instrucciones; si va a visitarlos, recíbanlo bien. [11]También los saluda Jesús, llamado el Justo. Éstos son los únicos judíos que colaboran conmigo en pro del reino de Dios, y me han sido de mucho consuelo. [12]Les manda saludos Epafras, que es uno de ustedes. Este *siervo de Cristo Jesús está siempre luchando en oración por ustedes, para que, plenamente convencidos,[u] se mantengan firmes, cumpliendo en todo la voluntad de Dios. [13]A mí me consta que él se preocupa mucho por ustedes y por los que están en Laodicea y en Hierápolis. [14]Los saludan Lucas, el querido médico, y Demas. [15]Saluden a los hermanos que están en Laodicea, como también a Ninfas y a la iglesia que se reúne en su casa.

[16]Una vez que se les haya leído a ustedes esta carta, que se lea también en la iglesia de Laodicea, y ustedes lean la carta dirigida a esa iglesia.

[17]Díganle a Arquipo que se ocupe de la tarea que recibió en el Señor, y que la lleve a cabo.

[18]Yo, Pablo, escribo este saludo de mi puño y letra. Recuerden que estoy preso. Que la gracia sea con ustedes.

---

[r] *4:5* los que no creen en Cristo. Lit. los de afuera.   [s] *4:7* colaborador. Lit. co-esclavo.   [t] *4:8* para que ... ánimo. Var. para que él tenga noticias de ustedes, y los anime.   [u] *4:12* plenamente convencidos. Alt. *perfectos y convencidos.

Primera Carta a los
Tesalonicenses

1 Pablo, *Silvano y Timoteo,

a la iglesia de los tesalonicenses que está en Dios el Padre y en el Señor *Jesucristo:

Gracia y paz a ustedes. [a]

Acción de gracias por los tesalonicenses

2Siempre damos gracias a Dios por todos ustedes cuando los mencionamos en nuestras oraciones. 3Los recordamos constantemente delante de nuestro Dios y Padre a causa de la obra realizada por su fe, el trabajo motivado por su amor, y la constancia sostenida por su esperanza en nuestro Señor Jesucristo.

4Hermanos amados de Dios, sabemos que él los ha escogido, 5porque nuestro *evangelio les llegó no sólo con palabras sino también con poder, es decir, con el Espíritu Santo y con profunda convicción. Como bien saben, estuvimos entre ustedes buscando su bien. 6Ustedes se hicieron imitadores nuestros y del Señor cuando, a pesar de mucho sufrimiento, recibieron el mensaje con la alegría que infunde el Espíritu Santo. 7De esta manera se constituyeron en ejemplo para todos los creyentes de Macedonia y de Acaya. 8Partiendo de ustedes, el mensaje del Señor se ha proclamado no sólo en Macedonia y en Acaya sino en todo lugar; a tal punto que ya no es necesario que nosotros digamos nada. 9Ellos mismos cuentan de lo bien que ustedes nos recibieron, y de cómo se convirtieron a Dios dejando los ídolos para servir al Dios vivo y verdadero, 10y espe-

rar del cielo a Jesús, su Hijo a quien *resucitó, que nos libra del castigo venidero.

Ministerio de Pablo en Tesalónica

2 Hermanos, bien saben que nuestra visita a ustedes no fue un fracaso. 2Y saben también que, a pesar de las aflicciones e insultos que antes sufrimos en Filipos, cobramos confianza en nuestro Dios y nos atrevimos a comunicarles el *evangelio en medio de una gran lucha. 3Nuestra predicación no se origina en el error ni en malas intenciones, ni procura engañar a nadie. 4Al contrario, hablamos como hombres a quienes Dios aprobó y les confió el evangelio: no tratamos de agradar a la gente sino a Dios, que examina nuestro corazón. 5Como saben, nunca hemos recurrido a las adulaciones ni a las excusas para obtener dinero; Dios es testigo. 6Tampoco hemos buscado honores de nadie; ni de ustedes ni de otros. 7Aunque como apóstoles de Cristo hubiéramos podido ser exigentes con ustedes, los tratamos con delicadeza. [b] Como una madre [c] que amamanta y cuida a sus hijos, 8así nosotros, por el cariño que les tenemos, nos deleitamos en compartir con ustedes no sólo el evangelio de Dios sino también nuestra *vida. ¡Tanto llegamos a quererlos! 9Recordarán, hermanos, nuestros esfuerzos y fatigas para proclamarles el evangelio de Dios, y cómo trabajamos día y noche para no serles una carga.

10Dios y ustedes me son testigos de que nos comportamos con ustedes los creyentes en una forma santa, justa e irreprochable. 11Saben también que a cada uno de ustedes lo hemos tratado como trata un

---

[a] **1:1** *a ustedes.* Var. *a ustedes de nuestro Padre y del Señor Jesucristo.*   [b] **2:7** *exigentes ... delicadeza.* Var. *exigentes, fuimos niños entre ustedes.*   [c] **2:7** *madre.* Alt. *nodriza.*

padre a sus propios hijos. ¹²Los hemos animado, consolado y exhortado a llevar una vida digna de Dios, que los llama a su reino y a su gloria.

¹³Así que no dejamos de dar gracias a Dios, porque al oír ustedes la palabra de Dios que les predicamos, la aceptaron no como palabra *humana sino como lo que realmente es, palabra de Dios, la cual actúa en ustedes los creyentes. ¹⁴Ustedes, hermanos, siguieron el ejemplo de las iglesias de Dios en Cristo Jesús que están en Judea, ya que sufrieron a manos de sus compatriotas lo mismo que sufrieron aquellas iglesias a manos de los judíos. ¹⁵Éstos mataron al Señor Jesús y a los profetas, y a nosotros nos expulsaron. No agradan a Dios y son hostiles a todos, ¹⁶pues procuran impedir que prediquemos a los *gentiles para que sean salvos. Así en todo lo que hacen llegan al colmo de su pecado. Pero el castigo de Dios vendrá sobre ellos con toda severidad.ᵈ

Pablo anhela ver a los tesalonicenses

¹⁷Nosotros, hermanos, luego de estar separados de ustedes por algún tiempo, en lo físico pero no en lo espiritual, con ferviente anhelo hicimos todo lo humanamente posible por ir a verlos. ¹⁸Sí, deseábamos visitarlos —yo mismo, Pablo, más de una vez intenté ir—, pero Satanás nos lo impidió. ¹⁹En resumidas cuentas, ¿cuál es nuestra esperanza, alegría o motivoᵉ de *orgullo delante de nuestro Señor Jesús para cuando él venga? ¿Quién más sino ustedes? ²⁰Sí, ustedes son nuestro orgullo y alegría.

3 Por tanto, cuando ya no pudimos soportarlo más, pensamos que era mejor quedarnos solos en Atenas. ²Así que les enviamos a Timoteo, hermano nuestro y colaborador de Diosᶠ en el *evangelio de Cristo, con el fin de afianzarlos y animarlos en la fe ³para que nadie fuera perturbado por estos sufrimientos. Ustedes mismos saben que se nos destinó para esto, ⁴pues cuando estábamos con ustedes les

advertimos que íbamos a padecer sufrimientos. Y así sucedió. ⁵Por eso, cuando ya no pude soportarlo más, mandé a Timoteo a indagar acerca de su fe, no fuera que el *tentador los hubiera inducido a hacer lo malo y que nuestro trabajo hubiera sido en vano.

El informe alentador de Timoteo

⁶Ahora Timoteo acaba de volver de Tesalónica con buenas noticias de la fe y del amor de ustedes. Nos dice que conservan gratos recuerdos de nosotros y que tienen muchas ganas de vernos, tanto como nosotros a ustedes. ⁷Por eso, hermanos, en medio de todas nuestras angustias y sufrimientos ustedes nos han dado ánimo por su fe. ⁸¡Ahora sí que vivimos al saber que están firmes en el Señor! ⁹¿Cómo podemos agradecer bastante a nuestro Dios por ustedes y por toda la alegría que nos han proporcionado delante de él? ¹⁰Día y noche le suplicamos que nos permita verlos de nuevo para suplir lo que le falta a su fe.

¹¹Que el Dios y Padre nuestro, y nuestro Señor Jesús, nos preparen el camino para ir a verlos. ¹²Que el Señor los haga crecer para que se amen más y más unos a otros, y a todos, tal como nosotros los amamos a ustedes. ¹³Que los fortalezca interiormente para que, cuando nuestro Señor Jesús venga con todos sus *santos, la santidad de ustedes sea intachable delante de nuestro Dios y Padre.

La vida que agrada a Dios

4 Por lo demás, hermanos, les pedimos encarecidamente en el nombre del Señor Jesús que sigan progresando en el modo de vivir que agrada a Dios, tal como lo aprendieron de nosotros. De hecho, ya lo están practicando. ²Ustedes saben cuáles son las instrucciones que les dimos de parte del Señor Jesús.

³La voluntad de Dios es que sean *santificados; que se aparten de la inmoralidad sexual; ⁴que cada uno aprenda a controlar su propio cuerpoᵍ de una ma-

---

ᵈ**2:16** *Pero ... severidad.* Lit. *Pero la ira vino sobre ellos hasta el fin.*   ᵉ**2:19** *motivo.* Lit. *corona.*
ᶠ**3:2** *colaborador de Dios.* Var. *servidor de Dios*; otra var. *servidor de Dios y colaborador nuestro.*
ᵍ**4:4** *aprenda ... cuerpo.* Alt. *trate a su esposa,* o *consiga esposa.*

nera santa y honrosa, **5**sin dejarse llevar por los malos deseos como hacen los *paganos, que no conocen a Dios; **6**y que nadie perjudique a su hermano ni se aproveche de él en este asunto. El Señor castiga todo esto, como ya les hemos dicho y advertido. **7**Dios no nos llamó a la impureza sino a la santidad; **8**por tanto, el que rechaza estas instrucciones no rechaza a un hombre sino a Dios, quien les da a ustedes su Espíritu Santo.

9En cuanto al amor fraternal, no necesitan que les escribamos, porque Dios mismo les ha enseñado a amarse unos a otros. **10**En efecto, ustedes aman a todos los hermanos que viven en Macedonia. No obstante, hermanos, les animamos a amarse aún más, **11**a procurar vivir en paz con todos, a ocuparse de sus propias responsabilidades y a trabajar con sus propias manos. Así les he mandado, **12**para que por su modo de vivir se ganen el respeto de los que no son creyentes, y no tengan que depender de nadie.

La venida del Señor

13Hermanos, no queremos que ignoren lo que va a pasar con los que ya han muerto, *h* para que no se entristezcan como esos otros que no tienen esperanza. **14**¿Acaso no creemos que Jesús murió y resucitó? Así también Dios resucitará con Jesús a los que han muerto en unión con él. **15**Conforme a lo dicho por el Señor, afirmamos que nosotros, los que estemos vivos y hayamos quedado hasta la venida del Señor, de ninguna manera nos adelantaremos a los que hayan muerto. **16**El Señor mismo descenderá del cielo con voz de mando, con voz de arcángel y con trompeta de Dios, y los muertos en Cristo resucitarán primero. **17**Luego los que estemos vivos, los que hayamos quedado, seremos arrebatados junto con ellos en las nubes para encontrarnos con el Señor en el aire. Y así estaremos con el Señor para siempre. **18**Por lo tanto, anímense unos a otros con estas palabras.

5 Ahora bien, hermanos, ustedes no necesitan que se les escriba acerca de tiempos y fechas, **2**porque ya saben que el día del Señor llegará como ladrón en la noche. **3**Cuando estén diciendo: «Paz y seguridad», vendrá de improviso sobre ellos la destrucción, como le llegan a la mujer encinta los dolores de parto. De ninguna manera podrán escapar.

4Ustedes, en cambio, hermanos, no están en la oscuridad para que ese día los sorprenda como un ladrón. **5**Todos ustedes son hijos de la luz y del día. No somos de la noche ni de la oscuridad. **6**No debemos, pues, dormirnos como los demás, sino mantenernos alerta y en nuestro sano juicio. **7**Los que duermen, de noche duermen, y los que se emborrachan, de noche se emborrachan. **8**Nosotros que somos del día, por el contrario, estemos siempre en nuestro sano juicio, protegidos por la coraza de la fe y del amor, y por el casco de la esperanza de salvación; **9**pues Dios no nos destinó a sufrir el castigo sino a recibir la salvación por medio de nuestro Señor Jesucristo. **10**Él murió por nosotros para que, en la vida o en la muerte, *i* vivamos junto con él. **11**Por eso, anímense y edifíquense unos a otros, tal como lo vienen haciendo.

Instrucciones finales

12Hermanos, les pedimos que sean considerados con los que trabajan arduamente entre ustedes, y los guían y amonestan en el Señor. **13**Ténganlos en alta estima, y ámenlos por el trabajo que hacen. Vivan en paz unos con otros. **14**Hermanos, también les rogamos que amonesten a los holgazanes, estimulen a los desanimados, ayuden a los débiles y sean pacientes con todos. **15**Asegúrense de que nadie pague mal por mal; más bien, esfuércense siempre por hacer el bien, no sólo entre ustedes sino a todos. **16**Estén siempre alegres, **17**oren sin ce-

---

h **4:13** *han muerto.* Lit. *duermen;* el mismo verbo en vv. 14 y 15.   *i* **5:10** *en la vida o en la muerte.* Lit. *despiertos o dormidos.*

sar, 18den gracias a Dios en toda situación, porque esta es su voluntad para ustedes en Cristo Jesús.

19No apaguen el Espíritu, 20no desprecien las profecías, 21sométanlo todo a prueba, aférrense a lo bueno, 22eviten toda clase de mal.

23Que Dios mismo, el Dios de paz, los *santifique por completo, y conserve todo su ser —espíritu, alma y cuerpo— irreprochable para la venida de nuestro Señor Jesucristo. 24El que los llama es fiel, y así lo hará.

25Hermanos, oren también por nosotros. 26Saluden a todos los hermanos con un beso santo. 27Les encargo delante del Señor que lean esta carta a todos los hermanos.

28Que la gracia de nuestro Señor Jesucristo sea con ustedes.

Segunda Carta a los
Tesalonicenses

1 Pablo, *Silvano y Timoteo,

a la iglesia de los tesalonicenses, unida a Dios nuestro Padre y al Señor *Jesucristo:

²Que Dios el Padre y el Señor Jesucristo les concedan gracia y paz.

Acción de gracias y oración

³Hermanos, siempre debemos dar gracias a Dios por ustedes, como es justo, porque su fe se acrecienta cada vez más, y en cada uno de ustedes sigue abundando el amor hacia los otros. ⁴Así que nos sentimos orgullosos de ustedes ante las iglesias de Dios por la perseverancia y la fe que muestran al soportar toda clase de persecuciones y sufrimientos. ⁵Todo esto prueba que el juicio de Dios es justo, y por tanto él los considera dignos de su reino, por el cual están sufriendo.

⁶Dios, que es justo, pagará con sufrimiento a quienes los hacen sufrir a ustedes. ⁷Y a ustedes que sufren, les dará descanso, lo mismo que a nosotros. Esto sucederá cuando el Señor Jesús se manifieste desde el cielo entre llamas de fuego, con sus poderosos ángeles, ⁸para castigar a los que no conocen a Dios ni obedecen el *evangelio de nuestro Señor Jesús. ⁹Ellos sufrirán el castigo de la destrucción eterna, lejos de la presencia del Señor y de la majestad de su poder, ¹⁰el día en que venga para ser glorificado por medio de sus *santos y admirado por todos los que hayan creído, entre los cuales están ustedes porque creyeron el testimonio que les dimos.

¹¹Por eso oramos constantemente por ustedes, para que nuestro Dios los considere dignos del llamamiento que les ha hecho, y por su poder *perfeccione toda disposición al bien y toda obra que realicen por la fe. ¹²Oramos así, de modo que el nombre de nuestro Señor Jesús sea glorificado por medio de ustedes, y ustedes por él, conforme a la gracia de nuestro Dios y del Señor Jesucristo.ᵃ

Manifestación y juicio del malvado

2 Ahora bien, hermanos, en cuanto a la venida de nuestro Señor Jesucristo y a nuestra reunión con él, les pedimos que ²no pierdan la cabeza ni se alarmen por ciertas profecías,ᵇ ni por mensajes orales o escritos supuestamente nuestros, que digan: «¡Ya llegó el día del Señor!» ³No se dejen engañar de ninguna manera, porque primero tiene que llegar la rebelión contra Diosᶜ y manifestarse el hombre de maldad,ᵈ el destructor por naturaleza.ᵉ ⁴Éste se opone y se levanta contra todo lo que lleva el nombre de Dios o es objeto de adoración, hasta el punto de adueñarse del templo de Dios y pretender ser Dios. ⁵¿No recuerdan que ya les hablaba de esto cuando estaba con ustedes? ⁶Bien saben que hay algo que detiene a este hombre, a fin de que él se manifieste a su debido tiempo. ⁷Es cierto que el *misterio de la maldad ya está ejerciendo su poder; pero falta que sea quitado de en medio el que ahora lo detiene. ⁸Entonces se manifestará aquel malvado, a quien el Señor Jesús derrocará con el soplo de su boca y destruirá con el esplendor de su venida. ⁹El malvado vendrá, por obra de Satanás,

---

ᵃ **1:12** *Dios y del Señor Jesucristo.* Alt. *Dios y Señor, Jesucristo.*   ᵇ **2:2** *por ciertas profecías.* Lit. *por espíritu.*   ᶜ **2:3** *la rebelión contra Dios.* Lit. *la apostasía.*   ᵈ **2:3** *maldad.* Var. *pecado.*   ᵉ **2:3** *el destructor por naturaleza.* Alt. *el que está destinado a la destrucción.* Lit. *el hijo de la destrucción.*

con toda clase de milagros, señales y prodigios falsos. **10**Con toda perversidad engañará a los que se pierden por haberse negado a amar la verdad y así ser salvos. **11**Por eso Dios permite que, por el poder del engaño, crean en la mentira. **12**Así serán condenados todos los que no creyeron en la verdad sino que se deleitaron en el mal.

Exhortación a la perseverancia

13Nosotros, en cambio, siempre debemos dar gracias a Dios por ustedes, hermanos amados por el Señor, porque desde el principio Dios los escogió*f* para ser salvos, mediante la obra *santificadora del Espíritu y la fe que tienen en la verdad. **14**Para esto Dios los llamó por nuestro *evangelio, a fin de que tengan parte en la gloria de nuestro Señor Jesucristo. **15**Así que, hermanos, sigan firmes y manténganse fieles a las enseñanzas*g* que, oralmente o por carta, les hemos transmitido.

16Que nuestro Señor Jesucristo mismo y Dios nuestro Padre, que nos amó y por su gracia nos dio consuelo eterno y una buena esperanza, **17**los anime y les fortalezca el corazón, para que tanto en palabra como en obra hagan todo lo que sea bueno.

Oración por la difusión del evangelio

3 Por último, hermanos, oren por nosotros para que el mensaje del Señor se difunda rápidamente y se le reciba con honor, tal como sucedió entre ustedes. **2**Oren además para que seamos librados de personas perversas y malvadas, porque no todos tienen fe. **3**Pero el Señor es fiel, y él los fortalecerá y los protegerá del maligno. **4**Confiamos en el Señor de que ustedes cumplen y seguirán cumpliendo lo que les hemos enseñado. **5**Que el Señor

los lleve a amar como Dios ama, y a perseverar como Cristo perseveró.

Exhortación al trabajo

6Hermanos, en el nombre del Señor Jesucristo les ordenamos que se aparten de todo hermano que esté viviendo como un vago y no según las enseñanzas recibidas*h* de nosotros. **7**Ustedes mismos saben cómo deben seguir nuestro ejemplo. Nosotros no vivimos como ociosos entre ustedes, **8**ni comimos el pan de nadie sin pagarlo. Al contrario, día y noche trabajamos arduamente y sin descanso para no ser una carga a ninguno de ustedes. **9**Y lo hicimos así, no porque no tuviéramos derecho a tal ayuda, sino para darles buen ejemplo. **10**Porque incluso cuando estábamos con ustedes, les ordenamos: «El que no quiera trabajar, que tampoco coma.»

11Nos hemos enterado de que entre ustedes hay algunos que andan de vagos, sin trabajar en nada, y que sólo se ocupan de lo que no les importa. **12**A tales personas les ordenamos y exhortamos en el Señor Jesucristo que tranquilamente se pongan a trabajar para ganarse la vida. **13**Ustedes, hermanos, no se cansen de hacer el bien. **14**Si alguno no obedece las instrucciones que les damos en esta carta, denúncienlo públicamente y no se relacionen con él, para que se avergüence. **15**Sin embargo, no lo tengan por enemigo, sino amonéstenlo como a hermano.

Saludos finales

16Que el Señor de paz les conceda su paz siempre y en todas las circunstancias. El Señor sea con todos ustedes. **17**Yo, Pablo, escribo este saludo de mi puño y letra. Ésta es la señal distintiva de todas mis cartas; así escribo yo. **18**Que la gracia de nuestro Señor Jesucristo sea con todos ustedes.

---

f **2:13** *desde ... escogió.* Var. *Dios los escogió como sus *primicias.* *g* **2:15** *enseñanzas.* Alt. *tradiciones.*
h **3:6** *las enseñanzas recibidas.* Alt. *la tradición recibida.*

Primera Carta a
Timoteo

1 Pablo, apóstol de *Cristo Jesús por mandato de Dios nuestro Salvador y de Cristo Jesús nuestra esperanza,

2 a Timoteo, mi verdadero hijo en la fe:

Que Dios el Padre y Cristo Jesús nuestro Señor te concedan gracia, misericordia y paz.

Advertencia contra los falsos maestros de la ley

3 Al partir para Macedonia, te encargué que permanecieras en Éfeso y les ordenaras a algunos supuestos maestros que dejen de enseñar doctrinas falsas **4** y de prestar atención a leyendas y genealogías interminables. Esas cosas provocan controversias en vez de llevar adelante la obra de Dios que es por la fe. **5** Debes hacerlo así para que el amor brote de un corazón limpio, de una buena conciencia y de una fe sincera. **6** Algunos se han desviado de esa línea de conducta y se han enredado en discusiones inútiles. **7** Pretenden ser maestros de la ley, pero en realidad no saben de qué hablan ni entienden lo que con tanta seguridad afirman.

8 Ahora bien, sabemos que la ley es buena, si se aplica como es debido. **9** Tengamos en cuenta que la ley no se ha instituido para los justos sino para los desobedientes y rebeldes, para los impíos y pecadores, para los irreverentes y profanos. La ley es para los que maltratan a sus propios padres,[a] para los asesinos, **10** para los adúlteros y los homosexuales, para los traficantes de esclavos, los embusteros y los que juran en falso. En fin, la ley es para todo lo que está en contra de la sana doctrina **11** enseñada por el glorioso *evangelio que el Dios bendito me ha confiado.

La gracia que el Señor dio a Pablo

12 Doy gracias al que me fortalece, Cristo Jesús nuestro Señor, pues me consideró digno de confianza al ponerme a su servicio. **13** Anteriormente, yo era un *blasfemo, un perseguidor y un insolente; pero Dios tuvo misericordia de mí porque yo era un incrédulo y actuaba con ignorancia. **14** Pero la gracia de nuestro Señor se derramó sobre mí con abundancia, junto con la fe y el amor que hay en Cristo Jesús.

15 Este mensaje es digno de crédito y merece ser aceptado por todos: que Cristo Jesús vino al mundo a salvar a los pecadores, de los cuales yo soy el primero. **16** Pero precisamente por eso Dios fue misericordioso conmigo, a fin de que en mí, el peor de los pecadores, pudiera Cristo Jesús mostrar su infinita bondad. Así vengo a ser ejemplo para los que, creyendo en él, recibirán la vida eterna. **17** Por tanto, al Rey eterno, inmortal, invisible, al único Dios, sea honor y gloria por los siglos de los siglos. Amén.

18 Timoteo, hijo mío, te doy este encargo porque tengo en cuenta las profecías que antes se hicieron acerca de ti. Deseo que, apoyado en ellas, pelees la buena batalla **19** y mantengas la fe y una buena conciencia. Por no hacerle caso a su conciencia, algunos han naufragado en la fe. **20** Entre ellos están Himeneo y Alejandro, a quienes he entregado a Satanás para que aprendan a no blasfemar.

---

[a] 1:9 *los que maltratan a sus propios padres.* Lit. *los parricidas y matricidas.*

Instrucciones sobre la adoración

2 Así que recomiendo, ante todo, que se hagan plegarias, oraciones, súplicas y acciones de gracias por todos, 2especialmente por los gobernantes*b* y por todas las autoridades, para que tengamos paz y tranquilidad, y llevemos una vida piadosa y digna. 3Esto es bueno y agradable a Dios nuestro Salvador, 4pues él quiere que todos sean salvos y lleguen a conocer la verdad. 5Porque hay un solo Dios y un solo mediador entre Dios y los hombres, Jesucristo hombre, 6quien dio su vida como rescate por todos. Este testimonio Dios lo ha dado a su debido tiempo, 7y para proclamarlo me nombró heraldo y apóstol. Digo la verdad y no miento: Dios me hizo maestro de los *gentiles para enseñarles la verdadera fe.

8Quiero, pues, que en todas partes los hombres levanten las manos al cielo con pureza de corazón, sin enojos ni contiendas.

9En cuanto a las mujeres, quiero que ellas se vistan decorosamente, con modestia y recato, sin peinados ostentosos, ni oro, ni perlas ni vestidos costosos. 10Que se adornen más bien con buenas obras, como corresponde a mujeres que profesan servir a Dios. 11La mujer debe aprender con serenidad,*c* con toda sumisión. 12No permito que la mujer enseñe al hombre y ejerza autoridad sobre él; debe mantenerse ecuánime.*d* 13Porque primero fue formado Adán, y Eva después. 14Además, no fue Adán el engañado, sino la mujer; y ella, una vez engañada, incurrió en pecado. 15Pero la mujer se salvará*e* siendo madre y permaneciendo con sensatez en la fe, el amor y la *santidad.

Obispos y diáconos

3 Se dice, y es verdad, que si alguno desea ser *obispo, a noble función aspira. 2Así que el obispo debe ser intacha-ble, esposo de una sola mujer, moderado, sensato, respetable, hospitalario, capaz de enseñar; 3no debe ser borracho ni pendenciero, ni amigo del dinero, sino amable y apacible. 4Debe gobernar bien su casa y hacer que sus hijos le obedezcan con el debido respeto; 5porque el que no sabe gobernar su propia familia, ¿cómo podrá cuidar de la iglesia de Dios? 6No debe ser un recién convertido, no sea que se vuelva presuntuoso y caiga en la misma condenación en que cayó el diablo. 7Se requiere además que hablen bien de él los que no pertenecen a la iglesia,*f* para que no caiga en descrédito y en la trampa del diablo.

8Los diáconos, igualmente, deben ser honorables, sinceros, no amigos del mucho vino ni codiciosos de las ganancias mal habidas. 9Deben guardar, con una conciencia limpia, las grandes verdades*g* de la fe. 10Que primero sean puestos a prueba, y después, si no hay nada que reprocharles, que sirvan como diáconos. 11Así mismo, las esposas de los diáconos*h* deben ser honorables, no calumniadoras sino moderadas y dignas de toda confianza. 12El diácono debe ser esposo de una sola mujer y gobernar bien a sus hijos y su propia casa. 13Los que ejercen bien el diaconado se ganan un lugar de honor y adquieren mayor confianza para hablar de su fe en Cristo Jesús.

14Aunque espero ir pronto a verte, escribo estas instrucciones para que, 15si me retraso, sepas cómo hay que portarse en la casa de Dios, que es la iglesia del Dios viviente, columna y fundamento de la verdad. 16No hay duda de que es grande el *misterio de nuestra fe:*i*

Él*j* se manifestó como hombre;*k*
    fue vindicado por*l* el Espíritu,
    visto por los ángeles,
    proclamado entre las *naciones,
    creído en el mundo,
    recibido en la gloria.

---

*b*2:2 *gobernantes.* Lit. *reyes.*   *c*2:11 *con serenidad.* Alt. *en silencio.*   *d*2:12 *debe mantenerse ecuánime.*
Alt. *debe guardar silencio.*   *e*2:15 *se salvará.* Alt. *será restaurada.*   *f*3:7 *hablen ... iglesia.* Lit. *tenga buen testimonio de los afuera.*   *g*3:9 *las grandes verdades.* Lit. *el *misterio.*   *h*3:11 *las esposas de los diáconos.* Alt. *las diaconisas.*   *i*3:16 *de nuestra fe.* Lit. *de la piedad.*   *j*3:16 *Él.* Lit. *Quien.* Var. *Dios.*
*k*3:16 *como hombre.* Lit. *en la *carne.*   *l*3:16 *vindicado por.* Lit. *justificado en.*

Instrucciones a Timoteo

4 El Espíritu dice claramente que, en los últimos tiempos, algunos abandonarán la fe para seguir a inspiraciones engañosas y doctrinas diabólicas. ²Tales enseñanzas provienen de embusteros hipócritas, que tienen la conciencia encallecida.*m* ³Prohíben el matrimonio y no permiten comer ciertos alimentos que Dios ha creado para que los creyentes,*n* conocedores de la verdad, los coman con acción de gracias. ⁴Todo lo que Dios ha creado es bueno, y nada es despreciable si se recibe con acción de gracias, ⁵porque la palabra de Dios y la oración lo *santifican.

⁶Si enseñas estas cosas a los hermanos, serás un buen servidor de Cristo Jesús, nutrido con las verdades de la fe y de la buena enseñanza que paso a paso has seguido. ⁷Rechaza las leyendas profanas y otros mitos semejantes.*ñ* Más bien, ejercítate en la piedad, ⁸pues aunque el ejercicio físico trae algún provecho, la piedad es útil para todo, ya que incluye una promesa no sólo para la vida presente sino también para la venidera. ⁹Este mensaje es digno de crédito y merece ser aceptado por todos. ¹⁰En efecto, si trabajamos y nos esforzamos es porque hemos puesto nuestra esperanza en el Dios viviente, que es el Salvador de todos, especialmente de los que creen.

¹¹Encarga y enseña estas cosas. ¹²Que nadie te menosprecie por ser joven. Al contrario, que los creyentes vean en ti un ejemplo a seguir en la manera de hablar, en la conducta, y en amor, fe y pureza. ¹³En tanto que llego, dedícate a la lectura pública de las Escrituras, y a enseñar y animar a los hermanos. ¹⁴Ejercita el don que recibiste mediante profecía, cuando los *ancianos te impusieron las manos.

¹⁵Sé diligente en estos asuntos; entrégate de lleno a ellos, de modo que todos puedan ver que estás progresando. ¹⁶Ten cuidado de tu conducta y de tu enseñanza.

Persevera en todo ello, porque así te salvarás a ti mismo y a los que te escuchen.

Cómo tratar a viudas, ancianos y esclavos

5 No reprendas con dureza al anciano, sino aconséjalo como si fuera tu padre. Trata a los jóvenes como a hermanos; ²a las ancianas, como a madres; a las jóvenes, como a hermanas, con toda pureza.

³Reconoce debidamente a las viudas que de veras están desamparadas. ⁴Pero si una viuda tiene hijos o nietos, que éstos aprendan primero a cumplir sus obligaciones con su propia familia y correspondan así a sus padres y abuelos, porque eso agrada a Dios. ⁵La viuda desamparada, como ha quedado sola, pone su esperanza en Dios y persevera noche y día en sus oraciones y súplicas. ⁶En cambio, la viuda que se entrega al placer ya está muerta en vida. ⁷Encárgales estas cosas para que sean intachables. ⁸El que no provee para los suyos, y sobre todo para los de su propia casa, ha negado la fe y es peor que un incrédulo.

⁹En la lista de las viudas debe figurar únicamente la que tenga más de sesenta años, que haya sido fiel a su esposo,*o* ¹⁰y que sea reconocida por sus buenas obras, tales como criar hijos, practicar la hospitalidad, lavar los pies de los *creyentes, ayudar a los que sufren y aprovechar toda oportunidad para hacer el bien.

¹¹No incluyas en esa lista a las viudas más jóvenes, porque cuando sus pasiones las alejan de Cristo, les da por casarse. ¹²Así resultan culpables de faltar a su primer compromiso. ¹³Además se acostumbran a estar ociosas y andar de casa en casa. Y no sólo se vuelven holgazanas sino también chismosas y entrometidas, hablando de lo que no deben. ¹⁴Por eso exhorto a las viudas jóvenes a que se casen y tengan hijos, y a que lleven bien su hogar y no den lugar a las críticas del enemigo. ¹⁵Y es que algunas ya se han descarriado para seguir a Satanás.

---

m 4:2 *encallecida.* Lit. *cauterizada.*   *n* 4:3 *creyentes.* Alt. *fieles.*   *ñ* 4:7 *Rechaza ... semejantes.* Lit. *Rechaza los mitos profanos y de viejas.*   *o* 5:9 *que haya sido fiel a su esposo.* Alt. *que no haya tenido más de un esposo.*

16 Si alguna creyente tiene viudas en su
familia, debe ayudarlas para que no sean
una carga a la iglesia; así la iglesia podrá
atender a las viudas desamparadas.

17 Los *ancianos que dirigen bien los
asuntos de la iglesia son dignos de doble
honor,[p] especialmente los que dedican sus
esfuerzos a la predicación y a la enseñanza. 18 Pues la Escritura dice: «No le pongas
bozal al buey mientras esté trillando»,[q] y
«El trabajador merece que se le pague su
salario».[r] 19 No admitas ninguna acusación contra un anciano, a no ser que esté
respaldada por dos o tres testigos. 20 A los
que pecan, repréndelos en público para
que sirva de escarmiento.

21 Te insto delante de Dios, de Cristo
Jesús y de los santos ángeles, a que sigas
estas instrucciones sin dejarte llevar de
prejuicios ni favoritismos.

22 No te apresures a imponerle las manos a nadie, no sea que te hagas cómplice
de pecados ajenos. Consérvate puro.

23 No sigas bebiendo sólo agua; toma
también un poco de vino a causa de tu mal
de estómago y tus frecuentes enfermedades.

24 Los pecados de algunos son evidentes aun antes de ser investigados, mientras
que los pecados de otros se descubren
después. 25 De igual manera son evidentes
las buenas obras, y aunque estén ocultas,
tarde o temprano se manifestarán.[s]

6 Todos los que aún son esclavos deben
reconocer que sus amos merecen todo
respeto; así evitarán que se hable mal del
nombre de Dios y de nuestra enseñanza.
2 Los que tienen amos creyentes no deben
faltarles al respeto por ser hermanos. Al
contrario, deben servirles todavía mejor,
porque los que se benefician de sus servicios son creyentes y hermanos queridos.
Esto es lo que debes enseñar y recomen-
dar.

El amor al dinero

3 Si alguien enseña falsas doctrinas,
apartándose de la sana enseñanza de
nuestro Señor Jesucristo y de la doctrina
que se ciñe a la verdadera religión,[t] 4 es
un obstinado que nada entiende. Ese tal
padece del afán enfermizo de provocar
discusiones inútiles que generan envidias, discordias, insultos, suspicacias 5 y
altercados entre personas de mente depravada, carentes de la verdad. Éste es
de los que piensan que la religión es un
medio de obtener ganancias. 6 Es cierto
que con la verdadera religión se obtienen
grandes ganancias, pero sólo si uno está
satisfecho con lo que tiene. 7 Porque nada
trajimos a este mundo, y nada podemos
llevarnos. 8 Así que, si tenemos ropa y
comida, contentémonos con eso. 9 Los
que quieren enriquecerse caen en la
*tentación y se vuelven esclavos de sus
muchos deseos. Estos afanes insensatos
y dañinos hunden a la gente en la ruina
y en la destrucción. 10 Porque el amor al
dinero es la raíz de toda clase de males.
Por codiciarlo, algunos se han desviado
de la fe y se han causado muchísimos
sinsabores.

Encargo de Pablo a Timoteo

11 Tú, en cambio, hombre de Dios,
huye de todo eso, y esmérate en seguir
la justicia, la piedad, la fe, el amor, la
constancia y la humildad. 12 Pelea la buena batalla de la fe; haz tuya la vida
eterna, a la que fuiste llamado y por la
cual hiciste aquella admirable declaración de fe delante de muchos testigos.
13 Teniendo a Dios por testigo, el cual da
vida a todas las cosas, y a Cristo Jesús,
que dio su admirable testimonio delante
de Poncio Pilato, te encargo 14 que guardes este mandato sin mancha ni reproche
hasta la venida de nuestro Señor Jesucristo, 15 la cual Dios a su debido tiempo
hará que se cumpla.

Al único y bendito Soberano,
Rey de reyes y Señor de señores,
16 al único inmortal,
que vive en luz inaccesible,
a quien nadie ha visto ni puede
ver,

[p] **5:17** *honor.* Alt. *honorario.* [q] **5:18** Dt 25:4 [r] **5:18** Lc 10:7 [s] **5:25** *y aunque ... se manifestarán.* Alt. *y si son malas, no podrán quedar ocultas.* [t] **6:3** *la verdadera religión.* Lit. *la piedad*; también en vv. 5 y 6.

a él sea el honor y el poder eternamente. Amén.

17 A los ricos de este mundo, mándales que no sean arrogantes ni pongan su esperanza en las riquezas, que son tan inseguras, sino en Dios, que nos provee de todo en abundancia para que lo disfrutemos. 18 Mándales que hagan el bien, que sean ricos en buenas obras, y generosos, dispuestos a compartir lo que tienen. 19 De este modo atesorarán para sí un seguro caudal para el futuro y obtendrán la vida verdadera.

20 Timoteo, ¡cuida bien lo que se te ha confiado! Evita las discusiones profanas e inútiles, y los argumentos de la falsa ciencia. 21 Algunos, por abrazarla, se han desviado de la fe.

Que la gracia sea con ustedes.

Segunda Carta a

Timoteo

1 Pablo, apóstol de *Cristo Jesús por la voluntad de Dios, según la promesa de vida que tenemos en Cristo Jesús,

²a mi querido hijo Timoteo:

Que Dios el Padre y Cristo Jesús nuestro Señor te concedan gracia, misericordia y paz.

Exhortación a la fidelidad

³Al recordarte de día y de noche en mis oraciones, siempre doy gracias a Dios, a quien sirvo con una conciencia limpia como lo hicieron mis antepasados. ⁴Y al acordarme de tus lágrimas, anhelo verte para llenarme de alegría. ⁵Traigo a la memoria tu fe sincera, la cual animó primero a tu abuela Loida y a tu madre Eunice, y ahora te anima a ti. De eso estoy convencido. ⁶Por eso te recomiendo que avives la llama del don de Dios que recibiste cuando te impuse las manos. ⁷Pues Dios no nos ha dado un espíritu de timidez, sino de poder, de amor y de dominio propio.

⁸Así que no te avergüences de dar testimonio de nuestro Señor, ni tampoco de mí, que por su causa soy prisionero. Al contrario, tú también, con el poder de Dios, debes soportar sufrimientos por el *evangelio. ⁹Pues Dios nos salvó y nos llamó a una vida *santa, no por nuestras propias obras, sino por su propia determinación y gracia. Nos concedió este favor en Cristo Jesús antes del comienzo del tiempo; ¹⁰y ahora lo ha revelado con la venida de nuestro Salvador Cristo Jesús, quien destruyó la muerte y sacó a la luz la vida incorruptible mediante el evangelio. ¹¹De este evangelio he sido yo designado

heraldo, apóstol y maestro. ¹²Por ese motivo padezco estos sufrimientos. Pero no me avergüenzo, porque sé en quién he creído, y estoy seguro de que tiene poder para guardar hasta aquel día lo que le he confiado.ᵃ ¹³Con fe y amor en Cristo Jesús, sigue el ejemplo de la sana doctrina que de mí aprendiste. ¹⁴Con el poder del Espíritu Santo que vive en nosotros, cuida la preciosa enseñanzaᵇ que se te ha confiado.

¹⁵Ya sabes que todos los de la provincia de *Asia me han abandonado, incluso Figelo y Hermógenes. ¹⁶Que el Señor le conceda misericordia a la familia de Onesíforo, porque muchas veces me dio ánimo y no se avergonzó de mis cadenas. ¹⁷Al contrario, cuando estuvo en Roma me buscó sin descanso hasta encontrarme. ¹⁸Que el Señor le conceda hallar misericordia divina en aquel día. Tú conoces muy bien los muchos servicios que me prestó en Éfeso.

2 Así que tú, hijo mío, fortalécete por la gracia que tenemos en Cristo Jesús. ²Lo que me has oído decir en presencia de muchos testigos, encomiéndalo a creyentes dignos de confianza, que a su vez estén capacitados para enseñar a otros. ³Comparte nuestros sufrimientos, como buen soldado de Cristo Jesús. ⁴Ningún soldado que quiera agradar a su superior se enreda en cuestiones civiles. ⁵Así mismo, el atleta no recibe la corona de vencedor si no compite según el reglamento. ⁶El labrador que trabaja duro tiene derecho a recibir primero parte de la cosecha. ⁷Reflexiona en lo que te digo, y el Señor te dará una mayor comprensión de todo esto.

⁸No dejes de recordar a Jesucristo, descendiente de David, *levantado de en-

---

ᵃ**1:12** *lo que le he confiado.* Alt. *lo que me ha confiado.*   ᵇ**1:14** *la preciosa enseñanza.* Lit. *el buen depósito.*

tre los muertos. Este es mi *evangelio, **9**por el que sufro al extremo de llevar cadenas como un criminal. Pero la palabra de Dios no está encadenada. **10**Así que todo lo soporto por el bien de los elegidos, para que también ellos alcancen la gloriosa y eterna salvación que tenemos en Cristo Jesús.

11Este mensaje es digno de crédito:

Si morimos con él,
    también viviremos con él;
12si resistimos,
    también reinaremos con él.
Si lo negamos,
    también él nos negará;
13si somos infieles,
    él sigue siendo fiel,
    ya que no puede negarse a sí mismo.

Un obrero aprobado por Dios

14No dejes de recordarles esto. Adviérteles delante de Dios que eviten las discusiones inútiles, pues no sirven nada más que para destruir a los oyentes. **15**Esfuérzate por presentarte a Dios aprobado, como obrero que no tiene de qué avergonzarse y que interpreta rectamente la palabra de verdad. **16**Evita las palabrerías profanas, porque los que se dan a ellas se alejan cada vez más de la vida piadosa, **17**y sus enseñanzas se extienden como gangrena. Entre ellos están Himeneo y Fileto, **18**que se han desviado de la verdad. Andan diciendo que la resurrección ya tuvo lugar, y así trastornan la fe de algunos. **19**A pesar de todo, el fundamento de Dios es sólido y se mantiene firme, pues está sellado con esta inscripción: «El Señor conoce a los suyos»,*c* y esta otra: «Que se aparte de la maldad todo el que invoca el nombre del Señor».*d*

20En una casa grande no sólo hay vasos de oro y de plata sino también de madera y de barro, unos para los usos más nobles y otros para los usos más bajos. **21**Si alguien se mantiene limpio, llegará a ser un vaso noble, *santificado, útil para el Señor y preparado para toda obra buena.

22Huye de las malas pasiones de la juventud, y esmérate en seguir la justicia, la fe, el amor y la paz, junto con los que invocan al Señor con un corazón limpio. **23**No tengas nada que ver con discusiones necias y sin sentido, pues ya sabes que terminan en pleitos. **24**Y un *siervo del Señor no debe andar peleando; más bien, debe ser amable con todos, capaz de enseñar y no propenso a irritarse. **25**Así, humildemente, debe corregir a los adversarios, con la esperanza de que Dios les conceda el *arrepentimiento para conocer la verdad, **26**de modo que se despierten y escapen de la trampa en que el diablo los tiene cautivos, sumisos a su voluntad.

La impiedad en los últimos días

3 Ahora bien, ten en cuenta que en los últimos días vendrán tiempos difíciles. **2**La gente estará llena de egoísmo y avaricia; serán jactanciosos, arrogantes, *blasfemos, desobedientes a los padres, ingratos, impíos, **3**insensibles, implacables, calumniadores, libertinos, despiadados, enemigos de todo lo bueno, **4**traicioneros, impetuosos, vanidosos y más amigos del placer que de Dios. **5**Aparentarán ser piadosos, pero su conducta desmentirá el poder de la piedad. ¡Con esa gente ni te metas!

6Así son los que van de casa en casa cautivando a mujeres débiles cargadas de pecados, que se dejan llevar de toda clase de pasiones. **7**Ellas siempre están aprendiendo, pero nunca logran conocer la verdad. **8**Del mismo modo que Janes y Jambres se opusieron a Moisés, también esa gente se opone a la verdad. Son personas de mente depravada, reprobadas en la fe. **9**Pero no llegarán muy lejos, porque todo el mundo se dará cuenta de su insensatez, como pasó con aquellos dos.

Encargo de Pablo a Timoteo

10Tú, en cambio, has seguido paso a paso mis enseñanzas, mi manera de vivir, mi propósito, mi fe, mi paciencia, mi amor, mi constancia, **11**mis persecuciones y mis sufrimientos. Estás enterado de lo

---

*c***2:19** Nm 16:5, según LXX   *d***2:19** Véanse Nm 16:26 y Jl 3:5

que sufrí en Antioquía, Iconio y Listra, y de las persecuciones que soporté. Y de todas ellas me libró el Señor. **12**Así mismo serán perseguidos todos los que quieran llevar una vida piadosa en Cristo Jesús, **13**mientras que esos malvados embaucadores irán de mal en peor, engañando y siendo engañados. **14**Pero tú, permanece firme en lo que has aprendido y de lo cual estás convencido, pues sabes de quiénes lo aprendiste. **15**Desde tu niñez conoces las Sagradas Escrituras, que pueden darte la sabiduría necesaria para la salvación mediante la fe en Cristo Jesús. **16**Toda la Escritura es inspirada por Dios y útil para enseñar, para reprender, para corregir y para instruir en la justicia, **17**a fin de que el siervo de Dios esté enteramente capacitado para toda buena obra.

4 En presencia de Dios y de Cristo Jesús, que ha de venir en su reino y que juzgará a los vivos y a los muertos, te doy este solemne encargo: **2**Predica la Palabra; persiste en hacerlo, sea o no sea oportuno; corrige, reprende y anima con mucha paciencia, sin dejar de enseñar. **3**Porque llegará el tiempo en que no van a tolerar la sana doctrina, sino que, llevados de sus propios deseos, se rodearán de maestros que les digan las novelerías que quieren oír. **4**Dejarán de escuchar la verdad y se volverán a los mitos. **5**Tú, por el contrario, sé prudente en todas las circunstancias, soporta los sufrimientos, dedícate a la evangelización; cumple con los deberes de tu ministerio.

6Yo, por mi parte, ya estoy a punto de ser ofrecido como un sacrificio, y el tiempo de mi partida ha llegado. **7**He peleado la buena batalla, he terminado la carrera, me he mantenido en la fe. **8**Por lo demás me espera la corona de justicia que el Señor, el juez justo, me otorgará en aquel día; y no sólo a mí, sino también a todos los que con amor hayan esperado su venida.

Instrucciones personales

9Haz todo lo posible por venir a verme cuanto antes, **10**pues Demas, por amor a este mundo, me ha abandonado y se ha ido a Tesalónica. Crescente se ha ido a Galacia y Tito a Dalmacia. **11**Sólo Lucas está conmigo. Recoge a Marcos y tráelo contigo, porque me es de ayuda en mi ministerio. **12**A Tíquico lo mandé a Éfeso. **13**Cuando vengas, trae la capa que dejé en Troas, en casa de Carpo; trae también los libros, especialmente los pergaminos. **14**Alejandro el herrero me ha hecho mucho daño. El Señor le dará su merecido. **15**Tú también cuídate de él, porque se opuso tenazmente a nuestro mensaje. **16**En mi primera defensa, nadie me respaldó, sino que todos me abandonaron. Que no les sea tomado en cuenta. **17**Pero el Señor estuvo a mi lado y me dio fuerzas para que por medio de mí se llevara a cabo la predicación del mensaje y lo oyeran todos los *paganos. Y fui librado de la boca del león. **18**El Señor me librará de todo mal y me preservará para su reino celestial. A él sea la gloria por los siglos de los siglos. Amén.

Saludos finales

19Saludos a *Priscila y a Aquila, y a la familia de Onesíforo. **20**Erasto se quedó en Corinto; a Trófimo lo dejé enfermo en Mileto. **21**Haz todo lo posible por venir antes del invierno. Te mandan saludos Eubulo, Pudente, Lino, Claudia y todos los hermanos. **22**El Señor esté con tu espíritu. Que la gracia sea con ustedes.

Carta a
Tito

1 Pablo, *siervo de Dios y apóstol de Jesucristo, llamado para que, mediante la fe, los elegidos de Dios lleguen a conocer la verdadera religión.ᵃ ²Nuestra esperanza es la vida eterna, la cual Dios, que no miente, ya había prometido antes de la creación. ³Ahora, a su debido tiempo, él ha cumplido esta promesa mediante la predicación que se me ha confiado por orden de Dios nuestro Salvador.

⁴A Tito, mi verdadero hijo en esta fe que compartimos:

Que Dios el Padre y Cristo Jesús nuestro Salvador te concedan gracia y paz.

Tarea de Tito en Creta

⁵Te dejé en Creta para que pusieras en orden lo que quedaba por hacer y en cada pueblo nombrarasᵇ *ancianos de la iglesia, de acuerdo con las instrucciones que te di. ⁶El anciano debe ser intachable, esposo de una sola mujer; sus hijos deben ser creyentes,ᶜ libres de sospecha de libertinaje o de desobediencia. ⁷El *obispo tiene a su cargo la obra de Dios, y por lo tanto debe ser intachable: no arrogante, ni iracundo, ni borracho, ni violento, ni codicioso de ganancias mal habidas. ⁸Al contrario, debe ser hospitalario, amigo del bien, sensato, justo, santo y disciplinado. ⁹Debe apegarse a la palabra fiel, según la enseñanza que recibió, de modo que también pueda exhortar a otros con la sana doctrina y refutar a los que se opongan.

¹⁰Y es que hay muchos rebeldes, charlatanes y engañadores, especialmente los partidarios de la *circuncisión. ¹¹A ésos hay que taparles la boca, ya que están arruinando familias enteras al enseñar lo que no se debe; y lo hacen para obtener ganancias mal habidas. ¹²Fue precisamente uno de sus propios profetas el que dijo: «Los cretenses son siempre mentirosos, malas bestias, glotones perezosos.» ¹³¡Y es la verdad! Por eso, repréndelos con severidad a fin de que sean sanos en la fe ¹⁴y no hagan caso de leyendas judías ni de lo que exigen esos que rechazan la verdad. ¹⁵Para los puros todo es puro, pero para los corruptos e incrédulos no hay nada puro. Al contrario, tienen corrompidas la mente y la conciencia. ¹⁶Profesan conocer a Dios, pero con sus acciones lo niegan; son abominables, desobedientes e incapaces de hacer nada bueno.

Lo que se debe enseñar

2 Tú, en cambio, predica lo que va de acuerdo con la sana doctrina. ²A los *ancianos, enséñales que sean moderados, respetables, sensatos, e íntegros en la fe, en el amor y en la constancia.

³A las ancianas, enséñales que sean reverentes en su conducta, y no calumniadoras ni adictas al mucho vino. Deben enseñar lo bueno ⁴y aconsejar a las jóvenes a amar a sus esposos y a sus hijos, ⁵a ser sensatas y puras, cuidadosas del hogar, bondadosas y sumisas a sus esposos, para que no se hable mal de la palabra de Dios.

⁶A los jóvenes, exhórtalos a ser sensatos. ⁷Con tus buenas obras, dales tú mismo ejemplo en todo. Cuando enseñes, hazlo con integridad y seriedad, ⁸y con un mensaje sano e intachable. Así se avergonzará cualquiera que se oponga, pues no podrá decir nada malo de nosotros.

⁹Enseña a los *esclavos a someterse en todo a sus amos, a procurar agradarles y a no ser respondones. ¹⁰No deben robarles

---

ᵃ1:1 *la verdadera religión*. Lit. *la verdad que es según la piedad*.   ᵇ1:5 *nombraras*. Alt. *ordenaras*.
ᶜ1:6 *creyentes*. Alt. *fieles*.

sino demostrar que son dignos de toda confianza, para que en todo hagan honor a la enseñanza de Dios nuestro Salvador.

[11] En verdad, Dios ha manifestado a toda la *humanidad su gracia, la cual trae salvación [12] y nos enseña a rechazar la impiedad y las pasiones mundanas. Así podremos vivir en este mundo con justicia, piedad y dominio propio, [13] mientras aguardamos la bendita esperanza, es decir, la gloriosa venida de nuestro gran Dios y Salvador Jesucristo. [14] Él se entregó por nosotros para rescatarnos de toda maldad y purificar para sí un pueblo elegido, dedicado a hacer el bien. [15] Esto es lo que debes enseñar. Exhorta y reprende con toda autoridad. Que nadie te menosprecie.

La conducta del creyente

3 Recuérdales a todos que deben mostrarse obedientes y sumisos ante los gobernantes y las autoridades. Siempre deben estar dispuestos a hacer lo bueno: [2] a no hablar mal de nadie, sino a buscar la paz y ser respetuosos, demostrando plena humildad en su trato con todo el mundo.

[3] En otro tiempo también nosotros éramos necios y desobedientes. Estábamos descarriados y éramos esclavos de todo género de pasiones y placeres. Vivíamos en la malicia y en la envidia. Éramos detestables y nos odiábamos unos a otros. [4] Pero cuando se manifestaron la bondad y el amor de Dios nuestro Salvador, [5] él nos salvó, no por nuestras propias obras de justicia sino por su misericordia. Nos

salvó mediante el lavamiento de la regeneración y de la renovación por el Espíritu Santo, [6] el cual fue derramado abundantemente sobre nosotros por medio de Jesucristo nuestro Salvador. [7] Así lo hizo para que, *justificados por su gracia, llegáramos a ser herederos que abrigan la esperanza de recibir la vida eterna. [8] Este mensaje es digno de confianza, y quiero que lo recalques, para que los que han creído en Dios se empeñen en hacer buenas obras. Esto es excelente y provechoso para todos.

[9] Evita las necias controversias y genealogías, las discusiones y peleas sobre la ley, porque carecen de provecho y de sentido. [10] Al que cause divisiones, amonéstalo dos veces, y después evítalo. [11] Puedes estar seguro de que tal individuo se condena a sí mismo por ser un perverso pecador.

Instrucciones personales y saludos finales

[12] Tan pronto como te haya enviado a Artemas o a Tíquico, haz todo lo posible por ir a Nicópolis a verme, pues he decidido pasar allí el invierno. [13] Ayuda en todo lo que puedas al abogado Zenas y a Apolos, de modo que no les falte nada para su viaje. [14] Que aprendan los nuestros a empeñarse en hacer buenas obras, a fin de que atiendan a lo que es realmente necesario y no lleven una vida inútil.

[15] Saludos de parte de todos los que me acompañan. Saludos a los que nos aman en la fe.

Que la gracia sea con todos ustedes.

Carta a Filemón

¹Pablo, prisionero de *Cristo Jesús, y el hermano Timoteo,

a ti, querido Filemón, compañero de trabajo, ²a la hermana Apia, a Arquipo nuestro compañero de lucha, y a la iglesia que se reúne en tu casa:

³Que Dios nuestro Padre y el Señor Jesucristo les concedan gracia y paz.

Acción de gracias y petición

⁴Siempre doy gracias a mi Dios al recordarte en mis oraciones, ⁵porque tengo noticias de tu amor y tu *fidelidad hacia el Señor Jesús y hacia todos los creyentes. ⁶Pido a Dios que el compañerismo que brota de tu fe sea eficaz para la causa de Cristo mediante el reconocimiento de todo lo bueno que compartimos. ⁷Hermano, tu amor me ha alegrado y animado mucho porque has reconfortado el corazón de los *santos.

Intercesión de Pablo por Onésimo

⁸Por eso, aunque en Cristo tengo la franqueza suficiente para ordenarte lo que debes hacer, ⁹prefiero rogártelo en nombre del amor. Yo, Pablo, ya anciano y ahora, además, prisionero de Cristo Jesús, ¹⁰te suplico por mi hijo Onésimo,ᵃ quien llegó a ser hijo mío mientras yo estaba preso. ¹¹En otro tiempo te era inútil, pero ahora nos es útil tanto a ti como a mí. ¹²Te lo envío de vuelta, y con él va mi propio corazón. ¹³Yo hubiera querido retenerlo para que me sirviera en tu lugar mientras estoy preso por causa del *evangelio. ¹⁴Sin embargo, no he querido hacer nada sin tu consentimiento, para que tu favor no sea por obligación sino espontáneo. ¹⁵Tal vez por eso Onésimo se alejó de ti por algún tiempo, para que ahora lo recibas para siempre, ¹⁶ya no como a esclavo, sino como algo mejor: como a un hermano querido, muy especial para mí, pero mucho más para ti, como persona y como hermano en el Señor.

¹⁷De modo que, si me tienes por compañero, recíbelo como a mí mismo. ¹⁸Si te ha perjudicado o te debe algo, cárgalo a mi cuenta. ¹⁹Yo, Pablo, lo escribo de mi puño y letra: te lo pagaré; por no decirte que tú mismo me debes lo que eres. ²⁰Sí, hermano, ¡que reciba yo de ti algún beneficio en el Señor! Reconforta mi corazón en Cristo. ²¹Te escribo confiado en tu obediencia, seguro de que harás aún más de lo que te pido.

²²Además de eso, prepárame alojamiento, porque espero que Dios les conceda el tenerme otra vez con ustedes en respuesta a sus oraciones.

²³Te mandan saludos Epafras, mi compañero de cárcel en Cristo Jesús, ²⁴y también Marcos, Aristarco, Demas y Lucas, mis compañeros de trabajo. ²⁵Que la gracia del Señor Jesucristo sea con su espíritu.

ᵃ10 *Onésimo* significa *útil*.

Carta a los Hebreos

El Hijo, superior a los ángeles

1 Dios, que muchas veces y de varias maneras habló a nuestros antepasados en otras épocas por medio de los profetas, ²en estos días finales nos ha hablado por medio de su Hijo. A éste lo designó heredero de todo, y por medio de él hizo el universo. ³El Hijo es el resplandor de la gloria de Dios, la fiel imagen de lo que él es, y el que sostiene todas las cosas con su palabra poderosa. Después de llevar a cabo la purificación de los pecados, se sentó a la *derecha de la Majestad en las alturas. ⁴Así llegó a ser superior a los ángeles en la misma medida en que el nombre que ha heredado supera en excelencia al de ellos.

⁵Porque, ¿a cuál de los ángeles dijo Dios jamás:

«Tú eres mi hijo;
hoy mismo te he engendrado»;ᵃ

y en otro pasaje:

«Yo seré su padre,
y él será mi hijo»?ᵇ

⁶Además, al introducir a su Primogénito en el mundo, Dios dice:

«Que lo adoren todos los ángeles de Dios.»ᶜ

⁷En cuanto a los ángeles dice:

«Él hace de los vientos sus ángeles,
y de las llamas de fuego sus servidores.»ᵈ

⁸Pero con respecto al Hijo dice:

«Tu trono, oh Dios, permanece por los siglos de los siglos,
y el cetro de tu reino es un cetro de justicia.
⁹Has amado la justicia y odiado la maldad;
por eso Dios, tu Dios, te ha ungido con aceite de alegría,
exaltándote por encima de tus compañeros.»ᵉ

¹⁰También dice:

«En el principio, oh Señor, tú afirmaste la tierra,
y los cielos son la obra de tus manos.
¹¹Ellos perecerán, pero tú permaneces para siempre.
Todos ellos se desgastarán como un vestido.
¹²Los doblarás como un manto,
y cambiarán como ropa que se muda;
pero tú eres siempre el mismo,
y tus años no tienen fin.»ᶠ

¹³¿A cuál de los ángeles dijo Dios jamás:

«Siéntate a mi derecha,
hasta que ponga a tus enemigos por estrado de tus pies»?ᵍ

¹⁴¿No son todos los ángeles espíritus dedicados al servicio divino, enviados para ayudar a los que han de heredar la salvación?

Advertencia a prestar atención

2 Por eso es necesario que prestemos más atención a lo que hemos oído, no sea que perdamos el rumbo. ²Porque si el

---

ᵃ**1:5** Sal 2:7   ᵇ**1:5** 2 S 7:14; 1 Cr 17:13   ᶜ**1:6** Dt 32:43 (según Qumran y LXX)   ᵈ**1:7** Sal 104:4
ᵉ**1:9** Sal 45:6,7   ᶠ**1:12** Sal 102:25-27   ᵍ**1:13** Sal 110:1

mensaje anunciado por los ángeles tuvo validez, y toda transgresión y desobediencia recibió su justo castigo, **3**¿cómo escaparemos nosotros si descuidamos una salvación tan grande? Esta salvación fue anunciada primeramente por el Señor, y los que la oyeron nos la confirmaron. **4**A la vez, Dios ratificó su testimonio acerca de ella con señales, prodigios, diversos milagros y dones distribuidos por el Espíritu Santo según su voluntad.

Jesús, hecho igual a sus hermanos

5Dios no puso bajo el dominio de los ángeles el mundo venidero del que estamos hablando. **6**Como alguien ha atestiguado en algún lugar:

«¿Qué es el hombre, para que en él pienses?
¿Qué es el *ser humano,*h para que lo tomes en cuenta?
7Lo hiciste un poco*i* menor que los ángeles,
y lo coronaste de gloria y de honra;
8 ¡todo lo sometiste a su dominio!»*j*

Si Dios puso bajo él todas las cosas, entonces no hay nada que no le esté sujeto. Ahora bien, es cierto que todavía no vemos que todo le esté sujeto. **9**Sin embargo, vemos a Jesús, que fue hecho un poco inferior a los ángeles, coronado de gloria y honra por haber padecido la muerte. Así, por la gracia de Dios, la muerte que él sufrió resulta en beneficio de todos. **10**En efecto, a fin de llevar a muchos hijos a la gloria, convenía que Dios, para quien y por medio de quien todo existe, *perfeccionara mediante el sufrimiento al autor de la salvación de ellos. **11**Tanto el que *santifica como los que son santificados tienen un mismo origen, por lo cual Jesús no se avergüenza de llamarlos hermanos, **12**cuando dice:

«Proclamaré tu nombre a mis hermanos;
en medio de la congregación te alabaré.»*k*

13En otra parte dice:

«Yo confiaré en él.»*l*

Y añade:

«Aquí me tienen, con los hijos que Dios me ha dado.»*m*

14Por tanto, ya que ellos son de carne y hueso,*n* él también compartió esa naturaleza humana para anular, mediante la muerte, al que tiene el dominio de la muerte —es decir, al diablo—, **15**y librar a todos los que por temor a la muerte estaban sometidos a esclavitud durante toda la vida. **16**Pues, ciertamente, no vino en auxilio de los ángeles sino de los descendientes de Abraham. **17**Por eso era preciso que en todo se asemejara a sus hermanos, para ser un sumo sacerdote fiel y misericordioso al servicio de Dios, a fin de *expiar*ñ* los pecados del pueblo. **18**Por haber sufrido él mismo la *tentación, puede socorrer a los que son tentados.

Jesús, superior a Moisés

3 Por lo tanto, hermanos, ustedes que han sido *santificados y que tienen parte en el mismo llamamiento celestial, consideren a Jesús, apóstol y sumo sacerdote de la fe que profesamos. **2**Él fue fiel al que lo nombró, como lo fue también Moisés en toda la casa de Dios. **3**De hecho, Jesús ha sido estimado digno de mayor honor que Moisés, así como el constructor de una casa recibe mayor honor que la casa misma. **4**Porque toda casa tiene su constructor, pero el constructor de todo es Dios. **5**Moisés fue fiel como siervo en toda la casa de Dios, para dar testimonio de lo que Dios diría en el futuro. **6***Cristo, en cambio, es fiel como Hijo al frente de la casa de Dios. Y esa casa somos nosotros, con tal que mantengamos*o* nuestra confianza y la esperanza que nos *enorgullece.

---

*h***2:6** el *ser humano. Lit. o hijo de hombre.   *i***2:7** un poco. Alt. por un poco de tiempo; también en v. 9.
*j***2:8** Sal 8:4-6   *k***2:12** Sal 22:22   *l***2:13** Is 8:17   *m***2:13** Is 8:18   *n***2:14** carne y hueso. Lit. sangre y carne.
*ñ***2:17** expiar. Lit. hacer propiciación por.   *o***3:6** mantengamos. Var. mantengamos firme hasta el fin.

Advertencia contra la incredulidad

7Por eso, como dice el Espíritu Santo:

«Si ustedes oyen hoy su voz,
8 no endurezcan el corazón
como sucedió en la rebelión,
en aquel día de *prueba en el
desierto.
9Allí sus antepasados me *tentaron
y me pusieron a prueba,
a pesar de haber visto mis obras
cuarenta años.
10Por eso me enojé con aquella
generación,
y dije: "Siempre se descarría su
corazón,
y no han reconocido mis
caminos."
11Así que, en mi enojo, hice este
juramento:
"Jamás entrarán en mi reposo."»p

12Cuídense, hermanos, de que ninguno de ustedes tenga un corazón pecaminoso e incrédulo que los haga apartarse del Dios vivo. 13Más bien, mientras dure ese «hoy», anímense unos a otros cada día, para que ninguno de ustedes se endurezca por el engaño del pecado. 14Hemos llegado a tener parte con *Cristo, con tal que retengamos firme hasta el fin la confianza que tuvimos al principio. 15Como se acaba de decir:

«Si ustedes oyen hoy su voz,
no endurezcan el corazón
como sucedió en la rebelión.»q

16Ahora bien, ¿quiénes fueron los que oyeron y se rebelaron? ¿No fueron acaso todos los que salieron de Egipto guiados por Moisés? 17¿Y con quiénes se enojó Dios durante cuarenta años? ¿No fue acaso con los que pecaron, los cuales cayeron muertos en el desierto? 18¿Y a quiénes juró Dios que jamás entrarían en su reposo, sino a los que desobedecieron?r 19Como podemos ver, no pudieron entrar por causa de su incredulidad.

Reposo del pueblo de Dios

4 Cuidémonos, por tanto, no sea que, aunque la promesa de entrar en su reposo sigue vigente, alguno de ustedes parezca quedarse atrás. 2Porque a nosotros, lo mismo que a ellos, se nos ha anunciado la buena *noticia; pero el mensaje que escucharon no les sirvió de nada, porque no se unieron en la fe as los que habían prestado atención a ese mensaje. 3En tal reposo entramos los que somos creyentes, conforme Dios ha dicho:

«Así que, en mi enojo, hice este
juramento:
"Jamás entrarán en mi reposo."»t

Es cierto que su trabajo quedó terminado con la creación del mundo, 4pues en algún lugar se ha dicho así del séptimo día: «Y en el séptimo día reposó Dios de todas sus obras.»u 5Y en el pasaje citado también dice: «Jamás entrarán en mi reposo.»

6Sin embargo, todavía falta que algunos entren en ese reposo, y los primeros a quienes se les anunció la buena noticia no entraron por causa de su desobediencia. 7Por eso, Dios volvió a fijar un día, que es «hoy», cuando mucho después declaró por medio de David lo que ya se ha mencionado:

«Si ustedes oyen hoy su voz,
no endurezcan el corazón.»v

8Si Josué les hubiera dado el reposo, Dios no habría hablado posteriormente de otro día. 9Por consiguiente, queda todavía un reposo especialw para el pueblo de Dios; 10porque el que entra en el reposo de Dios descansa también de sus obras, así como Dios descansó de las suyas. 11Esforcémonos, pues, por entrar en ese reposo, para que nadie caiga al seguir aquel ejemplo de desobediencia.

p3:11 Sal 95:7-11   q3:15 Sal 95:7,8   r3:18 los que desobedecieron. Alt. los que no creyeron.   s4:2 no se unieron en la fe a. Var. no se combinó con fe para.   t4:3 Sal 95:11; también en v. 5   u4:4 Gn 2:2   v4:7 Sal 95:7,8   w4:9 un reposo especial. Lit. un sabático.

12Ciertamente, la palabra de Dios es viva y poderosa, y más cortante que cualquier espada de dos filos. Penetra hasta lo más profundo del alma y del espíritu, hasta la médula de los huesos,ˣ y juzga los pensamientos y las intenciones del corazón. 13Ninguna cosa creada escapa a la vista de Dios. Todo está al descubierto, expuesto a los ojos de aquel a quien hemos de rendir cuentas.

Jesús, el gran sumo sacerdote

14Por lo tanto, ya que en Jesús, el Hijo de Dios, tenemos un gran sumo sacerdote que ha atravesado los cielos, aferrémonos a la fe que profesamos. 15Porque no tenemos un sumo sacerdote incapaz de compadecerse de nuestras debilidades, sino uno que ha sido *tentado en todo de la misma manera que nosotros, aunque sin pecado. 16Así que acerquémonos confiadamente al trono de la gracia para recibir misericordia y hallar la gracia que nos ayude en el momento que más la necesitemos.

5 Todo sumo sacerdote es escogido de entre los hombres. Él mismo es nombrado para representar a su pueblo ante Dios, y ofrecer dones y sacrificios por los pecados. 2Puede tratar con paciencia a los ignorantes y extraviados, ya que él mismo está sujeto a las debilidades humanas. 3Por tal razón se ve obligado a ofrecer sacrificios por sus propios pecados, como también por los del pueblo.

4Nadie ocupa ese cargo por iniciativa propia; más bien, lo ocupa el que es llamado por Dios, como sucedió con Aarón. 5Tampoco *Cristo se glorificó a sí mismo haciéndose sumo sacerdote, sino que Dios le dijo:

«Tú eres mi hijo;
hoy mismo te he engendrado.»ʸ

6Y en otro pasaje dice:

«Tú eres sacerdote para siempre,
según el orden de Melquisedec.»ᶻ

7En los días de su vida *mortal, Jesús ofreció oraciones y súplicas con fuerte clamor y lágrimas al que podía salvarlo de la muerte, y fue escuchado por su reverente sumisión. 8Aunque era Hijo, mediante el sufrimiento aprendió a obedecer; 9y consumada su *perfección, llegó a ser autor de salvación eterna para todos los que le obedecen, 10y Dios lo nombró sumo sacerdote según el orden de Melquisedec.

Advertencia contra la apostasía

11Sobre este tema tenemos mucho que decir aunque es difícil explicarlo, porque a ustedes lo que les entra por un oído les sale por el otro.ᵃ 12En realidad, a estas alturas ya deberían ser maestros, y sin embargo necesitan que alguien vuelva a enseñarles las verdades más elementales de la palabra de Dios. Dicho de otro modo, necesitan leche en vez de alimento sólido. 13El que sólo se alimenta de leche es inexperto en el mensaje de justicia; es como un niño de pecho. 14En cambio, el alimento sólido es para los adultos, para los que tienen la capacidad de distinguir entre lo bueno y lo malo, pues han ejercitado su facultad de percepción espiritual.

6 Por eso, dejando a un lado las enseñanzas elementales acerca de *Cristo, avancemos hacia la madurez. No volvamos a poner los fundamentos, tales como el *arrepentimiento de las obras que conducen a la muerte, la fe en Dios, 2la instrucción sobre bautismos, la imposición de manos, la resurrección de los muertos y el juicio eterno. 3Así procederemos, si Dios lo permite.

4-6Es imposible que renueven su arrepentimiento aquellos que han sido una vez iluminados, que han saboreado el don celestial, que han tenido parte en el Espíritu Santo y que han experimentado la buena palabra de Dios y los poderes del mundo venidero, y después de todo esto se han apartado. Es imposible, porque así vuelven a crucificar, para su propio mal, al Hijo de Dios, y lo exponen a la vergüenza pública.

ˣ4:12 *Penetra ... huesos.* Lit. *Penetra hasta la división de alma y espíritu, y de articulaciones y médulas.* ʸ5:5 Sal 2:7 ᶻ5:6 Sal 110:4 ᵃ5:11 *a ustedes ... por el otro.* Lit. *se han vuelto torpes en los oídos.*

7Cuando la tierra bebe la lluvia que con frecuencia cae sobre ella, y produce una buena cosecha para los que la cultivan, recibe bendición de Dios. 8En cambio, cuando produce espinos y cardos, no vale nada; está a punto de ser maldecida, y acabará por ser quemada.

9En cuanto a ustedes, queridos hermanos, aunque nos expresamos así, estamos seguros de que les espera lo mejor, es decir, lo que atañe a la salvación. 10Porque Dios no es injusto como para olvidarse de las obras y del amor que, para su gloria, *b* ustedes han mostrado sirviendo a los *santos, como lo siguen haciendo. 11Deseamos, sin embargo, que cada uno de ustedes siga mostrando ese mismo empeño hasta la realización final y completa de su esperanza. 12No sean perezosos; más bien, imiten a quienes por su fe y paciencia heredan las promesas.

La certeza de la promesa de Dios

13Cuando Dios hizo su promesa a Abraham, como no tenía a nadie superior por quien jurar, juró por sí mismo, 14y dijo: «Te bendeciré en gran manera y multiplicaré tu descendencia.»*c* 15Y así, después de esperar con paciencia, Abraham recibió lo que se le había prometido.

16Los *seres humanos juran por alguien superior a ellos mismos, y el juramento, al confirmar lo que se ha dicho, pone punto final a toda discusión. 17Por eso Dios, queriendo demostrar claramente a los herederos de la promesa que su propósito es inmutable, la confirmó con un juramento. 18Lo hizo así para que, mediante la promesa y el juramento, que son dos realidades inmutables en las cuales es imposible que Dios mienta, tengamos un estímulo poderoso los que, buscando refugio, nos aferramos a la esperanza que está delante de nosotros. 19Tenemos como firme y segura ancla del alma una esperanza que penetra hasta detrás de la cortina del *santuario, 20hasta donde Jesús, el precursor, entró por nosotros, llegando a ser sumo sacerdote para siempre, según el orden de Melquisedec.

El sacerdocio de Melquisedec

7 Este Melquisedec, rey de Salén y sacerdote del Dios Altísimo, salió al encuentro de Abraham, que regresaba de derrotar a los reyes, y lo bendijo. 2Abraham, a su vez, le dio la décima parte de todo. El nombre Melquisedec significa, en primer lugar, «rey de justicia» y, además, «rey de Salén», esto es, «rey de paz». 3No tiene padre ni madre ni genealogía; no tiene comienzo ni fin, pero a semejanza del Hijo de Dios, permanece como sacerdote para siempre.

4Consideren la grandeza de ese hombre, a quien nada menos que el patriarca Abraham dio la décima parte del botín. 5Ahora bien, los descendientes de Leví que reciben el sacerdocio tienen, por ley, el mandato de cobrar los diezmos del pueblo, es decir, de sus hermanos, aunque éstos también son descendientes de Abraham. 6En cambio, Melquisedec, que no era descendiente de Leví, recibió los diezmos de Abraham y bendijo al que tenía las promesas. 7Es indiscutible que la persona que bendice es superior a la que recibe la bendición. 8En el caso de los levitas, los diezmos los reciben hombres mortales; en el otro caso, los recibe Melquisedec, de quien se da testimonio de que vive. 9Hasta podría decirse que Leví, quien ahora recibe los diezmos, los pagó por medio de Abraham, 10ya que Leví estaba presente en su antepasado Abraham cuando Melquisedec le salió al encuentro.

Jesús, semejante a Melquisedec

11Si hubiera sido posible alcanzar la *perfección mediante el sacerdocio levítico (pues bajo éste se le dio la ley al pueblo), ¿qué necesidad había de que más adelante surgiera otro sacerdote, según el orden de Melquisedec y no según el de Aarón? 12Porque cuando cambia el sacerdocio, también tiene que cambiarse la ley. 13En efecto, Jesús, de quien se dicen estas cosas, era de otra tribu, de la cual nadie se ha dedicado al servicio del altar. 14Es evidente que nuestro Señor procedía de la tribu de Judá, respecto a la cual nada dijo Moisés con relación al sacerdocio. ¹⁵Y lo que hemos dicho resulta aún más evidente si, a semejanza de Melquisedec, surge otro sacerdote ¹⁶que ha llegado a serlo, no conforme a un requisito legal respecto a linaje *humano, sino conforme al poder de una vida indestructible. ¹⁷Pues de él se da testimonio:

«Tú eres sacerdote para siempre,
según el orden de Melquisedec.»ᵈ

¹⁸Por una parte, la ley anterior queda anulada por ser inútil e ineficaz, ¹⁹ya que no *perfeccionó nada. Y por la otra, se introduce una esperanza mejor, mediante la cual nos acercamos a Dios. ²⁰¡Y no fue sin juramento! Los otros sacerdotes llegaron a serlo sin juramento, ²¹mientras que éste llegó a serlo con el juramento de aquel que le dijo:

«El Señor ha jurado,
y no cambiará de parecer:
"Tú eres sacerdote para siempre."»

²²Por tanto, Jesús ha llegado a ser el que garantiza un pacto superior.

²³Ahora bien, como a aquellos sacerdotes la muerte les impedía seguir ejerciendo sus funciones, ha habido muchos de ellos; ²⁴pero como Jesús permanece para siempre, su sacerdocio es imperecedero. ²⁵Por eso también puede salvar por completoᵉ a los que por medio de él se acercan a Dios, ya que vive siempre para interceder por ellos.

²⁶Nos convenía tener un sumo sacerdote así: santo, irreprochable, puro, apartado de los pecadores y exaltado sobre los cielos. ²⁷A diferencia de los otros sumos sacerdotes, él no tiene que ofrecer sacrificios día tras día, primero por sus propios pecados y luego por los del pueblo; porque él ofreció el sacrificio una sola vez y para siempre cuando se ofreció a sí mismo. ²⁸De hecho, la ley designa como sumos sacerdotes a hombres débiles; pero el juramento, posterior a la ley, designa al

Hijo, quien ha sido hecho *perfecto para siempre.

El sumo sacerdote de un nuevo pacto

8 Ahora bien, el punto principal de lo que venimos diciendo es que tenemos tal sumo sacerdote, aquel que se sentó a la *derecha del trono de la Majestad en el cielo, ²el que sirve en el *santuario, es decir, en el verdadero tabernáculo levantado por el Señor y no por ningún *ser humano.

³A todo sumo sacerdote se le nombra para presentar ofrendas y sacrificios, por lo cual es necesario que también tenga algo que ofrecer. ⁴Si Jesús estuviera en la tierra, no sería sacerdote, pues aquí ya hay sacerdotes que presentan las ofrendas en conformidad con la ley. ⁵Estos sacerdotes sirven en un santuario que es copia y sombra del que está en el cielo, tal como se le advirtió a Moisés cuando estaba a punto de construir el tabernáculo: «Asegúrate de hacerlo todo según el modelo que se te ha mostrado en la montaña.»ᶠ ⁶Pero el servicio sacerdotal que Jesús ha recibido es superior al de ellos, así como el pacto del cual es mediador es superior al antiguo, puesto que se basa en mejores promesas.

⁷Efectivamente, si ese primer pacto hubiera sido *perfecto, no habría lugar para un segundo pacto. ⁸Pero Dios, reprochándoles sus defectos, dijo:

«Vienen días —dice el Señor—,
    en que haré un nuevo pacto
con la casa de Israel
    y con la casa de Judá.
⁹No será un pacto
    como el que hice con sus
        antepasados
el día en que los tomé de la mano
    y los saqué de Egipto,
ya que ellos no permanecieron
    fieles a mi pacto,
    y yo los abandoné
            —dice el Señor—.
¹⁰Éste es el pacto que después de
    aquel tiempo

ᵈ**7:17** Sal 110:4; también en v. 21   ᵉ**7:25** *por completo.* Alt. *para siempre.*   ᶠ**8:5** Éx 25:40

haré con la casa de Israel —dice
el Señor—:
Pondré mis leyes en su mente
y las escribiré en su corazón.
Yo seré su Dios,
y ellos serán mi pueblo.
11 Ya no tendrá nadie que enseñar a
su prójimo,
ni dirá nadie a su hermano:
"¡Conoce al Señor!",
porque todos, desde el más
pequeño hasta el más grande,
me conocerán.
12 Yo les perdonaré sus iniquidades,
y nunca más me acordaré de sus
pecados.»g

13 Al llamar «nuevo» a ese pacto, ha
declarado obsoleto al anterior; y lo que se
vuelve obsoleto y envejece ya está por
desaparecer.

El culto en el tabernáculo terrenal

9 Ahora bien, el primer pacto tenía sus
normas para el culto, y un *santuario
terrenal. 2 En efecto, se habilitó un tabernáculo de tal modo que en su primera
parte, llamada el Lugar Santo, estaban el
candelabro, la mesa y los panes consagrados. 3 Tras la segunda cortina estaba la
parte llamada el Lugar Santísimo, 4 el cual
tenía el altar de oro para el incienso y el
arca del pacto, toda recubierta de oro.
Dentro del arca había una urna de oro que
contenía el maná, la vara de Aarón que
había retoñado, y las tablas del pacto.
5 Encima del arca estaban los *querubines
de la gloria, que cubrían con su sombra el
lugar de la *expiación.h Pero ahora no se
puede hablar de eso en detalle.

6 Así dispuestas todas estas cosas, los
sacerdotes entran continuamente en la primera parte del tabernáculo para celebrar
el culto. 7 Pero en la segunda parte entra
únicamente el sumo sacerdote, y sólo una
vez al año, provisto siempre de sangre que
ofrece por sí mismo y por los pecados de
ignorancia cometidos por el pueblo. 8 Con
esto el Espíritu Santo da a entender que,

mientras siga en pie el primer tabernáculo,
aún no se habrá revelado el camino que
conduce al Lugar Santísimo. 9 Esto nos
ilustra hoy día que las ofrendas y los
sacrificios que allí se ofrecen no tienen
poder alguno para *perfeccionar la conciencia de los que celebran ese culto. 10 No
se trata más que de reglas externas rela-
cionadas con alimentos, bebidas y diversas ceremonias de *purificación, válidas
sólo hasta el tiempo señalado para refor-
marlo todo.

La sangre de Cristo

11 *Cristo, por el contrario, al presentarse como sumo sacerdote de los bienes
definitivosi en el tabernáculo más excelente y *perfecto, no hecho por manos
humanas (es decir, que no es de esta
creación), 12 entró una sola vez y para
siempre en el Lugar Santísimo. No lo hizo
con sangre de machos cabríos y becerros,
sino con su propia sangre, logrando así un
rescate eterno. 13 La sangre de machos
cabríos y de toros, y las cenizas de una
novilla rociadas sobre personas *impuras,
las *santifican de modo que quedan *limpias por fuera. 14 Si esto es así, ¡cuánto más
la sangre de Cristo, quien por medio del
Espíritu eterno se ofreció sin mancha a
Dios, purificará nuestra conciencia de las
obras que conducen a la muerte, a fin de
que sirvamos al Dios viviente!

15 Por eso Cristo es mediador de un
nuevo pacto, para que los llamados reciban la herencia eterna prometida, ahora
que él ha muerto para liberarlos de los
pecados cometidos bajo el primer pacto.
16 En el caso de un testamento,j es
necesario constatar la muerte del testador,
17 pues un testamento sólo adquiere validez cuando el testador muere, y no entra
en vigor mientras vive. 18 De ahí que ni
siquiera el primer pacto se haya establecido sin sangre. 19 Después de promulgar
todos los mandamientos de la ley a todo
el pueblo, Moisés tomó la sangre de los
becerros junto con agua, lana escarlata y
ramas de hisopo, y roció el libro de la ley

---

g8:12 Jer 31:31-34   h9:5 el lugar de la expiación. Lit. el *propiciatorio.   i9:11 definitivos. Var. venideros.
j9:16 En griego la misma palabra se emplea para pacto y para testamento; también en v. 17.

y a todo el pueblo, [20]diciendo: «Ésta es la sangre del pacto que Dios ha mandado que ustedes cumplan.»[k] [21]De la misma manera roció con la sangre el tabernáculo y todos los objetos que se usaban en el culto. [22]De hecho, la ley exige que casi todo sea purificado con sangre, pues sin derramamiento de sangre no hay perdón.

[23]Así que era necesario que las copias de las realidades celestiales fueran purificadas con esos sacrificios, pero que las realidades mismas lo fueran con sacrificios superiores a aquéllos. [24]En efecto, Cristo no entró en un santuario hecho por manos humanas, simple copia del verdadero santuario, sino en el cielo mismo, para presentarse ahora ante Dios en favor nuestro. [25]Ni entró en el cielo para ofrecerse vez tras vez, como entra el sumo sacerdote en el Lugar Santísimo cada año con sangre ajena. [26]Si así fuera, Cristo habría tenido que sufrir muchas veces desde la creación del mundo. Al contrario, ahora, al final de los tiempos, se ha presentado una sola vez y para siempre a fin de acabar con el pecado mediante el sacrificio de sí mismo. [27]Y así como está establecido que los seres *humanos mueran una sola vez, y después venga el juicio, [28]también Cristo fue ofrecido en sacrificio una sola vez para quitar los pecados de muchos; y aparecerá por segunda vez, ya no para cargar con pecado alguno, sino para traer salvación a quienes lo esperan.

El sacrificio de Cristo, ofrecido una vez y para siempre

10 La ley es sólo una sombra de los bienes venideros, y no la presencia[l] misma de estas realidades. Por eso nunca puede, mediante los mismos sacrificios que se ofrecen sin cesar año tras año, hacer *perfectos a los que adoran. [2]De otra manera, ¿no habrían dejado ya de hacerse sacrificios? Pues los que rinden culto, *purificados de una vez por todas, ya no se habrían sentido culpables de pecado. [3]Pero esos sacrificios son un recordatorio anual de los pecados, [4]ya que

es imposible que la sangre de los toros y de los machos cabríos quite los pecados.

[5]Por eso, al entrar en el mundo, *Cristo dijo:

«A ti no te complacen sacrificios ni
    ofrendas;
en su lugar, me preparaste un
    cuerpo;
[6]no te agradaron ni holocaustos
    ni sacrificios por el pecado.
[7]Por eso dije: "Aquí me tienes
    —como el libro dice de mí—.
He venido, oh Dios, a hacer tu
    voluntad."»[m]

[8]Primero dijo: «Sacrificios y ofrendas, holocaustos y expiaciones no te complacen ni fueron de tu agrado» (a pesar de que la ley exigía que se ofrecieran). [9]Luego añadió: «Aquí me tienes: He venido a hacer tu voluntad.» Así quitó lo primero para establecer lo segundo. [10]Y en virtud de esa voluntad somos *santificados mediante el sacrificio del cuerpo de *Jesucristo, ofrecido una vez y para siempre.

[11]Todo sacerdote celebra el culto día tras día ofreciendo repetidas veces los mismos sacrificios, que nunca pueden quitar los pecados. [12]Pero este sacerdote, después de ofrecer por los pecados un solo sacrificio para siempre, se sentó a la *derecha de Dios, [13]en espera de que sus enemigos sean puestos por estrado de sus pies. [14]Porque con un solo sacrificio ha hecho perfectos para siempre a los que está santificando.

[15]También el Espíritu Santo nos da testimonio de ello. Primero dice:

[16]«Éste es el pacto que haré con ellos
    después de aquel tiempo —dice
    el Señor—:
Pondré mis leyes en su corazón,
    y las escribiré en su mente.»[n]

[17]Después añade:

«Y nunca más me acordaré de sus
    pecados y maldades.»[ñ]

---

[k]9:20 Éx 24:8   [l]10:1 *presencia*. Lit. *imagen*.   [m]10:7 Sal 40:6-8 (véase LXX)   [n]10:16 Jer 31:33
[ñ]10:17 Jer 31:34

18Y cuando éstos han sido perdonados, ya no hace falta otro sacrificio por el pecado.

Llamada a la perseverancia

19Así que, hermanos, mediante la sangre de Jesús, tenemos plena libertad para entrar en el Lugar Santísimo, **20**por el camino nuevo y vivo que él nos ha abierto a través de la cortina, es decir, a través de su cuerpo; **21**y tenemos además un gran sacerdote al frente de la familia de Dios.

22Acerquémonos, pues, a Dios con corazón sincero y con la plena seguridad que da la fe, interiormente purificados de una conciencia culpable y exteriormente lavados con agua pura. **23**Mantengamos firme la esperanza que profesamos, porque fiel es el que hizo la promesa. **24**Preocupémonos los unos por los otros, a fin de estimularnos al amor y a las buenas obras. **25**No dejemos de congregarnos, como acostumbran hacerlo algunos, sino animémonos unos a otros, y con mayor razón ahora que vemos que aquel día se acerca.

26Si después de recibir el conocimiento de la verdad pecamos obstinadamente, ya no hay sacrificio por los pecados. **27**Sólo queda una terrible expectativa de juicio, el fuego ardiente que ha de devorar a los enemigos de Dios. **28**Cualquiera que rechazaba la ley de Moisés moría irremediablemente por el testimonio de dos o tres testigos. **29**¿Cuánto mayor castigo piensan ustedes que merece el que ha pisoteado al Hijo de Dios, que ha profanado la sangre del pacto por la cual había sido *santificado, y que ha insultado al Espíritu de la gracia? **30**Pues conocemos al que dijo: «Mía es la venganza; yo pagaré»; *o* y también: «El Señor juzgará a su pueblo.»*p* **31**¡Terrible cosa es caer en las manos del Dios vivo!

32Recuerden aquellos días pasados cuando ustedes, después de haber sido iluminados, sostuvieron una dura lucha y soportaron mucho sufrimiento. **33**Unas veces se vieron expuestos públicamente al insulto y a la persecución; otras veces se solidarizaron con los que eran tratados de igual manera. **34**También se compadecie-

ron de los encarcelados, y cuando a ustedes les confiscaron sus bienes, lo aceptaron con alegría, conscientes de que tenían un patrimonio mejor y más permanente.

35Así que no pierdan la confianza, porque ésta será grandemente recompensada. **36**Ustedes necesitan perseverar para que, después de haber cumplido la voluntad de Dios, reciban lo que él ha prometido. **37**Pues dentro de muy poco tiempo,

«el que ha de venir vendrá, y no
tardará.
38   Pero mi justo*q* vivirá por la fe.
Y si se vuelve atrás,
no será de mi agrado.»*r*

39Pero nosotros no somos de los que se vuelven atrás y acaban por perderse, sino de los que tienen fe y preservan su *vida.

Por la fe

11 Ahora bien, la fe es la garantía de lo que se espera, la certeza de lo que no se ve. **2**Gracias a ella fueron aprobados los antiguos.

3Por la fe entendemos que el universo fue formado por la palabra de Dios, de modo que lo visible no provino de lo que se ve.

4Por la fe Abel ofreció a Dios un sacrificio más aceptable que el de Caín, por lo cual recibió testimonio de ser justo, pues Dios aceptó su ofrenda. Y por la fe Abel, a pesar de estar muerto, habla todavía.

5Por la fe Enoc fue sacado de este mundo sin experimentar la muerte; no fue hallado porque Dios se lo llevó, pero antes de ser llevado recibió testimonio de haber agradado a Dios. **6**En realidad, sin fe es imposible agradar a Dios, ya que cualquiera que se acerca a Dios tiene que creer que él existe y que recompensa a quienes lo buscan.

7Por la fe Noé, advertido sobre cosas que aún no se veían, con temor reverente construyó un arca para salvar a su familia. Por esa fe condenó al mundo y llegó a ser heredero de la justicia que viene por la fe.

---

*o***10:30** Dt 32:35   *p***10:30** Dt 32:36; Sal 135:14   *q***10:38** *mi justo.* Var. *el justo.*   *r***10:38** Hab 2:3,4

8Por la fe Abraham, cuando fue llamado para ir a un lugar que más tarde recibiría como herencia, obedeció y salió sin saber a dónde iba. 9Por la fe se radicó como extranjero en la tierra prometida, y habitó en tiendas de campaña con Isaac y Jacob, herederos también de la misma promesa, 10porque esperaba la ciudad de cimientos sólidos, de la cual Dios es arquitecto y constructor.

11Por la fe Abraham, a pesar de su avanzada edad y de que Sara misma era estéril,*s* recibió fuerza para tener hijos, porque consideró fiel al que le había hecho la promesa. 12Así que de este solo hombre, ya en decadencia, nacieron descendientes numerosos como las estrellas del cielo e incontables como la arena a la orilla del mar.

13Todos ellos vivieron por la fe, y murieron sin haber recibido las cosas prometidas; más bien, las reconocieron a lo lejos, y confesaron que eran extranjeros y peregrinos en la tierra. 14Al expresarse así, claramente dieron a entender que andaban en busca de una patria. 15Si hubieran estado pensando en aquella patria de donde habían emigrado, habrían tenido oportunidad de regresar a ella. 16Antes bien, anhelaban una patria mejor, es decir, la celestial. Por lo tanto, Dios no se avergonzó de ser llamado su Dios, y les preparó una ciudad.

17Por la fe Abraham, que había recibido las promesas, fue puesto a *prueba y ofreció a Isaac, su hijo único, 18a pesar de que Dios le había dicho: «Tu *descendencia se establecerá por medio de Isaac.»*t* 19Consideraba Abraham que Dios tiene poder hasta para resucitar a los muertos, y así, en sentido figurado, recobró a Isaac de entre los muertos.

20Por la fe Isaac bendijo a Jacob y a Esaú, previendo lo que les esperaba en el futuro.

21Por la fe Jacob, cuando estaba a punto de morir, bendijo a cada uno de los hijos de José, y adoró apoyándose en la punta de su bastón.

22Por la fe José, al fin de su vida, se refirió a la salida de los israelitas de Egipto y dio instrucciones acerca de sus restos mortales.

23Por la fe Moisés, recién nacido, fue escondido por sus padres durante tres meses, porque vieron que era un niño precioso, y no tuvieron miedo del edicto del rey. 24Por la fe Moisés, ya adulto, renunció a ser llamado hijo de la hija del faraón. 25Prefirió ser maltratado con el pueblo de Dios a disfrutar de los efímeros placeres del pecado. 26Consideró que el oprobio por causa del *Mesías era una mayor riqueza que los tesoros de Egipto, porque tenía la mirada puesta en la recompensa. 27Por la fe salió de Egipto sin tenerle miedo a la ira del rey, pues se mantuvo firme como si estuviera viendo al Invisible. 28Por la fe celebró la Pascua y el rociamiento de la sangre, para que el exterminador de los primogénitos no tocara a los de Israel.

29Por la fe el pueblo cruzó el Mar Rojo como por tierra seca; pero cuando los egipcios intentaron cruzarlo, se ahogaron.

30Por la fe cayeron las murallas de Jericó, después de haber marchado el pueblo siete días a su alrededor.

31Por la fe la prostituta Rajab no murió junto con los desobedientes,*u* pues había recibido en paz a los espías.

32¿Qué más voy a decir? Me faltaría tiempo para hablar de Gedeón, Barac, Sansón, Jefté, David, Samuel y los profetas, 33los cuales por la fe conquistaron reinos, hicieron justicia y alcanzaron lo prometido; cerraron bocas de leones, 34apagaron la furia de las llamas y escaparon del filo de la espada; sacaron fuerzas de flaqueza; se mostraron valientes en la guerra y pusieron en fuga a ejércitos extranjeros. 35Hubo mujeres que por la resurrección recobraron a sus muertos. Otros, en cambio, fueron muertos a golpes, pues para alcanzar una mejor resurrección no aceptaron que los pusieran en libertad. 36Otros sufrieron la prueba de burlas y azotes, e incluso de cadenas y cárceles. 37Fueron apedreados,*v* aserrados

---

s 11:11 *Por ... estéril.* Alt. *Por la fe incluso Sara, a pesar de su avanzada edad y de que era estéril.*
t 11:18 Gn 21:12 *u* 11:31 *desobedientes.* Alt. *incrédulos.* *v* 11:37 *apedreados.* Var. *apedreados, puestos a prueba.*

por la mitad, asesinados a filo de espada. Anduvieron fugitivos de aquí para allá, cubiertos de pieles de oveja y de cabra, pasando necesidades, afligidos y maltratados. **38** ¡El mundo no merecía gente así! Anduvieron sin rumbo por desiertos y montañas, por cuevas y cavernas.

39 Aunque todos obtuvieron un testimonio favorable mediante la fe, ninguno de ellos vio el cumplimiento de la promesa. **40** Esto sucedió para que ellos no llegaran a la meta *w* sin nosotros, pues Dios nos había preparado algo mejor.

Dios disciplina a sus hijos

12 Por tanto, también nosotros, que estamos rodeados de una multitud tan grande de testigos, despojémonos del lastre que nos estorba, en especial del pecado que nos asedia, y corramos con perseverancia la carrera que tenemos por delante. **2** Fijemos la mirada en Jesús, el iniciador y *perfeccionador de nuestra fe, quien por el gozo que le esperaba, soportó la cruz, menospreciando la vergüenza que ella significaba, y ahora está sentado a la *derecha del trono de Dios. **3** Así, pues, consideren a aquel que perseveró frente a tanta oposición por parte de los pecadores, para que no se cansen ni pierdan el ánimo.

4 En la lucha que ustedes libran contra el pecado, todavía no han tenido que resistir hasta derramar su sangre. **5** Y ya han olvidado por completo las palabras de aliento que como a hijos se les dirige:

«Hijo mío, no tomes a la ligera la
    disciplina del Señor
ni te desanimes cuando te
    reprenda,
6 porque el Señor disciplina a los que
    ama,
y azota a todo el que recibe como
    hijo.» *x*

7 Lo que soportan es para su disciplina, pues Dios los está tratando como a hijos. ¿Qué hijo hay a quien el padre no disciplina? **8** Si a ustedes se les deja sin la

disciplina que todos reciben, entonces son bastardos y no hijos legítimos. **9** Después de todo, aunque nuestros padres *humanos nos disciplinaban, los respetábamos. ¿No hemos de someternos, con mayor razón, al Padre de los espíritus, para que vivamos? **10** En efecto, nuestros padres nos disciplinaban por un breve tiempo, como mejor les parecía; pero Dios lo hace para nuestro bien, a fin de que participemos de su *santidad. **11** Ciertamente, ninguna disciplina, en el momento de recibirla, parece agradable, sino más bien penosa; sin embargo, después produce una cosecha de justicia y paz para quienes han sido entrenados por ella.

12 Por tanto, renueven las fuerzas de sus manos cansadas y de sus rodillas debilitadas. **13** «Hagan sendas derechas para sus pies», *y* para que la pierna coja no se disloque sino que se sane.

Advertencia a los que rechazan a Dios

14 Busquen la paz con todos, y la *santidad, sin la cual nadie verá al Señor. **15** Asegúrense de que nadie deje de alcanzar la gracia de Dios; de que ninguna raíz amarga brote y cause dificultades y corrompa a muchos; **16** y de que nadie sea inmoral ni profano como Esaú, quien por un solo plato de comida vendió sus derechos de hijo mayor. *z* **17** Después, como ya saben, cuando quiso heredar esa bendición, fue rechazado: No se le dio lugar para el *arrepentimiento, aunque con lágrimas buscó la bendición.

18 Ustedes no se han acercado a una montaña que se pueda tocar o que esté ardiendo en fuego; ni a oscuridad, tinieblas y tormenta; **19** ni a sonido de trompeta, ni a tal clamor de palabras que quienes lo oyeron suplicaron que no se les hablara más, **20** porque no podían soportar esta orden: «¡Será apedreado todo el que toque la montaña, aunque sea un animal!» *a* **21** Tan terrible era este espectáculo que Moisés dijo: «Estoy temblando de miedo.» *b*

---

w **11:40** *meta. Alt. perfección.*   *x* **12:6** Pr 3:11,12   *y* **12:13** Pr 4:26   *z* **12:16** *sus derechos de hijo mayor. Lit. su primogenitura.*   *a* **12:20** Éx 19:12,13   *b* **12:21** Dt 9:19

²²Por el contrario, ustedes se han acercado al monte Sión, a la Jerusalén celestial, la ciudad del Dios viviente. Se han acercado a millares y millares de ángeles, a una asamblea gozosa, ²³a la iglesia de los primogénitos inscritos en el cielo. Se han acercado a Dios, el juez de todos; a los espíritus de los justos que han llegado a la *perfección; ²⁴a Jesús, el mediador de un nuevo pacto; y a la sangre rociada, que habla con más fuerza que la de Abel.

²⁵Tengan cuidado de no rechazar al que habla, pues si no escaparon aquellos que rechazaron al que los amonestaba en la tierra, mucho menos escaparemos nosotros si le volvemos la espalda al que nos amonesta desde el cielo. ²⁶En aquella ocasión, su voz conmovió la tierra, pero ahora ha prometido: «Una vez más haré que se estremezca no sólo la tierra sino también el cielo.»ᶜ ²⁷La frase «una vez más» indica la transformaciónᵈ de las cosas movibles, es decir, las creadas, para que permanezca lo inconmovible.

²⁸Así que nosotros, que estamos recibiendo un reino inconmovible, seamos agradecidos. Inspirados por esta gratitud, adoremos a Dios como a él le agrada, con temor reverente, ²⁹porque nuestro «Dios es fuego consumidor».ᵉ

Exhortaciones finales

13 Sigan amándose unos a otros fraternalmente. ²No se olviden de practicar la hospitalidad, pues gracias a ella algunos, sin saberlo, hospedaron ángeles. ³Acuérdense de los presos, como si ustedes fueran sus compañeros de cárcel, y también de los que son maltratados, como si fueran ustedes mismos los que sufren.

⁴Tengan todos en alta estima el matrimonio y la fidelidad conyugal, porque Dios juzgará a los adúlteros y a todos los que cometen inmoralidades sexuales. ⁵Manténganse libres del amor al dinero, y conténtense con lo que tienen, porque Dios ha dicho:

«Nunca te dejaré; jamás te abandonaré.»ᶠ

⁶Así que podemos decir con toda confianza:

«El Señor es quien me ayuda; no temeré. ¿Qué me puede hacer un simple mortal?»ᵍ

⁷Acuérdense de sus dirigentes, que les comunicaron la palabra de Dios. Consideren cuál fue el resultado de su estilo de vida, e imiten su fe. ⁸*Jesucristo es el mismo ayer y hoy y por los siglos. ⁹No se dejen llevar por ninguna clase de enseñanzas extrañas. Conviene que el corazón sea fortalecido por la gracia, y no por alimentos rituales que de nada aprovechan a quienes los comen.

¹⁰Nosotros tenemos un altar del cual no tienen derecho a comer los que ofician en el tabernáculo. ¹¹Porque el sumo sacerdote introduce la sangre de los animales en el Lugar Santísimo como sacrificio por el pecado, pero los cuerpos de esos animales se queman fuera del campamento. ¹²Por eso también Jesús, para *santificar al pueblo mediante su propia sangre, sufrió fuera de la puerta de la ciudad. ¹³Por lo tanto, salgamos a su encuentro fuera del campamento, llevando la deshonra que él llevó, ¹⁴pues aquí no tenemos una ciudad permanente, sino que buscamos la ciudad venidera.

¹⁵Así que ofrezcamos continuamente a Dios, por medio de Jesucristo, un sacrificio de alabanza, es decir, el fruto de los labios que confiesan su nombre. ¹⁶No se olviden de hacer el bien y de compartir con otros lo que tienen, porque ésos son los sacrificios que agradan a Dios.

¹⁷Obedezcan a sus dirigentes y sométanse a ellos, pues cuidan de ustedes como quienes tienen que rendir cuentas. Obedézcanlos a fin de que ellos cumplan su

---

ᶜ12:26 Hag 2:6 ᵈ12:27 *transformación*. Alt. *remoción*. ᵉ12:29 Dt 4:24 ᶠ13:5 Dt 31:6
ᵍ13:6 Sal 118:6,7

tarea con alegría y sin quejarse, pues el quejarse no les trae ningún provecho.

18Oren por nosotros, porque estamos seguros de tener la conciencia tranquila y queremos portarnos honradamente en todo. 19Les ruego encarecidamente que oren para que cuanto antes se me permita estar de nuevo con ustedes.

20El Dios que da la paz levantó de entre los muertos al gran Pastor de las ovejas, a nuestro Señor Jesús, por la sangre del pacto eterno. 21Que él los capacite en todo lo bueno para hacer su voluntad. Y que, por medio de Jesucristo, Dios cumpla en nosotros lo que le agrada. A él sea la gloria por los siglos de los siglos. Amén.

22Hermanos, les ruego que reciban bien estas palabras de exhortación, ya que les he escrito brevemente. 23Quiero que sepan que nuestro hermano Timoteo ha sido puesto en libertad. Si llega pronto, iré con él a verlos. 24Saluden a todos sus dirigentes y a todos los *santos. Los de Italia les mandan saludos. 25Que la gracia sea con todos ustedes.

Carta de Santiago

1 *Santiago, *siervo de Dios y del Señor *Jesucristo,

a las doce tribus que se hallan dispersas por el mundo:

Saludos.

Pruebas y tentaciones

2 Hermanos míos, considérense muy dichosos cuando tengan que enfrentarse con diversas *pruebas, 3 pues ya saben que la prueba de su fe produce constancia. 4 Y la constancia debe llevar a feliz término la obra, para que sean *perfectos e íntegros, sin que les falte nada. 5 Si a alguno de ustedes le falta sabiduría, pídasela a Dios, y él se la dará, pues Dios da a todos generosamente sin menospreciar a nadie. 6 Pero que pida con fe, sin dudar, porque quien duda es como las olas del mar, agitadas y llevadas de un lado a otro por el viento. 7 Quien es así no piense que va a recibir cosa alguna del Señor; 8 es indeciso e inconstante en todo lo que hace.

9 El hermano de condición humilde debe sentirse *orgulloso de su alta dignidad, 10 y el rico, de su humilde condición. El rico pasará como la flor del campo. 11 El sol, cuando sale, seca la planta con su calor abrasador. A ésta se le cae la flor y pierde su belleza. Así se marchitará también el rico en todas sus empresas.

12 *Dichoso el que resiste la *tentación porque, al salir aprobado, recibirá la corona de la vida que Dios ha prometido a quienes lo aman.

13 Que nadie, al ser tentado, diga: «Es Dios quien me tienta.» Porque Dios no puede ser tentado por el mal, ni tampoco tienta él a nadie. 14 Todo lo contrario, cada uno es tentado cuando sus propios malos deseos lo arrastran y seducen. 15 Luego, cuando el deseo ha concebido, engendra el pecado; y el pecado, una vez que ha sido consumado, da a luz la muerte.

16 Mis queridos hermanos, no se engañen. 17 Toda buena dádiva y todo don perfecto descienden de lo alto, donde está el Padre que creó las lumbreras celestes, y que no cambia como los astros ni se mueve como las sombras. 18 Por su propia voluntad nos hizo nacer mediante la palabra de verdad, para que fuéramos como los primeros y mejores frutos de su creación.

Hay que poner en práctica la palabra

19 Mis queridos hermanos, tengan presente esto: Todos deben estar listos para escuchar, y ser lentos para hablar y para enojarse; 20 pues la ira *humana no produce la vida justa que Dios quiere. 21 Por esto, despójense de toda inmundicia y de la maldad que tanto abunda, para que puedan recibir con humildad la palabra sembrada en ustedes, la cual tiene poder para salvarles la *vida.

22 No se contenten sólo con escuchar la palabra, pues así se engañan ustedes mismos. Llévenla a la práctica. 23 El que escucha la palabra pero no la pone en práctica es como el que se mira el rostro en un espejo 24 y, después de mirarse, se va y se olvida en seguida de cómo es. 25 Pero quien se fija atentamente en la ley perfecta que da libertad, y persevera en ella, no olvidando lo que ha oído sino haciéndolo, recibirá bendición al practicarla.

26 Si alguien se cree religioso pero no le pone freno a su lengua, se engaña a sí mismo, y su religión no sirve para nada. 27 La religión pura y sin mancha delante de Dios nuestro Padre es ésta: atender a los huérfanos y a las viudas en sus aflicciones, y conservarse limpio de la corrupción del mundo.

Prohibición del favoritismo

2 Hermanos míos, la fe que tienen en nuestro glorioso Señor *Jesucristo no debe dar lugar a favoritismos. 2 Supongamos que en el lugar donde se reúnen entra un hombre con anillo de oro y ropa elegante, y entra también un pobre desharrapado. ³Si atienden bien al que lleva ropa elegante y le dicen: «Siéntese usted aquí, en este lugar cómodo», pero al pobre le dicen: «Quédate ahí de pie» o «Siéntate en el suelo, a mis pies», ⁴¿acaso no hacen discriminación entre ustedes, juzgando con malas intenciones?

⁵Escuchen, mis queridos hermanos: ¿No ha escogido Dios a los que son pobres según el mundo para que sean ricos en la fe y hereden el reino que prometió a quienes lo aman? ⁶¡Pero ustedes han menospreciado al pobre! ¿No son los ricos quienes los explotan a ustedes y los arrastran ante los tribunales? ⁷¿No son ellos los que *blasfeman el buen nombre de aquel a quien ustedes pertenecen?

⁸Hacen muy bien si de veras cumplen la ley suprema de la Escritura: «Ama a tu prójimo como a ti mismo»;ᵃ ⁹pero si muestran algún favoritismo, pecan y son culpables, pues la misma ley los acusa de ser transgresores. ¹⁰Porque el que cumple con toda la ley pero falla en un solo punto ya es culpable de haberla quebrantado toda. ¹¹Pues el que dijo: «No cometas adulterio»,ᵇ también dijo: «No mates.»ᶜ Si no cometes adulterio, pero matas, ya has violado la ley.

¹²Hablen y pórtense como quienes han de ser juzgados por la ley que nos da libertad, ¹³porque habrá un juicio sin compasión para el que actúe sin compasión. ¡La compasión triunfa en el juicio!

La fe y las obras

¹⁴Hermanos míos, ¿de qué le sirve a uno alegar que tiene fe, si no tiene obras? ¿Acaso podrá salvarlo esa fe? ¹⁵Supongamos que un hermano o una hermana no tienen con qué vestirse y carecen del alimento diario, ¹⁶y uno de ustedes les dice: «Que les vaya bien; abríguense y coman hasta saciarse», pero no les da lo necesario para el cuerpo. ¿De qué servirá eso? ¹⁷Así

también la fe por sí sola, si no tiene obras, está muerta.

¹⁸Sin embargo, alguien dirá: «Tú tienes fe, y yo tengo obras.»

Pues bien, muéstrame tu fe sin las obras, y yo te mostraré la fe por mis obras. ¹⁹¿Tú crees que hay un solo Dios? ¡Magnífico! También los demonios lo creen, y tiemblan.

²⁰¡Qué tonto eres! ¿Quieres convencerte de que la fe sin obras es estéril?ᵈ ²¹¿No fue declarado justo nuestro padre Abraham por lo que hizo cuando ofreció sobre el altar a su hijo Isaac? ²²Ya lo ves: Su fe y sus obras actuaban conjuntamente, y su fe llegó a la *perfección por las obras que hizo. ²³Así se cumplió la Escritura que dice: «Le creyó Abraham a Dios, y esto se le tomó en cuenta como justicia»,ᵉ y fue llamado amigo de Dios. ²⁴Como pueden ver, a una persona se le declara justa por las obras, y no sólo por la fe.

²⁵De igual manera, ¿no fue declarada justa por las obras aun la prostituta Rajab, cuando hospedó a los espías y les ayudó a huir por otro camino? ²⁶Pues como el cuerpo sin el espíritu está muerto, así también la fe sin obras está muerta.

Hay que domar la lengua

3 Hermanos míos, no pretendan muchos de ustedes ser maestros, pues, como saben, seremos juzgados con más severidad. ²Todos fallamos mucho. Si alguien nunca falla en lo que dice, es una persona *perfecta, capaz también de controlar todo su cuerpo.

³Cuando ponemos freno en la boca de los caballos para que nos obedezcan, podemos controlar todo el animal. ⁴Fíjense también en los barcos. A pesar de ser tan grandes y de ser impulsados por fuertes vientos, se gobiernan por un pequeño timón a voluntad del piloto. ⁵Así también la lengua es un miembro muy pequeño del cuerpo, pero hace alarde de grandes hazañas. ¡Imagínense qué gran bosque se incendia con tan pequeña chispa! ⁶También la lengua es un fuego, un mundo de

---

ᵃ2:8 Lv 19:18   ᵇ2:11 Éx 20:14; Dt 5:18   ᶜ2:11 Éx 20:13; Dt 5:17   ᵈ2:20 *es estéril.* Var. *está muerta.*
ᵉ2:23 Gn 15:6

maldad. Siendo uno de nuestros órganos, contamina todo el cuerpo y, encendida por el infierno,*f* prende a su vez fuego a todo el curso de la vida.

7El *ser humano sabe domar y, en efecto, ha domado toda clase de fieras, de aves, de reptiles y de bestias marinas; 8pero nadie puede domar la lengua. Es un mal irrefrenable, lleno de veneno mortal. 9Con la lengua bendecimos a nuestro Señor y Padre, y con ella maldecimos a las personas, creadas a imagen de Dios. 10De una misma boca salen bendición y maldición. Hermanos míos, esto no debe ser así. 11¿Puede acaso brotar de una misma fuente agua dulce y agua salada?*g* 12Hermanos míos, ¿acaso puede dar aceitunas una higuera o higos una vid? Pues tampoco una fuente de agua salada puede dar agua dulce.

Dos clases de sabiduría

13¿Quién es sabio y entendido entre ustedes? Que lo demuestre con su buena conducta, mediante obras hechas con la humildad que le da su sabiduría. 14Pero si ustedes tienen envidias amargas y rivalidades en el corazón, dejen de presumir y de faltar a la verdad. 15Ésa no es la sabiduría que desciende del cielo, sino que es terrenal, puramente *humana y diabólica. 16Porque donde hay envidias y rivalidades, también hay confusión y toda clase de acciones malvadas. 17En cambio, la sabiduría que desciende del cielo es ante todo pura, y además pacífica, bondadosa, dócil, llena de compasión y de buenos frutos, imparcial y sincera. 18En fin, el fruto de la justicia se siembra en paz para*h* los que hacen la paz.

Sométanse a Dios

4 ¿De dónde surgen las guerras y los conflictos entre ustedes? ¿No es precisamente de las pasiones que luchan dentro de ustedes mismos?*i* 2Desean algo y no lo consiguen. Matan y sienten envidia, y no pueden obtener lo que quieren. Riñen

y se hacen la guerra. No tienen, porque no piden. 3Y cuando piden, no reciben porque piden con malas intenciones, para satisfacer sus propias pasiones. 4¡Oh gente adúltera! ¿No saben que la amistad con el mundo es enemistad con Dios? Si alguien quiere ser amigo del mundo se vuelve enemigo de Dios. 5¿O creen que la Escritura dice en vano que Dios ama celosamente al espíritu que hizo morar en nosotros?*j* 6Pero él nos da mayor ayuda con su gracia. Por eso dice la Escritura:

«Dios se opone a los orgullosos,
   pero da gracia a los humildes.»*k*

7Así que sométanse a Dios. Resistan al diablo, y él huirá de ustedes. 8Acérquense a Dios, y él se acercará a ustedes. ¡Pecadores, límpiense las manos! ¡Ustedes los inconstantes, purifiquen su corazón! 9Reconozcan sus miserias, lloren y laméntense. Que su risa se convierta en llanto, y su alegría en tristeza. 10Humíllense delante del Señor, y él los exaltará. 11Hermanos, no hablen mal unos de otros. Si alguien habla mal de su hermano, o lo juzga, habla mal de la ley y la juzga. Y si juzgas la ley, ya no eres cumplidor de la ley, sino su juez. 12No hay más que un solo legislador y juez, aquel que puede salvar y destruir. Tú, en cambio, ¿quién eres para juzgar a tu prójimo?

Alarde sobre el mañana

13Ahora escuchen esto, ustedes que dicen: «Hoy o mañana iremos a tal o cual ciudad, pasaremos allí un año, haremos negocios y ganaremos dinero.» 14¡Y eso que ni siquiera saben qué sucederá mañana! ¿Qué es su vida? Ustedes son como la niebla, que aparece por un momento y luego se desvanece. 15Más bien, debieran decir: «Si el Señor quiere, viviremos y haremos esto o aquello.» 16Pero ahora se *jactan en sus fanfarronerías. Toda esta jactancia es mala. 17Así que comete peca-

---

*f*3:6 *el infierno.* Lit. *la* *Gehenna.*   *g*3:11 *salada.* Lit. *amarga* (véase también v. 12).   *h*3:18 *para.* Alt. *por.*
*i*4:1 *luchan ... mismos.* Lit. *hacen guerra en sus miembros.*   *j*4:5 *Dios ... nosotros.* Alt. *el espíritu que él hizo morar en nosotros envidia intensamente,* o *el Espíritu que él hizo morar en nosotros ama celosamente.*
*k*4:6 Pr 3:34

do todo el que sabe hacer el bien y no lo hace.

Advertencia a los ricos opresores

5 Ahora escuchen, ustedes los ricos: ¡lloren a gritos por las calamidades que se les vienen encima! 2Se ha podrido su riqueza, y sus ropas están comidas por la polilla. 3Se han oxidado su oro y su plata. Ese óxido dará testimonio contra ustedes y consumirá como fuego sus cuerpos. Han amontonado riquezas, ¡y eso que estamos en los últimos tiempos! 4Oigan cómo clama contra ustedes el salario no pagado a los obreros que les trabajaron sus campos. El clamor de esos trabajadores ha llegado a oídos del Señor Todopoderoso. 5Ustedes han llevado en este mundo una vida de lujo y de placer desenfrenado. Lo que han hecho es engordar para el día de la matanza.¹ 6Han condenado y matado al justo sin que él les ofreciera resistencia.

Paciencia en los sufrimientos

7Por tanto, hermanos, tengan paciencia hasta la venida del Señor. Miren cómo espera el agricultor a que la tierra dé su precioso fruto y con qué paciencia aguarda las temporadas de lluvia. 8Así también ustedes, manténganse firmes y aguarden con paciencia la venida del Señor, que ya se acerca. 9No se quejen unos de otros, hermanos, para que no sean juzgados. ¡El juez ya está a la puerta!

10Hermanos, tomen como ejemplo de sufrimiento y de paciencia a los profetas que hablaron en el nombre del Señor. 11En verdad, consideramos *dichosos a los que perseveraron. Ustedes han oído hablar de la perseverancia de Job, y han visto lo que al final le dio el Señor. Es que el Señor es muy compasivo y misericordioso.

12Sobre todo, hermanos míos, no juren ni por el cielo ni por la tierra ni por ninguna otra cosa. Que su «sí» sea «sí», y su «no», «no», para que no sean condenados.

La oración de fe

13¿Está afligido alguno entre ustedes? Que ore. ¿Está alguno de buen ánimo? Que cante alabanzas. 14¿Está enfermo alguno de ustedes? Haga llamar a los *ancianos de la iglesia para que oren por él y lo unjan con aceite en el nombre del Señor. 15La oración de fe sanará al enfermo y el Señor lo levantará. Y si ha pecado, su pecado se le perdonará. 16Por eso, confiésense unos a otros sus pecados, y oren unos por otros, para que sean sanados. La oración del justo es poderosa y eficaz.

17Elías era un hombre con debilidades como las nuestras. Con fervor oró que no lloviera, y no llovió sobre la tierra durante tres años y medio. 18Volvió a orar, y el cielo dio su lluvia y la tierra produjo sus frutos.

19Hermanos míos, si alguno de ustedes se extravía de la verdad, y otro lo hace volver a ella, 20recuerden que quien hace volver a un pecador de su extravío, lo salvará de la muerte y cubrirá muchísimos pecados.

---

¹5:5 Lo ... matanza. Alt. Han engordado como en un banquete.

Primera Carta de
Pedro

1 Pedro, apóstol de *Jesucristo,

a los elegidos, extranjeros dispersos por el Ponto, Galacia, Capadocia, *Asia y Bitinia, **2** según la previsión*ᵃ* de Dios el Padre, mediante la obra *santificadora del Espíritu, para obedecer a Jesucristo y ser redimidos*ᵇ* por su sangre:

Que abunden en ustedes la gracia y la paz.

Alabanza a Dios por una esperanza viva

3 ¡Alabado sea Dios, Padre de nuestro Señor Jesucristo! Por su gran misericordia, nos ha hecho nacer de nuevo mediante la resurrección de Jesucristo, para que tengamos una esperanza viva **4** y recibamos una herencia indestructible, incontaminada e inmarchitable. Tal herencia está reservada en el cielo para ustedes, **5** a quienes el poder de Dios protege mediante la fe hasta que llegue la salvación que se ha de revelar en los últimos tiempos. **6** Esto es para ustedes motivo de gran alegría, a pesar de que hasta ahora han tenido que sufrir diversas *pruebas por un tiempo. **7** El oro, aunque perecedero, se acrisola al fuego. Así también la fe de ustedes, que vale mucho más que el oro, al ser acrisolada por las pruebas demostrará que es digna de aprobación, gloria y honor cuando Jesucristo se revele. **8** Ustedes lo aman a pesar de no haberlo visto; y aunque no lo ven ahora, creen en él y se alegran con un gozo indescriptible y glorioso, **9** pues están obteniendo la meta de su fe, que es su salvación.

10 Los profetas, que anunciaron la gracia reservada para ustedes, estudiaron y observaron esta salvación. **11** Querían descubrir a qué tiempo y a cuáles circunstancias se refería el Espíritu de *Cristo, que estaba en ellos, cuando testificó de antemano acerca de los sufrimientos de Cristo y de la gloria que vendría después de éstos. **12** A ellos se les reveló que no se estaban sirviendo a sí mismos, sino que les servían a ustedes. Hablaban de las cosas que ahora les han anunciado los que les predicaron el *evangelio por medio del Espíritu Santo enviado del cielo. Aun los mismos ángeles anhelan contemplar esas cosas.

Sean santos

13 Por eso, dispónganse para actuar con inteligencia;*ᶜ* tengan dominio propio; pongan su esperanza completamente en la gracia que se les dará cuando se revele *Jesucristo. **14** Como hijos obedientes, no se amolden a los malos deseos que tenían antes, cuando vivían en la ignorancia. **15** Más bien, sean ustedes *santos en todo lo que hagan, como también es santo quien los llamó; **16** pues está escrito: «Sean santos, porque yo soy santo.»*ᵈ* **17** Ya que invocan como Padre al que juzga con imparcialidad las obras de cada uno, vivan con temor reverente mientras sean peregrinos en este mundo. **18** Como bien saben, ustedes fueron rescatados de la vida absurda que heredaron de sus antepasados. El precio de su rescate no se pagó con cosas perecederas, como el oro o la plata, **19** sino con la preciosa sangre de Cristo, como de un cordero sin mancha y sin defecto. **20** Cristo, a quien Dios escogió antes de la creación del mundo, se ha manifestado en estos últimos tiempos en beneficio de ustedes. **21** Por medio de él ustedes creen en Dios, que lo *resucitó y glorificó, de modo que su fe y su esperanza están puestas en Dios.

²²Ahora que se han purificado obedeciendo a la verdad y tienen un amor sincero por sus hermanos, ámense de todo corazón*e* los unos a los otros. ²³Pues ustedes han nacido de nuevo, no de simiente perecedera, sino de simiente imperecedera, mediante la palabra de Dios que vive y permanece. ²⁴Porque

«todo *mortal es como la hierba,
    y toda su gloria como la flor del
    campo;
la hierba se seca y la flor se cae,
²⁵   pero la palabra del Señor
    permanece para siempre.»*f*

Y ésta es la palabra del evangelio que se les ha anunciado a ustedes.

2 Por lo tanto, abandonando toda maldad y todo engaño, hipocresía, envidias y toda calumnia, ²deseen con ansias la leche pura de la palabra,*g* como niños recién nacidos. Así, por medio de ella, crecerán en su salvación, ³ahora que han probado lo bueno que es el Señor.

La piedra viva y su pueblo escogido

⁴*Cristo es la Piedra viva, rechazada por los *seres humanos pero escogida y preciosa ante Dios. ⁵también ustedes son como piedras vivas, con las cuales se está edificando una casa espiritual. De este modo llegan a ser un sacerdocio *santo, para ofrecer sacrificios espirituales que Dios acepta por medio de Jesucristo. ⁶Así dice la Escritura:

«Miren que pongo en Sión
    una piedra principal escogida y
    preciosa,
y el que confíe en ella
    no será jamás defraudado.»*h*

⁷Para ustedes los creyentes, esta piedra es preciosa; pero para los incrédulos,

«la piedra que desecharon los
    constructores
ha llegado a ser la piedra
    angular»,*i*

⁸y también:

«una piedra de *tropiezo
    y una roca que hace *caer.»*j*

Tropiezan al desobedecer la palabra, para lo cual estaban destinados. ⁹Pero ustedes son linaje escogido, real sacerdocio, nación santa, pueblo que pertenece a Dios, para que proclamen las obras maravillosas de aquel que los llamó de las tinieblas a su luz admirable. ¹⁰Ustedes antes ni siquiera eran pueblo, pero ahora son pueblo de Dios; antes no habían recibido misericordia, pero ahora ya la han recibido.

¹¹Queridos hermanos, les ruego como a extranjeros y peregrinos en este mundo, que se aparten de los deseos pecaminosos*k* que combaten contra la *vida. ¹²Mantengan entre los incrédulos*l* una conducta tan ejemplar que, aunque los acusen de hacer el mal, ellos observen las buenas obras de ustedes y glorifiquen a Dios en el día de la salvación.*m*

Sumisión a los gobernantes y a los superiores

¹³Sométanse por causa del Señor a toda autoridad humana, ya sea al rey como suprema autoridad, ¹⁴o a los gobernadores que él envía para castigar a los que hacen el mal y reconocer a los que hacen el bien. ¹⁵Porque ésta es la voluntad de Dios: que, practicando el bien, hagan callar la ignorancia de los insensatos. ¹⁶Eso es actuar como personas libres que no se valen de su libertad para disimular la maldad, sino que viven como *siervos de Dios. ¹⁷Den a todos el debido respeto: amen a los hermanos, teman a Dios, respeten al rey.

¹⁸Criados, sométanse con todo respeto a sus amos, no sólo a los buenos y comprensivos sino también a los insoporta-

---

*e***1:22** *de todo corazón.* Var. *con corazón puro.*   *f***1:25** Is 40:6-8   *g***2:2** *leche pura de la palabra.* Alt. *leche espiritual pura.*   *h***2:6** Is 28:16   *i***2:7** Sal 118:22   *j***2:8** Is 8:14   *k***2:11** *pecaminosos.* Lit. *carnales.*   *l***2:12** *incrédulos.* Lit. *gentiles.*   *m***2:12** *de la salvación.* Alt. *del juicio.* Lit. *de la visitación.*

bles. **19**Porque es digno de elogio que, por sentido de responsabilidad delante de Dios, se soporten las penalidades, aun sufriendo injustamente. **20**Pero ¿cómo pueden ustedes atribuirse mérito alguno si soportan que los maltraten por hacer el mal? En cambio, si sufren por hacer el bien, eso merece elogio delante de Dios. **21**Para esto fueron llamados, porque *Cristo sufrió por ustedes, dándoles ejemplo para que sigan sus pasos.

> **22**«Él no cometió ningún pecado,
> ni hubo engaño en su boca.»[n]

23Cuando proferían insultos contra él, no replicaba con insultos; cuando padecía, no amenazaba, sino que se entregaba a aquel que juzga con justicia. **24**Él mismo, en su cuerpo, llevó al madero nuestros pecados, para que muramos al pecado y vivamos para la justicia. Por sus heridas ustedes han sido sanados. **25**Antes eran ustedes como ovejas descarriadas, pero ahora han vuelto al Pastor que cuida[ñ] de sus vidas.

Deberes conyugales

3 Así mismo, esposas, sométanse a sus esposos, de modo que si algunos de ellos no creen en la palabra, puedan ser ganados más por el comportamiento de ustedes que por sus palabras, **2**al observar su conducta íntegra y respetuosa. **3**Que la belleza de ustedes no sea la externa, que consiste en adornos tales como peinados ostentosos, joyas de oro y vestidos lujosos. **4**Que su belleza sea más bien la incorruptible, la que procede de lo íntimo del corazón y consiste en un espíritu suave y apacible. Ésta es la que tiene mucho valor delante de Dios. **5**Así se adornaban en tiempos antiguos las *santas mujeres que esperaban en Dios, cada una sumisa a su esposo. **6**Tal es el caso de Sara, que obedecía a Abraham y lo llamaba su señor. Ustedes son hijas de ella si hacen el bien y viven sin ningún temor.

7De igual manera, ustedes esposos, sean comprensivos en su vida conyugal, tratando cada uno a su esposa con respeto, ya que como mujer es más delicada,[o] y ambos son herederos del grato don de la vida. Así nada estorbará las oraciones de ustedes.

Sufriendo por hacer el bien

8En fin, vivan en armonía los unos con los otros; compartan penas y alegrías, practiquen el amor fraternal, sean compasivos y humildes. **9**No devuelvan mal por mal ni insulto por insulto; más bien, bendigan, porque para esto fueron llamados, para heredar una bendición. **10**En efecto,

> «el que quiera amar la vida
> y gozar de días felices,
> que refrene su lengua de hablar el
> mal
> y sus labios de proferir engaños;
> **11**que se aparte del mal y haga el
> bien;
> que busque la paz y la siga.
> **12**Porque los ojos del Señor están
> sobre los justos,
> y sus oídos, atentos a sus
> oraciones;
> pero el rostro del Señor está contra
> los que hacen el mal.»[p]

13Y a ustedes, ¿quién les va a hacer daño si se esfuerzan por hacer el bien? **14**¡*Dichosos si sufren por causa de la justicia! «No teman lo que ellos temen,[q] ni se dejen asustar.»[r] **15**Más bien, honren en su corazón a *Cristo como Señor. Estén siempre preparados para responder a todo el que les pida razón de la esperanza que hay en ustedes. **16**Pero háganlo con gentileza y respeto, manteniendo la conciencia limpia, para que los que hablan mal de la buena conducta de ustedes en Cristo, se avergüencen de sus calumnias. **17**Si es la voluntad de Dios, es preferible sufrir por hacer el bien que por hacer el mal. **18**Porque Cristo murió por los pecados una vez por todas, el justo por los injustos, a fin de llevarlos a ustedes a Dios. Él sufrió la muerte en su *cuerpo, pero el Espíritu

---

[n] **2:22** Is 53:9   [ñ] **2:25** *Pastor que cuida.* Lit. *Pastor y *Obispo.*   [o] **3:7** *ya que ... delicada.* Lit. *como a vaso más frágil.*   [p] **3:12** Sal 34:12-16   [q] **3:14** *lo que ellos temen.* Alt. *sus amenazas.*   [r] **3:14** Is 8:12

hizo que volviera a la vida. *s* **19**Por medio del Espíritu fue y predicó a los espíritus encarcelados, **20**que en los tiempos antiguos, en los días de Noé, desobedecieron, cuando Dios esperaba con paciencia mientras se construía el arca. En ella sólo pocas personas, ocho en total, se salvaron mediante el agua, **21**la cual simboliza el bautismo que ahora los salva también a ustedes. El bautismo no consiste en la limpieza del cuerpo, sino en el compromiso de tener una buena conciencia delante de Dios. Esta salvación es posible por la resurrección de Jesucristo, **22**quien subió al cielo y tomó su lugar a la *derecha de Dios, y a quien están sometidos los ángeles, las autoridades y los poderes.

Viviendo el ejemplo de Cristo

4 Por tanto, ya que *Cristo sufrió en el cuerpo, asuman también ustedes la misma actitud; porque el que ha sufrido en el *cuerpo ha roto con el pecado, **2**para vivir el resto de su vida terrenal no satisfaciendo sus pasiones *humanas sino cumpliendo la voluntad de Dios. **3**Pues ya basta con el tiempo que han desperdiciado haciendo lo que agrada a los incrédulos, *t* entregados al desenfreno, a las pasiones, a las borracheras, a las orgías, a las parrandas y a las idolatrías abominables. **4**A ellos les parece extraño que ustedes ya no corran con ellos en ese mismo desbordamiento de inmoralidad, y por eso los insultan. **5**Pero ellos tendrán que rendirle cuentas a aquel que está preparado para juzgar a los vivos y a los muertos. **6**Por esto también se les predicó el *evangelio aun a los muertos, para que, a pesar de haber sido juzgados según criterios *humanos en lo que atañe al cuerpo, vivan conforme a Dios en lo que atañe al espíritu. *u*

7Ya se acerca el fin de todas las cosas. Así que, para orar bien, manténganse sobrios y con la mente despejada. **8**Sobre todo, ámense los unos a los otros profundamente, porque el amor cubre multitud de pecados. **9**Practiquen la hospitalidad

entre ustedes sin quejarse. **10**Cada uno ponga al servicio de los demás el don que haya recibido, administrando fielmente la gracia de Dios en sus diversas formas. **11**El que habla, hágalo como quien expresa las palabras mismas de Dios; el que presta algún servicio, hágalo como quien tiene el poder de Dios. Así Dios será en todo alabado por medio de Jesucristo, a quien sea la gloria y el poder por los siglos de los siglos. Amén.

Sufriendo por seguir a Cristo

12Queridos hermanos, no se extrañen del fuego de la *prueba que están soportando, como si fuera algo insólito. **13**Al contrario, alégrense de tener parte en los sufrimientos de *Cristo, para que también sea inmensa su alegría cuando se revele la gloria de Cristo. **14**Dichosos ustedes si los insultan por causa del nombre de Cristo, porque el glorioso Espíritu de Dios reposa sobre ustedes. **15**Que ninguno tenga que sufrir por asesino, ladrón o delincuente, ni siquiera por entrometido. **16**Pero si alguien sufre por ser cristiano, que no se avergüence, sino que alabe a Dios por llevar el nombre de Cristo. **17**Porque es tiempo de que el juicio comience por la familia de Dios; y si comienza por nosotros, ¡cuál no será el fin de los que se rebelan contra el *evangelio de Dios!

> **18**«Si el justo a duras penas se salva,
> ¿qué será del impío y del
>   pecador?» *v*

19Así pues, los que sufren según la voluntad de Dios, entréguense a su fiel Creador y sigan practicando el bien.

Exhortación a los ancianos y a los jóvenes

5 A los *ancianos que están entre ustedes, yo, que soy anciano como ellos, testigo de los sufrimientos de *Cristo y partícipe con ellos de la gloria que se ha de revelar, les ruego esto: **2**cuiden como

---

s **3:18** *pero ... vida.* Alt. *pero volvió a la vida en su espíritu.*   *t* **4:3** *incrédulos.* Lit. *gentiles.*   *u* **4:6** *en lo que atañe al espíritu.* Alt. *en el Espíritu.*   *v* **4:18** Pr 11:31

pastores el rebaño de Dios que está a su cargo, no por obligación ni por ambición de dinero, sino con afán de servir, como Dios quiere. ³No sean tiranos con los que están a su cuidado, sino sean ejemplos para el rebaño. ⁴Así, cuando aparezca el Pastor supremo, ustedes recibirán la inmarcesible corona de gloria.

⁵Así mismo, jóvenes, sométanse a los ancianos. Revístanse todos de humildad en su trato mutuo, porque

«Dios se opone a los orgullosos,
pero da gracia a los humildes».ʷ

⁶Humíllense, pues, bajo la poderosa mano de Dios, para que él los exalte a su debido tiempo. ⁷Depositen en él toda ansiedad, porque él cuida de ustedes. ⁸Practiquen el dominio propio y manténganse alerta. Su enemigo el diablo ronda como león rugiente, buscando a quién devorar. ⁹Resístanlo, manteniéndose firmes en la fe, sabiendo que sus hermanos en todo el mundo están soportando la misma clase de sufrimientos.

¹⁰Y después de que ustedes hayan sufrido un poco de tiempo, Dios mismo, el Dios de toda gracia que los llamó a su gloria eterna en Cristo, los restaurará y los hará fuertes, firmes y estables. ¹¹A él sea el poder por los siglos de los siglos. Amén.

Saludos finales

¹²Con la ayuda de *Silvano, a quien considero un hermano fiel, les he escrito brevemente, para animarlos y confirmarles que ésta es la verdadera gracia de Dios. Manténganse firmes en ella.

¹³Saludos de parte de la que está en Babilonia, escogida como ustedes, y también de mi hijo Marcos. ¹⁴Salúdense los unos a los otros con un beso de amor fraternal.

Paz a todos ustedes que están en *Cristo.

ʷ 5:5 Pr 3:34

Segunda Carta de
Pedro

1 Simón Pedro, *siervo y apóstol de *Jesucristo,

a los que por la justicia de nuestro Dios y Salvador Jesucristo han recibido una fe tan preciosa como la nuestra.

2 Que abunden en ustedes la gracia y la paz por medio del conocimiento que tienen de Dios y de Jesús nuestro Señor.

Firmeza en el llamamiento y en la elección

3 Su divino poder, al darnos el conocimiento de aquel que nos llamó por su propia gloria y potencia, nos ha concedido todas las cosas que necesitamos para vivir como Dios manda.ᵃ **4** Así Dios nos ha entregado sus preciosas y magníficas promesas para que ustedes, luego de escapar de la corrupción que hay en el mundo debido a los malos deseos, lleguen a tener parte en la naturaleza divina.ᵇ **5** Precisamente por eso, esfuércense por añadir a su fe, virtud; a su virtud, entendimiento; **6** al entendimiento, dominio propio; al dominio propio, constancia; a la constancia, devoción a Dios; **7** a la devoción a Dios, afecto fraternal; y al afecto fraternal, amor. **8** Porque estas cualidades, si abundan en ustedes, les harán crecer en el conocimiento de nuestro Señor Jesucristo, y evitarán que sean inútiles e improductivos. **9** En cambio, el que no las tiene es tan corto de vista que ya ni ve, y se olvida de que ha sido limpiado de sus antiguos pecados. **10** Por lo tanto, hermanos, esfuércense más todavía por asegurarse del llamado de Dios, que fue quien los eligió. Si hacen estas cosas, no caerán jamás, **11** y se les abrirán de par en par las puertas del reino eterno de nuestro Señor y Salvador Jesucristo.

La veracidad de la Escritura

12 Por eso siempre les recordaré estas cosas, por más que las sepan y estén afianzados en la verdad que ahora tienen. **13** Además, considero que tengo la obligación de refrescarles la memoria mientras viva en esta habitación pasajera que es mi cuerpo; **14** porque sé que dentro de poco tendré que abandonarlo, según me lo ha manifestado nuestro Señor *Jesucristo. **15** También me esforzaré con empeño para que aun después de mi partidaᶜ ustedes puedan recordar estas cosas en todo tiempo.

16 Cuando les dimos a conocer la venida de nuestro Señor Jesucristo en todo su poder, no estábamos siguiendo sutiles cuentos supersticiosos sino dando testimonio de su grandeza, que vimos con nuestros propios ojos. **17** Él recibió honor y gloria de parte de Dios el Padre, cuando desde la majestuosa gloria se le dirigió aquella voz que dijo: «Éste es mi Hijo amado; estoy muy complacido con él.»ᵈ **18** Nosotros mismos oímos esa voz que vino del cielo cuando estábamos con él en el monte santo. **19** Esto ha venido a confirmarnos la palabraᵉ de los profetas, a la cual ustedes hacen bien en prestar atención, como a una lámpara que brilla en un lugar oscuro, hasta que despunte el día y salga el lucero de la mañana en sus corazones. **20** Ante todo, tengan muy presente que ninguna profecía de la Escritura surge de la interpretación particu-

---

ᵃ**1:3** *para vivir como Dios manda*. Lit. *para la vida y la piedad.* ᵇ**1:4** *lleguen ... divina*. Alt. *lleguen a ser colaboradores con Dios.* ᶜ**1:15** *partida*. Lit. *éxodo.* ᵈ**1:17** Mt 17:5; Mr 9:7; Lc 9:35 ᵉ**1:19** *Esto ... palabra*. Lit. *También tenemos la muy segura palabra.*

lar de nadie. [21]Porque la profecía no ha tenido su origen en la voluntad *humana, sino que los profetas hablaron de parte de Dios, impulsados por el Espíritu Santo.

Los falsos maestros y su destrucción

2 En el pueblo judío hubo falsos profetas, y también entre ustedes habrá falsos maestros que encubiertamente introducirán herejías destructivas, al extremo de negar al mismo Señor que los rescató. Esto les traerá una pronta destrucción. [2]Muchos los seguirán en sus prácticas vergonzosas, y por causa de ellos se difamará el camino de la verdad. [3]Llevados por la avaricia, estos maestros los explotarán a ustedes con palabras engañosas. Desde hace mucho tiempo su condenación está preparada y su destrucción los acecha.

[4]Dios no perdonó a los ángeles cuando pecaron, sino que los arrojó al *abismo, metiéndolos en tenebrosas cavernas^f y reservándolos para el juicio. [5]Tampoco perdonó al mundo antiguo cuando mandó un diluvio sobre los impíos, aunque protegió a ocho personas, incluyendo a Noé, predicador de la justicia. [6]Además, condenó a las ciudades de Sodoma y Gomorra, y las redujo a cenizas, poniéndolas como escarmiento para los impíos. [7]Por otra parte, libró al justo Lot, que se hallaba abrumado por la vida desenfrenada de esos perversos, [8]pues este justo, que convivía con ellos y amaba el bien, día tras día sentía que se le despedazaba el alma por las obras inicuas que veía y oía. [9]Todo esto demuestra que el Señor sabe librar de la *prueba a los que viven como Dios quiere, y reservar a los impíos para castigarlos en el día del juicio. [10]Esto les espera sobre todo a los que siguen los corrompidos deseos de la *naturaleza humana y desprecian la autoridad del Señor.

¡Atrevidos y arrogantes que son! No tienen reparo en insultar a los seres celestiales, [11]mientras que los ángeles, a pesar de superarlos en fuerza y en poder, no pronuncian contra tales seres ninguna acusación insultante en la presencia del Señor. [12]Pero aquéllos *blasfeman en asuntos que no entienden. Como animales irracionales, se guían únicamente por el instinto, y nacieron para ser atrapados y degollados. Lo mismo que esos animales, perecerán también en su corrupción [13]y recibirán el justo pago por sus injusticias. Su concepto de placer es entregarse a las pasiones desenfrenadas en pleno día. Son manchas y suciedad, que gozan de sus placeres mientras los acompañan a ustedes en sus comidas. [14]Tienen los ojos llenos de adulterio y son insaciables en el pecar; seducen a las personas inconstantes; son expertos en la avaricia, ¡hijos de maldición! [15]Han abandonado el camino recto, y se han extraviado para seguir la senda de Balán, hijo de Bosor,^{g} a quien le encantaba el salario de la injusticia. [16]Pero fue reprendido por su maldad: su burra —una muda bestia de carga— habló con voz humana y refrenó la locura del profeta.

[17]Estos individuos son fuentes sin agua, niebla empujada por la tormenta, para quienes está reservada la más densa oscuridad. [18]Pronunciando discursos arrogantes y sin sentido, seducen con los instintos *naturales desenfrenados a quienes apenas comienzan a apartarse de los que viven en el error. [19]Les prometen libertad, cuando ellos mismos son *esclavos de la corrupción, ya que cada uno es esclavo de aquello que lo ha dominado. [20]Si habiendo escapado de la contaminación del mundo por haber conocido a nuestro Señor y Salvador *Jesucristo, vuelven a enredarse en ella y son vencidos, terminan en peores condiciones que al principio. [21]Más les hubiera valido no conocer el camino de la justicia, que abandonarlo después de haber conocido el santo mandamiento que se les dio. [22]En su caso ha sucedido lo que acertadamente afirman estos proverbios: «El *perro vuelve a su vómito»,^{h} y «la puerca lavada, a revolcarse en el lodo».

---

^{f}2:4 *cavernas*. Var. *cadenas*. ^{g}2:15 *Bosor*. Var. *Beor*. ^{h}2:22 Pr 26:11

El día del Señor

3 Queridos hermanos, ésta es ya la segunda carta que les escribo. En las dos he procurado refrescarles la memoria para que, con una mente íntegra, ²recuerden las palabras que los *santos profetas pronunciaron en el pasado, y el mandamiento que dio nuestro Señor y Salvador por medio de los apóstoles.

³Ante todo, deben saber que en los últimos días vendrá gente burlona que, siguiendo sus malos deseos, se mofará: ⁴«¿Qué hubo de esa promesa de su venida? Nuestros padres murieron, y nada ha cambiado desde el principio de la creación.» ⁵Pero intencionalmente olvidan que desde tiempos antiguos, por la palabra de Dios, existía el cielo y también la tierra, que surgió del agua y mediante el agua. ⁶Por la palabra y el agua, el mundo de aquel entonces pereció inundado. ⁷Y ahora, por esa misma palabra, el cielo y la tierra están guardados para el fuego, reservados para el día del juicio y de la destrucción de los impíos.

⁸Pero no olviden, queridos hermanos, que para el Señor un día es como mil años, y mil años como un día. ⁹El Señor no tarda en cumplir su promesa, según entienden algunos la tardanza. Más bien, él tiene paciencia con ustedes, porque no quiere que nadie perezca sino que todos se *arrepientan.

¹⁰Pero el día del Señor vendrá como un ladrón. En aquel día los cielos desaparecerán con un estruendo espantoso, los elementos serán destruidos por el fuego, y la tierra, con todo lo que hay en ella, será quemada.ⁱ

¹¹Ya que todo será destruido de esa manera, ¿no deberían vivir ustedes como Dios manda, siguiendo una conducta intachable ¹²y esperando ansiosamenteʲ la venida del día de Dios? Ese día los cielos serán destruidos por el fuego, y los elementos se derretirán con el calor de las llamas. ¹³Pero, según su promesa, esperamos un cielo nuevo y una tierra nueva, en los que habite la justicia.

¹⁴Por eso, queridos hermanos, mientras esperan estos acontecimientos, esfuércense para que Dios los halle sin mancha y sin defecto, y en paz con él. ¹⁵Tengan presente que la paciencia de nuestro Señor significa salvación, tal como les escribió también nuestro querido hermano Pablo, con la sabiduría que Dios le dio. ¹⁶En todas sus cartas se refiere a estos mismos temas. Hay en ellas algunos puntos difíciles de entender, que los ignorantes e inconstantes tergiversan, como lo hacen también con las demás Escrituras, para su propia perdición.

¹⁷Así que ustedes, queridos hermanos, puesto que ya saben esto de antemano, manténganse alerta, no sea que, arrastrados por el error de esos libertinos, pierdan la estabilidad y caigan. ¹⁸Más bien, crezcan en la gracia y en el conocimiento de nuestro Señor y Salvador *Jesucristo. ¡A él sea la gloria ahora y para siempre! Amén.ᵏ

ⁱ**3:10** *será quemada.* Var. *quedará al descubierto.* ʲ**3:12** *esperando ansiosamente.* Alt. *esperando y apresurando.* ᵏ**3:18** Var. no incluye: *Amén.*

Primera Carta de
Juan

El Verbo de vida

1 Lo que ha sido desde el principio, lo que hemos oído, lo que hemos visto con nuestros propios ojos, lo que hemos contemplado, lo que hemos tocado con las manos, esto les anunciamos respecto al *Verbo que es vida. ²Esta vida se manifestó. Nosotros la hemos visto y damos testimonio de ella, y les anunciamos a ustedes la vida eterna que estaba con el Padre y que se nos ha manifestado. ³Les anunciamos lo que hemos visto y oído, para que también ustedes tengan comunión con nosotros. Y nuestra comunión es con el Padre y con su Hijo *Jesucristo. ⁴Les escribimos estas cosas para que nuestra alegría*ᵃ* sea completa.

Caminemos en la luz

⁵Éste es el mensaje que hemos oído de él y que les anunciamos: Dios es luz y en él no hay ninguna oscuridad. ⁶Si afirmamos que tenemos comunión con él, pero vivimos en la oscuridad, mentimos y no ponemos en práctica la verdad. ⁷Pero si vivimos en la luz, así como él está en la luz, tenemos comunión unos con otros, y la sangre de su Hijo Jesucristo nos limpia de todo pecado.

⁸Si afirmamos que no tenemos pecado, nos engañamos a nosotros mismos y no tenemos la verdad. ⁹Si confesamos nuestros pecados, Dios, que es fiel y justo, nos los perdonará y nos limpiará de toda maldad. ¹⁰Si afirmamos que no hemos pecado, lo hacemos pasar por mentiroso y su palabra no habita en nosotros.

2 Mis queridos hijos, les escribo estas cosas para que no pequen. Pero si alguno peca, tenemos ante el Padre a un *intercesor, a *Jesucristo, el Justo. ²Él es el sacrificio por el perdón de*ᵇ* nuestros pecados, y no sólo por los nuestros sino por los de todo el mundo.

³¿Cómo sabemos si hemos llegado a conocer a Dios? Si obedecemos sus mandamientos. ⁴El que afirma: «Lo conozco», pero no obedece sus mandamientos, es un mentiroso y no tiene la verdad. ⁵En cambio, el amor de Dios se manifiesta plenamente*ᶜ* en la vida del que obedece su palabra. De este modo sabemos que estamos unidos a él: ⁶el que afirma que permanece en él, debe vivir como él vivió.

⁷Queridos hermanos, lo que les escribo no es un mandamiento nuevo, sino uno antiguo que han tenido desde el principio. Este mandamiento antiguo es el mensaje que ya oyeron. ⁸Por otra parte, lo que les escribo es un mandamiento nuevo, cuya verdad se manifiesta tanto en la vida de *Cristo como en la de ustedes, porque la oscuridad se va desvaneciendo y ya brilla la luz verdadera.

⁹El que afirma que está en la luz, pero odia a su hermano, todavía está en la oscuridad. ¹⁰El que ama a su hermano permanece en la luz, y no hay nada en su vida*ᵈ* que lo haga *tropezar. ¹¹Pero el que odia a su hermano está en la oscuridad y en ella vive, y no sabe a dónde va porque la oscuridad no lo deja ver.

¹²Les escribo a ustedes, queridos
    hijos,
porque sus pecados han sido
    perdonados por el nombre de
    Cristo.
¹³Les escribo a ustedes, padres,
porque han conocido al que es
    desde el principio.

---

*ᵃ*1:4 *nuestra alegría.* Var. *la alegría de ustedes.*   *ᵇ*2:2 *el sacrificio por el perdón de.* Lit. *la* *propiciación por.*   *ᶜ*2:5 *se manifiesta plenamente.* Lit. *se ha* *perfeccionado.*   *ᵈ*2:10 *en su vida.* Alt. *en la luz.*

Les escribo a ustedes, jóvenes,
porque han vencido al maligno.
Les he escrito a ustedes, queridos
hijos,
porque han conocido al Padre.
14Les he escrito a ustedes, padres,
porque han conocido al que es
desde el principio.
Les he escrito a ustedes, jóvenes,
porque son fuertes,
y la palabra de Dios permanece
en ustedes,
y han vencido al maligno.

No amemos al mundo

15No amen al mundo ni nada de lo que hay en él. Si alguien ama al mundo, no tiene el amor del Padre. 16Porque nada de lo que hay en el mundo —los malos deseos del *cuerpo, la codicia de los ojos y la arrogancia de la vida— proviene del Padre sino del mundo. 17El mundo se acaba con sus malos deseos, pero el que hace la voluntad de Dios permanece para siempre.

Cuidémonos de los anticristos

18Queridos hijos, ésta es la hora final, y así como ustedes oyeron que el anticristo vendría, muchos son los anticristos que han surgido ya. Por eso nos damos cuenta de que ésta es la hora final. 19Aunque salieron de entre nosotros, en realidad no eran de los nuestros; si lo hubieran sido, se habrían quedado con nosotros. Su salida sirvió para comprobar que ninguno de ellos era de los nuestros. 20Todos ustedes, en cambio, han recibido unción del Santo, de manera que conocen la verdad.e 21No les escribo porque ignoren la verdad, sino porque la conocen y porque ninguna mentira procede de la verdad. 22¿Quién es el mentiroso sino el que niega que Jesús es el *Cristo? Es el anticristo, el que niega al Padre y al Hijo. 23Todo el que niega al Hijo no tiene al Padre; el que reconoce al Hijo tiene también al Padre.

24Permanezca en ustedes lo que han oído desde el principio, y así ustedesf permanecerán también en el Hijo y en el Padre. 25Ésta es la promesa que él nos dio: la vida eterna. 26Estas cosas les escribo acerca de los que procuran engañarlos. 27En cuanto a ustedes, la unción que de él recibieron permanece en ustedes, y no necesitan que nadie les enseñe. Esa unción es auténtica —no es falsa— y les enseña todas las cosas. Permanezcan en él, tal y como él les enseñó.

Permanezcamos en Dios

28Y ahora, queridos hijos, permanezcamosg en él para que, cuando se manifieste, podamos presentarnos ante él confiadamente, seguros de no ser avergonzados en su venida. 29Si reconocen que *Jesucristo es justo, reconozcan también que todo el que practica la justicia ha nacido de él.

3 ¡Fíjense qué gran amor nos ha dado el Padre, que se nos llame hijos de Dios! ¡Y lo somos! El mundo no nos conoce, precisamente porque no lo conoció a él. 2Queridos hermanos, ahora somos hijos de Dios, pero todavía no se ha manifestado lo que habremos de ser. Sabemos, sin embargo, que cuando Cristo venga seremos semejantes a él, porque lo veremos tal como él es. 3Todo el que tiene esta esperanza en Cristo, se purifica a sí mismo, así como él es puro.

4Todo el que comete pecado quebranta la ley; de hecho, el pecado es transgresión de la ley. 5Pero ustedes saben que Jesucristo se manifestó para quitar nuestros pecados. Y él no tiene pecado. 6Todo el que permanece en él, no practica el pecado.h Todo el que practica el pecado, no lo ha visto ni lo ha conocido.

7Queridos hijos, que nadie los engañe. El que practica la justicia es justo, así como él es justo. 8El que practica el pecado es del diablo, porque el diablo ha estado pecando desde el principio. El Hijo de

---

e2:20 la verdad. Var. todas las cosas.　f2:24 principio ... ustedes. Lit. principio. Si permanece en ustedes lo que han oído desde el principio, ustedes　g2:28 permanezcamos. Lit. permanezcan.　h3:6 no practica el pecado. Alt. no peca.

Dios fue enviado precisamente para destruir las obras del diablo. [9]Ninguno que haya nacido de Dios practica el pecado, porque la semilla de Dios permanece en él; no puede practicar el pecado,[i] porque ha nacido de Dios. [10]Así distinguimos entre los hijos de Dios y los hijos del diablo: el que no practica la justicia no es hijo de Dios; ni tampoco lo es el que no ama a su hermano.

Amémonos los unos a los otros

[11]Éste es el mensaje que han oído desde el principio: que nos amemos los unos a los otros. [12]No seamos como Caín que, por ser del maligno, asesinó a su hermano. ¿Y por qué lo hizo? Porque sus propias obras eran malas, y las de su hermano justas. [13]Hermanos, no se extrañen si el mundo los odia. [14]Nosotros sabemos que hemos pasado de la muerte a la vida porque amamos a nuestros hermanos. El que no ama permanece en la muerte. [15]Todo el que odia a su hermano es un asesino, y ustedes saben que en ningún asesino permanece la vida eterna. [16]En esto conocemos lo que es el amor: en que Jesucristo entregó su *vida por nosotros. Así también nosotros debemos entregar la vida por nuestros hermanos. [17]Si alguien que posee bienes materiales ve que su hermano está pasando necesidad, y no tiene compasión de él, ¿cómo se puede decir que el amor de Dios habita en él? [18]Queridos hijos, no amemos de palabra ni de labios para afuera, sino con hechos y de verdad.

[19]En esto sabremos que somos de la verdad, y nos sentiremos seguros delante de él: [20]que aunque nuestro corazón nos condene, Dios es más grande que nuestro corazón y lo sabe todo. [21]Queridos hermanos, si el corazón no nos condena, tenemos confianza delante de Dios, [22]y recibimos todo lo que le pedimos porque obedecemos sus mandamientos y hacemos lo que le agrada. [23]Y éste es su mandamiento: que creamos en el nombre de su Hijo Jesucristo, y que nos amemos los unos a los otros, pues así lo ha dispuesto. [24]El que obedece sus mandamientos permanece en Dios, y Dios en él. ¿Cómo sabemos que él permanece en nosotros? Por el Espíritu que nos dio.

Vivamos en el Espíritu

4 Queridos hermanos, no crean a cualquiera que pretenda estar inspirado por el Espíritu,[j] sino sométanlo a prueba para ver si es de Dios, porque han salido por el mundo muchos falsos profetas. [2]En esto pueden discernir quién tiene el Espíritu de Dios: todo profeta[k] que reconoce que *Jesucristo ha venido en cuerpo humano, es de Dios; [3]todo profeta que no reconoce a Jesús, no es de Dios sino del anticristo. Ustedes han oído que éste viene; en efecto, ya está en el mundo. [4]Ustedes, queridos hijos, son de Dios y han vencido a esos falsos profetas, porque el que está en ustedes es más poderoso que el que está en el mundo. [5]Ellos son del mundo; por eso hablan desde el punto de vista del mundo, y el mundo los escucha. [6]Nosotros somos de Dios, y todo el que conoce a Dios nos escucha; pero el que no es de Dios no nos escucha. Así distinguimos entre el Espíritu de la verdad y el espíritu del engaño.

Permanezcamos en el amor

[7]Queridos hermanos, amémonos los unos a los otros, porque el amor viene de Dios, y todo el que ama ha nacido de él y lo conoce. [8]El que no ama no conoce a Dios, porque Dios es amor. [9]Así manifestó Dios su amor entre nosotros: en que envió a su Hijo unigénito al mundo para que vivamos por medio de él. [10]En esto consiste el amor: no en que nosotros hayamos amado a Dios, sino en que él nos amó y envió a su Hijo para que fuera ofrecido como sacrificio por el perdón de[l] nuestros pecados. [11]Queridos hermanos, ya que Dios nos ha amado así, también nosotros debemos amarnos los unos a los otros. [12]Nadie ha visto jamás a Dios, pero si nos amamos los unos a los otros, Dios permanece entre nosotros, y

---

[i]3:9 no puede practicar el pecado. Alt. no puede pecar. todo espíritu. [k]4:2 profeta. Lit. espíritu; también en v. 3. *propiciación por.   [j]4:1 no crean ... por el Espíritu. Lit. no crean a   [l]4:10 sacrificio por el perdón de. Lit.

entre[m] nosotros su amor se ha manifestado plenamente.[n] 13¿Cómo sabemos que permanecemos en él, y que él permanece en nosotros? Porque nos ha dado de su Espíritu. 14Y nosotros hemos visto y declaramos que el Padre envió a su Hijo para ser el Salvador del mundo. 15Si alguien reconoce que Jesús es el Hijo de Dios, Dios permanece en él, y él en Dios. 16Y nosotros hemos llegado a saber y creer que Dios nos ama. Dios es amor. El que permanece en amor, permanece en Dios, y Dios en él. 17Ese amor se manifiesta plenamente[ñ] entre nosotros para que en el día del juicio comparezcamos con toda confianza, porque en este mundo hemos vivido como vivió Jesús. En el amor no hay temor, 18sino que el amor *perfecto echa fuera el temor. El que teme espera el castigo, así que no ha sido perfeccionado en el amor. 19Nosotros amamos a Dios porque él nos amó primero. 20Si alguien afirma: «Yo amo a Dios», pero odia a su hermano, es un mentiroso; pues el que no ama a su hermano, a quien ha visto, no puede amar a Dios, a quien no ha visto. 21Y él nos ha dado este mandamiento: el que ama a Dios, ame también a su hermano.

Vivamos en la fe

5 Todo el que cree que Jesús es el *Cristo, ha nacido de Dios, y todo el que ama al padre, ama también a sus hijos. 2Así, cuando amamos a Dios y cumplimos sus mandamientos, sabemos que amamos a los hijos de Dios. 3En esto consiste el amor a Dios: en que obedezcamos sus mandamientos. Y éstos no son difíciles de cumplir, 4porque todo el que ha nacido de Dios vence al mundo. Ésta es la victoria que vence al mundo: nuestra fe. 5¿Quién es el que vence al mundo sino el que cree que Jesús es el Hijo de Dios?

6Éste es el que vino mediante agua y sangre, Jesucristo; no sólo mediante agua, sino mediante agua y sangre. El Espíritu es quien da testimonio de esto, porque el Espíritu es la verdad. 7Tres son los que dan testimonio, 8y los tres están de acuerdo: el Espíritu[o], el agua y la sangre. 9Aceptamos el testimonio *humano, pero el testimonio de Dios vale mucho más, precisamente porque es el testimonio de Dios, que él ha dado acerca de su Hijo. 10El que cree en el Hijo de Dios acepta este testimonio. El que no cree a Dios lo hace pasar por mentiroso, por no haber creído el testimonio que Dios ha dado acerca de su Hijo. 11Y el testimonio es éste: que Dios nos ha dado vida eterna, y esa vida está en su Hijo. 12El que tiene al Hijo, tiene la vida; el que no tiene al Hijo de Dios, no tiene la vida.

Observaciones finales

13Les escribo estas cosas a ustedes que creen en el nombre del Hijo de Dios, para que sepan que tienen vida eterna. 14Ésta es la confianza que tenemos al acercarnos a Dios: que si pedimos conforme a su voluntad, él nos oye. 15Y si sabemos que Dios oye todas nuestras oraciones, podemos estar seguros de que ya tenemos lo que le hemos pedido.

16Si alguno ve a su hermano cometer un pecado que no lleva a la muerte, ore por él y Dios le dará vida. Me refiero a quien comete un pecado que no lleva a la muerte. Hay un pecado que sí lleva a la muerte, y en ese caso no digo que se ore por él. 17Toda maldad es pecado, pero hay pecado que no lleva a la muerte.

18Sabemos que el que ha nacido de Dios no está en pecado: *Jesucristo, que nació de Dios, lo protege, y el maligno no llega a tocarlo. 19Sabemos que somos hijos de Dios, y que el mundo entero está bajo el control del maligno. 20También sabemos que el Hijo de Dios ha venido y nos ha dado entendimiento para que conozcamos al Dios verdadero. Y estamos con el Verdadero, con[p] su Hijo Jesucristo. Éste es el Dios verdadero y la vida eterna.

21Queridos hijos, apártense de los ídolos.

---

[m]4:12 entre … entre. Alt. en … en.   [n]4:12 se ha manifestado plenamente. Lit. se ha *perfeccionado. [ñ]4:17 se manifiesta plenamente. Lit. se ha perfeccionado.   [o]5:7-8 testimonio … Espíritu. Var. testimonio en el cielo: el Padre, el Verbo y el Espíritu Santo, y estos tres son uno. [8]Y hay tres que dan testimonio en la tierra: el Espíritu (este pasaje se encuentra en mss. posteriores de la Vulgata, pero no está en ningún ms. griego anterior al siglo XVI).   [p]5:20 con. Alt. por medio de.

Segunda Carta de
Juan

1El *anciano,

a la iglesia elegida y a sus miembros,ª a quienes amo en la verdad —y no sólo yo sino todos los que han conocido la verdad—, **2**a causa de esa verdad que permanece en nosotros y que estará con nosotros para siempre:

3La gracia, la misericordia y la paz de Dios el Padre y de *Jesucristo, el Hijo del Padre, estarán con nosotros en verdad y en amor.

4Me alegré muchísimo al encontrarme con algunos de ustedesᵇ que están practicando la verdad, según el mandamiento que nos dio el Padre. **5**Y ahora, hermanos, les ruego que nos amemos los unos a los otros. Y no es que lesᶜ esté escribiendo un mandamiento nuevo sino el que hemos tenido desde el principio. **6**En esto consiste el amor: en que pongamos en práctica sus mandamientos. Y éste es el mandamiento: que vivan en este amor, tal como ustedes lo han escuchado desde el principio.

7Es que han salido por el mundo muchos engañadores que no reconocen que Jesucristo ha venido en cuerpo humano. El que así actúa es el engañador y el anticristo. **8**Cuídense de no echar a perder el fruto de nuestro trabajo;ᵈ procuren más bien recibir la recompensa completa. **9**Todo el que se descarría y no permanece en la enseñanza de Cristo, no tiene a Dios; el que permanece en la enseñanzaᵉ sí tiene al Padre y al Hijo. **10**Si alguien los visita y no lleva esta enseñanza, no lo reciban en casa ni le den la bienvenida, **11**pues quien le da la bienvenida se hace cómplice de sus malas obras.

12Aunque tengo muchas cosas que decirles, no he querido hacerlo por escrito, pues espero visitarlos y hablar personalmente con ustedes para que nuestra alegría sea completa.

13Los miembros de la iglesia hermana, la elegida, lesᶠ mandan saludos.

ª1 *la iglesia ... miembros.* Lit. *la señora elegida y a sus hijos.* ᵇ4 *ustedes.* Lit. *tus hijos.* ᶜ5 *hermanos, les ruego ... Y no es que les.* Lit. *señora, te ruego ... Y no es que.* ᵈ8 *el fruto de nuestro trabajo.* Lit. *lo que hemos trabajado.* Var. *lo que ustedes han trabajado.* ᵉ9 *enseñanza.* Var. *enseñanza de Cristo.* ᶠ13 *Los miembros ... les.* Lit. *Los hijos de tu hermana, la elegida, te.*

Tercera Carta de
Juan

¹El *anciano,

al querido hermano Gayo, a quien amo en la verdad.

²Querido hermano, oro para que te vaya bien en todos tus asuntos y goces de buena salud, así como prosperas espiritualmente. ³Me alegré mucho cuando vinieron unos hermanos y dieron testimonio de tu fidelidad,ᵃ y de cómo estás poniendo en práctica la verdad. ⁴Nada me produce más alegría que oír que mis hijos practican la verdad.

⁵Querido hermano, te comportas fielmente en todo lo que haces por los hermanos, aunque no los conozcas.ᵇ ⁶Delante de la iglesia ellos han dado testimonio de tu amor. Harás bien en ayudarlos a seguir su viaje, como es digno de Dios. ⁷Ellos salieron por causa del Nombre, sin nunca recibir nada de los *paganos; ⁸nosotros, por lo tanto, debemos brindarles hospitalidad, y así colaborar con ellos en la verdad.

⁹Le escribí algunas líneas a la iglesia, pero Diótrefes, a quien le encanta ser el primero entre ellos, no nos recibe. ¹⁰Por eso, si voy no dejaré de reprocharle su comportamiento, ya que, con palabras malintencionadas, habla contra nosotros sólo por hablar. Como si fuera poco, ni siquiera recibe a los hermanos, y a quienes quieren hacerlo, no los deja y los expulsa de la iglesia.

¹¹Querido hermano, no imites lo malo sino lo bueno. El que hace lo bueno es de Dios; el que hace lo malo no ha visto a Dios. ¹²En cuanto a Demetrio, todos dan buen testimonio de él, incluso la verdad misma. También nosotros lo recomendamos, y bien sabes que nuestro testimonio es verdadero.

¹³Tengo muchas cosas que decirte, pero prefiero no hacerlo por escrito; ¹⁴espero verte muy pronto, y entonces hablaremos personalmente.

¹⁵La paz sea contigo. Tus amigos aquí te mandan saludos. Saluda a los amigos allá, a cada uno en particular.

ᵃ3 *fidelidad.* Lit. *verdad.*   ᵇ5 *aunque no los conozcas.* Alt. *aunque para ti sean extraños.*

Carta de Judas

1Judas, *siervo de *Jesucristo y hermano de *Jacobo,

a los que son amados por Dios el Padre, guardados por*a* Jesucristo y llamados a la salvación:

2Que reciban misericordia, paz y amor en abundancia.

Pecado y condenación de los impíos

3Queridos hermanos, he deseado intensamente escribirles acerca de la salvación que tenemos en común, y ahora siento la necesidad de hacerlo para rogarles que sigan luchando vigorosamente por la fe encomendada una vez por todas a los *santos. 4El problema es que se han infiltrado entre ustedes ciertos individuos que desde hace mucho tiempo han estado señalados*b* para condenación. Son impíos que cambian en libertinaje la gracia de nuestro Dios y niegan a Jesucristo, nuestro único Soberano y Señor.

5Aunque ustedes ya saben muy bien todo esto, quiero recordarles que el Señor,*c* después de liberar de la tierra de Egipto a su pueblo, destruyó a los que no creían. 6Y a los ángeles que no mantuvieron su posición de autoridad, sino que abandonaron su propia morada, los tiene perpetuamente encarcelados en oscuridad para el juicio del gran Día. 7Así también Sodoma y Gomorra y las ciudades vecinas son puestas como escarmiento, al sufrir el castigo de un fuego eterno, por haber practicado, como aquéllos, inmoralidad sexual y vicios contra la naturaleza. 8De la misma manera estos individuos, llevados por sus delirios, contaminan su *cuerpo, desprecian la autoridad y maldicen a los seres celestiales. 9Ni siquiera el arcángel Miguel, cuando argumentaba con el diablo disputándole el cuerpo de Moisés, se atrevió a pronunciar contra él un juicio de maldición, sino que dijo: «¡Que el Señor te reprenda!» 10Éstos, en cambio, maldicen todo lo que no entienden; y como animales irracionales, lo que entienden por instinto es precisamente lo que los corrompe.

11¡Ay de los que siguieron el camino de Caín! Por ganar dinero se entregaron al error de Balaam y perecieron en la rebelión de Coré.

12Estos individuos son un peligro oculto:*d* sin ningún respeto convierten en parrandas las fiestas de amor fraternal que ustedes celebran. Buscan sólo su propio provecho.*e* Son nubes sin agua, llevadas por el viento. Son árboles que no dan fruto cuando debieran darlo; están doblemente muertos, arrancados de raíz. 13Son violentas olas del mar, que arrojan la espuma de sus actos vergonzosos. Son estrellas fugaces, para quienes está reservada eternamente la más densa oscuridad.

14También Enoc, el séptimo patriarca a partir de Adán, profetizó acerca de ellos: «Miren, el Señor viene con millares y millares de sus ángeles*f* 15para someter a juicio a todos y para reprender a todos los pecadores impíos por todas las malas obras que han cometido, y por todas las injurias que han proferido contra él.» 16Estos individuos son refunfuñadores y criticones; se dejan llevar por sus propias pasiones; hablan con arrogancia y adulan a los demás para sacar ventaja.

Exhortación a la perseverancia

17Ustedes, queridos hermanos, recuerden el mensaje anunciado anteriormente

---

*a*1 por. Alt. para *b*4 señalados. Lit. inscritos de antemano. *c*5 el Señor. Var. Jesús. *d*12 un peligro oculto. Lit. escollos, o manchas. *e*12 Buscan ... provecho. Lit. Se pastorean a sí mismos. *f*14 ángeles. Lit. *santos.

por los apóstoles de nuestro Señor Jesucristo. ¹⁸Ellos les decían: «En los últimos tiempos habrá burladores que vivirán según sus propias pasiones impías.» ¹⁹Éstos son los que causan divisiones y se dejan llevar por sus propios instintos, pues no tienen el Espíritu.

²⁰⁻²¹Ustedes, en cambio, queridos hermanos, manténganse en el amor de Dios, edificándose sobre la base de su santísima fe y orando en el Espíritu Santo, mientras esperan que nuestro Señor Jesucristo, en su misericordia, les conceda vida eterna. ²²Tengan compasión de los que dudan; ²³a otros, sálvenlos arrebatándolos del fuego. Compadézcanse de los demás, pero tengan cuidado; aborrezcan hasta la ropa que haya sido contaminada por su *cuerpo.

Doxología

²⁴¡Al único Dios, nuestro Salvador, que puede guardarlos para que no *caigan, y establecerlos sin tacha y con gran alegría ante su gloriosa presencia, ²⁵sea la gloria, la majestad, el dominio y la autoridad, por medio de Jesucristo nuestro Señor, antes de todos los siglos, ahora y para siempre! Amén.

Apocalipsis

Prólogo

1 Ésta es la revelación de *Jesucristo, que Dios le dio para mostrar a sus *siervos lo que sin demora tiene que suceder.

Jesucristo envió a su ángel para dar a conocer la revelación a su siervo Juan, ²quien por su parte da fe de la verdad, escribiendo todo lo que vio, a saber, la palabra de Dios y el testimonio de Jesucristo. ³*Dichoso el que lee y dichosos los que escuchan las palabras de este mensaje profético y hacen caso de lo que aquí está escrito, porque el tiempo de su cumplimiento está cerca.

Saludos y doxología

⁴Yo, Juan, escribo a las siete iglesias que están en la provincia de *Asia:

Gracia y paz a ustedes de parte de aquel que es y que era y que ha de venir; y de parte de los siete espíritus que están delante de su trono; ⁵y de parte de *Jesucristo, el testigo fiel, el primogénito de la resurrección, el soberano de los reyes de la tierra.

Al que nos ama
y que por su sangre
nos ha librado de nuestros pecados,
⁶al que ha hecho de nosotros un reino,
sacerdotes al servicio de Dios su
Padre,
¡a él sea la gloria y el poder
por los siglos de los siglos! Amén.

⁷¡Miren que viene en las nubes!
Y todos lo verán con sus propios
ojos,
incluso quienes lo traspasaron;
y por él harán lamentación
todos los pueblos de la tierra.
¡Así será! Amén.

⁸«Yo soy el Alfa y la Omega —dice el Señor Dios—, el que es y que era y que ha de venir, el Todopoderoso.»

Alguien semejante al Hijo del hombre

⁹Yo, Juan, hermano de ustedes y compañero en el sufrimiento, en el reino y en la perseverancia que tenemos en unión con Jesús, estaba en la isla de Patmos por causa de la palabra de Dios y del testimonio de Jesús. ¹⁰En el día del Señor vino sobre mí el Espíritu, y oí detrás de mí una voz fuerte, como de trompeta, ¹¹que decía: «Escribe en un libro lo que veas y envíalo a las siete iglesias: a Éfeso, a Esmirna, a Pérgamo, a Tiatira, a Sardis, a Filadelfia y a Laodicea.»

¹²Me volví para ver de quién era la voz que me hablaba y, al volverme, vi siete candelabros de oro. ¹³En medio de los candelabros estaba alguien «semejante al Hijo del hombre»,ᵃ vestido con una túnica que le llegaba hasta los pies y ceñido con una banda de oro a la altura del pecho. ¹⁴Su cabellera lucía blanca como la lana, como la nieve; y sus ojos resplandecían como llama de fuego. ¹⁵Sus pies parecían bronce al rojo vivo en un horno, y su voz era tan fuerte como el estruendo de una catarata. ¹⁶En su mano derecha tenía siete estrellas, y de su boca salía una aguda espada de dos filos. Su rostro era como el sol cuando brilla en todo su esplendor.

¹⁷Al verlo, caí a sus pies como muerto; pero él, poniendo su mano derecha sobre mí, me dijo: «No tengas miedo. Yo soy el Primero y el Último, ¹⁸y el que vive. Estuve muerto, pero ahora vivo por los siglos de los siglos, y tengo las llaves de la muerte y del infierno.ᵇ

ᵃ1:13 Dn 7:13   ᵇ1:18 infierno. Lit. *Hades.

19»Escribe, pues, lo que has visto, lo que sucede ahora y lo que sucederá después. **20**Ésta es la explicación del *misterio de las siete estrellas que viste en mi mano derecha, y de los siete candelabros de oro: las siete estrellas son los ángeles[c] de las siete iglesias, y los siete candelabros son las siete iglesias.

A la iglesia de Éfeso

2 »Escribe al ángel[d] de la iglesia de Éfeso:

Esto dice el que tiene las siete estrellas en su mano derecha y se pasea en medio de los siete candelabros de oro: **2**Conozco tus obras, tu duro trabajo y tu perseverancia. Sé que no puedes soportar a los malvados, y que has puesto a *prueba a los que dicen ser apóstoles pero no lo son; y has descubierto que son falsos. **3**Has perseverado y sufrido por mi nombre, sin desanimarte.

4Sin embargo, tengo en tu contra que has abandonado tu primer amor. **5**¡Recuerda de dónde has caído! *Arrepiéntete y vuelve a practicar las obras que hacías al principio. Si no te arrepientes, iré y quitaré de su lugar tu candelabro. **6**Pero tienes a tu favor que aborreces las prácticas de los nicolaítas, las cuales yo también aborrezco.

7El que tenga oídos, que oiga lo que el Espíritu dice a las iglesias. Al que salga vencedor le daré derecho a comer del árbol de la vida, que está en el paraíso de Dios.

A la iglesia de Esmirna

8»Escribe al ángel de la iglesia de Esmirna:

Esto dice el Primero y el Último, el que murió y volvió a vivir: **9**Conozco tus sufrimientos y tu pobreza. ¡Sin embargo, eres rico! Sé cómo te calumnian los que dicen ser judíos pero que, en realidad, no son más que una sinagoga de Satanás. **10**No tengas miedo de lo que estás por sufrir. Te advierto que a algu-

nos de ustedes el diablo los meterá en la cárcel para ponerlos a *prueba, y sufrirán persecución durante diez días. Sé fiel hasta la muerte, y yo te daré la corona de la vida.

11El que tenga oídos, que oiga lo que el Espíritu dice a las iglesias. El que salga vencedor no sufrirá daño alguno de la segunda muerte.

A la iglesia de Pérgamo

12»Escribe al ángel de la iglesia de Pérgamo:

Esto dice el que tiene la aguda espada de dos filos: **13**Sé dónde vives: allí donde Satanás tiene su trono. Sin embargo, sigues fiel a mi nombre. No renegaste de tu fe en mí, ni siquiera en los días en que Antipas, mi testigo fiel, sufrió la muerte en esa ciudad donde vive Satanás.

14No obstante, tengo unas cuantas cosas en tu contra: que toleras ahí a los que se aferran a la doctrina de Balaam, el que enseñó a Balac a poner *tropiezos a los israelitas, incitándolos a comer alimentos sacrificados a los ídolos y a cometer inmoralidades sexuales. **15**Toleras así mismo a los que sostienen la doctrina de los nicolaítas. **16**Por lo tanto, ¡*arrepiéntete! De otra manera, iré pronto a ti para pelear contra ellos con la espada que sale de mi boca.

17El que tenga oídos, que oiga lo que el Espíritu dice a las iglesias. Al que salga vencedor le daré del maná escondido, y le daré también una piedrecita blanca en la que está escrito un nombre nuevo que sólo conoce el que lo recibe.

A la iglesia de Tiatira

18»Escribe al ángel de la iglesia de Tiatira:

Esto dice el Hijo de Dios, el que tiene ojos que resplandecen como llamas de fuego y pies que parecen bronce al rojo vivo: **19**Conozco tus obras, tu amor y tu fe, tu servicio y tu perseve-

---

[c]1:20 *ángeles*. Alt. *mensajeros*.   [d]2:1 *ángel*. Alt. *mensajero*; también en vv. 8, 12 y 18.

rancia, y sé que tus últimas obras son más abundantes que las primeras. ²⁰Sin embargo, tengo en tu contra que toleras a Jezabel, esa mujer que dice ser profetisa. Con su enseñanza engaña a mis *siervos, pues los induce a cometer inmoralidades sexuales y a comer alimentos sacrificados a los ídolos. ²¹Le he dado tiempo para que se *arrepienta de su inmoralidad, pero no quiere hacerlo. ²²Por eso la voy a postrar en un lecho de dolor, y a los que cometen adulterio con ella los haré sufrir terriblemente, a menos que se arrepientan de lo que aprendieron de ella. ²³A los hijos de esa mujer los heriré de muerte. Así sabrán todas las iglesias que yo soy el que escudriña la mente y el corazón; y a cada uno de ustedes lo trataré de acuerdo con sus obras. ²⁴Ahora, al resto de los que están en Tiatira, es decir, a ustedes que no siguen esa enseñanza ni han aprendido los mal llamados "profundos secretos de Satanás", les digo que ya no les impondré ninguna otra carga. ²⁵Eso sí, retengan con firmeza lo que ya tienen, hasta que yo venga.

²⁶Al que salga vencedor y cumpla mi voluntad *e* hasta el fin, le daré autoridad sobre las *naciones ²⁷—así como yo la he recibido de mi Padre— y

"él las gobernará con puño de hierro;*f* las hará pedazos como a vasijas de barro".*g*

²⁸También le daré la estrella de la mañana. ²⁹El que tenga oídos, que oiga lo que el Espíritu dice a las iglesias.

A la iglesia de Sardis

3 »Escribe al ángel *h* de la iglesia de Sardis:

Esto dice el que tiene los siete espíritus de Dios y las siete estrellas: Conozco tus obras; tienes fama de estar vivo, pero en realidad estás muerto.

²¡Despierta! Reaviva lo que aún es rescatable,*i* pues no he encontrado que tus obras sean perfectas delante de mi Dios. ³Así que recuerda lo que has recibido y oído; obedécelo y *arrepiéntete. Si no te mantienes despierto, cuando menos lo esperes caeré sobre ti como un ladrón.

⁴Sin embargo, tienes en Sardis a unos cuantos que no se han manchado la ropa. Ellos, por ser dignos, andarán conmigo vestidos de blanco. ⁵El que salga vencedor se vestirá de blanco. Jamás borraré su nombre del libro de la vida, sino que reconoceré su nombre delante de mi Padre y delante de sus ángeles. ⁶El que tenga oídos, que oiga lo que el Espíritu dice a las iglesias.

A la iglesia de Filadelfia

⁷»Escribe al ángel de la iglesia de Filadelfia:

Esto dice el Santo, el Verdadero, el que tiene la llave de David, el que abre y nadie puede cerrar, el que cierra y nadie puede abrir: ⁸Conozco tus obras. Mira que delante de ti he dejado abierta una puerta que nadie puede cerrar. Ya sé que tus fuerzas son pocas, pero has obedecido mi palabra y no has renegado de mi nombre. ⁹Voy a hacer que los de la sinagoga de Satanás, que dicen ser judíos pero que en realidad mienten, vayan y se postren a tus pies, y reconozcan que yo te he amado. ¹⁰Ya que has guardado mi mandato de ser constante, yo por mi parte te guardaré de la hora de *tentación, que vendrá sobre el mundo entero para poner a prueba a los que viven en la tierra. ¹¹Vengo pronto. Aférrate a lo que tienes, para que nadie te quite la corona. ¹²Al que salga vencedor lo haré columna del templo de mi Dios, y ya no saldrá jamás de allí. Sobre él grabaré el nombre de mi Dios y el nombre de la nueva Jerusalén, ciudad de mi Dios, la que baja del cielo de parte de mi Dios; y

---

e **2:26** *cumpla mi voluntad.* Lit. *guarde mis obras.*   *f* **2:27** *gobernará ... hierro.* Lit. *pastoreará con cetro de hierro.*   *g* **2:27** Sal 2:9   *h* **3:1** *ángel.* Alt. *mensajero*; también en vv. 7 y 14.   *i* **3:2** *Reaviva ... rescatable.* Lit. *Fortalece las otras cosas que están por morir.*

también grabaré sobre él mi nombre nuevo. [13]El que tenga oídos, que oiga lo que el Espíritu dice a las iglesias.

A la iglesia de Laodicea

[14]»Escribe al ángel de la iglesia de Laodicea:

Esto dice el Amén, el testigo fiel y veraz, el soberano[j] de la creación de Dios: [15]Conozco tus obras; sé que no eres ni frío ni caliente. ¡Ojalá fueras lo uno o lo otro! [16]Por tanto, como no eres ni frío ni caliente, sino tibio, estoy por vomitarte de mi boca. [17]Dices: "Soy rico; me he enriquecido y no me hace falta nada"; pero no te das cuenta de que el infeliz y miserable, el pobre, ciego y desnudo eres tú. [18]Por eso te aconsejo que de mí compres oro refinado por el fuego, para que te hagas rico; ropas blancas para que te vistas y cubras tu vergonzosa desnudez; y colirio para que te lo pongas en los ojos y recobres la vista.

[19]Yo reprendo y disciplino a todos los que amo. Por lo tanto, sé fervoroso y *arrepiéntete. [20]Mira que estoy a la puerta y llamo. Si alguno oye mi voz y abre la puerta, entraré, y cenaré con él, y él conmigo.

[21]Al que salga vencedor le daré el derecho de sentarse conmigo en mi trono, como también yo vencí y me senté con mi Padre en su trono. [22]El que tenga oídos, que oiga lo que el Espíritu dice a las iglesias.»

El trono en el cielo

4 Después de esto miré, y allí en el cielo había una puerta abierta. Y la voz que me había hablado antes con sonido como de trompeta me dijo: «Sube acá: voy a mostrarte lo que tiene que suceder después de esto.» [2]Al instante vino sobre mí el Espíritu y vi un trono en el cielo, y a alguien sentado en el trono. [3]El que estaba sentado tenía un aspecto semejante a una piedra de jaspe y de cornalina. Alrededor del trono había un arco iris que se aseme-

jaba a una esmeralda. [4]Rodeaban al trono otros veinticuatro tronos, en los que estaban sentados veinticuatro *ancianos vestidos de blanco y con una corona de oro en la cabeza. [5]Del trono salían relámpagos, estruendos[k] y truenos. Delante del trono ardían siete antorchas de fuego, que son los siete espíritus de Dios, [6]y había algo parecido a un mar de vidrio, como de cristal transparente.

En el centro, alrededor del trono, había cuatro seres vivientes cubiertos de ojos por delante y por detrás. [7]El primero de los seres vivientes era semejante a un león; el segundo, a un toro; el tercero tenía rostro como de hombre; el cuarto era semejante a un águila en vuelo. [8]Cada uno de ellos tenía seis alas y estaba cubierto de ojos, por encima y por debajo de las alas. Y día y noche repetían sin cesar:

«Santo, santo, santo
es el Señor Dios Todopoderoso,
el que era y que es y que ha de venir.»

[9]Cada vez que estos seres vivientes daban gloria, honra y acción de gracias al que estaba sentado en el trono, al que vive por los siglos de los siglos, [10]los veinticuatro ancianos se postraban ante él y adoraban al que vive por los siglos de los siglos. Y rendían sus coronas delante del trono exclamando:

[11]«Digno eres, Señor y Dios nuestro,
de recibir la gloria, la honra y el
    poder,
porque tú creaste todas las cosas;
por tu voluntad existen
y fueron creadas.»

El rollo escrito y el Cordero

5 En la mano derecha del que estaba sentado en el trono vi un rollo escrito por ambos lados y sellado con siete sellos. [2]También vi a un ángel poderoso que proclamaba a gran voz: «¿Quién es digno de romper los sellos y de abrir el rollo?» [3]Pero ni en el cielo ni en la tierra, ni debajo de la tierra, hubo nadie capaz de abrirlo ni

---

[j] 3:14 *soberano*. Lit. *comienzo* u *origen*.   [k] 4:5 *estruendos*. Lit. *voces*; y así en otros pasajes semejantes.

de examinar su contenido. **4**Y lloraba yo mucho porque no se había encontrado a nadie que fuera digno de abrir el rollo ni de examinar su contenido. **5**Uno de los *ancianos me dijo: «¡Deja de llorar, que ya el León de la tribu de Judá, la Raíz de David, ha vencido! Él sí puede abrir el rollo y sus siete sellos.»

6Entonces vi, en medio de los cuatro seres vivientes y del trono y los ancianos, a un Cordero que estaba de pie y parecía haber sido sacrificado. Tenía siete cuernos y siete ojos, que son los siete espíritus de Dios enviados por toda la tierra. **7**Se acercó y recibió el rollo de la mano derecha del que estaba sentado en el trono. **8**Cuando lo tomó, los cuatro seres vivientes y los veinticuatro ancianos se postraron delante del Cordero. Cada uno tenía un arpa y copas de oro llenas de incienso, que son las oraciones del *pueblo de Dios. **9**Y entonaban este nuevo cántico:

«Digno eres de recibir el rollo
    escrito
y de romper sus sellos,
porque fuiste sacrificado,
y con tu sangre compraste para
    Dios
gente de toda raza, lengua,
    pueblo y nación.
10De ellos hiciste un reino;
    los hiciste sacerdotes al servicio
    de nuestro Dios,
    y reinarán sobre la tierra.»

11Luego miré, y oí la voz de muchos ángeles que estaban alrededor del trono, de los seres vivientes y de los ancianos. El número de ellos era millares de millares y millones de millones. **12**Cantaban con todas sus fuerzas:

«¡Digno es el Cordero, que ha sido
    sacrificado,
de recibir el poder,
la riqueza y la sabiduría,
la fortaleza y la honra,
la gloria y la alabanza!»

13Y oí a cuanta criatura hay en el cielo, y en la tierra, y debajo de la tierra y en el mar, a todos en la creación, que cantaban:

«¡Al que está sentado en el trono y
    al Cordero,
sean la alabanza y la honra, la
    gloria y el poder,
por los siglos de los siglos!»

14Los cuatro seres vivientes exclamaron: «¡Amén!», y los ancianos se postraron y adoraron.

Los sellos

6 Vi cuando el Cordero rompió el primero de los siete sellos, y oí a uno de los cuatro seres vivientes, que gritaba con voz de trueno: «¡Ven!» **2**Miré, ¡y apareció un caballo blanco! El jinete llevaba un arco; se le dio una corona, y salió como vencedor, para seguir venciendo.

3Cuando el Cordero rompió el segundo sello, oí al segundo ser viviente, que gritaba: «¡Ven!» **4**En eso salió otro caballo, de color rojo encendido. Al jinete se le entregó una gran espada; se le permitió quitar la paz de la tierra y hacer que sus habitantes se mataran unos a otros.

5Cuando el Cordero rompió el tercer sello, oí al tercero de los seres vivientes, que gritaba: «¡Ven!» Miré, ¡y apareció un caballo negro! El jinete tenía una balanza en la mano. **6**Y oí como una voz en medio de los cuatro seres vivientes, que decía: «Un kilo de trigo, o tres kilos de cebada, por el salario de un día; pero no afectes el precio del aceite y del vino.»*l*

7Cuando el Cordero rompió el cuarto sello, oí la voz del cuarto ser viviente, que gritaba: «¡Ven!» **8**Miré, ¡y apareció un caballo amarillento! El jinete se llamaba Muerte, y el Infierno*m* lo seguía de cerca. Y se les otorgó poder sobre la cuarta parte de la tierra, para matar por medio de la espada, el hambre, las epidemias y las fieras de la tierra.

9Cuando el Cordero rompió el quinto sello, vi debajo del altar las almas de los que habían sufrido el martirio por causa de

---

*l***6:6** *por el salario ... vino.* Lit. *por un* *denario, y no dañes el aceite ni el vino.*   *m***6:8** *Infierno.* Lit. **Hades.*

la palabra de Dios y por mantenerse fieles en su testimonio. [10]Gritaban a gran voz: «¿Hasta cuándo, Soberano Señor, santo y veraz, seguirás sin juzgar a los habitantes de la tierra y sin vengar nuestra muerte?» [11]Entonces cada uno de ellos recibió ropas blancas, y se les dijo que esperaran un poco más, hasta que se completara el número de sus consiervos y hermanos que iban a sufrir el martirio como ellos.

[12]Vi que el Cordero rompió el sexto sello, y se produjo un gran terremoto. El sol se oscureció como si se hubiera vestido de luto, [n] la luna entera se tornó roja como la sangre, [13]y las estrellas del firmamento cayeron sobre la tierra, como caen los higos verdes de la higuera sacudida por el vendaval. [14]El firmamento desapareció como cuando se enrolla un pergamino, y todas las montañas y las islas fueron removidas de su lugar.

[15]Los reyes de la tierra, los magnates, los jefes militares, los ricos, los poderosos, y todos los demás, esclavos y libres, se escondieron en las cuevas y entre las peñas de las montañas. [16]Todos gritaban a las montañas y a las peñas: «¡Caigan sobre nosotros y escóndannos de la mirada del que está sentado en el trono y de la ira del Cordero, [17]porque ha llegado el gran día del castigo! ¿Quién podrá mantenerse en pie?»

Los 144.000 sellados

7 Después de esto vi a cuatro ángeles en los cuatro ángulos de la tierra. Estaban allí de pie, deteniendo los cuatro vientos para que éstos no se desataran sobre la tierra, el mar y los árboles. [2]Vi también a otro ángel que venía del oriente con el sello del Dios vivo. Gritó con voz potente a los cuatro ángeles a quienes se les había permitido hacer daño a la tierra y al mar: [3]«¡No hagan daño ni a la tierra, ni al mar ni a los árboles, hasta que hayamos puesto un sello en la frente de los *siervos de nuestro Dios!» [4]Y oí el número de los que fueron sellados: ciento cuarenta y cuatro mil de todas las tribus de Israel.

[5]De la tribu de Judá fueron sellados doce mil;
de la tribu de Rubén, doce mil;
de la tribu de Gad, doce mil;
[6]de la tribu de Aser, doce mil;
de la tribu de Neftalí, doce mil;
de la tribu de Manasés, doce mil;
[7]de la tribu de Simeón, doce mil;
de la tribu de Leví, doce mil;
de la tribu de Isacar, doce mil;
[8]de la tribu de Zabulón, doce mil;
de la tribu de José, doce mil;
de la tribu de Benjamín, doce mil.

La gran multitud con túnicas blancas

[9]Después de esto miré, y apareció una multitud tomada de todas las naciones, tribus, pueblos y lenguas; era tan grande que nadie podía contarla. Estaban de pie delante del trono y del Cordero, vestidos de túnicas blancas y con ramas de palma en la mano. [10]Gritaban a gran voz:

«¡La salvación viene de nuestro
          Dios,
    que está sentado en el trono,
    y del Cordero!»

[11]Todos los ángeles estaban de pie alrededor del trono, de los *ancianos y de los cuatro seres vivientes. Se postraron rostro en tierra delante del trono, y adoraron a Dios [12]diciendo:

«¡Amén!
    La alabanza, la gloria,
    la sabiduría, la acción de gracias,
    la honra, el poder y la fortaleza
    son de nuestro Dios por los siglos
          de los siglos.
    ¡Amén!»

[13]Entonces uno de los ancianos me preguntó:

—Esos que están vestidos de blanco, ¿quiénes son, y de dónde vienen?

[14]—Eso usted lo sabe, mi señor —respondí.

Él me dijo:

---

[n]6:12 *se oscureció ... luto.* Lit. *se puso negro como un saco hecho de pelo* (es decir, pelo de cabra).

—Aquéllos son los que están
saliendo de la gran
tribulación;
han lavado y blanqueado sus
túnicas en la sangre del
Cordero.

15 Por eso, están delante del trono de
Dios,
y día y noche le sirven en su
templo;
y el que está sentado en el trono
les dará refugio en su santuario.ñ
16 Ya no sufrirán hambre ni sed.
No los abatirá el sol ni ningún
calor abrasador.
17 Porque el Cordero que está en el
trono los pastoreará
y los guiará a fuentes de agua viva;
y Dios les enjugará toda lágrima de
sus ojos.

El séptimo sello y el incensario de oro

8 Cuando el Cordero rompió el séptimo
sello, hubo silencio en el cielo como
por media hora.

2 Y vi a los siete ángeles que están de
pie delante de Dios, a los cuales se les
dieron siete trompetas.

3 Se acercó otro ángel y se puso de pie
frente al altar. Tenía un incensario de oro,
y se le entregó mucho incienso para ofre-
cerlo, junto con las oraciones de todo el
*pueblo de Dios, sobre el altar de oro que
está delante del trono. 4 Y junto con esas
oraciones, subió el humo del incienso desde la mano del ángel hasta la presencia de
Dios. 5 Luego el ángel tomó el incensario
y lo llenó con brasas del altar, las cuales
arrojó sobre la tierra; y se produjeron
truenos, estruendos,o relámpagos y un terremoto.

Las trompetas

6 Los siete ángeles que tenían las siete
trompetas se dispusieron a tocarlas.

7 Tocó el primero su trompeta, y fueron
arrojados sobre la tierra granizo y fuego
mezclados con sangre. Y se quemó la

tercera parte de la tierra, la tercera parte
de los árboles y toda la hierba verde.

8 Tocó el segundo ángel su trompeta, y
fue arrojado al mar algo que parecía una
enorme montaña envuelta en llamas. La
tercera parte del mar se convirtió en sangre, 9 y murió la tercera parte de las criaturas que viven en el mar; también fue
destruida la tercera parte de los barcos.

10 Tocó el tercer ángel su trompeta, y
una enorme estrella, que ardía como una
antorcha, cayó desde el cielo sobre la
tercera parte de los ríos y sobre los manantiales. 11 La estrella se llama Amargu-
ra.p Y la tercera parte de las aguas se
volvió amarga, y por causa de esas aguas
murió mucha gente.

12 Tocó el cuarto ángel su trompeta, y
fue asolada la tercera parte del sol, de la
luna y de las estrellas, de modo que se
oscureció la tercera parte de ellos. Así
quedó sin luz la tercera parte del día y la
tercera parte de la noche.

13 Seguí observando, y oí un águila que
volaba en medio del cielo y gritaba fuer-
temente: «¡Ay! ¡Ay! ¡Ay de los habitantes
de la tierra cuando suenen las tres trompetas que los últimos tres ángeles están a
punto de tocar!»

9 Tocó el quinto ángel su trompeta, y vi
que había caído del cielo a la tierra
una estrella, a la cual se le entregó la llave
del pozo del *abismo. 2 Lo abrió, y del
pozo subió una humareda, como la de un
horno gigantesco; y la humareda oscureció el sol y el aire. 3 De la humareda
descendieron langostas sobre la tierra, y
se les dio poder como el que tienen los
escorpiones de la tierra. 4 Se les ordenó
que no dañaran la hierba de la tierra, ni
ninguna planta ni ningún árbol, sino sólo
a las personas que no llevaran en la frente
el sello de Dios. 5 No se les dio permiso
para matarlas sino sólo para torturarlas
durante cinco meses. Su tormento es como
el producido por la picadura de un escorpión. 6 En aquellos días la gente buscará la
muerte, pero no la encontrará; desearán
morir, pero la muerte huirá de ellos.

ñ **7:15** *les dará ... santuario.* Lit. *extenderá su tienda sobre ellos.*   o **8:5** *estruendos.* Lit. *voces.*
p **8:11** *Amargura.* Lit. *Ajenjo.*

⁷El aspecto de las langostas era como de caballos equipados para la guerra. Llevaban en la cabeza algo que parecía una corona de oro, y su cara se asemejaba a un rostro humano. ⁸Su crin parecía cabello de mujer, y sus dientes eran como de león. ⁹Llevaban coraza como de hierro, y el ruido de sus alas se escuchaba como el estruendo de carros de muchos caballos que se lanzan a la batalla. ¹⁰Tenían cola y aguijón como de escorpión; y en la cola tenían poder para torturar a la gente durante cinco meses. ¹¹El rey que los dirigía era el ángel del abismo, que en hebreo se llama Abadón y en griego Apolión.𝑞

¹²El primer ¡ay! ya pasó, pero vienen todavía otros dos.

¹³Tocó el sexto ángel su trompeta, y oí una voz que salía de entre los cuernos del altar de oro que está delante de Dios. ¹⁴A este ángel que tenía la trompeta, la voz le dijo: «Suelta a los cuatro ángeles que están atados a la orilla del gran río Éufrates.» ¹⁵Así que los cuatro ángeles que habían sido preparados precisamente para esa hora, y ese día, mes y año, quedaron sueltos para matar a la tercera parte de la *humanidad. ¹⁶Oí que el número de las tropas de caballería llegaba a doscientos millones.

¹⁷Así vi en la visión a los caballos y a sus jinetes: Tenían coraza de color rojo encendido, azul violeta y amarillo como azufre. La cabeza de los caballos era como de león, y por la boca echaban fuego, humo y azufre. ¹⁸La tercera parte de la humanidad murió a causa de las tres plagas de fuego, humo y azufre que salían de la boca de los caballos. ¹⁹Es que el poder de los caballos radicaba en su boca y en su cola; pues sus colas, semejantes a serpientes, tenían cabezas con las que hacían daño.

²⁰El resto de la humanidad, los que no murieron a causa de estas plagas, tampoco se *arrepintieron de sus malas acciones ni dejaron de adorar a los demonios y a los ídolos de oro, plata, bronce, piedra y madera, los cuales no pueden ver ni oír ni caminar. ²¹Tampoco se arrepintieron de sus asesinatos ni de sus artes mágicas, inmoralidad sexual y robos.

El ángel y el rollo pequeño

10 Después vi a otro ángel poderoso que bajaba del cielo envuelto en una nube. Un arco iris rodeaba su cabeza; su rostro era como el sol, y sus piernas parecían columnas de fuego. ²Llevaba en la mano un pequeño rollo escrito que estaba abierto. Puso el pie derecho sobre el mar y el izquierdo sobre la tierra, ³y dio un grito tan fuerte que parecía el rugido de un león. Entonces los siete truenos levantaron también sus voces. ⁴Una vez que hablaron los siete truenos, estaba yo por escribir, pero oí una voz del cielo que me decía: «Guarda en secreto lo que han dicho los siete truenos, y no lo escribas.»

⁵El ángel que yo había visto de pie sobre el mar y sobre la tierra levantó al cielo su mano derecha ⁶y juró por el que vive por los siglos de los siglos, el que creó el cielo, la tierra, el mar y todo lo que hay en ellos, y dijo: «¡El tiempo ha terminado! ⁷En los días en que hable el séptimo ángel, cuando comience a tocar su trompeta, se cumplirá el designio *secreto de Dios, tal y como lo anunció a sus *siervos los profetas.»

⁸La voz del cielo que yo había escuchado se dirigió a mí de nuevo: «Acércate al ángel que está de pie sobre el mar y sobre la tierra, y toma el rollo que tiene abierto en la mano.»

⁹Me acerqué al ángel y le pedí que me diera el rollo. Él me dijo: «Tómalo y cómetelo. Te amargará las entrañas, pero en la boca te sabrá dulce como la miel.» ¹⁰Lo tomé de la mano del ángel y me lo comí. Me supo dulce como la miel, pero al comérmelo se me amargaron las entrañas. ¹¹Entonces se me ordenó: «Tienes que volver a profetizar acerca de muchos pueblos, naciones, lenguas y reyes.»

Los dos testigos

11 Se me dio una caña que servía para medir, y se me ordenó: «Levántate y mide el templo de Dios y el altar, y calcula cuántos pueden adorar allí. ²Pero no incluyas el atrio exterior del templo;

𝑞 9:11 *Abadón* y *Apolión* significan *Destructor*.

no lo midas, porque ha sido entregado a las naciones paganas, las cuales pisotearán la ciudad santa durante cuarenta y dos meses. ³Por mi parte, yo encargaré a mis dos testigos que, vestidos de luto,ʳ profeticen durante mil doscientos sesenta días.» ⁴Estos dos testigos son los dos olivos y los dos candelabros que permanecen delante del Señor de la tierra. ⁵Si alguien quiere hacerles daño, ellos lanzan fuego por la boca y consumen a sus enemigos. Así habrá de morir cualquiera que intente hacerles daño. ⁶Estos testigos tienen poder para cerrar el cielo a fin de que no llueva mientras estén profetizando; y tienen poder para convertir las aguas en sangre y para azotar la tierra, cuantas veces quieran, con toda clase de plagas.

⁷Ahora bien, cuando hayan terminado de dar su testimonio, la bestia que sube del *abismo les hará la guerra, los vencerá y los matará. ⁸Sus cadáveres quedarán tendidos en la plaza de la gran ciudad, llamada en sentido figuradoˢ Sodoma y Egipto, donde también fue crucificado su Señor. ⁹Y gente de todo pueblo, tribu, lengua y nación contemplará sus cadáveres por tres días y medio, y no permitirá que se les dé sepultura. ¹⁰Los habitantes de la tierra se alegrarán de su muerte y harán fiesta e intercambiarán regalos, porque estos dos profetas les estaban haciendo la vida imposible.

¹¹Pasados los tres días y medio, entró en ellos un aliento de vida enviado por Dios, y se pusieron de pie, y quienes los observaban quedaron sobrecogidos de terror. ¹²Entonces los dos testigos oyeron una potente voz del cielo que les decía: «Suban acá.» Y subieron al cielo en una nube, a la vista de sus enemigos.

¹³En ese mismo instante se produjo un violento terremoto y se derrumbó la décima parte de la ciudad. Perecieron siete mil personas, pero los sobrevivientes, llenos de temor, dieron gloria al Dios del cielo.

¹⁴El segundo ¡ay! ya pasó, pero se acerca el tercero.

La séptima trompeta

¹⁵Tocó el séptimo ángel su trompeta, y en el cielo resonaron fuertes voces que decían:

«El reino del mundo ha pasado a
    ser de nuestro Señor y de su
    *Cristo,
y él reinará por los siglos de los
    siglos.»

¹⁶Los veinticuatro *ancianos que estaban sentados en sus tronos delante de Dios se postraron rostro en tierra y adoraron a Dios ¹⁷diciendo:

«Señor, Dios Todopoderoso,
    que eres y que eras,ᵗ
te damos gracias porque has
    asumido tu gran poder
    y has comenzado a reinar.
¹⁸Las *naciones se han enfurecido;
    pero ha llegado tu castigo,
    el momento de juzgar a los muertos,
    y de recompensar a tus *siervos
        los profetas,
    a tus *santos y a los que temen tu
        nombre,
    sean grandes o pequeños,
    y de destruir a los que destruyen la
        tierra.»

¹⁹Entonces se abrió en el cielo el templo de Dios; allí se vio el arca de su pacto, y hubo relámpagos, estruendos, truenos, un terremoto y una fuerte granizada.

La mujer y el dragón

12 Apareció en el cielo una señal maravillosa: una mujer revestida del sol, con la luna debajo de sus pies y con una corona de doce estrellas en la cabeza. ²Estaba encinta y gritaba por los dolores y angustias del parto. ³Y apareció en el cielo otra señal: un enorme dragón de color rojo encendido que tenía siete cabezas y diez cuernos, y una diadema en cada cabeza. ⁴Con la cola arrastró la tercera

---

ʳ 11:3 *luto.* Lit. *cilicio.*   ˢ 11:8 *en sentido figurado.* Lit. *espiritualmente.*   ᵗ 11:17 *eras.* Var. *eras y que has de venir.*

parte de las estrellas del cielo y las arrojó sobre la tierra. Cuando la mujer estaba a punto de dar a luz, el dragón se plantó delante de ella para devorar a su hijo tan pronto como naciera. ⁵Ella dio a luz un hijo varón que gobernará a todas las *naciones con puño de hierro.ᵘ Pero su hijo fue arrebatado y llevado hasta Dios, que está en su trono. ⁶Y la mujer huyó al desierto, a un lugar que Dios le había preparado para que allí la sustentaran durante mil doscientos sesenta días.

⁷Se desató entonces una guerra en el cielo: Miguel y sus ángeles combatieron al dragón; éste y sus ángeles, a su vez, les hicieron frente, ⁸pero no pudieron vencer, y ya no hubo lugar para ellos en el cielo. ⁹Así fue expulsado el gran dragón, aquella serpiente antigua que se llama Diablo y Satanás, y que engaña al mundo entero. Junto con sus ángeles, fue arrojado a la tierra.

¹⁰Luego oí en el cielo un gran clamor:

«Han llegado ya la salvación y el
    poder y el reino de nuestro
    Dios;
ha llegado ya la autoridad de su
    *Cristo.
Porque ha sido expulsado
el acusador de nuestros hermanos,
el que los acusaba día y noche
    delante de nuestro Dios.
¹¹Ellos lo han vencido
por medio de la sangre del Cordero
y por el mensaje del cual dieron
    testimonio;
no valoraron tanto su *vida
como para evitar la muerte.
¹²Por eso, ¡alégrense, cielos,
    y ustedes que los habitan!
Pero ¡ay de la tierra y del mar!
El diablo, lleno de furor, ha
    descendido a ustedes,
porque sabe que le queda poco
    tiempo.»

¹³Cuando el dragón se vio arrojado a la tierra, persiguió a la mujer que había dado a luz al varón. ¹⁴Pero a la mujer se le dieron las dos alas de la gran águila, para que volara al desierto, al lugar donde sería sustentada durante un tiempo y tiempos y medio tiempo, lejos de la vista de la serpiente. ¹⁵La serpiente, persiguiendo a la mujer, arrojó por sus fauces agua como un río, para que la corriente la arrastrara. ¹⁶Pero la tierra ayudó a la mujer: abrió la boca y se tragó el río que el dragón había arrojado por sus fauces. ¹⁷Entonces el dragón se enfureció contra la mujer, y se fue a hacer guerra contra el resto de sus descendientes, los cuales obedecen los mandamientos de Dios y se mantienen fieles al testimonio de Jesús.

13 Y el dragón se plantóᵛ a la orilla del mar.

La bestia que surge del mar

Entonces vi que del mar subía una bestia, la cual tenía diez cuernos y siete cabezas. En cada cuerno tenía una diadema, y en cada cabeza un nombre *blasfemo contra Dios. ²La bestia parecía un leopardo, pero tenía patas como de oso y fauces como de león. El dragón le confirió a la bestia su poder, su trono y gran autoridad. ³Una de las cabezas de la bestia parecía haber sufrido una herida mortal, pero esa herida ya había sido sanada. El mundo entero, fascinado, iba tras la bestia ⁴y adoraba al dragón porque había dado su autoridad a la bestia. También adoraban a la bestia y decían: «¿Quién como la bestia? ¿Quién puede combatirla?»

⁵A la bestia se le permitió hablar con arrogancia y proferir blasfemias contra Dios, y se le confirió autoridad para actuar durante cuarenta y dos meses. ⁶Abrió la boca para blasfemar contra Dios, para maldecir su nombre y su morada y a los que viven en el cielo. ⁷También se le permitió hacer la guerra a los *santos y vencerlos, y se le dio autoridad sobre toda raza, pueblo, lengua y nación. ⁸A la bestia la adorarán todos los habitantes de la tierra, aquellos cuyos nombres no han sido escritos en el libro de la vida, el libro del

---

ᵘ **12:5** *gobernará ... con puño de hierro.* Lit. *pastoreará ... con cetro de hierro.*   ᵛ **13:1** *el dragón se plantó.*
Var. *yo estaba de pie.*

Cordero que fue sacrificado desde la creación del mundo.^{w}

⁹El que tenga oídos, que oiga.

¹⁰El que deba ser llevado cautivo,
a la cautividad irá.
El que deba morir^x a espada,
a filo de espada morirá.

¡En esto consisten^y la perseverancia y la *fidelidad de los santos!

La bestia que sube de la tierra

¹¹Después vi que de la tierra subía otra bestia. Tenía dos cuernos como de cordero, pero hablaba como dragón. ¹²Ejercía toda la autoridad de la primera bestia en presencia de ella, y hacía que la tierra y sus habitantes adoraran a la primera bestia, cuya herida mortal había sido sanada. ¹³También hacía grandes señales milagrosas, incluso la de hacer caer fuego del cielo a la tierra, a la vista de todos. ¹⁴Con estas señales que se le permitió hacer en presencia de la primera bestia, engañó a los habitantes de la tierra. Les ordenó que hicieran una imagen en honor de la bestia que, después de ser herida a espada, revivió. ¹⁵Se le permitió infundir vida a la imagen de la primera bestia, para que hablara y mandara matar a quienes no adoraran la imagen. ¹⁶Además logró que a todos, grandes y pequeños, ricos y pobres, libres y esclavos, se les pusiera una marca en la mano derecha o en la frente, ¹⁷de modo que nadie pudiera comprar ni vender, a menos que llevara la marca, que es el nombre de la bestia o el número de ese nombre. ¹⁸En esto consiste^z la sabiduría: el que tenga entendimiento, calcule el número de la bestia, pues es número de un ser *humano: seiscientos sesenta y seis.

El Cordero y los 144.000

14 Luego miré, y apareció el Cordero. Estaba de pie sobre el monte Sión, en compañía de ciento cuarenta y cuatro mil personas que llevaban escrito en la frente el nombre del Cordero y de su Padre. ²Oí un sonido que venía del cielo, como el estruendo de una catarata y el retumbar de un gran trueno. El sonido se parecía al de músicos que tañen sus arpas. ³Y cantaban un himno nuevo delante del trono y delante de los cuatro seres vivientes y de los *ancianos. Nadie podía aprender aquel himno, aparte de los ciento cuarenta y cuatro mil que habían sido rescatados de la tierra. ⁴Éstos se mantuvieron puros, sin contaminarse con ritos sexuales.^{a} Son los que siguen al Cordero por dondequiera que va. Fueron rescatados como los primeros frutos de la *humanidad para Dios y el Cordero. ⁵No se encontró mentira alguna en su boca, pues son intachables.

Los tres ángeles

⁶Luego vi a otro ángel que volaba en medio del cielo, y que llevaba el *evangelio eterno para anunciarlo a los que viven en la tierra, a toda nación, raza, lengua y pueblo. ⁷Gritaba a gran voz: «Teman a Dios y denle gloria, porque ha llegado la hora de su juicio. Adoren al que hizo el cielo, la tierra, el mar y los manantiales.» ⁸Lo seguía un segundo ángel que gritaba: «¡Ya cayó! Ya cayó la gran Babilonia, la que hizo que todas las *naciones bebieran el excitante vino^b de su adulterio.» ⁹Los seguía un tercer ángel que clamaba a grandes voces: «Si alguien adora a la bestia y a su imagen, y se deja poner en la frente o en la mano la marca de la bestia, ¹⁰beberá también el vino del furor de Dios, que en la copa de su ira está puro, no diluido. Será atormentado con fuego y azufre, en presencia de los santos ángeles y del Cordero. ¹¹El humo de ese tormento sube por los siglos de los siglos. No habrá descanso ni de día ni de noche para el que adore a la bestia y su imagen, ni para quien se deje poner la marca de su nombre.» ¹²¡En esto consis-

---

^{w}**13:8** *escritos ... mundo.* Alt. *escritos desde la creación del mundo en el libro de la vida, el libro del Cordero que fue sacrificado.* ^{x}**13:10** *que deba morir.* Var. *que mata.* ^{y}**13:10** *En esto consisten.* Alt. *Aquí se verán.* ^{z}**13:18** *En esto consiste.* Alt. *Aquí se verá.* ^{a}**14:4** *Éstos ... sexuales.* Lit. *Éstos no se contaminaron con mujeres, pues son vírgenes.* ^{b}**14:8** *el excitante vino.* Lit. *el vino del furor.*

te[c] la perseverancia de los *santos, los cuales obedecen los mandamientos de Dios y se mantienen fieles a Jesús!

[13]Entonces oí una voz del cielo, que decía: «Escribe: *Dichosos los que de ahora en adelante mueren en el Señor.» «Sí —dice el Espíritu—, ellos descansarán de sus fatigosas tareas, pues sus obras los acompañan.»

La cosecha de la tierra

[14]Miré, y apareció una nube blanca, sobre la cual estaba sentado alguien «semejante al Hijo del hombre».[d] En la cabeza tenía una corona de oro, y en la mano, una hoz afilada. [15]Entonces salió del templo otro ángel y le gritó al que estaba sentado en la nube: «Mete la hoz y recoge la cosecha; ya es tiempo de segar, pues la cosecha de la tierra está madura.» [16]Así que el que estaba sentado sobre la nube pasó la hoz, y la tierra fue segada.

[17]Del templo que está en el cielo salió otro ángel, que también llevaba una hoz afilada. [18]Del altar salió otro ángel, que tenía autoridad sobre el fuego, y le gritó al que llevaba la hoz afilada: «Mete tu hoz y corta los racimos del viñedo de la tierra, porque sus uvas ya están maduras.» [19]El ángel pasó la hoz sobre la tierra, recogió las uvas y las echó en el gran lagar de la ira de Dios. [20]Las uvas fueron exprimidas fuera de la ciudad, y del lagar salió sangre, la cual llegó hasta los frenos de los caballos en una extensión de trescientos kilómetros.[e]

Siete ángeles con siete plagas

15 Vi en el cielo otra señal grande y maravillosa: siete ángeles con las siete plagas, que son las últimas, pues con ellas se consumará la ira de Dios. [2]Vi también un mar como de vidrio mezclado con fuego. De pie, a la orilla del mar, estaban los que habían vencido a la bestia, a su imagen y al número de su nombre. Tenían las arpas que Dios les había dado, [3]y cantaban el himno de Moisés, *siervo de Dios, y el himno del Cordero:

«Grandes y maravillosas son tus obras,
Señor, Dios Todopoderoso.
Justos y verdaderos son tus caminos,
Rey de las *naciones.[f]
[4]¿Quién no te temerá, oh Señor?
¿Quién no glorificará tu nombre?
Sólo tú eres santo.
Todas las naciones vendrán
y te adorarán,
porque han salido a la luz
las obras de tu justicia.»

[5]Después de esto miré, y en el cielo se abrió el templo, el tabernáculo del testimonio. [6]Del templo salieron los siete ángeles que llevaban las siete plagas. Estaban vestidos de lino limpio y resplandeciente, y ceñidos con bandas de oro a la altura del pecho. [7]Uno de los cuatro seres vivientes dio a cada uno de los siete ángeles una copa de oro llena del furor de Dios, quien vive por los siglos de los siglos. [8]El templo se llenó del humo que procedía de la gloria y del poder de Dios, y nadie podía entrar allí hasta que se terminaran las siete plagas de los siete ángeles.

Las siete copas de la ira de Dios

16 Oí una voz que desde el templo decía a gritos a los siete ángeles: «¡Vayan y derramen sobre la tierra las siete copas del furor de Dios!»

[2]El primer ángel fue y derramó su copa sobre la tierra, y a toda la gente que tenía la marca de la bestia y que adoraba su imagen le salió una llaga maligna y repugnante.

[3]El segundo ángel derramó su copa sobre el mar, y el mar se convirtió en sangre como de gente masacrada, y murió todo ser viviente que había en el mar.

[4]El tercer ángel derramó su copa sobre los ríos y los manantiales, y éstos se convirtieron en sangre. [5]Oí que el ángel de las aguas decía:

«Justo eres tú, el Santo,
que eres y que eras,
porque juzgas así:

---

[c] **14:12** *En esto consiste.* Alt. *Aquí se verá.*   [d] **14:14** Dn 7:13   [e] **14:20** *trescientos kilómetros.* Lit. *mil seiscientos* *estadios.*   [f] **15:3** *de las naciones.* Var. *de los siglos.*

⁶ellos derramaron la sangre de
    *santos y de profetas,
y tú les has dado a beber sangre,
    como se lo merecen.»

⁷Oí también que el altar respondía:

«Así es, Señor, Dios Todopoderoso,
    verdaderos y justos son tus
    juicios.»

⁸El cuarto ángel derramó su copa sobre el sol, al cual se le permitió quemar con fuego a la gente. ⁹Todos sufrieron terribles quemaduras, pero ni así se *arrepintieron; en vez de darle gloria a Dios, que tiene poder sobre esas plagas, maldijeron su nombre.

¹⁰El quinto ángel derramó su copa sobre el trono de la bestia, y el reino de la bestia quedó sumido en la oscuridad. La gente se mordía la lengua de dolor ¹¹y, por causa de sus padecimientos y de sus llagas, maldecían al Dios del cielo, pero no se arrepintieron de sus malas obras.

¹²El sexto ángel derramó su copa sobre el gran río Éufrates, y se secaron sus aguas para abrir paso a los reyes del oriente. ¹³Y vi salir de la boca del dragón, de la boca de la bestia y de la boca del falso profeta tres espíritus malignos que parecían ranas. ¹⁴Son espíritus de demonios que hacen señales milagrosas y que salen a reunir a los reyes del mundo entero para la batalla del gran día del Dios Todopoderoso.
¹⁵«¡Cuidado! ¡Vengo como un ladrón! *Dichoso el que se mantenga despierto, con su ropa a la mano, no sea que ande desnudo y sufra vergüenza por su desnudez.»
¹⁶Entonces los espíritus de los demonios reunieron a los reyes en el lugar que en hebreo se llama Armagedón.

¹⁷El séptimo ángel derramó su copa en el aire, y desde el trono del templo salió un vozarrón que decía: «¡Se acabó!» ¹⁸Y hubo relámpagos, estruendos, truenos y un violento terremoto. Nunca, desde que el género *humano existe en la tierra, se había sentido un terremoto tan grande y

violento. ¹⁹La gran ciudad se partió en tres, y las ciudades de las *naciones se desplomaron. Dios se acordó de la gran Babilonia y le dio a beber de la copa llena del vino del furor de su castigo. ²⁰Entonces huyeron todas las islas y desaparecieron las montañas. ²¹Del cielo cayeron sobre la gente enormes granizos, de casi cuarenta kilos cada uno.ᵍ Y maldecían a Dios por esa terrible plaga.

La mujer montada en la bestia

17 Uno de los siete ángeles que tenían las siete copas se me acercó y me dijo: «Ven, y te mostraré el castigo de la gran prostituta que está sentada sobre muchas aguas. ²Con ella cometieron adulterio los reyes de la tierra, y los habitantes de la tierra se embriagaron con el vino de su inmoralidad.»

³Luego el ángel me llevó en el Espíritu a un desierto. Allí vi a una mujer montada en una bestia escarlata. La bestia estaba cubierta de nombres *blasfemos contra Dios, y tenía siete cabezas y diez cuernos. ⁴La mujer estaba vestida de púrpura y escarlata, y adornada con oro, piedras preciosas y perlas. Tenía en la mano una copa de oro llena de abominaciones y de la inmundicia de sus adulterios. ⁵En la frente llevaba escrito un nombre misterioso:

    LA GRAN BABILONIA
  MADRE DE LAS PROSTITUTAS
Y DE LAS ABOMINABLES IDOLATRÍAS
       DE LA TIERRA.

⁶Vi que la mujer se había emborrachado con la sangre de los *santos y de los mártires de Jesús.

Al verla, quedé sumamente asombrado. ⁷Entonces el ángel me dijo: «¿Por qué te asombras? Yo te explicaré el misterio de esa mujer y de la bestia de siete cabezas y diez cuernos en la que va montada. ⁸La bestia que has visto es la que antes era pero ya no es, y está a punto de subir del *abismo, pero va rumbo a la destrucción. Los habitantes de la tierra, cuyos nombres,

ᵍ16:21 *granizos ... cada uno.* Lit. *granizos como* *talentos.

desde la creación del mundo, no han sido escritos en el libro de la vida, se asombrarán al ver a la bestia, porque antes era pero ya no es, y sin embargo reaparecerá. 9»¡En esto consisten *h* el entendimiento y la sabiduría! Las siete cabezas son siete colinas sobre las que está sentada esa mujer. 10También son siete reyes: cinco han caído, uno está gobernando, el otro no ha llegado todavía; pero cuando llegue, es preciso que dure poco tiempo. 11La bestia, que antes era pero ya no es, es el octavo rey. Está incluido entre los siete, y va rumbo a la destrucción.

12»Los diez cuernos que has visto son diez reyes que todavía no han comenzado a reinar, pero que por una hora recibirán autoridad como reyes, junto con la bestia. 13Éstos tienen un mismo propósito, que es poner su poder y autoridad a disposición de la bestia. 14Le harán la guerra al Cordero, pero el Cordero los vencerá, porque es Señor de señores y Rey de reyes, y los que están con él son sus llamados, sus escogidos y sus fieles.» 15Además el ángel me dijo: «Las aguas que has visto, donde está sentada la prostituta, son pueblos, multitudes, naciones y lenguas. 16Los diez cuernos y la bestia que has visto le cobrarán odio a la prostituta. Causarán su ruina y la dejarán desnuda; devorarán su cuerpo y la destruirán con fuego, 17porque Dios les ha puesto en el corazón que lleven a cabo su divino propósito. Por eso, y de común acuerdo, ellos le entregarán a la bestia el poder que tienen de gobernar, hasta que se cumplan las palabras de Dios. 18La mujer que has visto es aquella gran ciudad que tiene poder de gobernar sobre los reyes de la tierra.»

La caída de Babilonia

18 Después de esto vi a otro ángel que bajaba del cielo. Tenía mucho poder, y la tierra se iluminó con su resplandor. 2Gritó a gran voz:

«¡Ha caído! ¡Ha caído la gran
    Babilonia!

Se ha convertido en morada de
    demonios
y en guarida de todo espíritu
    *maligno,
en nido de toda ave *impura y
    detestable.
3Porque todas las *naciones han
    bebido
el excitante vino de su adulterio;
los reyes de la tierra cometieron
    adulterio con ella,
y los comerciantes de la tierra se
    enriquecieron
a costa de lo que ella
    despilfarraba en sus lujos.»

4Luego oí otra voz del cielo que decía:

«Salgan de ella, pueblo mío,
    para que no sean cómplices de
        sus pecados,
    ni los alcance ninguna de sus
        plagas;
5pues sus pecados se han
    amontonado hasta el cielo,
    y de sus injusticias se ha
        acordado Dios.
6Páguenle con la misma moneda;
    denle el doble de lo que ha
        cometido,
    y en la misma copa en que ella
        preparó bebida
    mézclenle una doble porción.
7En la medida en que ella se entregó
    a la vanagloria y al arrogante
        lujo
    denle tormento y aflicción;
porque en su corazón se jacta:
    "Estoy sentada como reina;
    no soy viuda ni sufriré jamás."
8Por eso, en un solo día le
    sobrevendrán sus plagas:
    pestilencia, aflicción y hambre.
Será consumida por el fuego,
    porque poderoso es el Señor Dios
        que la juzga.»

9Cuando los reyes de la tierra que cometieron adulterio con ella y compartieron su lujo vean el humo del fuego que

---

h 17:9 *En esto consisten.* Alt. *Aquí se verán.*

la consume, llorarán de dolor por ella.
10 Aterrorizados al ver semejante castigo,
se mantendrán a distancia y gritarán:

«¡Ay! ¡Ay de ti, la gran ciudad,
    Babilonia, ciudad poderosa,
porque en una sola hora ha llegado
    tu juicio!»

11 Los comerciantes de la tierra llorarán
y harán duelo por ella, porque ya no habrá
quien les compre sus mercaderías: 12 artículos de oro, plata, piedras preciosas y
perlas; lino fino, púrpura, telas de seda y
escarlata; toda clase de maderas de cedro;
los más variados objetos, hechos de marfil,
de madera preciosa, de bronce, de hierro y
de mármol; 13 cargamentos de canela y
especias aromáticas; de incienso, mirra y
perfumes; de vino y aceite; de harina refinada y trigo; de ganado vacuno y de corderos; de caballos y carruajes; y hasta de seres
*humanos, vendidos como esclavos.
14 Y dirán: «Se ha apartado de ti el fruto
que con toda el alma codiciabas. Has
perdido todas tus cosas suntuosas y espléndidas, y nunca las recuperarás.» 15 Los
comerciantes que vendían estas mercaderías y se habían enriquecido a costa de ella
se mantendrán a distancia, aterrorizados
al ver semejante castigo. Llorarán y harán
lamentación:

16 «¡Ay! ¡Ay de la gran ciudad,
    vestida de lino fino, de púrpura y
        escarlata,
    y adornada con oro, piedras
        preciosas y perlas,
17 porque en una sola hora ha
        quedado destruida toda tu
        riqueza!»

Todos los capitanes de barco, los pasajeros, los marineros y todos los que viven
del mar se detendrán a lo lejos. 18 Al ver
el humo del fuego que la consume, exclamarán: «¿Hubo jamás alguna ciudad como
esta gran ciudad?» 19 Harán duelo, i llorando y lamentándose a gritos:

«¡Ay! ¡Ay de la gran ciudad,
    con cuya opulencia se
        enriquecieron
    todos los dueños de flotas
        navieras!
¡En una sola hora ha quedado
        destruida!
20 ¡Alégrate, oh cielo, por lo que le ha
        sucedido!
¡Alégrense también ustedes,
    *santos, apóstoles y profetas!,
porque Dios, al juzgarla,
    les ha hecho justicia a ustedes.»

21 Entonces un ángel poderoso levantó una piedra del tamaño de una gran
rueda de molino, y la arrojó al mar diciendo:

«Así también tú, Babilonia, gran
        ciudad,
    serás derribada con la misma
        violencia,
    y desaparecerás de la faz de la
        tierra.
22 Jamás volverá a oírse en ti
    la música de los cantantes
    y de arpas, flautas y trompetas.
Jamás volverá a hallarse en ti
    ningún tipo de artesano.
Jamás volverá a oírse en ti
    el ruido de la rueda de molino.
23 Jamás volverá a brillar en ti
    la luz de ninguna lámpara.
Jamás volverá a sentirse en ti
    el regocijo de las nupcias. j
Porque tus comerciantes
    eran los magnates del mundo,
porque con tus hechicerías
    engañaste a todas las naciones,
24 porque en ti se halló sangre de
        profetas y de santos,
    y de todos los que han sido
        asesinados en la tierra.»

¡Aleluya!

19 Después de esto oí en el cielo un
tremendo bullicio, como el de una
inmensa multitud que exclamaba:

---

i 18:19 *Harán duelo.* Lit. *Se echaron polvo en la cabeza.*   j 18:23 *el regocijo de las nupcias.* Lit. *la voz del
novio y de la novia.*

«¡Aleluya!
La salvación, la gloria y el poder
son de nuestro Dios,
2 pues sus juicios son verdaderos y
justos:
ha condenado a la famosa prostituta
que con sus adulterios corrompía
la tierra;
ha vindicado la sangre de los
*siervos de Dios derramada
por ella.»

3 Y volvieron a exclamar:

«¡Aleluya!
El humo de ella sube por los siglos
de los siglos.»

4 Entonces los veinticuatro *ancianos y
los cuatro seres vivientes se postraron y
adoraron a Dios, que estaba sentado en el
trono, y dijeron:

«¡Amén, Aleluya!»

5 Y del trono salió una voz que decía:

«¡Alaben ustedes a nuestro Dios,
todos sus siervos, grandes y
pequeños,
que con reverente temor le sirven!»

6 Después oí voces como el rumor de
una inmensa multitud, como el estruendo
de una catarata y como el retumbar de
potentes truenos, que exclamaban:

«¡Aleluya!
Ya ha comenzado a reinar el Señor,
nuestro Dios Todopoderoso.
7 ¡Alegrémonos y regocijémonos
y démosle gloria!
Ya ha llegado el día de las bodas
del Cordero.
Su novia se ha preparado,
8 y se le ha concedido vestirse
de lino fino, limpio y
resplandeciente.»
(El lino fino representa las acciones justas
de los *santos.)

9 El ángel me dijo: «Escribe: "¡*Dichosos los que han sido convidados a la cena
de las bodas del Cordero!"» Y añadió:
«Estas son las palabras verdaderas de
Dios.»
10 Me postré a sus pies para adorarlo.
Pero él me dijo: «¡No, cuidado! Soy un
siervo como tú y como tus hermanos que
se mantienen fieles al testimonio de Jesús.
¡Adora sólo a Dios! El testimonio de Jesús
es el espíritu que inspira la profecía.»

El jinete del caballo blanco

11 Luego vi el cielo abierto, y apareció
un caballo blanco. Su jinete se llama Fiel
y Verdadero. Con justicia dicta sentencia
y hace la guerra. 12 Sus ojos resplandecen
como llamas de fuego, y muchas diademas
ciñen su cabeza. Lleva escrito un nombre
que nadie conoce sino sólo él. 13 Está
vestido de un manto teñido en sangre, y
su nombre es «el *Verbo de Dios». 14 Lo
siguen los ejércitos del cielo, montados en
caballos blancos y vestidos de lino fino,
blanco y limpio. 15 De su boca sale una
espada afilada, con la que herirá a las
*naciones. «Las gobernará con puño de
hierro.» k Él mismo exprime uvas en el
lagar del furor del castigo que viene de
Dios Todopoderoso. 16 En su manto y sobre el muslo lleva escrito este nombre:

REY DE REYES Y SEÑOR DE SEÑORES.

17 Vi a un ángel que, parado sobre el
sol, gritaba a todas las aves que vuelan en
medio del cielo: «Vengan, reúnanse para
la gran cena de Dios, 18 para que coman
carne de reyes, de jefes militares y de
magnates; carne de caballos y de sus jinetes; carne de toda clase de gente, libres y
esclavos, grandes y pequeños.»
19 Entonces vi a la bestia y a los reyes
de la tierra con sus ejércitos, reunidos para
hacer guerra contra el jinete de aquel
caballo y contra su ejército. 20 Pero la
bestia fue capturada junto con el falso
profeta. Éste es el que hacía señales milagrosas en presencia de ella, con las cuales
engañaba a los que habían recibido la

---

k 19:15 *gobernará ... hierro.* Lit. *pastoreará con cetro de hierro*; Sal 2:9.

marca de la bestia y adoraban su imagen. Los dos fueron arrojados vivos al lago de fuego y azufre. ²¹Los demás fueron exterminados por la espada que salía de la boca del que montaba a caballo, y todas las aves se hartaron de la carne de ellos.

Los mil años

20 Vi además a un ángel que bajaba del cielo con la llave del *abismo y una gran cadena en la mano. ²Sujetó al dragón, a aquella serpiente antigua que es el diablo y Satanás, y lo encadenó por mil años. ³Lo arrojó al abismo, lo encerró y tapó la salida para que no engañara más a las *naciones, hasta que se cumplieran los mil años. Después habrá de ser soltado por algún tiempo.

⁴Entonces vi tronos donde se sentaron los que recibieron autoridad para juzgar. Vi también las almas de los que habían sido decapitados por causa del testimonio de Jesús y por la palabra de Dios. No habían adorado a la bestia ni a su imagen, ni se habían dejado poner su marca en la frente ni en la mano. Volvieron a vivir y reinaron con *Cristo mil años. ⁵Ésta es la primera resurrección; los demás muertos no volvieron a vivir hasta que se cumplieron los mil años. ⁶*Dichosos y santos los que tienen parte en la primera resurrección. La segunda muerte no tiene poder sobre ellos, sino que serán sacerdotes de Dios y de Cristo, y reinarán con él mil años.

Juicio final de Satanás

⁷Cuando se cumplan los mil años, Satanás será liberado de su prisión, ⁸y saldrá para engañar a las *naciones que están en los cuatro ángulos de la tierra —a Gog y a Magog—, a fin de reunirlas para la batalla. Su número será como el de las arenas del mar. ⁹Marcharán a lo largo y a lo ancho de la tierra, y rodearán el campamento del *pueblo de Dios, la ciudad que él ama. Pero caerá fuego del cielo y los consumirá por completo. ¹⁰El diablo, que los había engañado, será arrojado al lago de fuego y azufre, donde también habrán

sido arrojados la bestia y el falso profeta. Allí serán atormentados día y noche por los siglos de los siglos.

Juicio de los muertos

¹¹Luego vi un gran trono blanco y a alguien que estaba sentado en él. De su presencia huyeron la tierra y el cielo, sin dejar rastro alguno. ¹²Vi también a los muertos, grandes y pequeños, de pie delante del trono. Se abrieron unos libros, y luego otro, que es el libro de la vida. Los muertos fueron juzgados según lo que habían hecho, conforme a lo que estaba escrito en los libros. ¹³El mar devolvió sus muertos; la muerte y el infierno[^l] devolvieron los suyos; y cada uno fue juzgado según lo que había hecho. ¹⁴La muerte y el infierno fueron arrojados al lago de fuego. Este lago de fuego es la muerte segunda. ¹⁵Aquel cuyo nombre no estaba escrito en el libro de la vida era arrojado al lago de fuego.

La nueva Jerusalén

21 Después vi un cielo nuevo y una tierra nueva, porque el primer cielo y la primera tierra habían dejado de existir, lo mismo que el mar. ²Vi además la ciudad santa, la nueva Jerusalén, que bajaba del cielo, procedente de Dios, preparada como una novia hermosamente vestida para su prometido. ³Oí una potente voz que provenía del trono y decía: «¡Aquí, entre los seres *humanos, está la morada de Dios! Él acampará en medio de ellos, y ellos serán su pueblo; Dios mismo estará con ellos y será su Dios. ⁴Él les enjugará toda lágrima de los ojos. Ya no habrá muerte, ni llanto, ni lamento ni dolor, porque las primeras cosas han dejado de existir.»

⁵El que estaba sentado en el trono dijo: «¡Yo hago nuevas todas las cosas!» Y añadió: «Escribe, porque estas palabras son verdaderas y dignas de confianza.»

⁶También me dijo: «Ya todo está hecho. Yo soy el Alfa y la Omega, el Principio y el Fin. Al que tenga sed le daré a beber gratuitamente de la fuente del agua

[^l]: **20:13** *infierno*. Lit. *Hades*; también en v. 14.

de la vida. 7El que salga vencedor heredará todo esto, y yo seré su Dios y él será mi hijo. 8Pero los cobardes, los incrédulos, los abominables, los asesinos, los que cometen inmoralidades sexuales, los que practican artes mágicas, los idólatras y todos los mentirosos recibirán como herencia el lago de fuego y azufre. Ésta es la segunda muerte.»

9Se acercó uno de los siete ángeles que tenían las siete copas llenas con las últimas siete plagas. Me habló así: «Ven, que te voy a presentar a la novia, la esposa del Cordero.» 10Me llevó en el Espíritu a una montaña grande y elevada, y me mostró la ciudad santa, Jerusalén, que bajaba del cielo, procedente de Dios. 11Resplandecía con la gloria de Dios, y su brillo era como el de una piedra preciosa, semejante a una piedra de jaspe transparente. 12Tenía una muralla grande y alta, y doce puertas custodiadas por doce ángeles, en las que estaban escritos los nombres de las doce tribus de Israel. 13Tres puertas daban al este, tres al norte, tres al sur y tres al oeste. 14La muralla de la ciudad tenía doce cimientos, en los que estaban los nombres de los doce apóstoles del Cordero.

15El ángel que hablaba conmigo llevaba una caña de oro para medir la ciudad, sus puertas y su muralla. 16La ciudad era cuadrada; medía lo mismo de largo que de ancho. El ángel midió la ciudad con la caña, y tenía dos mil doscientos kilómetros:m su longitud, su anchura y su altura eran iguales. 17Midió también la muralla, y tenía sesenta y cinco metros,n según las medidas humanas que el ángel empleaba. 18La muralla estaba hecha de jaspe, y la ciudad era de oro puro, semejante a cristal pulido. 19Los cimientos de la muralla de la ciudad estaban decorados con toda clase de piedras preciosas: el primero con jaspe, el segundo con zafiro, el tercero con ágata, el cuarto con esmeralda, 20el quinto con ónice, el sexto con cornalina, el séptimo con crisólito, el octavo con berilo, el no-

veno con topacio, el décimo con crisoprasa, el undécimo con jacinto y el duodécimo con amatista. ñ 21Las doce puertas eran doce perlas, y cada puerta estaba hecha de una sola perla. La calleo principal de la ciudad era de oro puro, como cristal transparente.

22No vi ningún templo en la ciudad, porque el Señor Dios Todopoderoso y el Cordero son su templo. 23La ciudad no necesita ni sol ni luna que la alumbren, porque la gloria de Dios la ilumina, y el Cordero es su lumbrera. 24Las *naciones caminarán a la luz de la ciudad, y los reyes de la tierra le entregarán sus espléndidas riquezas.p 25Sus puertas estarán abiertas todo el día, pues allí no habrá noche. 26Y llevarán a ella todas las riquezasq y el honor de las *naciones. 27Nunca entrará en ella nada impuro, ni los idólatras ni los farsantes, sino sólo aquellos que tienen su nombre escrito en el libro de la vida, el libro del Cordero.

El río de vida

22 Luego el ángel me mostró un río de agua de vida, claro como el cristal, que salía del trono de Dios y del Cordero, 2y corría por el centro de la caller principal de la ciudad. A cada lado del río estaba el árbol de la vida, que produce doce cosechas al año, una por mes; y las hojas del árbol son para la salud de las *naciones. 3Ya no habrá maldición. El trono de Dios y del Cordero estará en la ciudad. Sus *siervos lo adorarán; 4lo verán cara a cara, y llevarán su nombre en la frente. 5Ya no habrá noche; no necesitarán luz de lámpara ni de sol, porque el Señor Dios los alumbrará. Y reinarán por los siglos de los siglos.

6El ángel me dijo: «Estas palabras son verdaderas y dignas de confianza. El Señor, el Dios que inspira a los profetas,s ha enviado a su ángel para mostrar a sus siervos lo que tiene que suceder sin demora.»

---

m21:16 dos mil doscientos kilómetros. Lit. doce mil *estadios.   n21:17 sesenta y cinco metros. Lit. ciento cuarenta y cuatro *codos.   ñ21:20 No se sabe con certeza la identificación precisa de algunas de estas piedras.   o21:21 calle. Alt. plaza.   p21:24 entregarán ... riquezas. Lit. llevarán su gloria.   q21:26 todas las riquezas. Lit. la gloria.   r22:2 calle. Alt. plaza.   s22:6 el Dios ... profetas. Lit. el Dios de los espíritus de los profetas.

Cristo viene pronto

7«¡Miren que vengo pronto! *Dichoso el que cumple las palabras del mensaje profético de este libro.»

8Yo, Juan, soy el que vio y oyó todas estas cosas. Y cuando lo vi y oí, me postré para adorar al ángel que me había estado mostrando todo esto. **9**Pero él me dijo: «¡No, cuidado! Soy un siervo como tú, como tus hermanos los profetas y como todos los que cumplen las palabras de este libro. ¡Adora sólo a Dios!»

10También me dijo: «No guardes en secreto las palabras del mensaje profético de este libro, porque el tiempo de su cumplimiento está cerca. **11**Deja que el malo siga haciendo el mal y que el vil siga envileciéndose; deja que el justo siga practicando la justicia y que el *santo siga santificándose.»

12«¡Miren que vengo pronto! Traigo conmigo mi recompensa, y le pagaré a cada uno según lo que haya hecho. **13**Yo soy el Alfa y la Omega, el Primero y el Último, el Principio y el Fin.

14»Dichosos los que lavan sus ropas para tener derecho al árbol de la vida y para poder entrar por las puertas de la ciudad. **15**Pero afuera se quedarán los *perros, los que practican las artes mágicas, los que cometen inmoralidades sexuales, los asesinos, los idólatras y todos los que aman y practican la mentira.

16»Yo, Jesús, he enviado a mi ángel para darles a ustedes testimonio de estas cosas que conciernen a las iglesias. Yo soy la raíz y la descendencia de David, la brillante estrella de la mañana.»

17El Espíritu y la novia dicen: «¡Ven!»; y el que escuche diga: «¡Ven!» El que tenga sed, venga; y el que quiera, tome gratuitamente del agua de la vida.

18A todo el que escuche las palabras del mensaje profético de este libro le advierto esto: Si alguno le añade algo, Dios le añadirá a él las plagas descritas en este libro. **19**Y si alguno quita palabras de este libro de profecía, Dios le quitará su parte del árbol de la vida y de la ciudad santa, descritos en este libro.

20El que da testimonio de estas cosas, dice: «Sí, vengo pronto.»

Amén. ¡Ven, Señor Jesús!

21Que la gracia del Señor Jesús sea con todos. Amén.

Salmos

LIBRO I
Salmos 1-41

Salmo 1

¹*Dichoso el *hombre
que no sigue el consejo de los
malvados,
ni se detiene en la senda de los
pecadores
ni cultiva la amistad de los
*blasfemos,
²sino que en la *ley del SEÑOR se
deleita,
y día y noche medita en ella.
³Es como el árbol
plantado a la orilla de un río
que, cuando llega su tiempo, da fruto
y sus hojas jamás se marchitan.
¡Todo cuanto hace prospera!

⁴En cambio, los malvados
son como paja arrastrada por el
viento.
⁵Por eso no se sostendrán los
malvados en el juicio,
ni los pecadores en la asamblea de
los justos.

⁶Porque el SEÑOR cuida el *camino
de los justos,
mas la senda de los malos lleva a la
perdición.

Salmo 2

¹¿Por qué se sublevan las naciones,
y en vano conspiran los pueblos?
²Los reyes de la tierra se rebelan;
los gobernantes se confabulan
contra el SEÑOR
y contra su *ungido.
³Y dicen: «¡Hagamos pedazos sus
cadenas!
¡Librémonos de su yugo!»

⁴El rey de los cielos se ríe;
el SEÑOR se burla de ellos.
⁵En su enojo los reprende,
en su furor los intimida y dice:
⁶«He establecido a mi rey
sobre *Sión, mi santo monte.»

⁷Yo proclamaré el decreto del SEÑOR:
«Tú eres mi hijo», me ha dicho;
«hoy mismo te he engendrado.
⁸Pídeme,
y como herencia te entregaré las
naciones;
¡tuyos serán los confines de la
tierra!
⁹Las gobernarás con puño*ᵃ* de hierro;
las harás pedazos como a vasijas
de barro.»

¹⁰Ustedes, los reyes, sean prudentes;
déjense enseñar, gobernantes de la
tierra.
¹¹Sirvan al SEÑOR con temor;
con temblor ríndanle alabanza.
¹²Bésenle los pies,*ᵇ* no sea que se enoje
y sean ustedes destruidos en el
camino,
pues su ira se inflama de repente.

¡*Dichosos los que en él buscan
refugio!

Salmo 3

Salmo de David, cuando huía de su hijo Absalón.

¹Muchos son, SEÑOR, mis enemigos;
muchos son los que se me oponen,
²y muchos los que de mí aseguran:
«Dios no lo salvará.»   *Selah*

³Pero tú, SEÑOR, me rodeas cual
escudo;
tú eres mi gloria;
¡tú mantienes en alto mi cabeza!

---

*ᵃ***2:9** *puño.* Lit. *cetro.*   *ᵇ***2:12** *Bésenle los pies.* Texto de difícil traducción.

4Clamo al SEÑOR a voz en cuello,
y desde su monte santo él me
responde. *Selah*

5Yo me acuesto, me duermo y vuelvo
a despertar,
porque el SEÑOR me sostiene.
6No me asustan los numerosos
escuadrones
que me acosan por doquier.

7¡Levántate, SEÑOR!
¡Ponme a salvo, Dios mío!
¡Rómpeles la quijada a mis
enemigos!
¡Rómpeles los dientes a los
malvados!

8Tuya es, SEÑOR, la *salvación;
¡envía tu bendición sobre tu pueblo!
Selah

Salmo 4

Al director musical. Acompáñese con instrumentos
de cuerda. Salmo de David.

1Responde a mi clamor,
Dios mío y defensor mío.
Dame alivio cuando esté angustiado,
apiádate de mí y escucha mi
oración.

2Y ustedes, señores,
¿hasta cuándo cambiarán mi gloria
en vergüenza?
¿Hasta cuándo amarán ídolos vanos
e irán en pos de lo ilusorio? *Selah*

3Sepan que el SEÑOR honra al que le
es fiel;
el SEÑOR me escucha cuando lo
llamo.

4Si se enojan, no pequen;
en la quietud del descanso nocturno
examínense el *corazón. *Selah*
5Ofrezcan sacrificios de *justicia
y confíen en el SEÑOR.

6Muchos son los que dicen:
«¿Quién puede mostrarnos algún
bien?»
¡Haz, SEÑOR, que sobre nosotros
brille la luz de tu rostro!

7Tú has hecho que mi corazón rebose
de alegría,
alegría mayor que la que tienen los
que disfrutan de trigo y vino
en abundancia.

8En *paz me acuesto y me duermo,
porque sólo tú, SEÑOR, me haces
vivir confiado.

Salmo 5

Al director musical. Acompáñese con flautas. Salmo
de David.

1Atiende, SEÑOR, a mis palabras;
toma en cuenta mis gemidos.
2Escucha mis súplicas, rey mío y
Dios mío,
porque a ti elevo mi plegaria.
3Por la mañana, SEÑOR, escuchas mi
clamor;
por la mañana te presento mis
ruegos,
y quedo a la espera de tu
respuesta.

4Tú no eres un Dios que se
complazca en lo malo;
a tu lado no tienen cabida los
malvados.
5No hay lugar en tu presencia para los
altivos,
pues aborreces a los malhechores.
6Tú destruyes a los mentirosos
y aborreces a los tramposos y
asesinos.

7Pero yo, por tu gran amor
puedo entrar en tu casa;
puedo postrarme reverente
hacia tu santo templo.

8SEÑOR, por causa de mis enemigos,
dirígeme en tu *justicia;
empareja delante de mí tu senda.

9En sus palabras no hay sinceridad;
en su interior sólo hay corrupción.
Su garganta es un sepulcro abierto;
con su lengua profieren engaños.

10¡Condénalos, oh Dios!
¡Que caigan por sus propias
intrigas!

¡Recházalos por la multitud de sus
crímenes,
porque se han rebelado contra ti!

11 Pero que se alegren todos los que en
ti buscan refugio;
¡que canten siempre jubilosos!
Extiende tu protección, y que en ti se
regocijen
todos los que aman tu *nombre.
12 Porque tú, SEÑOR, bendices a los
justos;
cual escudo los rodeas con tu
buena voluntad.

Salmo 6

Al director musical. Acompáñese con instrumentos
de cuerda. Sobre la octava.ᶜ Salmo de David.

1 No me reprendas, SEÑOR, en tu ira;
no me castigues en tu furor.
2 Tenme compasión, SEÑOR, porque
desfallezco;
sáname, SEÑOR, que un frío de
muerte recorre mis huesos.
3 Angustiada está mi *alma;
¿hasta cuándo, SEÑOR, hasta
cuándo?

4 Vuélvete, SEÑOR, y sálvame la vida;
por tu gran amor, ¡ponme a salvo!
5 En la muerte nadie te recuerda;
en el *sepulcro, ¿quién te alabará?

6 Cansado estoy de sollozar;
toda la noche inundo de lágrimas
mi cama,
¡mi lecho empapo con mi llanto!
7 Desfallecen mis ojos por causa del
dolor;
desfallecen por culpa de mis
enemigos.

8 ¡Apártense de mí, todos los
malhechores,
que el SEÑOR ha escuchado mi
llanto!
9 El SEÑOR ha escuchado mis
ruegos;
el SEÑOR ha tomado en cuenta mi
oración.

10 Todos mis enemigos quedarán
avergonzados y confundidos;
¡su repentina vergüenza los hará
retroceder!

Salmo 7

*Sigaión de David, que elevó al SEÑOR
acerca de Cus el benjaminita.

1 ¡Sálvame, SEÑOR mi Dios, porque en
ti busco refugio!
¡Líbrame de todos mis
perseguidores!
2 De lo contrario, me devorarán como
leones;
me despedazarán, y no habrá quien
me libre.

3 SEÑOR mi Dios, ¿qué es lo que he
hecho?
¿qué mal he cometido?
4 Si le he hecho daño a mi amigo,
si he despojado sin razón al que me
oprime,
5 entonces que mi enemigo me persiga
y me alcance;
que me haga morder el polvo
y arrastre mi honra por los suelos.
*Selah

6 ¡Levántate, SEÑOR, en tu ira;
enfréntate al furor de mis
enemigos!
¡Despierta, oh Dios, e imparte
*justicia!
7 Que en torno tuyo se reúnan los
pueblos;
reinaᵈ sobre ellos desde lo alto.
8 ¡El SEÑOR juzgará a los pueblos!

Júzgame, SEÑOR, conforme a mi
justicia;
págame conforme a mi inocencia.
9 Dios justo, que examinas mente y
corazón,
acaba con la maldad de los
malvados
y mantén firme al que es justo.

10 Mi escudo está en Dios,
que salva a los de *corazón recto.

ᶜ Sobre la octava. Lit. Sobre *sheminit.   ᵈ7:7 reina (lectura probable); vuélvete (TM).

¹¹Dios es un juez justo,
un Dios que en todo tiempo
manifiesta su enojo.
¹²Si el malvado no se arrepiente,
Dios afilará la espada y tensará el
arco;
¹³ya ha preparado sus mortíferas armas;
ya tiene listas sus llameantes saetas.

¹⁴Miren al preñado de maldad:
Concibió iniquidad y parirá
mentira.
¹⁵Cavó una fosa y la ahondó,
y en esa misma fosa caerá.
¹⁶Su iniquidad se volverá contra él;
su violencia recaerá sobre su cabeza.

¹⁷¡Alabaré al SEÑOR por su justicia!
¡Al *nombre del SEÑOR altísimo
cantaré salmos!

Salmo 8

Al director musical. Sígase la tonada de
«La canción del lagar».^e Salmo de David.

¹Oh SEÑOR, soberano nuestro,
¡qué imponente es tu *nombre en
toda la tierra!
¡Has puesto tu gloria sobre los
cielos!

²Por causa de tus adversarios
has hecho que brote la alabanza^f
de labios de los pequeñitos y de los
niños de pecho,
para silenciar al enemigo y al
rebelde.

³Cuando contemplo tus cielos,
obra de tus dedos,
la luna y las estrellas que allí fijaste,
⁴me pregunto:
«¿Qué es el *hombre, para que en
él pienses?
¿Qué es el *ser humano^g, para que
lo tomes en cuenta?»
⁵Pues lo hiciste poco menos que un
dios,^h
y lo coronaste de gloria y de honra;

⁶lo entronizaste sobre la obra de tus
manos,
¡todo lo sometiste a su dominio!
⁷Todas las ovejas, todos los bueyes,
todos los animales del campo,
⁸las aves del cielo, los peces del mar,
y todo lo que surca los senderos
del mar.

⁹Oh SEÑOR, soberano nuestro,
¡qué imponente es tu nombre en
toda la tierra!

Salmo 9ⁱ

Al director musical. Sígase la tonada de
«La muerte del hijo». Salmo de David.

Álef   ¹Quiero alabarte, SEÑOR, con
todo el *corazón,
y contar todas tus maravillas.
²Quiero alegrarme y
regocijarme en ti,
y cantar salmos a tu
*nombre, oh *Altísimo.

Bet   ³Mis enemigos retroceden;
tropiezan y perecen ante ti.
⁴Porque tú me has hecho
*justicia, me has vindicado;
tú, juez justo, ocupas tu
trono.

Guímel   ⁵Reprendiste a los *paganos,
destruiste a los malvados;
¡para siempre borraste su
memoria!
⁶Desgracia sin fin cayó sobre el
enemigo;
arrancaste de raíz sus
ciudades,
y hasta su recuerdo se ha
desvanecido.

He   ⁷Pero el SEÑOR reina por
siempre;
para emitir juicio ha
establecido su trono.
⁸Juzgará al mundo con justicia;
gobernará a los pueblos con
equidad.

---

^e*Sígase ... lagar.* Lit. *Según la* *gittith.   ^f8:2 has hecho que brote la alabanza.* Lit. *fundaste la fortaleza.*
^g8:4 ser humano. Lit. hijo de hombre.   ^h8:5 un dios. Alt. los ángeles o los seres celestiales.   ⁱEn el texto
hebreo los salmos 9 y 10 son un solo poema (véase LXX), que forma un acróstico siguiendo el orden del
alfabeto hebreo.

Vav ⁹El SEÑOR es refugio de los
oprimidos;
es su baluarte en momentos
de angustia.

¹⁰En ti confían los que conocen
tu nombre,
porque tú, SEÑOR, jamás
abandonas a los que te
buscan.

Zayin ¹¹Canten salmos al SEÑOR, el rey
de *Sión;
proclamen sus proezas entre
las naciones.
¹²El vengador de los inocentes^j
se acuerda de ellos;
no pasa por alto el clamor de
los afligidos.

Jet ¹³Ten compasión de mí,
SEÑOR;
mira cómo me afligen los
que me odian.
Sácame de las puertas de la
muerte,
¹⁴   para que en las *puertas de
Jerusalén^k
proclame tus alabanzas y me
regocije en tu *salvación.

Tet ¹⁵Han caído los paganos
en la fosa que han cavado;
sus pies quedaron atrapados
en la red que ellos mismos
escondieron.

¹⁶Al SEÑOR se le conoce porque
imparte justicia;
el malvado cae en la trampa
que él mismo tendió.
*Higaión. *Selah*

Yod ¹⁷Bajan al *sepulcro los
malvados,
todos los paganos que de
Dios se olvidan.
Caf ¹⁸Pero no se olvidará para
siempre al necesitado,

ni para siempre se perderá la
esperanza del pobre.
¹⁹¡Levántate, SEÑOR!
No dejes que el *hombre
prevalezca;
¡haz que las naciones
comparezcan ante ti!
²⁰Infúndeles terror, SEÑOR;
¡que los pueblos sepan que
son simples *mortales!
Selah

Salmo 10

Lámed ¹¿Por qué, SEÑOR, te mantienes
distante?
¿Por qué te escondes en
momentos de angustia?
²Con arrogancia persigue el
malvado al indefenso,
pero se enredará en sus
propias artimañas.
³El malvado hace alarde de su
propia codicia;
alaba al ambicioso y
menosprecia al SEÑOR.
⁴El malvado levanta insolente la
nariz,
y no da lugar a Dios en sus
pensamientos.
⁵Todas sus empresas son
siempre exitosas;
tan altos y alejados de él
están tus juicios
que se burla de todos sus
enemigos.
⁶Y se dice a sí mismo: «Nada
me hará caer.
Siempre seré feliz. Nunca
tendré problemas.»
Pe ⁷Llena está su boca de
maldiciones,
de mentiras y amenazas;
bajo su lengua esconde
maldad y violencia.
⁸Se pone al acecho en las
aldeas,
se esconde en espera de sus
víctimas,

---

^j9:12 *vengador de los inocentes.* Lit. *vengador de sangres.*   ^k9:14 *Jerusalén.* Lit. *la hija de Sión.*

y asesina a mansalva al
inocente.
Ayin ⁹Cual león en su guarida se
agazapa,
listo para atrapar al indefenso;
le cae encima y lo arrastra en
su red.
¹⁰Bajo el peso de su poder,
sus víctimas caen por tierra.
¹¹Se dice a sí mismo: «Dios se
ha olvidado.
Se cubre el rostro. Nunca ve
nada.»
Qof ¹²¡Levántate, SEÑOR!
¡Levanta, oh Dios, tu brazo!
¡No te olvides de los
indefensos!
¹³¿Por qué te ha de menospreciar
el malvado?
¿Por qué ha de pensar que
no lo llamarás a cuentas?
Resh ¹⁴Pero tú ves la opresión y la
violencia,
las tomas en cuenta y te
harás cargo de ellas.
Las víctimas confían en ti;
tú eres la ayuda de los
huérfanos.
Shin ¹⁵¡Rómpeles el brazo al malvado
y al impío!
¡Pídeles cuentas de su
maldad,
y haz que desaparezcan por
completo!

¹⁶El SEÑOR es rey eterno;
los *paganos serán borrados
de su tierra.
Tav ¹⁷Tú, SEÑOR, escuchas la
petición de los indefensos,
les infundes aliento y
atiendes su clamor.
¹⁸Tú defiendes al huérfano y al
oprimido,
para que el *hombre, hecho
de tierra,
no siga ya sembrando el
terror.

Salmo 11
Al director musical. Salmo de David.

¹En el SEÑOR hallo refugio.
¿Cómo, pues, se atreven a decirme:
«Huye al monte, como las aves»?
²Vean cómo tensan sus arcos los
malvados:
preparan las flechas sobre la cuerda
para disparar desde las sombras
contra los rectos de *corazón.
³Cuando los fundamentos son
destruidos,
¿qué le queda al justo?

⁴El SEÑOR está en su santo templo,
en los cielos tiene el SEÑOR su
trono,
y atentamente observa al *ser
humano;
con sus propios ojos lo examina.
⁵El SEÑOR examina a justos y a
malvados,
y aborrece a los que aman la
violencia.
⁶Hará llover sobre los malvados
ardientes brasas y candente azufre;
¡un viento abrasador será su suerte!

⁷Justo es el SEÑOR, y ama la *justicia;
por eso los íntegros contemplarán
su rostro.

Salmo 12
Al director musical. Sobre la octava.ˡ
Salmo de David.

¹Sálvanos, SEÑOR, que ya no hay
*gente fiel;
ya no queda gente sincera en este
mundo.
²No hacen sino mentirse unos a otros;
sus labios lisonjeros hablan con
doblez.

³El SEÑOR cortará todo labio lisonjero
y toda lengua jactanciosa
⁴que dice: «Venceremos con la lengua;
en nuestros labios confiamos.
¿Quién puede dominarnos a
nosotros?»

ˡSobre la octava. Lit. Sobre *sheminit.

⁵Dice el SEÑOR: «Voy ahora a
   levantarme,
   y pondré a salvo a los oprimidos,
   pues al pobre se le oprime,
   y el necesitado se queja.»

⁶Las palabras del SEÑOR son puras,
   son como la plata refinada,
   siete veces purificada en el crisol.
⁷Tú, SEÑOR, nos protegerás;
   tú siempre nos defenderás de esta
   gente,
⁸aun cuando los malvados sigan
   merodeando,
   y la maldad sea exaltada en este
   mundo.

Salmo 13
Al director musical. Salmo de David.

¹¿Hasta cuándo, SEÑOR, me seguirás
   olvidando?
   ¿Hasta cuándo esconderás de mí tu
   rostro?
²¿Hasta cuándo he de estar angustiado
   y he de sufrir cada día en mi
   *corazón?
   ¿Hasta cuándo el enemigo me
   seguirá dominando?

³SEÑOR y Dios mío,
   mírame y respóndeme;
   ilumina mis ojos.
   Así no caeré en el sueño de la
   muerte;
⁴   así no dirá mi enemigo: «Lo he
   vencido»;
   así mi adversario no se alegrará de
   mi caída.

⁵Pero yo confío en tu gran amor;
   mi corazón se alegra en tu
   *salvación.
⁶Canto salmos al SEÑOR.
   ¡El SEÑOR ha sido bueno conmigo!

Salmo 14
14:1-7 — Sal 53:1-6
Al director musical. Salmo de David.

¹Dice el *necio en su *corazón:

«No hay Dios.»
   Están corrompidos, sus obras son
   detestables;
   ¡no hay uno solo que haga lo
   bueno!

²Desde el cielo el SEÑOR contempla a
   los *mortales,
   para ver si hay alguien
   que sea sensato y busque a Dios.
³Pero todos se han descarriado,
   a una se han corrompido.
   No hay nadie que haga lo bueno;
   ¡no hay uno solo!

⁴¿Acaso no entienden todos los que
   hacen lo malo,
   los que devoran a mi pueblo como
   si fuera pan?
   ¡Jamás invocan al SEÑOR!
⁵Allí los tienen, sobrecogidos de
   miedo,
   pero Dios está con los que son
   justos.

⁶Ustedes frustran los planes de los
   pobres,
   pero el SEÑOR los protege.

⁷¡Quiera Dios que de *Sión
   venga la *salvación de Israel!
   Cuando el SEÑOR restaure a su
   pueblo,ᵐ
   ¡Jacob se regocijará, Israel se
   alegrará!

Salmo 15
Salmo de David.

¹¿Quién, SEÑOR, puede habitar en tu
   santuario?
   ¿Quién puede vivir en tu santo
   monte?
²Sólo el de conducta intachable,
   que practica la *justicia
   y de *corazón dice la verdad;
³que no calumnia con la lengua,
   que no le hace mal a su prójimo
   ni le acarrea desgracias a su vecino;
⁴que desprecia al que Dios reprueba,
   pero honra al que teme al SEÑOR;

ᵐ14:7 *Cuando ... a su pueblo.* Alt. *Cuando el Señor haga que su pueblo vuelva de la cautividad.*

que cumple lo prometido
aunque salga perjudicado;
5que presta dinero sin ánimo de lucro,
y no acepta sobornos que afecten al
inocente.

El que así actúa no caerá jamás.

Salmo 16
*Mictam de David.

1Cuídame, oh Dios, porque en ti
busco refugio.

2Yo le he dicho al SEÑOR: «Mi SEÑOR
eres tú.
Fuera de ti, no poseo bien alguno.»
3Poderosos son los sacerdotes
*paganos del país,
según todos sus seguidores. n
4Pero aumentarán los dolores
de los que corren tras ellos.
¡Jamás derramaré sus sangrientas
libaciones,
ni con mis labios pronunciaré sus
nombres!

5Tú, SEÑOR, eres mi porción y mi
copa;
eres tú quien ha afirmado mi suerte.
6Bellos lugares me han tocado en
suerte;
¡preciosa herencia me ha
correspondido!

7Bendeciré al SEÑOR, que me
aconseja;
aun de noche me reprende mi
conciencia.
8Siempre tengo presente al SEÑOR;
con él a mi derecha, nada me hará
caer.

9Por eso mi *corazón se alegra,
y se regocijan mis entrañas; ñ
todo mi ser se llena de confianza.
10No dejarás que mi vida termine en el
*sepulcro;
no permitirás que sufra corrupción
tu siervo fiel.

11Me has dado a conocer la senda de
la vida;
me llenarás de alegría en tu
presencia,
y de dicha eterna a tu derecha.

Salmo 17
Oración de David.

1SEÑOR, oye mi justo ruego;
escucha mi clamor;
presta oído a mi oración,
pues no sale de labios engañosos.
2Sé tú mi defensor,
pues tus ojos ven lo que es justo.

3Tú escudriñas mi *corazón,
tú me examinas por las noches;
¡ponme, pues, a prueba,
que no hallarás en mí maldad
alguna!

¡No pasarán por mis labios
4   palabras como las de otra *gente,
pues yo cumplo con tu palabra!
Del *camino de la violencia
5   he apartado mis pasos;
mis pies están firmes en tus sendas.

6A ti clamo, oh Dios, porque tú me
respondes;
inclina a mí tu oído, y escucha mi
oración.
7Tú, que salvas con tu diestra
a los que buscan escapar de sus
adversarios,
dame una muestra de tu gran amor.
8Cuídame como a la niña de tus ojos;
escóndeme, bajo la sombra de tus
alas,
9de los malvados que me atacan,
de los enemigos que me han
cercado.
10Han cerrado su insensible corazón,
y profieren insolencias con su
boca.
11Vigilan de cerca mis pasos,
prestos a derribarme.
12Parecen leones ávidos de presa,
leones que yacen al acecho.

---

n 16:3 *Poderosos ... sus seguidores.* Alt. *En cuanto a los santos que están en la tierra, son los gloriosos en quienes está toda mi delicia.* ñ 16:9 *mis entrañas.* Lit. *mi gloria.*

¹³¡Vamos, SEÑOR, enfréntate a ellos!
¡Derrótalos!
¡Con tu espada rescátame de los
malvados!
¹⁴¡Con tu mano, SEÑOR, sálvame de
estos *mortales
que no tienen más herencia que
esta vida!

Con tus tesoros les has llenado el
vientre,
sus hijos han tenido abundancia,
y hasta ha sobrado para sus
descendientes.
¹⁵Pero yo en *justicia contemplaré tu
rostro;
me bastará con verte cuando
despierte.

Salmo 18

18 tít.-50 — 2S 22:1-51

Al director musical. De David, siervo del
SEÑOR. David dedicó al SEÑOR la letra de esta
canción cuando el SEÑOR lo libró de Saúl
y de todos sus enemigos. Dijo así:

¹¡Cuánto te amo, SEÑOR, fuerza mía!

²El SEÑOR es mi *roca, mi amparo,
mi libertador;
es mi Dios, el peñasco en que me
refugio.
Es mi escudo, el poder que me
salva,ᵒ
¡mi más alto escondite!
³Invoco al SEÑOR, que es digno de
alabanza,
y quedo a salvo de mis enemigos.

⁴Los lazos de la muerte me
envolvieron;
los torrentes destructores me
abrumaron.
⁵Me enredaron los lazos del *sepulcro,
y me encontré ante las trampas de
la muerte.
⁶En mi angustia invoqué al SEÑOR;
clamé a mi Dios,
y él me escuchó desde su templo;
¡mi clamor llegó a sus oídos!

⁷La tierra tembló, se estremeció;
se sacudieron los cimientos de los
montes;
¡retemblaron a causa de su enojo!
⁸Por la nariz echaba humo,
por la boca, fuego consumidor;
¡lanzaba carbones encendidos!

⁹Rasgando el cielo, descendió,
pisando sobre oscuros nubarrones.
¹⁰Montando sobre un *querubín, surcó
los cielos
y se remontó sobre las alas del
viento.
¹¹Hizo de las tinieblas su escondite,
de los oscuros y cargados
nubarrones
un pabellón que lo rodeaba.
¹²De su radiante presencia brotaron
nubes,
granizos y carbones encendidos.

¹³En el cielo, entre granizos y
carbones encendidos,
se oyó el trueno del SEÑOR,
resonó la voz del *Altísimo.
¹⁴Lanzó sus flechas, sus grandes
centellas;
dispersó a mis enemigos y los puso
en fuga.
¹⁵A causa de tu represión, oh
SEÑOR,
y por el resoplido de tu enojo, ᵖ
las cuencas del mar quedaron a la
vista;
¡al descubierto quedaron los
cimientos de la tierra!

¹⁶Extendiendo su mano desde lo alto,
tomó la mía y me sacó del mar
profundo.
¹⁷Me libró de mi enemigo poderoso,
de aquellos que me odiaban
y eran más fuertes que yo.
¹⁸En el día de mi desgracia me
salieron al encuentro,
pero mi apoyo fue el SEÑOR.
¹⁹Me sacó a un amplio espacio;
me libró porque se agradó de mí.

ᵒ18:2 *el poder que me salva.* Lit. *el cuerno de mi salvación.*   ᵖ18:15 *por ... tu enojo.* Lit. *por el soplo del aliento de tu nariz.*

20 El SEÑOR me ha pagado conforme a
mi *justicia;
me ha premiado conforme a la
limpieza de mis manos,
21 pues he andado en los *caminos del
SEÑOR;
no he cometido mal alguno
ni me he apartado de mi Dios.
22 Presentes tengo todas sus sentencias;
no me he alejado de sus decretos.
23 He sido íntegro con él
y me he abstenido de pecar.
24 El SEÑOR me ha recompensado
conforme a mi justicia,
conforme a la limpieza de mis
manos.

25 Tú eres fiel con quien es fiel,
e irreprochable con quien es
irreprochable;
26 sincero eres con quien es sincero,
pero sagaz con el que es tramposo.
27 Tú das la *victoria a los humildes,
pero humillas a los altaneros.
28 Tú, SEÑOR, mantienes mi lámpara
encendida;
tú, Dios mío, iluminas mis tinieblas.
29 Con tu apoyo me lanzaré contra un
ejército;
contigo, Dios mío, podré asaltar
murallas.

30 El camino de Dios es perfecto;
la palabra del SEÑOR es intachable.
Escudo es Dios a los que en él se
refugian.
31 ¿Quién es Dios, si no el SEÑOR?
¿Quién es la roca, si no nuestro
Dios?
32 Es él quien me arma de valor
y endereza mi camino;
33 da a mis pies la ligereza del venado,
y me mantiene firme en las
alturas;
34 adiestra mis manos para la batalla,
y mis brazos para tensar arcos de
bronce.
35 Tú me cubres con el escudo de tu
*salvación,
y con tu diestra me sostienes;
tu bondad me ha hecho prosperar.
36 Me has despejado el camino,
así que mis tobillos no flaquean.

37 Perseguí a mis enemigos, les di
alcance,
y no retrocedí hasta verlos
aniquilados.
38 Los aplasté. Ya no pudieron
levantarse.
¡Cayeron debajo de mis pies!
39 Tú me armaste de valor para el
combate;
bajo mi planta sometiste a los
rebeldes.
40 Hiciste retroceder a mis enemigos,
y así exterminé a los que me
odiaban.
41 Pedían ayuda; no hubo quien los
salvara.
Al SEÑOR clamaron,[q] pero no les
respondió.
42 Los desmenucé. Parecían polvo
disperso por el viento.
¡Los pisoteé[r] como al lodo de las
calles!

43 Me has librado de una turba
amotinada;
me has puesto por encima de los
*paganos;
me sirve *gente que yo no conocía.
44 Apenas me oyen, me obedecen;
son extranjeros, y me rinden
homenaje.
45 ¡Esos extraños se descorazonan,
y temblando salen de sus refugios!
46 ¡El SEÑOR vive! ¡Alabada sea mi
roca!
¡Exaltado sea Dios mi Salvador!
47 Él es el Dios que me vindica,
el que pone los pueblos a mis pies.

48 Tú me libras del furor de mis
enemigos,
me exaltas por encima de mis
adversarios,
me salvas de los hombres violentos.

[q] **18:41** *Al Señor clamaron* (versiones antiguas); TM no incluye *clamaron.* [r] **18:42** *Los pisoteé* (LXX, Siríaca, Targum, mss. y 2S 22:43); *Los vacié* (TM).

⁴⁹Por eso, SEÑOR, te alabo entre las
   naciones
   y canto salmos a tu *nombre.

⁵⁰El SEÑOR da grandes victorias a su
   rey;
   a su *ungido David y a sus
   descendientes
   les muestra por siempre su gran
   amor.

Salmo 19
Al director musical. Salmo de David.

¹Los cielos cuentan la gloria de Dios,
   el firmamento proclama la obra de
   sus manos.
²Un día comparte al otro la noticia,
   una noche a la otra se lo hace saber.
³Sin palabras, sin lenguaje,
   sin una voz perceptible,
⁴por toda la tierra resuena su eco,
   ¡sus palabras llegan hasta los
   confines del mundo!

Dios ha plantado en los cielos
   un pabellón para el sol.
⁵Y éste, como novio que sale de la
   cámara nupcial,
   se apresta, cual atleta, a recorrer el
   camino.
⁶Sale de un extremo de los cielos
   y, en su recorrido, llega al otro
   extremo,
   sin que nada se libre de su calor.

⁷La *ley del SEÑOR es perfecta:
   infunde nuevo *aliento.
El mandato del SEÑOR es digno de
   confianza:
   da sabiduría al *sencillo.
⁸Los preceptos del SEÑOR son rectos:
   traen alegría al *corazón.
El mandamiento del SEÑOR es claro:
   da luz a los ojos.
⁹El temor del SEÑOR es puro:
   permanece para siempre.
Las sentencias del SEÑOR son
   verdaderas:
   todas ellas son justas.
¹⁰Son más deseables que el oro,
   más que mucho oro refinado;
   son más dulces que la miel,
   la miel que destila del panal.

¹¹Por ellas queda advertido tu siervo;
   quien las obedece recibe una gran
   recompensa.

¹²¿Quién está consciente de sus
   propios errores?
   ¡Perdóname aquellos de los que no
   estoy consciente!
¹³Libra, además, a tu siervo de pecar a
   sabiendas;
   no permitas que tales pecados me
   dominen.
Así estaré libre de culpa
   y de multiplicar mis pecados.

¹⁴Sean, pues, aceptables ante ti
   mis palabras y mis pensamientos,
   oh SEÑOR, *roca mía y redentor
   mío.

Salmo 20
Al director musical. Salmo de David.

¹Que el SEÑOR te responda cuando
   estés angustiado;
   que el *nombre del Dios de Jacob
   te proteja.
²Que te envíe ayuda desde el
   santuario;
   que desde *Sión te dé su apoyo.
³Que se acuerde de todas tus ofrendas;
   que acepte tus *holocaustos.   *Selah

⁴Que te conceda lo que tu *corazón
   desea;
   que haga que se cumplan todos tus
   planes.
⁵Nosotros celebraremos tu *victoria,
   y en el nombre de nuestro Dios
   desplegaremos las banderas.
   ¡Que el SEÑOR cumpla todas tus
   peticiones!

⁶Ahora sé que el SEÑOR salvará a su
   *ungido,
   que le responderá desde su santo
   cielo
   y con su poder le dará grandes
   victorias.
⁷Éstos confían en sus carros de guerra,
   aquéllos confían en sus corceles,
   pero nosotros confiamos en el
   nombre
   del SEÑOR nuestro Dios.

8 Ellos son vencidos y caen,
    pero nosotros nos erguimos y de
    pie permanecemos.

9 ¡Concede, SEÑOR, la victoria al rey!
    ¡Respóndenos cuando te llamemos!

Salmo 21
Al director musical. Salmo de David.

1 En tu fuerza, SEÑOR,
    se regocija el rey;
    ¡cuánto se alegra en tus
    *victorias!
2 Le has concedido lo que su *corazón
    desea;
    no le has negado lo que sus labios
    piden.   *Selah
3 Has salido a su encuentro con ricas
    bendiciones;
    lo has coronado con diadema de
    oro fino.
4 Te pidió vida, se la concediste:
    una vida larga y duradera.
5 Por tus victorias se acrecentó su
    gloria;
    lo revestiste de honor y majestad.
6 Has hecho de él manantial de
    bendiciones;
    tu presencia lo ha llenado de
    alegría.

7 El rey confía en el SEÑOR,
    en el gran amor del *Altísimo;
    por eso jamás caerá.

8 Tu mano alcanzará a todos tus
    enemigos;
    tu diestra alcanzará a los que te
    aborrecen.
9 Cuando tú, SEÑOR, te manifiestes,
    los convertirás en un horno
    encendido.

En su ira los devorará el SEÑOR;
    ¡un fuego los consumirá!
10 Borrarás de la tierra a su simiente;
    de entre los *mortales, a su
    posteridad.
11 Aunque tramen hacerte daño
    y maquinen perversidades,
    ¡no se saldrán con la suya!
12 Porque tú los harás retroceder
    cuando tenses tu arco contra ellos.

13 Enaltécete, SEÑOR, con tu poder,
    y con salmos celebraremos tus
    proezas.

Salmo 22
Al director musical. Sígase la tonada de
«La cierva de la aurora». Salmo de David.

1 Dios mío, Dios mío,
    ¿por qué me has abandonado?
    Lejos estás para salvarme,
    lejos de mis palabras de lamento.
2 Dios mío, clamo de día y no me
    respondes;
    clamo de noche y no hallo reposo.

3 Pero tú eres santo, tú eres rey,
    ¡tú eres la alabanza de Israel!
4 En ti confiaron nuestros padres;
    confiaron, y tú los libraste;
5 a ti clamaron, y tú los salvaste;
    se apoyaron en ti, y no los
    defraudaste.

6 Pero yo, gusano soy y no *hombre;
    la *gente se burla de mí,
    el pueblo me desprecia.
7 Cuantos me ven, se ríen de mí;
    lanzan insultos, meneando la
    cabeza:
8 «Éste confía en el SEÑOR,
    ¡pues que el SEÑOR lo ponga a salvo!
    Ya que en él se deleita,
    ¡que sea él quien lo libre!»

9 Pero tú me sacaste del vientre
    materno;
    me hiciste reposar confiado
    en el regazo de mi madre.
10 Fui puesto a tu cuidado
    desde antes de nacer;
    desde el vientre de mi madre
    mi Dios eres tú.
11 No te alejes de mí,
    porque la angustia está cerca
    y no hay nadie que me ayude.

12 Muchos toros me rodean;
    fuertes toros de Basán me cercan.
13 Contra mí abren sus fauces
    leones que rugen y desgarran a su
    presa.
14 Como agua he sido derramado;
    dislocados están todos mis huesos.

Mi *corazón se ha vuelto como cera,
y se derrite en mis entrañas.
15 Se ha secado mi vigor como una
teja;
la lengua se me pega al paladar.
¡Me has hundido en el polvo de la
muerte!
16 Como perros de presa, me han
rodeado;
me ha cercado una banda de
malvados;
me han traspasado⁵ las manos y los
pies.
17 Puedo contar todos mis huesos;
con satisfacción perversa
la gente se detiene a mirarme.
18 Se reparten entre ellos mis vestidos
y sobre mi ropa echan suertes.

19 Pero tú, SEÑOR, no te alejes;
fuerza mía, ven pronto en mi
auxilio.
20 Libra mi vida de la espada,
mi preciosa vida del poder de esos
perros.
21 Rescátame de la boca de los leones;
sálvame deᵗ los cuernos de los
toros.

22 Proclamaré tu *nombre a mis
hermanos;
en medio de la congregación te
alabaré.
23 ¡Alaben al SEÑOR los que le temen!
¡Hónrenlo, descendientes de
Jacob!
¡Venérenlo, descendientes de
Israel!
24 Porque él no desprecia ni tiene en
poco
el sufrimiento del pobre;
no esconde de él su rostro,
sino que lo escucha cuando a él
clama.

25 Tú inspiras mi alabanza en la gran
asamblea;
ante los que te temen cumpliré mis
promesas.

26 Comerán los pobres y se saciarán;
alabarán al SEÑOR quienes lo
buscan;
¡que su corazón viva para siempre!
27 Se acordarán del SEÑOR y se
volverán a él
todos los confines de la tierra;
ante él se postrarán
todas las familias de las naciones,
28 porque del SEÑOR es el reino;
él gobierna sobre las naciones.

29 Festejarán y adorarán todos los ricos
de la tierra;
ante él se postrarán todos los que
bajan al polvo,
los que no pueden conservar su
vida.
30 La posteridad le servirá;
del Señor se hablará a las
generaciones futuras.
31 A un pueblo que aún no ha nacido
se le dirá que Dios hizo *justicia.

Salmo 23
Salmo de David.

1 El SEÑOR es mi *pastor, nada me
falta;
2　en verdes pastos me hace
descansar.
Junto a tranquilas aguas me conduce;
3　me infunde nuevas *fuerzas.
Me guía por sendas de *justicia
por amor a su *nombre.

4 Aun si voy por valles tenebrosos,
no temo peligro alguno
porque tú estás a mi lado;
tu vara de pastor me reconforta.

5 Dispones ante mí un banquete
en presencia de mis enemigos.
Has ungido con perfume mi cabeza;
has llenado mi copa a rebosar.

6 La bondad y el amor me seguirán
todos los días de mi vida;
y en la casa del SEÑOR
habitaré para siempre.

---

⁵ 22:16 *me han traspasado* (LXX, Siríaca y algunos mss. hebreos); *como el león* (TM).　ᵗ 22:21 *sálvame de
... los toros* (lectura probable); *me respondiste desde* (TM).

Salmo 24
Salmo de David.

¹Del SEÑOR es la tierra y todo cuanto
hay en ella,
el mundo y cuantos lo habitan;
²porque él la afirmó sobre los mares,
la estableció sobre los ríos.

³¿Quién puede subir al monte del
SEÑOR?
¿Quién puede estar en su lugar
santo?
⁴Sólo el de manos limpias y *corazón
puro,
el que no adora ídolos vanos
ni jura por dioses falsos.ᵘ

⁵Quien es así recibe bendiciones del
SEÑOR;
Dios su Salvador le hará *justicia.
⁶Tal es la generación de los que a ti
acuden,
de los que buscan tu rostro, oh
Dios de Jacob.ᵛ   *Selah

⁷Eleven, *puertas, sus dinteles;
levántense, puertas antiguas,
que va a entrar el Rey de la gloria.

⁸¿Quién es este Rey de la gloria?
El SEÑOR, el fuerte y valiente,
el SEÑOR, el valiente guerrero.

⁹Eleven, puertas, sus dinteles;
levántense, puertas antiguas,
que va a entrar el Rey de la gloria.

¹⁰¿Quién es este Rey de la gloria?
Es el SEÑOR *Todopoderoso;
¡él es el Rey de la gloria!   Selah

Salmo 25ʷ
Salmo de David.

Álef   ¹A ti, SEÑOR, elevo mi *alma;
Bet   ² mi Dios, en ti confío;
no permitas que sea yo
humillado,

no dejes que mis enemigos
se burlen de mí.
Guímel ³Quien en ti pone su esperanza
jamás será avergonzado;
pero quedarán en vergüenza
los que traicionan sin razón.

Dálet   ⁴SEÑOR, hazme conocer tus
*caminos;
muéstrame tus sendas.
He   ⁵Encamíname en tu verdad,
¡enséñame!
Tú eres mi Dios y Salvador;
Vav   ¡en ti pongo mi esperanza
todo el día!
Zayin   ⁶Acuérdate, SEÑOR, de tu
ternura y gran amor,
que siempre me has
mostrado;
Jet   ⁷olvida los pecados y
transgresiones
que cometí en mi juventud.
Acuérdate de mí según tu gran
amor,
porque tú, SEÑOR, eres bueno.

Tet   ⁸Bueno y justo es el SEÑOR;
por eso les muestra a los
pecadores el camino.
Yod   ⁹Él dirige en la *justicia a los
humildes,
y les enseña su camino.
Caf   ¹⁰Todas las sendas del SEÑOR
son amor y verdad
para quienes cumplen los
preceptos de su *pacto.
Lámed   ¹¹Por amor a tu *nombre, SEÑOR,
perdona mi gran iniquidad.
Mem   ¹²¿Quién es el *hombre que
teme al SEÑOR?
Será instruido en el mejor de
los caminos.
Nun   ¹³Tendrá una vida placentera,
y sus descendientes
heredarán la tierra.
Sámej   ¹⁴El SEÑOR brinda su amistad a
quienes le honran,
y les da a conocer su pacto.

ᵘ24:4 *por dioses falsos.* Alt. *con falsedad.*   ᵛ24:6 *Dios de Jacob* (LXX, Siríaca, Targum y dos mss.
hebreos); TM no incluye *Dios de.*   ʷEste salmo es un poema acróstico, que sigue el orden del alfabeto
hebreo.

Ayin 15Mis ojos están puestos siempre
en el SEÑOR,
pues sólo él puede sacarme
de la trampa.

Pe 16Vuelve a mí tu rostro y tenme
compasión,
pues me encuentro solo y
afligido.

Tsade 17Crecen las angustias de mi
*corazón;
líbrame de mis tribulaciones.
18Fíjate en mi aflicción y en mis
penurias,
y borra todos mis pecados.

Resh 19¡Mira cómo se han
multiplicado mis enemigos,
y cuán violento es el odio
que me tienen!

Shin 20Protege mi vida, rescátame;
no permitas que sea
avergonzado,
porque en ti busco refugio.

Tav 21Sean mi protección la
integridad y la rectitud,
porque en ti he puesto mi
esperanza.

22¡Libra, oh Dios, a Israel
de todas sus angustias!

Salmo 26
Salmo de David.

1Hazme *justicia, SEÑOR,
pues he llevado una vida intachable;
¡en el SEÑOR confío sin titubear!
2Examíname, SEÑOR; ¡ponme a
prueba!
purifica mis entrañas y mi *corazón.

3Tu gran amor lo tengo presente,
y siempre ando en tu verdad.
4Yo no convivo con los mentirosos,
ni me junto con los hipócritas;
5aborrezco la compañía de los
malvados;
no cultivo la amistad de los
perversos.

6Con manos limpias e inocentes
camino, SEÑOR, en torno a tu altar,
7proclamando en voz alta tu alabanza
y contando todas tus maravillas.

8SEÑOR, yo amo la casa donde vives,
el lugar donde reside tu gloria.

9En la muerte, no me incluyas
entre pecadores y asesinos,
10entre *gente que tiene las manos
llenas de artimañas y sobornos.
11Yo, en cambio, llevo una vida
intachable;
líbrame y compadécete de mí.

12Tengo los pies en terreno firme,
y en la gran asamblea bendeciré al
SEÑOR.

Salmo 27
Salmo de David.

1El SEÑOR es mi luz y mi *salvación;
¿a quién temeré?
El SEÑOR es el baluarte de mi vida;
¿quién podrá amedrentarme?
2Cuando los malvados avanzan contra
mí
para devorar mis carnes,
cuando mis enemigos y adversarios
me atacan,
son ellos los que tropiezan y
caen.
3Aun cuando un ejército me asedie,
no temerá mi *corazón;
aun cuando una guerra estalle contra
mí,
yo mantendré la confianza.

4Una sola cosa le pido al SEÑOR,
y es lo único que persigo:
habitar en la casa del SEÑOR
todos los días de mi vida,
para contemplar la hermosura del
SEÑOR
y recrearme en su templo.
5Porque en el día de la aflicción
él me resguardará en su morada;
al amparo de su tabernáculo me
protegerá,
y me pondrá en alto, sobre una
roca.
6Me hará prevalecer
frente a los enemigos que me
rodean;
en su templo ofreceré sacrificios de
alabanza
y cantaré salmos al SEÑOR.

⁷Oye, SEÑOR, mi voz cuando a ti
clamo;
compadécete de mí y respóndeme.
⁸El corazón me dice: «¡Busca su
rostro!»ˣ
Y yo, SEÑOR, tu rostro busco.
⁹No te escondas de mí;
no rechaces, en tu enojo, a este
siervo tuyo,
porque tú has sido mi ayuda.
No me desampares ni me abandones,
Dios de mi salvación.
¹⁰Aunque mi padre y mi madre me
abandonen,
el SEÑOR me recibirá en sus
brazos.

¹¹Guíame, SEÑOR, por tu *camino;
dirígeme por la senda de rectitud,
por causa de los que me acechan.
¹²No me entregues al capricho de mis
adversarios,
pues contra mí se levantan falsos
testigos
que respiran violencia.

¹³Pero de una cosa estoy seguro:
he de ver la bondad del SEÑOR
en esta tierra de los vivientes.

¹⁴Pon tu esperanza en el SEÑOR;
ten valor, cobra ánimo;
¡pon tu esperanza en el SEÑOR!

Salmo 28
Salmo de David.

¹A ti clamo, SEÑOR, *roca mía;
no te desentiendas de mí,
porque si guardas silencio
ya puedo contarme entre los
muertos.
²Oye mi voz suplicante,
cuando a ti acudo en busca de
ayuda,
cuando tiendo los brazos hacia tu
lugar santísimo.
³No me arrastres con los malvados,
con los que hacen iniquidad,

con los que hablan de *paz con su
prójimo
pero en su *corazón albergan
maldad.
⁴Págales conforme a sus obras,
conforme a sus malas acciones.
Págales conforme a las obras de sus
manos;
¡dales su merecido!
⁵Ya que no toman en cuenta las obras
del SEÑOR
y lo que él ha hecho con sus manos,
él los derribará
y nunca más volverá a levantarlos.

⁶Bendito sea el SEÑOR,
que ha oído mi voz suplicante.
⁷El SEÑOR es mi fuerza y mi escudo;
mi corazón en él confía;
de él recibo ayuda.
Mi corazón salta de alegría,
y con cánticos le daré gracias.

⁸El SEÑOR es la fortaleza de su pueblo,
y un baluarte de *salvación para su
*ungido.
⁹Salva a tu pueblo, bendice a tu
heredad,
y cual *pastor guíalos por siempre.

Salmo 29
Salmo de David.

¹Tributen al SEÑOR, seres celestiales,ʸ
tributen al SEÑOR la gloria y el
poder.
²Tributen al SEÑOR la gloria que
merece su *nombre;
póstrense ante el SEÑOR en su
santuario majestuoso.

³La voz del SEÑOR está sobre las
aguas;
resuena el trueno del Dios de la
gloria;
el SEÑOR está sobre las aguas
impetuosas.
⁴La voz del SEÑOR resuena potente;
la voz del SEÑOR resuena
majestuosa.

ˣ**27:8** *El corazón ... su rostro!»* (lectura probable); *A ti dice mi corazón: «Busquen mi rostro»* (TM).
ʸ**29:1** *seres celestiales.* Lit. *hijos de los dioses.*

⁵La voz del SEÑOR desgaja los cedros,
desgaja el SEÑOR los cedros del
Líbano;
⁶hace que el Líbano salte como
becerro,
y que el Hermón ᶻ salte cual toro
salvaje.
⁷La voz del SEÑOR lanza ráfagas de
fuego;
⁸ la voz del SEÑOR sacude al
desierto;
el SEÑOR sacude al desierto de
Cades.
⁹La voz del SEÑOR retuerce los robles ᵃ
y deja desnudos los bosques;
en su templo todos gritan:
«¡Gloria!»

¹⁰El SEÑOR tiene su trono sobre las
lluvias;
el SEÑOR reina por siempre.
¹¹El SEÑOR fortalece a su pueblo;
el SEÑOR bendice a su pueblo con
la *paz.

Salmo 30
Cántico para la dedicación de la casa. ᵇ
Salmo de David.

¹Te exaltaré, SEÑOR, porque me
levantaste,
porque no dejaste que mis
enemigos se burlaran de mí.
²SEÑOR, mi Dios, te pedí ayuda
y me sanaste.
³Tú, SEÑOR, me sacaste del *sepulcro;
me hiciste revivir de entre los
muertos.

⁴Canten al SEÑOR, ustedes sus fieles;
alaben su santo *nombre.
⁵Porque sólo un instante dura su enojo,
pero toda una vida su bondad.
Si por la noche hay llanto,
por la mañana habrá gritos de
alegría.

⁶Cuando me sentí seguro, exclamé:
«Jamás seré conmovido.»
⁷Tú, SEÑOR, en tu buena voluntad,

me afirmaste en elevado baluarte;
pero escondiste tu rostro,
y yo quedé confundido.

⁸A ti clamo, SEÑOR soberano;
a ti me vuelvo suplicante.
⁹¿Qué ganas tú con que yo muera, ᶜ
con que descienda yo al sepulcro?
¿Acaso el polvo te alabará
o proclamará tu verdad?
¹⁰Oye, SEÑOR; compadécete de mí.
¡Sé tú, SEÑOR, mi ayuda!

¹¹Convertiste mi lamento en danza;
me quitaste la ropa de luto
y me vestiste de fiesta,
¹²para que te cante y te glorifique,
y no me quede callado.

¡SEÑOR, mi Dios, siempre te daré
gracias!

Salmo 31
31:1-4 — Sal 71:1-3
Al director musical. Salmo de David.

¹En ti, SEÑOR, busco refugio;
jamás permitas que me
avergüencen;
en tu *justicia, líbrame.
²Inclina a mí tu oído,
y acude pronto a socorrerme.
Sé tú mi *roca protectora,
la fortaleza de mi *salvación.
³Guíame, pues eres mi roca y mi
fortaleza,
dirígeme por amor a tu *nombre.
⁴Líbrame de la trampa que me han
tendido,
porque tú eres mi refugio.
⁵En tus manos encomiendo mi espíritu;
líbrame, SEÑOR, Dios de la verdad.

⁶Odio a los que veneran ídolos vanos;
yo, por mi parte, confío en ti, SEÑOR.
⁷Me alegro y me regocijo en tu amor,
porque tú has visto mi aflicción
y conoces las angustias de mi
*alma.
⁸No me entregaste al enemigo,

ᶻ**29:6** *Hermón* (lectura probable); *Sirión* (TM).   ᵃ**29:9** *retuerce los robles.* Alt. *hace parir a la cierva.*
ᵇ*casa.* Alt. *palacio,* o *templo.*   ᶜ**30:9** *con que yo muera.* Lit. *con mi sangre.*

sino que me pusiste en lugar
espacioso.

⁹ Tenme compasión, SEÑOR, que estoy
angustiado;
el dolor está acabando con mis ojos,
con mi alma, ¡con mi cuerpo!
¹⁰ La vida se me va en angustias,
y los años en lamentos;
la tristeza está acabando con mis
fuerzas,
y mis huesos se van debilitando.
¹¹ Por causa de todos mis enemigos,
soy el hazmerreír de mis vecinos;
soy un espanto para mis amigos;
de mí huyen los que me encuentran
en la calle.
¹² Me han olvidado, como si hubiera
muerto;
soy como una vasija hecha pedazos.
¹³ Son muchos a los que oigo
cuchichear:
«Hay terror por todas partes.»
Se han confabulado contra mí,
y traman quitarme la vida.

¹⁴ Pero yo, SEÑOR, en ti confío,
y digo: «Tú eres mi Dios.»
¹⁵ Mi vida entera está en tus manos;
líbrame de mis enemigos y
perseguidores.
¹⁶ Que irradie tu faz sobre tu siervo;
por tu gran amor, sálvame.

¹⁷ SEÑOR, no permitas que me
avergüencen,
porque a ti he clamado.
Que sean avergonzados los
malvados,
y acallados en el *sepulcro.
¹⁸ Que sean silenciados sus labios
mentirosos,
porque hablan contra los justos
con orgullo, desdén e insolencia.

¹⁹ Cuán grande es tu bondad,
que atesoras para los que te temen,
y que a la vista de la *gente derramas
sobre los que en ti se refugian.

²⁰ Al amparo de tu presencia los
proteges
de las intrigas *humanas;
en tu morada los resguardas
de las lenguas contenciosas.

²¹ Bendito sea el SEÑOR,
pues mostró su gran amor por mí
cuando me hallaba en una ciudad
sitiada.
²² En mi confusión llegué a decir:
«¡He sido arrojado de tu presencia!»
Pero tú oíste mi voz suplicante
cuando te pedí que me ayudaras.

²³ Amen al SEÑOR, todos sus fieles;
él protege a los dignos de
confianza,
pero a los orgullosos les da su
merecido.
²⁴ Cobren ánimo y ármense de valor,
todos los que en el SEÑOR esperan.

Salmo 32
Salmo de David. *Masquil.

¹ *Dichoso aquel
a quien se le perdonan sus
transgresiones,
a quien se le borran sus pecados.
² Dichoso aquel
a quien el SEÑOR no toma en
cuenta su maldad
y en cuyo espíritu no hay engaño.
³ Mientras guardé silencio,
mis huesos se fueron consumiendo
por mi gemir de todo el día.
⁴ Mi fuerza se fue debilitando
como al calor del verano,
porque día y noche
tu mano pesaba sobre mí.   *Selah

⁵ Pero te confesé mi pecado,
y no te oculté mi maldad.
Me dije: «Voy a confesar mis
transgresiones al SEÑOR»,
y tú perdonaste mi maldad y mi
pecado.   Selah

⁶ Por eso los fieles te invocan
en momentos de angustia; ᵈ

ᵈ 32:6 *de angustia* (LXX y Siríaca); *de encontrar solamente* (TM).

caudalosas aguas podrán desbordarse,
pero a ellos no los alcanzarán.
[7]Tú eres mi refugio;
tú me protegerás del peligro
y me rodearás con cánticos de
liberación.   Selah

[8]El SEÑOR dice:
«Yo te instruiré,
yo te mostraré el *camino que
debes seguir;
yo te daré consejos y velaré por ti.
[9]No seas como el mulo o el caballo,
que no tienen discernimiento,
y cuyo brío hay que domar con brida
y freno,
para acercarlos a ti.»

[10]Muchas son las calamidades de los
malvados,
pero el gran amor del SEÑOR
envuelve a los que en él confían.

[11]¡Alégrense, ustedes los justos;
regocíjense en el SEÑOR!
¡canten todos ustedes,
los rectos de *corazón!

Salmo 33

[1]Canten al SEÑOR con alegría, ustedes
los justos;
es propio de los íntegros alabar al
SEÑOR.
[2]Alaben al SEÑOR al son del arpa;
entonen alabanzas con el
decacordio.
[3]Cántenle una canción nueva;
toquen con destreza,
y den voces de alegría.

[4]La palabra del SEÑOR es justa;
fieles son todas sus obras.
[5]El SEÑOR ama la *justicia y el
derecho;
llena está la tierra de su amor.

[6]Por la palabra del SEÑOR fueron
creados los cielos,
y por el soplo de su boca, las
estrellas.
[7]Él recoge en un cántaro el agua de
los mares,
y junta en vasijas los océanos.

[8]Tema toda la tierra al SEÑOR;
hónrenlo todos los pueblos del
mundo;
[9]porque él habló, y todo fue creado;
dio una orden, y todo quedó
firme.
[10]El SEÑOR frustra los planes de las
naciones;
desbarata los designios de los
pueblos.
[11]Pero los planes del SEÑOR quedan
firmes para siempre;
los designios de su *mente son
eternos.

[12]Dichosa la nación cuyo Dios es el
SEÑOR,
el pueblo que escogió por su
heredad.
[13]El SEÑOR observa desde el cielo
y ve a toda la *humanidad;
[14]él contempla desde su trono
a todos los habitantes de la
tierra.
[15]Él es quien formó el *corazón de
todos,
y quien conoce a fondo todas sus
acciones.
[16]No se salva el rey por sus muchos
soldados,
ni por su mucha fuerza se libra el
valiente.
[17]Vana esperanza de *victoria es el
caballo;
a pesar de su mucha fuerza no
puede salvar.
[18]Pero el SEÑOR cuida de los que le
temen,
de los que esperan en su gran
amor;
[19]él los libra de la muerte,
y en épocas de hambre los
mantiene con vida.

[20]Esperamos confiados en el SEÑOR;
él es nuestro socorro y nuestro
escudo.
[21]En él se regocija nuestro corazón,
porque confiamos en su santo
*nombre.
[22]Que tu gran amor, SEÑOR, nos
acompañe,
tal como lo esperamos de ti.

Salmo 34[e]

Salmo de David, cuando fingió estar demente ante Abimélec, por lo cual éste lo arrojó de su presencia.

Álef 1 Bendeciré al SEÑOR en todo
tiempo;
mis labios siempre lo
alabarán.

Bet 2 Mi *alma se gloría en el
SEÑOR;
lo oirán los humildes y se
alegrarán.

Guímel 3 Engrandezcan al SEÑOR
conmigo;
exaltemos a una su
*nombre.

Dálet 4 Busqué al SEÑOR, y él me
respondió;
me libró de todos mis
temores.

He 5 Radiantes están los que a él
acuden;
jamás su rostro se cubre de
vergüenza.

Zayin 6 Este pobre clamó, y el SEÑOR
le oyó
y lo libró de todas sus
angustias.

Jet 7 El ángel del SEÑOR acampa en
torno a los que le temen;
a su lado está para librarlos.

Tet 8 Prueben y vean que el SEÑOR
es bueno;
*dichosos los que en él se
refugian.

Yod 9 Teman al SEÑOR, ustedes sus
santos,
pues nada les falta a los que
le temen.

Caf 10 Los leoncillos se debilitan y
tienen hambre,
pero a los que buscan al
SEÑOR nada les falta.

Lámed 11 Vengan, hijos míos, y
escúchenme,
que voy a enseñarles el
temor del SEÑOR.

Mem 12 El que quiera amar la vida
y gozar de días felices,

Nun 13 que refrene su lengua de hablar
el mal
y sus labios de proferir
engaños;

Sámej 14 que se aparte del mal y haga el
bien;
que busque la *paz y la siga.

Ayin 15 Los ojos del SEÑOR están sobre
los justos,
y sus oídos, atentos a sus
oraciones;

Pe 16 el rostro del SEÑOR está contra
los que hacen el mal,
para borrar de la tierra su
memoria.

Tsade 17 Los justos claman, y el SEÑOR
los oye;
los libra de todas sus
angustias.

Qof 18 El SEÑOR está cerca de los
quebrantados de corazón,
y salva a los de espíritu
abatido.

Resh 19 Muchas son las angustias del
justo,
pero el SEÑOR lo librará de
todas ellas;

Shin 20 le protegerá todos los huesos,
y ni uno solo le quebrarán.

Tav 21 La maldad destruye a los
malvados;
serán condenados los
enemigos de los justos.
22 El SEÑOR libra a sus siervos;
no serán condenados los que
en él confían.

Salmo 35

Salmo de David.

1 Defiéndeme, SEÑOR, de los que me
atacan;
combate a los que me combaten.
2 Toma tu adarga, tu escudo,
y acude en mi ayuda.

---

[e] Este salmo es un poema acróstico, que sigue el orden del alfabeto hebreo.

³Empuña la lanza y el hacha,
y haz frente a*f* los que me persiguen.
Quiero oírte decir:
«Yo soy tu *salvación.»

⁴Queden confundidos y avergonzados
los que procuran matarme;
retrocedan humillados
los que traman mi ruina.
⁵Sean como la paja en el viento,
acosados por el ángel del SEÑOR;
⁶sea su senda oscura y resbalosa,
perseguidos por el ángel del SEÑOR.
⁷Ya que sin motivo me tendieron una
trampa,
y sin motivo cavaron una fosa para
mí,
⁸que la ruina los tome por sorpresa;
que caigan en su propia trampa,
en la fosa que ellos mismos
cavaron.

⁹Así mi *alma se alegrará en el SEÑOR
y se deleitará en su salvación;
¹⁰así todo mi ser exclamará:
«¿Quién como tú, SEÑOR?
Tú libras de los poderosos a los
pobres;
a los pobres y necesitados libras
de aquellos que los explotan.»

¹¹Se presentan testigos despiadados
y me preguntan cosas que yo
ignoro.
¹²Me devuelven mal por bien,
y eso me hiere en el alma;
¹³pues cuando ellos enfermaban
yo me vestía de luto,
me afligía y ayunaba.

¡Ay, si pudiera retractarme de mis
oraciones!

¹⁴Me vestía yo de luto,
como por un amigo o un hermano.
Afligido, inclinaba la cabeza,
como si llorara por mi madre.
¹⁵Pero yo tropecé, y ellos se alegraron,
y a una se juntaron contra mí.

Gente extraña, *g* que yo no conocía,
me calumniaba sin cesar.
¹⁶Me atormentaban, se burlaban de
mí, *h*
y contra mí rechinaban los dientes.

¹⁷¿Hasta cuándo, Señor, vas a tolerar
esto?
Libra mi vida, mi única vida,
de los ataques de esos leones.
¹⁸Yo te daré gracias en la gran
asamblea;
ante una multitud te alabaré.

¹⁹No dejes que de mí se burlen
mis enemigos traicioneros;
no dejes que se guiñen el ojo
los que me odian sin motivo.
²⁰Porque no vienen en son de *paz,
sino que urden mentiras
contra la gente apacible del país.
²¹De mí se ríen a carcajadas, y
exclaman:
«¡Miren en lo que vino a parar!»

²²SEÑOR, tú has visto todo esto;
no te quedes callado.
¡Señor, no te alejes de mí!
²³¡Despierta, Dios mío, levántate!
¡Hazme *justicia, Señor,
defiéndeme!
²⁴Júzgame según tu justicia, SEÑOR mi
Dios;
no dejes que se burlen de mí.
²⁵No permitas que piensen:
«¡Así queríamos verlo!»
No permitas que digan:
«Nos lo hemos tragado vivo.»

²⁶Queden avergonzados y
confundidos
todos los que se alegran de mi
desgracia;
sean cubiertos de oprobio y
vergüenza
todos los que se creen más que yo.
²⁷Pero lancen voces de alegría y
regocijo
los que apoyan mi causa,

---

f **35:3** *el hacha, y haz frente a* (lectura probable); *cierra contra* (TM).   *g* **35:15** *gente extraña* (lectura probable); *gente golpeada* (TM).   *h* **35:16** *Me atormentaban, se burlaban de mí* (LXX); *Con inicuos burlones de una torta* (TM).

y digan siempre: «Exaltado sea el
SEÑOR,
quien se deleita en el *bienestar de
su siervo.»
28 Con mi lengua proclamaré tu justicia,
y todo el día te alabaré.

Salmo 36

Al director musical. De David, el siervo del SEÑOR.

1 Dice el pecador:
«Ser impío lo llevo en el
*corazón.»[i]
No hay temor de Dios
delante de sus ojos.
2 Cree que merece alabanzas
y no halla aborrecible su pecado.
3 Sus palabras son inicuas y engañosas;
ha perdido el buen juicio
y la capacidad de hacer el bien.
4 Aun en su lecho trama hacer el mal;
se aferra a su mal *camino
y persiste en la maldad.

5 Tu amor, SEÑOR, llega hasta los
cielos;
tu fidelidad alcanza las nubes.
6 Tu *justicia es como las altas
montañas;[j]
tus juicios, como el gran océano.

Tú, SEÑOR, cuidas de *hombres y
animales;
7 ¡cuán precioso, oh Dios, es tu gran
amor!
Todo *ser humano halla refugio
a la sombra de tus alas.
8 Se sacian de la abundancia de tu
casa;
les das a beber de tu río de deleites.
9 Porque en ti está la fuente de la vida,
y en tu luz podemos ver la luz.

10 Extiende tu amor a los que te
conocen,
y tu justicia a los rectos de
corazón.
11 Que no me aplaste el pie del
orgulloso,

ni me desarraigue la mano del
impío.
12 Vean cómo fracasan los malvados:
¡caen a tierra, y ya no pueden
levantarse!

Salmo 37[k]

Salmo de David.

Álef   1 No te irrites a causa de los
impíos
ni envidies a los que
cometen injusticias;
2 porque pronto se marchitan,
como la hierba;
pronto se secan, como el
verdor del pasto.

Bet   3 Confía en el SEÑOR y haz el
bien;
establécete en la tierra y
manténte fiel.
4 Deléitate en el SEÑOR,
y él te concederá los deseos
de tu *corazón.

Guímel 5 Encomienda al SEÑOR tu
*camino;
confía en él, y él actuará.
6 Hará que tu *justicia
resplandezca como el alba;
tu justa causa, como el sol de
mediodía.

Dálet   7 Guarda silencio ante el SEÑOR,
y espera en él con paciencia;
no te irrites ante el éxito de
otros,
de los que maquinan planes
malvados.

He   8 Refrena tu enojo, abandona la
ira;
no te irrites, pues esto
conduce al mal.
9 Porque los impíos serán
exterminados,
pero los que esperan en el
SEÑOR heredarán la tierra.

---

[i] **36:1** *Dice el ... corazón»* (lectura probable); *Oráculo del pecado al malvado en medio de mi corazón* (TM).
[j] **36:6** *las altas montañas.* Alt. *las montañas de Dios.*   [k] Este salmo es un poema acróstico, que sigue el orden del alfabeto hebreo.

Vav ¹⁰Dentro de poco los malvados
dejarán de existir;
por más que los busques, no
los encontrarás.
¹¹Pero los desposeídos heredarán
la tierra
y disfrutarán de gran
*bienestar.

Zayin ¹²Los malvados conspiran contra
los justos
y crujen los dientes contra
ellos;
¹³pero el Señor se ríe de los
malvados,
pues sabe que les llegará su
hora.

Jet ¹⁴Los malvados sacan la espada
y tensan el arco
para abatir al pobre y al
necesitado,
para matar a los que viven
con rectitud.
¹⁵Pero su propia espada les
atravesará el corazón,
y su arco quedará hecho
pedazos.

Tet ¹⁶Más vale lo poco de un justo
que lo mucho de
innumerables malvados;
¹⁷porque el brazo de los impíos
será quebrado,
pero el SEÑOR sostendrá a
los justos.

Yod ¹⁸El SEÑOR protege la vida de
los íntegros,
y su herencia perdura por
siempre.
¹⁹En tiempos difíciles serán
prosperados;
en épocas de hambre tendrán
abundancia.

Caf ²⁰Los malvados, los enemigos
del SEÑOR,
acabarán por ser destruidos;
desaparecerán como las flores
silvestres,
se desvanecerán como el
humo.

Lámed ²¹Los malvados piden prestado y
no pagan,
pero los justos dan con
generosidad.
²²Los benditos del SEÑOR
heredarán la tierra,
pero los que él maldice serán
destruidos.

Mem ²³El SEÑOR afirma los pasos del
*hombre
cuando le agrada su modo de
vivir;
²⁴podrá tropezar, pero no caerá,
porque el SEÑOR lo sostiene
de la mano.

Nun ²⁵He sido joven y ahora soy viejo,
pero nunca he visto justos en
la miseria,
ni que sus hijos mendiguen
pan.
²⁶Prestan siempre con
generosidad;
sus hijos son una bendición.

Sámej ²⁷Apártate del mal y haz el bien,
y siempre tendrás dónde
vivir.
²⁸Porque el SEÑOR ama la justicia
y no abandona a quienes le
son fieles.

El SEÑOR los protegerá para
siempre,
pero acabará con la
descendencia de los
malvados.

Ayin ²⁹Los justos heredarán la tierra,
y por siempre vivirán en ella.

Pe ³⁰La boca del justo imparte
sabiduría,
y su lengua emite justicia.
³¹La *ley de Dios está en su
corazón,
y sus pies jamás resbalan.

Tsade ³²Los malvados acechan a los
justos
con la intención de matarlos,
³³pero el SEÑOR no los dejará
caer en sus manos

ni permitirá que los
condenen en el juicio.

Qof   34 Pero tú, espera en el SEÑOR,
y vive según su voluntad,
que él te exaltará para que
heredes la tierra.
Cuando los malvados sean
destruidos,
tú lo verás con tus propios
ojos.

Resh   35 He visto al déspota y malvado
extenderse como cedro
frondoso.
36 Pero pasó al olvido y dejó de
existir;
lo busqué, y ya no pude
encontrarlo.

Shin   37 Observa a los que son íntegros
y rectos:
hay porvenir para quien
busca la *paz.
38 Pero todos los pecadores serán
destruidos;
el porvenir de los malvados
será el exterminio.

Tav   39 La *salvación de los justos
viene del SEÑOR;
él es su fortaleza en tiempos
de angustia.
40 El SEÑOR los ayuda y los libra;
los libra de los malvados y
los salva,
porque en él ponen su
confianza.

Salmo 38

Salmo de David, para las ofrendas memoriales.

1 SEÑOR, no me reprendas en tu enojo
ni me castigues en tu ira.
2 Porque tus flechas me han
atravesado,
y sobre mí ha caído tu mano.
3 Por causa de tu indignación
no hay nada sano en mi cuerpo;
por causa de mi pecado
mis huesos no hallan descanso.

4 Mis maldades me abruman,
son una carga demasiado pesada.
5 Por causa de mi insensatez
mis llagas hieden y supuran.
6 Estoy agobiado, del todo abatido;
todo el día ando acongojado.
7 Estoy ardiendo de fiebre;
no hay nada sano en mi cuerpo.
8 Me siento débil, completamente
deshecho;
mi *corazón gime angustiado.

9 Ante ti, Señor, están todos mis
deseos;
no te son un secreto mis anhelos.
10 Late mi corazón con violencia,
las fuerzas me abandonan,
hasta la luz de mis ojos se apaga.
11 Mis amigos y vecinos se apartan de
mis llagas;
mis parientes se mantienen a
distancia.
12 Tienden sus trampas los que quieren
matarme;
maquinan mi ruina los que buscan
mi mal
y todo el día urden engaños.

13 Pero yo me hago el sordo, y no los
escucho;
me hago el mudo, y no les
respondo.
14 Soy como los que no oyen
ni pueden defenderse.
15 Yo, SEÑOR, espero en ti;
tú, Señor y Dios mío, serás quien
responda.
16 Tan sólo pido que no se burlen de mí,
que no se crean superiores si
resbalo.

17 Estoy por desfallecer;
el dolor no me deja un solo
instante.
18 Voy a confesar mi iniquidad,
pues mi pecado me angustia.
19 Muchos son mis enemigos gratuitos;*l*
abundan los que me odian sin
motivo.

---

l 38:19 *gratuitos* (lectura probable); *vivientes* (TM).

20 Por hacer el bien, me pagan con el
mal;
por procurar lo bueno, se ponen en
mi contra.

21 SEÑOR, no me abandones;
Dios mío, no te alejes de mí.
22 Señor de mi *salvación,
¡ven pronto en mi ayuda!

Salmo 39

Al director musical. Para Jedutún. Salmo de David.

1 Me dije a mí mismo:
«Mientras esté ante gente malvada
vigilaré mi conducta,
me abstendré de pecar con la
lengua,
me pondré una mordaza en la
boca.»
2 Así que guardé silencio, me mantuve
callado.
¡Ni aun lo bueno salía de mi boca!
Pero mi angustia iba en aumento;
3 ¡el corazón me ardía en el
pecho!
Al meditar en esto, el fuego se
inflamó
y tuve que decir:

4 «Hazme saber, SEÑOR, el límite de
mis días,
y el tiempo que me queda por vivir;
hazme saber lo efímero que soy.
5 Muy breve es la vida que me has
dado;
ante ti, mis años no son nada.
Un soplo nada más es el *mortal,
*Selah
6   un suspiro que se pierde entre las
sombras.
Ilusorias son las riquezas que
amontona, m
pues no sabe quién se quedará con
ellas.

7 »Y ahora, Señor, ¿qué esperanza me
queda?
¡Mi esperanza he puesto en ti!
8 Líbrame de todas mis transgresiones.
Que los *necios no se burlen de mí.

9 »He guardado silencio; no he abierto
la boca,
pues tú eres quien actúa.
10 Ya no me castigues,
que los golpes de tu mano me
aniquilan.
11 Tú reprendes a los mortales,
los castigas por su iniquidad;
como polilla, acabas con sus placeres.
¡Un soplo nada más es el mortal!
Selah

12 »SEÑOR, escucha mi oración,
atiende a mi clamor;
no cierres tus oídos a mi llanto.
Ante ti soy un extraño,
un peregrino, como todos mis
antepasados.
13 No me mires con enojo, y volveré a
alegrarme
antes que me muera y deje de
existir.»

Salmo 40

40:13-17 — Sal 70:1-5

Al director musical. Salmo de David.

1 Puse en el SEÑOR toda mi esperanza;
él se inclinó hacia mí y escuchó mi
clamor.
2 Me sacó de la fosa de la muerte,
del lodo y del pantano;
puso mis pies sobre una roca,
y me plantó en terreno firme.
3 Puso en mis labios un cántico nuevo,
un himno de alabanza a nuestro
Dios.
Al ver esto, muchos tuvieron miedo
y pusieron su confianza en el
SEÑOR.

4 *Dichoso el que pone su confianza
en el SEÑOR
y no recurre a los idólatras
ni a los que adoran dioses falsos.
5 Muchas son, SEÑOR mi Dios,
las maravillas que tú has hecho.
No es posible enumerar
tus bondades en favor nuestro.
Si quisiera anunciarlas y proclamarlas,
serían más de lo que puedo contar.

---

m 39:6 *Ilusorias ... que amontona* (lectura probable); *en vano hace ruido y amontona* (TM).

6 A ti no te complacen sacrificios ni
  ofrendas,
pero me has hecho obediente;[n]
tú no has pedido *holocaustos
ni sacrificios por el pecado.
7 Por eso dije: «Aquí me tienes
  —como el libro dice de mí—.
8 Me agrada, Dios mío, hacer tu
  voluntad;
tu *ley la llevo dentro de mí.»

9 En medio de la gran asamblea
he dado a conocer tu *justicia.
Tú bien sabes, SEÑOR,
que no he sellado mis labios.
10 No escondo tu justicia en mi
  *corazón,
sino que proclamo tu fidelidad y tu
  *salvación.
No oculto en la gran asamblea
tu gran amor y tu verdad.
11 No me niegues, SEÑOR, tu
  misericordia;
que siempre me protejan tu amor y
  tu verdad.
12 Muchos males me han rodeado;
tantos son que no puedo contarlos.
Me han alcanzado mis iniquidades,
y ya ni puedo ver.
Son más que los cabellos de mi
  cabeza,
y mi corazón desfallece.

13 Por favor, SEÑOR, ¡ven a librarme!
¡Ven pronto, SEÑOR, en mi
  auxilio!
14 Sean confundidos y avergonzados
todos los que tratan de matarme;
huyan derrotados
todos los que procuran mi mal;
15 que la vergüenza de su derrota
humille a los que se burlan de mí.
16 Pero que todos los que te buscan
se alegren en ti y se regocijen;
que los que aman tu salvación digan
  siempre:
«¡Cuán grande es el SEÑOR!»

17 Y a mí, pobre y necesitado,
quiera el Señor tomarme en cuenta.

Tú eres mi socorro y mi libertador;
¡no te tardes, Dios mío!

Salmo 41

Al director musical. Salmo de David.

1 *Dichoso el que piensa en el débil;
el SEÑOR lo librará en el día de la
  desgracia.
2 El SEÑOR lo protegerá y lo
  mantendrá con vida;
lo hará dichoso en la tierra
y no lo entregará al capricho de sus
  adversarios.
3 El SEÑOR lo confortará cuando esté
  enfermo;
lo alentará en el lecho del dolor.

4 Yo he dicho:
«SEÑOR, compadécete de mí;
sáname, pues contra ti he pecado.»
5 Con saña dicen de mí mis enemigos:
«¿Cuándo se morirá?
¿Cuándo pasará al olvido?»
6 Si vienen a verme, no son sinceros;
recogen calumnias y salen a
  contarlas.

7 Mis enemigos se juntan y cuchichean
  contra mí;
me hacen responsable de mi mal.
Dicen:
8 «Lo que le ha sobrevenido es cosa
  del demonio;
de esa cama no volverá a
  levantarse.»
9 Hasta mi mejor amigo, en quien yo
  confiaba
y que compartía el pan conmigo,
me ha puesto la zancadilla.

10 Pero tú, SEÑOR, compadécete de mí;
haz que vuelva a levantarme
para darles su merecido.
11 En esto sabré que te he agradado:
en que mi enemigo no triunfe
  sobre mí.
12 Por mi integridad habrás de
  sostenerme,
y en tu presencia me mantendrás
para siempre.

---

[n] 40:6 me has hecho obediente. Lit. me has perforado los oídos.

¹³Bendito sea el SEÑOR, el Dios de
Israel,
por los siglos de los siglos.
Amén y amén.

LIBRO II
Salmos 42-72

Salmo 42ⁿ
Al director musical. *Masquil* de los hijos de Coré.

¹Cual ciervo jadeante en busca del
agua,
así te busca, oh Dios, todo mi ser.
²Tengo sed de Dios, del Dios de la
vida.
¿Cuándo podré presentarme ante
Dios?
³Mis lágrimas son mi pan de día y de
noche,
mientras me echan en cara a todas
horas:
«¿Dónde está tu Dios?»

⁴Recuerdo esto y me deshago en
llanto:
yo solía ir con la multitud,
y la conducía a la casa de Dios.
Entre voces de alegría y acciones de
gracias
hacíamos gran celebración.

⁵¿Por qué voy a inquietarme?
¿Por qué me voy a angustiar?
En Dios pondré mi esperanza
y todavía lo alabaré.
¡Él es mi Salvador y mi Dios!

⁶Me siento sumamente angustiado;
por eso, mi Dios, pienso en ti
desde la tierra del Jordán,
desde las alturas del Hermón,
desde el monte Mizar.
⁷Un abismo llama a otro abismo
en el rugir de tus cascadas;
todas tus ondas y tus olas
se han precipitado sobre mí.

⁸Ésta es la oración al Dios de mi vida:
que de día el SEÑOR mande su
amor,

y de noche su canto me acompañe.
⁹Y le digo a Dios, a mi *Roca:
«¿Por qué me has olvidado?
¿Por qué debo andar de luto
y oprimido por el enemigo?»
¹⁰Mortal agonía me penetra hasta los
huesos
ante la burla de mis adversarios,
mientras me echan en cara a todas
horas:
«¿Dónde está tu Dios?»

¹¹¿Por qué voy a inquietarme?
¿Por qué me voy a angustiar?
En Dios pondré mi esperanza,
y todavía lo alabaré.
¡Él es mi Salvador y mi Dios!

Salmo 43
¹¡Hazme *justicia, oh Dios!
Defiende mi causa frente a esta
nación impía;
líbrame de *gente mentirosa y
perversa.
²Tú eres mi Dios y mi fortaleza:
¿Por qué me has rechazado?
¿Por qué debo andar de luto
y oprimido por el enemigo?
³Envía tu luz y tu verdad;
que ellas me guíen a tu monte
santo,
que me lleven al lugar donde tú
habitas.
⁴Llegaré entonces al altar de Dios,
del Dios de mi alegría y mi deleite,
y allí, oh Dios, mi Dios,
te alabaré al son del arpa.

⁵¿Por qué voy a inquietarme?
¿Por qué me voy a angustiar?
En Dios pondré mi esperanza,
y todavía lo alabaré.
¡Él es mi Salvador y mi Dios!

Salmo 44
Al director musical. *Masquil* de los hijos de Coré.

¹Oh Dios, nuestros oídos han oído
y nuestros padres nos han contado
las proezas que realizaste en sus días,
en aquellos tiempos pasados:

ⁿPor su contenido, los salmos 42 y 43 forman una sola unidad literaria.

2Con tu mano echaste fuera a las
  naciones
y en su lugar estableciste a
  nuestros padres;
aplastaste a aquellos pueblos,
y a nuestros padres los hiciste
  prosperar.º
3Porque no fue su espada la que
  conquistó la tierra,
ni fue su brazo el que les dio la
  victoria:
fue tu brazo, tu mano derecha;
fue la luz de tu rostro, porque tú
  los amabas.

4Sólo tú eres mi rey y mi Dios.
  ¡Decreta las *victorias de Jacob!
5Por ti derrotamos a nuestros
  enemigos;
en tu *nombre aplastamos a
  nuestros agresores.
6Yo no confío en mi arco,
ni puede mi espada darme la
  victoria;
7tú nos das la victoria sobre nuestros
  enemigos,
y dejas en vergüenza a nuestros
  adversarios.
8¡Por siempre nos gloriaremos en
  Dios!
¡Por siempre alabaremos tu
  nombre!   *Selah

9Pero ahora nos has rechazado y
  humillado;
ya no sales con nuestros ejércitos.
10Nos hiciste retroceder ante el
  enemigo;
nos han saqueado nuestros
  adversarios.
11Cual si fuéramos ovejas
nos has entregado para que nos
  devoren,
nos has dispersado entre las
  naciones.
12Has vendido a tu pueblo muy barato,
y nada has ganado con su venta.

13Nos has puesto en ridículo ante
  nuestros vecinos;

somos la burla y el escarnio de los
  que nos rodean.
14Nos has hecho el hazmerreír de las
  naciones;
todos los pueblos se burlan de
  nosotros.
15La ignominia no me deja un solo
  instante;
se me cae la cara de vergüenza
16por las burlas de los que me injurian
  y me ultrajan,
por culpa del enemigo que está
  presto a la venganza.

17Todo esto nos ha sucedido,
a pesar de que nunca te
  olvidamos
ni faltamos jamás a tu *pacto.
18No te hemos sido infieles,
ni nos hemos apartado de tu
  senda.
19Pero tú nos arrojaste a una cueva de
  chacales;
¡nos envolviste en la más densa
  oscuridad!

20Si hubiéramos olvidado el nombre
  de nuestro Dios,
o tendido nuestras manos a un dios
  extraño,
21¿acaso Dios no lo habría descubierto,
ya que él conoce los más íntimos
  secretos?
22Por tu causa, siempre nos llevan a la
  muerte;
¡nos tratan como a ovejas para el
  matadero!
23¡Despierta, Señor! ¿Por qué
  duermes?
¡Levántate! No nos rechaces para
  siempre.
24¿Por qué escondes tu rostro
y te olvidas de nuestro sufrimiento
  y opresión?
25Estamos abatidos hasta el polvo;
nuestro cuerpo se arrastra por el
  suelo.
26Levántate, ven a ayudarnos,
y por tu gran amor, ¡rescátanos!

º44:2 *los hiciste prosperar.* Lit. *los arrojaste.*

Salmo 45

Al director musical. Sígase la tonada de
«Los lirios». *Masquil* de los hijos de Coré.
Canto nupcial.

¹ En mi *corazón se agita un bello
    tema
mientras recito mis versos ante el
    rey;
mi lengua es como pluma de hábil
    escritor.

² Tú eres el más apuesto de los hombres;
    tus labios son fuente de elocuencia,
ya que Dios te ha bendecido para
    siempre.
³ ¡Con esplendor y majestad,
    cíñete la espada, oh valiente!
⁴ Con majestad, cabalga victorioso
    en nombre de la verdad, la
    humildad y la justicia;
que tu diestra realice gloriosas
    hazañas.
⁵ Que tus agudas flechas atraviesen
    el corazón de los enemigos del rey,
y que caigan las naciones a tus pies.

⁶ Tu trono, oh Dios, permanece para
    siempre;
el cetro de tu reino es un cetro de
    justicia.
⁷ Tú amas la justicia y odias la maldad;
    por eso Dios te escogió a ti y no a
    tus compañeros,
¡tu Dios te ungió con perfume de
    alegría!
⁸ Aroma de mirra, áloe y canela
    exhalan todas tus vestiduras;
desde los palacios adornados con
    marfil
te alegra la música de cuerdas.
⁹ Entre tus damas de honor se cuentan
    princesas;
a tu derecha se halla la novia real
    luciendo el oro más fino. ᴾ

¹⁰ Escucha, hija, fíjate bien y presta
    atención:
Olvídate de tu pueblo y de tu
    familia.

¹¹ El rey está cautivado por tu
    hermosura;
él es tu señor: inclínate ante él.
¹² La gente de Tiro vendrá con
    presentes;
los ricos del pueblo buscarán tu
    favor.

¹³ La princesa es todo esplendor,
    luciendo en su alcoba brocados de
    oro.
¹⁴ Vestida de finos bordados
    es conducida ante el rey,
seguida por sus damas de
    compañía.
¹⁵ Con alegría y regocijo son
    conducidas
al interior del palacio real.

¹⁶ Tus hijos ocuparán el trono de tus
    ancestros;
los pondrás por príncipes en toda la
    tierra.
¹⁷ Haré que tu *nombre se recuerde
    por todas las generaciones;
por eso las naciones te alabarán
eternamente y para siempre.

Salmo 46

Al director musical. De los hijos de Coré.
Canción según *alamot.

¹ Dios es nuestro amparo y nuestra
    fortaleza,
nuestra ayuda segura en momentos
    de angustia.
² Por eso, no temeremos
    aunque se desmorone la tierra
y las montañas se hundan en el
    fondo del mar;
³ aunque rujan y se encrespen sus
    aguas,
y ante su furia retiemblen los
    montes.   *Selah

⁴ Hay un río cuyas corrientes alegran
    la ciudad de Dios,
la santa habitación del *Altísimo.
⁵ Dios está en ella, la ciudad no caerá;
    al rayar el alba Dios le brindará su
    ayuda.

ᴾ 45:9 *oro más fino.* Lit. *oro de Ofir.*

⁶Se agitan las naciones, se tambalean
los reinos;
Dios deja oír su voz, y la tierra se
derrumba.

⁷El SEÑOR *Todopoderoso está con
nosotros;
nuestro refugio es el Dios de Jacob.
Selah

⁸Vengan y vean los portentos del
SEÑOR;
él ha traído desolación sobre la
tierra.
⁹Ha puesto fin a las guerras
en todos los confines de la tierra;
ha quebrado los arcos, ha destrozado
las lanzas,
ha arrojado los carros al fuego.
¹⁰«Quédense quietos, reconozcan que
yo soy Dios.
¡Yo seré exaltado entre las naciones!
¡Yo seré enaltecido en la tierra!»

¹¹El SEÑOR Todopoderoso está con
nosotros;
nuestro refugio es el Dios de Jacob.
Selah

Salmo 47
Al director musical. Salmo de los hijos de Coré.

¹Aplaudan, pueblos todos;
aclamen a Dios con gritos de alegría.
²¡Cuán imponente es el SEÑOR
*Altísimo,
el gran rey de toda la tierra!
³Sometió a nuestro dominio las
naciones;
puso a los pueblos bajo nuestros
pies;
⁴escogió para nosotros una heredad
que es el orgullo de Jacob, a quien
amó.   *Selah*

⁵Dios el SEÑOR ha ascendido
entre gritos de alegría y toques de
trompeta.
⁶Canten salmos a Dios, cántenle salmos;
canten, cántenle salmos a nuestro
rey.

⁷Dios es el rey de toda la tierra;
por eso, cántenle un salmo
solemne.ᑫ
⁸Dios reina sobre las naciones;
Dios está sentado en su santo trono.
⁹Los nobles de los pueblos se reúnen
con el pueblo del Dios de Abraham,
¹⁰pues de Dios son los imperios de la
tierra.
¡Él es grandemente enaltecido!

Salmo 48
Canción. Salmo de los hijos de Coré.

¹Grande es el SEÑOR, y digno de
suprema alabanza
en la ciudad de nuestro Dios.
Su monte santo, ²bella colina,
es la alegría de toda la tierra.
El monte *Sión, en la parte norte,
es la ciudad del gran Rey.
³En las fortificaciones de Sión
Dios se ha dado a conocer como
refugio seguro.

⁴Hubo reyes que unieron sus fuerzas
y que juntos avanzaron contra la
ciudad;
⁵pero al verla quedaron pasmados,
y asustados emprendieron la
retirada.
⁶Allí el miedo se apoderó de ellos,
y un dolor de parturienta les
sobrevino.
⁷¡Con un viento huracanado
destruiste las naves de Tarsis!

⁸Tal como lo habíamos oído,
ahora lo hemos visto
en la ciudad del SEÑOR
*Todopoderoso,
en la ciudad de nuestro Dios:
¡Él la hará permanecer para
siempre!   *Selah*

⁹Dentro de tu templo, oh Dios,
meditamos en tu gran amor.
¹⁰Tu alabanza, oh Dios, como tu
*nombre,
llega a los confines de la tierra;
tu derecha está llena de *justicia.

ᑫ47:7 *un salmo solemne. Lit. un *masquil.*

¹¹Por causa de tus justas decisiones
    el monte Sión se alegra
    y las aldeas de Judá se regocijan.
¹²Caminen alrededor de Sión,
    caminen en torno suyo
    y cuenten sus torres.
¹³Observen bien sus murallas
    y examinen sus fortificaciones,
    para que se lo cuenten a las
        generaciones futuras.
¹⁴¡Este Dios es nuestro Dios eterno!
    ¡Él nos guiará para siempre!ʳ

Salmo 49

Al director musical. Salmo de los hijos de Coré.

¹Oigan esto, pueblos todos;
    escuchen, habitantes todos del
        mundo,
²tanto débiles como poderosos,
    lo mismo los ricos que los pobres.
³Mi boca hablará con sabiduría;
    mi *corazón se expresará con
        inteligencia.
⁴Inclinaré mi oído a los *proverbios;
    propondré mi enigma al son del
        arpa.

⁵¿Por qué he de temer en tiempos de
        desgracia,
    cuando me rodeen inicuos
        detractores?
⁶¿Temeré a los que confían en sus
        riquezas
    y se jactan de sus muchas
        posesiones?
⁷Nadie puede salvar a nadie,
    ni pagarle a Dios rescate por la vida.
⁸Tal rescate es muy costoso;
    ningún pago es suficiente.
⁹Nadie vive para siempre
    sin llegar a ver la fosa.
¹⁰Nadie puede negar que todos mueren,
    que sabios e insensatos perecen por
        igual,
    y que sus riquezas se quedan para
        otros.
¹¹Aunque tuvieron tierras a su nombre,
    sus tumbas seránˢ su hogar eterno,

su morada por todas las
    generaciones.
¹²A pesar de sus riquezas, no perduran
    los *mortales;
    al igual que las bestias, perecen.
¹³Tal es el destino de los que confían
    en sí mismos;
    el final deᵗ los que se envanecen.
                                        *Selah
¹⁴Como ovejas, están destinados al
    *sepulcro;
    hacia allá los conduce la muerte.
Sus cuerpos se pudrirán en el
    *sepulcro,
    lejos de sus mansiones suntuosas.
Por la mañana los gobernarán los
    justos.
¹⁵Pero Dios me rescatará de las garras
    del sepulcro
    y con él me llevará.   Selah

¹⁶No te asombre ver que alguien se
        enriquezca
    y aumente el esplendor de su casa,
¹⁷porque al morir no se llevará nada,
    ni con él descenderá su esplendor.
¹⁸Aunque en vida se considere dichoso,
    y la gente lo elogie por sus logros,
¹⁹irá a reunirse con sus ancestros,
    sin que vuelva jamás a ver la luz.

²⁰A pesar de sus riquezas, no
        perduranᵘ los mortales;
    al igual que las bestias, perecen.

Salmo 50

Salmo de Asaf.

¹Habla el SEÑOR, el Dios de dioses:
    convoca a la tierra de oriente a
        occidente.
²Dios resplandece desde *Sión,
    la ciudad bella y perfecta.
³Nuestro Dios viene, pero no en
        silencio;
    lo precede un fuego que todo lo
        destruye,
    y en torno suyo ruge la tormenta.

ʳ48:14 *para siempre* (LXX); *sobre muerte* (TM).   ˢ49:11 *sus tumbas serán* (LXX y Siríaca); *su interior será* (TM).   ᵗ49:13 *el final de* (Targum); *tras ellos* (TM).   ᵘ49:20 *no perduran* (algunos mss.; véase v. 12); *no entienden* (TM).

⁴El SEÑOR convoca a los cielos y a la
tierra,
para que presencien el juicio de su
pueblo:
⁵«Reúnanme a los consagrados,
a los que pactaron conmigo
mediante un sacrificio.»
⁶El cielo proclama la *justicia divina:
¡Dios mismo es el juez!   *Selah

⁷«Escucha, pueblo mío, que voy a
hablar;
Israel, voy a testificar contra ti:
¡Yo soy tu Dios, el único Dios!
⁸No te reprendo por tus sacrificios
ni por tus *holocaustos, que
siempre me ofreces.
⁹No necesito becerros de tu establo
ni machos cabríos de tus apriscos,
¹⁰pues míos son los animales del
bosque,
y mío también el ganado de los
cerros.
¹¹Conozco a las aves de las alturas;
todas las bestias del campo son mías.
¹²Si yo tuviera hambre, no te lo diría,
pues mío es el mundo, y todo lo
que contiene.
¹³¿Acaso me alimento con carne de
toros,
o con sangre de machos cabríos?
¹⁴¡Ofrece a Dios tu gratitud,
cumple tus promesas al *Altísimo!
¹⁵Invócame en el día de la angustia;
yo te libraré y tú me honrarás.»

¹⁶Pero Dios le dice al malvado:
«¿Qué derecho tienes tú de recitar
mis *leyes
o de mencionar mi *pacto con tus
labios?
¹⁷Mi *instrucción, la aborreces;
mis palabras, las desechas.
¹⁸Ves a un ladrón, y lo acompañas;
con los adúlteros te identificas.
¹⁹Para lo malo, das rienda suelta a tu
boca;
tu lengua está siempre dispuesta al
engaño.
²⁰Tienes por costumbre hablar contra
tu prójimo,
y aun calumnias a tu propio
hermano.

²¹Has hecho todo esto, y he guardado
silencio;
¿acaso piensas que soy como tú?
Pero ahora voy a reprenderte;
cara a cara voy a denunciarte.

²²»Ustedes que se olvidan de Dios,
consideren lo que he dicho;
de lo contrario, los haré pedazos,
y no habrá nadie que los salve.
²³Quien me ofrece su gratitud, me
honra;
al que enmiende su conducta le
mostraré mi *salvación.»

Salmo 51
Al director musical. Salmo de David,
cuando el profeta Natán fue a verlo por haber
cometido David adulterio con Betsabé.

¹Ten compasión de mí, oh Dios,
conforme a tu gran amor;
conforme a tu inmensa bondad,
borra mis transgresiones.
²Lávame de toda mi maldad
y límpiame de mi pecado.

³Yo reconozco mis transgresiones;
siempre tengo presente mi pecado.
⁴Contra ti he pecado, sólo contra ti,
y he hecho lo que es malo ante tus
ojos;
por eso, tu sentencia es justa,
y tu juicio, irreprochable.
⁵Yo sé que soy malo de nacimiento;
pecador me concibió mi madre.
⁶Yo sé que tú amas la verdad en lo
íntimo;
en lo secreto me has enseñado
sabiduría.

⁷Purifícame con *hisopo, y quedaré
limpio;
lávame, y quedaré más blanco que
la nieve.
⁸Anúnciame gozo y alegría;
infunde gozo en estos huesos que
has quebrantado.
⁹Aparta tu rostro de mis pecados
y borra toda mi maldad.

¹⁰Crea en mí, oh Dios, un *corazón
limpio,
y renueva la firmeza de mi espíritu.

11No me alejes de tu presencia
    ni me quites tu santo Espíritu.
12Devuélveme la alegría de tu
        *salvación;
    que un espíritu obediente me
        sostenga.
13Así enseñaré a los transgresores tus
        *caminos,
    y los pecadores se volverán a ti.

14Dios mío, Dios de mi salvación,
    líbrame de derramar sangre,
    y mi lengua alabará tu *justicia.
15Abre, *Señor, mis labios,
    y mi boca proclamará tu alabanza.
16Tú no te deleitas en los sacrificios
    ni te complacen los *holocaustos;
    de lo contrario, te los ofrecería.
17El sacrificio que te agrada
    es un espíritu quebrantado;
    tú, oh Dios, no desprecias
    al corazón quebrantado y
        arrepentido.

18En tu buena voluntad, haz que
        prospere *Sión;
    levanta los muros de Jerusalén.
19Entonces te agradarán los sacrificios
        de justicia,
    los holocaustos del todo quemados,
    y sobre tu altar se ofrecerán
        becerros.

Salmo 52
Al director musical. *Masquil de David, cuando
Doeg el edomita fue a informarle a Saúl: «David ha
ido a la casa de Ajimélec.»

1¿Por qué te jactas de tu maldad,
        varón prepotente?
    ¡El amor de Dios es constante!
2Tu lengua, como navaja afilada,
    trama destrucción y practica el
        engaño.
3Más que el bien, amas la maldad;
    más que la verdad, amas la mentira.
                        *Selah

4Lengua embustera,
    te encanta ofender con tus palabras.
5Pero Dios te arruinará para siempre;
    te tomará y te arrojará de tu hogar;
    ¡te arrancará del mundo de los
        vivientes!   Selah

6Los justos verán esto, y temerán;
    entre burlas dirán de él:
7«¡Aquí tienen al hombre
    que no buscó refugio en Dios,
    sino que confió en su gran riqueza
    y se afirmó en su maldad!»

8Pero yo soy como un olivo verde
    que florece en la casa de Dios;
    yo confío en el gran amor de Dios
    eternamente y para siempre.

9En todo tiempo te alabaré por tus
        obras;
    en ti pondré mi esperanza en
        presencia de tus fieles,
    porque tu *nombre es bueno.

Salmo 53
53:1-6 — Sal 14:1-7
Al director musical. Según *majalat.
*Masquil de David.

1Dice el *necio en su *corazón:
    «No hay Dios.»
    Están corrompidos, sus obras son
        detestables;
    ¡no hay uno solo que haga lo
        bueno!

2Desde el cielo Dios contempla a los
        *mortales,
    para ver si hay alguien
    que sea sensato y busque a Dios.
3Pero todos se han descarriado,
    a una se han corrompido.
    No hay nadie que haga lo bueno;
    ¡no hay uno solo!

4¿Acaso no entienden todos los que
        hacen lo malo,
    los que devoran a mi pueblo como
        si fuera pan?
    ¡Jamás invocan a Dios!
5Allí los tienen, sobrecogidos de
        miedo,
    cuando no hay nada que temer.
    Dios dispersó los huesos de quienes
        te atacaban;
    tú los avergonzaste, porque Dios
        los rechazó.

6¡Quiera Dios que de *Sión
    venga la *salvación para Israel!

Cuando Dios restaure a su pueblo,ᵛ
se regocijará Jacob; se alegrará
todo Israel.

Salmo 54

Al director musical. Acompáñese con instrumentos
de cuerda. *Masquil* de David, cuando gente de Zif
fue a decirle a Saúl: «¿No estará David escondido
entre nosotros?»

1 Sálvame, oh Dios, por tu *nombre;
defiéndeme con tu poder.
2 Escucha, oh Dios, mi oración;
presta oído a las palabras de mi
boca.
3 Pues *gente extraña me ataca;
tratan de matarme los violentos,
gente que no toma en cuenta a Dios.
Selah

4 Pero Dios es mi socorro;
el Señor es quien me sostiene,
5 y hará recaer el mal sobre mis
adversarios.

Por tu fidelidad, SEÑOR, ¡destrúyelos!
6 Te presentaré una ofrenda voluntaria
y alabaré, SEÑOR, tu buen nombre;
7 pues me has librado de todas mis
angustias,
y mis ojos han visto la derrota de
mis enemigos.

Salmo 55

Al director musical. Acompáñese
con instrumentos de cuerda. *Masquil* de David.

1 Escucha, oh Dios, mi oración;
no pases por alto mi súplica.
2 ¡Óyeme y respóndeme,
porque mis angustias me perturban!
Me aterran 3 las amenazas del
enemigo
y la opresión de los impíos,
pues me causan sufrimiento
y en su enojo me insultan.

4 Se me estremece el *corazón dentro
del pecho,
y me invade un pánico mortal.
5 Temblando estoy de miedo,
sobrecogido estoy de terror.

6 ¡Cómo quisiera tener las alas de una
paloma
y volar hasta encontrar reposo!
7 Me iría muy lejos de aquí;
me quedaría a vivir en el desierto.
Selah
8 Presuroso volaría a mi refugio,
para librarme del viento borrascoso
y de la tempestad.

9 ¡Destrúyelos, Señor! ¡Confunde su
lenguaje!
En la ciudad sólo veo contiendas y
violencia;
10 día y noche rondan por sus muros,
y dentro de ella hay intrigas y
maldad.
11 En su seno hay fuerzas destructivas;
de sus calles no se apartan la
opresión y el engaño.

12 Si un enemigo me insultara,
yo lo podría soportar;
si un adversario me humillara,
de él me podría yo esconder.
13 Pero lo has hecho tú, un *hombre
como yo,
mi compañero, mi mejor amigo,
14 a quien me unía una bella amistad,
con quien convivía en la casa de
Dios.

15 ¡Que sorprenda la muerte a mis
enemigos!
¡Que caigan vivos al *sepulcro,
pues en ellos habita la maldad!

16 Pero yo clamaré a Dios,
y el SEÑOR me salvará.
17 Mañana, tarde y noche
clamo angustiado, y él me
escucha.
18 Aunque son muchos los que me
combaten,
él me rescata, me salva la vida
en la batalla que se libra contra mí.
19 ¡Dios, que reina para siempre,
habrá de oírme y los afligirá! *Selah*
Esa *gente no cambia de conducta,
no tiene temor de Dios.

ᵛ 53:6 *restaure a su pueblo.* Alt. *haga que su pueblo vuelva de la cautividad* (véase también 14:7).

20 Levantan la mano contra sus amigos
y no cumplen sus compromisos.
21 Su boca es blanda como la manteca,
pero sus pensamientos son
belicosos.
Sus palabras son más suaves que el
aceite,
pero no son sino espadas
desenvainadas.

22 Encomienda al SEÑOR tus afanes,
y él te sostendrá;
no permitirá que el justo caiga
y quede abatido para siempre.
23 Tú, oh Dios, abatirás a los impíos
y los arrojarás en la fosa de la
muerte;
la gente sanguinaria y mentirosa
no llegará ni a la mitad de su
vida.
Yo, por mi parte, en ti confío.

Salmo 56

Al director musical. Sígase la tonada de «La tórtola
en los robles lejanos». *Mictam de David,
cuando los filisteos lo apresaron en Gat.

1 Ten compasión de mí, oh Dios,
pues hay *gente que me persigue.
Todo el día me atacan mis opresores,
2 todo el día me persiguen mis
adversarios;
son muchos los arrogantes que me
atacan.

3 Cuando siento miedo,
pongo en ti mi confianza.
4 Confío en Dios y alabo su palabra;
confío en Dios y no siento miedo.
¿Qué puede hacerme un simple
*mortal?

5 Todo el día tuercen mis palabras;
siempre están pensando hacerme
mal.
6 Conspiran, se mantienen al acecho;
ansiosos por quitarme la vida,
vigilan todo lo que hago.
7 ¡En tu enojo, Dios mío, humilla a
esos pueblos!
¡De ningún modo los dejes escapar!

8 Toma en cuenta mis lamentos;
registra mi llanto en tu libro. w
¿Acaso no lo tienes anotado?
9 Cuando yo te pida ayuda,
huirán mis enemigos.
Una cosa sé: ¡Dios está de mi parte!
10 Confío en Dios y alabo su palabra;
confío en el SEÑOR y alabo su
palabra;
11 confío en Dios y no siento miedo.
¿Qué puede hacerme un simple
mortal?

12 He hecho votos delante de ti, oh
Dios,
y te presentaré mis ofrendas de
gratitud.
13 Tú, oh Dios, me has librado de
tropiezos,
me has librado de la muerte,
para que siempre, en tu presencia,
camine en la luz de la vida.

Salmo 57

57:7-11 — Sal 108:1-5

Al director musical. Sígase la tonada de «No
destruyas». *Mictam de David, cuando David
había huido de Saúl y estaba en una cueva.

1 Ten compasión de mí, oh Dios;
ten compasión de mí, que en ti
confío.
A la sombra de tus alas me refugiaré,
hasta que haya pasado el peligro.

2 Clamo al Dios *Altísimo,
al Dios que me brinda su apoyo.
3 Desde el cielo me tiende la mano y
me salva;
reprende a mis perseguidores.
*Selah
¡Dios me envía su amor y su
verdad!

4 Me encuentro en medio de leones,
rodeado de *gente rapaz.
Sus dientes son lanzas y flechas;
su lengua, una espada afilada.

5 Pero tú, oh Dios, estás sobre los cielos,
¡tu gloria cubre toda la tierra!

---

w 56:8 registra mi llanto en tu libro. Lit. pon mis lágrimas en tu frasco.

6 Tendieron una red en mi camino,
y mi ánimo quedó por los suelos.
En mi senda cavaron una fosa,
pero ellos mismos cayeron en ella.
					Selah

7 Firme está, oh Dios, mi *corazón;
firme está mi corazón.
Voy a cantarte salmos.
8 ¡Despierta, *alma mía!
¡Despierten, arpa y lira!
¡Haré despertar al nuevo día!

9 Te alabaré, Señor, entre los pueblos,
te cantaré salmos entre las naciones.
10 Pues tu amor es tan grande que llega
a los cielos;
¡tu verdad llega hasta el firmamento!

11 ¡Tú, oh Dios, estás sobre los cielos;
tu gloria cubre toda la tierra!

Salmo 58
Al director musical. Sígase la tonada de
«No destruyas». *Mictam* de David.

1 ¿Acaso ustedes, gobernantes, actúan
con *justicia,
y juzgan con rectitud a los *seres
humanos?
2 Al contrario, con la *mente traman
injusticia,
y la violencia de sus manos se
desata en el país.
3 Los malvados se pervierten desde
que nacen;
desde el vientre materno se desvían
los mentirosos.
4 Su veneno es como el de las
serpientes,
como el de una cobra que se hace
la sorda
5 para no escuchar la música del mago,
del diestro en encantamientos.

6 Rómpeles, oh Dios, los dientes;
¡arráncales, SEÑOR, los colmillos a
esos leones!
7 Que se escurran, como el agua entre
los dedos;
que se rompan sus flechas al tensar
el arco.
8 Que se disuelvan, como babosa
rastrera;

que no vean la luz, cual si fueran
abortivos.
9 Que sin darse cuenta, ardan como
espinos;
que el viento los arrastre, estén
verdes o secos.

10 Se alegrará el justo al ver la venganza,
al empapar sus pies en la sangre
del impío.
11 Dirá entonces la *gente:
«Ciertamente los justos son
recompensados;
ciertamente hay un Dios que juzga
en la tierra.»

Salmo 59
Al director musical. Sígase la tonada de
«No destruyas». *Mictam* de David,
cuando Saúl había ordenado que vigilaran
la casa de David con el propósito de matarlo.

1 Líbrame de mis enemigos, oh Dios;
protégeme de los que me atacan.
2 Líbrame de los malhechores;
sálvame de los asesinos.

3 ¡Mira cómo me acechan!
*Hombres crueles conspiran contra
mí
sin que yo, SEÑOR, haya delinquido
ni pecado.
4 Presurosos se disponen a atacarme
sin que yo haya cometido mal
alguno.

¡Levántate y ven en mi ayuda!
¡Mira mi condición!
5 Tú, SEÑOR, eres el Dios
*Todopoderoso,
¡eres el Dios de Israel!
¡Despiértate y castiga a todas las
naciones;
no tengas compasión de esos viles
traidores!					*Selah*

6 Ellos vuelven por la noche,
gruñendo como perros
y acechando alrededor de la ciudad.
7 Echan espuma por la boca,
lanzan espadas por sus fauces,
y dicen: «¿Quién va a oírnos?»
8 Pero tú, SEÑOR, te burlas de ellos;
te ríes de todas las naciones.

⁹A ti, fortaleza mía, vuelvo los ojos,
   pues tú, oh Dios, eres mi protector.
¹⁰Tú eres el Dios que me ama,
   e irás delante de mí
   para hacerme ver la derrota de mis
     enemigos.
¹¹Pero no los mates,
   para que mi pueblo no lo olvide.
   Zarandéalos con tu poder; ¡humíllalos!
   ¡Tú, Señor, eres nuestro escudo!
¹²Por los pecados de su boca,
   por las palabras de sus labios,
   que caigan en la trampa de su
     orgullo.
   Por las maldiciones y mentiras que
     profieren,
¹³ consúmelos en tu enojo;
   ¡consúmelos hasta que dejen de
     existir!
   Así todos sabrán que Dios gobierna
     en Jacob,
   y hasta los confines de la tierra.

                            Selah

¹⁴Porque ellos vuelven por la noche,
   gruñendo como perros
   y acechando alrededor de la ciudad.
¹⁵Van de un lado a otro buscando
     comida,
   y aúllan si no quedan satisfechos.
¹⁶Pero yo le cantaré a tu poder,
   y por la mañana alabaré tu amor;
   porque tú eres mi protector,
   mi refugio en momentos de angustia.

¹⁷A ti, fortaleza mía, te cantaré salmos,
   pues tú, oh Dios, eres mi protector.
   ¡Tú eres el Dios que me ama!

Salmo 60
60:5-12 — Sal 108:6-13
Al director musical. Sígase la tonada de
«El lirio del pacto». *Mictam* didáctico
de David, cuando luchó contra los arameos
del noroeste de Mesopotamia y de Siria central,
y cuando Joab volvió y abatió a doce mil
edomitas en el valle de la Sal.

¹Oh Dios, tú nos has rechazado
   y has abierto brecha en nuestras
     filas;

   te has enojado con nosotros:
   ¡restáuranos ahora!
²Has sacudido la tierra,
   la has resquebrajado;
   repara sus grietas,
   porque se desmorona.
³Has sometido a tu pueblo a duras
     pruebas;
   nos diste a beber un vino
     embriagador.

⁴Da^x a tus fieles la señal de retirada,
   para que puedan escapar de los
     arqueros.   *Selah*
⁵Líbranos con tu diestra, respóndenos
   para que tu pueblo amado quede a
     salvo.

⁶Dios ha dicho en su santuario:
   «Triunfante repartiré a Siquén,
   y dividiré el valle de Sucot.
⁷Mío es Galaad, mío es Manasés;
   Efraín es mi yelmo y Judá mi cetro.
⁸En Moab me lavo las manos,
   sobre Edom arrojo mi sandalia;
   sobre Filistea lanzo gritos de
     triunfo.»

⁹¿Quién me llevará a la ciudad
     fortificada?
   ¿Quién me mostrará el camino a
     Edom?
¹⁰¿No eres tú, oh Dios, quien nos ha
     rechazado?
   ¡Ya no sales, oh Dios, con nuestros
     ejércitos!
¹¹Bríndanos tu ayuda contra el enemigo,
   pues de nada sirve la ayuda
     *humana.
¹²Con Dios obtendremos la victoria;
   ¡él pisoteará a nuestros enemigos!

Salmo 61
Al director musical. Acompáñese con instrumentos
de cuerda. De David.

¹Oh Dios, escucha mi clamor
   y atiende a mi oración.

²Desde los confines de la tierra te
     invoco,

---

^{x}60:4 *Da* (lectura probable); *Diste* (TM).

pues mi *corazón desfallece;
llévame a una roca donde esté yo a
salvo.
[3] Porque tú eres mi refugio,
mi baluarte contra el enemigo.

[4] Anhelo habitar en tu casa para
siempre
y refugiarme debajo de tus alas.
*Selah
[5] Tú, oh Dios, has aceptado mis votos
y me has dado la heredad de
quienes te honran.

[6] Concédele al rey más años de vida;
que sean sus días una eternidad.
[7] Que reine siempre en tu presencia,
y que tu amor y tu verdad lo
protejan.
[8] Así cantaré siempre salmos a tu
*nombre
y cumpliré mis votos día tras día.

Salmo 62
Al director musical. Para Jedutún. Salmo de David.

[1] Sólo en Dios halla descanso mi
*alma;
de él viene mi *salvación.
[2] Sólo él es mi *roca y mi salvación;
él es mi protector.
¡Jamás habré de caer!

[3] ¿Hasta cuándo atacarán todos
ustedes
a un *hombre para derribarlo?
Es como un muro inclinado,
¡como una cerca a punto de
derrumbarse!
[4] Sólo quieren derribarlo
de su lugar de preeminencia.
Se complacen en la mentira:
bendicen con la boca,
pero maldicen con el *corazón.
*Selah

[5] Sólo en Dios halla descanso mi alma;
de él viene mi esperanza.
[6] Sólo él es mi roca y mi salvación;
él es mi protector
y no habré de caer.
[7] Dios es mi salvación y mi gloria;
es la roca que me fortalece;
¡mi refugio está en Dios!

[8] Confía siempre en él, pueblo mío;
ábrele tu corazón cuando estés ante
él.
¡Dios es nuestro refugio! *Selah*

[9] Una quimera es la *gente de humilde
cuna,
y una mentira la gente de alta
alcurnia;
si se les pone juntos en la balanza,
todos ellos no pesan nada.

[10] No confíen en la extorsión
ni se hagan ilusiones con sus
rapiñas;
y aunque se multipliquen sus
riquezas,
no pongan el corazón en ellas.

[11] Una cosa ha dicho Dios,
y dos veces lo he escuchado:
Que tú, oh Dios, eres poderoso;
[12] que tú, Señor, eres todo amor;
que tú pagarás a cada uno
según lo que merezcan sus obras.

Salmo 63
Salmo de David, cuando estaba
en el desierto de Judá.

[1] Oh Dios, tú eres mi Dios;
yo te busco intensamente.
Mi *alma tiene sed de ti;
todo mi ser te anhela,
cual tierra seca, extenuada y
sedienta.

[2] Te he visto en el santuario
y he contemplado tu poder y tu
gloria.
[3] Tu amor es mejor que la vida;
por eso mis labios te alabarán.
[4] Te bendeciré mientras viva,
y alzando mis manos te invocaré.

[5] Mi alma quedará satisfecha
como de un suculento banquete,
y con labios jubilosos
te alabará mi boca.

[6] En mi lecho me acuerdo de ti;
pienso en ti toda la noche.
[7] A la sombra de tus alas cantaré,
porque tú eres mi ayuda.

8 Mi alma se aferra a ti;
tu mano derecha me sostiene.

9 Los que buscan mi muerte serán
destruidos;
bajarán a las profundidades de la
tierra.
10 Serán entregados a la espada
y acabarán devorados por los
chacales.

11 El rey se regocijará en Dios;
todos los que invocan a Dios lo
alabarán,
pero los mentirosos serán
silenciados.

Salmo 64

Al director musical. Salmo de David.

1 Escucha, oh Dios, la voz de mi queja;
protégeme del temor al enemigo.
2 Escóndeme de esa pandilla de impíos,
de esa caterva de malhechores.
3 Afilan su lengua como espada
y lanzan como flechas palabras
ponzoñosas.
4 Emboscados, disparan contra el
inocente;
le tiran sin temor y sin aviso.

5 Unos a otros se animan en sus planes
impíos,
calculan cómo tender sus trampas;
y hasta dicen: «¿Quién las verá?»
6 Maquinan injusticias, y dicen:
«¡Hemos tramado un plan perfecto!»
¡Cuán incomprensibles son
la *mente y los pensamientos
*humanos!

7 Pero Dios les disparará sus flechas,
y sin aviso caerán heridos.
8 Su propia lengua será su ruina,
y quien los vea se burlará de ellos.

9 La *humanidad entera sentirá temor;
proclamará las proezas de Dios
y meditará en sus obras.
10 Que se regocijen en el SEÑOR los
justos;
que busquen refugio en él;
¡que lo alaben todos los de recto
*corazón!

Salmo 65

Al director musical. Salmo de David. Cántico.

1 A ti, oh Dios de *Sión,
te pertenece la alabanza.
A ti se te deben cumplir los votos,
2 porque escuchas la oración.
A ti acude todo *mortal,
3 a causa de sus perversidades.
Nuestros delitos nos abruman,
pero tú los perdonaste.
4 ¡*Dichoso aquel a quien tú escoges,
al que atraes a ti para que viva en
tus atrios!
Saciémonos de los bienes de tu casa,
de los dones de tu santo templo.

5 Tú, oh Dios y Salvador nuestro,
nos respondes con imponentes
obras de *justicia;
tú eres la esperanza de los confines
de la tierra
y de los más lejanos mares.
6 Tú, con tu poder, formaste las
montañas,
desplegando tu potencia.
7 Tú calmaste el rugido de los mares,
el estruendo de sus olas,
y el tumulto de los pueblos.
8 Los que viven en remotos lugares
se asombran ante tus prodigios;
del oriente al occidente
tú inspiras canciones de alegría.

9 Con tus cuidados fecundas la tierra,
y la colmas de abundancia.
Los arroyos de Dios se llenan de
agua,
para asegurarle trigo al pueblo.
¡Así preparas el campo!
10 Empapas los surcos, nivelas sus
terrones,
reblandeces la tierra con las
lluvias
y bendices sus renuevos.
11 Tú coronas el año con tus bondades,
y tus carretas se desbordan de
abundancia.
12 Rebosan los prados del desierto;
las colinas se visten de alegría.
13 Pobladas de rebaños las praderas,
y cubiertos los valles de trigales,
cantan y lanzan voces de alegría.

Salmo 66

Al director musical. Cántico. Salmo.

1 ¡Aclamen alegres a Dios,
   habitantes de toda la tierra!
2 Canten salmos a su glorioso
   *nombre;
   ¡ríndanle gloriosas alabanzas!
3 Díganle a Dios:
   «¡Cuán imponentes son tus obras!
   Es tan grande tu poder
   que tus enemigos mismos se rinden
      ante ti.
4 Toda la tierra se postra en tu
      presencia,
   y te cantan salmos;
   cantan salmos a tu nombre.» *Selah*

5 ¡Vengan y vean las proezas de Dios,
   sus obras portentosas en nuestro
      favor!
6 Convirtió el mar en tierra seca,
   y el pueblo cruzó el río a pie.
   ¡Regocijémonos en él!
7 Con su poder gobierna eternamente;
   sus ojos vigilan a las naciones.
   ¡Que no se levanten contra él los
      rebeldes!   *Selah*

8 Pueblos todos, bendigan a nuestro
      Dios,
   hagan oír la voz de su alabanza.
9 Él ha protegido nuestra vida,
   ha evitado que resbalen nuestros
      pies.

10 Tú, oh Dios, nos has puesto a
      prueba;
   nos has purificado como a la plata.
11 Nos has hecho caer en una red;
   ¡pesada carga nos has echado a
      cuestas!
12 Las caballerías nos han aplastado la
      cabeza;
   hemos pasado por el fuego y por el
      agua,
   pero al fin nos has dado un respiro.
13 Me presentaré en tu templo con
      *holocaustos
   y cumpliré los votos que te hice,
14 los votos de mis labios y mi boca
   que pronuncié en medio de mi
      angustia.

15 Te ofreceré holocaustos de animales
      engordados,
   junto con el humo de ofrendas de
      carneros;
   te ofreceré toros y machos cabríos.
                              Selah
16 Vengan ustedes, temerosos de
      Dios,
   escuchen, que voy a contarles
   todo lo que él ha hecho por mí.
17 Clamé a él con mi boca;
   lo alabé con mi lengua.
18 Si en mi *corazón hubiera yo
      abrigado maldad,
   el *Señor no me habría
      escuchado;
19 pero Dios sí me ha escuchado,
   ha atendido a la voz de mi
      plegaria.
20 ¡Bendito sea Dios,
   que no rechazó mi plegaria
   ni me negó su amor!

Salmo 67

Al director musical. Acompáñese con instrumentos
de cuerda. Salmo. Cántico.

1 Dios nos tenga compasión y nos
      bendiga;
   Dios haga resplandecer su rostro
      sobre nosotros,   *Selah*
2 para que se conozcan en la tierra sus
      *caminos,
   y entre todas las naciones su
      *salvación.

3 Que te alaben, oh Dios, los pueblos;
   que todos los pueblos te alaben.

4 Alégrense y canten con júbilo las
      naciones,
   porque tú las gobiernas con
      rectitud;
   ¡tú guías a las naciones de la tierra!
                              Selah
5 Que te alaben, oh Dios, los pueblos;
   que todos los pueblos te alaben.

6 La tierra dará entonces su fruto,
   y Dios, nuestro Dios, nos bendecirá.
7 Dios nos bendecirá,
   y le temerán todos los confines de
      la tierra.

Salmo 68

Al director musical. Salmo de David. Cántico.

1Que se levante Dios,
que sean dispersados sus enemigos,
que huyan de su presencia los que
le odian.
2Que desaparezcan del todo,
como humo que se disipa con el
viento;
que perezcan ante Dios los impíos,
como cera que se derrite en el
fuego.
3Pero que los justos se alegren y se
regocijen;
que estén felices y alegres delante
de Dios.

4Canten a Dios, canten salmos a su
*nombre;
aclamen a quien cabalga por las
estepas,
y regocíjense en su presencia.
¡Su nombre es el SEÑOR!
5Padre de los huérfanos y defensor de
las viudas
es Dios en su morada santa.
6Dios da un hogar a los desamparados
y libertad a los cautivos;
los rebeldes habitarán en el
desierto.

7Cuando saliste, oh Dios, al frente de
tu pueblo,
cuando a través de los páramos
marchaste,   *Selah*
8la tierra se estremeció,
los cielos se vaciaron,
delante de Dios, el Dios de Sinaí,
delante de Dios, el Dios de Israel.
9Tú, oh Dios, diste abundantes
lluvias;
reanimaste a tu extenuada herencia.
10Tu familia se estableció en la tierra
que en tu bondad, oh Dios,
preparaste para el pobre.

11El Señor ha emitido la palabra,
y millares de mensajeras la
proclaman:
12«Van huyendo los reyes y sus tropas;
en las casas, las mujeres se
reparten el botín:

13alas de paloma cubiertas de plata,
con plumas de oro resplandeciente.
Tú te quedaste a dormir entre los
rebaños.»
14Cuando el *Todopoderoso puso en
fuga
a los reyes de la tierra,
parecían copos de nieve
cayendo sobre la cumbre del
Zalmón.

15Montañas de Basán, montañas
imponentes;
montañas de Basán, montañas
escarpadas:
16¿Por qué, montañas escarpadas,
miran con envidia
al monte donde a Dios le place
residir,
donde el SEÑOR habitará por
siempre?
17Los carros de guerra de Dios
se cuentan por millares;
del Sinaí vino en ellos el Señor
para entrar en su santuario.
18Cuando tú, Dios y SEÑOR,
ascendiste a las alturas,
te llevaste contigo a los cautivos;
tomaste tributo de los *hombres,
aun de los rebeldes,
para establecer tu morada.

19Bendito sea el Señor, nuestro Dios y
Salvador,
que día tras día sobrelleva nuestras
cargas.   *Selah*
20Nuestro Dios es un Dios que
salva;
el SEÑOR Soberano nos libra de la
muerte.

21Dios aplastará la cabeza de sus
enemigos,
la testa enmarañada de los que
viven pecando.
22El Señor nos dice: «De Basán los
regresaré;
de las profundidades del mar los
haré volver,
23para que se empapen los pies
en la sangre de sus enemigos;
para que, al lamerla, los perros
tengan también su parte.»

²⁴ En el santuario pueden verse
las procesiones de mi Dios,
las procesiones de mi Dios
y rey.
²⁵ Los cantores van al frente,
seguidos de los músicos de
cuerda,
entre doncellas que tocan
panderetas.
²⁶ Bendigan a Dios en la gran
congregación;
alaben al SEÑOR, descendientes de
Israel.
²⁷ Los guía la joven tribu de Benjamín,
seguida de los múltiples príncipes
de Judá
y de los príncipes de Zabulón y
Neftalí.

²⁸ Despliega tu poder, oh Dios;
haz gala, oh Dios, de tu poder,
que has manifestado en favor
nuestro.
²⁹ Por causa de tu templo en
Jerusalén
los reyes te ofrecerán presentes.
³⁰ Reprende a esa bestia de los
juncos,
a esa manada de toros bravos
entre naciones que parecen
becerros.
Haz que, humillada, te lleve barras
de plata;
dispersa a las naciones belicosas.
³¹ Egipto enviará embajadores,
y *Cus se someterá a Dios.

³² Cántenle a Dios, oh reinos de la
tierra,
cántenle salmos al Señor,   *Selah*
³³ al que cabalga por los cielos,
los cielos antiguos,
al que hace oír su voz,
su voz de trueno.
³⁴ Reconozcan el poder de Dios;
su majestad está sobre Israel,
su poder está en las alturas.
³⁵ En tu santuario, oh Dios, eres
imponente;
¡el Dios de Israel da poder y fuerza
a su pueblo!

¡Bendito sea Dios!

Salmo 69

Al director musical. Sígase la tonada de «Los
lirios». De David.

¹ Sálvame, Dios mío,
que las aguas ya me llegan al
*cuello.
² Me estoy hundiendo en una ciénaga
profunda,
y no tengo dónde apoyar el pie.
Estoy en medio de profundas
aguas,
y me arrastra la corriente.
³ Cansado estoy de pedir ayuda;
tengo reseca la garganta.
Mis ojos languidecen,
esperando la ayuda de mi Dios.
⁴ Más que los cabellos de mi cabeza
son los que me odian sin motivo;
muchos son los enemigos gratuitos
que se han propuesto destruirme.
¿Cómo voy a devolver lo que no
he robado?

⁵ Oh Dios, tú sabes lo insensato que
he sido;
no te puedo esconder mis
transgresiones.
⁶ SEÑOR Soberano, *Todopoderoso,
que no sean avergonzados por mi
culpa
los que en ti esperan;
oh Dios de Israel,
que no sean humillados por mi
culpa
los que te buscan.
⁷ Por ti yo he sufrido insultos;
mi rostro se ha cubierto de
ignominia.
⁸ Soy como un extraño para mis
hermanos;
soy un extranjero para los hijos de
mi madre.
⁹ El celo por tu casa me consume;
sobre mí han recaído
los insultos de tus detractores.
¹⁰ Cuando lloro y ayuno,
tengo que soportar sus ofensas;
¹¹ cuando me visto de luto,
soy objeto de burlas.
¹² Los que se sientan a la *puerta
murmuran contra mí;
los borrachos me dedican parodias.

13 Pero yo, SEÑOR, te imploro
en el tiempo de tu buena voluntad.
Por tu gran amor, oh Dios,
respóndeme;
por tu fidelidad, sálvame.
14 Sácame del fango;
no permitas que me hunda.
Líbrame de los que me odian,
y de las aguas profundas.
15 No dejes que me arrastre la corriente;
no permitas que me trague el
abismo,
ni que el foso cierre sus fauces
sobre mí.
16 Respóndeme, SEÑOR, por tu bondad
y tu amor;
por tu gran compasión, vuélvete a
mí.
17 No escondas tu rostro de este siervo
tuyo;
respóndeme pronto, que estoy
angustiado.
18 Ven a mi lado, y rescátame;
redímeme, por causa de mis
enemigos.

19 Tú bien sabes cómo me insultan,
me avergüenzan y denigran;
sabes quiénes son mis adversarios.
20 Los insultos me han destrozado el
corazón;
para mí ya no hay remedio.
Busqué compasión, y no la hubo;
busqué consuelo, y no lo hallé.
21 En mi comida pusieron hiel;
para calmar mi sed me dieron
vinagre.

22 Que se conviertan en trampa sus
banquetes,
y su prosperidad en lazo.
23 Que se les nublen los ojos, para que
no vean;
y que sus fuerzas flaqueen para
siempre.
24 Descarga tu furia sobre ellos;
que tu ardiente ira los alcance.
25 Quédense desiertos sus campamentos,
y deshabitadas sus tiendas de
campaña.
26 Pues al que has afligido lo persiguen,
y se burlan del dolor del que has
herido.

27 Añade a sus pecados más pecados;
no los hagas partícipes de tu
*salvación.
28 Que sean borrados del libro de la
vida;
que no queden inscritos con los
justos.

29 Y a mí, que estoy pobre y
adolorido,
que me proteja, oh Dios, tu
*salvación.
30 Con cánticos alabaré el *nombre de
Dios;
con acción de gracias lo exaltaré.
31 Esa ofrenda agradará más al SEÑOR
que la de un toro o un novillo
con sus cuernos y pezuñas.
32 Los pobres verán esto y se alegrarán;
¡reanímense ustedes, los que
buscan a Dios!
33 Porque el SEÑOR oye a los
necesitados,
y no desdeña a su pueblo cautivo.

34 Que lo alaben los cielos y la tierra,
los mares y todo lo que se mueve
en ellos,
35 porque Dios salvará a *Sión
y reconstruirá las ciudades de Judá.
Allí se establecerá el pueblo
y tomará posesión de la tierra.
36 La heredarán los hijos de sus siervos;
la habitarán los que aman al Señor.

Salmo 70

70:1-5 — Sal 40:13-17
Al director musical. Petición de David.

1 Apresúrate, oh Dios, a rescatarme;
¡apresúrate, SEÑOR, a socorrerme!
2 Que sean avergonzados y
confundidos
los que procuran matarme.
Que retrocedan humillados
todos los que desean mi ruina.
3 Que vuelvan sobre sus pasos,
avergonzados,
todos los que se burlan de mí.
4 Pero que todos los que te buscan
se alegren en ti y se regocijen;
que los que aman tu *salvación
digan siempre:
«¡Sea Dios exaltado!»

5 Yo soy pobre y estoy necesitado;
¡ven pronto a mí, oh Dios!
Tú eres mi socorro y mi
libertador;
¡no te demores, SEÑOR!

Salmo 71
71:1-3 — Sal 31:1-4

1 En ti, SEÑOR, me he refugiado;
jamás me dejes quedar en
vergüenza.
2 Por tu justicia, rescátame y
líbrame;
dígnate escucharme, y sálvame.
3 Sé tú mi *roca de refugio
adonde pueda yo siempre acudir;
Da la orden de salvarme,
porque tú eres mi roca, mi
fortaleza.
4 Líbrame, Dios mío, de manos de los
impíos,
del poder de los malvados y
violentos.

5 Tú, Soberano SEÑOR, has sido mi
esperanza;
en ti he confiado desde mi
juventud.
6 De ti he dependido desde que nací;
del vientre materno me hiciste
nacer.
¡Por siempre te alabaré!
7 Para muchos, soy motivo de
asombro,
pero tú eres mi refugio
inconmovible.
8 Mi boca rebosa de alabanzas a tu
*nombre,
y todo el día proclama tu grandeza.

9 No me rechaces cuando llegue a
viejo;
no me abandones cuando me falten
las fuerzas.
10 Porque mis enemigos murmuran
contra mí;
los que me acechan se confabulan.
11 Y dicen: «¡Dios lo ha abandonado!
¡Persíganlo y agárrenlo, que nadie
lo rescatará!»
12 Dios mío, no te alejes de mí;
Dios mío, ven pronto a
ayudarme.

13 Que perezcan humillados mis
acusadores;
que se cubran de oprobio y de
ignominia
los que buscan mi ruina.

14 Pero yo siempre tendré esperanza,
y más y más te alabaré.
15 Todo el día proclamará mi boca
tu justicia y tu *salvación,
aunque es algo que no alcanzo a
descifrar.
16 Soberano SEÑOR, relataré tus obras
poderosas,
y haré memoria de tu justicia,
de tu justicia solamente.
17 Tú, oh Dios, me enseñaste desde mi
juventud,
y aún hoy anuncio todos tus
prodigios.
18 Aun cuando sea yo anciano y peine
canas,
no me abandones, oh Dios,
hasta que anuncie tu poder
a la generación venidera,
y dé a conocer tus proezas
a los que aún no han nacido.

19 Oh Dios, tú has hecho grandes
cosas;
tu justicia llega a las alturas.
¿Quién como tú, oh Dios?
20 Me has hecho pasar por muchos
infortunios,
pero volverás a darme vida;
de las profundidades de la tierra
volverás a levantarme.
21 Acrecentarás mi honor
y volverás a consolarme.

22 Por tu fidelidad, Dios mío,
te alabaré con instrumentos de
cuerda;
te cantaré, oh Santo de Israel,
salmos con la lira.
23 Gritarán de júbilo mis labios
cuando yo te cante salmos,
pues me has salvado la vida.
24 Todo el día repetirá mi lengua
la historia de tus justas acciones,
pues quienes buscaban mi mal
han quedado confundidos y
avergonzados.

Salmo 72

De Salomón.

1 Oh Dios, otorga tu justicia al rey,
   tu rectitud al príncipe heredero.
2 Así juzgará con rectitud a tu pueblo
   y hará justicia a tus pobres.
3 Brindarán los montes *bienestar al
   pueblo,
   y fruto de justicia las colinas.
4 El rey hará justicia a los pobres del
   pueblo
   y salvará a los necesitados;
   ¡él aplastará a los opresores!

5 Que viva el rey y por mil
   generaciones,
   lo mismo que el sol y que la luna.
6 Que sea como la lluvia sobre un
   campo sembrado,
   como las lluvias que empapan la
   tierra.
7 Que en sus días florezca la justicia,
   y que haya gran prosperidad,
   hasta que la luna deje de existir.

8 Que domine el rey de mar a mar,
   desde el río Éufrates hasta los
   confines de la tierra.
9 Que se postren ante él las tribus del
   desierto;
   ¡que muerdan el polvo sus
   enemigos!
10 Que le paguen tributo los reyes de
   Tarsis
   y de las costas remotas;
   que los reyes de Sabá y de Seba
   le traigan presentes;
11 Que ante él se inclinen todos los reyes;
   ¡que le sirvan todas las naciones!

12 Él librará al indigente que pide
   auxilio,
   y al pobre que no tiene quien lo
   ayude.
13 Se compadecerá del desvalido y del
   necesitado,
   y a los menesterosos les salvará la
   vida.

14 Los librará de la opresión y la
   violencia,
   porque considera valiosa su vida.

15 ¡Que viva el rey!
   ¡Que se le entregue el oro de Sabá!
   Que se ore por él sin cesar;
   que todos los días se le bendiga.
16 Que abunde el trigo en toda la tierra;
   que ondeen los trigales en la
   cumbre de los montes.
   Que el grano se dé como en el Líbano;
   que abunden las gavillas z como la
   hierba del campo.

17 Que su *nombre perdure para siempre;
   que su fama permanezca como el
   sol.
   Que en su nombre las naciones
   se bendigan unas a otras;
   que todas ellas lo proclamen
   *dichoso.

18 Bendito sea Dios el SEÑOR,
   el Dios de Israel,
   el único que hace obras portentosas.
19 Bendito sea por siempre su glorioso
   nombre;
   ¡que toda la tierra se llene de su
   gloria!

        Amén y Amén.

20 Aquí terminan las oraciones de
   David hijo de Isaí.

LIBRO III
Salmos 73-89

Salmo 73

Salmo de Asaf.

1 En verdad, ¡cuán bueno es Dios con
   Israel,
   con los puros de corazón!
2 Yo estuve a punto de caer,
   y poco me faltó para que resbalara.
3 Sentí envidia de los arrogantes,
   al ver la prosperidad de esos
   malvados.

---

y 72:5 *Que viva el rey* (véase LXX); *Te temerán* (TM).   z 72:16 *que abunden las gavillas.* Alt. *que de la ciudad nazca gente.*

4 Ellos no tienen ningún problema;
 su cuerpo está fuerte y saludable.*a*
5 Libres están de los afanes de todos;
 no les afectan los infortunios
 humanos.
6 Por eso lucen su orgullo como un
 collar,
 y hacen gala de su violencia.
7 ¡Están que revientan de malicia,
 y hasta se les ven sus malas
 intenciones!
8 Son burlones, hablan con doblez,
 y arrogantes oprimen y amenazan.
9 Con la boca increpan al cielo,
 con la lengua dominan la tierra.
10 Por eso la gente acude a ellos
 y cree todo lo que afirman.
11 Hasta dicen: «¿Cómo puede Dios
 saberlo?
 ¿Acaso el *Altísimo tiene
 entendimiento?»

12 Así son los impíos;
 sin afanarse, aumentan sus riquezas.

13 En verdad, ¿de qué me sirve
 mantener mi corazón limpio
 y mis manos lavadas en la
 inocencia,
14 si todo el día me golpean
 y de mañana me castigan?

15 Si hubiera dicho: «Voy a hablar
 como ellos»,
 habría traicionado a tu linaje.
16 Cuando traté de comprender todo
 esto,
 me resultó una carga insoportable,
17 hasta que entré en el santuario de
 Dios;
 allí comprendí cuál será el destino
 de los malvados:
18 En verdad, los has puesto en terreno
 resbaladizo,
 y los empujas a su propia
 destrucción.
19 ¡En un instante serán destruidos,
 totalmente consumidos por el
 terror!

20 Como quien despierta de un sueño,
 así, *Señor, cuando tú te levantes,
 desecharás su falsa apariencia.

21 Se me afligía el corazón
 y se me amargaba el ánimo
22 por mi *necedad e ignorancia.
 ¡Me porté contigo como una bestia!
23 Pero yo siempre estoy contigo,
 pues tú me sostienes de la mano
 derecha.
24 Me guías con tu consejo,
 y más tarde me acogerás en gloria.
25 ¿A quién tengo en el cielo sino a ti?
 Si estoy contigo, ya nada quiero en
 la tierra.
26 Podrán desfallecer mi cuerpo y mi
 espíritu,*b*
 pero Dios fortalece*c* mi corazón;
 él es mi herencia eterna.

27 Perecerán los que se alejen de ti;
 tú destruyes a los que te son
 infieles.
28 Para mí el bien es estar cerca de Dios.
 He hecho del SEÑOR Soberano mi
 refugio
 para contar todas sus obras.

Salmo 74
*Masquil de Asaf.

1 ¿Por qué, oh Dios,
 nos has rechazado para siempre?
 ¿Por qué se ha encendido tu ira
 contra las ovejas de tu prado?
2 Acuérdate del pueblo que adquiriste
 desde tiempos antiguos,
 de la tribu que redimiste
 para que fuera tu posesión.
 Acuérdate de este monte *Sión,
 que es donde tú habitas.
3 Dirige tus pasos hacia estas ruinas
 eternas;
 ¡todo en el santuario lo ha
 destruido el enemigo!
4 Tus adversarios rugen en el lugar de
 tus asambleas
 y plantan sus banderas en señal de
 victoria.

---

a 73:4 *no tienen ningún problema; / su cuerpo está fuerte y saludable.* Alt. *no tienen lucha alguna ante su muerte; / su cuerpo está saludable.* *b* 73:26 *espíritu.* Lit. *corazón.* *c* 73:26 *fortalece.* Lit. *es la roca de.*

⁵Parecen leñadores en el bosque,
talando árboles con sus hachas.
⁶Con sus hachas y martillos
destrozaron todos los adornos de
madera.
⁷Prendieron fuego a tu santuario;
profanaron el lugar donde habitas.
⁸En su corazón dijeron: «¡Los
haremos polvo!»,
y quemaron en el país todos tus
santuarios.
⁹Ya no vemos ondear nuestras
banderas;
ya no hay ningún profeta,
y ni siquiera sabemos
hasta cuándo durará todo esto.

¹⁰¿Hasta cuándo, oh Dios, se burlará el
adversario?
¿Por siempre insultará tu nombre el
enemigo?
¹¹¿Por qué retraes tu mano, tu mano
derecha?
¿Por qué te quedas cruzado de
brazos?

¹²Tú, oh Dios, eres mi rey desde
tiempos antiguos;
tú traes *salvación sobre la tierra.
¹³Tú dividiste el mar con tu poder;
les rompiste la cabeza a los
monstruos marinos.
¹⁴Tú aplastaste las cabezas de
*Leviatán
y lo diste por comida a las jaurías
del desierto.
¹⁵Tú hiciste que brotaran fuentes y
arroyos;
secaste ríos de inagotables
corrientes.
¹⁶Tuyo es el día, tuya también la
noche;
tú estableciste la luna y el sol;
¹⁷trazaste los límites de la tierra,
y creaste el verano y el invierno.

¹⁸Recuerda, SEÑOR, que tu enemigo se
burla,
y que un pueblo insensato ofende
tu nombre.

¹⁹No entregues a las fieras
la vida de tu tórtola;
no te olvides, ni ahora ni nunca,
de la vida de tus pobres.
²⁰Toma en cuenta tu *pacto,
pues en todos los rincones del país
abunda la violencia.
²¹Que no vuelva humillado el oprimido;
que alaben tu nombre el pobre y el
necesitado.

²²Levántate, oh Dios, y defiende tu
causa;
recuerda que a todas horas te
ofenden los *necios.
²³No pases por alto el griterío de tus
adversarios,
el creciente tumulto de tus
enemigos.

Salmo 75

Al director musical. Sígase la tonada de
«No destruyas». Salmo de Asaf. Cántico.

¹Te damos gracias, oh Dios,
te damos gracias e invocamos ᵈ tu
*nombre;
¡todos hablan de tus obras
portentosas!

²Tú dices: «Cuando yo lo decida,
juzgaré con justicia.
³Cuando se estremece la tierra
con todos sus habitantes,
soy yo quien afirma sus columnas.»
*Selah

⁴«No sean altaneros», digo a los altivos;
«No sean soberbios», ordeno a los
impíos;
⁵«No hagan gala de soberbia contra el
cielo,
ni hablen con aires de suficiencia.»

⁶La exaltación no viene del oriente,
ni del occidente ni del sur,
⁷sino que es Dios el que juzga:
a unos humilla y a otros exalta.
⁸En la mano del SEÑOR hay una copa
de espumante vino mezclado con
especias;

ᵈ75:1 *e invocamos* (LXX y Siríaca); *y cercano está* (TM).

cuando él lo derrame, todos los
impíos de la tierra
habrán de beberlo hasta las heces.
⁹Yo hablaré de esto siempre;
cantaré salmos al Dios de Jacob.
¹⁰Aniquilaré la altivez de todos los
impíos,
y exaltaré el poder de los justos.

Salmo 76

Al director musical. Acompáñese con instrumentos
de cuerda. Salmo de Asaf. Cántico.

¹Dios es conocido en Judá;
su *nombre es exaltado en Israel.
²En *Salén se halla su santuario;
en *Sión está su morada.
³Allí hizo pedazos las centelleantes
saetas,
los escudos, las espadas, las armas
de guerra.   *Selah

⁴Estás rodeado de esplendor;
eres más imponente que las
montañas eternas. e
⁵Los valientes yacen ahora
despojados;
han caído en el sopor de la muerte.
Ninguno de esos hombres aguerridos
volverá a levantar sus manos.
⁶Cuando tú, Dios de Jacob, los
reprendiste,
quedaron pasmados jinetes y
corceles.
⁷Tú, y sólo tú, eres de temer.
¿Quién puede hacerte frente
cuando se enciende tu enojo?
⁸Desde el cielo diste a conocer tu
veredicto;
la tierra, temerosa, guardó silencio
⁹cuando tú, oh Dios, te levantaste
para juzgar,
para salvar a los pobres de la tierra.
                Selah
¹⁰La furia de Edom se vuelve tu
alabanza;
lo que aún queda de Jamat se
vuelve tu corona. f
¹¹Hagan votos al SEÑOR su Dios, y
cúmplanlos;

que todos los países vecinos
paguen tributo al Dios temible,
¹²al que acaba con el valor de los
gobernantes,
¡al que es temido por los reyes de
la tierra!

Salmo 77

Al director musical. Para Jedutún. Salmo de Asaf.

¹A Dios elevo mi voz suplicante;
a Dios elevo mi voz para que me
escuche.
²Cuando estoy angustiado, recurro al
*Señor;
sin cesar elevo mis manos por las
noches,
pero me niego a recibir consuelo.
³Me acuerdo de Dios, y me lamento;
medito en él, y desfallezco.   *Selah
⁴No me dejas conciliar el sueño;
tan turbado estoy que ni hablar
puedo.
⁵Me pongo a pensar en los tiempos de
antaño;
de los años ya idos ⁶me acuerdo.
Mi corazón reflexiona por las
noches; g
mi espíritu medita e inquiere:
⁷«¿Nos rechazará el Señor para
siempre?
¿No volverá a mostrarnos su buena
voluntad?
⁸¿Se habrá agotado su gran amor
eterno,
y sus promesas por todas las
generaciones?
⁹¿Se habrá olvidado Dios de sus
bondades,
y en su enojo ya no quiere tenernos
compasión?»   Selah
¹⁰Y me pongo a pensar: «Esto es lo
que me duele:
que haya cambiado la diestra del
*Altísimo.»
¹¹Prefiero recordar las hazañas del
SEÑOR,
traer a la memoria sus milagros de
antaño.

---

e76:4 *montañas eternas* (LXX); *montañas donde hay presa* (TM).   f76:10 *La furia ... tu corona* (lectura
probable); *La furia del hombre te alabará, porque los sobrevivientes al castigo te harán fiesta* (TM).
g77:6 *me acuerdo. / Mi ... las noches* (LXX); *Me acuerdo de mi cántico por las noches con mi corazón* (TM).

12Meditaré en todas tus proezas;
evocaré tus obras poderosas.

13Santos, oh Dios, son tus *caminos;
¿qué dios hay tan excelso como
nuestro Dios?

14Tú eres el Dios que realiza maravillas;
el que despliega su poder entre los
pueblos.

15Con tu brazo poderoso redimiste a tu
pueblo,
a los descendientes de Jacob y de
José.   *Selah*

16Las aguas te vieron, oh Dios,
las aguas te vieron y se agitaron;
el propio abismo se estremeció con
violencia.

17Derramaron su lluvia las nubes;
retumbaron con estruendo los
cielos;
rasgaron el espacio tus centellas.

18Tu estruendo retumbó en el torbellino
y tus relámpagos iluminaron el
mundo;
la tierra se estremeció con
temblores.

19Te abriste camino en el mar;
te hiciste paso entre las muchas
aguas,
y no se hallaron tus huellas.

20Por medio de Moisés y de Aarón
guiaste como un rebaño a tu pueblo.

Salmo 78
Masquil de Asaf.

1Pueblo mío, atiende a mi *enseñanza;
presta oído a las palabras de mi
boca.

2Mis labios pronunciarán *parábolas
y evocarán misterios de antaño,

3cosas que hemos oído y conocido,
y que nuestros padres nos han
contado.

4No las esconderemos de sus
descendientes;
hablaremos a la generación
venidera
del poder del SEÑOR, de sus proezas,
y de las maravillas que ha
realizado.

5Él promulgó un decreto para Jacob,
dictó una *ley para Israel;

ordenó a nuestros antepasados
enseñarlos a sus descendientes,

6para que los conocieran las
generaciones venideras
y los hijos que habrían de nacer,
que a su vez los enseñarían a sus
hijos.

7Así ellos pondrían su confianza en
Dios
y no se olvidarían de sus proezas,
sino que cumplirían sus
mandamientos.

8Así no serían como sus
antepasados:
generación obstinada y rebelde,
gente de corazón fluctuante,
cuyo espíritu no se mantuvo fiel a
Dios.

9La tribu de Efraín, con sus diestros
arqueros,
se puso en fuga el día de la batalla.

10No cumplieron con el *pacto de Dios,
sino que se negaron a seguir sus
enseñanzas.

11Echaron al olvido sus proezas,
las maravillas que les había
mostrado,

12los milagros que hizo a la vista de
sus padres
en la tierra de Egipto, en la región
de Zoán.

13Partió el mar en dos para que ellos lo
cruzaran,
mientras mantenía las aguas firmes
como un muro.

14De día los guió con una nube,
y toda la noche con luz de fuego.

15En el desierto partió en dos las rocas,
y les dio a beber torrentes de aguas;

16hizo que brotaran arroyos de la peña
y que las aguas fluyeran como ríos.

17Pero ellos volvieron a pecar contra él;
en el desierto se rebelaron contra el
*Altísimo.

18Con toda intención pusieron a Dios a
prueba,
y le exigieron comida a su antojo.

19Murmuraron contra Dios, y aun
dijeron:
«¿Podrá Dios tendernos una mesa
en el desierto?

20 Cuando golpeó la roca,
el agua brotó en torrentes;
pero ¿podrá también darnos de
comer?,
¿podrá proveerle carne a su
pueblo?»
21 Cuando el SEÑOR oyó esto, se puso
muy furioso;
su enojo se encendió contra Jacob,
su ira ardió contra Israel.
22 Porque no confiaron en Dios,
ni creyeron que él los salvaría.
23 Desde lo alto dio una orden a las
nubes,
y se abrieron las puertas de los
cielos.
24 Hizo que les lloviera maná, para que
comieran;
pan del cielo les dio a comer.
25 Todos ellos comieron pan de ángeles;
Dios les envió comida hasta
saciarlos.
26 Desató desde el cielo el viento
solano,
y con su poder levantó el viento
del sur.
27 Cual lluvia de polvo, hizo que les
lloviera carne;
¡nubes de pájaros, como la arena
del mar!
28 Los hizo caer en medio de su
campamento
y en los alrededores de sus tiendas.
29 Comieron y se hartaron,
pues Dios les cumplió su capricho.
30 Pero el capricho no les duró mucho:
aún tenían la comida en la boca
31 cuando el enojo de Dios vino sobre
ellos:
dio muerte a sus hombres más
robustos;
abatió a la flor y nata de Israel.

32 A pesar de todo, siguieron pecando
y no creyeron en sus maravillas.
33 Por tanto, Dios hizo que sus días
se esfumaran como un suspiro,
que sus años acabaran en medio
del terror.
34 Si Dios los castigaba, entonces lo
buscaban,
y con ansias se volvían de nuevo a
él.

35 Se acordaban de que Dios era su *roca,
de que el Dios Altísimo era su
redentor.
36 Pero entonces lo halagaban con la
boca,
y le mentían con la lengua.
37 No fue su corazón sincero para con
Dios;
no fueron fieles a su pacto.
38 Sin embargo, él les tuvo compasión;
les perdonó su maldad y no los
destruyó.
Una y otra vez contuvo su enojo,
y no se dejó llevar del todo por la
ira.
39 Se acordó de que eran simples
*mortales,
un efímero suspiro que jamás
regresa.

40 ¡Cuántas veces se rebelaron contra él
en el desierto,
y lo entristecieron en los páramos!
41 Una y otra vez ponían a Dios a
prueba;
provocaban al Santo de Israel.
42 Jamás se acordaron de su poder,
de cuando los rescató del opresor,
43 ni de sus señales milagrosas en
Egipto,
ni de sus portentos en la región de
Zoán,
44 cuando convirtió en sangre los ríos
egipcios
y no pudieron ellos beber de sus
arroyos;
45 cuando les envió tábanos que se los
devoraban,
y ranas que los destruían;
46 cuando entregó sus cosechas a los
saltamontes,
y sus sembrados a la langosta;
47 cuando con granizo destruyó sus
viñas,
y con escarcha sus higueras;
48 cuando entregó su ganado al granizo,
y sus rebaños a las centellas;
49 cuando lanzó contra ellos el ardor de
su ira,
de su furor, indignación y
hostilidad:
¡todo un ejército de ángeles
destructores!

⁵⁰Dio rienda suelta a su enojo
    y no los libró de la muerte,
    sino que los entregó a la plaga.
⁵¹Dio muerte a todos los primogénitos
    de Egipto,
    a las primicias de su raza en los
    campamentos de Cam.
⁵²A su pueblo lo guió como a un
    rebaño;
    los llevó por el desierto, como a
    ovejas,
⁵³infundiéndoles confianza para que
    no temieran.
    Pero a sus enemigos se los tragó el
    mar.

⁵⁴Trajo a su pueblo a esta su tierra
    santa,
    a estas montañas que su diestra
    conquistó.
⁵⁵Al paso de los israelitas expulsó
    naciones,
    cuyas tierras dio a su pueblo en
    heredad;
    ¡así estableció en sus tiendas a las
    tribus de Israel!

⁵⁶Pero ellos pusieron a prueba a Dios:
    se rebelaron contra el *Altísimo
    y desobedecieron sus *estatutos.
⁵⁷Fueron desleales y traidores, como
    sus padres;
    ¡tan falsos como un arco
    defectuoso!
⁵⁸Lo irritaron con sus santuarios
    paganos;
    con sus ídolos despertaron sus celos.
⁵⁹Dios lo supo y se puso muy furioso,
    por lo que rechazó completamente
    a Israel.
⁶⁰Abandonó el tabernáculo de Siló,
    que era su santuario aquí en la
    tierra,
⁶¹y dejó que el símbolo de su poder y
    gloria
    cayera cautivo en manos enemigas.
⁶²Tan furioso estaba contra su pueblo
    que dejó que los mataran a filo de
    espada.

⁶³A sus jóvenes los consumió el fuego,
    y no hubo cantos nupciales para
    sus doncellas;
⁶⁴a filo de espada cayeron sus sacerdotes,
    y sus viudas no pudieron hacerles
    duelo.

⁶⁵Despertó entonces el Señor,
    como quien despierta de un sueño,
    como un guerrero que, por causa del
    vino,
    lanza gritos desaforados.
⁶⁶Hizo retroceder a sus enemigos,
    y los puso en vergüenza para
    siempre.
⁶⁷Rechazó a los descendientes ʰ de
    José,
    y no escogió a la tribu de Efraín;
⁶⁸más bien, escogió a la tribu de Judá
    y al monte *Sión, al cual ama.
⁶⁹Construyó su santuario, alto como
    los cielos, ⁱ
    como la tierra, que él afirmó para
    siempre.
⁷⁰Escogió a su siervo David,
    al que sacó de los apriscos de las
    ovejas,
⁷¹y lo quitó de andar arreando los
    rebaños
    para que fuera el *pastor de Jacob,
    su pueblo;
    el pastor de Israel, su herencia.
⁷²Y David los pastoreó con corazón
    sincero;
    con mano experta los dirigió.

Salmo 79
Salmo de Asaf.

¹Oh Dios, los pueblos paganos han
    invadido tu herencia;
    han profanado tu santo templo,
    han dejado en ruinas a Jerusalén.
²Han entregado los cadáveres de tus
    siervos
    como alimento de las aves del cielo;
    han destinado los cuerpos de tus
    fieles
    para comida de los animales
    salvajes.

ʰ78:67 los descendientes. Lit. las tiendas (de campaña).
santuario como las alturas.

ⁱ78:69 santuario, alto como los cielos. Lit.

³Por toda Jerusalén han derramado su
    sangre,
como si derramaran agua,
y no hay quien entierre a los
    muertos.
⁴Nuestros vecinos hacen mofa de
    nosotros;
somos blanco de las burlas de
    quienes nos rodean.

⁵¿Hasta cuándo, SEÑOR?
¿Vas a estar enojado para siempre?
¿Arderá tu celo como el fuego?
⁶¡Enójate con las naciones que no te
    reconocen,
con los reinos que no invocan tu
    *nombre!
⁷Porque a Jacob se lo han devorado,
y al país lo han dejado en ruinas.
⁸No nos tomes en cuenta los pecados
    de ayer;
¡venga pronto tu misericordia a
    nuestro encuentro,
porque estamos totalmente
    abatidos!

⁹Oh Dios y salvador nuestro,
por la gloria de tu nombre,
    ayúdanos;
por tu nombre, líbranos y perdona
    nuestros pecados.

¹⁰¿Por qué van a decir las naciones:
«¿Dónde está su Dios?»
Permítenos ver, y muéstrales a los
    pueblos paganos
cómo tomas venganza de la sangre
    de tus siervos.
¹¹Que lleguen a tu presencia
los gemidos de los cautivos,
y por la fuerza de tu brazo
salva a los condenados a muerte.

¹²Señor, haz que sientan nuestros
    vecinos,
siete veces y en carne propia,
el oprobio que han lanzado
    contra ti.
¹³Y nosotros, tu pueblo y ovejas de tu
    prado,
te alabaremos por siempre;
de generación en generación
cantaremos tus alabanzas.

Salmo 80

Al director musical. Sígase la tonada de
«Los lirios del *pacto». Salmo de Asaf.

¹*Pastor de Israel,
tú que guías a José como a un
    rebaño,
tú que reinas entre los *querubines,
    ¡escúchanos!
¡Resplandece ²delante de Efraín,
    Benjamín y Manasés!
¡Muestra tu poder, y ven a
    salvarnos!

³Restáuranos, oh Dios;
haz resplandecer tu rostro sobre
    nosotros,
y sálvanos.

⁴¿Hasta cuándo, SEÑOR, Dios
    *Todopoderoso,
arderá tu ira contra las oraciones de
    tu pueblo?
⁵Por comida, le has dado pan de
    lágrimas;
por bebida, lágrimas en
    abundancia.
⁶Nos has hecho motivo de contienda
    para nuestros vecinos;
nuestros enemigos se burlan de
    nosotros.

⁷Restáuranos, oh Dios Todopoderoso;
haz resplandecer tu rostro sobre
    nosotros,
y sálvanos.

⁸De Egipto trajiste una vid;
expulsaste a los pueblos paganos, y
    la plantaste.
⁹Le limpiaste el terreno,
y ella echó raíces y llenó la tierra.
¹⁰Su sombra se extendía hasta las
    montañas,
su follaje cubría los más altos
    cedros.
¹¹Sus ramas se extendieron hasta el
    Mediterráneo
y sus renuevos hasta el Éufrates.

¹²¿Por qué has derribado sus muros?
¡Todos los que pasan le arrancan
    uvas!

¹³Los jabalíes del bosque la destruyen,
los animales salvajes la devoran.
¹⁴¡Vuélvete a nosotros, oh Dios
Todopoderoso!
¡Asómate a vernos desde el cielo
y brinda tus cuidados a esta vid!
¹⁵¡Es la raíz que plantaste con tu
diestra!
¡Es el vástago que has criado para ti!

¹⁶Tu vid está derribada, quemada por
el fuego;
a tu reprensión perece tu pueblo.ʲ
¹⁷Bríndale tu apoyo al *hombre de tu
diestra,
al *ser humanoᵏ que para ti has
criado.
¹⁸Nosotros no nos apartaremos de ti;
reavívanos, e invocaremos tu
*nombre.

¹⁹Restáuranos, SEÑOR, Dios
Todopoderoso;
haz resplandecer tu rostro sobre
nosotros,
y sálvanos.

Salmo 81

Al director musical. Sígase la tonada de «La
canción del lagar». Salmo de Asaf.

¹Canten alegres a Dios, nuestra
fortaleza;
¡aclamen con regocijo al Dios de
Jacob!
²¡Entonen salmos!
¡Toquen ya la pandereta,
la lira y el arpa melodiosa!

³Toquen el cuerno de carnero en la
luna nueva,
y en la luna llena, día de nuestra
fiesta.
⁴Éste es un decreto para Israel,
una ordenanza del Dios de Jacob.
⁵Lo estableció como un *pacto con José
cuando salió de la tierra de Egipto.

Escucho un idioma que no entiendo:
⁶«Te he quitado la carga de los hombros;

tus manos se han librado del
pesado cesto.
⁷En tu angustia me llamaste, y te libré;
oculto en el nubarrón te respondí;
en las aguas de Meribá te puse a
prueba. *Selah

⁸»Escucha, pueblo mío, mis
advertencias;
¡ay Israel, si tan sólo me
escucharas!
⁹No tendrás ningún dios extranjero,
ni te inclinarás ante ningún dios
extraño.
¹⁰Yo soy el SEÑOR tu Dios,
que te sacó de la tierra de Egipto.
Abre bien la boca, y te la llenaré.

¹¹»Pero mi pueblo no me escuchó;
Israel no quiso hacerme caso.
¹²Por eso los abandoné a su obstinada
voluntad,
para que actuaran como mejor les
pareciera.

¹³»Si mi pueblo tan sólo me escuchara,
si Israel quisiera andar por mis
*caminos,
¹⁴¡cuán pronto sometería yo a sus
enemigos,
y volvería mi mano contra sus
adversarios!
¹⁵Los que aborrecen al SEÑOR se
rendirían ante él,
pero serían eternamente castigados.
¹⁶Y a ti te alimentaría con lo mejor del
trigo;
con miel de la peña te saciaría.»

Salmo 82

Salmo de Asaf.

¹Dios preside el consejo celestial;
entre los dioses dicta sentencia:

²«¿Hasta cuándo defenderán la
injusticia
y favorecerán a los impíos? *Selah
³Defiendan la causa del huérfano y
del desvalido;

ʲ**80:16** *Tu vid ... tu pueblo* (lectura probable); *Haz que perezcan, a tu reprensión, / los que la queman y
destruyen* (TM).   ᵏ**80:17** *ser humano.* Lit. *hijo de hombre.*

al pobre y al oprimido háganles
justicia.
4 Salven al menesteroso y al necesitado;
líbrenlos de la mano de los impíos.

5»Ellos no saben nada, no entienden
nada.
Deambulan en la oscuridad;
se estremecen todos los cimientos
de la tierra.

6»Yo les he dicho: "Ustedes son dioses;
todos ustedes son hijos del
*Altísimo."
7 Pero morirán como cualquier *mortal;
caerán como cualquier otro
gobernante.»

8 Levántate, oh Dios, y juzga a la
tierra,
pues tuyas son todas las naciones.

Salmo 83
Cántico. Salmo de Asaf.

1 Oh Dios, no guardes silencio;
no te quedes, oh Dios, callado e
impasible.
2 Mira cómo se alborotan tus
enemigos,
cómo te desafían los que te odian.
3 Con astucia conspiran contra tu
pueblo;
conspiran contra aquellos a quienes
tú estimas.
4 Y dicen: «¡Vengan, destruyamos su
nación!
¡Que el *nombre de Israel no
vuelva a recordarse!»

5 Como un solo hombre se confabulan;
han hecho un *pacto contra ti:
6 los campamentos de Edom y de
Ismael,
los de Moab y de Agar,
7 Guebal,[l] Amón y Amalec,
los de Filistea y los habitantes de
Tiro.
8 ¡Hasta Asiria se les ha unido;
ha apoyado a los descendientes de
Lot!   *Selah

9 Haz con ellos como hiciste con
Madián,
como hiciste con Sísara y Jabín en
el río Quisón,
10 los cuales perecieron en Endor
y quedaron en la tierra, como
estiércol.
11 Haz con sus nobles
como hiciste con Oreb y con Zeb;
haz con todos sus príncipes
como hiciste con Zeba y con
Zalmuna,
12 que decían: «Vamos a adueñarnos
de los pastizales de Dios.»

13 Hazlos rodar como zarzas, Dios mío;
¡como paja que se lleva el viento!
14 Y así como el fuego consume los
bosques
y las llamas incendian las
montañas,
15 así persíguelos con tus tormentas
y aterrorízalos con tus tempestades.
16 SEÑOR, cúbreles el rostro de ignominia,
para que busquen tu nombre.

17 Que sean siempre puestos en
vergüenza;
que perezcan humillados.
18 Que sepan que tú eres el SEÑOR,
que ése es tu nombre;
que sepan que sólo tú eres el
*Altísimo
sobre toda la tierra.

Salmo 84
Al director musical. Sígase la tonada de «La canción del lagar». Salmo de los hijos de Coré.

1 ¡Cuán hermosas son tus moradas,
SEÑOR *Todopoderoso!
2 Anhelo con el *alma los atrios del
SEÑOR;
casi agonizo por estar en ellos.
Con el corazón, con todo el cuerpo,
canto alegre al Dios de la vida.

3 SEÑOR Todopoderoso, rey mío y
Dios mío,
aun el gorrión halla casa cerca de
tus altares;

---

l 83:7 *Guebal.* Es decir, Biblos.

también la golondrina hace allí su
nido,
para poner sus polluelos.
⁴*Dichoso el que habita en tu templo,
pues siempre te está alabando.
                              *Selah
⁵Dichoso el que tiene en ti su
fortaleza,
que sólo piensa en recorrer tus
sendas.
⁶Cuando pasa por el valle de las
Lágrimas
lo convierte en región de
manantiales;
también las lluvias tempranas
cubren de bendiciones el valle.
⁷Según avanzan los peregrinos,
cobran más fuerzas,
y en *Sión se presentan ante el
Dios de dioses.

⁸Oye mi oración, SEÑOR, Dios
Todopoderoso;
escúchame, Dios de Jacob.   Selah
⁹Oh Dios, escudo nuestro,
pon sobre tu ungido tus ojos
bondadosos.

¹⁰Vale más pasar un día en tus atrios
que mil fuera de ellos;
prefiero cuidar la entrada de la casa
de mi Dios
que habitar entre los impíos.
¹¹El SEÑOR es sol y escudo;
Dios nos concede honor y gloria.
El SEÑOR brinda generosamente su
bondad
a los que se conducen sin tacha.

¹²SEÑOR Todopoderoso,
¡dichosos los que en ti confían!

Salmo 85
Al director musical. Salmo de los hijos de Coré.

¹SEÑOR, tú has sido bondadoso con
esta tierra tuya
al restaurarᵐ a Jacob;

²perdonaste la iniquidad de tu pueblo
y cubriste todos sus pecados;
                              *Selah
³depusiste por completo tu enojo,
y contuviste el ardor de tu ira.

⁴Restáuranos una vez más, Dios y
salvador nuestro;
pon fin a tu disgusto con nosotros.
⁵¿Vas a estar enojado con nosotros
para siempre?
¿Vas a seguir eternamente airado?
⁶¿No volverás a darnos nueva vida,
para que tu pueblo se alegre en ti?
⁷Muéstranos, SEÑOR, tu amor
inagotable,
y concédenos tu *salvación.

⁸Voy a escuchar lo que Dios el
SEÑOR dice:
él promete *paz a su pueblo y a sus
fieles,
siempre y cuando no se vuelvan a
la *necedad.ⁿ
⁹Muy cercano está para salvar a los
que le temen,
para establecer su gloria en nuestra
tierra.

¹⁰El amor y la verdad se encontrarán;
se besarán la paz y la justicia.
¹¹De la tierra brotará la verdad,
y desde el cielo se asomará la
justicia.
¹²El SEÑOR mismo nos dará bienestar,
y nuestra tierra rendirá su fruto.
¹³La justicia será su heraldo
y le preparará el camino.

Salmo 86
Oración de David.

¹Atiéndeme, SEÑOR; respóndeme,
pues pobre soy y estoy necesitado.
²Presérvame la vida, pues te soy
fiel.
Tú eres mi Dios, y en ti confío;
¡salva a tu siervo!
³Compadécete, Señor, de mí,
porque a ti clamo todo el día.

ᵐ85:1 al restaurar. Alt. al hacer volver de la cautividad.   ⁿ85:8 siempre y cuando ... necedad. Lit. y a los
que se vuelven de su necedad.

⁴Reconforta el espíritu de tu siervo,
porque a ti, Señor, elevo mi *alma.

⁵Tú, Señor, eres bueno y perdonador;
grande es tu amor por todos los
que te invocan.
⁶Presta oído, SEÑOR, a mi oración;
atiende a la voz de mi clamor.
⁷En el día de mi angustia te invoco,
porque tú me respondes.

⁸No hay, SEÑOR, entre los dioses otro
como tú,
ni hay obras semejantes a las tuyas.
⁹Todas las naciones que has creado
vendrán, Señor, y ante ti se postrarán
y glorificarán tu *nombre.
¹⁰Porque tú eres grande y haces
maravillas;
¡sólo tú eres Dios!

¹¹Instrúyeme, SEÑOR, en tu *camino
para conducirme con fidelidad.
Dame integridad de corazón
para temer tu nombre.
¹²Señor mi Dios, con todo el corazón
te alabaré,
y por siempre glorificaré tu nombre.
¹³Porque grande es tu amor por mí:
me has librado de caer en el
*sepulcro.

¹⁴Gente altanera me ataca, oh Dios;
una banda de asesinos procura
matarme.
¡Son gente que no te toma en cuenta!
¹⁵Pero tú, Señor, eres Dios clemente y
compasivo,
lento para la ira, y grande en amor
y verdad.
¹⁶Vuélvete hacia mí, y tenme compasión;
concédele tu fuerza a este siervo
tuyo.
¡Salva a tu hijo fiel!ⁿ
¹⁷Dame una muestra de tu amor,
para que mis enemigos la vean y se
avergüencen,
porque tú, SEÑOR, me has brindado
ayuda y consuelo.

Salmo 87
Salmo de los hijos de Coré. Cántico.

¹Los cimientos de la ciudad de Diosᵒ
están en el santo monte.
²El SEÑOR ama las *entradas de
*Sión
más que a todas las moradas de
Jacob.
³De ti, ciudad de Dios,
se dicen cosas gloriosas: *Selah
⁴«Entre los que me reconocen
puedo contar a *Rahab y a
Babilonia,
a Filistea y a Tiro, lo mismo que a
*Cus.
Se dice: "Éste nació en Sión."»

⁵De Sión se dirá, en efecto:
«Éste y aquél nacieron en ella.
El *Altísimo mismo la ha
establecido.»
⁶El SEÑOR anotará en el registro de
los pueblos:
«Éste nació en Sión.»   Selah
⁷Y mientras cantan y bailan, dicen:
«En ti se hallan todos mis
orígenes.»ᵖ

Salmo 88
Cántico. Salmo de los hijos de Coré. Al director
musical. Según *majalat leannot. *Masquil de
Hemán el ezraíta.

¹SEÑOR, Dios de mi *salvación,
día y noche clamo en presencia
tuya.
²Que llegue ante ti mi oración;
dígnate escuchar mi súplica.

³Tan colmado estoy de calamidades
que mi vida está al borde del
*sepulcro.
⁴Ya me cuentan entre los que bajan a
la fosa;
parezco un guerrero desvalido.
⁵Me han puesto aparte, entre los
muertos;
parezco un cadáver que yace en el
sepulcro,

ⁿ86:16 *a tu hijo fiel.* Lit. *al hijo de tu sierva.*   ᵒ87:1 *Los cimientos de la ciudad de Dios.* Lit. *Los cimientos de él.*   ᵖ87:7 *todos mis orígenes.* Lit. *todas mis fuentes.*

de esos que tú ya no recuerdas,
porque fueron arrebatados de tu
mano.

6 Me has echado en el foso más
profundo,
en el más tenebroso de los abismos.
7 El peso de tu enojo ha recaído sobre
mí;
me has abrumado con tus olas.
Selah
8 Me has quitado a todos mis amigos
y ante ellos me has hecho
aborrecible.
Estoy aprisionado y no puedo
librarme;
9 los ojos se me nublan de tristeza.

Yo, SEÑOR, te invoco cada día,
y hacia ti extiendo las manos.
10 ¿Acaso entre los muertos realizas
maravillas?
¿Pueden los muertos levantarse a
darte gracias? *Selah*
11 ¿Acaso en el sepulcro se habla de tu
amor,
y de tu fidelidad en el abismo
destructor?[q]
12 ¿Acaso en las tinieblas se conocen
tus maravillas,
o tu justicia en la tierra del olvido?

13 Yo, SEÑOR, te ruego que me ayudes;
por la mañana busco tu presencia
en oración.
14 ¿Por qué me rechazas, SEÑOR?
¿Por qué escondes de mí tu rostro?

15 Yo he sufrido desde mi juventud;
muy cerca he estado de la muerte.
Me has enviado terribles sufrimientos
y ya no puedo más.
16 Tu ira se ha descargado sobre mí;
tus violentos ataques han acabado
conmigo.
17 Todo el día me rodean como un
océano;
me han cercado por completo.
18 Me has quitado amigos y seres
queridos;
ahora sólo tengo amistad con las
tinieblas.

Salmo 89

*Masquil de Etán el ezraíta.

1 Oh SEÑOR, por siempre cantaré
la grandeza de tu amor;
por todas las generaciones
proclamará mi boca tu fidelidad.
2 Declararé que tu amor permanece
firme para siempre,
que has afirmado en el cielo tu
fidelidad.

3 Dijiste: «He hecho un *pacto con mi
escogido;
le he jurado a David mi siervo:
4 "Estableceré tu dinastía para siempre,
y afirmaré tu trono por todas las
generaciones."» *Selah*

5 Los cielos, SEÑOR, celebran tus
maravillas,
y tu fidelidad la asamblea de los
santos.
6 ¿Quién en los cielos es comparable
al SEÑOR?
¿Quién como él entre los seres
celestiales?
7 Dios es muy temido en la asamblea
de los santos;
grande y portentoso sobre cuantos
lo rodean.
8 ¿Quién como tú, SEÑOR, Dios
*Todopoderoso,
rodeado de poder y de fidelidad?

9 Tú gobiernas sobre el mar
embravecido;
tú apaciguas sus encrespadas olas.
10 Aplastaste a *Rahab como a un
cadáver;
con tu brazo poderoso dispersaste a
tus enemigos.
11 Tuyo es el cielo, y tuya la tierra;
tú fundaste el mundo y todo lo que
contiene.
12 Por ti fueron creados el norte y el sur;
el Tabor y el Hermón cantan
alegres a tu *nombre.

[q] **88:11** *abismo destructor*. Lit. **abadón*.

¹³Tu brazo es capaz de grandes proezas;
fuerte es tu mano, exaltada tu
diestra.

¹⁴La justicia y el derecho son el
fundamento de tu trono,
y tus heraldos, el amor y la verdad.
¹⁵*Dichosos los que saben aclamarte,
SEÑOR,
y caminan a la luz de tu presencia;
¹⁶los que todo el día se alegran en tu
nombre
y se regocijan en tu justicia.
¹⁷Porque tú eres su gloria y su poder;
por tu buena voluntad aumentas
nuestra fuerza.ʳ
¹⁸Tú, SEÑOR, eres nuestro escudo;
tú, Santo de Israel, eres nuestro rey.

¹⁹Una vez hablaste en una visión,
y le dijiste a tu pueblo fiel:
«Le he brindado mi ayuda a un
valiente;
al mejor hombre del pueblo lo he
exaltado.
²⁰He encontrado a David, mi siervo,
y lo he ungido con mi aceite santo.
²¹Mi mano siempre lo sostendrá;
mi brazo lo fortalecerá.
²²Ningún enemigo lo someterá a
tributo;
ningún inicuo lo oprimirá.
²³Aplastaré a quienes se le enfrenten
y derribaré a quienes lo aborrezcan.
²⁴La fidelidad de mi amor lo
acompañará,
y por mi nombre será exaltada su
fuerza.ˢ
²⁵Le daré poder sobre el marᵗ
y dominio sobre los ríos.ᵘ
²⁶Él me dirá: "Tú eres mi Padre,
mi Dios, la *roca de mi *salvación."
²⁷Yo le daré los derechos de
primogenitura,
la primacía sobre los reyes de la
tierra.
²⁸Mi amor por él será siempre
constante,
y mi pacto con él se mantendrá fiel.

²⁹Afirmaré su dinastía y su trono
para siempre, mientras el cielo
exista.

³⁰»Pero si sus hijos se apartan de mi *ley
y no viven según mis decretos,
³¹si violan mis *estatutos
y no observan mis mandamientos,
³²con vara castigaré sus transgresiones
y con azotes su iniquidad.
³³Con todo, jamás le negaré mi amor,
ni mi fidelidad le faltará.
³⁴No violaré mi pacto
ni me retractaré de mis palabras.
³⁵Una sola vez he jurado por mi
santidad,
y no voy a mentirle a David:
³⁶Su descendencia vivirá por siempre;
su trono durará como el sol en mi
presencia.
³⁷Como la luna, fiel testigo en el cielo,
será establecido para siempre.»
                                    Selah

³⁸Pero tú has desechado, has
rechazado a tu ungido;
te has enfurecido contra él en gran
manera.
³⁹Has revocado el pacto con tu siervo;
has arrastrado por los suelos su
corona.
⁴⁰Has derribado todas sus murallas
y dejado en ruinas sus fortalezas.
⁴¹Todos los que pasan lo saquean;
¡es motivo de burla para sus
vecinos!
⁴²Has exaltado el poder de sus
adversarios
y llenado de gozo a sus enemigos.
⁴³Le has quitado el filo a su espada,
y no lo has apoyado en la batalla.
⁴⁴Has puesto fin a su esplendor
al derribar por tierra su trono.
⁴⁵Has acortado los días de su juventud;
lo has cubierto con un manto de
vergüenza.   Selah

⁴⁶¿Hasta cuándo, SEÑOR, te seguirás
escondiendo?

ʳ89:17 *aumentas nuestra fuerza*. Lit. *levantas nuestro cuerno*.   ˢ89:24 *su fuerza*. Lit. *su cuerno*.
ᵗ89:25 Probable referencia al mar Mediterráneo.   ᵘ89:25 Probable referencia a Mesopotamia.

¿Va a arder tu ira para siempre,
    como el fuego?
47 ¡Recuerda cuán efímera es mi vida!ᵛ
Al fin y al cabo, ¿para qué creaste
    a los *mortales?
48 ¿Quién hay que viva y no muera
    jamás,
o que pueda escapar del poder del
    *sepulcro?   *Selah*
49 ¿Dónde está, Señor, tu amor de
    antaño,
que en tu fidelidad juraste a David?
50 Recuerda, Señor, que se burlan de
    tus siervos;
que llevo en mi pecho los insultos
    de muchos pueblos.
51 Tus enemigos, SEÑOR, nos ultrajan;
    a cada paso ofenden a tu ungido.

52 ¡Bendito sea el SEÑOR por siempre!
    Amén y Amén.

LIBRO IV
Salmos 90-106

Salmo 90
Oración de Moisés, hombre de Dios.

1 *Señor, tú has sido nuestro refugio
    generación tras generación.
2 Desde antes que nacieran los montes
    y que crearas la tierra y el mundo,
desde los tiempos antiguos
    y hasta los tiempos postreros,
    tú eres Dios.

3 Tú haces que los *hombres vuelvan
    al polvo,
cuando dices: «¡Vuélvanse al
    polvo, *mortales!»
4 Mil años, para ti, son como el día de
    ayer, que ya pasó;
son como unas cuantas horas de la
    noche.
5 Arrasas a los mortales. Son como un
    sueño.
Nacen por la mañana, como la hierba
6 que al amanecer brota lozana
    y por la noche ya está marchita y
    seca.

7 Tu ira en verdad nos consume,
    tu indignación nos aterra.
8 Ante ti has puesto nuestras
    iniquidades;
a la luz de tu presencia, nuestros
    pecados secretos.
9 Por causa de tu ira se nos va la vida
    entera;
se esfuman nuestros años como un
    suspiro.
10 Algunos llegamos hasta los setenta
    años,
quizás alcancemos hasta los ochenta,
    si las fuerzas nos acompañan.
Tantos años de vida,ʷ sin embargo,
    sólo traen pesadas cargas y
    calamidades:
pronto pasan, y con ellos pasamos
    nosotros.

11 ¿Quién puede comprender el furor
    de tu enojo?
¡Tu ira es tan grande como el
    temor que se te debe!
12 Enséñanos a contar bien nuestros
    días,
para que nuestro corazón adquiera
    sabiduría.

13 ¿Cuándo, SEÑOR, te volverás hacia
    nosotros?
¡Compadécete ya de tus siervos!
14 Sácianos de tu amor por la mañana,
    y toda nuestra vida cantaremos de
    alegría.
15 Días y años nos has afligido, nos has
    hecho sufrir;
¡devuélvenos ahora ese tiempo en
    alegría!
16 ¡Sean manifiestas tus obras a tus
    siervos,
y tu esplendor a sus descendientes!

17 Que el favorˣ del Señor nuestro Dios
    esté sobre nosotros.
Confirma en nosotros la obra de
    nuestras manos;
sí, confirma la obra de nuestras
    manos.

ᵛ89:47 Véase 39:4.   ʷ90:10 *Tantos años de vida*. Lit. *Su orgullo*.   ˣ90:17 *Que el favor*. Alt. *Que la belleza*.

Salmo 91

1 El que habita al abrigo del *Altísimo
se acoge a la sombra del
*Todopoderoso.
2 Yo le digo al SEÑOR: «Tú eres mi
refugio,
mi fortaleza, el Dios en quien
confío.»

3 Sólo él puede librarte de las trampas
del cazador
y de mortíferas plagas,
4 pues te cubrirá con sus plumas
y bajo sus alas hallarás refugio.
¡Su verdad será tu escudo y tu
baluarte!
5 No temerás el terror de la noche,
ni la flecha que vuela de día,
6 ni la peste que acecha en las sombras
ni la plaga que destruye a mediodía.
7 Podrán caer mil a tu izquierda,
y diez mil a tu derecha,
pero a ti no te afectará.
8 No tendrás más que abrir bien los ojos,
para ver a los impíos recibir su
merecido.

9 Ya que has puesto al SEÑOR por tu*y*
refugio,
al Altísimo por tu protección,
10 ningún mal habrá de sobrevenirte,
ninguna calamidad llegará a tu
hogar.
11 Porque él ordenará que sus ángeles
te cuiden en todos tus *caminos.
12 Con sus propias manos te levantarán
para que no tropieces con piedra
alguna.
13 Aplastarás al león y a la víbora;
¡hollarás fieras y serpientes!

14 «Yo lo libraré, porque él se acoge a
mí;
lo protegeré, porque reconoce mi
*nombre.
15 Él me invocará, y yo le responderé;
estaré con él en momentos de
angustia;
lo libraré y lo llenaré de honores.

16 Lo colmaré con muchos años de vida
y le haré gozar de mi *salvación.»

Salmo 92

Salmo para cantarse en *sábado.

1 ¡Cuán bueno, SEÑOR, es darte gracias
y entonar, oh *Altísimo, salmos a
tu *nombre;
2 proclamar tu gran amor por la mañana,
y tu fidelidad por la noche,
3 al son del decacordio y de la lira;
al son del arpa y del salterio!

4 Tú, SEÑOR, me llenas de alegría con
tus maravillas;
por eso alabaré jubiloso las obras
de tus manos.
5 Oh SEÑOR, ¡cuán imponentes son tus
obras,
y cuán profundos tus pensamientos!
6 Los insensatos no lo saben,
los *necios no lo entienden:
7 aunque broten como hierba los impíos,
y florezcan todos los malhechores,
para siempre serán destruidos.
8   Sólo tú, SEÑOR, serás exaltado
para siempre.

9 Ciertamente tus enemigos, SEÑOR,
ciertamente tus enemigos
perecerán;
¡dispersados por todas partes
serán todos los malhechores!

10 Me has dado las fuerzas de un toro;
me has ungido con el mejor
perfume.
11 Me has hecho ver la caída de mis
adversarios
y oír la derrota de mis malvados
enemigos.

12 Como palmeras florecen los justos;
como cedros del Líbano crecen.
13 Plantados en la casa del SEÑOR,
florecen en los atrios de nuestro
Dios.
14 Aun en su vejez, darán fruto;
siempre estarán vigorosos y
lozanos,

---

y **91:9** *tu.* Lit. *mi.*

15para proclamar: «El SEÑOR es justo;
él es mi *Roca, y en él no hay
injusticia.»

Salmo 93

1El SEÑOR reina, revestido de
esplendor;
el SEÑOR se ha revestido de grandeza
y ha desplegado su poder.
Ha establecido el mundo con firmeza;
jamás será removido.
2Desde el principio se estableció tu
trono,
y tú desde siempre has existido.

3Se levantan las aguas, SEÑOR;
se levantan las aguas con estruendo;
se levantan las aguas y sus
batientes olas.
4Pero el SEÑOR, en las alturas, se
muestra poderoso:
más poderoso que el estruendo de
las muchas aguas,
más poderoso que los embates del
mar.

5Dignos de confianza son, SEÑOR, tus
*estatutos;
¡la santidad es para siempre el
adorno de tu casa!

Salmo 94

1SEÑOR, Dios de las venganzas;
Dios de las venganzas,
¡manifiéstate!z
2Levántate, Juez de la tierra,
y dales su merecido a los soberbios.
3¿Hasta cuándo, SEÑOR, hasta cuándo
habrán de ufanarse los impíos?

4Todos esos malhechores son unos
fanfarrones;
a borbotones escupen su arrogancia.
5A tu pueblo, SEÑOR, lo pisotean;
¡oprimen a tu herencia!
6Matan a las viudas y a los
extranjeros;
a los huérfanos los asesinan.
7Y hasta dicen: «El SEÑOR no ve;
el Dios de Jacob no se da cuenta.»

8Entiendan esto, gente necia;
¿cuándo, insensatos, lo van a
comprender?
9¿Acaso no oirá el que nos puso las
orejas,
ni podrá ver el que nos formó los
ojos?
10¿Y no habrá de castigar el que
corrige a las naciones
e instruye en el saber a todo el
mundo?
11El SEÑOR conoce los pensamientos
*humanos,
y sabe que son absurdos.

12*Dichoso aquel a quien tú, SEÑOR,
corriges;
aquel a quien instruyes en tu *ley,
13para que enfrente tranquilo los días
de aflicción
mientras al impío se le cava una
fosa.
14El SEÑOR no rechazará a su pueblo;
no dejará a su herencia en el
abandono.
15El juicio volverá a basarse en la
justicia,
y todos los rectos de corazón lo
seguirán.

16¿Quién se levantó a defenderme de
los impíos?
¿Quién se puso de mi parte contra
los malhechores?
17Si el SEÑOR no me hubiera brindado
su ayuda,
muy pronto me habría quedado en
mortal silencio.
18No bien decía: «Mis pies resbalan»,
cuando ya tu amor, SEÑOR, venía
en mi ayuda.
19Cuando en mí la angustia iba en
aumento,
tu consuelo llenaba mi *alma de
alegría.

20¿Podrías ser amigo de reyes corruptosa
que por decreto fraguan la maldad,
21que conspiran contra la gente honrada
y condenan a muerte al inocente?

z94:1 ¡manifiéstate! Lit. resplandece. a94:20 de reyes corruptos. Lit. del trono corrupto.

22 Pero el SEÑOR es mi protector,
es mi Dios y la *roca en que me
refugio.
23 Él les hará pagar por sus pecados
y los destruirá por su maldad;
¡el SEÑOR nuestro Dios los
destruirá!

Salmo 95

1 Vengan, cantemos con júbilo al
SEÑOR;
aclamemos a la *roca de nuestra
*salvación.
2 Lleguemos ante él con acción de
gracias,
aclamémoslo con cánticos.

3 Porque el SEÑOR es el gran Dios,
el gran Rey sobre todos los dioses.
4 En sus manos están los abismos de
la tierra;
suyas son las cumbres de los
montes.
5 Suyo es el mar, porque él lo hizo;
con sus manos formó la tierra firme.

6 Vengan, postrémonos reverentes,
doblemos la rodilla
ante el SEÑOR nuestro Hacedor.
7 Porque él es nuestro Dios
y nosotros somos el pueblo de su
prado;
¡somos un rebaño bajo su cuidado!

Si ustedes oyen hoy su voz,
8   no endurezcan el corazón, como
en Meribá,b
como aquel día en Masá,c en el
desierto,
9 cuando sus antepasados me tentaron,
cuando me pusieron a prueba,
a pesar de haber visto mis obras.
10 Cuarenta años estuve enojado
con aquella generación,
y dije: «Son un pueblo mal
encaminado
que no reconoce mis senderos.»
11 Así que, en mi enojo, hice este
juramento:
«Jamás entrarán en mi reposo.»

Salmo 96
96:1-13 — 1Cr 16:23-33

1 Canten al SEÑOR un cántico nuevo;
canten al SEÑOR, habitantes de toda
la tierra.
2 Canten al SEÑOR, alaben su *nombre;
anuncien día tras día su *victoria.
3 Proclamen su gloria entre las
naciones,
sus maravillas entre todos los
pueblos.

4 ¡Grande es el SEÑOR y digno de
alabanza,
más temible que todos los dioses!
5 Todos los dioses de las naciones no
son nada,
pero el SEÑOR ha creado los cielos.
6 El esplendor y la majestad son sus
heraldos;
hay poder y belleza en su santuario.

7 Tributen al SEÑOR, pueblos todos,
tributen al SEÑOR la gloria y el
poder.
8 Tributen al SEÑOR la gloria que
merece su nombre;
traigan sus ofrendas y entren en sus
atrios.
9 Póstrense ante el SEÑOR en la
majestad de su santuario;
¡tiemble delante de él toda la tierra!

10 Que se diga entre las naciones:
«¡El SEÑOR es rey!»
Ha establecido el mundo con firmeza;
jamás será removido.
Él juzga a los pueblos con equidad.
11 ¡Alégrense los cielos, regocíjese la
tierra!
¡Brame el mar y todo lo que él
contiene!
12 ¡Canten alegres los campos y todo lo
que hay en ellos!
¡Canten jubilosos todos los árboles
del bosque!
13 ¡Canten delante del SEÑOR, que ya
viene!
¡Viene ya para juzgar la tierra!

---

b 95:8 En hebreo, *Meribá* significa *altercado*.   c 95:8 En hebreo, *Masá* significa *prueba* o *provocación*.

Y juzgará al mundo con justicia,
y a los pueblos con fidelidad.

Salmo 97

1 ¡El SEÑOR es rey!
¡Regocíjese la tierra!
¡Alégrense las costas más remotas!

2 Oscuros nubarrones lo rodean;
la rectitud y la justicia son la base
de su trono.
3 El fuego va delante de él
y consume a los adversarios que lo
rodean.
4 Sus relámpagos iluminan el mundo;
al verlos, la tierra se estremece.
5 Ante el SEÑOR, dueño de toda la tierra,
las montañas se derriten como cera.
6 Los cielos proclaman su justicia,
y todos los pueblos contemplan su
gloria.

7 Sean avergonzados todos los idólatras,
los que se jactan de sus ídolos
inútiles.
¡Póstrense ante él todos los dioses!
8 SEÑOR, por causa de tus juicios
*Sión escucha esto y se alegra,
y las ciudades de Judá se regocijan.
9 Porque tú eres el SEÑOR *Altísimo,
por encima de toda la tierra.
¡Tú estás muy por encima de todos
los dioses!

10 El SEÑOR ama*d* a los que odian*e* el
mal;
él protege la vida de sus fieles,
y los libra de manos de los impíos.
11 La luz se esparce sobre los justos,
y la alegría sobre los rectos de
corazón.
12 Alégrense en el SEÑOR, ustedes los
justos,
y alaben su santo *nombre.

Salmo 98

Salmo.

1 Canten al SEÑOR un cántico nuevo,
porque ha hecho maravillas.

Su diestra, su santo brazo,
ha alcanzado la *victoria.
2 El SEÑOR ha hecho gala de su *triunfo;
ha mostrado su justicia a las
naciones.
3 Se ha acordado de su amor y de su
fidelidad
por el pueblo de Israel;
¡todos los confines de la tierra son
testigos
de la *salvación de nuestro Dios!

4 ¡Aclamen alegres al SEÑOR,
habitantes de toda la tierra!
¡Prorrumpan en alegres cánticos y
salmos!
5 ¡Canten salmos al SEÑOR al son del
arpa,
al son del arpa y de coros
melodiosos!
6 ¡Aclamen alegres al SEÑOR, el Rey,
al son de clarines y trompetas!

7 ¡Brame el mar y todo lo que él
contiene;
el mundo y todos sus habitantes!
8 ¡Batan palmas los ríos,
y canten jubilosos todos los
montes!
9 Canten delante del SEÑOR,
que ya viene a juzgar la tierra.
Y juzgará al mundo con justicia,
a los pueblos con equidad.

Salmo 99

1 El SEÑOR es rey:
que tiemblen las naciones.
Él tiene su trono entre *querubines:
que se estremezca la tierra.
2 Grande es el SEÑOR en *Sión,
¡excelso sobre todos los pueblos!
3 Sea alabado su *nombre grandioso e
imponente:
¡él es santo!

4 Rey poderoso, que amas la justicia:
tú has establecido la equidad
y has actuado en Jacob con justicia
y rectitud.

---

*d*97:10 *El Señor ama* (lectura probable); *Los que aman al Señor* (TM).   *e*97:10 *a los que odian* (Siríaca y
algunos mss. hebreos); *ustedes odian* (TM).

⁵Exalten al SEÑOR nuestro Dios;
   adórenlo ante el estrado de sus pies:
   ¡él es santo!

⁶Moisés y Aarón se contaban entre
      sus sacerdotes,
   y Samuel, entre los que invocaron
      su nombre.
   Invocaron al SEÑOR, y él les respondió;
⁷ les habló desde la columna de nube.
   Cumplieron con sus *estatutos,
      con los decretos que él les entregó.

⁸SEÑOR y Dios nuestro, tú les
      respondiste;
   fuiste para ellos un Dios perdonador,
      aun cuando castigaste sus rebeliones.

⁹Exalten al SEÑOR nuestro Dios;
   adórenlo en su santo monte:
   ¡Santo es el SEÑOR nuestro Dios!

Salmo 100
Salmo de acción de gracias.

¹Aclamen alegres al SEÑOR,
      habitantes de toda la tierra;
² adoren al SEÑOR con regocijo.
   Preséntense ante él
      con cánticos de júbilo.
³Reconozcan que el SEÑOR es Dios;
   él nos hizo, y somos suyos.ʄ
   Somos su pueblo, ovejas de su
      prado.

⁴Entren por sus *puertas con acción
      de gracias;
   vengan a sus atrios con himnos de
      alabanza;
   denle gracias, alaben su *nombre.
⁵Porque el SEÑOR es bueno y su gran
      amor es eterno;
   su fidelidad permanece para
      siempre.

Salmo 101
Salmo de David.

¹Quiero cantar al amor y a la justicia:
   quiero, SEÑOR, cantarte salmos.
²Quiero triunfar en el *camino de
      perfección:

¿Cuándo me visitarás?
   Quiero conducirme en mi propia casa
      con integridad de corazón.
³No me pondré como meta
      nada en que haya perversidad.

   Las acciones de gente desleal las
      aborrezco;
   no tendrán nada que ver conmigo.
⁴Alejaré de mí toda intención perversa;
   no tendrá cabida en mí la maldad.

⁵Al que en secreto calumnie a su
      prójimo,
   lo haré callar para siempre;
   al de ojos altivos y corazón soberbio
   no lo soportaré.

⁶Pondré mis ojos en los fieles de la
      tierra,
   para que habiten conmigo;
   sólo estarán a mi servicio
   los de conducta intachable.

⁷Jamás habitará bajo mi techo
   nadie que practique el engaño;
   jamás prevalecerá en mi presencia
   nadie que hable con falsedad.

⁸Cada mañana reduciré al silencio
   a todos los impíos que hay en la
      tierra;
   extirparé de la ciudad del SEÑOR
   a todos los malhechores.

Salmo 102
Oración de un afligido que, a punto de desfallecer, da rienda suelta a su lamento ante el SEÑOR.

¹Escucha, SEÑOR, mi oración;
   llegue a ti mi clamor.
²No escondas de mí tu rostro
   cuando me encuentro angustiado.
   Inclina a mí tu oído;
   respóndeme pronto cuando te llame.

³Pues mis días se desvanecen como el
      humo,
   los huesos me arden como brasas.
⁴Mi corazón decae y se marchita
   como la hierba;

ʄ100:3 y somos suyos (Targum, Qumran y mss); y no nosotros (TM).

¡hasta he perdido el apetito!
⁵Por causa de mis fuertes gemidos
   se me pueden contar los huesos. ᵍ
⁶Parezco una lechuza del desierto;
   soy como un búho entre las ruinas.
⁷No logro conciliar el sueño;
   parezco ave solitaria sobre el tejado.
⁸A todas horas me ofenden mis
   enemigos,
   y hasta usan mi *nombre para
   maldecir.
⁹Las cenizas son todo mi alimento;
   mis lágrimas se mezclan con mi
   bebida.
¹⁰¡Por tu enojo, por tu indignación,
   me levantaste para luego arrojarme!
¹¹Mis días son como sombras
   nocturnas;
   me voy marchitando como la hierba.

¹²Pero tú, SEÑOR, reinas eternamente;
   tu nombre perdura por todas las
   generaciones.
¹³Te levantarás y tendrás piedad de
   *Sión,
   pues ya es tiempo de que la
   compadezcas.
   ¡Ha llegado el momento señalado!
¹⁴Tus siervos sienten cariño por sus
   ruinas;
   los mueven a compasión sus
   escombros.

¹⁵Las naciones temerán el nombre del
   SEÑOR;
   todos los reyes de la tierra
   reconocerán su majestad.
¹⁶Porque el SEÑOR reconstruirá a Sión,
   y se manifestará en su esplendor.
¹⁷Atenderá la oración de los
   desamparados,
   y no desdeñará sus ruegos.
¹⁸Que se escriba esto para las
   generaciones futuras,
   y que el pueblo que será creado
   alabe al SEÑOR.
¹⁹Miró el SEÑOR desde su altísimo
   santuario;
   contempló la tierra desde el cielo,

²⁰para oír los lamentos de los cautivos
   y liberar a los condenados a muerte;
²¹para proclamar en Sión el nombre
   del SEÑOR
   y anunciar en Jerusalén su alabanza,
²²cuando todos los pueblos y los reinos
   se reúnan para adorar al SEÑOR.

²³En el curso de mi vida acabó Dios
   con mis fuerzas; ʰ
   me redujo los días. ²⁴Por eso dije:
   «No me lleves, Dios mío, a la mitad
   de mi vida;
   tú permaneces por todas las
   generaciones.
²⁵En el principio tú afirmaste la tierra,
   y los cielos son la obra de tus
   manos.
²⁶Ellos perecerán, pero tú permaneces.
   Todos ellos se desgastarán como
   un vestido.
   Y como ropa los cambiarás,
   y los dejarás de lado.
²⁷Pero tú eres siempre el mismo,
   y tus años no tienen fin.
²⁸Los hijos de tus siervos se
   establecerán,
   y sus descendientes habitarán en tu
   presencia.»

Salmo 103
Salmo de David.

¹Alaba, *alma mía, al SEÑOR;
   alabe todo mi ser su santo *nombre.
²Alaba, alma mía, al SEÑOR,
   y no olvides ninguno de sus
   beneficios.
³Él perdona todos tus pecados
   y sana todas tus dolencias;
⁴él rescata tu vida del *sepulcro
   y te cubre de amor y compasión;
⁵él colma de bienes tu vida ⁱ
   y te rejuvenece como a las águilas.

⁶El SEÑOR hace *justicia
   y defiende a todos los oprimidos.
⁷Dio a conocer sus *caminos a
   Moisés;
   reveló sus obras al pueblo de Israel.

ᵍ102:5 *se me pueden contar los huesos.* Lit. *se me pegan los huesos a la carne.* ʰ102:23 *mis fuerzas.* Lit.
su fuerza. ⁱ103:5 *vida.* Palabra de difícil traducción.

8 El SEÑOR es clemente y compasivo,
lento para la ira y grande en amor.
9 No sostiene para siempre su querella
ni guarda rencor eternamente.
10 No nos trata conforme a nuestros
pecados
ni nos paga según nuestras
maldades.
11 Tan grande es su amor por los que le
temen
como alto es el cielo sobre la tierra.
12 Tan lejos de nosotros echó nuestras
transgresiones
como lejos del oriente está el
occidente.
13 Tan compasivo es el SEÑOR con los
que le temen
como lo es un padre con sus hijos.
14 Él conoce nuestra condición;
sabe que somos de barro.

15 El *hombre es como la hierba,
sus días florecen como la flor del
campo:
16 sacudida por el viento,
desaparece sin dejar rastro alguno.
17 Pero el amor del SEÑOR es eterno
y siempre está con los que le
temen;
su justicia está con los hijos de sus
hijos,
18   con los que cumplen su *pacto
y se acuerdan de sus preceptos
para ponerlos por obra.

19 El SEÑOR ha establecido su trono en
el cielo;
su reinado domina sobre todos.

20 Alaben al SEÑOR, ustedes sus ángeles,
paladines que ejecutan su palabra
y obedecen su mandato.
21 Alaben al SEÑOR, todos sus
ejércitos,
siervos suyos que cumplen su
voluntad.
22 Alaben al SEÑOR, todas sus obras
en todos los ámbitos de su dominio.

¡Alaba, alma mía, al SEÑOR!

Salmo 104

1 ¡Alaba, *alma mía, al SEÑOR!

SEÑOR mi Dios, tú eres grandioso;
te has revestido de gloria y
majestad.
2 Te cubres^j de luz como con un
manto;
extiendes los cielos como un velo.
3 Afirmas sobre las aguas tus altos
aposentos
y haces de las nubes tus carros de
guerra.
¡Tú cabalgas en las alas del viento!
4 Haces de los vientos tus mensajeros, ^{k}
y de las llamas de fuego tus
servidores.

5 Tú pusiste la tierra sobre sus
cimientos,
y de allí jamás se moverá;
6 la revestiste con el mar,
y las aguas se detuvieron sobre los
montes.
7 Pero a tu reprensión huyeron las
aguas;
ante el estruendo de tu voz se
dieron a la fuga.
8 Ascendieron a los montes,
descendieron a los valles,
al lugar que tú les asignaste.
9 Pusiste una frontera que ellas no
pueden cruzar;
¡jamás volverán a cubrir la tierra!

10 Tú haces que los manantiales
viertan sus aguas en las cañadas,
y que fluyan entre las montañas.
11 De ellas beben todas las bestias del
campo;
allí los asnos monteses calman su
sed.
12 Las aves del cielo anidan junto a las
aguas
y cantan entre el follaje.
13 Desde tus altos aposentos riegas las
montañas;
la tierra se sacia con el fruto de tu
trabajo.

---

^{j} 104:2 *Te cubres.* Lit. *Él se cubre.* ^{k} 104:4 *mensajeros.* Alt. *ángeles.*

¹⁴Haces que crezca la hierba para el
   ganado,
y las plantas que la *gente cultiva
para sacar de la tierra su alimento:
¹⁵el vino que alegra el corazón,
el aceite que hàce brillar el rostro,
y el pan que sustenta la vida.
¹⁶Los árboles del SEÑOR están bien
   regados,
los cedros del Líbano que él plantó.
¹⁷Allí las aves hacen sus nidos;
en los cipreses tienen su hogar las
   cigüeñas.
¹⁸En las altas montañas están las
   cabras monteses,
y en los escarpados peñascos tienen
   su madriguera los tejones.

¹⁹Tú hiciste¹ la luna, que marca las
   estaciones,
y el sol, que sabe cuándo ocultarse.
²⁰Tú traes la oscuridad, y cae la noche,
y en sus sombras se arrastran los
   animales del bosque.
²¹Los leones rugen, reclamando su
   presa,
exigiendo que Dios les dé su
   alimento.
²²Pero al salir el sol se escabullen,
y vuelven a echarse en sus guaridas.
²³Sale entonces la *gente a cumplir
   sus tareas,
a hacer su trabajo hasta el
   anochecer.

²⁴¡Oh SEÑOR, cuán numerosas son tus
   obras!
¡Todas ellas las hiciste con
   sabiduría!
¡Rebosa la tierra con todas tus
   criaturas!
²⁵Allí está el mar, ancho e infinito,ᵐ
que abunda en animales, grandes y
   pequeños,
cuyo número es imposible conocer.
²⁶Allí navegan los barcos y se mece
   *Leviatán,
que tú creaste para jugar con él.

²⁷Todos ellos esperan de ti
que a su tiempo les des su alimento.
²⁸Tú les das, y ellos recogen;
abres la mano, y se colman de
   bienes.
²⁹Si escondes tu rostro, se aterran;
si les quitas el aliento, mueren y
   vuelven al polvo.
³⁰Pero si envías tu Espíritu, son
   creados,
y así renuevas la faz de la tierra.

³¹Que la gloria del SEÑOR perdure
   eternamente;
que el SEÑOR se regocije en sus
   obras.
³²Él mira la tierra y la hace temblar;
toca los montes y los hace echar
   humo.

³³Cantaré al SEÑOR toda mi vida;
cantaré salmos a mi Dios mientras
   tenga aliento.
³⁴Quiera él agradarse de mi meditación;
yo, por mi parte, me alegro en el
   SEÑOR.
³⁵Que desaparezcan de la tierra los
   pecadores;
¡que no existan más los malvados!

¡Alaba, *alma mía, al SEÑOR!

*¡Aleluya! ¡Alabado sea el SEÑOR!ⁿ

Salmo 105
105:1-15 — 1Cr 16:8-22

¹Den gracias al SEÑOR, invoquen su
   *nombre;
den a conocer sus obras entre las
   naciones.
²Cántenle, entónenle salmos;
hablen de todas sus maravillas.
³Siéntanse orgullosos de su santo
   nombre;
alégrese el corazón de los que
   buscan al SEÑOR.
⁴Recurran al SEÑOR y a su fuerza;
busquen siempre su rostro.

ˡ**104:19** *Tú hiciste.* Lit. *Él hace.*   ᵐ**104:25** *infinito.* Lit. *amplio de manos.*   ⁿ**104:35** En LXX este verso
aparece al principio del Salmo 105.

⁵Recuerden las maravillas que ha
realizado,
sus señales, y los decretos que ha
emitido.
⁶¡Ustedes, descendientes de Abraham
su siervo!
¡Ustedes, hijos de Jacob, elegidos
suyos!
⁷Él es el SEÑOR, nuestro Dios;
en toda la tierra están sus decretos.

⁸Él siempre tiene presente su *pacto,
la palabra que ordenó para mil
generaciones.
⁹Es el pacto que hizo con Abraham,
el juramento que le hizo a Isaac.
¹⁰Se lo confirmó a Jacob como un
decreto,
a Israel como un pacto eterno,
¹¹cuando dijo: «Te daré la tierra de
Canaán
como la herencia que te toca.»

¹²Aun cuando eran pocos en número,
unos cuantos extranjeros en la tierra
¹³que andaban siempre de nación en
nación
y de reino en reino,
¹⁴a nadie permitió que los oprimiera,
sino que por ellos reprendió a los
reyes:
¹⁵«No toquen a mis ungidos;
no hagan daño a mis profetas.»

¹⁶Dios provocó hambre en la tierra
y destruyó todos sus trigales.ⁿ
¹⁷Pero envió delante de ellos a un
hombre:
a José, vendido como esclavo.
¹⁸Le sujetaron los pies con grilletes,
entre hierros le aprisionaron el
*cuello,
¹⁹hasta que se cumplió lo que él
predijo
y la palabra del SEÑOR probó que
él era veraz.
²⁰El rey ordenó ponerlo en libertad,
el gobernante de los pueblos lo
dejó libre.

²¹Le dio autoridad sobre toda su casa
y lo puso a cargo de cuanto poseía,
²²con pleno poder para instruirᵒ a sus
príncipes
e impartir sabiduría a sus ancianos.

²³Entonces Israel vino a Egipto;
Jacob fue extranjero en el país de
Cam.
²⁴El SEÑOR hizo que su pueblo se
multiplicara;
lo hizo más numeroso que sus
adversarios,
²⁵a quienes trastornó para que odiaran
a su pueblo
y se confabularan contra sus
siervos.
²⁶Envió a su siervo Moisés,
y a Aarón, a quien había escogido,
²⁷y éstos hicieron señales milagrosas
entre ellos,
¡maravillas en el país de Cam!
²⁸Envió tinieblas, y la tierra se
oscureció,
pero ellos no atendieronᴾ a sus
palabras.
²⁹Convirtió en sangre sus aguas
y causó la muerte de sus peces.
³⁰Todo Egiptoᑫ se infestó de ranas,
¡hasta las habitaciones de sus reyes!
³¹Habló Dios, e invadieron todo el país
enjambres de moscas y mosquitos.
³²Convirtió la lluvia en granizo,
y lanzó relámpagos sobre su tierra;
³³derribó sus vides y sus higueras,
y en todo el país hizo astillas los
árboles.
³⁴Dio una orden, y llegaron las
langostas,
¡infinidad de saltamontes!
³⁵Arrasaron con toda la vegetación del
país,
devoraron los frutos de sus campos.
³⁶Hirió de muerte a todos los
primogénitos del país,
a las primicias de sus
descendientes.
³⁷Sacó a los israelitas cargados de oro
y plata,

ⁿ105:16 *todos sus trigales.* Lit. *todo bastón de pan.*   ᵒ105:22 *instruir* (LXX, Siríaca y Vulgata); *atar* (TM).
ᴾ105:28 *no atendieron* (véanse LXX y Siríaca); *no se opusieron* (TM).   ᑫ105:30 *Todo Egipto.* Lit. *La tierra de ellos.*

y no hubo entre sus tribus nadie
que tropezara.
³⁸Los egipcios se alegraron de su
partida,
pues el miedo a los israelitas los
dominaba.
³⁹El SEÑOR les dio sombra con una
nube,
y con fuego los alumbró de noche.
⁴⁰Pidió el pueblo comida, y les envió
codornices;
los sació con pan del cielo.
⁴¹Abrió la roca, y brotó agua
que corrió por el desierto como un
río.

⁴²Ciertamente Dios se acordó de su
santa promesa,
la que hizo a su siervo Abraham.
⁴³Sacó a su pueblo, a sus escogidos,
en medio de gran alegría y de
gritos jubilosos.
⁴⁴Les entregó las tierras que poseían
las naciones;
heredaron el fruto del trabajo de
otros pueblos
⁴⁵para que ellos observaran sus
preceptos
y pusieran en práctica sus *leyes.

*¡Aleluya! ¡Alabado sea el SEÑOR!

Salmo 106
106:1,47-48 — 1Cr 16:34-36

¹*¡Aleluya! ¡Alabado sea el SEÑOR!

Den gracias al SEÑOR, porque él es
bueno;
su gran amor perdura para siempre.
²¿Quién puede proclamar las proezas
del SEÑOR,
o expresar toda su alabanza?
³*Dichosos los que practican la
justicia
y hacen siempre lo que es justo.
⁴Recuérdame, SEÑOR, cuando te
compadezcas de tu pueblo;
ven en mi ayuda el día de tu
*salvación.

⁵Hazme disfrutar del bienestar de tus
escogidos,
participar de la alegría de tu pueblo
y expresar mis alabanzas con tu
heredad.

⁶Hemos pecado, lo mismo que
nuestros padres;
hemos hecho lo malo y actuado
con iniquidad.
⁷Cuando nuestros padres estaban en
Egipto,
no tomaron en cuenta tus maravillas;
no tuvieron presente tu bondad
infinita
y se rebelaron junto al mar, el Mar
Rojo.^r
⁸Pero Dios los salvó, haciendo honor
a su *nombre,
para mostrar su gran poder.
⁹Reprendió al Mar Rojo, y éste quedó
seco;
los condujo por las profundidades
del mar
como si cruzaran el desierto.
¹⁰Los salvó del poder de sus enemigos,
del poder de quienes los odiaban.
¹¹Las aguas envolvieron a sus
adversarios,
y ninguno de éstos quedó con vida.
¹²Entonces ellos creyeron en sus
promesas
y le entonaron alabanzas.

¹³Pero muy pronto olvidaron sus
acciones
y no esperaron a conocer sus
planes.
¹⁴En el desierto cedieron a sus propios
deseos;
en los páramos pusieron a prueba a
Dios.
¹⁵Y él les dio lo que pidieron,
pero les envió una enfermedad
devastadora.

¹⁶En el campamento tuvieron envidia
de Moisés
y de Aarón, el que estaba
consagrado al SEÑOR.

---

^r**106:7** *Mar Rojo.* Lit. *Mar de las Cañas* (heb. *Yam Suf*); también en vv. 9 y 22.

¹⁷Se abrió la tierra y se tragó a Datán;
　sepultó a los seguidores de Abirán.
¹⁸Un fuego devoró a esa pandilla;
　las llamas consumieron a los
　　impíos.

¹⁹En Horeb hicieron un becerro;
　se postraron ante un ídolo de
　　fundición.
²⁰Cambiaron al que era su motivo de
　　orgullo ˢ
　por la imagen de un toro que come
　　hierba.
²¹Se olvidaron del Dios que los salvó
　y que había hecho grandes cosas en
　　Egipto:
²²milagros en la tierra de Cam
　y portentos junto al Mar Rojo.
²³Dios amenazó con destruirlos,
　pero no lo hizo por Moisés, su
　　escogido,
　que se puso ante él en la brecha
　e impidió que su ira los destruyera.

²⁴Menospreciaron esa bella tierra;
　no creyeron en la promesa de Dios.
²⁵Refunfuñaron en sus tiendas de
　　campaña
　y no obedecieron al SEÑOR.
²⁶Por tanto, él levantó su mano contra
　　ellos
　para hacerlos caer en el desierto,
²⁷para hacer caer a sus descendientes
　　entre las naciones
　y dispersarlos por todos los países.

²⁸Se sometieron al yugo de Baal Peor
　y comieron de las ofrendas a ídolos
　　sin vida. ᵗ
²⁹Provocaron al SEÑOR con sus
　　malvadas acciones,
　y les sobrevino una plaga.
³⁰Pero Finés se levantó e hizo
　　justicia,
　y la plaga se detuvo.
³¹Esto se le acreditó como un acto de
　　justicia
　para siempre, por todas las
　　generaciones.

³²Junto a las aguas de Meribá hicieron
　　enojar al SEÑOR,
　y a Moisés le fue mal por culpa de
　　ellos,
³³pues lo sacaron de quicio
　y él habló sin pensar lo que decía.
³⁴No destruyeron a los pueblos
　que el SEÑOR les había señalado,
³⁵sino que se mezclaron con los
　　paganos
　y adoptaron sus costumbres.
³⁶Rindieron culto a sus ídolos,
　y se les volvieron una trampa.
³⁷Ofrecieron a sus hijos y a sus hijas
　como sacrificio a esos demonios.
³⁸Derramaron sangre inocente,
　la sangre de sus hijos y sus hijas.
　Al ofrecerlos en sacrificio a los
　　ídolos de Canaán,
　su sangre derramada profanó la
　　tierra.
³⁹Tales hechos los contaminaron;
　tales acciones los corrompieron.

⁴⁰La ira del SEÑOR se encendió contra
　　su pueblo;
　su heredad le resultó aborrecible.
⁴¹Por eso los entregó a los paganos,
　y fueron dominados por quienes
　　los odiaban.
⁴²Sus enemigos los oprimieron,
　los sometieron a su poder.
⁴³Muchas veces Dios los libró;
　pero ellos, empeñados en su
　　rebeldía,
　se hundieron en la maldad.

⁴⁴Al verlos Dios angustiados,
　y al escuchar su clamor,
⁴⁵se acordó del pacto que había hecho
　　con ellos
　y por su gran amor les tuvo
　　compasión.
⁴⁶Hizo que todos sus opresores
　también se apiadaran de ellos.

⁴⁷Sálvanos, SEÑOR, Dios nuestro;
　vuelve a reunirnos de entre las
　　naciones,

ˢ106:20 *Cambiaron ... de orgullo.* Lit. *Cambiaron la gloria de ellos.*　　ᵗ106:28 *ofrendas a ídolos sin vida.*
Lit. *ofrendas a los muertos.*

para que demos gracias a tu santo
  nombre
y orgullosos te alabemos.
48 ¡Bendito sea el SEÑOR, el Dios de
  Israel,
  eternamente y para siempre!
¡Que todo el pueblo diga: «Amén»!

*¡Aleluya! ¡Alabado sea el SEÑOR!

Libro V
Salmos 107-150

Salmo 107
1 Den gracias al SEÑOR, porque él es
  bueno;
  su gran amor perdura para siempre.
2 Que lo digan los redimidos del
  SEÑOR,
  a quienes redimió del poder del
  adversario,
3 a quienes reunió de todos los países,
  de oriente y de occidente, del norte
  y del sur.ᵘ

4 Vagaban perdidos por parajes
  desiertos,
  sin dar con el camino a una ciudad
  habitable.
5 Hambrientos y sedientos,
  la vida se les iba consumiendo.
6 En su angustia clamaron al SEÑOR,
  y él los libró de su aflicción.
7 Los llevó por el camino recto
  hasta llegar a una ciudad habitable.

8 ¡Que den gracias al SEÑOR por su
  gran amor,
  por sus maravillas en favor nuestro!
9 ¡Él apaga la sed del sediento,
  y sacia con lo mejor al hambriento!

10 Afligidos y encadenados,
  habitaban en las más densas
  tinieblas
11 por haberse rebelado contra las
  palabras de Dios,
  por menospreciar los designios del
  *Altísimo.

12 Los sometióⱽ a trabajos forzados;
  tropezaban, y no había quien los
  ayudara.
13 En su angustia clamaron al SEÑOR,
  y él los salvó de su aflicción.
14 Los sacó de las sombras tenebrosas
  y rompió en pedazos sus cadenas.

15 ¡Que den gracias al SEÑOR por su
  gran amor,
  por sus maravillas en favor de los
  hombres!
16 ¡Él hace añicos las puertas de
  bronce
  y rompe en mil pedazos las barras
  de hierro!

17 Trastornados por su rebeldía,
  afligidos por su iniquidad,
18 todo alimento les causaba asco.
  ¡Llegaron a las puertas mismas de
  la muerte!
19 En su angustia clamaron al SEÑOR,
  y él los salvó de su aflicción.
20 Envió su palabra para sanarlos,
  y así los rescató del sepulcro.

21 ¡Que den gracias al SEÑOR por su
  gran amor,
  por sus maravillas en favor de los
  hombres!
22 ¡Que ofrezcan sacrificios de gratitud,
  y jubilosos proclamen sus obras!

23 Se hicieron a la mar en sus barcos;
  para comerciar surcaron las
  muchas aguas.
24 Allí, en las aguas profundas,
  vieron las obras del SEÑOR y sus
  maravillas.
25 Habló Dios, y se desató un fuerte
  viento
  que tanto encrespó las olas
26 que subían a los cielos y bajaban al
  abismo.
  Ante el peligro, ellos perdieron el
  coraje.
27 Como ebrios tropezaban, se
  tambaleaban;
  de nada les valía toda su pericia.

ᵘ **107:3** *del sur.* Lit. *del mar.* ⱽ **107:12** *Los sometió.* Lit. *Sometió sus corazones.*

²⁸En su angustia clamaron al SEÑOR,
y él los sacó de su aflicción.
²⁹Cambió la tempestad en suave
brisa:
se sosegaron las olas del mar.
³⁰Ante esa calma se alegraron,
y Dios los llevó al puerto anhelado.

³¹¡Que den gracias al SEÑOR por su
gran amor,
por sus maravillas en favor de los
hombres!
³²¡Que lo exalten en la asamblea del
pueblo!
¡Que lo alaben en el consejo de los
ancianos!

³³Dios convirtió los ríos en desiertos,
los manantiales en tierra seca,
³⁴los fértiles terrenos en tierra
salitrosa,
por la maldad de sus habitantes.
³⁵Convirtió el desierto en fuentes de
agua,
la tierra seca en manantiales;
³⁶hizo habitar allí a los hambrientos,
y ellos fundaron una ciudad
habitable.
³⁷Sembraron campos, plantaron
viñedos,
obtuvieron abundantes cosechas.
³⁸Dios los bendijo y se multiplicaron,
y no dejó que menguaran sus
rebaños.

³⁹Pero si merman y son humillados,
es por la opresión, la maldad y la
aflicción.
⁴⁰Dios desdeña a los nobles
y los hace vagar por desiertos sin
senderos.
⁴¹Pero a los necesitados los saca de su
miseria,
y hace que sus familias crezcan
como rebaños.
⁴²Los rectos lo verán y se alegrarán,
pero todos los impíos serán
acallados.

⁴³Quien sea sabio, que considere estas
cosas
y entienda bien el gran amor del
SEÑOR.

Salmo 108

108:1-5 — Sal 57:7-11
108:6-13 — Sal 60:5-12
Cántico. Salmo de David.

¹Firme está, oh Dios, mi corazón;
¡voy a cantarte salmos, gloria mía!
²¡Despierten, arpa y lira!
¡Haré despertar al nuevo día!
³Te alabaré, SEÑOR, entre los pueblos;
te cantaré salmos entre las naciones.
⁴Pues tu amor es tan grande que
rebasa los cielos;
¡tu verdad llega hasta el firmamento!
⁵Tú, oh Dios, estás sobre los cielos,
y tu gloria cubre toda la tierra.
⁶Líbranos con tu diestra, respóndeme
para que tu pueblo amado quede a
salvo.

⁷Dios ha dicho en su santuario:
«Triunfante repartiré a Siquén,
y dividiré el valle de Sucot.
⁸Mío es Galaad, mío es Manasés;
Efraín es mi yelmo y Judá mi cetro.
⁹En Moab me lavo las manos,
sobre Edom arrojo mi sandalia;
sobre Filistea lanzo gritos de
triunfo.»

¹⁰¿Quién me llevará a la ciudad
fortificada?
¿Quién me mostrará el camino a
Edom?
¹¹¿No es Dios quien nos ha rechazado?
¡Ya no sales, oh Dios, con nuestros
ejércitos!
¹²Bríndanos tu ayuda contra el
enemigo,
pues de nada sirve la ayuda
humana.
¹³Con Dios obtendremos la victoria;
¡él pisoteará a nuestros enemigos!

Salmo 109

Al director musical. Salmo de David.

¹Oh Dios, alabanza mía,
no guardes silencio.
²Pues gente impía y mentirosa
ha declarado en mi contra,
y con lengua engañosa me difaman;
³con expresiones de odio me acosan,
y sin razón alguna me atacan.

⁴Mi amor me lo pagan con calumnias,
mientras yo me encomiendo a Dios.
⁵Mi bondad la pagan con maldad;
en vez de amarme, me aborrecen.

⁶Pon en su contra a un malvado;
que a su derecha esté su acusador. ʷ
⁷Que resulte culpable al ser juzgado,
y que sus propias oraciones lo
condenen.
⁸Que se acorten sus días,
y que otro se haga cargo de su
oficio.
⁹Que se queden huérfanos sus hijos;
que se quede viuda su esposa.
¹⁰Que anden sus hijos vagando y
mendigando;
que anden rebuscando entre las
ruinas.
¹¹Que sus acreedores se apoderen de
sus bienes;
que gente extraña saquee sus
posesiones.
¹²Que nadie le extienda su bondad;
que nadie se compadezca de sus
huérfanos.
¹³Que sea exterminada su
descendencia;
que desaparezca su *nombre en la
próxima generación.
¹⁴Que recuerde el SEÑOR la iniquidad
de su padre,
y no se olvide del pecado de su
madre.
¹⁵Que no les quite el SEÑOR la vista de
encima,
y que borre de la tierra su memoria.

¹⁶Por cuanto se olvidó de hacer el bien,
y persiguió hasta la muerte
a pobres, afligidos y menesterosos,
¹⁷y porque le encantaba maldecir,
¡que caiga sobre él la maldición!
Por cuanto no se complacía en
bendecir,
¡que se aleje de él la bendición!
¹⁸Por cuanto se cubrió de maldición
como quien se pone un vestido,
¡que ésta se filtre en su cuerpo como
el agua!,

¡que penetre en sus huesos como el
aceite!
¹⁹¡Que lo envuelva como un manto!
¡Que lo apriete en todo tiempo
como un cinto!
²⁰¡Que así les pague el SEÑOR a mis
acusadores,
a los que me calumnian!

²¹Pero tú, SEÑOR Soberano,
trátame bien por causa de tu
nombre;
líbrame por tu bondad y gran amor.
²²Ciertamente soy pobre y estoy
necesitado;
profundamente herido está mi
corazón.
²³Me voy desvaneciendo como sombra
vespertina;
se desprenden de mí como de una
langosta.
²⁴De tanto ayunar me tiemblan las
rodillas;
la piel se me pega a los huesos.
²⁵Soy para ellos motivo de burla;
me ven, y menean la cabeza.

²⁶SEÑOR, mi Dios, ¡ayúdame!;
por tu gran amor, ¡sálvame!
²⁷Que sepan que ésta es tu mano;
que tú mismo, SEÑOR, lo has
hecho.
²⁸¿Qué importa que ellos me maldigan?
¡Bendíceme tú!
Pueden atacarme, pero quedarán
avergonzados;
en cambio, este siervo tuyo se
alegrará.
²⁹¡Queden mis acusadores cubiertos de
deshonra,
envueltos en un manto de
vergüenza!

³⁰Por mi parte, daré muchas gracias al
SEÑOR;
lo alabaré entre una gran
muchedumbre.
³¹Porque él defiende alˣ necesitado,
para salvarlo de quienes lo
condenan.

ʷ 109:6 *esté su acusador.* Lit. *esté Satán.* ˣ 109:31 *defiende al.* Lit. *está de pie a la diestra del.*

Salmo 110

Salmo de David.

1 Así dijo el SEÑOR a mi Señor:
«Siéntate a mi derecha
hasta que ponga a tus enemigos
por estrado de tus pies.»

2 ¡Que el SEÑOR extienda desde *Sión
el poder de tu cetro!
¡Domina tú en medio de tus
enemigos!
3 Tus tropas estarán dispuestas
el día de la batalla,
ordenadas en santa majestad.
De las entrañas de la aurora
recibirás el rocío de tu juventud.

4 El SEÑOR ha jurado
y no cambiará de parecer:
«Tú eres sacerdote para siempre,
según el orden de Melquisedec.»

5 El Señor está a tu mano derecha;
aplastará a los reyes en el día de su
ira.
6 Juzgará a las naciones y amontonará
cadáveres;
aplastará cabezas en toda la tierra.

7 Beberá de un arroyo junto al camino,
y por lo tanto cobrará nuevas
fuerzas. *y*

Salmo 111 *z*

1 *¡Aleluya! ¡Alabado sea el
SEÑOR!

Álef   Alabaré al SEÑOR con todo el
corazón
Bet   en la asamblea, en compañía
de los rectos.

Guímel **2** Grandes son las obras del
SEÑOR;
Dálet   estudiadas por los que en
ellas se deleitan.
He   **3** Gloriosas y majestuosas son
sus obras;

Vav   su justicia permanece para
siempre.
Zayin   **4** Ha hecho memorables sus
maravillas.
Jet   ¡El SEÑOR es clemente y
compasivo!
Tet   **5** Da de comer a quienes le temen;
Yod   siempre recuerda su pacto.
Caf   **6** Ha mostrado a su pueblo el
poder de sus obras
Lámed   al darle la heredad de otras
naciones.
Mem   **7** Las obras de sus manos son
fieles y justas;
Nun   todos sus preceptos son
dignos de confianza,
Sámej   **8** inmutables por los siglos de los
siglos,
Ayin   establecidos con fidelidad y
rectitud.
Pe   **9** Pagó el precio del rescate de su
pueblo
Tsade   y estableció su pacto para
siempre.
Qof   ¡Su *nombre es santo e
imponente!

Resh   **10** El principio de la sabiduría es
el temor del SEÑOR;
Shin   buen juicio demuestran
quienes cumplen sus
preceptos. *a*
Tav   ¡Su alabanza permanece para
siempre!

Salmo 112 *b*

1 *¡Aleluya! ¡Alabado sea el
SEÑOR!

Álef   *Dichoso el que teme al SEÑOR,
Bet   el que halla gran deleite en
sus mandamientos.
Guímel **2** Sus hijos dominarán el país;
Dálet   la descendencia de los justos
será bendecida.
He   **3** En su casa habrá abundantes
riquezas,
Vav   y para siempre permanecerá
su justicia.

---

y **110:7** *cobrará nuevas fuerzas.* Lit. *levantará la cabeza.*   *z* Este salmo es un poema acróstico, que sigue el orden del alfabeto hebreo.   *a* **111:10** *quienes cumplen sus preceptos.* Lit. *quienes hacen estas cosas.*   *b* Este salmo es un poema acróstico, que sigue el orden del alfabeto hebreo.

Zayin ⁴Para los justos la luz brilla en
las tinieblas.
Jet ¡Dios es clemente,
compasivo y justo!
Tet ⁵Bien le va al que presta con
generosidad,
Yod y maneja sus negocios con
justicia.
Lámed ⁶El justo será siempre recordado;
Caf ciertamente nunca fracasará.
Mem ⁷No temerá recibir malas
noticias;
Nun su corazón estará firme,
confiado en el SEÑOR.
Sámej ⁸Su corazón estará seguro, no
tendrá temor,
Ayin y al final verá derrotados a
sus adversarios.
Pe ⁹Reparte sus bienes entre los
pobres;
Tsade su justicia permanece para
siempre;
Qof su poder*c* será gloriosamente
exaltado.

Resh ¹⁰El malvado verá esto, y se
irritará;
Shin rechinando los dientes se irá
desvaneciendo.
Tav ¡La ambición de los impíos
será destruida!

Salmo 113

¹*¡Aleluya! ¡Alabado sea el SEÑOR!

Alaben, siervos del SEÑOR,
alaben el *nombre del SEÑOR.
²Bendito sea el nombre del SEÑOR,
desde ahora y para siempre.
³Desde la salida del sol hasta su
ocaso,
sea alabado el nombre del SEÑOR.

⁴El SEÑOR domina sobre todas las
naciones;
su gloria está sobre los cielos.
⁵¿Quién como el SEÑOR nuestro Dios,
que tiene su trono en las alturas
⁶ y se digna contemplar los cielos y
la tierra?

⁷Él levanta del polvo al pobre
y saca del muladar al necesitado;
⁸los hace sentarse con príncipes,
con los príncipes de su pueblo.
⁹A la mujer estéril le da un hogar
y le concede la dicha de ser madre.

*¡Aleluya! ¡Alabado sea el SEÑOR!

Salmo 114

¹Cuando Israel, el pueblo de Jacob,
salió de Egipto, de un pueblo
extraño,
²Judá se convirtió en el santuario de
Dios;
Israel llegó a ser su dominio.

³Al ver esto, el mar huyó;
el Jordán se volvió atrás.
⁴Las montañas saltaron como carneros,
los cerros saltaron como ovejas.
⁵¿Qué te pasó, mar, que huiste,
y a ti, Jordán, que te volviste atrás?
⁶ ¿Y a ustedes montañas, que
saltaron como carneros?
¿Y a ustedes cerros, que saltaron
como ovejas?

⁷¡Tiembla, oh tierra, ante el *Señor,
tiembla ante el Dios de Jacob!
⁸¡Él convirtió la roca en un estanque,
el pedernal en manantiales de agua!

Salmo 115

115:4-11 — Sal 135:15-20

¹La gloria, SEÑOR, no es para
nosotros;
no es para nosotros sino para tu
*nombre,
por causa de tu amor y tu verdad.

²¿Por qué tienen que decirnos las
naciones:
«¿Dónde está su Dios?»
³Nuestro Dios está en los cielos
y puede hacer lo que le parezca.
⁴Pero sus ídolos son de oro y plata,
producto de manos humanas.
⁵Tienen boca, pero no pueden hablar;
ojos, pero no pueden ver;

c 112:9 *poder.* Lit. *cuerno.*

⁶tienen oídos, pero no pueden oír;
nariz, pero no pueden oler;
⁷tienen manos, pero no pueden palpar;
pies, pero no pueden andar;
¡ni un solo sonido emite su
garganta!
⁸Semejantes a ellos son sus hacedores,
y todos los que confían en ellos.

⁹Pueblo de Israel, confía en el SEÑOR;
él es tu ayuda y tu escudo.
¹⁰Descendientes de Aarón, confíen en
el SEÑOR;
él es su ayuda y su escudo.
¹¹Los que temen al SEÑOR, confíen en
él;
él es su ayuda y su escudo.

¹²El SEÑOR nos recuerda y nos bendice:
bendice al pueblo de Israel,
bendice a los descendientes de
Aarón,
¹³   bendice a los que temen al SEÑOR,
bendice a grandes y pequeños.

¹⁴Que el SEÑOR multiplique la
descendencia
de ustedes y de sus hijos.
¹⁵Que reciban bendiciones del SEÑOR,
creador del cielo y de la tierra.

¹⁶Los cielos le pertenecen al SEÑOR,
pero a la *humanidad le ha dado la
tierra.
¹⁷Los muertos no alaban al SEÑOR,
ninguno de los que bajan al
silencio.
¹⁸Somos nosotros los que alabamos al
SEÑOR
desde ahora y para siempre.

*¡Aleluya! ¡Alabado sea el SEÑOR!

Salmo 116

¹Yo amo al SEÑOR
porque él escucha*d* mi voz
suplicante.
²Por cuanto él inclina a mí su oído,
lo invocaré toda mi vida.

³Los lazos de la muerte me enredaron;
me sorprendió la angustia del
*sepulcro,
y caí en la ansiedad y la aflicción.
⁴Entonces clamé al SEÑOR:
«¡Te ruego, SEÑOR, que me salves
la vida!»

⁵El SEÑOR es compasivo y justo;
nuestro Dios es todo ternura.
⁶El SEÑOR protege a la gente sencilla;
estaba yo muy débil, y él me salvó.

⁷¡Ya puedes, *alma mía, estar
tranquila,
que el SEÑOR ha sido bueno
contigo!

⁸Tú me has librado de la muerte,
has enjugado mis lágrimas,
no me has dejado tropezar.
⁹Por eso andaré siempre delante del
SEÑOR
en esta tierra de los vivientes.
¹⁰Aunque digo: «Me encuentro muy
afligido»,
sigo creyendo en Dios.
¹¹En mi desesperación he exclamado:
«Todos son unos mentirosos.»

¹²¿Cómo puedo pagarle al SEÑOR
por tanta bondad que me ha
mostrado?
¹³¡Tan sólo brindando con la copa de
*salvación
e invocando el *nombre del SEÑOR!
¹⁴¡Tan sólo cumpliendo mis promesas
al SEÑOR
en presencia de todo su pueblo!

¹⁵Mucho valor tiene a los ojos del
SEÑOR
la muerte de sus fieles.
¹⁶Yo, SEÑOR, soy tu siervo;
soy siervo tuyo, tu hijo fiel;*e*
¡tú has roto mis cadenas!

¹⁷Te ofreceré un sacrificio de gratitud
e invocaré, SEÑOR, tu nombre.

---

*d*116:1 *Yo amo ... él escucha.* Lit. *Yo amo porque el Señor escucha.*   *e*116:16 *tu hijo fiel.* Lit. *hijo de tu
sierva.*

¹⁸Cumpliré mis votos al SEÑOR
en presencia de todo su pueblo,
¹⁹en los atrios de la casa del SEÑOR,
en medio de ti, oh Jerusalén.

*¡Aleluya! ¡Alabado sea el SEÑOR!

Salmo 117

¹¡Alaben al SEÑOR, naciones todas!
¡Pueblos todos, cántenle alabanzas!
²¡Grande es su amor por nosotros!
¡La fidelidad del SEÑOR es eterna!

*¡Aleluya! ¡Alabado sea el SEÑOR!

Salmo 118

¹Den gracias al SEÑOR, porque él es
bueno;
su gran amor perdura para siempre.

²Que proclame el pueblo de Israel:
«Su gran amor perdura para
siempre.»
³Que proclamen los descendientes de
Aarón:
«Su gran amor perdura para
siempre.»
⁴Que proclamen los que temen al
SEÑOR:
«Su gran amor perdura para
siempre.»

⁵Desde mi angustia clamé al SEÑOR,
y él respondió dándome libertad.
⁶El SEÑOR está conmigo, y no tengo
miedo;
¿qué me puede hacer un simple
*mortal?
⁷El SEÑOR está conmigo, él es mi ayuda;
¡ya veré por los suelos a los que
me odian!

⁸Es mejor refugiarse en el SEÑOR
que confiar en el *hombre.
⁹Es mejor refugiarse en el SEÑOR
que fiarse de los poderosos.

¹⁰Todas las naciones me rodearon,
pero en el *nombre del SEÑOR las
aniquilé.

¹¹Me rodearon por completo,
pero en el nombre del SEÑOR las
aniquilé.
¹²Me rodearon como avispas,
pero se consumieron como zarzas
en el fuego.
¡En el nombre del SEÑOR las
aniquilé!

¹³Me empujaronᶠ con violencia para
que cayera,
pero el SEÑOR me ayudó.
¹⁴El SEÑOR es mi fuerza y mi canto;
¡él es mi *salvación!

¹⁵Gritos de júbilo y *victoria
resuenan en las casas de los justos:
«¡La diestra del SEÑOR realiza
proezas!
¹⁶ ¡La diestra del SEÑOR es exaltada!
¡La diestra del SEÑOR realiza
proezas!»

¹⁷No he de morir; he de vivir
para proclamar las maravillas del
SEÑOR.
¹⁸El SEÑOR me ha castigado con
dureza,
pero no me ha entregado a la
muerte.

¹⁹Ábranme las *puertas de la justicia
para que entre yo a dar gracias al
SEÑOR.
²⁰Son las puertas del SEÑOR,
por las que entran los justos.
²¹¡Te daré gracias porque me
respondiste,
porque eres mi *salvación!

²²La piedra que desecharon los
constructores
ha llegado a ser la piedra angular.
²³Esto ha sido obra del SEÑOR,
y nos deja maravillados.
²⁴Éste es el día en que el SEÑOR actuó;
regocijémonos y alegrémonos en él.

²⁵SEÑOR, ¡danos la *salvación!
SEÑOR, ¡concédenos la *victoria!

ᶠ118:13 *Me empujaron* (LXX, Vulgata y Siríaca); *Tú me empujaste* (TM).

²⁶Bendito el que viene en el nombre
del SEÑOR.
Desde la casa del SEÑOR los
bendecimos.
²⁷El SEÑOR es Dios y nos ilumina.
Únanse a la procesión portando
ramas en la mano
hasta los cuernos del altar. ᵍ

²⁸Tú eres mi Dios, por eso te doy gracias;
tú eres mi Dios, por eso te exalto.

²⁹Den gracias al SEÑOR, porque él es
bueno;
su gran amor perdura para siempre.

Salmo 119 ʰ

Álef ¹*Dichosos los que van por
*caminos perfectos,
los que andan conforme a la
*ley del SEÑOR.
²Dichosos los que guardan sus
*estatutos
y de todo corazón lo buscan.
³Jamás hacen nada malo,
sino que siguen los *caminos
de Dios.
⁴Tú has establecido tus
preceptos,
para que se cumplan
fielmente.
⁵¡Cuánto deseo afirmar mis
caminos
para cumplir tus decretos!
⁶No tendré que pasar vergüenzas
cuando considere todos tus
mandamientos.
⁷Te alabaré con integridad de
corazón,
cuando aprenda tus justos
juicios.
⁸Tus decretos cumpliré;
no me abandones del todo.

Bet ⁹¿Cómo puede el joven llevar
una vida íntegra?
Viviendo conforme a tu
palabra.

¹⁰Yo te busco con todo el
corazón;
no dejes que me desvíe de
tus mandamientos.
¹¹En mi corazón atesoro tus
dichos
para no pecar contra ti.
¹²¡Bendito seas, SEÑOR!
¡Enséñame tus decretos!
¹³Con mis labios he proclamado
todos los juicios que has
emitido.
¹⁴Me regocijo en el *camino de
tus estatutos
más que en ⁱ todas las
riquezas.
¹⁵En tus preceptos medito,
y pongo mis ojos en tus
sendas.
¹⁶En tus decretos hallo mi deleite,
y jamás olvidaré tu palabra.

Guímel ¹⁷Trata con bondad a este siervo
tuyo;
así viviré y obedeceré tu
palabra.
¹⁸Ábreme los ojos, para que
contemple
las maravillas de tu ley.
¹⁹En esta tierra soy un extranjero;
no escondas de mí tus
mandamientos.
²⁰A toda hora siento un nudo en
la garganta
por el deseo de conocer tus
juicios.
²¹Tú reprendes a los insolentes;
¡malditos los que se apartan
de tus mandamientos!
²²Aleja de mí el menosprecio y
el desdén,
pues yo cumplo tus estatutos.
²³Aun los poderosos se
confabulan contra mí,
pero este siervo tuyo medita
en tus decretos.
²⁴Tus estatutos son mi deleite;
son también mis consejeros.

ᵍ118:27 *Únanse ... del altar.* Alt. *Aten el sacrificio festivo con sogas / y llévenlo hasta los cuernos del altar.*
ʰÉste es un salmo acróstico, dividido en 22 estrofas, conforme al número de las letras del alfabeto hebreo.
En el texto hebreo cada una de los ocho líneas principales de cada estrofa comienza con la letra que da
nombre a la misma. ⁱ119:14 *más que en* (Siríaca); *como sobre* (TM).

Dálet 25 Postrado estoy en el polvo;
dame vida conforme a tu
palabra.
26 Tú me respondiste cuando te
hablé de mis caminos.
¡Enséñame tus decretos!
27 Hazme entender el *camino de
tus preceptos,
y meditaré en tus maravillas.
28 De angustia se me derrite el
*alma:
susténtame conforme a tu
palabra.
29 Manténme alejado de caminos
torcidos;
concédeme las bondades de
tu ley.
30 He optado por el camino de la
fidelidad,
he escogido tus juicios.
31 Yo, SEÑOR, me apego a tus
estatutos;
no me hagas pasar vergüenza.
32 Corro por el camino de tus
mandamientos,
porque has ampliado mi
modo de pensar.

He 33 Enséñame, SEÑOR, a seguir tus
decretos,
y los cumpliré hasta el fin.
34 Dame entendimiento para
seguir tu ley,
y la cumpliré de todo
corazón.
35 Dirígeme por la senda de tus
mandamientos,
porque en ella encuentro mi
solaz.
36 Inclina mi corazón hacia tus
estatutos
y no hacia las ganancias
desmedidas.
37 Aparta mi vista de cosas vanas,
dame vida conforme a tu
palabra.*j*
38 Confirma tu promesa a este
siervo,
como lo has hecho con los
que te temen.

39 Líbrame del oprobio que me
aterra,
porque tus juicios son
buenos.
40 ¡Yo amo tus preceptos!
¡Dame vida conforme a tu
justicia!

Vav 41 Envíame, SEÑOR, tu gran amor
y tu *salvación, conforme a
tu promesa.
42 Así responderé a quien me
desprecie,
porque yo confío en tu
palabra.
43 No me quites de la boca la
palabra de verdad,
pues en tus juicios he puesto
mi esperanza.
44 Por toda la eternidad
obedeceré fielmente tu ley.
45 Viviré con toda libertad,
porque he buscado tus
preceptos.
46 Hablaré de tus estatutos a los
reyes
y no seré avergonzado,
47 pues amo tus mandamientos,
y en ellos me regocijo.
48 Yo amo tus mandamientos,
y hacia ellos elevo mis
manos;
¡quiero meditar en tus
decretos!

Zayin 49 Acuérdate de la palabra que
diste a este siervo tuyo,
palabra con la que me
infundiste esperanza.
50 Éste es mi consuelo en medio
del dolor:
que tu promesa me da vida.
51 Los insolentes me ofenden
hasta el colmo,
pero yo no me aparto de tu
ley.
52 Me acuerdo, SEÑOR, de tus
juicios de antaño,
y encuentro consuelo en
ellos.

j 119:37 *conforme a tu palabra* (Targum y dos mss. hebreos); *en tu camino* (TM).

⁵³Me llenan de indignación los
impíos,
que han abandonado tu ley.
⁵⁴Tus decretos han sido mis
cánticos
en el lugar de mi destierro.
⁵⁵SEÑOR, por la noche evoco tu
*nombre;
¡quiero cumplir tu ley!
⁵⁶Lo que a mí me corresponde
es obedecer tus preceptos.ᵏ

Jet ⁵⁷¡Mi herencia eres tú, SEÑOR!
Prometo obedecer tus
palabras.
⁵⁸De todo corazón busco tu rostro;
compadécete de mí conforme
a tu promesa.
⁵⁹Me he puesto a pensar en mis
caminos,
y he orientado mis pasos
hacia tus estatutos.
⁶⁰Me doy prisa, no tardo nada
para cumplir tus
mandamientos.
⁶¹Aunque los lazos de los impíos
me aprisionan,
yo no me olvido de tu ley.
⁶²A medianoche me levanto a
darte gracias
por tus rectos juicios.
⁶³Soy amigo de todos los que te
honran,
de todos los que observan tus
preceptos.
⁶⁴Enséñame, SEÑOR, tus decretos;
¡la tierra está llena de tu gran
amor!

Tet ⁶⁵Tú, SEÑOR, tratas bien a tu
siervo,
conforme a tu palabra.
⁶⁶Impárteme *conocimiento y
buen juicio,
pues yo creo en tus
mandamientos.
⁶⁷Antes de sufrir anduve
descarriado,
pero ahora obedezco tu
palabra.

⁶⁸Tú eres bueno, y haces el bien;
enséñame tus decretos.
⁶⁹Aunque los insolentes me
difaman,
yo cumplo tus preceptos con
todo el corazón.
⁷⁰El corazón de ellos es torpe e
insensible,
pero yo me regocijo en tu ley.
⁷¹Me hizo bien haber sido
afligido,
porque así llegué a conocer
tus decretos.
⁷²Para mí es más valiosa tu
*enseñanza
que millares de monedas de
oro y plata.

Yod ⁷³Con tus manos me creaste, me
diste forma.
Dame entendimiento para
aprender tus mandamientos.
⁷⁴Los que te honran se regocijan
al verme,
porque he puesto mi
esperanza en tu palabra.
⁷⁵SEÑOR, yo sé que tus juicios
son justos,
y que con justa razón me
afliges.
⁷⁶Que sea tu gran amor mi
consuelo,
conforme a la promesa que
hiciste a tu siervo.
⁷⁷Que venga tu compasión a
darme vida,
porque en tu ley me
regocijo.
⁷⁸Sean avergonzados los
insolentes que sin motivo
me maltratan;
yo, por mi parte, meditaré en
tus preceptos.
⁷⁹Que se reconcilien conmigo los
que te temen,
los que conocen tus estatutos.
⁸⁰Sea mi corazón íntegro hacia
tus decretos,
para que yo no sea
avergonzado.

ᵏ119:56 *Lo que a mí ... tus preceptos.* Alt. *Esto es lo que me corresponde, porque obedezco tus preceptos.*

Caf ⁸¹Esperando tu salvación se me
va la vida.
En tu palabra he puesto mi
esperanza.
⁸²Mis ojos se consumen
esperando tu promesa,
y digo: «¿Cuándo vendrás a
consolarme?»
⁸³Parezco un odre ennegrecido
por el humo,
pero no me olvido de tus
decretos.
⁸⁴¿Cuánto más vivirá este siervo
tuyo?
¿Cuándo juzgarás a mis
perseguidores?
⁸⁵Me han cavado trampas los
insolentes,
los que no viven conforme a
tu ley.
⁸⁶Todos tus mandamientos son
fidedignos;
¡ayúdame!, pues falsos son
mis perseguidores.
⁸⁷Por poco me borran de la tierra,
pero yo no abandono tus
preceptos.
⁸⁸Por tu gran amor, dame vida
y cumpliré tus estatutos.

Lámed ⁸⁹Tu palabra, SEÑOR, es eterna,
y está firme en los cielos.
⁹⁰Tu fidelidad permanece para
siempre;
estableciste la tierra, y quedó
firme.
⁹¹Todo subsiste hoy, conforme a
tus decretos,
porque todo está a tu servicio.
⁹²Si tu ley no fuera mi regocijo,
la aflicción habría acabado
conmigo.
⁹³Jamás me olvidaré de tus
preceptos,
pues con ellos me has dado
vida.
⁹⁴¡Sálvame, pues te pertenezco
y escudriño tus preceptos!
⁹⁵Los impíos me acechan para
destruirme,

pero yo me esfuerzo por
entender tus estatutos.
⁹⁶He visto que aun la perfección
tiene sus límites;
¡sólo tus mandamientos son
infinitos!

Mem ⁹⁷¡Cuánto amo yo tu ley!
Todo el día medito en ella.
⁹⁸Tus mandamientos me hacen
más sabio que mis enemigos
porque me pertenecen para
siempre.
⁹⁹Tengo más discernimiento que
todos mis maestros
porque medito en tus estatutos.
¹⁰⁰Tengo más entendimiento que
los ancianos
porque obedezco tus
preceptos.
¹⁰¹Aparto mis pies de toda mala
senda
para cumplir con tu palabra.
¹⁰²No me desvío de tus juicios
porque tú mismo me
instruyes.
¹⁰³¡Cuán dulces son a mi paladar
tus palabras!
¡Son más dulces que la miel
a mi boca!
¹⁰⁴De tus preceptos adquiero
entendimiento;
por eso aborrezco toda senda
de mentira.

Nun ¹⁰⁵Tu palabra es una lámpara a
mis pies;
es una luz en mi sendero.
¹⁰⁶Hice un juramento, y lo he
confirmado:
que acataré tus rectos juicios.
¹⁰⁷SEÑOR, es mucho lo que he
sufrido;
dame vida conforme a tu
palabra.
¹⁰⁸SEÑOR, acepta la ofrenda que
brota de mis labios;
enséñame tus juicios.
¹⁰⁹Mi vida pende de un hilo,^{*l*}
pero no me olvido de tu ley.

^{*l*}119:109 *pende de un hilo*. Lit. *está siempre en mi puño.*

¹¹⁰Los impíos me han tendido una
trampa,
pero no me aparto de tus
preceptos.
¹¹¹Tus estatutos son mi herencia
permanente;
son el regocijo de mi corazón.
¹¹²Inclino mi corazón a cumplir
tus decretos
para siempre y hasta el fin.

Sámej ¹¹³Aborrezco a los hipócritas,
pero amo tu ley.
¹¹⁴Tú eres mi escondite y mi
escudo;
en tu palabra he puesto mi
esperanza.
¹¹⁵¡Malhechores, apártense de mí,
que quiero cumplir los
mandamientos de mi Dios!
¹¹⁶Sosténme conforme a tu
promesa, y viviré;
no defraudes mis esperanzas.
¹¹⁷Defiéndeme, y estaré a salvo;
siempre optaré por tus
decretos.
¹¹⁸Tú rechazas a los que se
desvían de tus decretos,
porque sólo maquinan
falsedades.
¹¹⁹Tú desechas como escoria a los
impíos de la tierra;
por eso amo tus estatutos.
¹²⁰Mi cuerpo se estremece por el
temor que me inspiras;
siento reverencia por tus leyes.

Ayin ¹²¹Yo practico la justicia y el
derecho;
no me dejes en manos de mis
opresores.
¹²²Garantiza el bienestar de tu
siervo;
que no me opriman los
arrogantes.
¹²³Mis ojos se consumen
esperando tu salvación,
esperando que se cumpla tu
justicia.

¹²⁴Trata a tu siervo conforme a tu
gran amor;
enséñame tus decretos.
¹²⁵Tu siervo soy: dame
entendimiento
y llegaré a conocer tus
estatutos.
¹²⁶SEÑOR, ya es tiempo de que
actúes,
pues tu ley está siendo
quebrantada.
¹²⁷Sobre todas las cosas amo tus
mandamientos,
más que el oro, más que el
oro refinado.
¹²⁸Por eso tomo en cuenta todos
tus preceptos ᵐ
y aborrezco toda senda falsa.

Pe ¹²⁹Tus estatutos son maravillosos;
por eso los obedezco.
¹³⁰La exposición de tus palabras
nos da luz,
y da entendimiento al
*sencillo.
¹³¹Jadeante abro la boca
porque ansío tus
mandamientos.
¹³²Vuélvete a mí, y tenme
compasión
como haces siempre con los
que aman tu nombre.
¹³³Guía mis pasos conforme a tu
promesa;
no dejes que me domine la
iniquidad.
¹³⁴Líbrame de la opresión
humana,
pues quiero obedecer tus
preceptos.
¹³⁵Haz brillar tu rostro sobre tu
siervo;
enséñame tus decretos.
¹³⁶Ríos de lágrimas brotan de mis
ojos,
porque tu ley no se obedece.

Tsade ¹³⁷SEÑOR, tú eres justo,
y tus juicios son rectos.

ᵐ119:128 *Por eso ... tus preceptos* (véanse LXX y Vulgata); *Por eso todos los estatutos de todo lo que hago recto* (TM).

138 Justos son los estatutos que has
ordenado,
y muy dignos de confianza.
139 Mi celo me consume,
porque mis adversarios
pasan por alto tus palabras.
140 Tus promesas han superado
muchas pruebas,
por eso tu siervo las ama.
141 Insignificante y
menospreciable como soy,
no me olvido de tus preceptos.
142 Tu justicia es siempre justa;
tu ley es la verdad.
143 He caído en la angustia y la
aflicción,
pero tus mandamientos son
mi regocijo.
144 Tus estatutos son siempre justos;
dame entendimiento para
poder vivir.

Qof 145 Con todo el corazón clamo a ti,
SEÑOR;
respóndeme, y obedeceré tus
decretos.
146 A ti clamo: «¡Sálvame!»
Quiero cumplir tus estatutos.
147 Muy de mañana me levanto a
pedir ayuda;
en tus palabras he puesto mi
esperanza.
148 En toda la noche no pego los
ojos, *n*
para meditar en tu promesa.
149 Conforme a tu gran amor,
escucha mi voz;
conforme a tus juicios,
SEÑOR, dame vida.
150 Ya se acercan mis crueles
perseguidores,
pero andan muy lejos de tu ley.
151 Tú, SEÑOR, también estás cerca,
y todos tus mandamientos
son verdad.
152 Desde hace mucho conozco tus
estatutos,
los cuales estableciste para
siempre.

Resh 153 Considera mi aflicción, y
líbrame,
pues no me he olvidado de
tu ley.
154 Defiende mi causa, rescátame;
dame vida conforme a tu
promesa.
155 La salvación está lejos de los
impíos,
porque ellos no buscan tus
decretos.
156 Grande es, SEÑOR, tu
compasión;
dame vida conforme a tus
juicios.
157 Muchos son mis adversarios y
mis perseguidores,
pero yo no me aparto de tus
estatutos.
158 Miro a esos renegados y me
dan náuseas,
porque no cumplen tus
palabras.
159 Mira, SEÑOR, cuánto amo tus
preceptos;
conforme a tu gran amor,
dame vida.
160 La suma de tus palabras es la
verdad;
tus rectos juicios permanecen
para siempre.

Shin 161 Gente poderosa *ñ* me persigue
sin motivo,
pero mi corazón se asombra
ante tu palabra.
162 Yo me regocijo en tu promesa
como quien halla un gran
botín.
163 Aborrezco y repudio la
falsedad,
pero amo tu ley.
164 Siete veces al día te alabo
por tus rectos juicios.
165 Los que aman tu ley disfrutan
de gran *bienestar,
y nada los hace tropezar.
166 Yo, SEÑOR, espero tu salvación
y practico tus mandamientos.

n 119:148 *En toda ... los ojos.* Lit. *Se anticipan mis ojos a las vigilias.*   *ñ* 119:161 *Gente poderosa.* Lit.
Príncipes.

167 Con todo mi ser cumplo tus
   estatutos.
   ¡Cuánto los amo!
168 Obedezco tus preceptos y tus
   estatutos,
   porque conoces todos mis
   caminos.

Tav   169 Que llegue mi clamor a tu
   presencia;
   dame entendimiento, SEÑOR,
   conforme a tu palabra.
170 Que llegue a tu presencia mi
   súplica;
   líbrame, conforme a tu
   promesa.
171 Que rebosen mis labios de
   alabanza,
   porque tú me enseñas tus
   decretos.
172 Que entone mi lengua un
   cántico a tu palabra,
   pues todos tus mandamientos
   son justos.
173 Que acuda tu mano en mi ayuda,
   porque he escogido tus
   preceptos.
174 Yo, SEÑOR, ansío tu salvación.
   Tu ley es mi regocijo.
175 Déjame vivir para alabarte;
   que vengan tus juicios a
   ayudarme.
176 Cual oveja perdida me he
   extraviado;
   ven en busca de tu siervo,
   porque no he olvidado tus
   mandamientos.

Salmo 120

Cántico de los *peregrinos.

1 En mi angustia invoqué al SEÑOR,
   y él me respondió.
2 SEÑOR, líbrame de los labios
   mentirosos
   y de las lenguas embusteras.

3 ¡Ah, lengua embustera!
   ¿Qué se te habrá de dar?
   ¿Qué se te habrá de añadir?

4 ¡Puntiagudas flechas de guerrero,
   con ardientes brasas de *retama!

5 ¡Ay de mí, que soy extranjero en
   Mésec,
   que he acampado entre las tiendas
   de Cedar!
6 ¡Ya es mucho el tiempo que he
   acampado
   entre los que aborrecen la *paz!
7 Yo amo la paz,
   pero si hablo de paz,
   ellos hablan de guerra.

Salmo 121

Cántico de los *peregrinos.

1 A las montañas levanto mis ojos;
   ¿de dónde ha de venir mi ayuda?
2 Mi ayuda proviene del SEÑOR,
   creador del cielo y de la tierra.

3 No permitirá que tu pie resbale;
   jamás duerme el que te cuida.
4 Jamás duerme ni se adormece
   el que cuida de Israel.

5 El SEÑOR es quien te cuida,
   el SEÑOR es tu sombra protectora. o
6 De día el sol no te hará daño,
   ni la luna de noche.

7 El SEÑOR te protegerá;
   de todo mal protegerá tu vida.
8 El SEÑOR te cuidará en el hogar y en
   el camino, p
   desde ahora y para siempre.

Salmo 122

Cántico de los *peregrinos. De David.

1 Yo me alegro cuando me dicen:
   «Vamos a la casa del SEÑOR.»
2 *¡Jerusalén, ya nuestros pies
   se han plantado ante tus *portones!

3 ¡Jerusalén, ciudad edificada
   para que en ella todos se
   congreguen! q
4 A ella suben las tribus,
   las tribus del SEÑOR,

---

o 121:5 tu sombra protectora. Lit. tu sombra a tu mano derecha.   p 121:8 te cuidará en el hogar y en el
camino. Lit. cuidará tu salida y tu entrada.   q 122:3 ¡Jerusalén, ... se congreguen! Alt. Jerusalén, edificada
como ciudad, en la que todo se mantiene bien unido.

para alabar su *nombre
conforme a la ordenanza que
recibió Israel.

5 Allí están los tribunales de justicia,
los tribunales de la dinastía de
David.

6 Pidamos por la *paz de Jerusalén:
«Que vivan en paz los que te aman.
7 Que haya paz dentro de tus murallas,
seguridad en tus fortalezas.»
8 Y ahora, por mis hermanos y amigos
te digo:
«¡Deseo que tengas paz!»
9 Por la casa del SEÑOR nuestro Dios
procuraré tu bienestar.

Salmo 123
Cántico de los *peregrinos.

1 Hacia ti dirijo la mirada,
hacia ti, cuyo trono está en el cielo.
2 Como dirigen los esclavos la mirada
hacia la mano de su amo,
como dirige la esclava la mirada
hacia la mano de su ama,
así dirigimos la mirada al SEÑOR
nuestro Dios,
hasta que nos muestre compasión.

3 Compadécenos, SEÑOR,
compadécenos,
¡ya estamos hartos de que nos
desprecien!
4 Ya son muchas las burlas que hemos
sufrido;
muchos son los insultos de los
altivos,
y mucho el menosprecio de los
orgullosos.

Salmo 124
Cántico de los *peregrinos. De David.

1 Si el SEÑOR no hubiera estado de
nuestra parte
—que lo repita ahora Israel—,
2 si el SEÑOR no hubiera estado de
nuestra parte
cuando todo el mundo se levantó
contra nosotros,
3 nos habrían tragado vivos
al encenderse su furor contra
nosotros;

4 nos habrían inundado las aguas,
el torrente nos habría arrastrado,
5 ¡nos habrían arrastrado las aguas
turbulentas!

6 Bendito sea el SEÑOR, que no dejó
que nos despedazaran con sus
dientes.
7 Como las aves, hemos escapado
de la trampa del cazador;
¡la trampa se rompió,
y nosotros escapamos!
8 Nuestra ayuda está en el *nombre
del SEÑOR,
creador del cielo y de la tierra.

Salmo 125
Cántico de los *peregrinos.

1 Los que confían en el SEÑOR
son como el monte *Sión,
que jamás será conmovido,
que permanecerá para siempre.
2 Como rodean las colinas a Jerusalén,
así rodea el SEÑOR a su pueblo,
desde ahora y para siempre.

3 No prevalecerá el cetro de los impíos
sobre la heredad asignada a los
justos,
para que nunca los justos extiendan
sus manos hacia la maldad.

4 Haz bien, SEÑOR, a los que son
buenos,
a los de recto corazón.
5 Pero a los que van por caminos
torcidos
deséchalos, SEÑOR, junto con los
malhechores.

¡Que haya paz en Israel!

Salmo 126
Cántico de los *peregrinos.

1 Cuando el SEÑOR hizo volver a
*Sión a los cautivos,
nos parecía estar soñando.
2 Nuestra boca se llenó de risas;
nuestra lengua, de canciones
jubilosas.
Hasta los otros pueblos decían:
«El SEÑOR ha hecho grandes cosas
por ellos.»

3 Sí, el SEÑOR ha hecho grandes cosas
    por nosotros,
y eso nos llena de alegría.

4 Ahora, SEÑOR, haz volver a nuestros
    cautivos
como haces volver los arroyos del
    desierto.
5 El que con lágrimas siembra,
con regocijo cosecha.
6 El que llorando esparce la semilla,
cantando recoge sus gavillas.

Salmo 127
Cántico de los *peregrinos. De Salomón.

1 Si el SEÑOR no edifica la casa,
en vano se esfuerzan los albañiles.
Si el SEÑOR no cuida la ciudad,
en vano hacen guardia los vigilantes.
2 En vano madrugan ustedes,
y se acuestan muy tarde,
para comer un pan de fatigas,
    porque Dios concede el sueño a sus
    amados.

3 Los hijos son una herencia del
    SEÑOR,
los frutos del vientre son una
    recompensa.
4 Como flechas en las manos del
    guerrero
son los hijos de la juventud.
5 *Dichosos los que llenan su aljaba
con esta clase de flechas.ʳ
No serán avergonzados por sus
    enemigos
cuando litiguen con ellos en los
    tribunales.

Salmo 128
Cántico de los *peregrinos.

1 *Dichosos todos los que temen al
    SEÑOR,
los que van por sus *caminos.
2 Lo que ganes con tus manos, eso
    comerás;
gozarás de dicha y prosperidad.
3 En el seno de tu hogar,
tu esposa será como vid llena de
    uvas;

alrededor de tu mesa,
tus hijos serán como vástagos de
    olivo.
4 Tales son las bendiciones
de los que temen al SEÑOR.

5 Que el SEÑOR te bendiga desde
    *Sión,
y veas la prosperidad de Jerusalén
todos los días de tu vida.
6 Que vivas para ver a los hijos de tus
    hijos.

¡Que haya *paz en Israel!

Salmo 129
Cántico de los *peregrinos.

1 Mucho me han angustiado desde mi
    juventud
—que lo repita ahora Israel—,
2 mucho me han angustiado desde mi
    juventud,
pero no han logrado vencerme.
3 Sobre la espalda me pasaron el
    arado,
abriéndome en ella profundosˢ
    surcos.
4 Pero el SEÑOR, que es justo,
me libró de las ataduras de los
    impíos.

5 Que retrocedan avergonzados
todos los que odian a *Sión.
6 Que sean como la hierba en el techo,
que antes de crecer se marchita;
7 que no llena las manos del segador
ni el regazo del que cosecha.
8 Que al pasar nadie les diga:
«La bendición del SEÑOR sea con
    ustedes;
los bendecimos en el *nombre del
    SEÑOR.»

Salmo 130
Cántico de los *peregrinos.

1 A ti, SEÑOR, elevo mi clamor
desde las profundidades del abismo.
2 Escucha, Señor, mi voz.
Estén atentos tus oídos a mi voz
    suplicante.

ʳ 127:5 con esta clase de flechas. Lit. con ellos.   ˢ 129:3 profundos. Lit. largos.

³Si tú, SEÑOR, tomaras en cuenta los
   pecados,
¿quién, SEÑOR, sería declarado
   inocente?ᵗ
⁴Pero en ti se halla perdón,
   y por eso debes ser temido.

⁵Espero al SEÑOR, lo espero con toda
   el *alma;
en su palabra he puesto mi
   esperanza.
⁶Espero al SEÑOR con toda el alma,
   más que los centinelas la mañana.

Como esperan los centinelas la
   mañana,
⁷ así tú, Israel, espera al SEÑOR.
Porque en él hay amor inagotable;
   en él hay plena redención.
⁸Él mismo redimirá a Israel
   de todos sus pecados.

Salmo 131
Cántico de los *peregrinos. De David.

¹SEÑOR, mi corazón no es orgulloso,
   ni son altivos mis ojos;
no busco grandezas desmedidas,
   ni proezas que excedan a mis
   fuerzas.

²Todo lo contrario:
   he calmado y aquietado mis ansias.
Soy como un niño recién amamantado
   en el regazo de su madre.
¡Mi *alma es como un niño recién
   amamantado!

³Israel, pon tu esperanza en el SEÑOR
   desde ahora y para siempre.

Salmo 132
132:8-10 — 2Cr 6:41-42
Cántico de los *peregrinos.

¹SEÑOR, acuérdate de David
   y de todas sus penurias.
²Acuérdate de sus juramentos al
   SEÑOR,
de sus votos al Poderoso de Jacob:

³«No gozaré del calor del hogar,
   ni me daré un momento de
   descanso;ᵘ
⁴no me permitiré cerrar los ojos,
   y ni siquiera el menor pestañeo,
⁵antes de hallar un lugar para el
   SEÑOR,
una morada para el Poderoso de
   Jacob.»

⁶En Efrata oímos hablar del arca;ᵛ
   dimos con ella en los campos de
   Yagar:ʷ
⁷«Vayamos hasta su morada;
   postrémonos ante el estrado de sus
   pies.»

⁸Levántate, SEÑOR; ven a tu lugar de
   reposo,
   tú y tu arca poderosa.
⁹¡Que se revistan de justicia tus
   sacerdotes!
¡Que tus fieles canten jubilosos!
¹⁰Por amor a David, tu siervo,
   no le des la espalda aˣ tu
   *ungido.

¹¹El SEÑOR le ha hecho a David
   un firme juramento que no
   revocará:
«A uno de tus propios descendientes
   lo pondré en tu trono.
¹²Si tus hijos cumplen con mi pacto
   y con los *estatutos que les
   enseñaré,
también sus descendientes
   te sucederán en el trono para
   siempre.»

¹³El SEÑOR ha escogido a *Sión;
   su deseo es hacer de este monte su
   morada:
¹⁴«Éste será para siempre mi lugar de
   reposo;
aquí pondré mi trono, porque así lo
   deseo.
¹⁵Bendeciré con creces sus provisiones,
   y saciaré de pan a sus pobres.

ᵗ130:3 ¿ ... sería declarado inocente? Lit. ¿ ... se mantendría en pie?   ᵘ132:3 No gozaré ... de descanso. Lit.
Si entrara yo en la tienda de mi casa, / si subiera yo al lecho de mi cama.   ᵛ132:6 del arca. Lit. de ella;
véase 1S 7:1.   ʷ132:6 Yagar. Es decir, Quiriat Yearín.   ˣ132:10 no le des la espalda a. Lit. no vuelvas el
rostro de.

16Revestiré de *salvación a sus
sacerdotes,
y jubilosos cantarán sus fieles.

17»Aquí haré renacer el poder.y de David,
y encenderé la lámpara de mi
ungido.
18A sus enemigos los cubriré de
vergüenza,
pero él lucirá su corona
esplendorosa.»

Salmo 133

Cántico de los *peregrinos. De David.

1¡Cuán bueno y cuán agradable es
que los hermanos convivan en
armonía!
2Es como el buen aceite que, desde la
cabeza,
va descendiendo por la barba,
por la barba de Aarón,
hasta el borde de sus vestiduras.
3Es como el rocío de Hermón
que va descendiendo sobre los
montes de *Sión.
Donde se da esta armonía,z
el SEÑOR concede bendición y vida
eterna.

Salmo 134

Cántico de los *peregrinos.

1Bendigan al SEÑOR todos ustedes sus
siervos,
que de noche permanecen en la
casa del SEÑOR.
2Eleven sus manos hacia el santuario
y bendigan al SEÑOR.
3Que desde *Sión los bendiga el SEÑOR,
creador del cielo y de la tierra.

Salmo 135

135:15-20 — Sal 115:4-11

1*¡Aleluya! ¡Alabado sea el SEÑOR!

¡Alaben el *nombre del SEÑOR!
¡Siervos del SEÑOR, alábenlo!
2Ustedes, que permanecen en la casa
del SEÑOR,
en los atrios de la casa del Dios
nuestro.

3Alaben al SEÑOR, porque el SEÑOR
es bueno;
canten salmos a su nombre, porque
eso es agradable.
4El SEÑOR escogió a Jacob como su
propiedad,
a Israel como su posesión.

5Yo sé que el SEÑOR, nuestro
Soberano,
es más grande que todos los dioses.
6El SEÑOR hace todo lo que quiere
en los cielos y en la tierra,
en los mares y en todos sus
abismos.
7Levanta las nubes desde los confines
de la tierra;
envía relámpagos con la lluvia
y saca de sus depósitos a los vientos.

8A los primogénitos de Egipto hirió
de muerte,
tanto a *hombres como a animales.
9En tu corazón mismo, oh Egipto,
Dios envió señales y maravillas
contra el faraón y todos sus siervos.
10A muchas naciones las hirió de
muerte;
a reyes poderosos les quitó la vida:
11a Sijón, el rey amorreo;
a Og, el rey de Basán,
y a todos los reyes de Canaán.
12Entregó sus tierras como herencia,
¡como herencia para su pueblo
Israel!

13Tu nombre, SEÑOR, es eterno;
tu renombre, por todas las
generaciones.
14Ciertamente el SEÑOR juzgará a su
pueblo,
y de sus siervos tendrá compasión.

15Los ídolos de los paganos son de oro
y plata,
producto de manos humanas.
16Tienen boca, pero no pueden hablar;
ojos, pero no pueden ver;
17tienen oídos, pero no pueden oír;
¡ni siquiera hay aliento en su boca!

---

y132:17 poder. Lit. cuerno.   z133:3 Donde se da esta armonía. Lit. Ciertamente allí.

¹⁸Semejantes a ellos son sus hacedores
y todos los que confían en ellos.

¹⁹Pueblo de Israel, bendice al SEÑOR;
descendientes de Aarón, bendigan
al SEÑOR;
²⁰descendientes de Leví, bendigan al
SEÑOR;
los que temen al SEÑOR, bendíganlo.
²¹Desde *Sión sea bendito el SEÑOR,
el que habita en Jerusalén.

*¡Aleluya! ¡Alabado sea el SEÑOR!

Salmo 136

¹Den gracias al SEÑOR, porque él es
bueno;
su gran amor perdura para siempre.
²Den gracias al Dios de dioses;
su gran amor perdura para siempre.
³Den gracias al SEÑOR de señores;
su gran amor perdura para siempre.
⁴Al único que hace grandes
maravillas;
su gran amor perdura para siempre.
⁵Al que con inteligencia hizo los cielos;
su gran amor perdura para siempre.
⁶Al que expandió la tierra sobre las
aguas;
su gran amor perdura para siempre.
⁷Al que hizo las grandes luminarias;
su gran amor perdura para siempre.
⁸El sol, para iluminar*ᵃ* el día;
su gran amor perdura para siempre.
⁹La luna y las estrellas, para iluminar
la noche;
su gran amor perdura para siempre.
¹⁰Al que hirió a los primogénitos de
Egipto;
su gran amor perdura para siempre.
¹¹Al que sacó de Egipto*ᵇ* a Israel;
su gran amor perdura para siempre.
¹²Con mano poderosa y con brazo
extendido;
su gran amor perdura para siempre.
¹³Al que partió en dos el Mar Rojo;*ᶜ*
su gran amor perdura para siempre.
¹⁴Y por en medio hizo cruzar a Israel;
su gran amor perdura para siempre.

¹⁵Pero hundió en el Mar Rojo al
faraón y a su ejército;
su gran amor perdura para siempre.
¹⁶Al que guió a su pueblo por el desierto;
su gran amor perdura para siempre.
¹⁷Al que hirió de muerte a grandes reyes;
su gran amor perdura para siempre.
¹⁸Al que a reyes poderosos les quitó la
vida;
su gran amor perdura para siempre.
¹⁹A Sijón, el rey amorreo;
su gran amor perdura para siempre.
²⁰A Og, el rey de Basán;
su gran amor perdura para siempre.
²¹Cuyas tierras entregó como herencia;
su gran amor perdura para siempre.
²²Como herencia para su siervo Israel;
su gran amor perdura para siempre.
²³Al que nunca nos olvida, aunque
estemos humillados;
su gran amor perdura para siempre.
²⁴Al que nos libra de nuestros
adversarios;
su gran amor perdura para siempre.
²⁵Al que alimenta a todo ser viviente;
su gran amor perdura para siempre.
²⁶¡Den gracias al Dios de los cielos!
¡Su gran amor perdura para siempre!

Salmo 137

¹Junto a los ríos de Babilonia nos
sentábamos,
y llorábamos al acordarnos de *Sión.
²En los álamos que había en la ciudad
colgábamos nuestras arpas.
³Allí, los que nos tenían cautivos
nos pedían que entonáramos
canciones;
nuestros opresores nos pedían estar
alegres;
nos decían: «¡Cántennos un cántico
de Sión!»

⁴¿Cómo cantar las canciones del
SEÑOR
en una tierra extraña?
⁵Ah, Jerusalén, Jerusalén,
si llegara yo a olvidarte,
¡que la mano derecha se me seque!

---

*ᵃ*136:8 *iluminar.* Lit. *dominar.* *ᵇ*136:11 *de Egipto.* Lit. *de entre ellos.* *ᶜ*136:13 *Mar Rojo.* Lit. *Mar de las
Cañas* (heb. *Yam Suf*); también en v. 15.

⁶Si de ti no me acordara,
ni te pusiera por encima de mi
propia alegría,
¡que la lengua se me pegue al
paladar!

⁷SEÑOR, acuérdate de los edomitas
el día en que cayó Jerusalén.
«¡Arrásenla —gritaban—,
arrásenla hasta sus cimientos!»

⁸Hija de Babilonia, que has de ser
destruida,
*¡dichoso el que te haga pagar
por todo lo que nos has hecho!
⁹¡Dichoso el que agarre a tus pequeños
y los estrelle contra las rocas!

Salmo 138
Salmo de David.

¹SEÑOR, quiero alabarte de todo
corazón,
y cantarte salmos delante de los
dioses.
²Quiero inclinarme hacia tu santo
templo
y alabar tu *nombre por tu gran
amor y fidelidad.
Porque has exaltado tu nombre y tu
palabra
por sobre todas las cosas.
³Cuando te llamé, me respondiste;
me infundiste ánimo y renovaste
mis *fuerzas.

⁴Oh SEÑOR, todos los reyes de la tierra
te alabarán al escuchar tus palabras.
⁵Celebrarán con cánticos tus
*caminos,
porque tu gloria, SEÑOR, es grande.

⁶El SEÑOR es excelso,
pero toma en cuenta a los humildes
y mira*d* de lejos a los orgullosos.
⁷Aunque pase yo por grandes angustias,
tú me darás vida;
contra el furor de mis enemigos
extenderás la mano:
¡tu mano derecha me pondrá a
salvo!

⁸El SEÑOR cumplirá en mí su
propósito.*e*
Tu gran amor, SEÑOR, perdura para
siempre;
¡no abandones la obra de tus manos!

Salmo 139
Al director musical. Salmo de David.

¹SEÑOR, tú me examinas,
tú me conoces.
²Sabes cuándo me siento y cuándo
me levanto;
aun a la distancia me lees el
pensamiento.
³Mis trajines y descansos los conoces;
todos mis caminos te son
familiares.
⁴No me llega aún la palabra a la
lengua
cuando tú, SEÑOR, ya la sabes toda.
⁵Tu protección me envuelve por
completo;
me cubres con la palma de tu mano.
⁶Conocimiento tan maravilloso rebasa
mi comprensión;
tan sublime es que no puedo
entenderlo.

⁷¿A dónde podría alejarme de tu
Espíritu?
¿A dónde podría huir de tu
presencia?
⁸Si subiera al cielo,
allí estás tú;
si tendiera mi lecho en el fondo del
*abismo,
también estás allí.
⁹Si me elevara sobre las alas del alba,
o me estableciera en los extremos
del mar,
¹⁰aun allí tu mano me guiaría,
¡me sostendría tu mano derecha!

¹¹Y si dijera: «Que me oculten las
tinieblas;
que la luz se haga noche en torno
mío»,
¹²ni las tinieblas serían oscuras para ti,
y aun la noche sería clara como el
día.

---

*d*138:6 *mira.* Lit. *conoce.*   *e*138:8 *El SEÑOR ... su propósito.* Lit. *El SEÑOR completará en mí.*

¡Lo mismo son para ti las tinieblas
que la luz!

13Tú creaste mis entrañas;
me formaste en el vientre de mi
madre.
14¡Te alabo porque soy una creación
admirable!
¡Tus obras son maravillosas,
y esto lo sé muy bien!
15Mis huesos no te fueron desconocidos
cuando en lo más recóndito era yo
formado,
cuando en lo más profundo de la tierra
era yo entretejido.
16Tus ojos vieron mi cuerpo en
gestación:
todo estaba ya escrito en tu libro;
todos mis días se estaban diseñando,
aunque no existía uno solo de ellos.

17¡Cuán preciosos, oh Dios, me son tus
pensamientos!
¡Cuán inmensa es la suma de ellos!
18Si me propusiera contarlos,
sumarían más que los granos de
arena.
Y si terminara de hacerlo,ƒ
aún estaría a tu lado.

19Oh Dios, ¡si les quitaras la vida a los
impíos!
¡Si de mí se apartara la gente
sanguinaria,
20esos que con malicia te difaman
y que en vano se rebelan contra ti!ᵍ
21¿Acaso no aborrezco, SEÑOR, a los
que te odian,
y abomino a los que te rechazan?
22El odio que les tengo es un odio
implacable;
¡los cuento entre mis enemigos!

23Examíname, oh Dios, y sondea mi
corazón;
ponme a prueba y sondea mis
pensamientos.
24Fíjate si voy por mal camino,
y guíame por el *camino eterno.

Salmo 140
Al director musical. Salmo de David.

1Oh SEÑOR, líbrame de los impíos;
protégeme de los violentos,
2de los que urden en su corazón
planes malvados
y todos los días fomentan la guerra.
3Afilan su lengua cual lengua de
serpiente;
¡veneno de víbora hay en sus
labios!   *Selah

4SEÑOR, protégeme del poder de los
impíos;
protégeme de los violentos,
de los que piensan hacerme caer.
5Esos engreídos me han tendido una
trampa;
han puesto los lazos de su red,
han tendido trampas a mi paso.
Selah

6Yo le digo al SEÑOR: «Tú eres mi
Dios.
Atiende, SEÑOR, a mi voz
suplicante.»
7SEÑOR Soberano, mi salvador
poderoso
que me protege en el día de la
batalla:
8No satisfagas, SEÑOR, los caprichos
de los impíos;
no permitas que sus planes
prosperen,
para que no se enorgullezcan. Selah

9Que sobre la cabeza de mis
perseguidores
recaiga el mal que sus labios
proclaman.
10Que lluevan brasas sobre ellos;
que sean echados en el fuego,
en ciénagas profundas, de donde
no vuelvan a salir.
11Que no eche raíces en la tierra
la *gente de lengua viperina;
que la calamidad persiga y destruya
a la gente que practica la violencia.

ƒ139:18 Y si terminara de hacerlo (algunos mss. hebreos); Despierto y (TM).   ᵍ139:20 y que en vano ...
contra ti (tres versiones griegas y algunos mss. hebreos); levantan en vano tus ciudades (TM).

¹²Yo sé que el SEÑOR hace justicia a
    los pobres
y defiende el derecho de los
    necesitados.
¹³Ciertamente los justos alabarán tu
    *nombre
y los íntegros vivirán en tu
    presencia.

Salmo 141
Salmo de David.

¹A ti clamo, SEÑOR; ven pronto a mí.
    ¡Atiende a mi voz cuando a ti
    clamo!
²Que suba a tu presencia mi plegaria
    como una ofrenda de incienso;
    que hacia ti se eleven mis manos
    como un sacrificio vespertino.

³SEÑOR, ponme en la boca un
    centinela;
    un guardia a la puerta de mis labios.
⁴No permitas que mi corazón se
    incline a la maldad,
    ni que sea yo cómplice de
    iniquidades;
    no me dejes participar de banquetes
    en compañía de malhechores.

⁵Que la justicia me golpee,
    que el amor me reprenda;
    pero que el ungüento de los malvados
    no perfume mi cabeza,
    pues mi oración está siempre
    en contra de sus malas obras.
⁶Cuando sus gobernantes sean lanzados
    desde los despeñaderos,
    sabrán que mis palabras eran bien
    intencionadas.
⁷Y dirán: «Así como se dispersa la
    tierra
    cuando en ella se abren surcos con
    el arado,
    así se han dispersado nuestros huesos
    a la orilla del *sepulcro.»

⁸En ti, SEÑOR Soberano, tengo
    puestos los ojos;
    en ti busco refugio; no dejes que
    me maten.

⁹Protégeme de las trampas que me
    tienden,
    de las trampas que me tienden los
    malhechores.
¹⁰Que caigan los impíos en sus propias
    redes,
    mientras yo salgo bien librado.

Salmo 142
*Masquil de David. Cuando estaba en la cueva.
Oración.

¹A voz en cuello, al SEÑOR le pido
    ayuda;
    a voz en cuello, al SEÑOR le pido
    compasión.
²Ante él expongo mis quejas;
    ante él expreso mis angustias.

³Cuando ya no me queda aliento,
    tú me muestras el camino. ʰ
    Por la senda que transito
    algunos me han tendido una
    trampa.
⁴Mira a mi derecha, y ve:
    nadie me tiende la mano.
    No tengo dónde refugiarme;
    por mí nadie se preocupa.

⁵A ti, SEÑOR, te pido ayuda;
    a ti te digo: «Tú eres mi refugio,
    mi porción en la tierra de los
    vivientes.»
⁶Atiende a mi clamor,
    porque me siento muy débil;
    líbrame de mis perseguidores,
    porque son más fuertes que yo.
⁷Sácame de la prisión,
    para que alabe yo tu *nombre.
    Los justos se reunirán en torno mío
    por la bondad que me has mostrado.

Salmo 143
Salmo de David.

¹Escucha, SEÑOR, mi oración;
    atiende a mi súplica.
    Por tu fidelidad y tu justicia,
    respóndeme.
²No lleves a juicio a tu siervo,
    pues ante ti nadie puede alegar
    inocencia.

ʰ 142:3 *tú me muestras el camino*. Lit. *tú conoces mi encrucijada*.

3 El enemigo atenta contra mi vida:
quiere hacerme morder el polvo.
Me obliga a vivir en las tinieblas,
como los que murieron hace
tiempo.
4 Ya no me queda aliento;
dentro de mí siento paralizado el
corazón.
5 Traigo a la memoria los tiempos de
antaño:
medito en todas tus proezas,
considero las obras de tus manos.
6 Hacia ti extiendo las manos;
me haces falta, como el agua a la
tierra seca. *Selah

7 Respóndeme pronto, SEÑOR,
que el aliento se me escapa.
No escondas de mí tu rostro,
o seré como los que bajan a la fosa.
8 Por la mañana hazme saber de tu
gran amor,
porque en ti he puesto mi confianza.
Señálame el *camino que debo
seguir,
porque a ti elevo mi *alma.
9 SEÑOR, líbrame de mis enemigos,
porque en ti busco refugio.
10 Enséñame a hacer tu voluntad,
porque tú eres mi Dios.
Que tu buen Espíritu me guíe
por un terreno sin obstáculos.

11 Por tu *nombre, SEÑOR, dame vida;
por tu justicia, sácame de este
aprieto.
12 Por tu gran amor, destruye a mis
enemigos;
acaba con todos mis adversarios.
¡Yo soy tu siervo!

Salmo 144

Salmo de David.

1 Bendito sea el SEÑOR, mi *Roca,
que adiestra mis manos para la
guerra,
mis dedos para la batalla.
2 Él es mi Dios amoroso, mi amparo,
mi más alto escondite, mi libertador,

mi escudo, en quien me refugio.
Él es quien pone los pueblos *i* a mis
pies.

3 SEÑOR, ¿qué es el *mortal para que
lo cuides?
¿Qué es el *ser humano para que
en él pienses?
4 Todo mortal es como un suspiro;
sus días son fugaces como una
sombra.

5 Abre tus cielos, SEÑOR, y desciende;
toca los montes y haz que echen
humo.
6 Lanza relámpagos y dispersa al
enemigo;
dispara tus flechas y ponlo en
retirada.
7 Extiende tu mano desde las alturas
y sálvame de las aguas tumultuosas;
líbrame del poder de gente extraña.
8 Cuando abren la boca, dicen mentiras;
cuando levantan su diestra, juran
en falso.*j*

9 Te cantaré, oh Dios, un cántico nuevo;
con el arpa de diez cuerdas te
cantaré salmos.
10 Tú das la *victoria a los reyes;
a tu siervo David lo libras de la
cruenta espada.
11 Ponme a salvo,
líbrame del poder de gente extraña.
Cuando abren la boca, dicen mentiras;
cuando levantan su diestra, juran
en falso.

12 Que nuestros hijos, en su juventud,
crezcan como plantas frondosas;
que sean nuestras hijas como
columnas
esculpidas para adornar un palacio.
13 Que nuestros graneros se llenen
con provisiones de toda especie.
Que nuestros rebaños aumenten por
millares,
por decenas de millares en nuestros
campos.

---

i 144:2 *los pueblos* (Targum, Vulgata, Siríaca, Aquila y varios mss. hebreos); *mi pueblo* (TM).
j 144:8 *cuando ... en falso.* Lit. *su diestra es diestra de engaño*; también en v. 11.

14Que nuestros bueyes arrastren cargas
    pesadas;*k*
que no haya brechas ni salidas,
ni gritos de angustia en nuestras
    calles.

15*¡Dichoso el pueblo que recibe todo
    esto!
¡Dichoso el pueblo cuyo Dios es el
    SEÑOR!

Salmo 145*l*

Salmo de alabanza. De David.

Álef   1Te exaltaré, mi Dios y rey;
          por siempre bendeciré tu
          *nombre.
Bet   2Todos los días te bendeciré;
          por siempre alabaré tu
          nombre.

Guímel 3Grande es el SEÑOR, y digno
          de toda alabanza;
          su grandeza es insondable.
Dálet   4Cada generación celebrará tus
          obras
          y proclamará tus proezas.
He   5Se hablará del esplendor de tu
          gloria y majestad,
          y yo meditaré en tus obras
          maravillosas.*m*
Vav   6Se hablará del poder de tus
          portentos,
          y yo anunciaré la grandeza
          de tus obras.
Zayin 7Se proclamará la memoria de
          tu inmensa bondad,
          y se cantará con júbilo tu
          *victoria.

Jet   8El SEÑOR es clemente y
          compasivo,
          lento para la ira y grande en
          amor.
Tet   9El SEÑOR es bueno con
          todos;
          él se compadece de toda
          su creación.

Yod   10Que te alaben, SEÑOR, todas
          tus obras;
          que te bendigan tus fieles.
Caf   11Que hablen de la gloria de tu
          reino;
          que proclamen tus proezas,
Lámed 12para que todo el mundo
          conozca tus proezas
          y la gloria y esplendor de tu
          reino.
Mem   13Tu reino es un reino eterno;
          tu dominio permanece por
          todas las edades.

Nun   Fiel es el SEÑOR a su palabra
          y bondadoso en todas sus
          obras.*n*
Sámej 14El SEÑOR levanta a los caídos
          y sostiene a los agobiados.
Ayin   15Los ojos de todos se posan en ti,
          y a su tiempo les das su
          alimento.
Pe   16Abres la mano y sacias con tus
          favores
          a todo ser viviente.

Tsade 17El SEÑOR es justo en todos sus
          *caminos
          y bondadoso en todas sus
          obras.
Qof   18El SEÑOR está cerca de quienes
          lo invocan,
          de quienes lo invocan en
          verdad.
Resh   19Cumple los deseos de quienes
          le temen;
          atiende a su clamor y los salva.
Shin   20El SEÑOR cuida a todos los que
          lo aman,
          pero aniquilará a todos los
          impíos.

Tav   21¡Prorrumpa mi boca en
          alabanzas al SEÑOR!
          ¡Alabe todo el mundo su
          santo nombre,
          por siempre y para siempre!

---

*k*144:14 *Que nuestros ... cargas pesadas.* Alt. *Que nuestros capitanes sean establecidos firmemente.*   *l*Este
salmo es un poema acróstico, que sigue el orden del alfabeto hebreo.   *m*145:5 *Se hablará ... obras
maravillosas.* (Qumran y Siríaca; véase también LXX); *Meditaré en el esplendor glorioso de tu majestad / y
en tus obras maravillosas* (TM).   *n*145:13 *Fiel es el Señor a su palabra / y bondadoso en todas sus obras*
(LXX, Siríaca, Vulgata y un ms. hebreo); TM no incluye estas dos líneas.

Salmo 146

1 *¡Aleluya! ¡Alabado sea el SEÑOR!
   Alaba, *alma mía, al SEÑOR.
2 Alabaré al SEÑOR toda mi vida;
   mientras haya aliento en mí,
   cantaré salmos a mi Dios.

3 No pongan su confianza en gente
   poderosa,
   en simples *mortales, que no
   pueden salvar.
4 Exhalan el espíritu y vuelven al
   polvo,
   y ese mismo día se desbaratan sus
   planes.

5 *Dichoso aquel cuya ayuda es el
   Dios de Jacob,
   cuya esperanza está en el SEÑOR su
   Dios,
6 creador del cielo y de la tierra,
   del mar y de todo cuanto hay en
   ellos,
   y que siempre mantiene la verdad.
7 El SEÑOR hace justicia a los
   oprimidos,
   da de comer a los hambrientos
   y pone en libertad a los cautivos.
8 El SEÑOR da vista a los ciegos,
   el SEÑOR sostiene a los agobiados,
   el SEÑOR ama a los justos.
9 El SEÑOR protege al extranjero
   y sostiene al huérfano y a la viuda,
   pero frustra los planes de los impíos.

10 ¡Oh *Sión, que el SEÑOR reine para
   siempre!
   ¡Que tu Dios reine por todas las
   generaciones!

   *¡Aleluya! ¡Alabado sea el SEÑOR!

Salmo 147

1 *¡Aleluya! ¡Alabado sea el SEÑOR!

¡Cuán bueno es cantar salmos a
   nuestro Dios,
   cuán agradable y justo es alabarlo!

2 El SEÑOR reconstruye a Jerusalén
   y reúne a los exiliados de Israel;
3 restaura a los abatidos ñ
   y cubre con vendas sus heridas.

4 Él determina el número de las
   estrellas
   y a todas ellas les pone *nombre.
5 Excelso es nuestro Señor, y grande
   su poder;
   su entendimiento es infinito;
6 El SEÑOR sostiene a los pobres,
   pero hace morder el polvo a los
   impíos.

7 Canten al SEÑOR con gratitud;
   canten salmos a nuestro Dios al
   son del arpa.
8 Él cubre de nubes el cielo,
   envía la lluvia sobre la tierra
   y hace crecer la hierba en los
   montes.
9 Él alimenta a los ganados
   y a las crías de los cuervos cuando
   graznan.

10 El SEÑOR no se deleita en los bríos
   del caballo,
   ni se complace en la agilidad o del
   *hombre,
11 sino que se complace en los que le
   temen,
   en los que confían en su gran amor.

12 Alaba al SEÑOR, Jerusalén;
   alaba a tu Dios, oh *Sión.
13 Él refuerza los cerrojos de tus
   *puertas
   y bendice a los que en ti habitan.
14 Él trae la *paz a tus fronteras
   y te sacia con lo mejor del trigo.

15 Envía su palabra a la tierra;
   su palabra corre a toda prisa.
16 Extiende la nieve cual blanco
   manto, p
   esparce la escarcha cual ceniza.
17 Deja caer el granizo como grava;
   ¿quién puede resistir sus ventiscas?

ñ 147:3 *a los abatidos.* Lit. *a los de corazón quebrantado.*   o 147:10 *en la agilidad.* Lit. *en las piernas.*
p 147:16 *cual blanco manto.* Lit. *como lana.*

18 Pero envía su palabra y lo derrite;
hace que el viento sople, y las
aguas fluyen.

19 A Jacob le ha revelado su palabra;
sus *leyes y decretos a Israel.

20 Esto no lo ha hecho con ninguna otra
nación;
jamás han conocido ellas sus
decretos.

*¡Aleluya! ¡Alabado sea el SEÑOR!

Salmo 148

1 *¡Aleluya! ¡Alabado sea el SEÑOR!

Alaben al SEÑOR desde los cielos,
alábenlo desde las alturas.

2 Alábenlo, todos sus ángeles,
alábenlo, todos sus ejércitos.

3 Alábenlo, sol y luna,
alábenlo, estrellas luminosas.

4 Alábenlo ustedes, altísimos cielos,
y ustedes, las aguas que están sobre
los cielos.

5 Sea alabado el *nombre del SEÑOR,
porque él dio una orden y todo fue
creado.

6 Todo quedó afirmado para siempre;
emitió un decreto que no será
abolido.

7 Alaben al SEÑOR desde la tierra
los monstruos marinos y las
profundidades del mar,

8 el relámpago y el granizo, la nieve y
la neblina,
el viento tempestuoso que cumple
su mandato,

9 los montes y las colinas,
los árboles frutales y todos los
cedros,

10 los animales salvajes y los
domésticos,
los reptiles y las aves,

11 los reyes de la tierra y todas las
naciones,
los príncipes y los gobernantes de
la tierra,

12 los jóvenes y las jóvenes,
los ancianos y los niños.

13 Alaben el nombre del SEÑOR,
porque sólo su nombre es excelso;
su esplendor está por encima de la
tierra y de los cielos.

14   ¡Él ha dado poder a su pueblo! *q*

¡A él sea la alabanza de todos sus
fieles,
de los hijos de Israel, su pueblo
cercano!

*¡Aleluya! ¡Alabado sea el SEÑOR!

Salmo 149

1 *¡Aleluya! ¡Alabado sea el SEÑOR!

Canten al SEÑOR un cántico nuevo,
alábenlo en la comunidad de los
fieles.

2 Que se alegre Israel por su creador;
que se regocijen los hijos de *Sión
por su rey.

3 Que alaben su *nombre con danzas;
que le canten salmos al son de la
lira y el pandero.

4 Porque el SEÑOR se complace en su
pueblo;
a los humildes concede el honor de
la *victoria.

5 Que se alegren los fieles por su
triunfo; *r*
que aun en sus camas griten de
júbilo.

6 Que broten de su garganta alabanzas
a Dios,
y haya en sus manos una espada de
dos filos

7 para que tomen venganza de las
naciones
y castiguen a los pueblos;

8 para que sujeten a sus reyes con
cadenas,
a sus nobles con grilletes de
hierro;

---

q 148:14 *¡Él ha dado ... su pueblo!* Lit. *¡Él levantó un cuerno para su pueblo!.*   *r* 149:5 *por su triunfo.* Lit.
en gloria.

⁹para que se cumpla en ellos la
sentencia escrita.
¡Ésta será la gloria de todos sus
fieles!

*¡Aleluya! ¡Alabado sea el SEÑOR!

Salmo 150

¹*¡Aleluya! ¡Alabado sea el SEÑOR!

Alaben a Dios en su santuario,
alábenlo en su poderoso
firmamento.

²Alábenlo por sus proezas,
alábenlo por su inmensa grandeza.
³Alábenlo con sonido de trompeta,
alábenlo con el arpa y la lira.
⁴Alábenlo con panderos y danzas,
alábenlo con cuerdas y flautas.
⁵Alábenlo con címbalos sonoros,
alábenlo con címbalos resonantes.

⁶¡Que todo lo que respira alabe al
SEÑOR!

*¡Aleluya! ¡Alabado sea el SEÑOR!

Proverbios

Prólogo: Propósito y tema

1 *Proverbios de Salomón hijo de David, rey de Israel:

2 para adquirir sabiduría y *disciplina;
para discernir palabras de
inteligencia;
3 para recibir la *corrección que dan
la prudencia,
la rectitud, la *justicia y la equidad;
4 para infundir sagacidad en los
*inexpertos,
*conocimiento y discreción en
los jóvenes.

5 Escuche esto el sabio, y aumente
su saber;
reciba dirección el entendido,
6 para discernir el proverbio y la
*parábola,
los dichos de los sabios y sus
enigmas.

7 El temor del SEÑOR es el principio
del conocimiento;
los *necios desprecian la
sabiduría y la disciplina.

Exhortaciones a buscar la sabiduría

Advertencia contra el engaño

8 Hijo mío, escucha las correcciones
de tu padre
y no abandones las *enseñanzas
de tu madre.
9 Adornarán tu cabeza como una
diadema;
adornarán tu cuello como un collar.

10 Hijo mío, si los pecadores quieren
engañarte,
no vayas con ellos.

11 Éstos te dirán:
«¡Ven con nosotros!
Acechemos a algún inocente
y démonos el gusto de matar a
algún incauto;
12 traguémonos a alguien vivo,
como se traga el *sepulcro a la
*gente;
devorémoslo entero,
como devora la fosa a los
muertos.
13 Obtendremos toda clase de
riquezas;
con el botín llenaremos nuestras
casas.
14 Comparte tu suerte con nosotros,
y compartiremos contigo lo que
obtengamos.»
15 ¡Pero no te dejes llevar por ellos,*a*
hijo mío!
¡Apártate de sus senderos!
16 Pues corren presurosos a hacer lo
malo;
¡tienen prisa por derramar
sangre!
17 De nada sirve tender la red
a la vista de todos los pájaros,
18 pero aquéllos acechan su propia
vida*b*
y acabarán por destruirse a sí
mismos.
19 Así terminan los que van tras
ganancias mal habidas;
por éstas perderán la vida.

Advertencia contra el rechazo a la sabiduría

20 Clama la sabiduría en las calles;
en los lugares públicos levanta su
voz.
21 Clama en las esquinas de calles
transitadas;
a la *entrada de la ciudad razona:

---

a **1:15** *no ... por ellos.* Lit. *no vayas por sus caminos.*   *b* **1:18** *vida.* Lit. *sangre.*

22 «¿Hasta cuándo, muchachos
  *inexpertos,
seguirán aferrados a su
  inexperiencia?
¿Hasta cuándo, ustedes los
  *insolentes,
se complacerán en su insolencia?
¿Hasta cuándo, ustedes los necios,
  aborrecerán el conocimiento?
23 Respondan a mis represiones,
  y yo les abriré mi corazón; c
  les daré a conocer mis
  pensamientos.
24 Como ustedes no me atendieron
  cuando los llamé,
  ni me hicieron caso cuando les
  tendí la mano,
25 sino que rechazaron todos mis
  consejos
  y no acataron mis represiones,
26 ahora yo me burlaré de ustedes
  cuando caigan en desgracia.
Yo seré el que se ría de ustedes
  cuando les sobrevenga el miedo,
27 cuando el miedo les sobrevenga
  como una tormenta
  y la desgracia los arrastre como
  un torbellino.

28 »Entonces me llamarán, pero no les
  responderé;
  me buscarán, pero no me
  encontrarán.
29 Por cuanto aborrecieron el
  conocimiento
  y no quisieron temer al SEÑOR;
30 por cuanto no siguieron mis
  consejos,
  sino que rechazaron mis
  represiones,
31 cosecharán el fruto de su conducta,
  se hartarán con sus propias
  intrigas;
32 ¡su descarrío e inexperiencia los
  destruirán,
  su complacencia y *necedad los
  aniquilarán!
33 Pero el que me obedezca vivirá
  tranquilo,
  sosegado y sin temor del mal.»

Ventajas de la sabiduría

2 Hijo mío, si haces tuyas mis
  palabras
  y atesoras mis mandamientos;
2 si tu oído inclinas hacia la sabiduría
  y de corazón te entregas a la
  inteligencia;
3 si llamas a la inteligencia
  y pides discernimiento;
4 si la buscas como a la plata,
  como a un tesoro escondido,
5 entonces comprenderás el temor
  del SEÑOR
  y hallarás el conocimiento de
  Dios.
6 Porque el SEÑOR da la sabiduría;
  conocimiento y ciencia brotan de
  sus labios.
7 Él reserva su ayuda para la gente
  íntegra
  y protege a los de conducta
  intachable.
8 Él cuida el sendero de los justos
  y protege el camino de sus fieles.
9 Entonces comprenderás la justicia
  y el derecho,
  la equidad y todo buen camino;
10 la sabiduría vendrá a tu corazón,
  y el conocimiento te endulzará la
  vida.
11 La discreción te cuidará,
  la inteligencia te protegerá.

12 La sabiduría te librará del camino
  de los malvados,
  de los que profieren palabras
  perversas,
13 de los que se apartan del camino
  recto
  para andar por sendas tenebrosas,
14 de los que se complacen en hacer
  lo malo
  y festejan la perversidad,
15 de los que andan por caminos
  torcidos
  y por sendas extraviadas;
16 te librará de la mujer ajena,
  de la extraña de palabras
  seductoras

---

c **1:23** *les abriré mi corazón*. Lit. *derramaré mi espíritu*.

17 que, olvidándose de su pacto con
Dios,
abandona al compañero de su
juventud.
18 Ciertamente su casa conduce a la
muerte;
sus sendas llevan al reino de las
sombras.
19 El que se enreda con ella no vuelve
jamás,
ni alcanza los senderos de la vida.

20 Así andarás por el camino de los
buenos
y seguirás la senda de los justos.
21 Pues los íntegros, los perfectos,
habitarán la tierra y
permanecerán en ella.
22 Pero los malvados, los impíos,
serán desarraigados y expulsados
de la tierra.

Otras ventajas de la sabiduría

3 Hijo mío, no te olvides de mis
*enseñanzas;
más bien, guarda en tu *corazón
mis mandamientos.
2 Porque prolongarán tu vida muchos
años
y te traerán prosperidad.
3 Que nunca te abandonen el amor y
la verdad:
llévalos siempre alrededor de tu
cuello
y escríbelos en el libro de tu
corazón.
4 Contarás con el favor de Dios
y tendrás buena fama^d entre la
*gente.
5 Confía en el SEÑOR de todo
corazón,
y no en tu propia inteligencia.
6 Reconócelo en todos tus *caminos,
y él allanará tus sendas.
7 No seas sabio en tu propia opinión;
más bien, teme al SEÑOR y huye
del mal.
8 Esto infundirá salud a tu cuerpo
y fortalecerá tu ser.^e
9 Honra al SEÑOR con tus riquezas

y con los primeros frutos de tus
cosechas.
10 Así tus graneros se llenarán a
reventar
y tus bodegas rebosarán de vino
nuevo.
11 Hijo mío, no desprecies la
*disciplina del SEÑOR,
ni te ofendas por sus represiones.
12 Porque el SEÑOR disciplina a los
que ama,
como corrige un padre a su hijo
querido.

13 *Dichoso el que halla sabiduría,
el que adquiere inteligencia.
14 Porque ella es de más provecho
que la plata
y rinde más ganancias que el oro.
15 Es más valiosa que las piedras
preciosas:
¡ni lo más deseable se le puede
comparar!
16 Con la mano derecha ofrece larga
vida;
con la izquierda, honor y riquezas.
17 Sus caminos son placenteros
y en sus senderos hay *paz.
18 Ella es árbol de vida para quienes
la abrazan;
¡dichosos los que la retienen!
19 Con sabiduría afirmó el SEÑOR la
tierra,
con inteligencia estableció los
cielos.
20 Por su *conocimiento se separaron
las aguas,
y las nubes dejaron caer su rocío.

21 Hijo mío, conserva el buen juicio;
no pierdas de vista la discreción.
22 Te serán fuente de vida,
te adornarán como un collar.
23 Podrás recorrer tranquilo tu camino,
y tus pies no tropezarán.
24 Al acostarte, no tendrás temor
alguno;
te acostarás y dormirás tranquilo.
25 No temerás ningún desastre
repentino,

---

^d **3:4** buena fama. Lit. prudencia.   ^e **3:8** tu ser. Lit. tus huesos.

ni la desgracia que sobreviene a
los impíos.
26 Porque el SEÑOR estará siempre a
tu lado
y te librará de caer en la trampa.

27 No niegues un favor a quien te lo
pida,
si en tu mano está el otorgarlo.
28 Nunca digas a tu prójimo:
«Vuelve más tarde; te ayudaré
mañana»,
si hoy tienes con qué ayudarlo.
29 No urdas el mal contra tu prójimo,
contra el que ha puesto en ti su
confianza.
30 No entres en pleito con nadie
que no te haya hecho ningún daño.
31 No envidies a los violentos,
ni optes por andar en sus caminos.
32 Porque el SEÑOR aborrece al
perverso,
pero al íntegro le brinda su
amistad.
33 La maldición del SEÑOR cae sobre
la casa del malvado;
su bendición, sobre el hogar de
los justos.
34 El SEÑOR se burla de los *burlones,
pero muestra su favor a los
humildes.
35 Los sabios son dignos de honra,
pero los *necios sólo merecen
deshonra.

La sabiduría es lo máximo

4 Escuchen, hijos, la corrección de
un padre;
dispónganse a adquirir
inteligencia.
2 Yo les brindo buenas enseñanzas,
así que no abandonen mi
instrucción.
3 Cuando yo era pequeño y vivía con
mi padre,
cuando era el niño consentido de
mi madre,
4 mi padre me instruyó de esta
manera:
«Aférrate de corazón a mis
palabras;
obedece mis mandamientos, y
vivirás.

5 Adquiere sabiduría, adquiere
inteligencia;
no olvides mis palabras ni te
apartes de ellas.
6 No abandones nunca a la sabiduría,
y ella te protegerá;
ámala, y ella te cuidará.
7 La sabiduría es lo primero.
¡Adquiere sabiduría!
Por sobre todas las cosas,
adquiere discernimiento.
8 Estima a la sabiduría, y ella te
exaltará;
abrázala, y ella te honrará;
9 te pondrá en la cabeza una hermosa
diadema;
te obsequiará una bella corona.»

10 Escucha, hijo mío; acoge mis
palabras,
y los años de tu vida aumentarán.
11 Yo te guío por el camino de la
sabiduría,
te dirijo por sendas de rectitud.
12 Cuando camines, no encontrarás
obstáculos;
cuando corras, no tropezarás.
13 Aférrate a la instrucción, no la
dejes escapar;
cuídala bien, que ella es tu vida.
14 No sigas la senda de los perversos
ni vayas por el camino de los
malvados.
15 ¡Evita ese camino! ¡No pases por
él!
¡Aléjate de allí, y sigue de largo!
16 Los malvados no duermen si no
hacen lo malo;
pierden el sueño si no hacen que
alguien caiga.
17 Su pan es la maldad;
su vino, la violencia.

18 La senda de los justos se asemeja
a los primeros albores de la
aurora:
su esplendor va en aumento
hasta que el día alcanza su
plenitud.
19 Pero el camino de los malvados
es como la más densa oscuridad;
¡ni siquiera saben con qué
tropiezan!

²⁰Hijo mío, atiende a mis consejos;
escucha atentamente lo que digo.
²¹No pierdas de vista mis palabras;
guárdalas muy dentro de tu
corazón.
²²Ellas dan vida a quienes las hallan;
son la salud del cuerpo.
²³Por sobre todas las cosas cuida tu
corazón,
porque de él mana la vida.
²⁴Aleja de tu boca la perversidad;
aparta de tus labios las palabras
corruptas.
²⁵Pon la mirada en lo que tienes
delante;
fija la vista en lo que está frente a
ti.
²⁶Endereza las sendas por donde andas;
allana todos tus caminos.
²⁷No te desvíes ni a diestra ni a
siniestra;
apártate de la maldad.

Advertencia contra el adulterio

5 Hijo mío, pon atención a mi
sabiduría
y presta oído a mi buen juicio,
²para que al hablar mantengas la
discreción
y retengas el conocimiento.
³De los labios de la adúltera fluye
miel;
su lengua es más suave que el
aceite.
⁴Pero al fin resulta más amarga que
la hiel
y más cortante que una espada de
dos filos.
⁵Sus pies descienden hasta la muerte;
sus pasos van derecho al
*sepulcro.
⁶No toma ella en cuenta el camino
de la vida;^f
sus sendas son torcidas, y ella no
lo reconoce.^g

⁷Pues bien, hijo mío, préstame
atención
y no te apartes de mis palabras.

⁸Aléjate de la adúltera;
no te acerques a la puerta de su
casa,
⁹para que no entregues a otros tu
vigor,
ni tus años a gente cruel;
¹⁰para que no sacies con tu fuerza a
gente extraña,
ni vayan a dar en casa ajena tus
esfuerzos.
¹¹Porque al final acabarás por llorar,
cuando todo tu ser^h se haya
consumido.
¹²Y dirás: «¡Cómo pude aborrecer la
corrección!
¡Cómo pudo mi corazón
despreciar la disciplina!
¹³No atendí a la voz de mis maestros,
ni presté oído a mis instructores.
¹⁴Ahora estoy al borde de la ruina,
en medio de toda la comunidad.»

¹⁵Bebe el agua de tu propio pozo,
el agua que fluye de tu propio
manantial.
¹⁶¿Habrán de derramarse tus fuentes
por las calles
y tus corrientes de aguas por las
plazas públicas?
¹⁷Son tuyas, solamente tuyas,
y no para que las compartas con
extraños.
¹⁸¡Bendita sea tu fuente!
¡Goza con la esposa de tu
juventud!
¹⁹Es una gacela amorosa,
es una cervatilla encantadora.
¡Que sus pechos te satisfagan
siempre!
¡Que su amor te cautive todo el
tiempo!
²⁰¿Por qué, hijo mío, dejarte cautivar
por una adúltera?
¿Por qué abrazarte al pecho de la
mujer ajena?
²¹Nuestros caminos están a la vista
del SEÑOR;
él examina todas nuestras sendas.

---

^f**5:6** *No toma ... vida.* Lit. *El camino de la vida para que no lo prepare.*   ^g**5:6** *y ella no lo reconoce.* Alt. *y*
tú no lo sabes.   ^h**5:11** *todo tu ser.* Lit. *tu carne y tu cuerpo.*

²²Al malvado lo atrapan sus malas
obras;
las cuerdas de su pecado lo
aprisionan.
²³Morirá por su falta de disciplina;
perecerá por su gran insensatez.

Advertencia contra la insensatez

6 Hijo mío, si has salido fiador de tu
vecino,
si has hecho tratos para responder
por otro,
²si verbalmente te has comprometido,
enredándote con tus propias
palabras,
³ entonces has caído en manos de
tu prójimo.
Si quieres librarte, hijo mío, éste es
el camino:
Ve corriendo y humíllate ante él;
procura deshacer tu compromiso.
⁴No permitas que se duerman tus ojos;
no dejes que tus párpados se
cierren.
⁵Líbrate, como se libra del cazadorⁱ
la gacela,
como se libra de la trampa^j el ave.

⁶¡Anda, perezoso, fíjate en la
hormiga!
¡Fíjate en lo que hace, y adquiere
sabiduría!
⁷No tiene quien la mande,
ni quien la vigile ni gobierne;
⁸con todo, en el verano almacena
provisiones
y durante la cosecha recoge
alimentos.

⁹Perezoso, ¿cuánto tiempo más
seguirás acostado?
¿Cuándo despertarás de tu sueño?
¹⁰Un corto sueño, una breve siesta,
un pequeño descanso, cruzado de
brazos...
¹¹¡y te asaltará la pobreza como un
bandido,
y la escasez como un hombre
armado!^k

¹²El bribón y sinvergüenza,
el vagabundo de boca corrupta,
¹³hace guiños con los ojos,
y señas con los pies y con los
dedos.
¹⁴El malvado trama el mal en su
mente,
y siempre anda provocando
disensiones.
¹⁵Por eso le sobrevendrá la ruina;
¡de repente será destruido, y no
podrá evitarlo!

¹⁶Hay seis cosas que el Señor
aborrece,
y siete que le son detestables:
¹⁷   Los ojos que se enaltecen,
la lengua que miente,
las manos que derraman sangre
inocente,
¹⁸   el corazón que hace planes per-
versos,
los pies que corren a hacer lo
malo,
¹⁹   el falso testigo que esparce
mentiras,
y el que siembra discordia
entre hermanos.

Advertencia contra el adulterio

²⁰Hijo mío, obedece el mandamiento
de tu padre
y no abandones la enseñanza de
tu madre.
²¹Grábatelos en el corazón;
cuélgatelos al cuello.
²²Cuando camines, te servirán de
guía;
cuando duermas, vigilarán tu
sueño;
cuando despiertes, hablarán
contigo.
²³El mandamiento es una lámpara,
la enseñanza es una luz
y la disciplina es el camino a la
vida.
²⁴Te protegerán de la mujer malvada,
de la mujer ajena y de su lengua
seductora.

ⁱ**6:5** *del cazador* (LXX y otras versiones antiguas); *de la mano* (TM).   ^j**6:5** *de la trampa* (LXX y otras versiones antiguas); *de la mano del trampero* (TM).   ^k**6:11** *como un hombre armado.* Alt. *como un limosnero.*

²⁵No abrigues en tu corazón deseos
		por su belleza,
	ni te dejes cautivar por sus ojos,
²⁶pues la ramera va tras un pedazo
		de pan,
	pero la adúltera va tras el hombre
		que vale.ˡ
²⁷¿Puede alguien echarse brasas en el
		pecho
	sin quemarse la ropa?
²⁸¿Puede alguien caminar sobre las
		brasas
	sin quemarse los pies?
²⁹Pues tampoco quien se acuesta con
		la mujer ajena
	puede tocarla y quedar impune.

³⁰No se desprecia al ladrón
	que roba para mitigar su hambre;
³¹pero si lo atrapan, deberá devolver
	siete tantos lo robado,
	aun cuando eso le cueste todas
		sus posesiones.
³²Pero al que comete adulterio le
		faltan sesos;
	el que así actúa se destruye a sí
		mismo.
³³No sacará más que golpes y
		vergüenzas,
	y no podrá borrar su oprobio.
³⁴Porque los celos desatan la furia
		del esposo,
	y éste no perdonará en el día de
		la venganza.
³⁵No aceptará nada en desagravio,
	ni se contentará con muchos
		regalos.

Advertencia contra la mujer adúltera

7 Hijo mío, pon en prácticaᵐ mis
		palabras
	y atesora mis mandamientos.
²Cumple con mis mandatos, y vivirás;
	cuida mis enseñanzas como a la
		niña de tus ojos.
³Llévalos atados en los dedos;
	anótalos en la tablilla de tu
		corazón.

⁴Di a la sabiduría: «Tú eres mi
		hermana»,
	y a la inteligencia: «Eres de mi
		sangre.»
⁵Ellas te librarán de la mujer ajena,
	de la adúltera y de sus palabras
		seductoras.

⁶Desde la ventana de mi casa
	miré a través de la celosía.
⁷Me puse a ver a los inexpertos,
	y entre los jóvenes observé
	a uno de ellos falto de juicio.ⁿ
⁸Cruzó la calle, llegó a la esquina,
	y se encaminó hacia la casa de
		esa mujer.
⁹Caía la tarde. Llegaba el día a su fin.
	Avanzaban las sombras de la
		noche.

¹⁰De pronto la mujer salió a su
		encuentro,
	con toda la apariencia de una
		prostituta
	y con solapadas intenciones.
¹¹(Como es escandalosa y descarada,
	nunca hallan sus pies reposo en
		su casa.
¹²Unas veces por las calles, otras
	veces por las plazas,
	siempre está al acecho en cada
		esquina.)
¹³Se prendió de su cuello, lo besó,
	y con todo descaro le dijo:

¹⁴«Tengo en mi casa sacrificios de
		*comunión,
	pues hoy he cumplido mis votos.
¹⁵Por eso he venido a tu encuentro;
	te buscaba, ¡y ya te he
		encontrado!
¹⁶Sobre la cama he tendido
	multicolores linos egipcios.
¹⁷He perfumado mi lecho
	con aroma de mirra, áloe y canela.
¹⁸Ven, bebamos hasta el fondo la
		copa del amor;
	¡disfrutemos del amor hasta el
		amanecer!

ˡ6:26 *el hombre que vale.* Lit. *un alma valiosa.* ᵐ7:1 *pon en práctica.* Lit. *guarda.* ⁿ7:7 *falto de juicio.* Lit. *falto de corazón.*

19Mi esposo no está en casa,
    pues ha emprendido un largo viaje.
20Se ha llevado consigo la bolsa del
    dinero,
    y no regresará hasta el día de luna
    llena.»
21Con palabras persuasivas lo
    convenció;
    con lisonjas de sus labios lo sedujo.
22Y él, en seguida fue tras ella,
    como el buey que va camino al
    matadero;
    como el ciervoñ que cae en la
    trampa,o
23 hasta que una flecha le abre las
    entrañas;
    como el ave que se lanza contra la
    red,
    sin saber que en ello le va la vida.

24Así que, hijo mío, escúchame;
    prestap atención a mis palabras.
25No desvíes tu corazón hacia sus
    sendas,
    ni te extravíes por sus caminos,
26pues muchos han muerto por su
    causa;
    sus víctimas han sido
    innumerables.
27Su casa lleva derecho al *sepulcro;
    ¡conduce al reino de la muerte!

Llamado de la sabiduría

8 ¿Acaso no está llamando la
    sabiduría?
    ¿No está elevando su voz la
    inteligencia?
2Toma su puesto en las alturas,
    a la vera del camino y en las
    encrucijadas.
3Junto a las *puertas que dan a la
    ciudad,
    a la *entrada misma, grita a voz
    en cuello:
4«A ustedes los *hombres, los estoy
    llamando;
    dirijo mi voz a toda la
    *humanidad.

5Ustedes los *inexpertos, ¡adquieran
    prudencia!
    Ustedes los *necios, ¡obtengan
    discernimiento!
6Escúchenme, que diré cosas
    importantes;
    mis labios hablarán con *justicia.
7Mi boca expresará la verdad,
    pues mis labios detestan la
    mentira.
8Las palabras de mi boca son todas
    justas;
    no hay en ellas maldad ni doblez.
9Son claras para los entendidos,
    e irreprochables para los
    sabios.
10Opten por mi *instrucción, no por
    la plata;
    por el *conocimiento, no por el
    oro refinado.
11Vale más la sabiduría que las
    piedras preciosas,
    y ni lo más deseable se le
    compara.

12»Yo, la sabiduría, convivo con la
    prudencia
    y poseo conocimiento y
    discreción.
13Quien teme al SEÑOR aborrece lo
    malo;
    yo aborrezco el orgullo y la
    arrogancia,
    la mala conducta y el lenguaje
    perverso.
14Míos son el consejo y el buen
    juicio;
    míos son el entendimiento y el
    poder.
15Por mí reinan los reyes
    y promulgan leyes justas los
    gobernantes.
16Por mí gobiernan los príncipes
    y todos los nobles que rigen la
    tierra.q
17A los que me aman, les
    correspondo;
    a los que me buscan, me doy a
    conocer.

ñ7:22 ciervo (Siríaca; véase también LXX); necio (TM).   o7:22 Texto de difícil traducción.   P7:24 hijo
mío, escúchame, presta. Lit. hijos míos, escúchenme, presten.   q8:16 y todos los nobles que rigen la tierra
(varios mss. hebreos y LXX); y nobles, todos jueces justos (TM).

18 Conmigo están las riquezas y la
honra,
la prosperidad[r] y los bienes
duraderos.
19 Mi fruto es mejor que el oro fino;
mi cosecha sobrepasa a la plata
refinada.
20 Voy por el *camino de la rectitud,
por los senderos de la justicia,
21 enriqueciendo a los que me aman
y acrecentando sus tesoros.

22 »El SEÑOR me dio la vida[s] como
primicia de sus obras,[t]
mucho antes de sus obras de
antaño.
23 Fui establecida desde la eternidad,
desde antes que existiera el
mundo.
24 No existían los grandes mares
cuando yo nací;
no había entonces manantiales de
abundantes aguas.
25 Nací antes que fueran formadas las
colinas,
antes que se cimentaran las
montañas,
26 antes que él creara la tierra y sus
paisajes
y el polvo primordial con que
hizo el mundo.
27 Cuando Dios cimentó la bóveda
celeste
y trazó el horizonte sobre las
aguas,
allí estaba yo presente.
28 Cuando estableció las nubes en los
cielos
y reforzó las fuentes del mar
profundo;
29 cuando señaló los límites del mar,
para que las aguas obedecieran su
mandato;
cuando plantó los fundamentos de
la tierra,
30 allí estaba yo, afirmando su obra.
Día tras día me llenaba yo de alegría,
siempre disfrutaba de estar en su
presencia;

31 me regocijaba en el mundo que él
creó;
¡en el *género humano me
deleitaba!

32 »Y ahora, hijos míos, escúchenme:
*dichosos los que van por[u] mis
caminos.
33 Atiendan a mi instrucción, y sean
sabios;
no la descuiden.
34 Dichosos los que me escuchan
y a mis puertas están atentos cada
día,
esperando a la entrada de mi casa.
35 En verdad, quien me encuentra,
halla la vida
y recibe el favor del SEÑOR.
36 Quien me rechaza, se perjudica a sí
mismo;
quien me aborrece, ama la muerte.»

Invitación de la sabiduría y de la necedad

9 La sabiduría construyó su casa
y labró sus siete pilares.
2 Preparó un banquete, mezcló su vino
y tendió la mesa.
3 Envió a sus doncellas, y ahora clama
desde lo más alto de la ciudad.
4 «¡Vengan conmigo los inexpertos!
—dice a los faltos de juicio—.
5 Vengan, disfruten de mi pan
y beban del vino que he mezclado.
6 Dejen su insensatez, y vivirán;
andarán por el camino del
discernimiento.

7 »El que corrige al burlón se gana
que lo insulten;
el que reprende al malvado se
gana su desprecio.
8 No reprendas al insolente, no sea
que acabe por odiarte;
reprende al sabio, y te amará.
9 Instruye al sabio, y se hará más
sabio;
enseña al justo, y aumentará su
saber.

---

[r] 8:18 prosperidad. Lit. justicia.   [s] 8:22 me dio la vida. Alt. era mi dueño.   [t] 8:22 obras. Lit. caminos.
[u] 8:32 van por. Lit. guardan.

¹⁰»El comienzo de la sabiduría es el
temor del SEÑOR;
conocer al Santo* es tener
discernimiento.
¹¹Por mí aumentarán tus días;
muchos años de vida te serán
añadidos.
¹²Si eres sabio, tu premio será tu
sabiduría;
si eres insolente, sólo tú lo
sufrirás.»
¹³La mujer necia es escandalosa,
frívola y desvergonzada.
¹⁴Se sienta a las puertas de su casa,
sienta sus reales en lo más alto de
la ciudad,
¹⁵y llama a los que van por el camino,
a los que no se apartan de su
senda.
¹⁶«¡Vengan conmigo, inexpertos!
—dice a los faltos de juicio—.
¹⁷¡Las aguas robadas saben a gloria!
¡El pan sabe a miel si se come a
escondidas!»
¹⁸Pero éstos ignoran que allí está la
muerte,
que sus invitados caen al fondo
de la *fosa.

Proverbios de Salomón

10 Proverbios de Salomón:

El hijo sabio es la alegría de su
padre;
el hijo necio es el pesar de su
madre.

²Las riquezas mal habidas no sirven
de nada,
pero la justicia libra de la muerte.

³El SEÑOR no deja sin comer al
justo,
pero frustra la avidez de los
malvados.

⁴Las manos ociosas conducen a la
pobreza;
las manos hábiles atraen riquezas.

⁵El hijo prevenido se abastece en el
verano,
pero el sinvergüenza duerme en
tiempo de cosecha.

⁶El justo se ve coronado de
bendiciones,
pero la boca del malvado encubre
violencia.

⁷La memoria de los justos es una
bendición,
pero la fama de los malvados será
pasto de los gusanos.

⁸El de sabio corazón acata las
órdenes,
pero el necio y rezongón va
camino al desastre.

⁹Quien se conduce con integridad,
anda seguro;
quien anda en malos pasos será
descubierto.

¹⁰Quien guiña el ojo con malicia
provoca pesar;
el necio y rezongón va camino al
desastre.

¹¹Fuente de vida es la boca del justo,
pero la boca del malvado encubre
violencia.

¹²El odio es motivo de disensiones,
pero el amor cubre todas las
faltas.

¹³En los labios del prudente hay
sabiduría;
en la espalda del falto de juicio,
sólo garrotazos.

¹⁴El que es sabio atesora el
conocimiento,
pero la boca del necio es un
peligro inminente.

¹⁵La riqueza del rico es su baluarte;
la pobreza del pobre es su ruina.

ᵛ9:10 *al Santo.* Alt. *las cosas santas.*

¹⁶El salario del justo es la vida;
la ganancia del malvado es el
pecado.

¹⁷El que atiende a la corrección va
camino a la vida;
el que la rechaza se pierde.

¹⁸El de labios mentirosos disimula su
odio,
y el que propaga calumnias es un
necio.

¹⁹El que mucho habla, mucho yerra;
el que es sabio refrena su lengua.

²⁰Plata refinada es la lengua del justo;
el corazón del malvado no vale
nada.

²¹Los labios del justo orientan a
muchos;
los necios mueren por falta de
juicio.

²²La bendición del SEÑOR trae
riquezas,
y nada se gana con preocuparse.

²³El necio se divierte con su mala
conducta,
pero el sabio se recrea con la
sabiduría.

²⁴Lo que el malvado teme, eso le
ocurre;
lo que el justo desea, eso recibe.

²⁵Pasa la tormenta y desaparece el
malvado,
pero el justo permanece firme
para siempre.

²⁶Como vinagre a los dientes y humo
a los ojos
es el perezoso para quienes lo
emplean.

²⁷El temor del SEÑOR prolonga la
vida,

pero los años del malvado se
acortan.

²⁸El futuro de los justos es halagüeño;
la esperanza de los malvados se
desvanece.

²⁹El camino del SEÑOR es refugio de
los justos
y ruina de los malhechores.

³⁰Los justos no tropezarán jamás;
los malvados no habitarán la
tierra.

³¹La boca del justo profiere sabiduría,
pero la lengua perversa será
cercenada.

³²Los labios del justo destilan^w
bondad;
de la boca del malvado brota
perversidad.

11 El SEÑOR aborrece las balanzas
adulteradas,
pero aprueba las pesas exactas.

²Con el orgullo viene el oprobio;
con la humildad, la sabiduría.

³A los justos los guía su integridad;
a los falsos los destruye su
hipocresía.

⁴En el día de la ira de nada sirve ser
rico,
pero la justicia libra de la muerte.

⁵La justicia endereza el camino de
los íntegros,
pero la maldad hace caer a los
impíos.

⁶La justicia libra a los justos,
pero la codicia atrapa a los falsos.

⁷Muere el malvado, y con él su
esperanza;
muere también su ilusión de poder.

^w**10:32** *destilan* (LXX); *saben* (TM).

8 El justo se salva de la calamidad,
pero la desgracia le sobreviene al
malvado.

9 Con la boca el impío destruye a su
prójimo,
pero los justos se libran por el
conocimiento.

10 Cuando el justo prospera, la ciudad
se alegra;
cuando el malvado perece, hay
gran regocijo.

11 La bendición de los justos enaltece
a la ciudad,
pero la boca de los malvados la
destruye.

12 El falto de juicio desprecia a su
prójimo,
pero el entendido refrena su
lengua.

13 La gente chismosa revela los
secretos;
la gente confiable es discreta.

14 Sin dirección, la nación fracasa;
el éxito depende de los muchos
consejeros.

15 El fiador de un extraño saldrá
perjudicado;
negarse a dar fianza[x] es vivir en
paz.

16 La mujer bondadosa se gana el
respeto;
los hombres violentos sólo ganan
riquezas.

17 El que es bondadoso se beneficia a
sí mismo;
el que es cruel, a sí mismo se
perjudica.

18 El malvado obtiene ganancias
ilusorias;

el que siembra justicia asegura su
ganancia.

19 El que es justo obtiene la vida;
el que persigue el mal se
encamina a la muerte.

20 El SEÑOR aborrece a los de corazón
perverso,
pero se complace en los que
viven con rectitud.

21 Una cosa es segura:[y] Los malvados
no quedarán impunes,
pero los justos saldrán bien
librados.

22 Como argolla de oro en hocico de
cerdo
es la mujer bella pero
indiscreta.

23 Los deseos de los justos terminan
bien;
la esperanza de los malvados
termina mal.[z]

24 Unos dan a manos llenas, y reciben
más de lo que dan;
otros ni sus deudas pagan, y
acaban en la miseria.

25 El que es generoso prospera;
el que reanima será reanimado.

26 La gente maldice al que acapara el
trigo,
pero colma de bendiciones al que
gustoso lo vende.

27 El que madruga para el bien, halla
buena voluntad;
el que anda tras el mal, por el mal
será alcanzado.

28 El que confía en sus riquezas se
marchita,
pero el justo se renueva como el
follaje.

[x] 11:15 *a dar fianza.* Lit. *a estrechar la mano.*   [y] 11:21 *Una cosa es segura.* Lit. *Mano a mano.*
[z] 11:23 *termina mal* (LXX); *es ira* (TM).

²⁹ El que perturba su casa no hereda
más que el viento,
y el necio termina sirviendo al
sabio.

³⁰ El fruto de la justicia*a* es árbol de
vida,
pero el que arrebata vidas es
violento.*b*

³¹ Si los justos reciben su pago aquí
en la tierra,
¡cuánto más los impíos y los
pecadores!

12 El que ama la disciplina ama el
conocimiento,
pero el que la aborrece es un
necio.

² El hombre bueno recibe el favor
del SEÑOR,
pero el intrigante recibe su
condena.

³ Nadie puede afirmarse por medio
de la maldad;
sólo queda firme la raíz de los
justos.

⁴ La mujer ejemplar*c* es corona de su
esposo;
la desvergonzada es carcoma en
los huesos.

⁵ En los planes del justo hay
justicia,
pero en los consejos del malvado
hay engaño.

⁶ Las palabras del malvado son
insidias de muerte,
pero la boca de los justos los
pone a salvo.

⁷ Los malvados se derrumban y
dejan de existir,
pero los hijos de los justos
permanecen.

⁸ Al hombre se le alaba según su
sabiduría,
pero al de mal corazón se le
desprecia.

⁹ Vale más un Don Nadie con criado
que un Don Alguien sin pan.

¹⁰ El justo atiende a las necesidades
de su bestia,
pero el malvado es de mala
entraña.

¹¹ El que labra su tierra tendrá
abundante comida,
pero el que sueña despierto*d* es
un imprudente.

¹² Los malos deseos son la trampa*e*
de los malvados,
pero la raíz de los justos prospera.

¹³ En el pecado de sus labios se
enreda el malvado,
pero el justo sale del aprieto.

¹⁴ Cada uno se sacia*f* del fruto de sus
labios,
y de la obra de sus manos recibe
su recompensa.

¹⁵ Al necio le parece bien lo que
emprende,
pero el sabio atiende al consejo.

¹⁶ El necio muestra en seguida su
enojo,
pero el prudente pasa por alto el
insulto.

¹⁷ El testigo verdadero declara lo que
es justo,
pero el testigo falso declara
falsedades.

¹⁸ El charlatán hiere con la lengua
como con una espada,
pero la lengua del sabio brinda
alivio.

---

a **11:30** *de la justicia* (LXX); *del justo* (TM).   *b* **11:30** *violento* (LXX); *sabio* (TM).   *c* **12:4** *ejemplar.* Alt.
fuerte; véase 31:10-31.   *d* **12:11** *el que sueña despierto.* Lit. *el que persigue lo vacío*; también en 28:19.
e **12:12** *la trampa* (texto probable); *el botín* (TM).   *f* **12:14** *se sacia.* Lit. *se sacia de lo bueno.*

19 Los labios sinceros permanecen
    para siempre,
    pero la lengua mentirosa dura
    sólo un instante.

20 En los que fraguan el mal habita el
    engaño,
    pero hay gozo para los que
    promueven la paz.

21 Al justo no le sobrevendrá ningún
    daño,
    pero al malvado lo cubrirá la
    desgracia.

22 El SEÑOR aborrece a los de labios
    mentirosos,
    pero se complace en los que
    actúan con lealtad.

23 El hombre prudente no muestra lo
    que sabe,
    pero el corazón de los necios
    proclama su necedad.

24 El de manos diligentes gobernará;
    pero el perezoso será subyugado.

25 La angustia abate el corazón del
    hombre,
    pero una palabra amable lo alegra.

26 El justo es guía de su prójimo,*g*
    pero el camino del malvado lleva
    a la perdición.

27 El perezoso no atrapa presa,*h*
    pero el diligente ya posee una
    gran riqueza.

28 En el camino de la justicia se halla
    la vida;
    por ese camino se evita la muerte.

13 El hijo sabio atiende a*i* la
    *corrección de su padre,
    pero el *insolente no hace caso a
    la represión.

2 Quien habla el bien, del bien se
    nutre,
    pero el infiel padece hambre de
    violencia.

3 El que refrena su lengua protege su
    vida,
    pero el ligero de labios provoca
    su ruina.

4 El perezoso ambiciona, y nada
    consigue;
    el diligente ve cumplidos sus
    deseos.

5 El justo aborrece la mentira;
    el malvado acarrea vergüenza y
    deshonra.

6 La *justicia protege al que anda en
    integridad,
    pero la maldad arruina al pecador.

7 Hay quien pretende ser rico, y no
    tiene nada;
    hay quien parece ser pobre, y
    todo lo tiene.

8 Con su riqueza el rico pone a salvo
    su vida,
    pero al pobre no hay ni quien lo
    amenace.

9 La luz de los justos brilla radiante,*j*
    pero los malvados son como
    lámpara apagada.

10 El orgullo sólo genera contiendas,
    pero la sabiduría está con quienes
    oyen consejos.

11 El dinero mal habido pronto se
    acaba;
    quien ahorra, poco a poco se
    enriquece.

12 La esperanza frustrada aflige al
    *corazón;

---

*g***12:26** Texto de difícil traducción. *h***12:27** *no atrapa presa.* Alt. *no pone a asar lo que ha cazado.* Texto de difícil traducción. *i***13:1** *atiende a* (LXX y Siríaca). TM no incluye verbo. *j***13:9** *brilla radiante.* Lit. *se alegra.*

el deseo cumplido es un árbol de
vida.

13 Quien se burla de la *instrucción
tendrá su merecido;
quien respeta el mandamiento
tendrá su recompensa.

14 La *enseñanza de los sabios es
fuente de vida,
y libera de los lazos de la muerte.

15 El buen juicio redunda en aprecio,
pero el *camino del infiel no
cambia.

16 El prudente actúa con cordura,
pero el *necio se jacta de su
*necedad.

17 El mensajero malvado se mete en
problemas;
el enviado confiable aporta la
solución.

18 El que desprecia a la *disciplina
sufre pobreza y deshonra;
el que atiende a la corrección
recibe grandes honores.

19 El deseo cumplido endulza el
*alma,
pero el necio detesta alejarse del
mal.

20 El que con sabios anda, sabio se
vuelve;
el que con necios se junta, saldrá
mal parado.

21 Al pecador lo persigue el mal,
y al justo lo recompensa el
bien.

22 El *hombre de bien deja herencia a
sus nietos;
las riquezas del pecador se
quedan para los justos.

23 En el campo del pobre hay
abundante comida,
pero ésta se pierde donde hay
injusticia.

24 No corregir al hijo es no quererlo;
amarlo es disciplinarlo.

25 El justo come hasta quedar saciado,
pero el malvado se queda con
hambre.

14 La mujer sabia edifica su casa;
la necia, con sus manos la
destruye.

2 El que va por buen camino teme al
SEÑOR;
el que va por mal camino lo
desprecia.

3 De la boca del necio brota
arrogancia;
los labios del sabio son su propia
protección.

4 Donde no hay bueyes el granero
está vacío;
con la fuerza del buey aumenta la
cosecha.

5 El testigo verdadero jamás
engaña;
el testigo falso propaga mentiras.

6 El insolente busca sabiduría y no la
halla;
para el entendido, el
conocimiento es cosa fácil.

7 Manténte a distancia del necio,
pues en sus labios no hallarás
conocimiento.

8 La sabiduría del prudente es
discernir sus caminos,
pero al necio lo engaña su propia
necedad.

9 Los necios hacen mofa de sus
propias faltas,
pero los íntegros cuentan con el
favor de Dios.

10 Cada corazón conoce sus propias
amarguras,
y ningún extraño comparte su
alegría.

¹¹La casa del malvado será destruida,
   pero la morada del justo
   prosperará.

¹²Hay caminos que al hombre le
   parecen rectos,
   pero que acaban por ser caminos
   de muerte.

¹³También de reírse duele el corazón,
   y hay alegrías que acaban en
   tristeza.

¹⁴El inconstante recibirá todo el pago
   de su inconstancia;
   el hombre bueno, el premio de
   sus acciones.

¹⁵El ingenuo cree todo lo que le
   dicen;
   el prudente se fija por dónde va.

¹⁶El sabio teme al SEÑOR y se aparta
   del mal,
   pero el necio es arrogante y se
   pasa de confiado.

¹⁷El iracundo comete locuras,
   pero el prudente sabe aguantar. *k*

¹⁸Herencia de los inexpertos es la
   necedad;
   corona de los prudentes, el
   conocimiento.

¹⁹Los malvados se postrarán ante los
   buenos;
   los impíos, ante el tribunal *l* de los
   justos.

²⁰Al pobre hasta sus amigos lo
   aborrecen,
   pero son muchos los que aman al
   rico.

²¹Es un pecado despreciar al prójimo;
   ¡dichoso el que se compadece de
   los pobres!

²²Pierden el camino los que
   maquinan el mal,
   pero hallan amor y verdad los
   que hacen el bien.

²³Todo esfuerzo tiene su recompensa,
   pero quedarse sólo en palabras
   lleva a la pobreza.

²⁴La corona del sabio es su
   sabiduría; *m*
   la de los necios, su necedad.

²⁵El testigo veraz libra de la muerte,
   pero el testigo falso miente.

²⁶El temor del SEÑOR es un baluarte
   seguro
   que sirve de refugio a los hijos.

²⁷El temor del SEÑOR es fuente de
   vida,
   y aleja al hombre de las redes de
   la muerte.

²⁸Gloria del rey es gobernar a
   muchos;
   un príncipe sin súbditos está
   arruinado.

²⁹El que es paciente muestra gran
   discernimiento;
   el que es agresivo muestra mucha
   insensatez.

³⁰El corazón tranquilo da vida al
   cuerpo,
   pero la envidia corroe los huesos.

³¹El que oprime al pobre ofende a su
   Creador,
   pero honra a Dios quien se apiada
   del necesitado.

³²El malvado cae por su propia
   maldad;
   el justo halla refugio en su
   integridad. *n*

---

k 14:17 *sabe aguantar* (LXX); *es odiado* (TM).   *l* 14:19 *ante el tribunal.* Lit. *ante la* *puerta.   *m* 14:24 *su sabiduría* (LXX); *su riqueza* (TM).   *n* 14:32 *en su integridad* (LXX y Siríaca); *en su muerte* (TM).

³³En el corazón de los sabios mora la
sabiduría,
pero los necios ni siquiera la
conocen.ñ

³⁴La justicia enaltece a una nación,
pero el pecado deshonra a todos
los pueblos.

³⁵El rey favorece al siervo inteligente,
pero descarga su ira sobre el
sinvergüenza.

15 La respuesta amable calma el
enojo,
pero la agresiva echa leña al
fuego.

²La lengua de los sabios destila
conocimiento;ᵒ
la boca de los necios escupe
necedades.

³Los ojos del SEÑOR están en todo
lugar,
vigilando a los buenos y a los
malos.

⁴La lengua que brinda consueloᴾ es
árbol de vida;
la lengua insidiosa deprime el
espíritu.

⁵El necio desdeña la corrección de
su padre;
el que la acepta demuestra
prudencia.

⁶En la casa del justo hay gran
abundancia;
en las ganancias del malvado,
grandes problemas.

⁷Los labios de los sabios esparcen
conocimiento;
el corazón de los necios ni piensa
en ello.

⁸El SEÑOR aborrece las ofrendas de
los malvados,
pero se complace en la oración de
los justos.

⁹El SEÑOR aborrece el camino de los
malvados,
pero ama a quienes siguen la
justicia.

¹⁰Para el descarriado, disciplina
severa;
para el que aborrece la
corrección, la muerte.

¹¹Si ante el SEÑOR están el *sepulcro
y la *muerte,
¡cuánto más el corazón humano!

¹²Al insolente no le gusta que lo
corrijan,
ni busca la compañía de los sabios.

¹³El corazón alegre se refleja en el
rostro,
el corazón dolido deprime el
espíritu.

¹⁴El corazón entendido va tras el
conocimiento;
la boca de los necios se nutre de
tonterías.

¹⁵Para el afligido todos los días son
malos;
para el que es feliz siempre es día
de fiesta.

¹⁶Más vale tener poco, con temor del
SEÑOR,
que muchas riquezas con grandes
angustias.

¹⁷Más vale comer verduras
sazonadas con amor
que un festín de carneᑫ sazonada
con odio.

ñ14:33 *los necios ni siquiera la conocen* (LXX y Siríaca); *los necios la conocen* (TM).   ᵒ15:2 *destila
conocimiento* (LXX); *hace bien al conocimiento* (TM).   ᴾ15:4 *que brinda consuelo.* Lit. *que sana.*
ᑫ15:17 *que un festín de carne.* Lit. *que toro engordado.*

18 El que es iracundo provoca
contiendas;
el que es paciente las apacigua.

19 El camino del perezoso está
plagado de espinas,
pero la senda del justo es como
una calzada.

20 El hijo sabio alegra a su padre;
el hijo necio menosprecia a su
madre.

21 Al necio le divierte su falta de juicio;
el entendido endereza sus propios
pasos.

22 Cuando falta el consejo, fracasan
los planes;
cuando abunda el consejo,
prosperan.

23 Es muy grato dar la respuesta
adecuada,
y más grato aún cuando es
oportuna.

24 El sabio sube por el sendero de
vida,
para librarse de caer en el
*sepulcro.

25 El SEÑOR derriba la casa de los
soberbios,
pero mantiene intactos los
linderos de las viudas.

26 El SEÑOR aborrece los planes de
los malvados,
pero le agradan las palabras puras.

27 El ambicioso acarrea mal sobre su
familia;
el que aborrece el soborno vivirá.

28 El corazón del justo medita sus
respuestas,
pero la boca del malvado rebosa
de maldad.

29 El SEÑOR se mantiene lejos de los
impíos,
pero escucha las oraciones de los
justos.

30 Una mirada radiante alegra el
corazón,
y las buenas noticias renuevan las
fuerzas.ʳ

31 El que atiende a la crítica edificante
habitará entre los sabios.

32 Rechazar la corrección es
despreciarse a sí mismo;
atender a la reprensión es ganar
entendimiento.

33 El temor del SEÑOR es corrección y
sabiduría;ˢ
la humildad precede a la honra.

16 El hombre propone
y Diosᵗ dispone.

2 A cada uno le parece correcto su
proceder,ᵘ
pero el SEÑOR juzga los motivos.

3 Pon en manos del SEÑOR todas tus
obras,
y tus proyectos se cumplirán.

4 Toda obra del SEÑOR tiene un
propósito;
¡hasta el malvado fue hecho para
el día del desastre!

5 El SEÑOR aborrece a los arrogantes.
Una cosa es segura: no quedarán
impunes.

6 Con amor y verdad se perdona el
pecado,
y con temor del SEÑOR se evita el
mal.

7 Cuando el SEÑOR aprueba la
conducta de un hombre,

ʳ 15:30 *las fuerzas.* Lit. *los huesos.*   ˢ 15:33 *es corrección y sabiduría* (LXX); *es corrección de sabiduría*
(TM).   ᵗ 16:1 *Dios.* Lit. *el SEÑOR.*   ᵘ 16:2 *A cada uno ... proceder.* Lit. *Todos los caminos del hombre son
limpios a sus ojos.*

hasta con sus enemigos lo
reconcilia.

8 Más vale tener poco con justicia
que ganar mucho con injusticia.

9 El corazón del hombre traza su
rumbo,
pero sus pasos los dirige el SEÑOR.

10 La sentencia*v* está en labios del rey;
en el veredicto que emite no hay
error.

11 Las pesas y las balanzas justas son
del SEÑOR;
todas las medidas son hechura
suya.

12 El rey detesta las malas acciones,
porque el trono se afirma en la
justicia.

13 El rey se complace en los labios
honestos;
aprecia a quien habla con la
verdad.

14 La ira del rey es presagio de muerte,
pero el sabio sabe apaciguarla.

15 El rostro radiante del rey es signo
de vida;
su favor es como lluvia en
primavera.

16 Más vale adquirir sabiduría que oro;
más vale adquirir inteligencia que
plata.

17 El camino del hombre recto evita el
mal;
el que quiere salvar su vida, se
fija por dónde va.

18 Al orgullo le sigue la destrucción;
a la altanería, el fracaso.

19 Vale más humillarse con los
oprimidos

que compartir el botín con los
orgullosos.

20 El que atiende a la palabra, prospera.
¡Dichoso el que confía en el
SEÑOR!

21 Al sabio de corazón se le llama
inteligente;
los labios convincentes
promueven el saber.

22 Fuente de vida es la prudencia para
quien la posee;
el castigo de los necios es su
propia necedad.

23 El sabio de corazón controla su
boca;
con sus labios promueve el saber.

24 Panal de miel son las palabras
amables:
endulzan la vida y dan salud al
cuerpo.*w*

25 Hay caminos que al hombre le
parecen rectos,
pero que acaban por ser caminos
de muerte.

26 Al que trabaja, el hambre lo obliga
a trabajar,
pues su propio apetito lo estimula.

27 El perverso hace*x* planes malvados;
en sus labios hay un fuego
devorador.

28 El perverso provoca contiendas,
y el chismoso divide a los buenos
amigos.

29 El violento engaña a su prójimo
y lo lleva por mal camino.

30 El que guiña el ojo trama algo
perverso;
el que aprieta los labios ya lo ha
cometido.

v **16:10** *La sentencia.* Alt. *El oráculo.*   *w* **16:24** *al cuerpo.* Lit. *a los huesos.*   *x* **16:27** *hace.* Lit. *cava.*

31Las canas son una honrosa corona
que se obtiene en el camino de la
justicia.

32Más vale ser paciente que valiente;
más vale dominarse a sí mismo
que conquistar ciudades.

33Las suertes se echan sobre la mesa,ʸ
pero el veredicto proviene del
SEÑOR.

17 Más vale comer pan duro donde
hay concordia
que hacer banqueteᶻ donde hay
discordia.

2El siervo sabio gobernará al hijo
sinvergüenza,
y compartirá la herencia con los
otros hermanos.

3En el crisol se prueba la plata
y en el horno se prueba el oro,
pero al corazón lo prueba el
SEÑOR.

4El malvado hace caso a los labios
impíos,
y el mentiroso presta oído a la
lengua maliciosa.

5El que se burla del pobre ofende a
su Creador;
el que se alegra de verlo en la
ruina no quedará sin castigo.

6La corona del anciano son sus
nietos;
el orgullo de los hijos son sus
padres.

7No va bien con los necios el
lenguaje refinado,
ni con los gobernantes, la mentira.

8Varaᵃ mágica es el soborno para
quien lo ofrece,

pues todo lo que emprende lo
consigue.

9El que perdona la ofensa cultiva el
amor;
el que insiste en la ofensa divide
a los amigos.

10Cala más un regaño en el hombre
prudente
que cien latigazos en el
obstinado.

11El revoltoso siempre anda
buscando camorra,
pero se las verá con un mensajero
cruel.

12Más vale toparse con un oso
enfurecidoᵇ
que con un necio empecinado en
su necedad.

13Al que devuelve mal por bien,
nunca el mal se apartará de su
familia.

14Iniciar una pelea es romper una
represa;
vale más retirarse que comenzarla.

15Absolver al culpable y condenar al
inocente
son dos cosas que el SEÑOR
aborrece.

16¿De qué le sirve al necio poseer
dinero?
¿Podrá adquirir sabiduría si le
faltan sesos?ᶜ

17En todo tiempo ama el amigo;
para ayudar en la adversidad
nació el hermano.

18El que es imprudente se
compromete por otros,
y sale fiador de su prójimo.

ʸ16:33 *sobre la mesa.* Lit. *en el regazo.*   ᶻ17:1 *banquete.* Lit. *sacrificios.*   ᵃ17:8 *vara.* Lit. *piedra.*
ᵇ17:12 *oso enfurecido.* Lit. *oso al que le robaron sus cachorros.*   ᶜ17:16 *sesos.* Lit. *corazón.*

19 Al que le gusta pecar, le gusta pelear;
el que abre mucho la boca, busca
que se la rompan.ᵈ

20 El de corazón perverso jamás
prospera;
el de lengua engañosa caerá en
desgracia.

21 Engendrar a un hijo necio es causa
de pesar;
ser padre de un necio no es
ninguna alegría.

22 Gran remedio es el corazón alegre,
pero el ánimo decaído seca los
huesos.

23 El malvado acepta soborno en
secreto,
con lo que tuerce el curso de la
justicia.

24 La meta del prudente es la sabiduría;
el necio divaga contemplando
vanos horizontes.ᵉ

25 El hijo necio irrita a su padre,
y causa amargura a su madre.

26 No está bien castigar al inocente,
ni azotar por su rectitud a gente
honorable.

27 El que es entendido refrena sus
palabras;
el que es prudente controla sus
impulsos.

28 Hasta un necio pasa por sabio si
guarda silencio;
se le considera prudente si cierra
la boca.

18 El egoísta busca su propio bien;
contra todo sano juicio se rebela.

2 Al necio no le complace el
discernimiento;

tan sólo hace alarde de su propia
opinión.

3 Con la maldad, viene el desprecio,
y con la vergüenza llega el
oprobio.

4 Las palabras del hombre son aguas
profundas,
arroyo de aguas vivas, fuente de
sabiduría.

5 No está bien declarar inocente alᶠ
malvado
y dejar de lado los derechos del
justo.

6 Los labios del necio son causa de
contienda;
su boca incita a la riña.

7 La boca del necio es su
perdición;
sus labios son para él una trampa
mortal.

8 Los chismes son deliciosos
manjares;
penetran hasta lo más íntimo del
ser.

9 El que es negligente en su trabajo
confraterniza con el que es
destructivo.

10 Torre inexpugnable es el nombre
del SEÑOR;
a ella corren los justos y se ponen
a salvo.

11 Ciudad amurallada es la riqueza
para el rico,
y éste cree que sus muros son
inexpugnables.

12 Al fracaso lo precede la soberbia
humana;
a los honores los precede la
humildad.

ᵈ**17:19** el que abre ... se la rompan. Lit. el que abre su puerta, busca destrucción. ᵉ**17:24** el necio ...
horizontes. Lit. y los ojos del necio en los confines de la tierra. ᶠ**18:5** declarar inocente al. Lit. levantar el
rostro del.

13 Es necio y vergonzoso
responder antes de escuchar.

14 En la enfermedad, el ánimo levanta
al enfermo;
¿pero quién podrá levantar al
abatido?

15 El corazón prudente adquiere
conocimiento;
los oídos de los sabios procuran
hallarlo.

16 Con regalos se abren todas las
puertas
y se llega a la presencia de gente
importante.

17 El primero en presentar su caso
parece inocente,
hasta que llega la otra parte y lo
refuta.

18 El echar suertes pone fin a los litigios
y decide entre las partes en pugna.

19 Más resiste el hermano ofendido
que una ciudad amurallada;
los litigios son como cerrojos de
ciudadela.

20 Cada uno se llena con lo que dice
y se sacia con lo que habla.

21 En la lengua hay poder de vida y
muerte;
quienes la aman comerán de su
fruto.

22 Quien halla esposa halla la felicidad:
muestras de su favor le ha dado el
SEÑOR.

23 El pobre habla en tono suplicante;
el rico responde con aspereza.

24 Hay amigos^g que llevan a la ruina,
y hay amigos más fieles que un
hermano.

19 Más vale pobre e intachable
que necio y embustero.

2 El afán sin conocimiento no vale
nada;
mucho yerra quien mucho
corre.

3 La necedad del hombre le hace
perder el rumbo,
y para colmo se irrita contra el
SEÑOR.

4 Con las riquezas aumentan los
amigos,
pero al pobre hasta su amigo lo
abandona.

5 El testigo falso no quedará sin
castigo;
el que esparce mentiras no saldrá
bien librado.

6 Muchos buscan congraciarse con
los poderosos;
todos son amigos de quienes
reparten regalos.

7 Si al pobre lo aborrecen sus
parientes,
con más razón lo evitan sus
amigos.
Aunque los busca suplicante,
por ninguna parte los encuentra.^{h}

8 El que adquiere cordura^i a sí
mismo se ama,
y el que retiene el discernimiento
prospera.

9 El testigo falso no quedará sin
castigo;
el que difunde mentiras
perecerá.

10 No va bien con el necio vivir entre
lujos,
y menos con el esclavo gobernar
a los príncipes.

---

^{g} **18:24** *Hay amigos* (LXX, Siríaca y Targum); *Hombre de amigos* (TM). ^{h} **19:7** Texto de difícil traducción.
^{i} **19:8** *cordura*. Lit. *corazón*.

11 El buen juicio hace al hombre
    paciente;
    su gloria es pasar por alto la ofensa.

12 Rugido de león es la ira del rey;
    su favor es como rocío sobre el
    pasto.

13 El hijo necio es la ruina del padre;
    la mujer pendenciera es gotera
    constante.

14 La casa y el dinero se heredan de
    los padres,
    pero la esposa inteligente es un
    don del SEÑOR.

15 La pereza conduce al sueño
    profundo;
    el holgazán pasará hambre.

16 El que cumple el mandamiento
    cumple consigo mismo;
    el que descuida su conducta morirá.

17 Servir al pobre es hacerle un
    préstamo al SEÑOR;
    Dios pagará esas buenas acciones.

18 Corrige a tu hijo mientras aún hay
    esperanza;
    no te hagas cómplice de su muerte.ʲ

19 El iracundo tendrá que afrontar el
    castigo;
    el que intente disuadirlo
    aumentará su enojo.ᵏ

20 Atiende al consejo y acepta la
    corrección,
    y llegarás a ser sabio.

21 El corazón humano genera muchos
    proyectos,
    pero al final prevalecen los
    designios del SEÑOR.

22 De todo hombre se espera lealtad.ˡ
    Más vale ser pobre que mentiroso.

23 El temor del SEÑOR conduce a la
    vida;
    da un sueño tranquilo y evita los
    problemas.

24 El perezoso mete la mano en el
    plato,
    pero es incapaz de llevarse el
    bocado a la boca.

25 Golpea al insolente, y se hará
    prudente el inexperto;
    reprende al entendido, y ganará
    en conocimiento.

26 El que roba a su padre y echa a la
    calle a su madre
    es un hijo infame y sinvergüenza.

27 Hijo mío, si dejas de atender a la
    corrección,
    te apartarás de las palabras del
    saber.

28 El testigo corrupto se burla de la
    justicia,
    y la boca del malvado engulle
    maldad.

29 El castigo se dispuso para los
    insolentes,
    y los azotes para la espalda de los
    necios.

20 El vino lleva a la insolencia,
    y la bebida embriagante al
    escándalo;
    ¡nadie bajo sus efectos se
    comporta sabiamente!

2 Rugido de león es la furia del
    rey;
    quien provoca su enojo se juega
    la vida.

3 Honroso es al hombre evitar la
    contienda,
    pero no hay necio que no inicie
    un pleito.

ʲ **19:18** *no te hagas ... muerte.* Alt. *pero no te excedas hasta matarlo.*   ᵏ **19:19** Texto de difícil traducción.
ˡ **19:22** *De todo ... lealtad.* Alt. *El anhelo de todo hombre es su amor.*

⁴El perezoso no labra la tierra en
otoño;
en tiempo de cosecha buscará y
no hallará.

⁵Los pensamientos humanos son
aguas profundas;
el que es inteligente los capta
fácilmente.

⁶Son muchos los que proclaman su
lealtad,
¿pero quién puede hallar a
alguien digno de confianza?

⁷Justo es quien lleva una vida sin
tacha;
¡dichosos los hijos que sigan su
ejemplo!ᵐ

⁸Cuando el rey se sienta en el
tribunal,
con su sola mirada barre toda
maldad.

⁹¿Quién puede afirmar: «Tengo
puro el corazón;
estoy limpio de pecado»?

¹⁰Pesas falsas y medidas engañosas:
¡vaya pareja que el SEÑOR
detesta!

¹¹Por sus hechos el niño deja
entrever
si su conducta será pura y recta.

¹²Los oídos para oír y los ojos para ver:
¡hermosa pareja que el SEÑOR ha
creado!

¹³No te des al sueño, o te quedarás
pobre;
manténte despierto y tendrás pan
de sobra.

¹⁴«¡No sirve, no sirve!», dice el
comprador,
pero luego va y se jacta de su
compra.

¹⁵Oro hay, y abundan las piedras
preciosas,
pero aún más valiosos son los
labios del saber.

¹⁶Toma la prenda del que salga
fiador de un extraño;
reténla en garantía si la da en
favor de desconocidos.

¹⁷Tal vez sea agradable ganarse el
pan con engaños,
pero uno acaba con la boca llena
de arena.

¹⁸Afirma tus planes con buenos
consejos;
entabla el combate con buena
estrategia.

¹⁹El chismoso traiciona la confianza;
no te juntes con la gente que
habla de más.

²⁰Al que maldiga a su padre y a su
madre,
su lámpara se le apagará en la
más densa oscuridad.

²¹La herencia de fácil comienzo
no tendrá un final feliz.

²²Nunca digas: «¡Me vengaré de ese
daño!»
Confía en el SEÑOR, y él actuará
por ti.

²³El SEÑOR aborrece las pesas falsas
y reprueba el uso de medidas
engañosas.

²⁴Los pasos del hombre los dirige el
SEÑOR.
¿Cómo puede el hombre entender
su propio camino?

²⁵Trampa es consagrar algo sin
pensarlo
y más tarde reconsiderar lo
prometido.

ᵐ 20:7 *los hijos ... su ejemplo.* Lit. *sus hijos después de él.*

26 El rey sabio avienta como trigo a
los malvados,
y los desmenuza con rueda de
molino.

27 El espíritu humano es la lámpara
del SEÑOR,
pues escudriña lo más recóndito
del ser.

28 La misericordia y la verdad
sostienen al rey;
su trono se afirma en la
misericordia.

29 La gloria de los jóvenes radica en
su fuerza;
la honra de los ancianos, en sus
canas.

30 Los golpes y las heridas curan la
maldad;
los azotes purgan lo más íntimo
del ser.

21 En las manos del SEÑOR el
corazón del rey es como un
río:
sigue el curso que el SEÑOR le ha
trazado.

2 A cada uno le parece correcto su
proceder, *n*
pero el SEÑOR juzga los
corazones.

3 Practicar la justicia y el derecho
lo prefiere el SEÑOR a los
sacrificios.

4 Los ojos altivos, el corazón
orgulloso
y la lámpara de los malvados son
pecado.

5 Los planes bien pensados: ¡pura
ganancia!
Los planes apresurados: ¡puro
fracaso!

6 La fortuna amasada por la lengua
embustera
se esfuma como la niebla y es
mortal como una trampa. *ñ*

7 La violencia de los malvados los
destruirá,
porque se niegan a practicar la
justicia.

8 Torcido es el camino del culpable,
pero recta la conducta del hombre
honrado.

9 Más vale habitar en un rincón de la
azotea
que compartir el techo con mujer
pendenciera.

10 El malvado sólo piensa en el mal;
jamás se compadece de su prójimo.

11 Cuando se castiga al insolente,
aprende *o* el inexperto;
cuando se instruye al sabio,
el inexperto adquiere
conocimiento.

12 El justo se fija en la casa del
malvado,
y ve cuando éste acaba en la
ruina.

13 Quien cierra sus oídos al clamor
del pobre,
llorará también sin que nadie le
responda.

14 El regalo secreto apacigua el enojo;
el obsequio discreto calma la ira
violenta.

15 Cuando se hace justicia,
se alegra el justo y tiembla el
malhechor.

16 Quien se aparta de la senda del
discernimiento
irá a parar entre los muertos.

---

n 21:2 *A cada uno ... su proceder.* Lit. *Todo camino del hombre recto a sus ojos.*   *ñ* 21:6 *se esfuma ... una trampa* (LXX, Vulgata y algunos mss. hebreos); *es niebla llevada de los que buscan la muerte* (TM).   *o* 21:11 *aprende.* Lit. *se hace sabio.*

¹⁷El que ama el placer se quedará en
    la pobreza;
  el que ama el vino y los perfumes
    jamás será rico.

¹⁸El malvado pagará por el justo,
  y el traidor por el hombre
    intachable.

¹⁹Más vale habitar en el desierto
  que con mujer pendenciera y de
    mal genio.

²⁰En casa del sabio abundan las
    riquezas y el perfume,
  pero el necio todo lo despilfarra.

²¹El que va tras la justicia y el
    amor
  halla vida, prosperidad*p* y honra.

²²El sabio conquista la ciudad de los
    valientes
  y derriba el baluarte en que ellos
    confiaban.

²³El que refrena su boca y su lengua
  se libra de muchas angustias.

²⁴Orgulloso y arrogante, y famoso
    por insolente,
  es quien se comporta con
    desmedida soberbia.

²⁵La codicia del perezoso lo lleva a
    la muerte,
  porque sus manos se niegan a
    trabajar;
²⁶todo el día se lo pasa codiciando,
  pero el justo da con generosidad.

²⁷El sacrificio de los malvados es
    detestable,
  y más aún cuando se ofrece con
    mala intención.

²⁸El testigo falso perecerá,
  y quien le haga caso será
    destruido*q* para siempre.

²⁹El malvado es inflexible en sus
    decisiones;
  el justo examina*r* su propia
    conducta.

³⁰De nada sirven ante el SEÑOR
    la sabiduría, la inteligencia y el
    consejo.

³¹Se alista al caballo para el día de la
    batalla,
  pero la victoria depende del SEÑOR.

22 Vale más la buena fama que las
    muchas riquezas,
  y más que oro y plata, la buena
    reputación.

²El rico y el pobre tienen esto en
    común:
  a ambos los ha creado el SEÑOR.

³El prudente ve el peligro y lo evita;
  el inexperto sigue adelante y
    sufre las consecuencias.

⁴Recompensa de la humildad y del
    temor del SEÑOR
  son las riquezas, la honra y la
    vida.

⁵Espinas y trampas hay en la senda
    de los impíos,
  pero el que cuida su vida se aleja
    de ellas.

⁶Instruye al niño en el camino
    correcto,
  y aun en su vejez no lo abandonará.

⁷Los ricos son los amos de los
    pobres;
  los deudores son esclavos de sus
    acreedores.

⁸El que siembra maldad cosecha
    desgracias;
  el SEÑOR lo destruirá con el cetro
    de su ira.*s*

---

p 21:21 *prosperidad.* Alt. *justicia.*   *q* 21:28 *será destruido.* Alt. *hablará.*   *r* 21:29 *examina* (LXX, Qumran y
varios mss. hebreos); *ordena* (TM).   *s* 22:8 *el Señor ... su ira.* Lit. *el cetro de su ira perecerá.*

⁹El que es generoso ᵗ será bendecido,
pues comparte su comida con los
pobres.

¹⁰Despide al insolente, y se irá la
discordia
y cesarán los pleitos y los insultos.

¹¹El que ama la pureza de corazón y
tiene gracia al hablar
tendrá por amigo al rey.

¹²Los ojos del SEÑOR protegen el
saber,
pero desbaratan las palabras del
traidor.

¹³«¡Hay un león allá afuera! —dice
el holgazán—.
¡En plena calle me va a hacer
pedazos!»

¹⁴La boca de la adúltera es una fosa
profunda;
en ella caerá quien esté bajo la ira
del SEÑOR.

¹⁵La necedad es parte del corazón
juvenil,
pero la vara de la disciplina la
corrige.

¹⁶Oprimir al pobre para enriquecerse,
y hacerle regalos al rico,
¡buena manera de empobrecerse!

Los treinta dichos de los sabios
(22:17–24:22)

¹⁷Presta atención, escucha mis
palabras;ᵘ
aplica tu corazón a mi
conocimiento.
¹⁸Grato es retenerlas dentro de ti,
y tenerlas todas a flor de labio.
¹⁹A ti te las enseño en este día,
para que pongas tu confianza en
el SEÑOR.

²⁰¿Acaso no te he escrito treintaᵛ
dichos
que contienen sabios consejos?
²¹Son para enseñarte palabras ciertas
y confiables,
para que sepas responder bien a
quien te pregunte.ʷ

1
²²No explotes al pobre porque es
pobre,
ni oprimas en los tribunalesˣ a
los necesitados;
²³porque el SEÑOR defenderá su
causa,
y despojará a quienes los
despojen.

2
²⁴No te hagas amigo de gente
violenta,
ni te juntes con los iracundos,
²⁵no sea que aprendas sus malas
costumbres
y tú mismo caigas en la trampa.

3
²⁶No te comprometas por otros
ni salgas fiador de deudas ajenas;
²⁷porque si no tienes con qué pagar,
te quitarán hasta la cama en que
duermes.

4
²⁸No cambies de lugar los linderos
antiguos
que establecieron tus antepasados.

5
²⁹¿Has visto a alguien diligente en su
trabajo?
se codeará con reyes, y nunca
será un Don Nadie.

6
23 Cuando te sientes a comer con un
gobernante,
fíjate bien en lo queʸ tienes ante
ti.
²Si eres dado a la glotonería,
domina tu apetito.ᶻ
³No codicies sus manjares,
pues tal comida no es más que un
engaño.

ᵗ**22:9** *El que es generoso.* Lit. *El buen ojo.*   ᵘ**22:17** *palabras* (LXX); *las palabras de los sabios* (TM).
ᵛ**22:20** *escrito treinta.* Alt. *escrito antes* o *escrito excelentes.*   ʷ**22:21** *a quien te pregunte* (LXX); *al que te
envíe* (TM).   ˣ**22:22** *en los tribunales.* Lit. *en la *puerta.*   ʸ**23:1** *en lo que.* Alt. *en quién.*   ᶻ**23:2** *domina
tu apetito.* Lit. *ponle un cuchillo a tu garganta.*

7

⁴No te afanes acumulando riquezas;
no te obsesiones con ellas.
⁵¿Acaso has podido verlas? ¡No
existen!
Es como si les salieran alas,
pues se van volando como las
águilas.

8

⁶No te sientes a la mesa de un
tacaño,ª
ni codicies sus manjares,
⁷ que son como un pelo en la
garganta.ᵇ
«Come y bebe», te dirá,
pero no te lo dirá de corazón.
⁸Acabarás vomitando lo que hayas
comido,
y tus cumplidos no habrán
servido de nada.

9

⁹A oídos del necio jamás dirijas
palabra,
pues se burlará de tus sabios
consejos.

10

¹⁰No cambies de lugar los linderos
antiguos,
ni invadas la propiedad de los
huérfanos,
¹¹porque su Defensor es muy
poderoso
y contra ti defenderá su causa.

11

¹²Aplica tu corazón a la disciplina
y tus oídos al conocimiento.

12

¹³No dejes de disciplinar al joven,
que de unos cuantos azotes no se
morirá.
¹⁴Dale unos buenos azotes,
y así lo librarás del *sepulcro.

13

¹⁵Hijo mío, si tu corazón es sabio,
también mi corazón se regocijará;
¹⁶en lo íntimo de mi ser me alegraré
cuando tus labios hablen con
rectitud.

14

¹⁷No envidies en tu corazón a los
pecadores;
más bien, muéstrate siempre
celoso en el temor del SEÑOR.
¹⁸Cuentas con una esperanza futura,
la cual no será destruida.

15

¹⁹Hijo mío, presta atención y sé s
abio;
mantén tu corazón en el camino
recto.
²⁰No te juntes con los que beben
mucho vino,
ni con los que se hartan de carne,
²¹pues borrachos y glotones, por su
indolencia,
acaban harapientos y en la
pobreza.

16

²²Escucha a tu padre, que te
engendró,
y no desprecies a tu madre
cuando sea anciana.
²³Adquiere la verdad y la sabiduría,
la disciplina y el discernimiento,
¡y no los vendas!
²⁴El padre del justo experimenta gran
regocijo;
quien tiene un hijo sabio se
solaza en él.
²⁵¡Que se alegren tu padre y tu
madre!
¡Que se regocije la que te dio la
vida!

17

²⁶Dame, hijo mío, tu corazón
y no pierdas de vista mis caminos.
²⁷Porque fosa profunda es la
prostituta,
y estrecho pozo, la mujer ajena.
²⁸Se pone al acecho, como un
bandido,
y multiplica la infidelidad de los
hombres.

18

²⁹¿De quién son los lamentos? ¿De
quién los pesares?

ª**23:6** *un tacaño.* Alt. *un hombre mal intencionado.*
en su interior, así es él (TM).   ᵇ**23:7** *que son ... garganta* (LXX); *pues como él piensa*

¿De quién son los pleitos? ¿De
    quién las quejas?
¿De quién son las heridas
    gratuitas?
¿De quién los ojos morados?
30 ¡Del que no suelta la botella de vino
    ni deja de probar licores!

31 No te fijes en lo rojo que es el vino,
    ni en cómo brilla en la copa,
    ni en la suavidad con que se
    desliza;
32 porque acaba mordiendo como
    serpiente
    y envenenando como víbora.
33 Tus ojos verán alucinaciones,
    y tu mente imaginará estupideces.
34 Te parecerá estar durmiendo en alta
    mar,
    acostado sobre el mástil mayor.
35 Y dirás: «Me han herido, pero no
    me duele.
    Me han golpeado, pero no lo
    siento.
    ¿Cuándo despertaré de este
    sueño
    para ir a buscar otro trago?»

19
24 No envidies a los malvados,
    ni procures su compañía;
2 porque en su corazón traman
    violencia,
    y no hablan más que de cometer
    fechorías.

20
3 Con sabiduría se construye la casa;
    con inteligencia se echan los
    cimientos.
4 Con buen juicio se llenan sus
    cuartos
    de bellos y extraordinarios
    tesoros.

21
5 El que es sabio tiene gran poder,
    y el que es entendido aumenta su
    fuerza.
6 La guerra se hace con buena
    estrategia;
    la victoria se alcanza con muchos
    consejeros.

22
7 La sabiduría no está al alcance del
    necio,
    que en la asamblea del pueblo[c]
    nada tiene que decir.

23
8 Al que hace planes malvados
    lo llamarán intrigante.
9 Las intrigas del necio son pecado,
    y todos aborrecen a los insolentes.

24
10 Si en el día de la aflicción te
    desanimas,
    muy limitada es tu fortaleza.

25
11 Rescata a los que van rumbo a la
    muerte;
    detén a los que a tumbos avanzan
    al suplicio.
12 Pues aunque digas, «Yo no lo
    sabía»,
    ¿no habrá de darse cuenta el que
    pesa los corazones?
    ¿No habrá de saberlo el que vigila
    tu vida?
    ¡Él le paga a cada uno según sus
    acciones!

26
13 Come la miel, hijo mío, que es
    deliciosa;
    dulce al paladar es la miel del
    panal.
14 Así de dulce sea la sabiduría a tu
    alma;
    si das con ella, tendrás buen
    futuro;
    tendrás una esperanza que no será
    destruida.

27
15 No aceches cual malvado la casa
    del justo,
    ni arrases el lugar donde habita;
16 porque siete veces podrá caer el
    justo,
    pero otras tantas se levantará;
    los malvados, en cambio,
    se hundirán en la desgracia.

28
17 No te alegres cuando caiga tu
    enemigo,

---

c 24:7 *en la asamblea del pueblo.* Lit. *en la *puerta.*

ni se regocije tu corazón ante su
desgracia,
¹⁸no sea que el SEÑOR lo vea y no lo
apruebe,
y aparte de él su enojo.

29

¹⁹No te alteres por causa de los
malvados,
ni sientas envidia de los impíos,
²⁰porque el malvado no tiene porvenir;
¡la lámpara del impío se apagará!

30

²¹Hijo mío, teme al SEÑOR y honra al
rey,
y no te juntes con los rebeldes,
²²porque de los dos recibirás un
castigo repentino
¡y quién sabe qué calamidades
puedan venir!

Otros dichos de los sabios

²³También éstos son dichos de los sa-
bios:

No es correcto ser parcial en el
juicio.

²⁴Maldecirán los pueblos, y
despreciarán las naciones,
a quien declare inocente al
culpable.
²⁵Pero bien vistos serán, y bendecidos,
los que condenen al culpable.

²⁶Una respuesta sincera
es como un beso en los labios.

²⁷Prepara primero tus faenas de
cultivo
y ten listos tus campos para la
siembra;
después de eso, construye tu casa.

²⁸No testifiques sin razón contra tu
prójimo,
ni mientas con tus labios.
²⁹No digas: «Le haré lo mismo que
me hizo;
le pagaré con la misma moneda.»

³⁰Pasé por el campo del perezoso,
por la viña del falto de juicio.
³¹Había espinas por todas partes;
la hierba cubría el terreno,
y el lindero de piedras estaba en
ruinas.
³²Guardé en mi corazón lo observado,
y de lo visto saqué una lección:
³³Un corto sueño, una breve siesta,
un pequeño descanso, cruzado de
brazos...
³⁴¡y te asaltará la pobreza como un
bandido,
y la escasez, como un hombre
armado!

Más proverbios de Salomón

25 Éstos son otros proverbios de Salomón, copiados por los escribas
de Ezequías, rey de Judá.

²Gloria de Dios es ocultar un asunto,
y gloria de los reyes el investigarlo.

³Tan impenetrable es el corazón de
los reyes
como alto es el cielo y profunda
la tierra.

⁴Quita la escoria de la plata,
y de allí saldrá material para^d el
orfebre;
⁵quita de la presencia del rey al
malvado,
y el rey afirmará su trono en la
justicia.

⁶No te des importancia en presencia
del rey,
ni reclames un lugar entre los
magnates;
⁷vale más que el rey te diga: «Sube
acá»,
y no que te humille ante gente
importante.

Lo que atestigües con tus ojos
⁸ no lo lleves^e de inmediato al
tribunal,

---

^d**25:4** *saldrá material para.* Alt. *sacará una copa para.*   ^e**25:7,8** *gente importante. Lo que ... no lo lleves.*
Alt. *gente importante / sobre la que hayas posado tus ojos. /* ⁸*No vayas*

pues ¿qué harás si a fin de cuentas
tu prójimo te pone en vergüenza?

⁹Defiende tu causa contra tu prójimo,
pero no traiciones la confianza de
nadie,
¹⁰no sea que te avergüence el que te
oiga
y ya no puedas quitarte la infamia.

¹¹Como naranjas de oro con
incrustaciones de plata
son las palabras dichas a tiempo.

¹²Como anillo o collar de oro fino
son los regaños del sabio en oídos
atentos.

¹³Como frescura de nieve en día de
verano
es el mensajero confiable para
quien lo envía,
pues infunde nuevo ánimo en sus
amos.

¹⁴Nubes y viento, y nada de lluvia,
es quien presume de dar y nunca
da nada.

¹⁵Con paciencia se convence al
gobernante.
¡La lengua amable quebranta
hasta los huesos!

¹⁶Si encuentras miel, no te empalagues;
la mucha miel provoca náuseas.

¹⁷No frecuentes la casa de tu amigo;
no sea que lo fastidies y llegue a
aborrecerte.

¹⁸Un mazo, una espada, una aguda
saeta,
¡eso es el falso testigo contra su
amigo!

¹⁹Confiar en gente desleal en
momentos de angustia
es como tener un diente careado
o una pierna quebrada.

²⁰Dedicarle canciones al corazón
afligido
es como echarle vinagre*ᶠ* a una
herida
o como andar desabrigado en un
día de frío.

²¹Si tu enemigo tiene hambre, dale
de comer;
si tiene sed, dale de beber.
²²Actuando así, harás que se
avergüence de su conducta,*ᵍ*
y el Señor te lo recompensará.

²³Con el viento del norte vienen las
lluvias;
con la lengua viperina, las malas
caras.

²⁴Más vale habitar en un rincón de la
azotea
que compartir el techo con mujer
pendenciera.

²⁵Como el agua fresca a la garganta
reseca
son las buenas noticias desde
lejanas tierras.

²⁶Manantial turbio, contaminado
pozo,
es el justo que flaquea ante el
impío.

²⁷No hace bien comer mucha miel,
ni es honroso buscar la propia
gloria.

²⁸Como ciudad sin defensa y sin
murallas
es quien no sabe dominarse.

26 Ni la nieve es para el verano,
ni la lluvia para la cosecha,
ni los honores para el necio.

²Como el gorrión sin rumbo o la
golondrina sin nido,
la maldición sin motivo jamás
llega a su destino.

ᶠ**25:20** *vinagre* (LXX); *salitre* (TM).   ᵍ**25:22** *harás ... conducta.* Lit. *ascuas amontonarás sobre su cabeza.*

³El látigo es para los caballos,
el freno para los asnos,
y el garrote para la espalda del
necio.

⁴No respondas al necio según su
necedad,
o tú mismo pasarás por necio.

⁵Respóndele al necio como se
merece,
para que no se tenga por sabio.

⁶Enviar un mensaje por medio de un
necio
es como cortarse los pies o
sufrir ʰ violencia.

⁷Inútil es el proverbio en la boca del
necio
como inútiles son las piernas de
un tullido.

⁸Rendirle honores al necio es tan
absurdo
como atar una piedra a la honda.

⁹El proverbio en la boca del necio
es como espina en la mano del
borracho.

¹⁰Como arquero que hiere a todo el
que pasa
es quien contrata al necio en su
casa. ⁱ

¹¹Como vuelve el perro a su
vómito,
así el necio insiste en su necedad.

¹²¿Te has fijado en quien se cree
muy sabio?
Más se puede esperar de un necio
que de gente así.

¹³Dice el perezoso: «Hay una fiera
en el camino.
¡Por las calles un león anda
suelto!»

¹⁴Sobre sus goznes gira la puerta;
sobre la cama, el perezoso.

¹⁵El perezoso mete la mano en el plato,
pero le pesa llevarse el bocado a
la boca.

¹⁶El perezoso se cree más sabio
que siete sabios que saben
responder.

¹⁷Meterse en pleitos ajenos
es como agarrar a un perro por
las orejas.

¹⁸Como loco que dispara
mortíferas flechas encendidas,
¹⁹es quien engaña a su amigo y
explica:
«¡Tan sólo estaba bromeando!»

²⁰Sin leña se apaga el fuego;
sin chismes se acaba el pleito.

²¹Con el carbón se hacen brasas, con
la leña se prende fuego,
y con un pendenciero se inician
los pleitos.

²²Los chismes son como ricos
bocados:
se deslizan hasta las entrañas.

²³Como baño de plataʲ sobre vasija
de barro
son los labios zalameros de un
corazón malvado.

²⁴El que odia se esconde tras sus
palabras,
pero en lo íntimo alberga perfidia.
²⁵No le creas, aunque te hable con
dulzura,
porque su corazón rebosa de
abominaciones. ᵏ
²⁶Tal vez disimule con engaños su
odio,
pero en la asamblea se descubrirá
su maldad.

ʰ26:6 *sufrir.* Lit. *beber.*   ⁱ26:10 Texto de difícil traducción.   ʲ26:23 *como baño de plata.* Lit. *como plata de escoria.*   ᵏ26:25 *porque su corazón ... abominaciones.* Lit. *porque siete abominaciones hay en su corazón.*

27 Cava una fosa, y en ella caerás;
echa a rodar piedras, y te
aplastarán.

28 La lengua mentirosa odia a sus
víctimas;
la boca lisonjera lleva a la ruina.

27 No te jactes del día de mañana,
porque no sabes lo que el día
traerá.

2 No te jactes de ti mismo;
que sean otros los que te alaben.

3 Pesada es la piedra, pesada es la
arena,
pero más pesada es la ira del necio.

4 Cruel es la furia, y arrolladora la ira,
pero ¿quién puede enfrentarse a
la envidia?

5 Más vale ser reprendido con
franqueza
que ser amado en secreto.

6 Más confiable es el amigo que hiere
que el enemigo que besa.

7 Al que no tiene hambre, hasta la
miel lo empalaga;
al hambriento, hasta lo amargo le
es dulce.

8 Como ave que vaga lejos del nido
es el hombre que vaga lejos del
hogar.

9 El perfume y el incienso alegran el
corazón;
la dulzura de la amistad fortalece
el ánimo.*l*

10 No abandones a tu amigo ni al
amigo de tu padre.

No vayas a la casa de tu hermano
cuando tengas un problema.

Más vale vecino cercano que
hermano distante.

11 Hijo mío, sé sabio y alegra mi
corazón;
así podré responder a los que me
desprecian.

12 El prudente ve el peligro y lo
evita;
el inexperto sigue adelante y
sufre las consecuencias.

13 Toma la prenda del que salga
fiador por un extraño;
reténla en garantía si la entrega
por la mujer ajena.

14 El mejor saludo se juzga una
impertinencia
cuando se da a gritos y de
madrugada.

15 Gotera constante en un día lluvioso
es la mujer que siempre pelea.

16 Quien la domine, podrá dominar el
viento
y retener*m* aceite en la mano.

17 El hierro se afila con el hierro,
y el hombre en el trato con el
hombre.

18 El que cuida de la higuera comerá
de sus higos,
y el que vela por su amo recibirá
honores.

19 En el agua se refleja el rostro,
y en el corazón se refleja la
persona.

20 El *sepulcro, la *muerte y los ojos
del hombre
jamás se dan por satisfechos.

21 En el crisol se prueba la plata;
en el horno se prueba el oro;
ante las alabanzas, el hombre.

*l***27:9** Texto de difícil traducción.   *m***27:16** *y retener.* Lit. *y llamará.*

²²Aunque al necio lo muelas y lo
  remuelas,
y lo machaques como al grano,
  no le quitarás la necedad.

²³Asegúrate de saber cómo están tus
  rebaños;
cuida mucho de tus ovejas;
²⁴pues las riquezas no son eternas
  ni la fortuna está siempre segura.
²⁵Cuando se limpien los campos y
  brote el verdor,
y en los montes se recoja la hierba,
²⁶las ovejas te darán para el vestido,
  y las cabras para comprar un
  campo;
²⁷tendrás leche de cabra en
  abundancia
para que se alimenten tú y tu
  familia,
y toda tu servidumbre.

28 El malvado huye aunque nadie lo
  persiga;
pero el justo vive confiado como
  un león.

²Cuando hay rebelión en el país,
  los caudillos se multiplican;
cuando el gobernante es entendido,
  se mantiene el orden.

³El gobernante ⁿ que oprime a los
  pobres
es como violenta lluvia que
  arrasa la cosecha.

⁴Los que abandonan la ley alaban a
  los malvados;
los que la obedecen luchan contra
  ellos.

⁵Los malvados nada entienden de la
  justicia;
los que buscan al SEÑOR lo
  entienden todo.

⁶Más vale pobre pero honrado,
  que rico pero perverso.

⁷El hijo entendido se sujeta a la ley;
  el derrochador deshonra a su
  padre.

⁸El que amasa riquezas mediante la
  usura
las acumula para el que se
  compadece de los pobres.

⁹Dios aborrece hasta la oración
  del que se niega a obedecer la ley.

¹⁰El que lleva a los justos por el mal
  camino,
caerá en su propia trampa;
pero los íntegros heredarán el
  bien.

¹¹El rico se las da de sabio;
  el pobre pero inteligente lo
  desenmascara.

¹²Cuando los justos triunfan, se hace
  gran fiesta;
cuando los impíos se imponen,
  todo el mundo se esconde.

¹³Quien encubre su pecado jamás
  prospera;
quien lo confiesa y lo deja, halla
  perdón.

¹⁴¡Dichoso el que siempre teme al
  SEÑOR! ñ
Pero el obstinado caerá en la
  desgracia.

¹⁵Un león rugiente, un oso
  hambriento,
es el gobernante malvado que
  oprime a los pobres.

¹⁶El gobernante falto de juicio es
  terrible opresor;
el que odia las riquezas prolonga
  su vida.

¹⁷El que es perseguido por ᵒ
  homicidio

ⁿ **28:3** *El gobernante* (texto probable); *El pobre* (TM).   ñ **28:14** *teme al Señor.* Lit. *teme.*   ᵒ **28:17** *El que es
perseguido por.* Alt. *El que carga con la culpa de.*

será un fugitivo hasta la muerte.
¡Que nadie le brinde su apoyo!

18 El que es honrado se mantendrá a
salvo;
el de caminos perversos caerá en
la fosa.[p]
19 El que trabaja la tierra tendrá
abundante comida;
el que sueña despierto[q] sólo
abundará en pobreza.

20 El hombre fiel recibirá muchas
bendiciones;
el que tiene prisa por enriquecerse
no quedará impune.

21 No es correcto mostrarse parcial
con nadie.
Hay quienes pecan hasta por un
mendrugo de pan.

22 El tacaño ansía enriquecerse,
sin saber que la pobreza lo aguarda.

23 A fin de cuentas, más se aprecia
al que reprende que al que adula.

24 El que roba a su padre o a su madre,
e insiste en que no ha pecado,
amigo es de gente perversa.[r]

25 El que es ambicioso provoca peleas,
pero el que confía en el SEÑOR
prospera.

26 Necio es el que confía en sí mismo;
el que actúa con sabiduría se
pone a salvo.

27 El que ayuda al pobre no conocerá
la pobreza;
el que le niega su ayuda será
maldecido.

28 Cuando triunfan los impíos, la
gente se esconde;
cuando perecen, los justos
prosperan.

29 El que es reacio a las reprensiones
será destruido de repente y sin
remedio.

2 Cuando los justos prosperan, el
pueblo se alegra;
cuando los impíos gobiernan, el
pueblo gime.

3 El que ama la sabiduría alegra a su
padre;
el que frecuenta rameras derrocha
su fortuna.

4 Con justicia el rey da estabilidad al
país;
cuando lo abruma con tributos, lo
destruye.

5 El que adula a su prójimo
le tiende una trampa.

6 Al malvado lo atrapa su propia
maldad,
pero el justo puede cantar de
alegría.

7 El justo se ocupa de la causa del
desvalido;
el malvado ni sabe de qué se
trata.

8 Los insolentes conmocionan a la
ciudad,
pero los sabios apaciguan los
ánimos.

9 Cuando el sabio entabla pleito
contra un necio,
aunque se enoje o se ría, nada
arreglará.

10 Los asesinos aborrecen a los
íntegros,
y tratan de matar a los justos.

11 El necio da rienda suelta a
su ira,
pero el sabio sabe dominarla.

[p] **28:18** *en la fosa* (Siríaca); *en uno* (TM). [q] **28:19** *el que sueña despierto.* Lit. *el que persigue lo vacío*; también en 12:11. [r] **28:24** *de gente perversa.* Lit. *del destructor.*

¹²Cuando un gobernante se deja
llevar por mentiras,
todos sus oficiales se corrompen.

¹³Algo en común tienen el pobre y el
opresor:
a los dos el SEÑOR les ha dado la
vista.

¹⁴El rey que juzga al pobre según la
verdad
afirma su trono para siempre.

¹⁵La vara de la disciplina imparte
sabiduría,
pero el hijo malcriado
avergüenza a su madre.

¹⁶Cuando prospera el impío, prospera
el pecado,
pero los justos presenciarán su
caída.

¹⁷Disciplina a tu hijo, y te traerá
tranquilidad;
te dará muchas satisfacciones.

¹⁸Donde no hay visión, el pueblo se
extravía;
¡dichosos los que son obedientes
a la ley!

¹⁹No sólo con palabras se corrige al
siervo;
aunque entienda, no obedecerá.

²⁰¿Te has fijado en los que hablan
sin pensar?
¡Más se puede esperar de un
necio que de gente así!

²¹Quien consiente a su criado cuando
éste es niño,
al final habrá de lamentarlo.^s

²²El hombre iracundo provoca
peleas;
el hombre violento multiplica sus
crímenes.

²³El altivo será humillado,
pero el humilde será enaltecido.

²⁴El cómplice del ladrón atenta
contra sí mismo;
aunque esté bajo juramento,^t no
testificará.

²⁵Temer a los hombres resulta una
trampa,
pero el que confía en el SEÑOR
sale bien librado.

²⁶Muchos buscan el favor del
gobernante,
pero la sentencia del hombre la
dicta el SEÑOR.

²⁷Los justos aborrecen a los malvados,
y los malvados aborrecen a los
justos.

Dichos de Agur

30 Dichos de Agur hijo de Jaqué. Oráculo.^u Palabras de este varón:

«Cansado estoy, oh Dios;
cansado estoy, oh Dios, y débil.^v

²»Soy el más ignorante de todos los
hombres;
no hay en mí discernimiento
humano.
³No he adquirido sabiduría,
ni tengo conocimiento del Dios
santo.

⁴»¿Quién ha subido a los cielos
y descendido de ellos?
¿Quién puede atrapar el viento en
su puño
o envolver el mar en su manto?
¿Quién ha establecido los límites
de la tierra?
¿Quién conoce su nombre o el de
su hijo?

⁵»Toda palabra de Dios es digna de
crédito;

Dios protege a los que en él
buscan refugio.
⁶No añadas nada a sus palabras,
no sea que te reprenda
y te exponga como a un mentiroso.

⁷»Sólo dos cosas te pido, SEÑOR;
no me las niegues antes de que
muera:
⁸Aleja de mí la falsedad y la mentira;
no me des pobreza ni riquezas
sino sólo el pan de cada día.
⁹Porque teniendo mucho, podría
desconocerte
y decir: "¿Y quién es el SEÑOR?"
Y teniendo poco, podría llegar a
robar
y deshonrar así el nombre de mi
Dios.

¹⁰»No ofendas al esclavo delante de
su amo,
pues podría maldecirte y sufrirías
las consecuencias.

¹¹»Hay quienes maldicen a su padre
y no bendicen a su madre.
¹²Hay quienes se creen muy puros,
pero no se han purificado de su
impureza.
¹³Hay quienes se creen muy
importantes,
y a todos miran con desdén.
¹⁴Hay quienes tienen espadas por
dientes
y cuchillos por mandíbulas;
para devorar a los pobres de la
tierra
y a los menesterosos de este
mundo.

¹⁵»La sanguijuela tiene dos hijas
que sólo dicen: "Dame, dame."

»Tres cosas hay que nunca se
sacian,
y una cuarta que nunca dice
"¡Basta!":
¹⁶el *sepulcro, el vientre estéril,
la tierra, que nunca se sacia de
agua,
y el fuego, que no se cansa de
consumir.

¹⁷»Al que mira con desdén a su padre,
y rehúsa obedecer a su madre,
que los cuervos del valle le saquen
los ojos
y que se lo coman vivo los
buitres.

¹⁸»Tres cosas hay que me causan
asombro,
y una cuarta que no alcanzo a
comprender:
¹⁹el rastro del águila en el cielo,
el rastro de la serpiente en la roca,
el rastro del barco en alta mar,
y el rastro del hombre en la mujer.

²⁰»Así procede la adúltera:
come, se limpia la boca,
y afirma: "Nada malo he
cometido."

²¹»Tres cosas hacen temblar la tierra,
y una cuarta la hace estremecer:
²²el siervo que llega a ser rey,
el necio al que le sobra comida,
²³la mujer rechazada que llega a
casarse,
y la criada que suplanta a su
señora.

²⁴»Cuatro cosas hay pequeñas en el
mundo,
pero que son más sabias que los
sabios:
²⁵las hormigas, animalitos de escasas
fuerzas,
pero que almacenan su comida en
el verano;
²⁶los tejones, animalitos de poca
monta,
pero que construyen su casa entre
las rocas;
²⁷las langostas, que no tienen rey,
pero que avanzan en formación
perfecta;
²⁸las lagartijas, que se atrapan con la
mano,
pero que habitan hasta en los
palacios.

²⁹»Tres cosas hay que caminan con
garbo,
y una cuarta de paso imponente:

30el león, poderoso entre las bestias,
que no retrocede ante nada;
31el gallo engreído,^{w} el macho cabrío,
y el rey al frente de su ejército.^{x}

32»Si como un necio te has engreído,
o si algo maquinas, ponte a
pensar^y
33que batiendo la leche se obtiene
mantequilla,
que sonándose fuerte sangra la
nariz,
y que provocando la ira se acaba
peleando.»

Dichos del rey Lemuel

31 Los dichos del rey Lemuel. Oráculo mediante el cual^z su madre lo
instruyó:

2«¿Qué pasa, hijo mío?
¿Qué pasa, hijo de mis entrañas?
¿Qué pasa, fruto de mis votos^a al
SEÑOR?
3No gastes tu vigor en las mujeres,
ni tu fuerza^b en las que arruinan a
los reyes.

4»No conviene que los reyes, oh
Lemuel,
no conviene que los reyes se den
al vino,
ni que los gobernantes se
entreguen al licor,
5no sea que al beber se olviden de
lo que la *ley ordena
y priven de sus derechos a todos
los oprimidos.
6Dales licor a los que están por
morir,
y vino a los amargados;
7¡que beban y se olviden de su
pobreza!
¡que no vuelvan a acordarse de
sus penas!

8»¡Levanta la voz por los que no
tienen voz!
¡Defiende los derechos de los
desposeídos!
9¡Levanta la voz, y hazles *justicia!
¡Defiende a los pobres y
necesitados!»

Epílogo: Acróstico a la mujer ejemplar^c

Álef **10**Mujer ejemplar,^{d} ¿dónde se
hallará?
¡Es más valiosa que las
piedras preciosas!

Bet **11**Su esposo confía plenamente
en ella
y no necesita de ganancias
mal habidas.

Guímel **12**Ella le es fuente de bien, no de
mal,
todos los días de su vida.

Dálet **13**Anda en busca de lana y de
lino,
y gustosa trabaja con sus
manos.

He **14**Es como los barcos mercantes,
que traen de muy lejos su
alimento.

Vav **15**Se levanta de madrugada,
da de comer^e a su familia
y asigna tareas a sus
criadas.

Zayin **16**Calcula el valor de un campo y
lo compra;
con sus ganancias^f planta un
viñedo.

Jet **17**Decidida se ciñe la cintura^g
y se apresta para el trabajo.

Tet **18**Se complace en la prosperidad
de sus negocios,
y no se apaga su lámpara en
la noche.

Yod **19**Con una mano sostiene el
huso
y con la otra tuerce el hilo.

---

^{w}**30:31** *el gallo engreído.* Lit. *el apretado de hombros.* ^{x}**30:31** *el rey ... ejército.* Alt. *el rey contra quien su pueblo no se subleva.* ^{y}**30:32** *ponte a pensar.* Lit. *mano a la boca.* ^{z}**31:1** *Lemuel. Oráculo mediante el cual.* Alt. *Lemuel de Masa, mediante los cuales.* ^{a}**31:2** *fruto de mis votos.* Alt. *respuesta a mis oraciones.* ^{b}**31:3** *tu fuerza.* Lit. *tus caminos.* ^{c}**31:10** Los vv. 10-31 son un acróstico, en que cada verso comienza con una de las letras del alfabeto hebreo. ^{d}**31:10** *ejemplar.* Alt. *fuerte.* ^{e}**31:15** *da de comer.* Lit. *da presa.* ^{f}**31:16** *sus ganancias.* Lit. *el fruto de sus manos.* ^{g}**31:17** *se ciñe la cintura.* Lit. *se ciñe con fuerza sus lomos.*

Caf **20**Tiende la mano al pobre,
y con ella sostiene al
necesitado.

Lámed **21**Si nieva, no tiene que
preocuparse de su familia,
pues todos están bien
abrigados.

Mem **22**Las colchas las cose ella
misma,
y se viste de púrpura y lino
fino.

Nun **23**Su esposo es respetado en la
comunidad;*h*
ocupa un puesto entre las
autoridades del lugar.

Sámej **24**Confecciona ropa de lino y la
vende;
provee cinturones a los
comerciantes.

Ayin **25**Se reviste de fuerza y dignidad,
y afronta segura el porvenir.

Pe **26**Cuando habla, lo hace con
sabiduría;
cuando instruye, lo hace con
amor.

Tsade **27**Está atenta a la marcha de su
hogar,
y el pan que come no es
fruto del ocio.

Qof **28**Sus hijos se levantan y la
felicitan;
también su esposo la alaba:

Resh **29**«Muchas mujeres han realizado
proezas,
pero tú las superas a todas.»

Shin **30**Engañoso es el encanto y
pasajera la belleza;
la mujer que teme al SEÑOR
es digna de alabanza.

Tav **31**¡Sean reconocidos*i* sus logros,
y públicamente*j* alabadas sus
obras!

Glosario

Este glosario no pretende ser un diccionario bíblico en miniatura, sino sólo una ayuda relacionada con los principios y métodos de la traducción. Muchos términos culturales y teológicos no están incluidos, pero la lista abarca todas las palabras marcadas con un asterisco en el texto bíblico. (Nótese que si la palabra se usa más de una vez en el mismo pasaje bíblico, el asterisco no se repite.) Se trata principalmente de palabras difíciles de traducir, debido a las diferencias entre los idiomas bíblicos y el español.

abba. Palabra aramea que significa «padre» o «papá». Como fue usada por Jesús de modo característico para referirse a Dios, su Padre celestial (véase Mr 14:36), la iglesia cristiana también la adoptó, aun cuando el idioma de los creyentes era el griego (Ro 8:15; Gá 4:6).

abadón. Literalmente significa «destructor». En el Antiguo Testamento, término hebreo para referirse al reino de la muerte. Aparece como sinónimo de «muerte» y «sepulcro». En el Nuevo Testamento aparece como personificación del ángel de la muerte (Ap 9:11).

abismo. Ya en la tradición judía se usaba este término en oposición a «cielo» (véase Ro 10:6-8); más específicamente, puede designar la morada de los demonios (p.ej. Lc 8:31; Ap 9:1). En un pasaje (Mt 11:23 = Lc 10:15) se ha usado para traducir **Hades.** En otro pasaje la expresión «arrojar al abismo» (2P 2:4) traduce el verbo *tartaróō*, literalmente «meter en el Tártaro», nombre que entre los griegos se refería a un lugar subterráneo (más profundo que el Hades), donde se imponía el castigo divino. Véase también **sepulcro.**

alamot. Probable anotación musical en cuanto al instrumento que debía tocarse o el tono en que debía cantarse un salmo. Por su etimología, posible indicación de que la melodía era para voces femeninas.

aleluya. (heb. *hallelu Yah*) Exclamación de alabanza a Dios que significa «¡Alaben al SEÑOR!» En esta versión aparece la expresión junto con su traducción literal.

aliento. Véase **vida.**

alma. Véase **vida.**

Altísimo. (heb. *'elyón*, aram. *'illa'á*) Uno de los nombres de Dios, que también puede entenderse como «el Excelso».

anciano. Además de su significado literal, esta palabra se usa con sentido especializado para designar a los jefes y dirigentes del pueblo hebreo, los cuales tenían responsabilidades tanto religiosas como civiles. En el Nuevo Testamento (griego *presbúteros*) se usa también para designar a los encargados de gobernar las iglesias (p.ej. Hch 14:23; 1Ti 5:17). En Apocalipsis se usa en un sentido más exaltado con referencia a veinticuatro seres en el cielo (p.ej. Ap 4:4). Véase también **obispo.**

arrepentimiento/arrepentirse. Significa no sólo el sentimiento de tristeza o remordimiento por haber pecado, sino también la acción de cambiar el modo de pensar y de actuar; implica un profundo cambio espiritual.

asarion. Moneda romana (latín *as*) de poco valor. Véase **Tabla de pesas, medidas y monedas.**

Asia. En el Nuevo Testamento este nombre no se refiere al Lejano Oriente sino a una provincia romana al suroeste de Asia Menor (lo que hoy es Turquía), cuya capital era Éfeso.

bato. Medida de capacidad equivalente aproximadamente a 22 litros; en el Nuevo Testamento, alrededor de 37 litros. Véase **Tabla de pesas, medidas y monedas.**

Beelzebú. Nombre que se usa en los evangelios con referencia a Satanás.

bienestar. Véase **paz.**

blasfemar. Acción de proferir blasfemias, o sea, pronunciar maldiciones o palabras injuriosas contra Dios o contra alguien que lo representa. La «blasfemia contra el Espíritu» (Mt 12:31 y paralelos) consiste en atribuir a Satanás las obras de Jesús, lo cual parece indicar un rechazo total del mensaje de Dios. El término griego también se puede usar en el sentido menos fuerte de «calumniar» o «insultar» (p.ej. Mr 7:22; Ef 4:31).

blasfemo. (heb. *letz*) Término tradicionalmente traducido «escarnecedor» (Sal 1:1), que alude a quienes no tienen respeto por nada ni nadie, ni siquiera por Dios.

braza. Medida de longitud equivalente aproximadamente a 1,80 metros. Véase **Tabla de pesas, medidas y monedas.**

burlón. Véase **blasfemo.**

caer, hacer caer. Véase **tropiezo.**

camino. Además de su sentido primario, en el lenguaje bíblico este término alude simbólicamente a la conducta y voluntad divinas y humanas, así como a sus métodos, hábitos, actitudes y propósitos.

camisa. Se ha usado esta palabra unas cuantas veces (Mt 5:40 = Lc 6:29; Lc 3:11) para representar el vocablo griego *jitōn*, que también puede traducirse con un término general, «ropa» (p.ej. Mt 10:10; Mr 14:63; Jud 23). Con más precisión, se trata de la túnica (y así se tradujo en Jn 19:23; Hch 9:39), que en español puede implicar una vestidura formal o religiosa, y que daría un sentido incorrecto a los pasajes anteriores.

carne/carnal. El término griego *sarx* tiene un uso muy variado, y frecuentemente contrasta con **Espíritu** (o **espíritu**). En su sentido literal y físico, puede traducirse «carne» o «cuerpo». En un sentido más amplio, se usa para designar lo que es meramente humano y por lo tanto débil. (Nótese también la frase «carne y sangre», que se ha traducido con varias expresiones; p.ej. Mt 16:17; 1Co 15:50; Ef 6:12.) En un sentido moral, indica lo que caracteriza a este mundo pecaminoso (véanse 2Co 10:3-4; Fil 1:22,24). Es difícil representar el concepto en español, por lo que también se han usado frases tales como «naturaleza humana», «naturaleza pecaminosa», «esfuerzos (o criterios, o razonamiento) humanos», «pasiones», y otras más (p.ej. Ro 8:3-9; 1Co 1:26; Gá 3:3; 4:23,29; 5:13-19; Fil 3:3-4; Col 2:18). La dificultad de distinguir entre el sentido literal y el figurado se nota especialmente en Ro 7:18,25; 1P 3:18; 4:1,2 («terrenal»),6.

Cefas. Nombre arameo que significa «roca» y que corresponde al nombre griego Pedro (véase Jn 1:42).

César/césar. Nombre que los emperadores romanos usaban como título (véanse Lc 2:1; 3:1) y que llegó a usarse en el sentido general de «emperador» (así se ha traducido en la mayoría de los pasajes, p.ej. Jn 19:12; Hch 17:7).

cielo(s). En la cosmogonía bíblica, bóveda sólida y firme (de allí que también se le llame «firmamento») que separa las aguas de arriba de las aguas de abajo (Gn 1), en la que Dios tiene su habitación. También se le concibe como una tienda de campaña, como una cortina y como un manto.

circuncisión. Como esta operación era la señal física de que un hombre pertenecía al pueblo de Dios, la palabra se podía usar para designar a los judíos (p.ej. Ro 15:8; Gá 2:8-9; en Fil 3:3 con referencia a los cristianos). Por consiguiente, los términos «incircunciso» e «incircuncisión» (Ro 2:20) se refieren a los no judíos. Véase también **gentiles**.

codo. Medida antigua, basada en el largo del brazo desde el codo hasta la punta de los dedos, equivalente a 45-50 centímetros. Véase **Tabla de pesas, medidas y monedas**.

conocimiento. Término sinónimo de **sabiduría**, que implica una relación estrecha e íntima entre dos personas, más que una simple acumulación de información y datos.

Consejo. Se ha usado este término como traducción del griego *sunédrion* (tradicionalmente «sanedrín»; en Hch 22:5 el griego es *presbutérion*). Se trata del más importante consejo de gobierno entre los judíos. Incluía a los **ancianos**, los **maestros de la ley** y los jefes de los sacerdotes.

Consolador. Traducción tradicional del término griego *paráklētos* en Jn 14:16,26; 15:26; 16:7. La palabra puede significar «abogado», pero más probable es el sentido general de «mediador» o «ayudador». En 1Jn 2:1 se tradujo «intercesor».

contaminar. Véase **puro**.

corazón. Además de su sentido primario, el lenguaje bíblico alude con este término al órgano cardíaco como la sede principal de las emociones y los sentimientos humanos, así como de sus esperanzas y temores. El corazón es también la sede de la actividad intelectual; de allí que en algunos casos se traduzca como «mente».

coro. Medida de capacidad equivalente aproximadamente a 220 litros. Véase **Tabla de pesas, medidas y monedas**.

corrección. Véase **disciplina**.

creyentes. Véase **santos**.

Cristo. Vocablo griego que significa «ungido» (véase Hch 4:26). Es primeramente un título descriptivo, pero también se usa como nombre propio de Jesús. En ciertos pasajes se ha traducido «Mesías» (término hebreo que corresponde a Cristo) para aclarar el uso titular, pero hay muchos otros pasajes en que puede entenderse como nombre o como título. La combinación «Jesús Cristo» (traducido como nombre, «Jesucristo») o «Cristo Jesús» también puede tener un sentido titular, es decir, «Jesús el Mesías». Nótese que en las cartas de Pablo, el uso de este vocablo es muy frecuente y se ha marcado con asterisco sólo la primera vez que aparece en cada carta.

cuello. Véase **vida**.

cuerpo. Véase **carne**.

Decápolis. Significa «las diez ciudades». Era una región de la Palestina habitada por gentiles.

denario. Moneda romana de plata, cuyo valor correspondía al salario de un obrero por un día de trabajo.

derecha. Se usa en sentido figurado para señalar la posición de honor. También es un símbolo del poder (véanse Hch 2:33; 5:31).

dichoso. En el Antiguo Testamento representa la palabra hebrea *'ashrey*, término tradicionalmente traducido «bienaventurado». En el Nuevo Testamento, con frecuencia representa la palabra griega *makários*, que significa «feliz» y que tradicionalmente se ha traducido «bienaventurado». En ambos casos se refiere a la persona que recibe la bendición de Dios y así experimenta la verdadera felicidad.

disciplina. (heb. *musar*) Término típico de la literatura sapiencial que implica la **enseñanza** o **instrucción** correctiva de la **ley**, más la educación de los padres, incluido el castigo físico.

discreción. Véase **sabiduría**.

dracma. En el Antiguo Testamento se refiere al *dárico*, moneda persa de oro que pesaba alrededor de 125 gramos. En el Nuevo Testamento se refiere a una moneda griega de plata equivalente al **denario**.

emperador. Véase **César**.

enorgullecerse. Véase **jactancia**.

Enramadas, fiesta de las. Tradicionalmente traducida «Tabernáculos», esta fiesta se celebraba en el mes de de *tisrí*. Durante los siete días de celebración, los israelitas vivían en cabañas hechas de ramas de árboles.

entrada(s). Véase **puerta(s)**.

escándalo/escandalizar. Véase **tropiezo**.

esclavo. Véase **siervo**.

Espíritu/espíritu. En ciertos pasajes donde la palabra griega *pneuma* aparece sin el calificativo «Santo», no es seguro si la referencia es al Espíritu Santo o al espíritu humano (p.ej. Jn 4:23-24; Ro 1:4; 8:10). Véase también **síquico**.

espíritu maligno. Una traducción más literal es «espíritu impuro». Se refiere a los demonios que se posesionan de algunas personas.

estadio. Medida de longitud equivalente aproximadamente a 180 metros. Véase **Tabla de pesas, medidas y monedas**.

eunuco. Hombre castrado que servía en la corte como guardián de las mujeres. A veces los eunucos llegaban a ser funcionarios de alto rango (véase Hch 8:27). En sentido figurado, se aplica a los que se mantienen solteros (Mt 19:11-12).

evangelio. Término de origen griego que significa «buena noticia». Principalmente en las cartas, el término se usa con sentido especializado, es decir, el mensaje acerca de Jesucristo. En otros pasajes se ha traducido como «buenas nuevas» o «buenas noticias» (p.ej. Lc 1:19; Hch 5:42). Más tarde, el término llegó a usarse para referirse a los libros que relatan la historia de Jesús.

experto en la ley. Véase **maestro de la ley**.

expiar/expiación. Se refiere a la acción divina de cubrir o quitar el pecado por medio del sacrificio. El término **propiciación** describe la misma acción desde otro punto de vista: el sacrificio aplaca la ira de Dios (véanse Ro 3:25; Heb 2:17; 1Jn 2:2; 4:10).

fariseo. Hoy día este término se usa en sentido despectivo y equivale a «hipócrita» (porque así calificó Jesús a los fariseos; p.ej. Mt 23:13-29), pero es necesario recordar que los fariseos constituían un grupo religioso que la mayoría de los judíos admiraba. Estudiaban la ley minuciosamente (muchos **maestros de la ley** estaban relacionados con este grupo) y deseaban obedecerla, aunque su modo de interpretación a veces los llevaba a ignorar los mandatos de Dios (véase especialmente Mr 7:1-13).

fidelidad. El término griego *pistis* generalmente tiene el sentido activo de «fe», indicando la acción de «confiar en alguien», pero en algunas ocasiones puede tener sentido pasivo, «ser confiable». En este segundo caso, se puede traducir «fidelidad» (p.ej. Ro 3:3; Gá 5:22). Algunos eruditos piensan que la frase «la fe en Jesucristo» (p.ej. Gá 2:16; 3:22) debe traducirse «la fidelidad de Cristo». Nótese también que el adjetivo *pistós* puede significar «creyente» o «fiel».

fosa. Véase **sepulcro.**

fuerza(s). Véase **vida.**

Gehenna. Nombre de un barranco en Jerusalén donde se quemaban los desperdicios. Entre los judíos llegó a ser un símbolo del fuego eterno, por lo cual se puede traducir «infierno».

género humano. Véase **hombre.**

gente. Véase **hombre.**

gentiles. Designa a los que no son judíos. Por lo general traduce el término que literalmente significa «naciones»; en otros pasajes traduce el término que significa «griegos» (en Ro 2:26 y 4:9 corresponde a «incircuncisión»; véase **circuncisión**). Cuando hay énfasis en el sentido religioso o moral, se traduce «paganos».

gittith. Término hebreo que aparece como título de algunos salmos (8, 81, 84), probablemente en relación con una melodía popular que se cantaba en los lagares.

griegos. Se usa no solamente en un sentido étnico estricto sino también para designar a cualquier persona que haya adoptado la cultura griega. Véase también **gentiles.**

Hades. En la mitología griega era el nombre del dios del inframundo, y también se usaba para designar el lugar de los muertos. En el Nuevo Testamento equivale a «infierno»; también se ha traducido como **abismo** (Mt 11:23 = Lc 10:15), «muerte» (Mt 16:18), y «sepulcro» (Hch 2:27).

higaión. Término hebreo que aparece en algunos salmos (19 tít., 9, 92) y en otros libros del Antiguo Testamento (Is y Lm), probablemente para indicar un murmullo (Sal 19:14; Lm 3:62) o una queja (Is 16:7), o bien la vibración de algún instrumento de cuerdas (Sal 92:3).

hijo de hombre. Véase **hombre.**

hipócrita/hipocresía. El término griego *hupokritēs* se refería a los actores de teatro. Posteriormente, incluso en el Nuevo Testamento, se usaba en sentido más general de cualquier persona que fingía ser lo que no era (p.ej. Mt 6:2), o que actuaba de manera incongruente con sus convicciones (Gá 2:13, donde se usan el verbo y el sustantivo). El término no implica necesariamente que la persona fuera mal intencionada.

hisopo. Planta pequeña y frondosa, no del todo identificada, que se usaba en ritos de purificación (Lv 14; Nm 19), y para aplicar la sangre a los dinteles de las puertas (Éx 12).

holocausto. Uno de los sacrificios en que el animal ofrecido se quemaba del todo.

hombre. Tanto en el Antiguo Testamento (heb. *'adam, 'enosh, o 'ish*) como en el Nuevo (griego *ánzrōpos*), el término castellano **hombre** puede usarse en sentido genérico, que contrasta al ser humano con Dios y abarca a toda la humanidad, o en sentido más restrictivo, que contrasta al *hombre* con la *mujer*. En la actualidad, el segundo sentido ha adquirido más prominencia, lo cual crea nuevos problemas de traducción. Cuando el texto original y el estilo castellano lo permiten, se han usado expresiones tales como «género humano», «gente» «humanidad», «mortal», «persona» y «ser humano».

humanidad/humano. Véanse **carne, hombre** y **síquico.**

impuro. Véase **puro.**

incircunciso. Véase **circuncisión.**

inexperto. (heb. *pety*) En la literatura sapiencial, referencia al joven simple e ingenuo, ignorante de la **ley** e incapaz de discernir por sí mismo entre el bien y el mal.

insolente. Véase **blasfemo.**

instrucción. Véase **ley (del SEÑOR)** y **disciplina**.

inteligencia. Véase **sabiduría**.

intercesor. Véase **Consolador**.

Jacobo. En la evolución de la lengua española, el nombre «San Jacobo» llegó a pronunciarse «Santiago». Tradicionalmente, se ha usado «Santiago» en la carta que se conoce por ese nombre, pero se ha mantenido «Jacobo» en los demás pasajes. En esta versión se sigue la misma costumbre.

jactancia/jactarse. Uno de los términos más característicos de las cartas de Pablo es el verbo griego *kaujáomai* (sustantivo *kaújēma*), que puede usarse tanto en sentido positivo como negativo. En castellano, el vocablo «jactarse» siempre tiene una acepción peyorativa («alabarse presuntuosamente»), de manera que se han usado varios términos para traducir el griego según el contexto (p.ej. «presumir», «orgullo/enorgullecerse», «satisfacción/estar satisfecho», «regocijarse»).

Jerusalén. Ciudad importante de Palestina. Conocida como Ciudad de David, fue la capital del reino davídico y, más tarde, del reino de Judá. Reconstruida después del exilio babilónico, era para los judíos la ciudad escogida por Dios para habitar entre su pueblo. Fue destruida nuevamente en el año 70 d.C.

Jesucristo. Véase **Cristo**.

juicio. (heb. *mishpat*) Véase **ley (del SEÑOR)**.

justicia. (heb. *tsedeq, tsedeqah*) Véase **salvación**.

justificar/justificación. El sustantivo generalmente traduce la palabra griega *dikaiosúnē*, que también significa «justicia». El verbo lo usa especialmente Pablo para designar la acción de Dios de «declarar justos» a los que ponen su fe en Jesucristo.

lenguas. En el libro de los Hechos y en 1 Corintios, la expresión «hablar en lenguas» es traducción literal del griego; otra posible traducción es «hablar en otros idiomas».

lepra. Varios tipos de enfermedades de la piel se agrupaban bajo esta categoría en la antigüedad. No se trata necesariamente de la aflicción que la medicina moderna llama «lepra».

lepton. Moneda judía de muy poco valor. Véase **Tabla de pesas, medidas y monedas**.

levantar de entre los muertos. Esta expresión se ha traducido literalmente en algunos casos, según el contexto, pero por lo general se ha usado sencillamente el verbo «resucitar» o el sustantivo «resurrección».

Leviatán. Nombre del monstruo marino vencido por Dios al principio de la creación (Sal 74:14; Is 27:1), y que por lo general aparece como sinónimo de «mar». En Job este nombre alude a algún animal acuático de enormes proporciones, probablemente el hipopótamo.

ley (del SEÑOR/de Moisés). (heb. *torah*) Término que significa «enseñanza» o «instrucción», más que un código legislativo. Bajo este término genérico se incluían «mandamientos», «mandatos», «decretos», «sentencias», «preceptos», «ordenanzas» y «juicios», que debían ser enseñados de padres a hijos (Dt 6:1-9).

limpio. Véase **puro**.

maestro de la ley. Esta frase representa un vocablo griego (*grammateús*) que tradicionalmente se ha traducido «escriba». Entre el pueblo judío, los escribas estaban encargados no solamente de copiar y preservar los libros del Antiguo Testamento, sino principalmente de interpretar y enseñar su contenido. La expresión **experto en la ley** corresponde a otro vocablo griego (*nomikós*) pero se refiere a la misma profesión.

majalat (leannot). Término hebreo que aparece en el título de algunos salmos (53, 88), y que posiblemente se refiera a la manera triste y melancólica en que estos salmos debían cantarse.

masquil. Término hebreo que aparece en el título de varios salmos (32, 42, 44, 45, 47:7, 52, 53, 54, 55, 74, 78, 88, 89, 142), y que parece referirse al carácter didáctico del salmo, o bien a su alta calidad literaria (Sal 45, p.ej.).

mente. Véase **corazón**.

Mesías. Véase **Cristo**.

metreta. Medida de capacidad equivalente aproximadamente a 39 litros. Véase **Tabla de pesas, medidas y monedas**.

mictam. Término hebreo que aparece en el título de algunos salmos (16, 56, 57, 58, 59, 60), y que posiblemente aluda a su carácter enigmático o esotérico.

mina. Medida de peso equivalente aproximadamente a 0,6 kilogramos. En el Nuevo Testamento se refiere a una moneda valiosa. Véase **Tabla de pesas, medidas y monedas**.

misterio. Este término (griego *mustērion*) lo usa Pablo con referencia a los planes eternos de Dios para las naciones, planes que sólo fueron revelados con la venida de Cristo (p.ej. Ro 16:25-26; Ef 3:2-6). Se ha traducido literalmente cuando el contexto evita que haya confusión. Como el vocablo en español puede implicar un sentido esotérico, en varios pasajes se ha empleado la palabra «secreto».

mortal. Véase **hombre**.

muerte. Véase **abadón**.

mundo. Véase **carne**.

naciones. Véase **gentiles**.

naturaleza humana/pecaminosa. Véase **carne**.

necedad. En la literatura sapiencial, actitud contraria a la **sabiduría**, característica de los jóvenes **inexpertos**. La necedad llega a ser personificada, y su discurso es del todo contrario al de la **sabiduría** (Pr 9:1-12; 13-18).

necio. Se dice de todo el que se resiste a cumplir los mandamientos de Dios y a seguir los sabios consejos de sus padres y maestros. Por extensión, el necio es también **insolente** y **blasfemo**.

nombre. En el lenguaje bíblico, el nombre está íntimamente ligado al ser mismo de la persona. El nombre *es* la persona. Sin nombre nada puede existir (Gn 2:18-23; Ec 6:10). La conducta de la persona está condicionada por su nombre (1S 25:25) Un cambio de nombre implica un cambio total de la persona, que deja de ser la misma (Gn 32:28; Mt 16:18). Hablar en nombre de alguien es actuar con la misma personalidad y autoridad de la persona nombrada. Conocer el nombre de alguien equivale a tener poder sobre esa persona.

nuevas/noticias, buenas. Véase **evangelio**.

obispo. Traducción tradicional del término griego *epískopos*, que significa «supervisor, superintendente». Parece ser equivalente a **anciano** (véase Hch 20:17,28; nótese también 1P 2:25). Más tarde comenzó a usarse el término para designar a los que supervisaban varias congregaciones en un mismo distrito.

ofensa/ofender. Véase **tropiezo**.

orgullo. Véase **jactancia**.

pacto. Promesa o acuerdo contraído entre dos partes, generalmente una superior y otra inferior, mediante una fórmula verbal o ritual, que compromete a ambas partes. En el lenguaje bíblico el pacto representa la promesa de Dios al hombre de siempre darle **vida** y **paz** y constante cuidado, y el compromiso del hombre de vivir conforme a las estipulaciones del pacto. Otros términos vinculados con el pacto son **ley** y testimonio.

paganos. (heb. *goyyim*) Término hebreo que aparece en el Antiguo Testamento para referirse a los pueblos que no conocen al Dios de Israel ni pertenecen a este pueblo. Por extensión, el mismo término designa a los pueblos y naciones en general. Para el uso de este término en el Nuevo Testamento, véase **gentiles**.

palabra. En el pensamiento bíblico, este término es más que el sonido emitido oralmente. Una vez pronunciada la palabra, tiene poder y autonomía propios, y actúa por sí misma (Gn 1; Jn 1). La palabra dicha no puede ser revocada (Gn 27:30-38; Is 55:10-11). En toda la Biblia, y especialmente en los Salmos, **palabra** aparece como sinónimo de **ley**.

parábola. Narración con fines didácticos, que comunica su enseñanza de manera indirecta. Aunque se caracteriza por su brevedad, puede ser también un tanto extensa. En sus enseñanzas Jesús la usó con singular maestría y pertinencia.

pasiones. Véase **carne**.

pastor. Además de su sentido primario, en la literatura bíblica este término destaca la relación simbólica entre Dios y su pueblo (Sal 23), entre el rey y sus súbditos (Sal 78:70-72), entre los líderes eclesiales y la comunidad creyente (Heb 13:7), y entre Jesús y la iglesia (Jn 10:1-16).

paz. (heb. *shalom*) En el lenguaje bíblico, este término apunta hacia el estado ideal de tranquilidad y plenitud física y síquica, tanto a nivel individual como comunitario. La paz proviene de Dios y es la presencia misma de Dios entre su pueblo (Nm 6:24-26); es resultado de la **justicia** (Is 32:17) y del cumplimiento del **pacto**, y del establecimiento del reinado de Dios (Is 2:1-4; Mi 4:1-5).

pecadores. La Biblia enseña claramente que todos los seres humanos son culpables de pecado (p.ej. Ro 3:10-20). Sin embargo, en el habla de los judíos el término «pecador» se usaba también en un sentido especializado para designar a los que estaban fuera del pacto divino. Se aplicaba especialmente a los **gentiles** (p.ej. Gá 2:15), pero también a judíos cuya conducta inmoral los alejaba espiritualmente del pueblo de Dios (p.ej. Mt 11:19; Lc 15:1-2).

pecar, hacer pecar. Véase **tropiezo**.

peregrinos, cántico de los. (heb. *shir hama'aloth*) En los Salmos, título que designa a los salmos probablemente vinculados con las peregrinaciones que se hacían al templo de Jerusalén. Su etimología permite traducirlos como «cánticos de las subidas» o «cánticos graduales».

perfecto/perfección/perfeccionar. Aunque en esta vida nadie llega a estar totalmente libre de pecado, el adjetivo «perfecto» (griego *téleios*) se usa en varios pasajes con referencia a los creyentes. Es posible que se trate del concepto de madurez espiritual (véanse 1Co 2:6-7; Heb 6:1), pero el sentido es más profundo: implica un compromiso definitivo que se refleja en la conducta. En la carta a los Hebreos, el énfasis está en la idea del cumplimiento de las promesas (nótese que el verbo se aplica también a la exaltación de Jesús en 2:10; 5:9; 7:28). La ley del pacto antiguo no podía perfeccionar (7:19; 9:9; 10:1), pero los que creen en Jesús pertenecen al nuevo y perfecto pacto, de manera que ya han recibido lo que el Antiguo Testamento había prometido (10:14; 11:40).

perro. Por ser un animal común al que se consideraba ritualmente impuro (véase **puro**), el perro llegó a ser un símbolo de los que están fuera del pueblo de Dios (Ap

22:15). Se usa con referencia a los **gentiles** (Mt 15:26-27 = Mr 7:27-28) y a los adversarios del evangelio (Mt 7:6; Fil 3:2; 2P 2:22), no como insulto vulgar, sino como un comentario de índole teológica.

portón/portones. Véase **puerta(s)**.

primicias. Los primeros y más importantes frutos de la cosecha, los cuales debían ofrecerse a Dios. En el Nuevo Testamento el término se usa en varios sentidos figurados; por ejemplo, Cristo fue el primero en ser resucitado y es quien hace posible la resurrección de los demás (1Co 15:20); el Espíritu Santo es el primer fruto que reciben los creyentes, y les garantiza que recibirán toda la herencia espiritual (Ro 8:23). Nótese también el uso de «primogénito» en Col 1:15,18.

principios. Así se traduce la palabra griega *stoijeía*, que puede referirse a conceptos básicos (Heb 5:12, «verdades más elementales»), pero también a los elementos fundamentales del universo (2P 3:10). Algunos eruditos piensan que Gá 4:3,9 y Col 2:8,20 hablan de seres espirituales.

Priscila. Así se ha representado el nombre «Prisca» (en Ro 16:3; 1Co 16:19; 2Ti 4:19), del cual «Priscila» es la forma diminutiva (Hch 18:2,18,26).

propiciación. Véase **expiación**.

propiciatorio. Plancha de oro que cubría el arco del pacto y sobre la cual se rociaba la sangre una vez al año para **expiar** el pecado del pueblo (Lv 16).

proverbio. Sentencia o dicho breve e ingenioso en torno a algún hecho que encierra una enseñanza, o condensa la sabiduría popular. Aunque de origen muy antiguo, el proverbio siempre estuvo presente en la literatura sapiencial y hasta los días del Nuevo Testamento. Característico de la literatura bíblica es el proverbio antitético, en el que la segunda parte contrasta o contradice lo dicho en la primera.

prueba, poner a. Véase **tentar**.

pueblo de Dios. Véase **santos**.

puerta(s). (heb. *sha'ar*) Las antiguas ciudades eran amuralladas, y tenían puertas que se abrían al amanecer y se cerraban al caer la noche. Las puertas de la ciudad eran el centro cívico de aquellas ciudades. Allí se difundían las últimas noticias (2S 18:4), se realizaban negocios de compraventa (Rt 4:1-12), y se impartía justicia (Is 29:21; Am 5:12).

puro/impuro/purificar. En muchos pasajes (marcados con asterisco) estos términos no tienen que ver con la limpieza física o moral, sino con cuestiones de contaminación ritual, según las leyes del Antiguo Testamento.

querubines. Seres celestiales con función protectora (Gn 3:24). Dos figuras de querubines como criaturas aladas y con pies y manos cubrían el **propiciatorio**. También se usaron figuras de querubines en la decoración del templo.

Rahab. Nombre del monstruo vencido por Dios al principio de la creación. Su nombre tal vez aluda a su arrogancia. En los salmos (87:4) y en Isaías (30:9) este nombre aparece como sinónimo de Egipto.

recaudador de impuestos. Así se representa la palabra *telōnēs*, que en otras versiones se ha traducido como «publicano». Se refiere a judíos que se ofrecían a cobrar los impuestos exigidos por el Imperio Romano. Como los recaudadores abusaban de sus compatriotas y colaboraban con los soldados romanos, se les consideraba traidores que no pertenecían al pueblo de Dios.

resucitar/resurrección. Véase **levantar de entre los muertos**.

retama. Arbusto típico del sur de Palestina y del desierto de Sinaí, de escasa altura pero lo bastante grande para proporcionar sombra (1R 19:4-5). Sus ramas suelen también usarse como escobas (Is 14:23) y como combustible (Job 30:4; Sal 120:4; Is 47:14).

roca. Además de su sentido primario, en el contexto desértico de Palestina este término designa de manera simbólica a Dios como fuente de protección y abrigo para su pueblo.

sábado. Día séptimo de la semana en el que, según la ley del Antiguo Testamento, los judíos debían reposar de sus trabajos. El mismo término se usa para referirse a otros días festivos.

sabiduría. Cualidad de la persona dispuesta a recibir consejo para poder discernir entre el bien y el mal, aprender a vivir, y conducirse de acuerdo con la voluntad de Dios. En la literatura sapiencial la sabiduría llega a ser personificada (Pr 8) y considerada colaboradora de Dios en su creación.

Salén. Forma abreviada de «Jerusalén» (véase Sal 76:2), ciudad conocida también como «la ciudad de David».

salvación. (heb. *yeshu'ah*) Acción de Dios en favor del hombre, que redunda en la victoria o triunfo de éste, incluyendo el poner a salvo su vida. En algunos contextos «salvación» aparece como sinónimo de «justicia». En el Nuevo Testamento la salvación divina está íntimamente relacionada con el perdón de los pecados.

sanar. En varios pasajes en los evangelios (Mt 9:21-22; Mr 5:23,28,34; 6:56; 10:52; Lc 8:36,48,50; 17:19; 18:42) este verbo es traducción de un término griego que también significa «salvar».

Santiago. Véase **Jacobo**.

santificar. Este concepto en el Antiguo Testamento indica la acción de separar algo o a alguien para un propósito sagrado. El verbo griego (*hagiádsō*) puede por lo tanto traducirse «consagrar», pero además indica una obra divina de limpieza espiritual en los creyentes. Véase también **santo**.

santo/santidad. Es principalmente un atributo de Dios, y por consiguiente de lo que está relacionado a él, por ejemplo, los profetas, los ángeles, el templo (Lc 1:70; 9:26; Hch 6:13). El Nuevo Testamento usa el término «los santos» para designar a los que forman parte de la iglesia de Cristo. Implica que los creyentes han sido santificados (véase **santificar**) y que Dios los ha constituido como su propio pueblo. En algunos pasajes donde el término castellano puede ser ambiguo, se han usado otros vocablos, por ejemplo, «creyentes» o «pueblo de Dios».

santuario. Véase **templo**.

satisfacción. Véase **jactancia**.

secreto. Véase **misterio**.

Selah. En los Salmos, anotación musical cuyo posible significado sea el de *pausa*. Tal sentido no ha sido aún determinado.

sencillo. Véase **inexperto**.

sentarse. Cuando los evangelios se refieren a personas sentadas a la mesa (p.ej. Mt 26:7,20; Mr 2:15; Lc 14:8), se usan varios verbos griegos que literalmente significan «recostarse», pues era costumbre en los banquetes reclinarse en divanes. También se puede traducir como «estar a la mesa» (p.ej. Lc 24:30; Jn 12:3) o aun «comer» (Mt 9:10; Mr 16:14; Lc 5:29; 1Co 8:10).

Seol. Véase **sepulcro**.

sepulcro. (heb. *she'ol*) En el pensamiento hebreo, lugar a donde iban los muertos luego de ser enterrados. Este lugar se hallaba bajo la tierra, pero sobre las aguas de abajo. Otros términos sinónimos son **abismo**, «fosa» y «tumba».

ser humano. Véase **hombre.**

siervo. Representa en muchos pasajes el vocablo griego *doulos*, que también puede traducirse «esclavo». Este último término en español puede tener connotaciones que confundan al lector moderno. El vocablo griego no implica necesariamente que la persona fuera maltratada, ya que en la antigüedad algunos esclavos llegaban a asumir posiciones muy importantes. La idea principal es que la persona estaba bajo el dominio de otra, de manera que se caracterizaba por su humildad y obediencia.

sigaión. Término hebreo que aparece en el título del Salmo 7. Su posible significado de «conmoción» tal vez aluda al estado de ánimo en que debía cantarse ese salmo.

Silvano. En las cartas (2Co 1:19; 1Ts 1:1; 2Ts 1:1; 1P 5:12) se usa este nombre con referencia a «Silas» (véase Hch 15:22).

Sión. Nombre de la colina fortificada de la antigua Jebús, hoy Jerusalén. Durante el reinado de David este nombre se extendió para referirse al área general del templo. Sión es considerada la morada de Dios, y en los libros poéticos aparece como sinónimo de Jerusalén.

síquico. Representa el adjetivo griego *psujikós* (sustantivo *psujē*; véase **vida**), que se ha traducido «natural» en 1Co 15:45-46 y «puramente humana» en Stg 3:15. Como contrasta con lo que es espiritual, se ha usado la frase «no tiene el Espíritu» en 1Co 2:14 y Jud 19.

Tabernáculos, fiesta de los. Véase **Enramadas.**

talento. En el Antiguo Testamento, medida de peso equivalente aproximadamente a 34 kilogramos. En el Nuevo Testamento se usaba para cálculos monetarios; generalmente de oro, su valor (que era muy alto) variaba mucho, según el lugar y la época (Mt 18:24; 25:15-28). Véase **Tabla de pesas, medidas y monedas.**

templo. En el Nuevo Testamento este término puede referirse justamente al «santuario» (Lc 1:9), es decir, el edificio donde se encontraban el Lugar Santo y el Lugar Santísimo, o bien al área total que incluía no sólo ese edificio sino también la plaza que lo rodeaba (el atrio de las mujeres y el atrio de los gentiles).

tentar/tentación. El verbo griego (*peiradsō*, sustantivo *peirasmós*) puede usarse en el sentido más o menos neutral de «poner a prueba», pero también en el sentido negativo de «incitar al pecado, tender una trampa». En Stg 1:2,12-14 parece haber un juego de palabras basado en este doble sentido.

Todopoderoso. Cuando aparece junto con «Señor», este título representa la palabra *tsebaʼot*; es una frase tradicionalmente traducida como «Jehová de los ejércitos». En otros casos, **Todopoderoso** representa la palabra *shadday*, nombre con el que Dios se reveló a los patriarcas (Gn 17:1; Éx 6:3) y que se usa con frecuencia especialmente en el libro de Job.

trampa. Véanse **tentar** y **tropiezo.**

triunfo. Véase **salvación.**

tropezar/tropiezo. Es generalmente traducción del vocablo griego *skándalon* (verbo *skandalidsō*) y se refiere especialmente a lo que causa ofensa, oposición (Gá 5:11), o aun la caída moral de alguien (Mt 5:29-30; 1Co 8:13). En el uso corriente del castellano, el término *escándalo* (*escandalizar*) no corresponde justamente a este significado. En Ro 11:9 se ha traducido como «trampa». También se ha traducido el verbo con términos tales como «ofender», «hacer pecar», «hacer caer», «apartarse», «abandonar». En Jn 16:1 se ha empleado la frase «flaquear la fe».

ungido. (heb. *mashiaj*). Término hebreo para referirse al rey escogido por Dios. Después del exilio babilónico este mismo término se usó para referirse al sumo sacerdote. Véase también **Cristo.**

Unigénito. Traducción tradicional del término griego *monogenēs* («único») cuando se refiere a Jesucristo. Véanse Jn 1:14,18; 3:16,18.

Verbo. Traducción tradicional del término griego *logos* («palabra») cuando se refiere a Jesucristo. Véanse Jn 1:1,14; 1Jn 1:1; Ap 19:13.

victoria. Véase **salvación.**

vida. Cuando esta palabra lleva asterisco, es traducción en el Antiguo Testamento de la palabra hebrea *nefesh*, y en el Nuevo, de la palabra griega *psujē*. Ambos términos tienen un amplio significado y tradicionalmente se han traducido «alma». En esta versión, la palabra hebrea también se ha traducido «aliento» y «fuerza(s)»; en algunos contextos (Sal 69:1; 105:18; Jon 2:6) se ha usado el vocablo «cuello».

Tabla de pesas, medidas y monedas

Las equivalencias son aproximadas.

ANTIGUO TESTAMENTO

No se incluye aquí una tabla de unidades monetarias porque los hebreos no acuñaron monedas antes del exilio. Cuando la NVI usa la palabra «moneda», se trata de una unidad de peso, principalmente el *siclo*. (Nótese también que en el libro de Ezequiel las relaciones entre las medidas son un poco diferentes.)

Medidas de peso

talento (= 60 minas)	33 Kg.
mina (= 50 siclos)	550 gr.
siclo (= 2 becás)	11 gr.
pim (= 2/3 siclos)	7 gr.
becá (= 10 guerás)	5,5 gr.
guerá	5 gr.

Medidas de longitud

caña/vara (= 6 codos)	2,70 m.
codo (= 2 palmos)	45 cm.
palmo (= 3 palmos menores)	22,5 cm.
palmo menor (= 4 dedos)	7,5 cm.
dedo	1,9 cm.

Medidas de capacidad: áridos

coro = jómer (= 2 létec)	220 litros
létec (= 5 efas)	110 litros
efa (= 3 seah)	22 litros
seah (= 1/3 de efa)	7,3 litros
gómer	2,2 litros
cab (= 1/18 de efa)	1,2 litros

Medidas de capacidad: líquidos

coro (= 10 batos)	220 litros
bato (= 6 hin)	22 litros
hin (= 12 log)	3,7 litros
log	0,3 litros

NUEVO TESTAMENTO

La única unidad de peso que se usa en el Nuevo Testamento es la *litra* (= la libra romana), con una equivalencia aproximada de 327 gr.

Medidas de longitud

milla (= 8.3 estadios)	1.500 m.
estadio (= 100 brazas)	180 m.
braza (= 4 codos)	1,80 m.
codo	45 cm.

Medidas de capacidad: áridos

coro	370 litros
sata	22 litros
joinix	1 litro

Medidas de capacidad: líquidos

metreta	39 litros
bato	37 litros

Monedas

Es extremadamente difícil dar el valor de las monedas antiguas con equivalencias modernas. Un denario era el salario de un obrero por un día de trabajo.

talento	60 minas
mina	100 denarios
dracma	denario
denario	10 asaria
asarion	4 cuadrantes
cuadrante	2 lepta
lepton	1/80 de denario